Grfsm. Finnland
Helsingfors
St. Petersburg
Stockholm
Estland
Livland
Riga
Kurland
Moskau
Rjasan
Samara
tsee
Litauen
Wilna
Smolensk
KAISERREICH
Königsberg
Danzig
SEN
Minsk
Kursk
sen
Warschau
Brest-Litowsk
Kgr. Polen
("Kongress-Polen")
1815 russ.
b. 1831 autonom
Wolhynien
RUSSLAND
Kiew
REP. KRAKAU
1846 österr.
Lemberg
Kgr. Galizien
Podolien
Rostow
TUM
ßburg
Buko-
wina
Bessarabien
Kischinew
Ofen
Pest
Kgr. Ungarn
ÖSTERREICH
Moldau
osman.
Vasallenstaat
Odessa
unabh.
Tscherkessen
1864 russ.
Siebenbürgen
Sewastopol
Banat
Walachei
osman. Vasallenstaat
Belgrad
Bukarest
Serbien
1817 tributpflicht. Fsm.
Schwarzes Meer
Bulgarien
MONTENEGRO
Sofia
OSMANISCHES REICH
Rumelien
Konstantinopel
Albanien
Angora
Saloniki
Thessalien
Anatolien
IONISCHE INSELN
1815–64 Rep. unter brit. Schutz
Livadien
Ägäisches Meer
Smyrna
Athen
Rhodos
Zypern
Kreta
Beirut
Damaskus
Syrien
telmeer
Jerusalem

Geschichte und Geschehen

Autoren:
Daniela Bender
Dr. Andreas Grießinger
Mathias Gröbel
Dieter Grupp
Andrej Keller
Dr. Björn Opfer-Klinger
Tobias Stankowski
Reinhard Sturm
Prof. Hans Woidt

Ernst Klett Verlag
Stuttgart · Leipzig

1. Auflage

1 5 4 3 2 1 | 13 12 11 10 09

Alle Drucke dieser Auflage sind unverändert und können im Unterricht nebeneinander verwendet werden.
Die letzte Zahl bezeichnet das Jahr des Druckes.

Autoren:

Daniela Bender/Mathias Gröbel	216–263
Dieter Grupp	66–67, 75–88, 312–313
Andrej Keller	7–65, 68–74
Björn Opfer-Klinger	303–304, 314–315
Tobias Stankowski	195–215
Reinhard Sturm	264–303, 305–311
Hans Woidt	169–194

Redaktion: Dr. Björn Opfer-Klinger, Dr. Carsten Drecoll, Freiburg
Herstellung: Kerstin Heisch

Illustrationen: Sandy Schygulla, Leipzig
Piktogramme: Erhard Müller, Leipzig †
Kartografien: Kartografisches Büro Borleis & Weis, Leipzig; Ingenieurbüro für Kartografie J. Zwick, Gießen
Satz: rasani design, Leipzig
Reproduktion: Meyle + Müller, Medien-Management, Pforzheim
Druck: Offizin Andersen Nexö, Leipzig

Printed in Germany
ISBN 978-3-12-430016-4

9 783124 300164

Inhalt

Online-Link
Mit Hilfe dieses Links gelangen Sie zu ergänzendem Zusatzmaterial. Einfach auf www.klett.de/online gehen und in das Link-Feld die Nummer 430016-0000 eingeben.

Vorwort

Zielsetzung und Inhalt des Buches

Das vorliegende Buch aus der Reihe „Geschichte und Geschehen“ ist ein Lern- und Arbeitsbuch, das auf das Thema der Klasse 11 des achtjährigen Gymnasiums in Baden-Württemberg zugeschnitten ist. Es behandelt die Themenbereiche: Projekt der Moderne und Deutschland zwischen Demokratie und Diktatur im Sinne des Bildungsplans für Baden-Württemberg.

Bei dieser Themenstellung handelt es sich um ein Querschnittsthema, das zum Teil auf den Kenntnissen der Sekundarstufe I aufbaut, viele Elemente aber auch noch einmal wiederholt und vertieft. Ein stärkerer Aspekt wird vor allem bei dem Thema „Moderne“ auf die strukturelle und systematische Erfassung historischer Phänomene gelegt. Es werden daher im Anschluss an die Kapitel zur Industrialisierung und Sozialen Frage auch Modernisierungstheorien angesprochen. Das Thema „Individuum und Gesellschaft im Wandel“ wird integriert behandelt. Die Punkte „Migration“, „Entwicklung der Menschenrechte“ und „Geschichte der Familie“ werden als Module angeboten, die als strukturierender Ausgangspunkt für die selbstständige Arbeit mit dem Gesamtband dienen sollen.

Systematisch und mit dem historischen Vergleich arbeitet auch das Zweite Kapitel zum Thema Politische Revolutionen. Fragenkatalog und Revolutionstheorien sollen helfen, die drei abgehandelten Revolutionen (Amerikanische Revolution, Französische Revolution und Russische Revolution) im diachronen Schnitt zu vergleichen und zu analysieren. Die drei Revolutionen sind unterschiedlich gewichtet: Da die Französische Revolution aus der Mittelstufe in ihren Grundzügen als bekannt vorauszusetzen ist, ist sie hier recht knapp und mit dem Schwerpunkt ihrer Wirkung auf Deutschland skizziert. Die Amerikanische und die Russische Revolution sind dagegen ausführlicher dargestellt, um den Schülerinnen und Schülern eine bessere Faktengrundlage zu geben.

Aufbau des Buches

Die Gliederung des Buches folgt dem üblichen Aufbau der GuG-Reihe. Der Verfassertext soll in eine Thematik einführen und eine Grundlage liefern, auf der das Thema anhand der Quellen abgehandelt werden kann. Dabei können Lehrkräfte und Schüler sich an den Arbeitsvorschlägen orientieren oder auch eigene Zugänge entwickeln.

Die Materialien erlauben unterschiedliche Arbeitsmethoden an Bild und Text. Im Sinne des eigenständigen Erschließens, wie es für die Oberstufe zu fordern ist, werden die Schülerinnen und Schüler zu einer kritischen und multiperspektivischen Arbeit angeregt und auch aufgefordert, eigene Recherchen anzustellen, die über dieses Buch hinausgehen.

Der vorliegende Band ist für die 4-stündige Kursstufe geeignet. Die Lehrerin/der Lehrer muss sicher eine entsprechende Auswahl treffen, wenn im Rahmen eines 2-stündigen Kurses unterrichtet wird.

Glossar und Register

Das Buch wird durch ein Glossar und Register ergänzt. Begriffe aus dem Glossar werden durch eine Lupe auf der Marginalspalte angezeigt. Das Register erlaubt den sytematischen Zugriff und kann bzw. sollte vor allem auch für den historischen Vergleich herangezogen werden. Die vom Bildungsplan geforderten Begriffe können ebenfalls über das Register noch einmal erschlossen werden.

Folgende Signets und grafischen Auszeichnungen wurden verwendet:

Arbeitsvorschläge

Die Themen oder Unterthemen enden in der Regel mit Arbeitsvorschlägen, wobei Wert darauf gelegt wurde, diese unterschiedlich zu gewichten. Neben Arbeitsaufträgen, die dem Verarbeiten der Darstellungstexte und des Materials dienen, gibt es solche, die darüber hinausgehen:

Nebenstehendes Signet kennzeichnet Arbeitsvorschläge, die dazu anregen, übergreifende Zusammenhänge herzustellen, Vergleiche vorzunehmen, Urteile abzugeben. Um diese Arbeitsvorschläge realisieren zu können, werden Sie häufig auf andere Themen in diesem Band oder auf Wissen zurückgreifen müssen, das Sie sich im bisherigen Geschichtsunterricht bzw. in anderen Fächern erarbeitet haben.

Ein weiteres Signet (links) verweist darauf, dass die Aufgabenlösung eine eigenständige Recherche erfordert und selbstständiges forschendes Lernen ermöglicht. Dabei kann es sich sowohl um Literaturrecherche aus Fachbüchern bzw. dem Internet handeln als auch um die Arbeit an solchen außerschulischen Lernorten wie Archiven, Museen oder Gedenkstätten. Auch die Expertenbefragung und die Oral history können hierbei Berücksichtigung finden.

Alle Arbeitsaufträge sind generell als Vorschläge zu betrachten, sie zu modifizieren ist Sache aller am Lernprozess Beteiligten. Ihre interessengeleitete Abwandlung und Ergänzung ist ausdrücklich erwünscht.

... Standpunkte

Eingebettet in die Kapitel wurden Seiten, auf denen Wissenschaftler oder Publizisten zu einer speziellen Thematik Position beziehen. Die von ihnen vertretenen unterschiedlichen Standpunkte sind entweder kontrovers zueinander oder ergänzen sich. Davon ausgehend ergeben sich Möglichkeiten zur eigenen Urteilsfindung und Standortbestimmung. Hinweise zu den jeweiligen Autoren und Arbeitsvorschläge helfen Ihnen dabei.

... Geschichte erinnern

An ausgewählten Beispielen wird sichtbar gemacht, wie Vergangenes in gegenwärtige Verhältnisse und Entwicklungen hineinragt, wie historische Kräfte weiterwirken, wie Traditionen entstanden und weitergegeben werden. Die Auseinandersetzung damit soll den Blick schärfen für die in der Gesellschaft herrschende Erinnerungskultur und gleichzeitig zu deren Kritik auffordern.

Mit Fokus auf spezielle Regionen wird Ihnen ferner die Möglichkeit gegeben, zentrale Aspekte der Geschichte an einem konkreten Beispiel in das jeweilige eigene Bundesland einzubetten.

... Zeittafeln

1848

Zeittafeln am Ende der Kapitel geben einen zusammenfassenden Überblick. Aufgenommen wurden neben den im Kapitel behandelten wesentlichen Faktoren auch Ereignisse, die zum historischen Allgemeinwissen gehören und eine Einordnung der spezifischen Kapitelthemen erleichtern sowie zeitliche Zusammenhänge verdeutlichen.

... Methodentraining

Methodentraining

Besonderes Augenmerk haben Autorinnen und Autoren darauf gelegt, Hinweise zu erarbeiten, wie historisches Material erschlossen, kritisch ausgewertet und so für den Lernprozess nutzbar gemacht werden kann. Sie haben sich dabei an den wissenschaftlichen Arbeitsmethoden von Historikern orientiert, so zum Beispiel die Auswertung von Infografiken, der Umgang mit Ideologien oder nationalen Feiertagen. Ein Kapitel wurde methodisch vollständig als Projektarbeit aufgebaut.

1 Die Industrialisierung

1.1 Ein epochaler Einschnitt in der Menschheitsgeschichte

Eine inhaltliche Einordnung des Begriffs „Industrielle Revolution" birgt einige Schwierigkeiten. So wird der revolutionäre Charakter dieses wirtschaftlichen und gesellschaftlichen Modernisierungsprozesses in Frage gestellt. Ebenso besteht Uneinigkeit darüber, wann die Industrialisierung begann. Erweitert man die Perspektive über die Grenzen Europas nach Afrika, Asien oder Mittelamerika, stellt sich schnell die Frage, ob die Industrielle Revolution schon einen Abschluss gefunden hat.
Häufig wird die Industrielle Revolution mit der Erfindung der Dampfmaschine gleichgesetzt. Diese und noch viel mehr die Dampfmaschine auf Rädern und Schienen, die Lokomotive, stellen jedoch nur das bekannteste Symbol dieses welthistorischen Ereignisses dar, das grundlegend alle Bereiche des menschlichen Zusammenlebens veränderte. Viele Wissenschaftler vergleichen daher den Beginn des Maschinenzeitalters mit der „Neolithischen Revolution", welche die Wandlung der Menschen von umherstreifenden Nomaden zu sesshaften Ackerbauern beschreibt.

1 **Das Eisenwalzwerk.** Gemälde von Adolph Menzel, 1872–1875
Die maschinelle Bändigung des Feuers wird in Menzels Gemälde typisch verklärt. Die umwälzenden Veränderungen der Industriellen Revolution werden in diesem Bild wie unter einem Brennglas sichtbar: Menzel vereint in seinem Werk den Stolz auf technische Errungenschaften ebenso wie die Entindividualisierung im Produktionsprozess, die Bändigung der Urgewalten ebenso wie die Ausbeutung menschlicher Arbeitskraft. Keinen Bereich des menschlichen Zusammenlebens ließ die Industrielle Revolution unberührt.

Technische Innovationen

Im Zuge der Industriellen Revolution, beginnend in der zweiten Hälfte des 18. Jahrhunderts in England, kam es dabei zu Veränderungen auf ökonomischem, kulturellem, sozialem und politischem Gebiet. Diese Veränderungen standen untereinander in einem engen Wirkungszusammenhang und beschleunigten den Modernisierungsprozess von der vorindustriellen Agrar- zur Industriegesellschaft. Dabei weisen jedes Land und jede Region innerhalb eines Staates voneinander abweichende Ausprägungen des industriellen Übergangs auf, sodass z. B. für Großbritannien, Frankreich oder Deutschland auch verschiedene zeitliche Periodisierungen gelten.

Trotz zeitlicher Unterschiede bestehen in allen industrialisierten Ländern vergleichbare Merkmale des Industrialisierungsprozesses. Ausgangspunkt waren vor allem in England technische Innovationen wie beispielsweise die Erfindung der Dampf- oder der Baumwollspinnmaschine („Spinning Jenny"). Sie waren Ausdruck der Erkenntnisse naturwissenschaftlichen Denkens, welches sich keinen kirchlichen Denkverboten mehr unterwarf. Die Arbeit der Forscher basierte auf dem rationalen Verständnis von Wissenschaft, das sich dem wissenschaftlichem Experiment und somit der nachvollziehbaren, da messbaren Verifizierung und Falsifizierung von Hypothesen verpflichtet fühlte. Unternehmer nutzten diese Erkenntnisse naturwissenschaftlichen Forschens, um sie in Antriebs- und Arbeitsmaschinen sowie in die Anwendung chemischer Prozesse umzusetzen.

Stahl und Kohle

Ein zweites Merkmal lag in der massenhaften Erschließung und Nutzung von Kohle und Eisen mit neuen Verfahren der Stahlgewinnung und der Kohle- sowie der Koksverwendung. Deshalb wird auch vom Übergang vom Holz- zum Eisenzeitalter gesprochen.

Massenproduktion

Diese Entwicklungen führten drittens zu veränderten Produktionsstrukturen. Ein neues Fabriksystem entstand, in dem der marktwirtschaftlich kalkulierende Privatunternehmer ein Heer von arbeitsteilig produzierenden Industriearbeitern sowie kapitalintensive Arbeits- und Kraftmaschinen für die Massenproduktion von Gütern einsetzte. Dazu bedurfte es der Disziplinierung und Spezialisierung der Lohnarbeiterschaft. Mit der Größe der Produktion wurde die Möglichkeit einer beschleunigten Kapitalbildung immer wichtiger. Die Errichtung von Fabriken, Bergwerken, Eisenhütten, Eisenbahnen u. Ä. benötigte enorme Kapitalmengen. Für diese Zwecke spielte die Etablierung eines Bankensektors mit kapitalkräftigen Großbanken und eines funktionierenden Aktienhandels eine bedeutende Rolle.

Den revolutionären Charakter der Industrialisierung verdeutlicht auch der wirtschaftliche Strukturwandel, der die Änderungen in der Beschäftigtenzahl innerhalb der Wirtschaftssektoren beschreibt. Die neuen Produktionsprozesse veränderten die sich industrialisierenden Volkswirtschaften von Agrar- zu Industriegesellschaften. Auch im 20. Jahrhundert nahm dieser Modernisierungsprozess kein Ende; mittlerweile stehen hoch entwickelte Volkswirtschaften mitten im Übergang von der Dienstleistungs- zur Informationsgesellschaft.

Neue Verkehrswege

Ein vierter grundlegender Wandel vollzog sich innerhalb der Kommunikationsstrukturen. Die Entwicklung neuer Verkehrswege und -mittel, zunächst durch den Ausbau von Straßen und Wasserwegen und dann intensiviert durch die rapide Erweiterung des Eisenbahnnetzes, verband lokale zu nationalen und internationalen Gütermärkten. Auch die persönlichen Entfernungen zwischen den Regionen und Städten schrumpften aus Sicht der Zeitgenossen in einem bis dahin unbekannten Tempo.

Angebot und Nachfrage

Als fünftes Merkmal des industriellen Wandels kam es zu einer neuen sozialen und politischen Gesellschaftsordnung, indem sich ein kapitalistisches Wirtschaftssystem auf liberalem Gedankengut fußend etablierte. Unternehmerisches Gewinn- und Konkurrenzstreben orientierte sich an den Marktgesetzen. Angebot und Nachfrage regelten zunehmend das Verhältnis zwischen Arbeitgebern und Arbeitern. Der Einsatz von Rohstoffen, Kapital und menschlicher Arbeit unterlag in einer ganz neuen Qualität der ökonomischen Gewinnorientierung, was frühere soziale und kulturelle Bindungen und Abhängigkeiten zwischen Bauern und Feudalherrn oder zwischen Zunftmeistern und Gesellen auflöste. Diesem ökonomischen Mentalitätswechsel entsprang nicht nur die Ausbeutung menschlicher Arbeitskraft, sondern sie führte auch zu einer bis dahin einzigartigen Ausplünderung und Vernichtung der Umwelt. Das vom Landleben geprägte Zusammenleben des frühneuzeitlichen Menschen verlagerte sich dabei in neu entstehende urbane Ballungszentren, welche die explosionsartig wachsende Bevölkerung mit ihrer Konzentration von Arbeitsplätzen magnetisch anzogen.

Von der Stände- zur Klassengesellschaft

Auf der politischen Ebene löste eine neue Klassengesellschaft die vorherrschende Ständegesellschaft ab. Waren z.B. die frühen Phasen der Industrialisierung in Deutschland noch durch ein zeitgleich entstehendes Bürgertum mit politisch liberalem Bewusstsein gekennzeichnet, so trat spätestens ab der 1848er-Revolution ein neuer, vierter Stand der Arbeiter auf den Plan. Sein Kampf um soziale, wirtschaftliche und politische Emanzipation sowie für verbesserte Arbeitsbedingungen wurde von sozialistischen Arbeiterparteien und Gewerkschaften angeführt.

Dieser Überblick verdeutlicht, dass die Industrialisierung eine grundlegende revolutionäre Umwälzung der gesamten gesellschaftlichen Verhältnisse in Gang setzte.

1.2 England – der Industriepionier

Bevölkerungszunahme und Agrarrevolution

In Großbritannien setzte durch das Zusammenwirken mehrerer günstiger Rahmenbedingungen die erste Phase der europäischen Industrialisierung ein. Dabei gilt die im 18. Jahrhundert einsetzende Bevölkerungszunahme als Auslöser für den Modernisierungsprozess. Der im europäischen Vergleich fortschrittlichen Landwirtschaft gelang es dank hoher Produktivitätsschübe, die wachsende Bevölkerung ausreichend mit Lebensmitteln zu versorgen, sodass in England eine große Nachfrage nach Gütern der heimischen Gewerbeproduktion sowie ein kontinuierlich wachsendes Arbeitskräftereservoir entstand. Vorteilhaft auf die englische Agrarproduktion wirkte sich die seit langem bestehende Auflösung feudaler Abhängigkeiten aus, die soziale Mobilität und Privatinitiative förderte. Ein wichtiger Faktor war auch die im 17. Jahrhundert durchgeführte Flurbereinigung („enclosures"), welche Gemeindeland privatisierte und verstreut liegende Felder zu agrarischen Großbetrieben konzentrierte. Die landwirtschaftliche Nutzfläche erhöhte sich um ein Drittel und mithilfe neuer Anbaumethoden wie Düngung und Fruchtwechsel etablierte sich eine gewinnorientierte Landwirtschaft. Es entstand eine Adelsschicht, die sich der kommerzialisierten Landwirtschaft widmete und für ihre Überschüsse rentable Anlagemöglichkeiten suchte. So konnte die englische Aristokratie mit ihrem Kapitaleinsatz die Industrialisierung auf der Insel maßgeblich fördern. Einige Forscher sprechen deshalb von einer „Agrarrevolution" im 18. Jahrhundert, die der Industrialisierung vorausging.

Auch die naturräumlichen Bedingungen auf der Insel beförderten die Industrialisierung. Kein Ort in England ist mehr als ca. 120 km vom Meer entfernt. Große und einfach abbaubare Kohlevorkommen stellten neben Wind- und Wasseranlagen leicht verfügbare Energiequellen dar. Privatinitiative ließ im 18. Jahrhundert eine moderne Verkehrsinfrastruktur in Form von Straßen und Kanälen entstehen, was den Gütertransport beschleunigte und verbilligte. Ebenso förderte Englands früh geschaffener einheitlicher Wirtschaftsraum mit verlässlichem Währungs-, Steuer- und Zollsystem den Handel.

Unternehmerische Eigeninitiative

Die relative Offenheit und soziale Flexibilität der englischen Gesellschaft wirkten ebenfalls vorteilhaft auf den industriellen Wandel. In England befanden sich spätestens seit der „Glorious Revolution" politische Freiheiten auf dem Vormarsch. Ein größeres Vermögen galt Bürgerlichen als Eintrittskarte in den Adelsstand. Unterhalb des Adels bildete sich in den Städten ein breites selbstbewusstes Bürgertum von Händlern und Gewerbetreibenden, das sein Privateigentum ohne größere staatliche Gängelung wie im Merkantilismus kreativ und flexibel dem rentabelsten Verwendungszweck zuführen konnte. Vielmehr förderte der Staat unternehmerische Eigeninitiative durch ein effizientes Rechtssystem. Schnell entstanden Gewerbezweige, wie die Textilbranche, die sich durch kontinuierliches Wachstum und eine Massenproduktion für den breiten Konsum auszeichneten. Dieses Wirtschaftswachstum produzierte wiederum durch die Kaufkrafterweiterung neues Wirtschaftswachstum. Ganz allmählich wandelte sich das ehemals agrarisch geprägte England zu einer Industriegesellschaft, in der ökonomische Entwicklungen zunehmend von technischen Innovations- und ökonomischen Investitionsschüben bestimmt wurden.

Investitionsmöglichkeiten eröffneten sich aufgrund der vielen technischen Innovationen, die seit dem 18. Jahrhundert in England gemacht wurden und die relativ schnell in der Güterproduktion eine praktische Bedeutung fanden. Englands technischer Industrialisierungsvorsprung gegenüber Kontinentaleuropa basierte u. a. auf folgenden Erfindungen: das Spinnrad mit mehreren Spindeln (1764), die Dampfmaschine (1765), die Spinnmaschine (1769), der mechanische Webstuhl (1786) sowie das für die Produktion großer Mengen von Stabeisen wichtige Puddel- und Walzverfahren (1783). In England wurden erst-

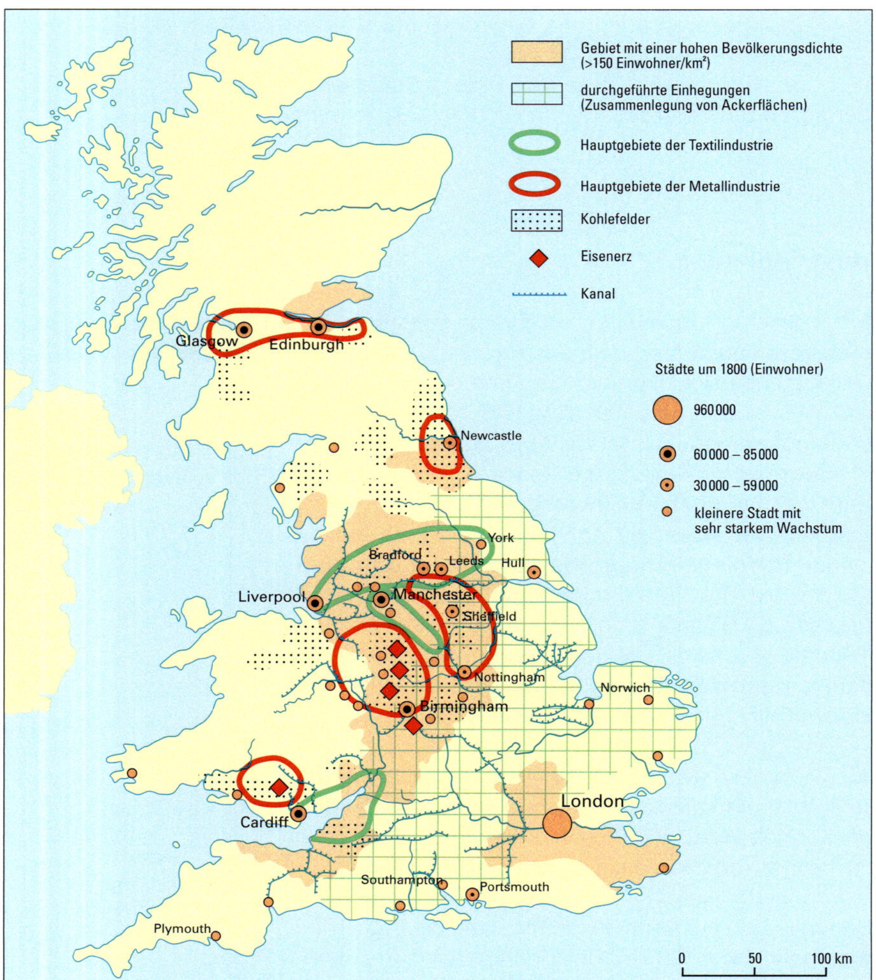

2 **Die britische Industrie um 1800**

mals Eisenschienen in Bergwerken eingesetzt (1760) und dafür baute Stephenson 1814 die erste geeignete und durch Dampfkraft angetriebene Zugmaschine, eine Lokomotive, mit der das Erz in Karren transportiert wurde. 1825 fuhr die erste Eisenbahn zur Personenbeförderung von Stockton nach Darlington.

Mechanisierung der Textilindustrie

Das Einsatzgebiet dieser technischen Erfindungen zeigt, dass sich die Textil- und Baumwollbranche zum ersten industriellen Leitsektor Englands ausbildete. England wandelte sich in wenigen Jahrzehnten vom Importeur von Baumwollfertigprodukten zum Exporteur von Baumwollprodukten mit Monopolstatus auf dem Weltmarkt.

Aus der zunehmenden Verwendung von Dampfmaschinen entwickelten sich der Maschinenbau sowie die Eisenindustrie. Die Mechanisierung in der Textilindustrie führte also zu einer beschleunigten Entwicklung in anderen Wirtschaftsbereichen, was als Koppelungseffekt bezeichnet wird.

Diese Koppelungseffekte führten zur Etablierung eines zweiten industriellen Führungssektors. Mithilfe der von James Watt 1782 optimierten Dampfmaschine und des 1784 durch Henry Cort eingeführten Puddelverfahrens lösten Eisen und Kohle Holz als universellen Energieträger und Baustoff ab. Der Einsatz der Dampfmaschine in der Textilindustrie, in der Landwirtschaft, im Bergbau und vor allem beim Bau und Betrieb von Eisenbahnstrecken ließ die Nachfrage nach Eisen und Feuerungskohle in der ersten Hälfte des 19. Jahrhunderts schlagartig ansteigen. Bergbau, Eisenindustrie und Eisenbahn lösten auf der Insel die wirtschaftliche Dominanz der Textilindustrie ab und entwickelten sich zu einem eng verkoppelten Wachstumsbereich – was als Führungssektorenkomplex bezeichnet wird.

1.3 Der Wirtschaftsliberalismus

Adam Smith

In Zusammenhang mit der beginnenden Industriellen Revolution steht auch die Theorie des Wirtschaftsliberalismus, die der schottische Moralphilosoph und Ökonom Adam Smith (1723–1790) vor allem in seinem Hauptwerk „The Wealth of Nations" (1776) entwickelte. Smith formulierte auf Grundlage eines individualistischen Menschenbildes ein Interaktionsmuster für die Beziehungen zwischen Produzenten, Konsumenten und dem Staat. Nach Smith könne erst ein Staat, der sich weitgehend aus den Privatangelegenheiten der Bürger heraushält, die Entfaltung der individuellen Freiheit ermöglichen. In diesem System der Freiheit kann der Markt seine Aufgaben als zentraler Ort der Interessenregulation von Angebot und Nachfrage übernehmen. Den Markt definierte Smith als einen Ort, auf dem Angebot (Produzenten) und Nachfrage (Konsumenten) zusammentreffen. Zunächst stehen sich diese beiden Gruppen auf dem Markt im Interessengegensatz gegenüber. Ziel der Konsumenten ist es, den Preis zu drücken (oder anderes formuliert für ihr Geld den größten Nutzen zu erhalten), während die Produzenten danach trachten, den größtmöglichen Gewinn zu erwirtschaften. Auf dem Markt werden diese unterschiedlichen Interessen nach Smith durch den Preis in Einklang gebracht.

Grundlage dieser in der Tradition der Aufklärung stehenden Theorie sind rational handelnde Menschen, die einen Überblick über alle Angebote auf dem Markt besitzen. Sie sollen jederzeit Zugang zu offenen Märkten besitzen und müssen ihre Entscheidung frei treffen können. Staatliche Eingriffe, wie sie durch Zünfte oder im Merkantilismus üblich waren, dürfen nicht stattfinden, weil das die regulierende Kraft des Preises aufhebt. Für sein Wohl hat der freie Bürger selbst zu sorgen. Staatliche Aufgaben liegen in der Bereitstellung der unerlässlichen Infrastruktur sowie dem militärischen Schutz nach außen. Durch die Aufrechterhaltung des Wettbewerbs auf freien Märkten könne sich mit der Entfaltung der Arbeitsteilung die Produktivität der Menschen prinzipiell tausendfach vervielfältigen. Die geschickte Verteilung von Arbeit trage in Verbindung mit der freien Entfaltung individueller Talente zu einem stetig wachsenden gesellschaftlichen Reichtum bei.

In der Fortführung der Theorien Smiths vertraten die Verfechter des Wirtschaftsliberalismus die Ansicht, der Staat habe sich aus der Wirtschaft fernzuhalten. Wirtschaftskrisen, Arbeitslosigkeit oder Absatzkrisen können demnach bei staatlicher Abstinenz in Wirtschaftsangelegenheiten nie von langer Dauer sein, da der Markt über den Preismechanismus Selbstheilungskräfte besitze. So entstehe z. B. Arbeitslosigkeit häufig erst durch staatliche Eingriffe in den Arbeitsmarkt.

Das System der Wirtschaftsfreiheit zwischen Konsumenten und Produzenten übertrug Smith auch auf die Wirtschaftsbeziehungen zwischen Staaten. Demnach sollte wie im Inneren einzelner Länder auch zwischen einzelnen Staaten der Handel nicht durch Steuern oder Zölle behindert werden. Smith und in der Folge David Ricardo (1772–1823) entwickelten eine Theorie des Freihandels. So lassen sich heute noch viele Globalisierungsprozesse nur mit Kenntnissen von Ricardos Freihandelslehre nachvollziehen.

Adam Smith begründete die Disziplin der Wirtschaftswissenschaften. Die Vertreter eines „Nachtwächterstaates" im 19. Jahrhunderts beriefen sich auf ihn und seine Theorie besitzt heute noch weltweit eine große Attraktivität. Die Gegner des Wirtschaftsliberalismus kritisieren seine Theorie dagegen als Ideologie, die wirtschaftlich Erfolgreiche und Starke noch stärker mache und keine Rücksicht auf wirtschaftliche Verlierer nehme. Die Gefahr, dass freier Wettbewerb allein sich selbst zerstöre und ohne staatliche Sicherung (z. B. durch Kartellbehörden) zu Monopolbildungen tendiere, wird seiner Theorie ebenso vorgehalten.

CAPITAL AND LABOUR.

3 Capital and Labour. Anonyme Karikatur aus der englischen Zeitschrift „Punch", 1843

4 Industriezentrum Manchester 1851. Gemälde von William Wylde, 1851 Manchester entwickelte sich früh zu einem Zentrum der englischen Industrialisierung.

5 Ein Reisebericht aus Manchester

1845 erschien Friedrich Engels Bericht über die Lage der Arbeiter in England. Er hatte ab 1842 in Manchester gelebt, um in der dortigen väterlichen Baumwollspinnerei seine kaufmännische Ausbildung zu vollenden. Folgender gekürzter Auszug behandelt die Wohnverhältnisse von Fabrikarbeitern aus Manchester:

In einem dieser Höfe steht ein Abtritt, der keine Tür hat und so schmutzig ist, dass die Einwohner nur durch eine stagnierende Pfütze von faulem Urin und Exkrementen, die ihn umgibt, in den Hof oder heraus können; unten am Flusse stehen mehrere Gerbereien, die die ganze Umgegend mit animalischem Verwesungsgeruch erfüllen. In der Tiefe fließt oder vielmehr stagniert der Irk, ein schmaler, pechschwarzer, stinkender Fluss, voll Unrat und Abfall, den er ans rechte, flachere Ufer anspült; bei trocknem Wetter bleibt an diesem Ufer eine lange Reihe der ekelhaftesten schwarzgrünen Schlammpfützen stehen, aus deren Tiefe fortwährend Blasen miasmatischer Gase aufsteigen und einen Geruch entwickeln, der selbst oben auf der Brücke, vierzig oder fünfzig Fuß über dem Wasserspiegel, noch unerträglich ist. Oberhalb der Brücke stehen hohe Gerbereien, weiter hinauf Färbereien, Knochenmühlen und Gaswerke, deren Abflüsse und Abfälle samt und sonders in den Irk wandern, der außerdem noch den Inhalt der anschließenden Kloaken und Abtritte aufnimmt. Überall halb oder ganz verfallene Gebäude, in den Häusern selten ein bretterner oder steinerner Fußboden, dagegen fast immer zerbrochene, schlecht passende Fenster und Türen, und ein Schmutz! – Schutthaufen, Abfall und Unflat überall; stehende Pfützen statt der Rinnsteine, und ein Geruch. Nicht einmal für die Befriedigung der allernatürlichsten und alltäglichsten Bedürfnisse gibt es geeignete Gelegenheit. [Wir] finden außerdem noch einen andern Umstand, der für die Reinlichkeit der Einwohner sehr nachteilig ist, nämlich die Masse Schweine, die hier überall auf den Gassen umherspazieren, den Unrat durchschnüffeln oder in den Höfen in kleinen Ställen eingesperrt sind. Der Arbeiter ist gezwungen, solche verkommene Cottages zu bewohnen, weil er keine besseren bezahlen kann.

Der abscheulichste Fleck – heißt Klein-Irland. Oft ist eine ganze irische Familie in einem Bett zusammengedrängt; oft verbirgt ein Haufen schmutziges Stroh und Decken von altem Sackleinen alle in einem ununterscheidbaren. Oft fanden die Inspektoren in einem Hause mit zwei Zimmern zwei Familien; in dem einen Zimmer schliefen sie alle, das andre war gemeinsames Esszimmer und

Küche; und oft wohnte mehr als eine Familie in einem einstubigen feuchten Keller. Wir müssen hinzufügen, dass viele Familien, die selbst nur ein Zimmer haben, darin Kostgänger und Schlafgenossen für eine Entschädigung aufnehmen, dass solche Kostgänger von beiden Geschlechtern nicht selten sogar mit dem Ehepaar in einem und demselben Bette schlafen.

Friedrich Engels: Die Lage der arbeitenden Klasse in England, nach eigner Anschauung und authentischen Quellen. Entnommen aus: Marx-Engels Werke, 1976, Band 2, Seite 225–506. Zit. nach: http://gutenberg.spiegel.de/engels/dielage/me02_002.htm

6 Adam Smith: Das einfache System der natürlichen Freiheit

Der Mensch [...] braucht fortwährend die Hilfe seiner Mitmenschen und vergeblich erwartet er diese von ihrem Wohlwollen allein. Er wird viel eher sein Ziel erreichen, wenn er ihr Selbstinteresse zu seinen Gunsten lenken und ihnen zeigen kann, dass sie auch ihren eigenen Vorteil verfolgen, wenn sie für ihn tun, was er von ihnen haben will. Wer einem anderen ein Geschäft irgendwelcher Art anträgt, verfährt in diesem Sinne. Gib mir, was ich brauche, und du sollst haben, was du brauchst, [...]. Nicht von dem Wohlwollen des Fleischers, Brauers oder Bäckers erwarten wir das, was wir zum Essen brauchen, sondern von der Rücksichtnahme auf ihr eigenes Interesse. Wir wenden uns nicht an ihre Menschenliebe, sondern an ihr Selbstinteresse und sprechen zu ihnen nie von unserem Bedarf, sondern von ihren Vorteilen.

Der Einzelne [...] hat den eigenen Vorteil im Auge und nicht etwa den der Volkswirtschaft. Aber gerade das Streben nach seinem eigenen Vorteil ist es, das ihn ganz von selbst oder vielmehr notwendigerweise dazu führt, sein Kapital dort einzusetzen, wo es auch dem ganzen Land so den größten Nutzen bringt. Verfolgt er nämlich sein eigenes Interesse, so fördert er damit indirekt das Gesamtwohl viel nachhaltiger, als wenn die Verfolgung des Gesamtinteresses unmittelbar sein Ziel gewesen wäre. Ich habe nie viel Gutes von denen gehalten, die angeblich für das allgemeine Beste tätig waren. [...] Erstens ist ein jeder bestrebt, viel von seinem Kapital möglichst in der nächsten Umgebung und folglich zur Unterstützung des einheimischen Gewerbes zu investieren, [...].Zweitens wird jeder, der sein Kapital zur Unterstützung der eigenen Volkswirtschaft investiert, notwendigerweise bestrebt sein, die wirtschaftliche Aktivität so zu lenken, dass ihr Ertrag den größtmöglichen Wert erzielen kann. [...]

Wenn daher jeder Einzelne so viel wie nur möglich danach trachtet, sein Kapital zur Unterstützung der einheimischen Erwerbstätigkeit einzusetzen und dadurch diese so lenkt, dass ihr Ertrag den höchsten Wertzuwachs erwarten lässt, dann bemüht sich auch jeder Einzelne ganz zwangsläufig, dass das Volkseinkommen im Jahr so groß wie möglich werden wird. Tatsächlich fördert er in der Regel nicht bewusst das Allgemeinwohl, noch weiß er, wie hoch der eigene Beitrag ist. [...] Und er wird in diesem wie auch in vielen anderen Fällen von einer unsichtbaren Hand geleitet, um einen Zweck zu fordern, den zu erfüllen er in keiner Weise beabsichtigt hat. Auch für das Land selbst ist es keineswegs immer das Schlechteste, dass der Einzelne ein solches Ziel nicht bewusst anstrebt, ja, gerade dadurch, dass er das eigene Interesse verfolgt, fördert er häufig das der Gesellschaft nachhaltiger, als wenn er wirklich beabsichtigt, es zu tun. [...]

Gibt man daher alle Systeme der Begünstigung und Beschränkung auf, so stellt sich ganz von selbst das einsichtige und einfache System der natürlichen Freiheit her. Solange der Einzelne nicht die Gesetze verletzt, lässt man ihm völlige Freiheit, damit er [...] seinen Erwerbsfleiß und sein Kapital im Wettbewerb mit jedem anderen oder einem anderen Stand entwickeln oder einsetzen kann. Der Herrscher wird dadurch vollständig von einer Pflicht entbunden, [...] nämlich der Pflicht oder Aufgabe, den Erwerb privater Leute zu überwachen und ihn in Wirtschaftszweige zu lenken, die für das Land am nützlichsten sind. Im System der natürlichen Freiheit hat der Souverän lediglich drei Aufgaben zu erfüllen [...]: Erstens die Pflicht, das Land gegen Gewalttätigkeit und Angriff anderer unabhängiger Staaten zu schützen, zweitens die Aufgabe, jedes Mitglied der Gesellschaft so weit wie möglich vor Ungerechtigkeit oder Unterdrückung durch einen Mitbürger in Schutz zu nehmen oder ein zuverlässiges Justizwesen einzurichten, und drittens die Pflicht, bestimmte öffentliche Anstalten und Einrichtungen zu gründen und zu unterhalten, die ein Einzelner oder eine kleine Gruppe aus eigenem Interesse nicht betreiben kann, weil der Gewinn ihre Kosten niemals decken könnte, obwohl er häufig höher sein mag als die Kosten für das ganze Gemeinwesen.

Zit. nach: Adam Smith: Der Wohlstand der Nationen. Eine Untersuchung seiner Natur und seiner Ursachen. Übers.: H. C. Recktenwald. München 1978, 3.369–371, 3.582.

7 David Ricardo: Komparative Kostenvorteile

David Ricardo (1772–1823) war ein Wegbereiter des Wirtschaftsliberalismus. [Ricardos] Theorie des Außenhandels bestimmt bis heute die Freihandelsdebatte. Mit seinen Gedanken zum Außenhandel [...] propagierte er den freien Handel. Er begründete dies mit seinem Theorem der „komparativen Kostenvorteile". Zentrales Argument: Der Warenaustausch zwischen zwei Ländern lohnt sich für beide selbst dann, wenn ein Land alle Güter günstiger herstellen kann als das andere.

Ricardo erklärte seine Theorie am Beispiel der Handelsnationen England und Portugal und der beiden Allerweltsgüter Tuch und Wein. Er geht von der stark vereinfachten Vorstellung aus, dass beide jeweils nur ein Gut liefern: Das industrialisierte England bezieht Wein aus dem Agrarland Portugal und exportiert seine Stoffe dorthin. Dieser Handel ist für beide Länder von Nutzen, sagt Ricardo, obwohl Portugal beide Güter (in Arbeitszeit gemessen) zu niedrigeren Stückkosten herstellen kann als England.

Die Portugiesen sind jedoch im Vergleich zu den Engländern bei der Weinerzeugung noch deutlich produktiver als bei der Tuchherstellung – deshalb liegt der komparative Kostenvorteil Portugals bei Wein. Für das Land lohnt es sich daher, sich auf die Weinerzeugung zu konzentrieren und das Tuch nicht mehr selbst zu weben, sondern im Handel mit England gegen Wein einzutauschen – denn die Portugiesen brauchen weniger Arbeit, die für den Export benötigte Menge Wein zu erzeugen, als sie einsetzen müssten, wenn sie das Tuch für den Eigenbedarf selbst fertigten. Spiegelbildlich haben die Engländer einen komparativen Kostenvorteil bei Tuchen: Ihr Arbeitseinsatz, das für den Tausch benötigte Tuch herzustellen, ist geringer als beim Anbau eigenen Weins. Die eingesparten Arbeitskräfte kann England dann profitabler in anderen Industriezweigen einsetzen. Ricardos Fazit: Wenn sich jedes Land auf das Produkt konzentriert, das es, relativ gesehen, billiger produzieren kann, wächst in beiden Ländern der Wohlstand. [...]

Ricardos Theorie bildete die Basis für die Diskussion über Freihandel und Schutzzölle, die das 19. Jahrhundert beherrschte [...]. Seine Ideen hatten Bestand und finden sich in der aktuellen Debatte über die weitere Liberalisierung des Welthandels wieder. Und David Ricardo schmückt heute sogar die Website der Welthandelsorganisation WTO.

Zit. nach: Ruprecht Hammerschmid/Katharina Kort: David Ricardo: Über die Grundsätze der Politischen Ökonomie und Besteuerung. In: http://www.zeit.de/archiv/1999/23/199923.biblio-serie_4_.xml

8 Ein Beispiel komparativer Kostenvorteile

Branche	England	Portugal	Insgesamt
Weinanbau (Wb)			
Menge in Tsd.	8	10	12
Stückkosten (in Tsd. £)	5	2	
Gesamtkosten (in Mio. £)	40	20	40
Tuchproduktion (T)			
Menge in Tsd.	5	7	80
Stückkosten (in Tsd. £)	4	3	
Gesamtkosten (in Mio. £)	20	21	60
Gesamtkosten (in Mio.£)	60	41	101
Kostenrelation	T/ Wb		
In England	4:5 = 0,8		
In Portugal	3:2 = 1.5		

Zusammengestellt vom Autor

9 Das Beispiel Indien – Komparative Kostenvorteile im Kolonialismus

Indien muss Rohstoffe, Grundstoffe in wachsendem Maß nach England ausführen. Dafür muss es ein Markt für englische Fertigprodukte werden. So trifft man alle nur denkbaren Maßnahmen, um die Entstehung bzw. Ausdehnung einer indischen Textilindustrie zu verhindern. Die „Fürsorge“ zeigt sich schon darin, mit welchen Zollmitteln England versucht, sogar Indiens Exporte in andere britische Kolonien zu behindern. So werden englische Baumwollwaren in Ceylon mit fünf Prozent verzollt, aber die indischen mit zehn bis zwanzig Prozent. Australien zahlt auf keine britischen Einfuhren außer Spirituosen irgendwelchen Zoll, aber auf indische fünf Prozent. Die Kap-Provinz belegt englische Einfuhren mit drei Prozent, indische mit zehn.

Umgekehrt ist Indien Englands drittwichtigster Abnehmer nach den USA und Deutschland. Zwischen 1827 und 1836 gehen acht bis zehn Prozent der englischen Ausfuhr nach Indien. [...] Ursprünglich hat England Textilien aus Indien eingeführt. Sobald sie mächtig genug sind, drängen die britischen Fabrikanten – die Lage umkehrend – auf ein Verbot für die Einfuhr indischer Textilwaren. Stattdessen werden nun die Inder gezwungen, britische Textil- und andere Industriewaren frei hereinzulassen. Das ruiniert das indische Textilhandwerk und nacheinander den Schiffbau, das Metall-, Glas- und Papierhandwerk.

Der Ruin des Textilhandwerks und anderer Handwerksbetriebe durch die Engländer führt in Indien zu einer gesellschaftlichen Umwälzung. Er versetzt den bisher blühenden Gilden den Todesstoß. Die großen Manufakturstädte des Inneren wie Dacca, Patna, Nagpur, Amadabad entvölkern sich (Daccas Bevölkerung schrumpft innerhalb kurzer Zeit von 150000 auf 30000) [...]. Die aktivsten Regionen [...] verkümmern zugunsten der Zonen, in denen die Rohstoffe produziert werden, wie die Rohbaumwolle, und der Handelszonen, die an den englischen Markt gebunden sind. Die traditionelle einheimische Manufaktur kann sich nur in den abgelegenen Gebieten und im tiefsten Innern des Landes halten.

Eine Umstellung der Handwerkerschicht auf andere Industrien ist nicht möglich. [...] So müssen die Handwerker wieder Bauern und Landarbeiter werden. Aber davon gibt es ohnehin schon zu viele. Die Engländer erzwingen eine fortschreitende Spezialisierung beim Anbau der Exportprodukte: Aus dem Pandschab kommt Weizen, aus Bombay Baumwolle, aus Bengalen Jute. [...]

Zit. nach: Gert von Paczensky: Weiße Herrschaft – Eine Geschichte des Kolonialismus. Frankfurt/M. 1979, S. 308 ff.

Arbeitsvorschläge

a) Erstellen Sie eine Mindmap, die das Einführungskapitel 1.1 „Ein epochaler Einschnitt in der Menschheitsgeschichte" umfassend visualisiert. Diskutieren Sie die These vom Andauern des globalen Industrialisierungsprozesses. Beurteilen Sie die These des Verfassertextes, dass die Industrialisierung eine revolutionäre Umwälzung dargestellt habe.

b) Erklären Sie anhand der Karte und des Autorentextes das Voranschreiten der Industrialisierung auf der britischen Insel und die Bedeutung der jeweiligen Standortfaktoren in diesem Prozess (M 2).

c) Erläutern Sie die sozialen Verwerfungen, die in Folge der Industrialisierung in England auftraten (M 3–M 5). Zeichnen Sie auf der Grundlage der Schilderungen Engels die dargestellten Wohnverhältnisse der Arbeiter im Manchester der 1840er-Jahre. Informieren Sie sich über die Lebensverhältnisse in den Großstädten heutiger Entwicklungsländer und vergleichen Sie diese mit der Darstellung Engels.

d) Analysieren Sie den Text Smiths eingehend, indem Sie seinem Menschenbild, der Rolle des Staates und des Marktes (unsichtbare Hand) und dem „System der Freiheit" ein besonderes Augenmerk widmen. Erläutern Sie, in welchem Verhältnis Smiths Gedanken zur Industrialisierung in England stehen. Beziehen Sie unter Verwendung des Engelstextes kritisch Stellung zu den wirtschaftsliberalen Theorien Smiths (M 5, M 6).

e) Erklären Sie die vermeintlich komplizierte Theorie der Komparativen Kostenvorteile, indem Sie rechnerisch nachweisen, dass Portugal Wein und England Tuch herstellen sollte. Überlegen Sie, inwieweit Smiths System der Freiheit auch Ricardos Außenhandelstheorie zugrunde liegt. Stellen Sie eine Verbindung zwischen dem Außenhandel und der Industrialisierung Englands her. Übertragen Sie die Theorie der Komparativen Kostenvorteile auf den gegenwärtigen Globalisierungsprozess (M 6–M 8).

f) Erläutern Sie die wirtschaftlichen Beziehungen zwischen Indien und England während der Phase der Frühindustrialisierung. Informieren Sie sich dazu über die englische Kolonialpolitik auf dem indischen Subkontinent. Vergleichen Sie die Beziehungen Englands zu Indien mit Ricardos Theorie der komparativen Kostenvorteile (M 7–M 9).

1.4 Industrialisierung in Deutschland – vom Nachzügler zum Senkrechtstarter

Vorbild Großbritannien

Die Industrialisierung Großbritanniens wurde ab ca. 1800 für das übrige Europa als Modell und als Herausforderung angesehen, welche auf dem Kontinent unterschiedliche Nachahmungsprozesse initiierte. Die Versuche der englischen Regierung, durch Exportbeschränkungen für Maschinen und Auswanderungsverbote für Mechaniker das technische Know-how vor Imitation zu schützen, blieb weitgehend wirkungslos. Überall in England wurde spioniert, geschmuggelt, bestochen und gestohlen. Europäer bereisten die britische Insel, um Anschauungsunterricht zu erhalten, und viele englische Mechaniker leisteten auf dem Festland Entwicklungsarbeit. Bald sprang der industrielle Funke auf den Kontinent über, wobei das Vordringen des Industrialisierungsprozesses ein deutliches West-Ost-Gefälle in Europa aufwies. Um 1850 hatte die industrielle Entwicklung in den Benelux-Staaten, in Frankreich und der Schweiz, dann in Deutschland sowie Skandinavien Fuß gefasst. Je weiter östlich in Europa die Regionen lagen, umso später und schwächer vollzog sich in der Regel der Industrialisierungsprozess.
Dieser Aufholprozess kann nicht als bloße „Imitation“ begriffen werden, da durch die Nutzung der vorherrschenden naturräumlichen, kulturellen, sozialen, ökonomischen und politischen Rahmenbedingungen ein eigener industrieller Wachstumspfad eingeschlagen wurde. Innerhalb der einzelnen Staaten fand auch keine einheitliche Industrialisierung statt. Vielmehr fand in Abhängigkeit der gegebenen Standortfaktoren in Form von Bodenschätzen, Infrastruktur, Arbeitskräften, Produktionstechniken und vorindustrieller Gewerbetradition eine Industrialisierung der Regionen statt.

Innovationshemmnisse in Mitteleuropa

Die ungünstige Ausgangsituation Deutschlands führte zu einem verspäteten Einsetzen des Industrialisierungsprozesses. In Europas Mitte gelegen war das Land immer wieder Schauplatz verheerender kriegerischer Konflikte gewesen und wies eine Zersplitterung in 314 territoriale Einheiten auf, die sich durch unterschiedliche Konfessionen, Maß-, Münz- und Gewichtssysteme sowie ca. 1800 Zollschranken voneinander abgrenzten. Es bestand eine schlecht ausgebaute Verkehrsinfrastruktur und eine Teilnahme an der Kolonial- und Handelsexpansion der letzten Jahrhunderte hatte nicht stattgefunden.
Trotz einiger Fortschritte im Agrarsektor waren um 1800 ca. 70 bis 80 % aller Höfe in Deutschland kleine Subsistenzbetriebe, die ohne größere Marktverflechtungen bloß für den eigenen Bedarf produzierten. Die Landwirtschaft bot um 1800 ca. drei Viertel der Bevölkerung ihre überwiegende Beschäftigung, während 1815 von den 23 Millionen Deutschen noch 90 % in Dörfern und Städten mit weniger als 5000 Einwohnern lebten. Aus der Landwirtschaft kamen nur geringe Nachfrageimpulse für die gewerbliche Produktion. Feudalabgaben und Steuerlasten dämpften die geringe Nachfrage zusätzlich.
Ein weiteres Innovationshemmnis lag in der relativen Starrheit der Gesellschaft. Die schroffe Scheidung der Ständegesellschaft sowie traditionelle Rechtsnormen und Grundeinstellungen hemmten Landwirtschaft und Handwerk. Im Agrarbereich behinderten die Feudalverhältnisse in Form von Grund- und Gutsherrschaft die ökonomische und soziale Mobilität, während im Handwerk weiterhin Zunftordnungen bestanden, welche technische Innovationen, unternehmerische Konkurrenz, Expansion und individuelles Erfolgsstreben unterdrückten.

Dennoch besaß Deutschland bereits vor 1800 ein wirtschaftliches Entwicklungspotenzial, auf das zurückgegriffen werden konnte. Die deutschen Staaten wiesen gut funktionierende Verwaltungen und ein vergleichsweise fortschrittliches Bildungssystem auf. In deutschen Städten bestand seit dem Mittelalter eine Kaufmannstradition und in ausgesuchten Branchen besaßen deutsche Gewerbeerzeugnisse Weltruf. Seit Mitte des 18. Jahrhunderts wuchs die deutsche Bevölkerung, was allmählich die Konsumnachfrage und das Arbeitskräfteangebot erhöhte. Ende des Jahrhunderts existierten vor allem zwei protoindustrielle Produktionsformen: die staatlich geförderte Manufakturproduktion sowie das Verlagswesen (Herstellung von Waren durch Heim-bzw. Handwerker, finanziert durch einen Kaufmann, der in Vorlage geht und die Waren vertreibt). Hier fanden etwa eine Millionen Menschen Beschäftigung.

Protoindustrielle Kerne als Keimzellen

Die protoindustriellen Zentren bereiteten die Industrialisierung mit vor. Sie erhöhten durch neue Erwerbsmöglichkeiten das Bevölkerungswachstum, was den Industrialisierungsdruck steigerte. Es entwickelte sich auch eine dünne Schicht an modernen Wirtschaftsbürgern, die Erfahrung im Umgang mit größeren Geldsummen sowie der Produktion und dem Vertrieb von Gütern besaß. Ein Reservoir von geschulten und disziplinierten Arbeitskräften entstand ebenfalls.
Diese protoindustriellen Kerne wurden um 1800 durch zukunftsweisende Fabriken eines neuen Typs ergänzt. Vor allem das Bergische Land, reich an Rohstoffen und Unternehmertalenten, entwickelte sich zu einem frühindustriellen Zentrum. Rund um das Dreistädtedreieck des heutigen Wuppertals, Solingen und Remscheid arbeiteten im ausgehenden 18. Jahrhundert schon 40 000 aller 260 000 Einwohner des Herzogtums Berg in der ganz auf Export ausgerichteten Textil- und Kleineisenindustrie. In Ratingen eröffnete Johann Gottfried Brügelmann 1784 die erste mechanische Baumwollspinnerei. Dennoch waren es nur kleine Anfänge: Während es 1819 in England 5000 Dampfmaschinen gab, konnte Preußen noch 1837 nicht mehr als 423 vorweisen.

1 Entwicklung des Deutschen Zollvereins
Die Gründung des Zollvereins war ein gewaltiger Schritt in Richtung Binnenmarkt. Dennoch dauerte es noch Jahrzehnte bis zur vollendeten wirtschaftlichen Einigung Deutschlands.

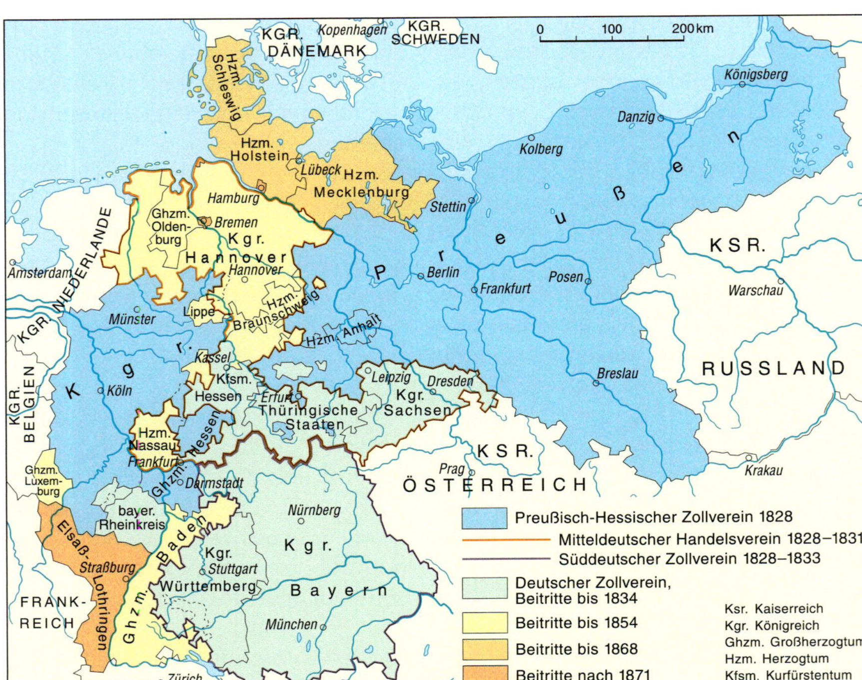

Preußische Reformen als Motor in Deutschland

Dennoch wurde Preußen nach der Gründung des Deutschen Bundes 1815 zum wesentlichen Motor der deutschen Frühindustrialisierung. Nach der Niederlage gegen das napoleonische Frankreich begann Preußen mit einer wirtschaftsliberal orientierten Modernisierungs- und Reformpolitik In den beiden Edikten zur Bauernbefreiung (1807) und zur Gewerbefreiheit (1810) wurden die feudalen Strukturen in Form von Grundherrschaft und Leibeigenschaft sowie die kommunale Gewerbeaufsicht durch die Zunftherrschaft in weiten Teilen aufgelöst. Ansätze eines Agrarkapitalismus entwickelten sich, der den adligen Grundbesitz stärkte und viele Kleinbauern zu Landarbeitern absinken ließ. Gleichwohl verdoppelte die gewinnorientierte Landwirtschaft den Gesamtertrag auf den vergrößerten Anbauflächen von 1807 bis 1848. Auch die Aufhebung der Zunftrechte führte zu mehr Konkurrenz und Innovation im Handwerk.

Die Zollschranken fallen

Weiterhin versuchte Preußen, die Grundlage für einen zusammenwachsenden Wirtschaftsraum mit den territorialen Neuerwerbungen im Westen herzustellen. 1818 wurden durch das Zollgesetz die tarifären Hemmnisse im Inneren Preußens beseitigt und 1821 durch das Münzgesetz die Vielzahl an gültigen Währungen vereinheitlicht. An den Außengrenzen wurde ein niedriger, am Freihandel orientierter Grenzzoll festgesetzt, der den Import britischer Fertigwaren und wichtiger Rohstoffe erleichterte. Die Folge war ein massiver Druck auf unrentable preußische Produzenten, die sich entweder gegen die ausländische Konkurrenz behaupteten oder vom Markt verschwanden.

Preußen übte Druck auf die deutschen Kleinstaaten aus, die einzelnen Zollschranken nicht nur im Inneren ihrer Souveränitäten, sondern auch zwischen den Einzelterritorien abzubauen. Auch aus den Reihen der Kaufleute und Fabrikanten wurde die Schaffung eines einheitlichen Zollsystems der deutschen Länder gefordert. Bekanntester Wortführer des Freihandelsgedankens wurde dabei der Tübinger Volks- und Staatswissenschaftler Friedrich List (1789–1846), der sich für Freihandel und für „Erziehungszölle" zum Schutz der deutschen Wirtschaft einsetzte. Dem Misstrauen der Kleinstaaten gegenüber dem wirtschaftlich mächtigsten und bevölkerungsreichsten Preußen konnte Berlin entgegenwirken, indem es den zahlungsschwachen Ländern äußerst günstige Konditionen bei der Verteilung der Zolleinnahmen in Aussicht stellte. Am 1. Januar 1834 ersetzte der Deutsche Zollverein unter preußischer Führung die bestehenden regionalen Zollverbindungen und es entstand ein Binnenmarkt mit einer Bevölkerung von 26 Millionen Menschen. Bis auf Österreich, das als Vorgriff auf die kleindeutschen Reichsgründungen außen vor blieb, traten in den nächsten Jahren alle übrigen Staaten dem Zollverein bei. Der Zollverein gilt als eine wesentliche Wegmarke im politischen und wirtschaftlichen Einigungsprozess Deutschlands. Die erhöhte Konkurrenz führte zu unternehmerischen Innovationen. Der Binnenmarkt minderte das Absatzrisiko gewerblicher Massenproduktion und verbesserte das Investitionsklima. Dennoch blieb Deutschland abgesehen von industrieller Wachstumsinseln vorerst noch ein Agrarland.

1.5 Die Industrielle Revolution bricht sich Bahn

Schrittmacherindustrien

Im dritten Viertel des 19. Jahrhunderts gelang in vielen deutschen Regionen der wesentliche Durchbruch der Industrialisierung. Die Eisenbahn übernahm die „Lokomotivfunktion" und strahlte durch wirtschaftliche Koppelungseffekte auf viele weitere industrielle Produktionszweige aus. Mit der Eisenbahn entwickelten sich der Steinkohlenbergbau, die Eisen- und Stahlindustrie sowie der Maschinenbau zu Führungssektoren. Für den Betrieb und den Bau des rapide wachsenden Eisenbahnnetzes wurden Stahl, Steinkohle und Lokomotiven benötigt. Die Stahlproduktion verschlang immense Mengen an Steinkohle, während die Förderung der Steinkohle wiederum die Bereitstellung von Maschinen, Pumpen und anderen Werkzeugen erforderte. Alle Industrien griffen wiederum auf die Eisenbahnen als sich stets verbilligendes Transportmittel zurück, womit die gegenseitige Durchdringung auf einem nationalen Binnenmarkt weiter gefördert wurde. Infolge der durch die Eisenbahn hervorgerufenen Kommunikationsrevolution (parallel zu den Eisenbahntrassen wurde das Telegrafennetz ausgebaut) wuchsen die deutschen Regionen enger zusammen. Regionale Preisgefälle wurden abgebaut und Druck auf die jeweiligen Regierungen der deutschen Staaten ausgeübt, sich den wachstumsfördernden wirtschaftspolitischen Maßnahmen nicht zu verschließen.

Durch eine beträchtliche Ausweitung der Investitionen in der Schwerindustrie entstanden moderne Walzwerke, Gießereianlagen und Hochöfen, die mit Koks befeuert wurden. Die Stahlerzeugung wuchs um das Doppelte, die Roheisenerzeugung um mehr als das Dreifache. Im Sog dieser Wachstumsraten verdoppelte sich in den 1850er-Jahren auch der Abbau des neuen Energieträgers Steinkohle.

Produzenten und Händler von Massengütern, wie z. B. aus der Textilindustrie, konnten ihre Absatzmärkte jetzt erheblich erweitern. Dies führte zu einer Ausdehnung der Produktion in der Konsumgüterindustrie, die ihre Abnehmer in einer sich vergrößernden Arbeiterschaft mit allmählich ansteigendem Lohnniveau

2 Die Eisenbahn in „Lokomotivfunktion"
Das zeitgenössische Gemälde dokumentiert die erste Fahrt einer Eisenbahn auf deutschem Boden von Nürnberg nach Fürth im Jahre 1835. Sowohl die Lokomotive „Der Adler" als auch der Lokomotivführer stammten aus England. Dieser Technologietransfer war sinnbildlich für den gewaltigen Rückstand der deutschen Industrie zu diesem Zeitpunkt.

fand. Mitte der 1850er-Jahre machte sich sogar erstmals eine Verknappung der Arbeitskräfte bemerkbar, was sich in sinkenden Auswanderungszahlen und steigender Massenkaufkraft niederschlug.

Moderner Kapitalmarkt

Bau und Betrieb der Bahnstrecken erforderten ebenso wie der Aufbau von Großunternehmen in der Montanindustrie enorme Finanzmittel, welche die Möglichkeiten einzelner Investoren überstiegen. Der zügige Aufbau dieser kapitalintensiven Unternehmen des schwerindustriellen Führungskomplexes stellte eine deutsche Besonderheit dar, die sich durch die parallel verlaufende Etablierung eines leistungsfähigen Bankensystems erklären lässt. Hier sahen besonders neue Bankhäuser, wie z. B. das Kölner Haus Sal. Oppenheimer oder Bleichröder aus Berlin, ihre Chance. Sie konzentrierten die Ersparnisse der Bevölkerung und führten sie neuen Wachstumsbranchen zu. Diese Bankiers gewährten den Unternehmen der Schwerindustrie langfristige Kredite und platzierten deren Aktien am Markt. Je größer jedoch der Finanzbedarf der Industrie wurde, desto schwieriger wurde die Finanzierung durch Privatbanken. Deshalb übertrugen Bankiers die Erfahrungen mit den schwerindustriellen Aktiengesellschaften auf den Bankensektor und gründeten nach der Liberalisierung des Aktienrechts 1870 zügig Aktienkreditbanken. Zwischen 1870 bis 1872 entstanden Finanzhäuser, wie die Dresdner Bank, die Commerzbank oder die Deutsche Bank, die bis zur Jahrhundertwende das großindustrielle Kreditgeschäft vollends dominieren sollten. Aktiengesellschaften besaßen den Vorteil der Risikominderung für die Finanzinvestoren. Die Unternehmensbesitzer hafteten nur mit dem Wert der Kapitaleinlage. Die Aktien konnten jederzeit wieder veräußert werden, was zu einer Mobilisierung des Kapitalmarktes in die renditeträchtigsten Anlagemöglichkeiten führte.

Der Aufschwung der Eisenbahn verband internationale und nationale Wirtschaftsregionen und stimulierte zum Nutzen der deutschen Industrie gegenseitige Wachstumsprozesse. Zwischen 1850 und 1870 wuchs der internationale Handel um 260 %. Aber auch innenpolitische Rahmenbedingungen förderten das Wachstum der deutschen Wirtschaft. Die Revolution von 1848/49 hob die letzten feudalen Überreste in der Landwirtschaft auf, was zu einer weiteren Modernisierung des Agrarsektors führte. Liberalisierungen im preußischen Aktienrecht und Bergrecht vergrößerten unternehmerische Entfaltungschancen. Auch sollten die Energien des 1848 gescheiterten Bürgertums in neue wirtschaftliche Betätigungsfelder gelenkt werden. Der Staat schuf somit Rahmenbedingungen, die dem industriellen Entwicklungspotenzial Entfaltungsmöglichkeiten boten.

3 1808 – Beschwerde des ostpreußischen Gutsbesitzers und Generals Yorck von Wartenburg über den Minister Freiherrn vom und zum Stein

Der Mann (= vom Stein) ist zu unserm Unglück in England gewesen und hat von dort seine Staatsweisheit hergeholt; und nun sollen die in Jahrhunderten begründeten Institutionen des auf Seemacht, Handel und Fabrikwesen beruhenden reichen Großbritannien unserm armen, ackerbautreibenden Preußen angewöhnt werden. [...] Gleich [...] das bewirkte Edict, dass *Jeder* ohne Unterschied ein Rittergut kaufen, der Adel dagegen jedes bürgerliche Gewerbe treiben dürfe. Eine eigentliche Abschaffung, man möchte sagen, Verhöhnung des Adels ist dem Geiste unseres Monarchen und unseres Volkes durchaus zuwider. Wird der Gewürzkrämer oder der Schneider, der das Gut erwirbt oder der Spekulant, der auf seinen Profit gedacht hat und schon auf Wiederveräußerung sinnt, wird er auch im Unglück seinem Monarchen „zu Dienst sein mit Gut und Blut?" Wird der neue Herr seine Bauern, die ihn wohl mit Ziegengemecker an der Ehrenpforte empfangen, mit sich in der Treue festhalten, wie der alte Erbbesitzer tat, der in seinem Dorf über die Gemüter mit Liebe und Anhänglichkeit herrschte? Dass die sogenannte Sklaverei der Bauern usw. nur philanthropisches Geschwätz ist, wissen wir alle.

Doch läuft es eigentlich darauf hinaus, dass ein Grundbesitz sein soll wie ein Taler Geld, der durch die Zirkulation sich vervielfältigt, wobei noch durch die Stempelgebühren etwas für den Staat abfällt. Keine landesväterliche Idee nach dem Sinn des Königs. So etwas kann nur in der Kanzlei eines Bankiers oder von einem Professor, der einen schlecht verdauten Adam Smith vom Katheder dozirt, ausgeheckt werden. Leider hat sich dergleichen Geschmeiß des genialen Ministers bemächtigt. [...] Hörte man nicht sogar schon den demokratischen Unsinn, dass alle Stellen im Staat durch Votieren des Volkes besetzt werden möchten? Wie aber wird das schöne Land bei diesem Plusmachersystem verwüstet werden! [...] Der Spekulant, der ein Gut erwirbt, denkt nur auf die Gegenwart; er wird eilen, die schönen Eichen- und Buchenwälder niederzuhauen, weil sie nicht so viel einbringen wie Weizenfeld. [...] Ein anderes Steckenpferd, das der Minister reitet, ist die Population (Bevölkerungsvermehrung). Aus der Familie jedes ehrsamen Bürgers und Handwerkermeisters, der eine Anzahl Gesellen beschäftigt, ernährt und zur sittlichen Ordnung anhält, soll eine Anzahl kleiner Familien hervorgehen, indem jeder Gesell seine Dirne (Mädchen) heiratet und der Stifter eines neuen Geschlechts von Hungerleidern wird. [...] gleicht aber solche Pöbelerzeugung – wir sollten Gott danken, dass wir dergleichen nicht haben wie Frankreich und England – nicht dem Ungeziefer, das man aus Hobelspänen erzeugt?

Zit. nach: Günther Franz (Hrsg): Quellen zur Geschichte des deutschen Bauernstandes in der Neuzeit. Darmstadt (WBG) 1976, 2. Auflage, S. 344.

4 Der konservative Journalist und Kulturhistoriker Wilhelm Heinrich Riehl zur Gewerbefreiheit (1851)

Es ist eine sehr beachtenswerthe Erscheinung, dass der vormärzliche Polizeistaat, [...] die absolute Gewerbefreiheit ganz allein in seinen Schutz nahm. Das muss wohl eine bedenkliche Freiheit seyn, die sich solcher Gönnerschaft erfreut. Der Polizei- und Beamtenstaat fürchtete sich vor einem selbständigen und kräftigen Gewerbestande, und er wusste wohl, dass die absolute Gewerbefreiheit der sicherste Zügel ist für das bürgerliche Gewerb, einer von den Zügeln nämlich mit scharfem, ins Fleisch schneidendem Gebiss, mit denen man selbst das feurigste Ross zum lendenlahmen Klepper zügelt. Da wurde die Dilettantenwirthschaft der sogenannten „Patentmeisterschaft" eingeführt, wornach jeder, auch ungelernt, ein beliebiges Gewerb treiben kann, wenn er sich nur für ein paar Gulden ein Patent löst und einen Gesellen hält, und ist er ein speculativer Kopf, so kann er's auch mit einem halben Dutzend verschiedenartiger Gewerbe zu gleicher Zeit probiren [...] Man muss in Ländern gelebt haben, wo solche zügellose Gewerbefreiheit galt, um sich recht gründlich von ihrer Verderblichkeit zu überzeugen. [...]

Man gebe den einzelnen Gewerben wieder eine Corporationsverfassung mit eigener Verwaltung, aber man marke auch streng ihre Gränzen ab und schütze ein Gewerbe vor den Uebergriffen des andern. [...] Die Scheidung der Gewerbe unter sich ist scheinbar eine kleine und leichte Sache [...]. Und doch handelt sich's auch hier wieder um eine gewichtige sociale Frage. Der Glaser z.B. muss etwas von Schreinerarbeit verstehen. Erlaubte man ihm aber, dass er diese, soweit er kann, auch selbständig betreibe, dann wird er bald ein gefährlicher Nebenbuhler des Schreiners in den einfachsten, d.i. in den einträglichsten Schreinerarbeiten seyn. Der letztere kann ihm dieß aber nicht heimgeben, denn die Glaserarbeiten liegen ihm ganz fern. So könnte es geschehen, dass in einem gewerbfreien Orte nur Kunstschreiner neben den Glasern aufzukommen vermöchten. [...] Man möge sich auch verständigen, dass entweder den Kaufleuten der Handel mit Handwerksproducten untersagt, oder den Handwerkern der Verkauf von Rohstoffen ihres Gewerbes frei gegeben werde.

Dergleichen Dinge, wie die Feststellung der Gewerbebegränzung machen sich aber nicht auf der Schreibstube. Die Gesammtheit der Gewerbsleute weiß hier am besten Rath und Auskunft. Wo die Behörden in Gewerbsachen entscheiden müssen, da sollte ihnen immer ein technisches Collegium von Gewerbetreibenden begutachtend zur Seite stehen. [...]

Wilhelm Heinrich Riehl: Die bürgerliche Gesellschaft. Stuttgart 1851, S. 252 ff. Zit. nach: http://germanhistorydocs.ghi-dc.org/ (Digitalisierte Quellensammlung des Deutschen Historischen Instituts, Washington, DC)

5 Übervölkerung und Nahrungslosigkeit

Der Nationalökonom Friedrich Bülau Ruf untersucht die Gründe des Armutsproblems in Deutschland (1834):

Folglich lässt sich der bedenkliche Zustand, über den wir alle klagen, nicht als der Zustand der Übervölkerung, sondern als Nahrungslosigkeit bezeichnen. […] Um der Nahrungslosigkeit zu steuern, muss man ihre Quellen gefunden haben. Und wahrlich, man braucht auch in unsern hochkultivierten Staaten nicht weit zu suchen, um wirkende Ursachen zu erkennen, welche die Verarmung zahlreicher Volksklassen weit sicherer bewirken, als es die Zunahme der Volksmenge tut. Nicht dass die Armut vorhanden, dass sie nicht größer ist, ist zu verwundern.

Es ist oben erwähnt worden, dass der Landbau fast noch in keinem europäischen Staate auf der Höhe steht, zu der sich emporzuschwingen er von der Natur bestimmt ist. […] Alle die Verhältnisse, welche die Geschlossenheit der Güter bewirken, den Boden dem freien Verkehre entrücken, sowie die Grundlasten, die mit bleiernem Gewichte auf ihm ruhen, alles was in das Verhältnis des Menschen zum Grund und Boden andre Rücksichten bringt als die seiner bestmöglichen Benutzung, alles was diese selbst zurückhält, trägt auch dazu bei, dass weder der Landbau so viele Vorteile bringt als er könnte, noch an seinen Vorteilen so viele Anteil nehmen, als darauf Anspruch zu machen berechtigt sind. Der gefesselte Zustand des Landbaues hat einen großen Teil der Bevölkerung den Gewerben zugedrängt, der in dem Landbau, wenn dieser frei von Lasten und Beschränkungen gewesen wäre einen sichereren Lebensberuf gefunden haben würde. Nicht in den landbautreibenden Dörfern, sondern in den Fabrikorten, den Städten und deren Umgebungen treten die traurigen Erscheinungen der Nahrungslosigkeit am sichtlichsten hervor.

Wie aber in den Gewerben selbst oder vielmehr in den ihren Betrieb betreffenden Einrichtungen der Ursachen nur allzu viele liegen, die es bewirken, dass die aus ihnen erwachsenden Vorteile weder so hoch sind, noch in so weiter Ausdehnung sich verteilen, als es bei besserer Anordnung möglich wäre […]. Wenn man darüber klagt, dass so viele Kräfte keinen Lohn finden, so sollte man nicht damit anfangen, die Entfernung dieser Kräfte zu betreiben – geschweige denn gar diese Kräfte zu fesseln – sondern man sollte erst untersuchen, ob sich ihnen nicht ein lohnenderer Wirkungskreis eröffnen ließe. Und das Letztere muss man so lange annehmen, als noch Einrichtungen vorhanden sind, die viele Glieder des Volks verhindern, ihre Kräfte anzuwenden, wie und wo sie am leichtesten es vermögen. […]

Landbau und Gewerbe also sind noch weit davon entfernt, „den meisten Menschen das meiste Gute zu leisten“. Der Handel aber? Bedarf es wohl eines Beweises, dass sowohl den inneren Handel als den Welthandel tausend künstliche Hindernisse und Beschränkungen hemmen, die nur sein stetes Ringen nach Freiheit und die ihm eigentümliche wunderbare Schmiegsamkeit einigermaßen zu neutralisieren vermocht hat? Das Prohibitivsys-

6 Das Lendersdorfer Walzwerk bei Düren.
Gemälde von Carl Schütz (1838)
Der Anbruch des Eisenbahnzeitalters ab 1835 ließ auch die Montanindustrie aufblühen. Dennoch waren die deutschen Länder bis Mitte der 1850er-Jahre vom Eisenimport abhängig. Schon 1823 versuchte Eberhard Hoesch, die Leistungsfähigkeit seiner Betriebe zu steigern. Er unternahm 1823 eine Englandreise und informierte sich gegen gültige Gesetze über das neue Verfahren der Puddlingsfrischerei. Seine neuen Erkenntnisse setzte er in dem 1827 errichteten Puddel- und Schweißwerk in Lendersdorf bei Düren um.

tem ist die Grundlage der Handelspolitik vieler Staaten, und man wundert sich über Stockung und Verarmung?

Friedrich Bülau: Der Staat und die Industrie. Beiträge zur Gewerbspolitik und Armenpolizei. Leipzig 1834, S. 22–56. Aus: http://germanhistorydocs.ghi-dc.org/ (Digitalisierte Quellensammlung des Deutschen Historischen Instituts, Washington, DC)

7 Friedrich Lists Bittschrift an die Abgeordneten des Deutschen Bundes (1819)

In einem Lande, wo notorisch die Mehrzahl der Fabriken entweder eingegangen ist oder ein sieches Leben kümmerlich dahinschleppt, wo die Messen und Märkte mit Waren fremder Nationen überschwemmt sind, wo die Mehrzahl der Kaufleute fast untätig geworden ist, bedarf es da noch näheren Beweises, dass das Übel den höchsten Grad erreicht habe? […] Einzig in den Mängeln der gesellschaftlichen Ordnung in Deutschland suchen und finden wir die Ursache des Übels […] Achtunddreißig Zoll- und Mautlinien in Deutschland lahmen den Verkehr im Innern und bringen ungefähr dieselbe Wirkung hervor, wie wenn jedes Glied des menschlichen Körpers unterbunden wird, damit das Blut ja nicht in ein anderes überfließe. Um von Hamburg nach Österreich, von Berlin in die Schweiz zu handeln, hat man zehn Staaten zu durchschneiden, zehn Zoll- und Mautordnungen zu studieren, zehnmal Durchgangszoll zu bezahlen. Wer aber das Unglück hat, auf einer Grenze zu wohnen, wo drei oder vier Staaten zusammenstoßen, der verlebt sein ganzes Leben mitten unter feindlich gesinnten Zöllnern und Mautnern, der hat kein Vaterland. Trostlos ist dieser Zustand für Männer, welche wirken und handeln möchten; mit neidischen Blicken sehen sie hinüber über den Rhein, wo ein großes Volk vom Kanal bis an das Mittelländische Meer, vom Rhein bis an die Pyrenäen, von der Grenze Hollands bis Italien auf freien Flüssen und offenen Landstraßen Handel treibt, ohne einem Mautner zu begegnen. Zoll und Maut können, wie der Krieg, nur als Verteidigung gerechtfertigt werden. Je kleiner aber der Staat ist, welcher eine Maut errichtet, desto größer das Übel, desto mehr würgt sie die Regsamkeit des Volkes, desto größer die Erhebungskosten; denn kleine Staaten liegen überall an der Grenze […] Die alleruntertänigst Unterzeichneten […] wagen es demnach, einer hohen Bundesversammlung die alleruntertänigste Bitte vorzutragen:

1. Dass die Zölle und Mauten im Innern Deutschlands aufgehoben, dagegen aber
2. ein auf dem Grundsatz der Retorsion beruhendes Zollsystem gegen fremde Nationen aufgestellt werden

8 Ausbau des deutschen Schienennetzes

In Preußen entstand zwischen 1835 und 1880 sehr zügig ein flächendeckendes Eisenbahnnetz in vier Phasen: Zunächst wurden die großen Städte verbunden, dann diese Strecken miteinander verknüpft und anschließend zweispurig ausgebaut. Ab 1871 wurde das bestehende Netz dann weiter verdichtet.

möchte, bis auch sie den Grundsatz der europäischen Handelsfreiheit anerkennen […]

Friedrich List: a. a. O., S. 492 ff. Zit. nach: Manfred Görtemaker: Deutschland im 19. Jahrhundert. Leverkusen 1989, S. 166.

9 Kritische Überlegungen zum Nutzen der Eisenbahn (1841)

1841 bestritt ein Nationalökonom, dessen Name mit „K." abgekürzt war, in einer Zeitschrift die Notwendigkeit von Eisenbahnen:

[…] Eisenbahnen kann man kein Bedürfniss nennen; der Staat hat keine Verbindlichkeit, Personen und Waaren mit der Geschwindigkeit des Sturmes zu transportieren; wer solche Geschwindigkeit verlangt, mag sie bezahlen. […] Eisenbahnen zeichnen sich vor ändern Transportmitteln, an denen in Deutschland kein Mangel ist, hauptsächlich durch die größere Geschwindigkeit aus. […] Um aber den Werth der größern Geschwindigkeit zu bestimmen, muss man zwischen Personen- und Waarentransport unterscheiden. Was vorerst den Waarentransport betrifft, so hat es mit den meisten Waaren keine solche Eile, daß ihre Versendung nicht ohne allen Nachtheil auf den gewöhnlichen Wegen geschehen könnte. Zu den Waaren, deren schneller Transport wünschenswerth ist, gehören hauptsächlich solche, die durch einen langsamen Transport dem Verderben ausgesetzt sind, z. B. Esswaaren. Die meisten übrigen Waaren […] gelangen auf den bisherigen Wegen schnell genug an den Ort ihrer Bestimmung, wenn sie zu rechter Zeit bestellt und abgeschickt werden. […] Der Accent wird aber, und das mit Recht, auf den Personentransport gelegt Dieser ist es, durch den der Ertrag einer Eisenbahn gesichert werden muss, […] Beim Personentransport kommt es aber darauf an, zu welchem Zweck die Eisenbahnen benutzt werden, ob nämlich blos zum Vergnügen oder zu Reisen in Geschäften, nämlich zu industriellen und ändern nützlichen Zwecken. Was die Geschäftsreisen betrifft, so ist wohl selten so viel daran gelegen, dass die Reisenden mit der Geschwindigkeit der Eisenbahnen dahin befördert werden, wohin ihre Geschäfte sie rufen können. Die meisten Geschäfte lassen sich schriftlich abmachen, und es wäre Zeit- und Geldverschwendung, wenn man dem schriftlichen Verkehr den persönlichen ohne Noth substituiren wollte. Diejenigen Geschäfte aber, die sich nur persönlich abmachen lassen, haben gewöhnlich keine solche Eile, […] Bei denen, welche blos zum Vergnügen reisen, hat die Geschwindigkeit des Transports nur insofern Werth, als dadurch die Lust zum Reisen und somit die Zahl der Reisenden vermehrt wird. Die Eisenbahnen befördern sonach die Vergnügungssucht und vermehren den Geldumlauf und die Konsumtion. […] Durch die Eisenbahnen werden daher die Reisenden eigentlich nur den größern Städten oder interessanten Gegenden zugeführt, und so kommen Eisenbahnen, sofern sie zu Lustreisen dienen, eigentlich nur den Gastwirthen und dem gewerbetreibenden Publikum jener Städte und Gegenden zu gut; weniger bedeutende Orte dagegen, die gegen die größern Städte ohnedies schon im Nachtheil sind, verlieren dabei. Man kann daher Eisenbahnen zu denjenigen Anstalten rechnen, welche den Wohlstand Einzelner befördern. […]

Zit. nach: o.V. (K): Eisenbahnen auf Staatskosten, mit besonderer Beziehung auf Württemberg. In: Deutsche Vierteljahrs Schrift, Drittes Heft 1841, S. 213–236; hier S. 213 ff.

10 Eine Lokomotive der Firma Henschel in Kassel wird um 1860 zum Bahnhof transportiert. Erläutern Sie den Zwiespalt, der in diesem Gemälde zu Beginn des Eisenbahnbaus in Deutschland sichtbar wird.

11 Das „Auf und Ab" an der Börse

Der preußische Bankier und Finanzminister im Märzministerium David Hansemann, der sich zur Finanzierung seines Unternehmens der Rechtsform der Aktiengesellschaften bediente, schrieb 1846 an den preußischen Staats- und Finanzminister von Duesberg über den Aktienhandel in Preußen:

Nicht nur in Preußen sondern auch in andern Staaten, z.B. Österreich, Frankreich, Belgien und England, tritt die Erscheinung von Zeit zu Zeit fast in regelmäßig wiederkehrenden Perioden ein, dass das handeltreibende Publikum die Spekulationen übertreibt; insbesondere geschieht dies in Unternehmungen, die auf Aktien gegründet wurden. Das Eigentümliche dieser Übertreibung besteht darin: dass die Hoffnung auf Gewinn zu hoch veranschlagt wird; dass also die ersten Zeichner solcher Aktien, sodann diejenigen Käufer derselben [finden], welche zu nicht gar zu exorbitanten Kursen kauften [...]; dass dieses Geschäft durch den Umstand, dass nur ein kleiner Teil des Nominalwertes der Aktien einbezahlt ist, und folglich die Gewinn bringende Kursdifferenz einen hohen Prozentsatz auf das wirklich verausgabte Kapital beträgt, eine schnelle Bereicherung ohne Aufwand von erheblichem Kapital in Aussicht stellt; dass endlich, als Folge der vorstehenden Verhältnisse nicht nur viele Handeltreibende, sondern auch somit manche Personen aus andern Ständen einem Geschäfte sich hingeben, welches mit Spiel eine gewisse Ähnlichkeit hat, und den Nachteil mit sich führt, dass ein Teil der Nation von nützlichen, wahrhaft produktiven Beschäftigungen sich mehr oder weniger abwendet. Auf jede Übertreibung folgt notwendig eine andere im entgegengesetzten Sinne. Und so dauert der vorstehend geschilderte Geschäftsstrudel regelmäßig nur eine gewisse Zeit, und es folgt dann ebenso regelmäßig die Erschlaffung oder Entmutigung, sodass das nämliche Publikum, welches früher die Geschäfte im rosenfarbensten Lichte betrachtete, bald nachher nirgends mehr eine gegründete Hoffnung auf Erfolg der Unternehmungen erblickt, und ohne Unterscheidung über den inneren Wert derselben, aus den eingegangenen Verpflichtungen herauszukommen sucht. Die Benutzung der so verschiedenen Stimmung des Publikums ist eines der Hauptgeschäfte großer Handlungshäuser, insbesondere solcher, die eine europäische Bedeutung haben; sie ziehen auf diese Weise manchmal einen enormen Gewinn, den das Publikum bezahlt, können aber dennoch auch beträchtliche Verluste nicht immer bei diesen Geschäften vermeiden.

Zit. nach: Walter Steitz (Hrsg.): Quellen zur deutschen Wirtschafts- und Sozialgeschichte im 19. Jahrhundert bis zur Reichsgründung. Ausgewählte Quellen zur deutschen Geschichte der Neuzeit. Freiherr von Stein-Gedächtnisausgabe, Bd. 36, Darmstadt (WBG) 1980, S. 214f.

Arbeitsvorschläge

a) Überlegen Sie vor dem Hintergrund der politischen Geschichte des 19. Jahrhunderts, weshalb die Vollendung der wirtschaftlichen Einigung Deutschlands noch bis in die 1880er-Jahre andauerte (M1, M7, VT).

b) Stellen Sie mithilfe der Quellen dieses Kapitels und des Autorentextes gegenüber, welche Faktoren hemmend und welche fördernd auf den Industrialisierungsprozess in Deutschland wirkten (VT, M3–M5, M7, M9).

c) Führen Sie eine Pro-Kontra-Diskussion für das Jahr 1840 durch: Braucht Deutschland wirtschaftsliberale Reformen?

d) Erläutern Sie die wirtschaftspolitischen Vorteile, die durch die Errichtung des Zollvereins erreicht wurden. Beurteilen Sie, inwieweit der Zollverein ein Vorbild für den Europäischen Binnenmarkt sein könnte (M1, M7, M8, VT).

e) Entgegnen Sie dem anonymen Kritiker am Eisenbahnausbau in Form eines Leserbriefes. Gehen Sie dabei auf seine Argumentation ein und überlegen Sie sich die Vorteile eines raschen und flächendeckenden Eisenbahnausbaus (M9).

f) Diskutieren Sie die Risiken und Chancen, die der Ausbau eines Aktienmarktes nach Ansicht Hansemanns in sich barg (M11). Informieren Sie sich über die Hintergründe des Aktienbooms zur Jahrtausendwende (New Economy) und überprüfen Sie, ob Hansemanns Warnungen noch zeitgemäß sind.

1.6 Hochindustrialisierung – der Aufstieg zum Industriestaat

In der Zeitspanne von der Reichsgründung 1871 bis zum Ausbruch des Ersten Weltkrieges 1914 gelang es der deutschen Wirtschaft, trotz konjunktureller Rückschläge in Phasen der Stagnation, neben England und den USA einen Platz im Spitzentrio der Weltwirtschaft einzunehmen. Hervorgerufen wurde dieses enorme Wachstum durch neue Führungssektoren, zu denen der Maschinenbau, die Großchemie und die Elektrotechnik zählten.

Gründerboom und Gründerkrise

Die Ablösung der schwerindustriellen Führungssektoren erfolgte in konjunkturell wechselhaften Zeiten zwischen 1873 und 1895. Diesem konjunkturellen Auf und Ab war von 1871 bis 1873 ein regelrechter Wirtschaftsboom, die sogenannten „Gründerjahre", vorgeschaltet. Die Reichsgründung brachte nicht nur den Nationalstaat sowie fünf Milliarden Goldfranc französischer Kriegskontributionen, sondern beflügelte auch die ökonomischen Phantasien. Die Produktionskapazitäten wurden enorm ausgebaut, sodass zwischen 1871 und 1873 mehr Kapital als im gesamten Zeitraum von 1850 bis 1870 investiert wurde. Eine konstante Nachfrage trotz steigender Preise ließ die Gewinne und Gewinnerwartungen ins Unermessliche steigen. Abgelöst wurde der „Gründerboom" durch die „Gründerkrise", die vor allem durch den Aufbau von Überkapazitäten in der Eisen- und Stahlindustrie hervorgerufen wurde. Es kam zu einem abrupten Abbruch des Eisenbahnbaus, zu konjunkturell bedingten Entlassungen und fallenden Aktienkursen. Von 107 zwischen 1870 und 1872 gegründeten Banken mussten 73 Bankhäuser Konkurs anmelden. Ab den 1890er-Jahren trat Deutschland dann in ein ganz neues Stadium seiner Industrialisierungsgeschichte. In der Chemie und Elektrotechnik, der optischen Industrie sowie im Maschinenbau nahmen deutsche Unternehmen erstmals einen Spitzenplatz ein, indem sie selbst die Rolle des Pioniers und führenden Technikexporteurs spielten. Grundlage war eine enge Verzahnung zwischen der wissenschaftlichen Forschung an den Technischen Hochschulen und der industriellen Produktion.

Aufstieg der Chemie

Besonders deutlich wurde dies in der chemischen Industrie. Naturwissenschaftliche Methoden und Erfahrungen, wie z. B. Justus Liebigs in Gießen gewonnene Erkenntnisse über die Herstellung von Kunstdünger, wurden in der Großchemie systematisch zu Produktionszwecken genutzt. Während in anderen Ländern noch Praktiker und „Tüftler" überwogen, waren die Labors der deutschen Chemieunternehmen mit Absolventen der Universitäten besetzt. BASF und Bayer beschäftigten um 1900 bereits Hunderte akademische Chemiker. Deutsche Unternehmen wie Höchst, Bayer, BASF, Schering oder Merck bauten in dieser Zeit ihren Weltruf als führende Hersteller von chemischen Produkten wie Teerfarben, ersten Plastikstoffen, Kunstfasern und Kunstdünger sowie Medikamenten auf.

Standardisierte Massenproduktion

Der Maschinenbau entwickelte sich zum größten Industriezweig Deutschlands. Neben der Produktion für die Schwerindustrie führte die Steigerung der Massenkaufkraft und die kostengünstige, da standardisierte Massenproduktion zu einer Erweiterung der Angebotspalette. Güter wie Nähmaschinen, Fahrräder oder Schreibmaschinen wurden gewinnträchtig in großen Stückzahlen abgesetzt.
Die größten Wachstumszahlen erzielte allerdings die elektrotechnische Industrie, in der die beiden Unternehmen Siemens und AEG (Allgemeine Elektrizitäts-Gesellschaft) dominierten und sich durch Absprachen eine Zeitlang den Markt aufteilten. Der wachsende Urbanisierungsgrad führte zu einer kontinuierlich steigenden Nachfrage, die sich in der Elektrifizierung der Verkehrsmittel der Straßenbeleuchtung und zunehmend auch der privaten Haushalte niederschlug. Dazu wurden Kraftwerke zur Stromproduktion und Hochspannungsnetze zur Verteilung der Elektrizität benötigt.

Im ausgehenden 19. Jahrhundert entstanden in den Führungssektoren Konzentrationsprozesse, die zur Entstehung von Großbetrieben mit mehr als 800 Mitarbeitern führten. In Phasen der wirtschaftlichen Rezession schlossen sich diese Großunternehmen zu Kartellen und Konzernen zusammen, um Gewinne abzusichern und Konkurrenten vom Markt fernzuhalten. Das bedeutendste Kartell war das 1893 gegründete Rheinisch-Westfälische Kohlensyndikat. Es umfasste 98 Unternehmen und kontrollierte 87% der Produktion im engeren Ruhrgebiet. In der deutschen Chemieindustrie kam es ebenfalls zu intensiven Konzentrationsprozessen, die in der Verbindung der größten Unternehmen zur Interessengemeinschaft der deutschen Teerfarbenfabriken (ab 1925 IG Farben) mündeten.

1 Das Kruppwerk in Essen um 1841. Alfred Krupp (1812–1887) übernahm die beinahe ruinierte Firma im Jahr 1826 von seinem Vater. 1836 arbeiteten etwa 60, 1887 20000 und am Vorabend des Ersten Weltkrieges 77400 Arbeiter für Krupp. Enorme Produktionssteigerungen, vertikale und horizontale Konzentrationsprozesse ließen einen Weltkonzern entstehen, der mit Eisenbahnmaterial und Rüstungsgütern hohe Profitraten erwirtschaftete.

2 Die Essener Gussstahlfabrik Friedrich Krupp um 1884

3 Der ehemalige Bergarbeiter Georg Werner beschreibt die Entwicklung der Zeche Neumühl

Das Wachstum einer Zeche: „amerikanisches Tempo“ um die Jahrhundertwende:

Zeche Neumühl liegt in Hamborn, einem Orte an der Mündung der Emscher in den Rhein. […] Hamborn hatte im Jahre 1890 zirka 8000 Einwohner. Zu dieser Zeit begann der Großindustrielle August Thyssen in der Gemeinde die Schächte Deutscher Kaiser abzuteufen und erbaute das Hüttenwerk gleichen Namens. Die Familie Haniel errichtete von 1893 an die Schachtanlage Neumühl. Diese Bauten zogen riesige Arbeitermengen heran. Im Jahre 1900 war die Einwohnerzahl bereits auf 33.000 gestiegen, dann aber nahm sie jedes Jahr um zirka 10.000 zu, bis mit der Erreichung der 150.000 diese wilde Entwicklung abschloss.

Ein Muster dieser amerikanischen Entwicklung war die Zeche Neumühl. Im Jahr 1893 begann mit 28 Arbeitern das Abteufen. Die Zeche hatte 1895 69, 1900 1372, 1902 3520 und 1904 schon 4895 Mann Belegschaft. Mit zirka 5500 Mann war sie dann auf dem Höhepunkt […] Eine solche Mammutanlage wie Neumühl ist in Deutschland wahrscheinlich nur einmal errichtet worden. Auf nur einer Doppelschachtanlage mit zwei Doppelschächten wurden zirka 5500 Menschen beschäftigt.

Die Zeche stand außerhalb des Syndikats („Rheinisch-Westfälisches Kohlensyndikat“), konnte daher ungehindert durch die Quotenbeschränkung fördern und stellte jeden ein, der Arbeit haben wollte. Die Anlage förderte 1903/04 im Durchschnitt pro Tag 9100 bis 9200 Förderwagen zu je 12 Zentner. Die Förderziffern betrugen pro Jahr:

1897	19854 To.
1898	57081 To.
1899	221483 To.
1900	477514 To.
1901	787910 To.
1902	1070792 To.
1903	1476043 To.
1904	1641470 To.

Der Betrieb raste!

[…] Als im Jahre 1904 an einem Tage die Zusammensetzung der Belegschaft festgestellt wurde, setzte sie sich aus 3108 Deutschen, von denen 1340 aus den östlichen Provinzen stammten und polnisch als Muttersprache redeten, ferner aus 1095 Österreichern aus Krain und Steiermark, Slovenen oder Craditsche genannt, aus 240 Holländern, 156 Italienern, 53 Russen, 33 Belgiern und 4 sonstigen Ausländern zusammen. Aber diese Zahlen sind noch nicht das Entscheidende für die Beurteilung des Geistes der Belegschaft. Wenn solche Menschenmengen in kurzer Zeit zusammenkommen, drängen sich auch alle jene nach dieser Stelle hin, die aus irgendeinem Grunde untertauchen wollen, und Neumühl gab jedem Arbeit. So beschäftigte die Zeche mehr ehemalige Zuchthäusler als in einem großen Zuchthause untergebracht sind.

Der Schnapsausschank in der an der Zeche gelegenen Wirtschaft Ostrop betrug monatlich zirka 300 hl. Neumühl war „Wild-West“. Allmonatlich wurde mindestens ein Mensch totgeschlagen. Die Steiger hatten jeder einen Waffenschein und trugen Revolver bei sich.

Georg Werner: Ein Kumpel. 1929. S. 123 f. In: Gerhard A. Ritter/Jürgen Kocka (Hrsg.): Deutsche Sozialgeschichte, Dokumente und Skizzen, Band II: 1870–1914. München 1974, S. 26 f.

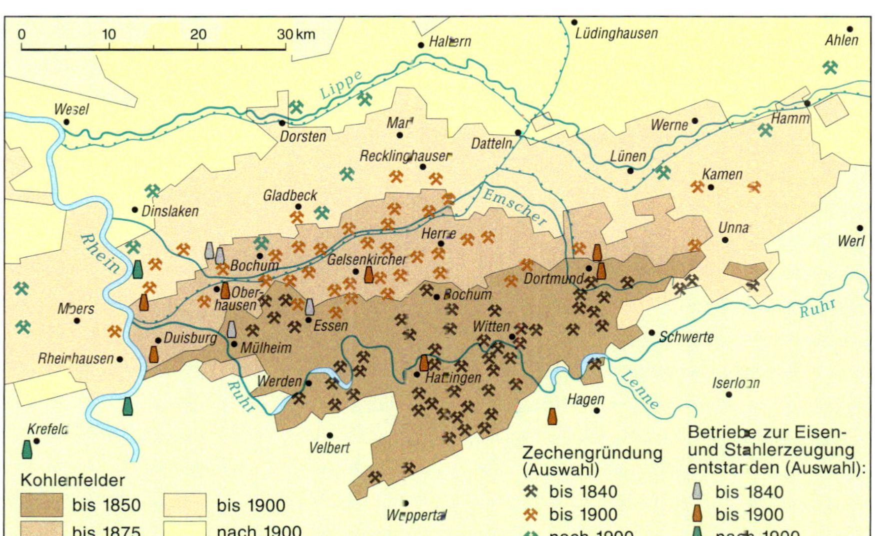

4 Das Wachsen der Zechen im Ruhrgebiet

5 Die Entwicklung von Bergbau, Industrie und Verkehr in Deutschland von 1850 bis 1910

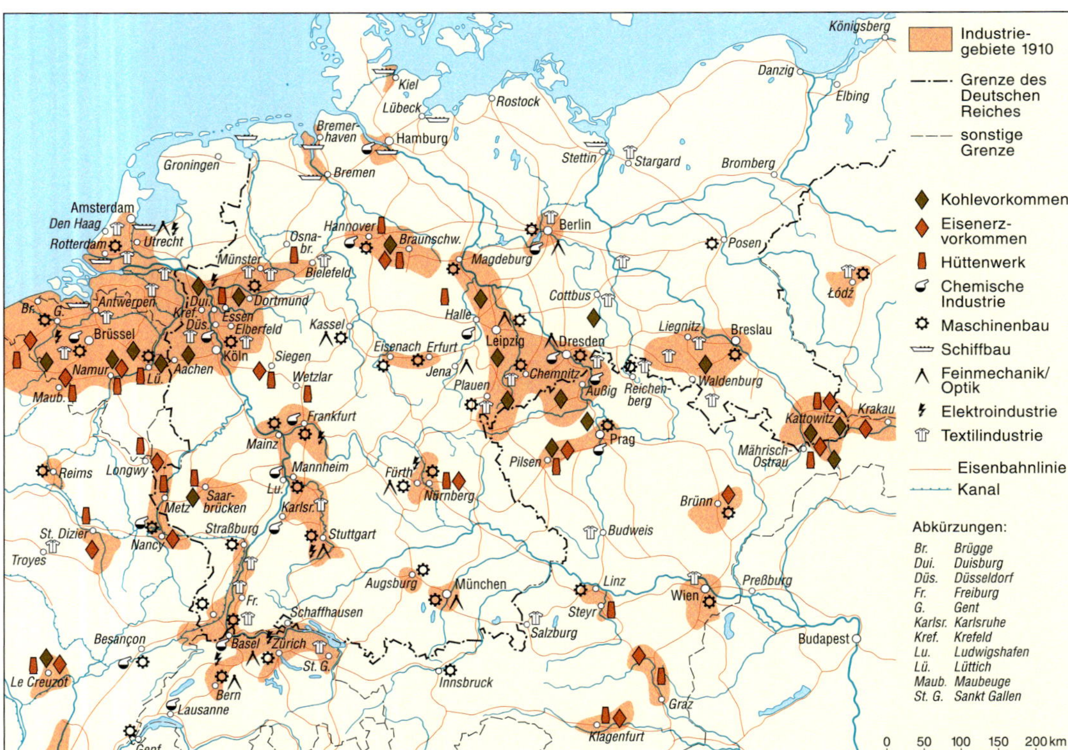

6 **Das Ruhrgebiet: Die Steinkohleförderung im Revier von 1820 bis 1910**

Jahr	Zahl der Schachtanlagen	Steinkohleförderung im Ruhrgebiet (in Mio. t)	Steinkohleförderung in ganz Deutschland (in Mio. t)	Beschäftigte
1820	161	0,4	1,3	3556
1830	172	0,5	1,8	4457
1840	221	1,0	3,2	8945
1850	198	2,0	5,1	12741
1860	277	4,3	12,3	28657
1870	215	11,6	26,4	50749
1880	193	22,4	47,0	80309
1890	175	35,5	70,2	127794
1900	170	60,0	109,3	228693
1910	174	89,1	152,8	353347

Zahlen aus unterschiedlichen Quellen zusammengestellt und abgedruckt bei Michael Sauer: Historisch-Politische Weltkunde: Die Industrialisierung, Die Entstehung der modernen Welt. Stuttgart, Leipzig (Klett) 1999, S. 39.

7 **Der Wirtschaftshistoriker Walther Däbritz** *schreibt 1922 im Auftrag der Essener Credit-Anstalt AG, einer Essener Bank, die während des Kaiserreichs und der Weimarer Republik führend in der Finanzierung der Expansion der Schwerindustrie im Ruhrgebiet war:*

Der Weg zum Organisierten Kapitalismus: Konzentration und Marktregulierung im Ruhrbergbau seit den 1890er-Jahren

[…] Immer wiederholt sich der Eindruck, dass in den 90er-Jahren des 19. Jahrhunderts abermals eine Zäsur liegt, dass eine neue Ära beginnt, diejenige, inmitten deren wir noch heute [1922] stehen. […]

Seit den 80er-Jahren werden die ersten Ansätze einer Konzentrationsbewegung erkennbar, Konzentration in horizontaler Richtung, innerhalb der reinen Zechen und innerhalb der reinen Eisenwerke, und Konzentration in vertikaler Richtung, Zusammenschluss von Zechen, Erzgruben, Hüttenwerken, Stahlwerken, Walzwerken. Damit tritt an Stelle vieler einander gleich gearteter Mittelbetriebe, […] eine beschränkte Anzahl von großen reinen oder gemischten Konzernen. Und indem die ehemals selbständigen Werke zu Werksabteilungen umgestaltet werden, wird der seitherige Konkurrenzkampf […] aufgehoben. Er wird ersetzt durch Zusammenarbeit auf Grund organisatorischer Eingliederung und eine straffe technische und ökonomische Zusammenfassung steigert die Leistungsfähigkeit dieser erweiterten Gebilde wesentlich über die Summe der bisherigen Einzelleistungen ihrer Teile. Seit den 90er-Jahren gelingt es […] die gesamte Produktion eines ganzen Wirtschaftszweiges zu kontingentieren, die Preise einheitlich zu regeln, den Absatz zusammenzufassen. […] Für die Dauer des Vertrags selbst wurde jedes Kartell der Vertreter aller seiner Angehörigen […] Es verteilte die Produktionseinschränkungen gleichmäßig, wo sie bisher der eine auf den ändern abzuwälzen versucht hatte, und ließ alle seine Mitglieder an den Produktionssteigerungen gleichmäßig teilnehmen. […] Das ergab am regulierten Markt ganz andere Preiskurven als am offenen Markt, einen stetigeren Verlauf, geringere Schwankungen, weniger schroffe Gegensätze zwischen Hoch und Tief. So führte auch hier die Zusammenfassung der Kräfte, die Vereinigung in einer Hand zu höheren, leistungsfähigeren Wirtschaftsformen.

[…] Das Kohlensyndikat erweitert sich über den eigentlichen Kohlenabsatz durch Einbeziehung des Kokssyndikats und des Brikettverkaufsvereins und wird erst damit zu dem den ganzen Bergbau umfassenden Kartell. […] Vom Kohlenbergbau aus hat der Kartellgedanke auf die Eisenindustrie übergegriffen. 1899 entsteht aus verschiedenen Vorläufern heraus das Roheisensyndikat in Düsseldorf […]

Ließ sich im Bergbau die Periode 1850 bis 1880 als die der überwiegenden Großbetriebe mit Förderziffern von einigen 100000 t bezeichnen, so treten jetzt Jahrzehnt um Jahrzehnt immer stärker Einzelbetriebe mit Förderungen von 1 Mill. t und darüber hinaus auf […]. Die Großbetriebe (bis 500000 t) leisten ein Zehntel, die Größtbetriebe neun Zehntel der Gesamtförderung. Und unter ihnen ist wiederum eine kleine Gruppe führend. […] Nicht anders ist das Endergebnis in der Eisenindustrie. Von der Roheisenproduktion Rheinland-Westfalens in Höhe von rund 8 Mill. t entfielen im letzten Friedensjahr 1913 mehr als drei Viertel auf 10 große Werke, und diese selben Werke konzentrierten im gleichen Jahr mehr als zwei Drittel der gesamten rheinisch-westfälischen Stahlgewinnung in Höhe von rund 10 Mill. t in sich: […] Alle größeren Werke der Eisenindustrie sind zugleich Großproduzenten von Kohle geworden und sie alle verarbeiten zum größeren Teil selbst gewonnenes Roheisen.

Zit. nach: Denkschrift zum fünfzigjährigen Bestehen der Essener Credit-Anstalt in Essen. Bearb. v. Däbritz. 1922, S. 127 ff. In: Gerhard A. Ritter/Jürgen Kocka (Hrsg.): Deutsche Sozialgeschichte, Dokumente und Skizzen, Band II: 1870–1914, München (Beck) 1974, S. 27 ff.

8 Das Chemieunternehmen Hoechst

Ausschnitt aus einer Selbstdarstellung von der Homepage des Unternehmens:

Höchst hatte drei klare Vorteile: Es lag nahe […] bei Frankfurt am Main, […] in unmittelbarer Nähe des damals schon bedeutenden Handels- und Finanzplatzes […]. Zweitens gab es im zurückgebliebenen Höchst preiswerte Grundstücke und durch die Überbesetzung des lokalen Handwerks ein großes Arbeitskräftepotential, […] Die Stadt lag an der Straße von Frankfurt nach Mainz, […]. Der Main war sowohl Verkehrsweg für den An- und Abtransport zahlreicher Produkte, als auch der Lieferant für das zum Betrieb der Fabrik so wichtige Wasser. Außerdem verfügte Höchst […] seit 1839 über einen Anschluss an das damals modernste Verkehrsmittel der Zeit, die Eisenbahn. […]

Von vornherein [sollten sich …] als Garanten des geschäftlichen Erfolges erweisen: Herausragende Einzelpersönlichkeiten, in denen sich Forscherdrang und Geschäftssinn paarten, räumten von Anfang an der Forschung einen hohen Stellenwert ein, begnügten sich nie mit dem Erreichten und richteten schon im ersten Jahr ihren Blick über die engen Grenzen der Region auf die Absatzmärkte der ganzen Welt. […]

Unmittelbar nach der Werksverlegung (1874) verstärkten die Gründer auch den Ausbau der sozialen Leistungen für die Mitarbeiter. Von Anfang an hatte man in der ersten Fabrik größten Wert auf Hygiene und gesunde Ernährung der Belegschaft gelegt. Eine Werksküche und Badeeinrichtungen gehörten deshalb ebenso wie die ärztliche Versorgung der Mitarbeiter zum Bestand der Fabrik. Nach 1874 kam dann ein großangelegtes Wohnungsbauprogramm von vorbildlicher Konzeption hinzu, in dessen Rahmen allein bis 1914 ca. eintausendvierhundert Wohneinheiten, fast ausschließlich in Ein- und Zweifamilienhäusern mit Gärten, errichtet wurden.

[…] Das Sortiment an synthetischen Farbstoffen wurde stetig erweitert, auch wurden bald einzelne Vorprodukte, die man in den ersten Jahren zugekauft hatte, im Werk selbst hergestellt. Nun jedoch veränderte sich das Unternehmen in seiner Rechtsform und in seiner Struktur sehr schnell. 1880 wurde aus der Offenen Handelsgesellschaft unter dem Namen „Farbwerke vorm. Meister Lucius & Brüning“ eine moderne Aktiengesellschaft […].

Deutschland galt als die Apotheke der Welt. Hoechst hatte in der Forschung schon lange die enge Zusammenarbeit mit den Hochschulen gepflegt. Die Höhepunkte im Bereich der Pharmazeutika vor dem Ersten Weltkrieg werden durch die Zusammenarbeit mit den Nobelpreisträgern Robert Koch, Emil von Behring und Paul Ehrlich markiert. […]

1904 hatten sich Hoechst und Cassella in Frankfurt […] verbunden. 1907 trat Kalle in Wiesbaden der Gruppe bei. […] Schon bei Ausbruch des Ersten Weltkrieges zeichneten sich die kommenden Schwierigkeiten ab. […] Sprengstoffe und Kampfgase traten vielfach an die Stelle der Herstellung von Farbstoffen, Arznei- und Düngemitteln. […] verbanden sich schon 1916 die großen Gruppierungen der chemischen Industrie, Hoechst-Cassella-Kalle und BASF-Bayer-Agfa mit Griesheim und Weiller-ter Meer zu einer Interessengemeinschaft in Form eines Kartells, […] 1925 schloss sich die Interessengemeinschaft von 1916 zu dem neuen Unternehmen der I. G. Farbenindustrie AG mit Sitz in Frankfurt am Main zusammen. […]

Die Rolle der I. G. Farbenindustrie AG in Deutschland wird häufig mit den wirtschaftspolitischen Vorstellungen und mit den Verbrechen der Nationalsozialisten im Dritten Reich verknüpft. […] [Es] lockten gerade die neuen Entwicklungen der I. G. wie Buna, der synthetische Kautschuk, und das synthetische Benzin das Regime. […] Auch der Betriebsalltag in den Werken wurde nach 1933 zunehmend von den neuen Machthabern mitbestimmt. […] Die Werksleitung und führende Manager sympathisierten offen mit dem Nazi-Regime. Zwischen 1933 und 1938 wurden alle als jüdisch geltenden Mitarbeiter aus dem Unternehmen entlassen, ausgeplündert und vertrieben. […] Die wirtschaftliche Vorbereitung des Zweiten Weltkrieges und die anschließende Kriegswirtschaft prägten auch die I. G. und ihre Werke. In der Kriegszeit wurden die dunkelsten Kapitel dieses Unternehmens geschrieben. Wie in der gesamten Industrie kam es zum Einsatz von Kriegsgefangenen, Fremd- und Zwangsarbeitern in allen Werken. […] Mehr als 8 500 von ihnen arbeiteten unter sehr harten Bedingungen bei vielfach unzureichender Ernährung und der starken Beschränkung ihrer persönlichen Freiheit im Werk Höchst. […] Nach der Auflösungsverfügung der I. G. Farbenindustrie AG durch die Alliierten […] stand bei Kriegsende fest, dass die I. G. Farbenindustrie AG nicht weiter fortbestehen sollte. […]

Ausschnitt aus der Selbstdarstellung der Unternehmensgeschichte der Hoechst AG, zusammengestellt www.sanofi-aventis.de, Chronik der Farbwerke Hoechst – Eine deutsche Unternehmensgeschichte von Wolfgang Metternich

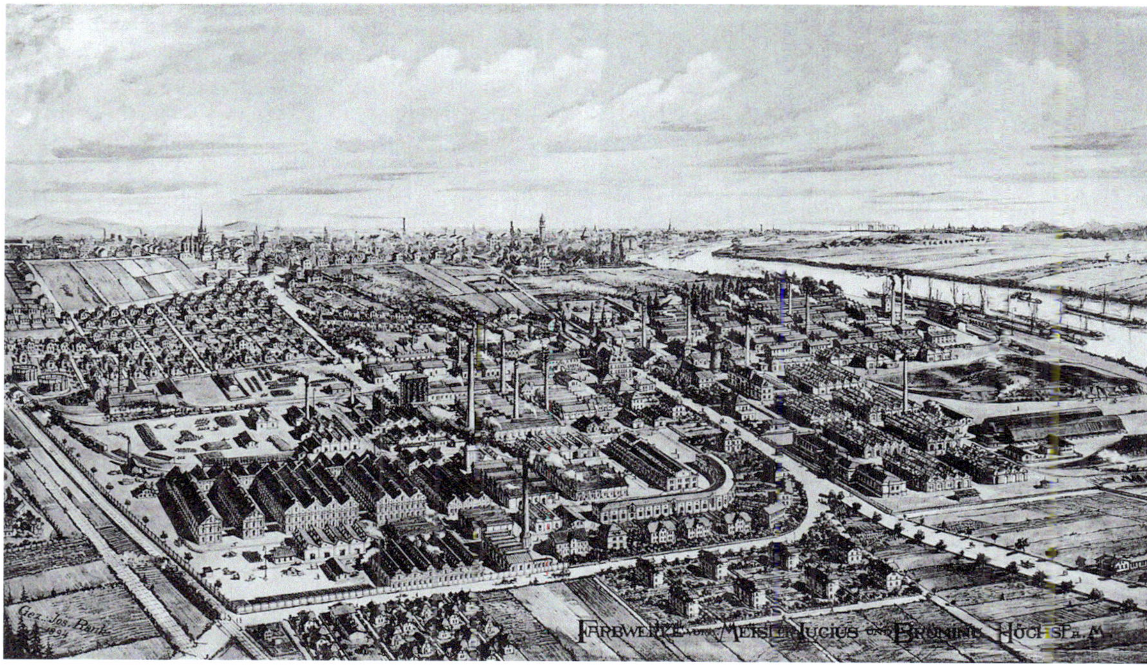

9 **Die Farbwerke Hoechst.** Stich von 1894
Die Unternehmen Hoechst, Bayer und BASF gehörten zu den „Großen Drei" im neuen Führungssektor Chemieindustrie. Trotz zeitweiliger Monopolstellung auf den Weltmärkten tendierte auch die Chemiebranche zur Unternehmenskonzentration.

10 **Aus Dinglers Polytechnischem Journal zu den Arbeitsbedingungen in der chemischen Industrie 1887**

„Als Schutzvorrichtung gegen den Arsenstaub wird den Arbeitern persönlich das Umbinden eines Tuches um Mund und Nase empfohlen. Es ist augenscheinlich, dass sich ein solcher Schutz als ungenügend erweist. Der Staub, dessen man sich erwehren will, ist zerfließlich, der Wasserdampf der Respiration verdichtet sich im Tuche, befeuchtet es nach und nach, macht den Staub anhaften und imprägniert die Binde mit Gift, welches alsdann auf Gesicht und Lippen wirkt. Es können auf diese Weise leicht Vergiftungsfälle vorkommen, im günstigsten Fall haftet der Staub auf der Haut fest und zerfrisst sie unter Bildung schmerzhafter Geschwüre."

Noch um 1885 gehörten Eimer, Schaufeln und Stoßeisen zu den vorherrschenden Arbeitsgeräten; Bottiche, Mischer und Rührwerke waren grundsätzlich offen.

„An den großen Farbbottichen musste man mit schweren Rührstangen die Farblauge bearbeiten, bekam aus erster Linie Säuregeruch, die Ammoniakdüfte und beim Nitrieren den Salpetersäuregeruch zu kosten."

Zit. nach: Karl Otto Henseling/Anselm Salinger: Eine Welt voll märchenhaften Reizes ... Teerfarben: Keimzelle der modernen Chemieindustrie. In: Andersen u. Gerd Spelsberg: Das blaue Wunder. Zur Geschichte der synthetischen Farben, hrsg. von Arne Köln 1990, S. 97 f.

11 **Das Ausbildungsfoto der US-Armee von 1918 zeigt den lautlosen Tod durch Giftgas.** Deutsche Chemieunternehmen verdienten in beiden Weltkriegen an Kampfstoffen wie Giftgas.

12 Genozid mit Chemie. Aufnahme aus der Dauerausstellung der Gedenkstätte Auschwitz-Birkenau. Kartuschen des Schädlingsbekämpfungsmittels Zyklon B, durch das unzählige Menschen in deutschen Konzentrationslagern den Tod fanden. Für die Belieferung des Konzentrationslagers Auschwitz-Birkenau mit Zyklon B war u. a. eine Unternehmenstochter der I. G. Farben verantwortlich.

13 Der I. G.-Farben-Prozess

Der Nürnberger Prozess gegen die Führungsspitze der früheren I. G. Farbenindustrie begann im Frühjahr 1947. Angeklagt waren neben dem früheren Aufsichtsratsvorsitzenden Carl Krauch 18 ehemalige Vorstandsmitglieder sowie vier Manager des Unternehmens. Ihnen wurden verschiedene Verbrechen zur Last gelegt. Im Einzelnen warf die Anklageschrift vom 3. Mai 1947 den Angeklagten Taten vor, welche unter die folgenden Kategorien fielen:

- Planung, Vorbereitung, Beginn und Durchführung von Angriffskriegen
- Planung und Raub in den von Deutschland besetzten Ländern
- Versklavung und Massenmord
- Mitgliedschaft in einer kriminellen Vereinigung (der SS).

Die Urteile wurden am 30. Juli 1948 verkündet. Vom Vorwurf der Vorbereitung eines Angriffskrieges wurden alle Angeklagten freigesprochen – ebenso die drei Angeklagten, die beschuldigt waren, Mitglieder einer kriminellen Vereinigung gewesen zu sein. 13 Personen wurden jeweils in einem der anderen beiden Anklagepunkte für schuldig befunden und erhielten Gefängnisstrafen zwischen 18 Monaten und acht Jahren.

Die Angeklagten und ihr Strafmaß im Einzelnen:
- Otto Ambros, Walter Dürrfeld – 8 Jahre
- Fritz ter Meer – 7 Jahre
- Heinrich Bütefisch, Carl Krauch – 6 Jahre
- Georg von Schnitzler – 5 Jahre
- Hermann Schmitz – 4 Jahre
- Max Ilgner – 3 Jahre
- Ernst Bürgin, Paul Häflinger, Heinrich Oster – 2 Jahre
- Friedrich Jähne, Hans Kugler – 1 Jahr und 6 Monate
- Freispruch: Fritz Gajewski, Heinrich Gattineau, Erich von der Heyde, Heinrich Hörlein, August von Knieriem, Hans Kühne, Karl Lautenschläger, Wilhelm Mann, Christian Schneider, Karl Wurster.

Im November 1951 führte der ehemalige KZ-Häftling Norbert Wollheim einen Prozess gegen die I. G. Farbenindustrie AG. Er hatte für das Unternehmen Wollheim in Auschwitz-Monowitz Zwangsarbeit leisten müssen und verklagte nun den in Liquidation befindlichen I. G. Farben-Konzern auf Schadenersatz für die körperlichen und seelischen Leiden, denen er im Konzentrationslager ausgesetzt war. Insgesamt forderte Wollheim ein Schmerzensgeld von 10 000 DM. Begründet worden war die Klage damit, dass die I. G. Farben an der rechtswidrigen Freiheitsberaubung der jüdischen KZ-Häftlinge und ihrer menschenunwürdigen Behandlung beteiligt und damit Mittäter der SS gewesen sei. […]
Das Landgericht in Frankfurt am Main, wo der Prozess stattfand, verkündete am 10. Juni 1953 das Urteil. Die I. G., so erkannten die Richter die Argumentation der Anwälte der I. G. Farben an, habe sich den Anordnungen des NS-Regimes bezüglich der Zuteilung von KZ-Häftlingen als Arbeitskräfte nicht entziehen können. Das Gericht stellte fest „dass die I. G. eine menschenunwürdige Behandlung der Arbeiter nicht beabsichtigt oder vorsätzlich gefördert" habe. Andererseits aber – so die Richter – sei die I. G., nachdem sie den Einsatz von KZ-Häftlingen auf ihrem Bauplatz akzeptiert habe, auch für diese verantwortlich gewesen. […]
Die Richter entschieden, dass der Konzern seiner Verpflichtung nicht nachgekommen war, Gesundheit und Wohlbefinden seiner Beschäftigten zu schützen. Aufgrund dieser Verletzung der Fürsorgepflicht sprach das Gericht Wollheim 10 000 DM zuzüglich vier Prozent Zinsen seit dem 1. Juli 1951 zu.

Jeffrey Allan Johnson, Raymond G. Stokes, Übers. Petra-Monika Jander, zusammengestellt aus: Werner Abelshauser (Hrsg.): Die BASF seit der Neugründung von 1952. In: Ders. (Hrsg.): Die BASF. Eine Unternehmensgeschichte, München (Beck) 2002, S. 343–345.

14 Postkutsche, Eisenbahn und Dampfschiff (bei Koblenz). Ölgemälde um 1865, nach P. Meyerhahn. Die Eisenbahn änderte durch die Geschwindigkeitsrevolution das Zeitgefühl und die Reisegewohnheiten der Menschen.

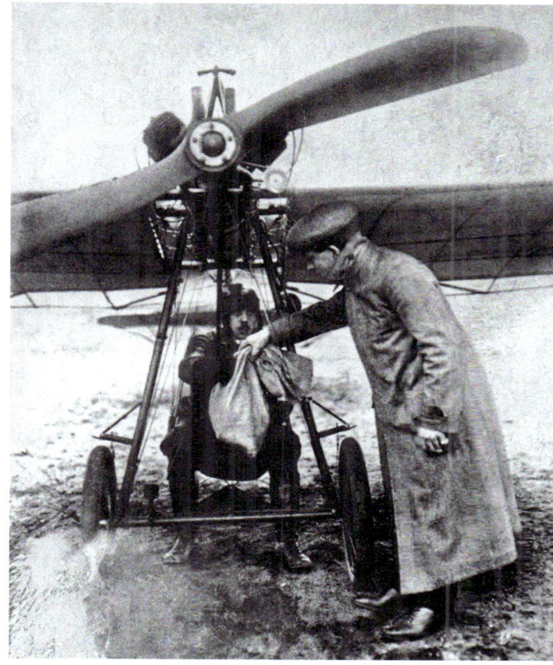

16 Noch schneller als das Automobil. 14 Minuten benötigte der erste Postflieger 1912, um 10 000 Postkarten von Frankfurt nach Darmstadt mit seinem Flugzeug „Gelber Hund“ zu transportieren. Vielen Zeitgenossen war die Bedeutung des neuen Fortbewegungsmittels noch gar nicht bewusst.

15 Motorisierung in den Großstädten. Wenige Jahrzehnte später sollten Automobil und Flugzeug beginnen, der Eisenbahn Konkurrenz zu leisten. Bis zum Ersten Weltkrieg konnten sich die meisten Deutschen allerdings keine Automobile leisten. Berlin bildete eine Ausnahme. Wie auf dem Foto aus dem Jahr 1914 erkennbar, teilten sich zu dieser Zeit schon mehrere tausend Wagen die Straßen Berlins mit Radfahrern und Pferdedroschken.

Arbeitsvorschläge

a) Erarbeiten Sie anhand der Karte die industriellen Profile in den verschiedenen Entwicklungsregionen in den angegebenen Zeiträumen. Untersuchen Sie die jeweils maßgeblichen Standortfaktoren und vergleichen Sie Ihre Ergebnisse mit den jetzigen Bedingungen in Ihrer Heimatregion (M 5).

b) Veranschaulichen Sie anhand einer Skizze die Ursachen und Auswirkungen der Konzentrationsprozesse in der Chemie- und Montanindustrie (VT, M 1–M 8).

c) Erläutern Sie die Entwicklung im Ruhrgebiet und die unterschiedlichen Faktoren, die dazu beigetragen haben (M 1–M 7).

d) Berechnen Sie anhand der Statistik die Zahl der Beschäftigten und die Fördermenge pro Schachtanlage und Beschäftigten sowie den Anteil des Ruhrgebiets an der Gesamtfördermenge von Kohle in Deutschland (M 6).

e) Diskutieren Sie vor dem Hintergrund steigender Öl-Preise, ob sich aus dem flächendeckenden Stilllegen von Zechen in Zukunft ein wirtschaftspolitisches Problem entwickeln könnte.

f) Analysieren Sie die ökonomische Entwicklung in Deutschland seit der Reichsgründung und die Folgen des Konzentrationsprozesses nach Ansicht des Wirtschaftshistorikers Däbritz. Beziehen Sie aus Sicht eines Wirtschaftsliberalen Stellung zu seiner Position (M 7).

g) Informieren Sie sich auf der Homepage www.bundeskartellamt.de über Konzentrationsprozesse in der heutigen Wirtschaft und die Rolle des Bundeskartellamtes.

h) Erklären Sie am Beispiel der Hoechstwerke und mithilfe des Autorentextes die Begriffe „unternehmerische Standortbedingungen“, „Unternehmenskonzentration“ und „Konzernbildung“ (M 8).

i) Zeigen Sie am Beispiel der Hoechstwerke die internationalen Wettbewerbsvorteile der deutschen Chemieindustrie im 19. Jahrhundert auf (VT, M 8).

j) Überprüfen Sie, inwieweit die Unternehmensgeschichte der Hoechst AG den Charakter einer Selbstdarstellung besitzt (M 8).

k) Recherchieren Sie über die Entstehung der I. G. Farben und deren Rolle im Zweiten Weltkrieg. Informieren Sie sich auch über die Biographien der einzelnen Angeklagten unter besonderer Berücksichtigung ihrer Tätigkeit während des Zweiten Weltkrieges. Stellen Sie Ihre Ergebnisse in den wichtigsten Punkten in einem Kurzreferat oder einer Präsentation vor. Eine Form der Präsentation könnte ein simuliertes Gerichtsverfahren gegen die Hauptverantwortlichen der I. G. Farben sein (M 13). (**Online Link** 430016-0101)

Methode: Der Umgang mit Statistiken – die Industrialisierung in Zahlen

Statistiken erleichtern die Arbeit mit historischen Materialien ungemein, bergen aber auch einige Fehlerquoten. Während Text- oder Bildquellen häufig nur einzelne Ereignisse oder Situationen sichtbar machen, können Statistiken schnell langfristig wirkende Informationen und Entwicklungen in einer überschaubaren Darstellung zusammenfassen. Der Vorteil, Aussagen in komprimierter Form mit großer Reichweite zu präsentieren, besitzt aber auch den Nachteil, die Realität zu vereinfachen und zu verallgemeinern.
Der hohe Informationsgehalt von Statistiken basiert nur auf einer sorgfältigen (validen) Datenerhebung. Trotzdem muss der Leser genauso wie bei anderen Quellen kritisch prüfen, was ihm mit welcher Absicht vorgestellt wird: Was ist über die Herkunft und die Zuverlässigkeit der Daten bekannt? Besteht eine Dunkelziffer? Was wird miteinander verglichen? Ändern sich die Bezugsgrößen im Verlauf der Zeit?
Bei der Arbeit mit Statistiken gilt es grundsätzlich, zwischen absoluten und relativen Zahlen zu unterscheiden. Bildet eine Statistik die Kohleförderung eines Jahres im Ruhrgebiet ab, dann handelt es sich um eine absolute Zahl. Wird die Kohleförderung im Ruhrgebiet eines Jahres mit der Förderung im gesamten Kaiserreich, in Europa oder sogar der Welt in Beziehung gesetzt, dann handelt es sich um relative Werte. Relative Werte haben durch ihren vergleichenden Charakter meist eine höhere Aussagekraft. Veränderungen in Form von Wachstums- und Schrumpfungswerten können als Indexangaben besonders anschaulich gemacht werden. Dabei wird in der Regel der absolute Wert eines Basisjahres gleich 100 gesetzt und die absoluten Zahlen der Vergleichsjahre mithilfe einer einfachen Dreisatzrechnung in relative Zahlen umgerechnet.
Die Darstellung einer Statistik kann in Tabellen oder in der grafischen Form eines Diagramms erfolgen. Die Wahl einzelner Diagrammtypen (Linien-, Kurven-, Balken-, Säulen-, Stab-, Kreis- oder Flächendiagramme) hängt jeweils von der gewünschten Aussagkraft ab. Linien- und Kurvendiagramme bilden besonders gut Entwicklungen oder Verläufe ab. Kreisdiagramme stellen plastisch die Verteilung innerhalb einer Gesamtheit dar, während Säulen- und Balkendiagramme den punktuellen Vergleich von Häufigkeiten aufzeigen. Aber auch bei den Diagrammen gilt besondere Vorsicht. Die Wahl des Maßstabes allein führt zu steilen oder flach ansteigenden bzw. fallenden Kurvenverläufen. Mit denselben Zahlenwerten lassen sich je nach Absicht des Autors unterschiedliche optische Eindrücke erzeugen.
Der gekonnte Umgang mit Diagrammen und Statistiken ermöglicht die Bewältigung komplexer Sachverhalte in der geschichtlichen, aber auch in der geografischen und politischen Bildung. Es handelt sich also um eine allgemeine Fertigkeit, deren Wirkung weit über den Geschichtsunterricht hinausgeht.
Vier Arbeitsschritte zur Untersuchung von Statistiken:

1. ***Thema/Intention:*** *Was ist Inhalt der Statistik? Welche Fragestellung liegt ihr zugrunde? Was ist der zeitliche und räumliche Bezugsrahmen der Statistik?*
2. **Validität:** Selten lässt sich die Zuverlässigkeit von Statistiken prüfen. Dazu bedarf es der Einsicht in die Rohdaten. Dennoch sollte auf Widersprüchlichkeiten und den Auftraggeber geachtet werden. Wo stammt die Statistik her?
3. **Informationen:** Was sind die grundlegenden Informationen der Statistik? Welche Sachverhalte werden miteinander in Beziehung gesetzt?
4. **Interpretation:** Wie lässt sich die Gesamtaussage der Statistik in Worte fassen? Welche anderen Informationen helfen bei der Deutung der Statistik? Wie hilft die Statistik beim Nachvollziehen einer historischen Problemstellung oder Entwicklung?

1 Bevölkerung europäischer Länder in Mio.
(1750–1911 bei Gebietsstand von 1914)

Jahr	Großbritannien	Frankreich	Deutschland	Russland
1750/51	7,4	21,0	–	28,0
1820/21	14,1	30,5	25,0	48,6
1830/31	16,3	32,6	28,2	56,1
1850/51	20,8	35,8	34,0	68,5
1860/61	23,1	37,4	36,2	74,1
1870/71	26,1	36,1	40,8	84,5
1890/91	33,1	38,3	49,4	117,8
1900/01	37,0	39,3	56,4	132,9
1910/11	40,8	39,6	64,9	160,7

Nach: Jürgen Kocka / Bernd Mütter: Wirtschaft und Gesellschaft im Zeitalter der Industrialisierung. München (bsv) 1984, S. 93.

2 Anteile an der Weltindustrieproduktion 1830–1913
(außer für 1913 Dreijahresdurchschnitte, in %)

Jahr	Groß-britannien	USA	Frankreich	Deutschland	Russland	China
1830	9,5	2,4	5,2	3,5	5,6	29,8
1860	19,9	7,2	7,9	4,9	7,0	19,7
1880	22,9	14,7	7,8	8,5	7,6	12,5
1900	18,5	23,6	6,8	13,2	8,8	6,2
1910	13,6	32,0	6,1	14,8	8,2	3,6

Aus: Wolfram Fischer: Wirtschaft und Gesellschaft Europas 1850–1914. In: André Armengaud (Mitverf.): Handbuch der europäischen Wirtschafts- und Sozialgeschichte, Bd. 5. Stuttgart (Klett-Cotta) 1985, S. 150.

3 Länge des Eisenbahnnetzes in Kilometern

Jahr	Großbritannien	Frankreich	Deutschland	Russland
1840	2390	497	469	27
1850	9797	2915	5856	501
1860	14603	9167	11089	1626
1870	21558	15544	18876	10731
1880	25060	23089	33838	22865
1890	27817	33280	42869	30596
1900	30079	38109	51678	55234
1910	32182	40484	61209	66581

Aus: B. R. Mitchell: Statistischer Anhang. In: Carlo C. Cipolla / Knut Borchardt (Hrsg.): Europäische Wirtschaftsgeschichte, Band IV: Die Entwicklung der industriellen Gesellschaft. Stuttgart / New York (Fischer) 1985, S. 514, Tabelle 26.

4 Eisen – der universelle Werkstoff im industriellen Zeitalter
(Roheisenproduktion europäischer Länder in 1000 t von 1800 bis 1913)

Jahr	Großbritannien	Frankreich	Deutschland	Russland
1800–1814	284	200	–	200
1830–1834	700	244	111	167
1850–1854	2716	561	245	231
1870–1874	6480	1211	1579	375
1880–1884	8295	1918	2893	477
1890–1894	7402	1998	4335	1096
1900–1904	8778	2665	7925	2773
1910–1913	9792	4664	14836	3870

Aus: B. R. Mitchell: Statistischer Anhang. a. a. O. S. 504–505, Tab. 15.

5 Verteilung der Arbeitnehmer auf die Wirtschaftssektoren in verschiedenen Ländern um 1850/1910

Sektor I: Forst- und Landwirtschaft, Fischerei
Sektor II: Verarbeitendes Gewerbe (Industrie, Handwerk) und Bergbau
Sektor III: Dienstleistungen

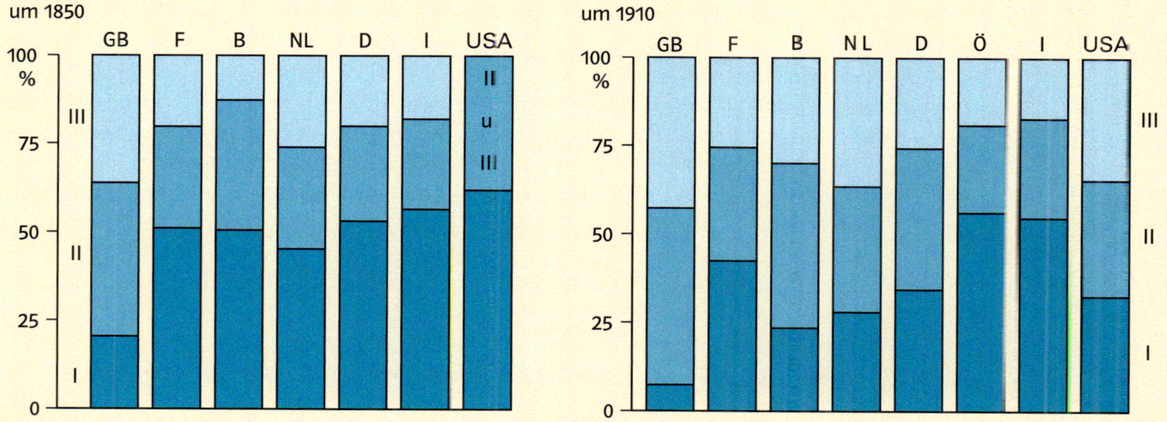

6 Geschätztes reales BIP pro Kopf der Bevölkerung
(in US-$ von 1960, 2004 in US-$ von 2002)

	1830	1860	1913	1929	1960	2004
Deutschland/BRD	240	345	775	900	1790	22740
Frankreich	275	380	670	890	1500	22240
Italien	240	345	455	525	985	19080
Japan	180	175	310	425	855	34010
Russland/UdSSR	180	200	345	350	925	2130
Großbritannien	370	600	1070	1150	1780	25510
USA	240	550	1350	1775	2800	35400

Werte für 1830 bis 1960 nach: P. Bairoch / M. Lévy-Leboyer (Hrsg.): Disparities in Economic Development since the Industrial Revolution. London 1981, S. 10. Zahlen für 2004 in: Harenberg Aktuell 2005. Mayers Lexikonverlag 2004, unter den jeweiligen Staateninformationen

Arbeitsvorschläge

a) Vergleichen Sie die Industrialisierungsprozesse in den jeweiligen Ländern und bestimmen Sie begründet Zeitpunkte, zu denen die betroffenen Länder als industrialisiert gelten können. Erklären Sie landesspezifische Charakteristika.
b) Wandeln Sie die Statistiken in passende Diagramme um.
c) Nicht immer lassen sich absolute Zahlen unmittelbar aufeinander beziehen. Bilden Sie deshalb am Beispiel von Deutschland eine sogenannte Indexreihe. Setzen Sie den Wert für das erste angegebene Jahr gleich hundert und rechnen Sie die anderen Werte mithilfe des Dreisatzes proportional dazu um. Rechnen Sie jeweils die angegebenen Werte für Deutschland in den Tabellen M1, M2 und M4 um. Erstellen Sie auf Basis dieser Indexwerte eine Tabelle, indem Sie jeweils die Zeit auf der x-Achse und den Indexwert auf der y-Achse einzeichnen.

1.7 Die Industrialisierung verändert das Leben der Menschen

Ballungsräume und ökologische Belastung

Die Entstehung von verflochtenen Führungssektoren führte zu einem Arbeitskräftesog, der industrielle Ballungszentren entstehen ließ. Ballungsräume mit schwerindustriellem Schwerpunkt lagen vor allem im Rhein-Ruhr-Gebiet, aber auch in Sachsen und im Saarland. Hier pulsierte das Herz der Montanindustrie. Koppelungseffekte sorgten für die Ansiedlung weiterer Unternehmen vor allem des Maschinenbaus an Rhein und Ruhr. Der Arbeitskräftesog bewirkte eine Zuwanderung aus vielen Regionen Deutschlands, die zu einem enormen Bevölkerungsanstieg an Emscher und Ruhr führte. Die chemische Industrie ließ das Rhein-Main-Gebiet vom ehemaligen Entwicklungsland zu einer der führenden Industrieregionen aufsteigen. Die Lage an Rhein und Main besaß dabei den Vorteil, dass die Chemieunternehmen die Flüsse sowohl als Transportwege als auch als Abwasserkanäle für Chemieabfälle nutzen konnten. Berlin erlebte vor allem die räumliche Konzentration der Elektroindustrie. Nach der Reichsgründung lief Berlin Frankfurt auch die Rolle als erstem Börsen- und Bankenplatz ab.
Allerdings reichte schon bald nach der Reichsgründung die innerdeutsche Bevölkerungsmobilität nicht mehr aus, um die Nachfrage nach Arbeitskräften zu befriedigen. Bis 1907 wanderten ca. 800 000 polnischstämmige Arbeitsmigranten jeweils zur Hälfte in den Ballungsraum Berlin und ins Ruhrgebiet (sog. Ruhrpolen) ein. Weitere Migrationsbewegungen brachten Arbeitskräfte aus dem Zarenreich, Österreich und Italien nach Deutschland. 1910 lebten bereits 1,25 Millionen Ausländer in Deutschland, das sich in kurzer Zeit von einem klassischen Auswanderungs- zu einem Einwanderungsland entwickelt hatte.
Die industrialisierten Produktionsprozesse, die ansteigenden Bevölkerungszahlen in den Ballungszentren sowie die damit verbundene intensive Form der Landwirtschaft führten zur Ausbeutung und Zerstörung der Umwelt. Bestand um 1800 noch ein Drittel der Landschaft aus Auen, Mooren und Heidevegetation, so

1 The Black Country near Bilston
Gemälde 1869 von Henry Warren (1794–1879)
Das „Black Country" bei Birmingham gelegen war bekannt als „Red by Night Black by Day". Hier lag das Zentrum britischer Metallindustrie mit Eisenerz- und Kohlevorkommen. Die nächtliche Szene zeigt glühende Kohlenfelder, das Abfackeln von Gas und rechts eine Industrieruine.

sank deren Anteil bis um 1900 auf fünf Prozent. In der Regel wichen diese naturnahen Gebiete landwirtschaftlichen Flächen, auf denen mit Maschinen und Kunstdünger immer größere Erträge erzielt wurden. Fabriken und Städte stießen Emissionen aus, die Boden, Luft und Wasser belasteten. Viele Flüsse verwandelten sich so in stinkige Kloaken. Der Luftbelastung sollte durch den Bau höherer Fabrikschornsteine begegnet werden. Ein grundlegendes Umweltbewusstsein existierte im 19. Jahrhundert ebenso wenig wie das Wort Umwelt. Klagen wegen nachteiliger Umwelteinflüsse richteten sich oft gegen konkrete Standortbedingungen, stellten aber nicht die industrielle Produktionsweise selbst infrage. Es galt das Prinzip der Verdünnung durch Wasser und Luft auf der einen Seite und das der Konzentration und Regionalisierung auf der anderen Seite. Belastungen in Industrieregionen wurden als ortsüblich hingenommen, wenn die Standorte der Fabriken weit außerhalb der „guten" Wohnviertel lagen. Der Zusammenhang zwischen Umweltverschmutzungen und Krankheiten war kaum bekannt. Lange Zeit wurden Industrieabwässer für ungefährlich gehalten, was in Verbindung mit den prekären Wohnverhältnissen immer wieder zum Ausbruch von Seuchen wie Typhus oder Cholera führte. Zwar versuchte die Gesetzgebung die schlimmsten Auswüchse zu verhindern, aber der ökonomische Druck der Unternehmer vor Ort erstickte die meisten Ansätze im Keim.

2 Zunehmende Spezialisierung im Handwerk
Eine Schuhmacherwerkstatt um 1900

Verlierer und Gewinner

Die industrielle Modernisierung führte zu einem ungleichgewichtigen Strukturwandel, der in allen Wirtschaftsektoren Verlierer und Gewinner hervorbrachte. Auch im Handwerk verlief die Entwicklung je nach Branche unterschiedlich. Berufe wie z. B. die des Kürschners oder Drechslers fielen der automatisierten Fabrikproduktion und neuen Erfindungen zum Opfer. Schneider und Schuster spezialisierten sich dagegen zunehmend auf Reparaturaufgaben. Andere Handwerksberufe in Gastronomie und Bauwirtschaft blühten in Ballungsgebieten regelrecht auf. Im Bereich der Gas-, Wasser- und Energieversorgung entstanden sogar neue Handwerksberufe.

Bis zur Jahrhundertwende blieb die Landwirtschaft an Produktions- und Beschäftigtenzahlen der wichtigste Wirtschafssektor. Erkenntnisse aus den neuen Agrarwissenschaften und der Einsatz von Dresch-, Drill- und Erntemaschinen führten zu agrarökonomischen Anbaumethoden. Spezialisierte Großbetriebe ersetzten in vielen Regionen Kleinbauern und deren Subsistenzbetriebe, sodass 1882 ca. 13 % der Landwirte über 72 % des landwirtschaftlich nutzbaren Landes verfügten.

Pauperismus

Die Industrieregionen konnten erst ab der Jahrhundertmitte die wachsende Zahl an Arbeitskräften in den Produktionsprozess integrieren. Bis dahin bestand ein Arbeitskräfteüberschuss, der durch Heimarbeit im Verlagssystem der Textilproduktion sein Einkommen suchte. Gegen die meist englische Konkurrenz an billigen, maschinell erzeugten Textilprodukten waren diese Weber ohne Chance. Der Aufstand der schlesischen Weber wurde 1844 durch Militäreinsatz unterdrückt. In den 1840er-Jahren kam es auch infolge von Missernten zur letzten Hungerkatastrophe in Deutschland. Viele Zeitgenossen verbanden diese Probleme fälschlicherweise mit der beginnenden Industrialisierung. Unter den Begriffen „Pauperismus" oder auch „Soziale Frage" werden seitdem alle negativen Begleiterscheinungen der Industrialisierung diskutiert. Erst die industrielle Modernisierung konnte viele Probleme des Massenelends allmählich lösen.

Im Takt der Maschinen

Die neue Fabrikarbeit forderte durch den Takt der Maschinen im Vergleich zu den alten Arbeitsformen eine viel unerbittlichere Disziplin ein: Den bisher natürlichen Rhythmus des Tages löste in der Fabrik das Regiment der Uhr ab, die Pünktlichkeit, Konstanz und Gleichmäßigkeit der Arbeit ebenso wie zeitlich fixierte Pausen einforderte. Strenge Fabrikordnungen regelten die Arbeitszeiten, das Verhalten am Arbeitsplatz und die geringe Entlohnung. Über die Einhaltung der Fabrikdisziplin wachten Vorarbeiter, häufig ehemalige Unteroffiziere. Vor allem in der industriellen Frühphase variierten die täglichen Arbeitszeiten zwischen 12 bis 16 Stunden bei einer sechstägigen Arbeitswoche. Dazu kamen oft stundenlange Fußmärsche zur Arbeitsstelle, wo man Lärm, Gestank sowie monotonen und gefährlichen Tätigkeiten ausgesetzt war. Arbeitsschutz war noch ein Fremdwort. Unter diesen Bedingungen erreichten nur ca. 6 % der Menschen ein Alter von 60 Jahren. Alter bedeutete jedoch ebenso wie Invalidität und Arbeitslosigkeit eine akute Existenzbedrohung.

Wegen der geringen Löhne waren Arbeiterfamilien oft auf die industrielle Arbeit von Frauen und Kindern angewiesen. 1846 arbeiteten 30 000 Kinder in den Fabriken Preußens, was 6,5 % der gesamten preußischen Arbeiterschaft ausmachte. Ihr geringer Lohn wurde von den männlichen Arbeitern als Konkurrenz angesehen, was sie doppelter Diskriminierung aussetzte. Erst der Protest von Schul- und Militärbehörden führte zu gesetzlichen Reglementierungen. So erließ Preußen 1853 ein allgemeines, aber oft umgangenes Beschäftigungsverbot für Kinder unter 12 Jahren. Mit zunehmender Rationalisierung der industriellen Fertigung verringerte sich die Zahl der Kinderarbeit, allerdings blieb die schonungslose Kinderarbeit im Handwerk und in Landwirtschaft davon weitgehend unberührt.

Die neue soziale Gruppe der Industriearbeiter, im damaligen Sprachgebrauch „Proletarier" genannt, hausten in prekären Wohnverhältnissen. In den Städten, die häufig in wenigen Jahrzehnten ihre Einwohnerzahlen vervielfachten, herrschte eine immense Wohnungsknappheit. Schnell hochgezogene, mehrgeschossige Mietskasernen in städtischen Außenbezirken stellten in der Regel einen viel zu geringen und zu teuren Wohnraum mit äußerst schlechten hygienischen Verhältnissen zur Verfügung. Die ärmsten, viele Köpfe zählenden Proletarierfamilien bewohnten Einzimmerwohnungen in den Hinterhöfen der Mietskasernen, die unteren Stockwerke und Keller, in denen Licht Mangelware und feuchte Wände die Regel waren. Zur Finanzierung der Wohnungen wurden Schlafgelegenheiten im Achtstundenrhythmus an sogenannte Schlafgänger untervermietet. Rückzugsgebiete und Privatsphäre boten diese Wohngelegenheiten nicht.

Die Frau in der industrialisierten Gesellschaft

Die Lebensbedingungen der Frau im Kaiserreich hingen stark von ihrer Schichtenzugehörigkeit ab. Nach der Berufszählung von 1907 waren 48,8 % von den 9,49 Millionen weiblichen Berufspersonen in der Landwirtschaft als Tagelöhnerinnen oder Mägde tätig, während 22 % in der Industrie, ca. 10 % in Handel und Verkehr und 13,2 % in häuslichen Diensten arbeiteten. 30 % aller Erwerbstätigen waren Frauen. Zunehmend war eine Landflucht in die Stadt festzustellen, wo Frauen häufig als Dienstmädchen des Bürgertums arbeiteten. Wenig Freizeit, ein kleines Taschengeld bei freier Kost und Logis in einer kleinen Kammer sowie sexuelle Zudringlichkeiten des Hausherrn rundeten den meist sechzehnstündigen Arbeitsalltag ab.

In der monotonen und schlecht bezahlten Fabrikarbeit erhielten Frauen jedoch mehr Selbstständigkeit. Neue Verdienstmöglichkeiten für Frauen bot der Ausbau von Verwaltung, Handel und Dienstleistungen. In allen Branchen wurden Frauen schlechter als Männer bezahlt. Nach der Geburt des ersten Kindes schieden Frauen aus dem Erwerbsleben aus, führten den Haushalt und versuchten, durch Heimarbeit mit Näharbeiten das Familieneinkommen aufzubessern.

3 **Umzüge von Arbeiterfamilien** wie hier in Berlin gehörten in den Ballungsräumen zum ständigen Straßenbild um 1900. Im Durchschnitt zweimal im Jahr zogen Arbeiterfamilien um. Sie waren auf der Suche nach besseren Wohnungsmöglichkeiten, oft aber auch mit der Miete im Rückstand. Arbeiterfamilien zogen häufig aus Neubauten aus, wenn die Wände nicht mehr feucht waren. „Trocken wohnen“ war eine Möglichkeit, eine Zeitlang preisgünstig zu wohnen.

Frauen aus dem Bürgertum gingen oft keiner Arbeit nach. Sozial akzeptable Erwerbstätigkeiten fanden bürgerliche Frauen aus dem gehobenen Bürgertum als Lehrerinnen, in der Krankenpflege und der Sozialarbeit. Sozialen Diskriminierungen waren Lehrerinnen dadurch ausgesetzt, dass ihnen Heirat und Mutterschaft untersagt wurden.
Das patriarchalisch-autoritäre Rollenverständnis im Kaiserreich forderte die Unterordnung weiblicher Bedürfnisse. Politik und Erwerbsarbeit gehörten zur Männerdomäne, während Frauen sich dem Haushalt und der Kindererziehung zu widmen hatten. Dennoch zwangen die ökonomischen Notwendigkeiten Arbeiterfrauen zur familiären Heimarbeit. Diese Doppelbelastung beanspruchte Frauen fortwährend bis an die Grenzen der körperlichen Belastbarkeit. Die Frauen lebten auch in ständiger Angst vor einer ungewollten Schwangerschaft. Neuartige Verhütungsmittel aus Kautschukprodukten wie Kondom und Diaphragma blieben unerschwinglich, was im Jahr bis zu 500 000 Abtreibungen zur Folge hatte. Fehlende finanzielle Mittel und die polizeiliche Verfolgung zwangen Arbeiterfrauen, den Schwangerschaftsabbruch heimlich von sogenannten Engelmacherinnen unter unhygienischsten Verhältnissen vornehmen zu lassen. Tausende Frauen starben auf diese Weise jährlich.

4 Industrialisierung und Urbanisierung in Deutschland

a) Verteilung der deutschen Bevölkerung in ausgesuchten preußischen Provinzen und Bundesstaaten

Bundesstaaten und preußische Provinzen	Jahr	Es lebten in Gemeinden mit ... Einwohnern					Gesamt-bevölkerung
		Weniger als 2000	2000 bis 4999	5000 bis 19999	20000 und darüber	davon über 100000	
		Angaben in %					
Königreich Preußen	1871	62,8	12,3	11,9	13,0	5,2	24691085
	1910	38,4	10,2	14,1	37,1	22,4	40165219
		ausgewählte preußische Provinzen					
Provinz Ostpreußen	1871	79,2	8,9	11,9 (ab 5000 Ew)		6,2	1822934
	1910	67,0	6,1	8,9	18,0	11,9	
Provinz Posen	1871	79,1	9,4	6,2	5,3	–	1583843
	1910	66,4	7,8	11,9	13,9	7,5	2099831
Provinz Westfalen	1871	51,2	27,8	13,0	8,0	–	1775175
	1910	19,7	16,8	23,8	39,6	12,6	4125096
Provinz Rheinland	1871	42,7	18,4	19,8	39,6	3,6	3579347
	1910	20,7	11,7	17,7	48,8	32,9	7121140
Königreich Bayern	1871	76,4	7,7	7,2	8,7	3,5	4863485
	1910	55,3	10,3	8,7	25,8	15,0	6887291
Ghzt. Hessen	*1875*	61,4	17,8	7,3	13,5	–	884218
	1910	39,4	18,6	14,6	27,4	8,6	1282051
Deutsches Reich	1871	63,9	12,4	11,2	12,5	4,8	41058804
	1910	40,0	11,2	14,1	34,7	21,3	64925993

b) Das Wachstum deutscher Städte

	Bevölkerung im Jahre			**Wachstumsrate in % (1875 –1910)**
	1875	**1890**	**1910**	
Berlin	966859	1587794	2071257	114,2
Bremen	102532	125684	217437	112,1
Charlottenburg	25847	76859	305978	1038,8
Chemnitz	78209	138954	287807	268,0
Dortmund	57742	89663	214226	271,0
Duisburg	37380	59285	229438	513,8
Essen/Ruhr	54790	78706	294653	437,8
Frankfurt/a.M.	103136	179985	414576	302,0
Hamburg	264675	323923	931035	2518
Kiel	37246	69172	211627	468,2
Köln	135371	281681	516527	281,6
Leipzig	127387	295025	589850	363,0
Nürnberg	91018	142590	333142	266,0
Stettin	80972	116228	236113	191,6
Zahl der Städte mit mehr als 10000 Einwohnern	271	394	576	112,5

Aus: Gerd Hohorst, Jürgen Kocka/Gerhard A. Ritter (Hrsg.): Sozialgeschichtliches Arbeitsbuch, Bd. 2, Materialien zur Statistik des Kaiserreiches 1870–1914. München 1978, S. 42f. Nr. 11. In: Quellen zur Deutschen Wirtschafts- und Sozialgeschichte von der Reichsgründung bis zum Ersten Weltkrieg, Ausgewählte Quellen zur Deutschen Geschichte der Neuzeit – Freiherr vom Stein-Gedächtnisausgabe, hrsg. von Walter Steitz. Darmstadt (WBG) 1985, S. 480ff.

5 **Eiteriger Ausschlag der Hände (1905)**

Die Zustände am Main sind gerade so schauderhafte wie die Zustände in den Leipziger Armenvierteln [...]. Bei Niederrad ca. 200 m unterhalb der Mainbrücke, der Kläranstalt gerade gegenüber, woselbst bekanntlich die Frankfurter Fäkaljauchen in Absatzbecken von ihren gröbsten Sinkstoffen befreit werden [...], sieht man mitten im Main eine dunkelgraugelbe Wolke aus dem Grunde des Flusses emporsteigen: die Mündungsstelle des Abfluss- und Überlaufsrohres der städtischen Kläranlage Frankfurts. [...] das Fischleben ist so gut wie gänzlich erstorben; eine braunschwarze Flut wälzt sich zwischen den mit Abwässerpilzen und -algen bedeckten Ufern dahin, große Brocken z. T. aus verwestem und losgerissenem Algenrasen bestehend, mit sich führend – ein klassisches Beispiel von dem Überschreiten der Selbstreinigungskraft der Flüsse [...]. Der Fährmann, der mich über den Fluss setzte, berichtete, dass das Wasser im Sommer so giftig sei, dass er und sein Fährknecht nur infolge des gelegentlichen Benetzens der Hände mit dem Mainwasser beim Fährgeschäft oft wochenlang an eiterigem Ausschlag der Hände litten!

Offene Briefe über Städtereinigung. In: Städte-Zeitung 2 (1905), S. 177 f.; Zit. in: Franz-Josef Brüggemeier, Michael Toyka-Seid (Hrsg.): Industrie-Natur, Lesebuch zur Geschichte der Umwelt im 19. Jahrhundert, Frankfurt a. M.; New York (Campus) 1995, S. 124 f.

6 **Der Müll vor der Stadt (1895)**

Wenn Sie im ersten Frühling eine Reise machen, erkennen Sie das Nahen einer grösseren Stadt zuerst an den Aeckern, welche mit städtischem Kehricht gedüngt sind; überall blinken Ihnen Scherben entgegen, dazwischen sehen Sie Conservenbüchsen, Stücke von Reifröcken, von Corsets, von Sprungfedern, zerbrochene Kämme u. dergl.; die Hecken und Raine hängen voll Papier- und Lumpenfetzen. An anderen Stellen erblicken Sie ganze Scherbenberge; Unebenheiten im Terrain, verlassene Kiesgruben u. dergl. sind mit Kehricht ausgefüllt; manchmal erkennen Sie schon die Linien der ausgelegten Strassen, die gerade über eine solche Aufhöhung als Bauuntergrund hinführen sollen. Der Städter, welcher seinen Osterspaziergang machen will, kommt vor den Thoren in diesen Graus. Einige Wochen später deckt allerdings das spriessende Grün mitleidig das Schlimmste zu, aber in trockener Zeit verstäubt auch jetzt noch viel davon über das Land bis in benachbarte Wohnungen oder in die ländlichen Milchkeller, aus denen die Stadt mit Milch versorgt wird [...]

Begeben Sie sich auf eine der Abladestellen, so finden Sie oft Dutzende von armen Leuten, die in dem Unrath umhersuchen, um noch irgend verwerthbare Dinge aufzufinden. Manchmal bringen diese Leute sogar Pferd und Wagen mit, weil sie in Säcken ihre Funde nicht bergen können. Für das Recht dieses Suchens wurden in Hamburg vor einigen Jahren an einen Abfuhrunternehmer per Fuhre 30 Pf. bezahlt. Man darf daraus auf die Mengen von Abfall schliessen, die eben glücklich zur Stadt hinausgeschafft sind und nun auf diesem Wege dorthin wieder zurückkommen. Im Jahre 1887 entdeckte man in Hamburg sogar, dass auch das benutzte alte Verbandmaterial aus den Krankenhäusern von den Kehrichtablageplätzen wieder in die Stadt zurückwanderte. Dann ward den Anstalten auferlegt, alle gebrauchten Verbandstoffe innerhalb ihrer Mauern zu verbrennen oder anderweitig zu vernichten. [...]

Zit. nach: Beseitigung des Kehrichts und anderer städtischer Abfälle, besonders durch Verbrennung. In: Deutsche Vierteljahresschrift für öffentliche Gesundheitspflege 1895, S. 11-35. Zit. in: Brüggemeier, Toyka-Seid (Hrsg.): a. a. O., S. 231.

7 **Der Chemiker Konrad Jurisch wägt zwischen Fischereiwirtschaft und der Chemieindustrie ab (1890)**

Wie weit hat die Fischerei eine Berechtigung gegenüber den Interessen der chemischen Industrie in der Abwässerfrage?

Es hat sich herausgestellt, daß für ganz Deutschland der wirtschaftliche Werth der Industrien, welche Abwässer liefern, ca. 1000 mal größer ist, als der Werth der Binnenfischerei in Seen und Flüssen, [...]

Haben sich an einem kleinen Flusse, wie z. B. Wupper, Emscher, Bode und anderen, so viele Fabriken angesiedelt, daß die Fischzucht in denselben gestört wird, so muß man dieselbe preisgeben. Die Flüsse dienen dann als die wohlthätigen, natürlichen Ableiter der Industriewässer nach dem Meere [...] Die Fischerei hat auf ein Flußgebiet, an dem gewerbliche und industrielle Anlagen errichtet worden sind, oder werden, keinen Anspruch auf alleinige Berechtigung; [...] In solchen Fällen muß das geringfügige Interesse der Fischzucht dem überwältigenden Interesse der Industrie weichen. [...]

Dieser Grundsatz entspricht nicht nur den Anforderungen des Nationalwohlstandes, sondern auch den wirthschaftlichen Interessen der örtlichen Bevölkerung. Denn wo ein Landstrich vor dem Entstehen der Industrie nur eine spärliche und ärmliche Bevölkerung trug, welche zwar ungehinderten und reichlichen Fischfang trieb, aber nur geringen Absatz und geringen Verdienst fand, [...]; – da verdichtet sich die Bevölkerung durch das Aufblühen der Industrie, Arbeiterschaaren strömen herbei; Verkehrswege werden geschaffen; [...] neuer Absatz, vermehrter Verdienst öffnen sich; Bildungsanstalten entstehen und gestatten der Bevölkerung, sich auf eine höhere Stufe der Kultur zu heben.

Es liegt daher im wohlverstandenen Interesse eines jeden armen Landstrichs, das Aufblühen der Industrie zu fördern, selbst auf Kosten der Fischerei.

K.W. Jurisch: Die Verunreinigung der Gewässer. Berlin 1890, S. 133. Zit in: Brüggemeier, Toyka-Seid (Hrsg.): a. a. O., S. 145.

8 **Ernteeinsatz in Rüsselsheim.** 1861 lebten noch 46 % der Rüsselsheimer Bevölkerung von der Landwirtschaft. 1913 waren es nur noch 12 %. Während die Stroh- und Dreschmaschine von einer Dampfmaschine angetrieben wird, erledigen die manuellen Arbeiten oberhessische Saisonarbeiter. Rüsselsheimer arbeiten mittlerweile zu Dreivierteln bei Opel und stellen Nähmaschinen, Fahrräder und zunehmend auch Automobile her.

9 **Die Entwicklung der Pro-Kopf-Erzeugung in Deutschland (errechnete Werte)**

	1860	1883	1900	1913
Pflanzliche Produkte				
Getreide insgesamt dz	3,8	4,0	4,3	4,5
Kartoffeln insgesamt dz	0,9	6,2	7,5	7,1
Zuckerrüben insgesamt dz	0,0	2,3	2,5	2,6
Futter dz GE	4,2	3,5	3,6	3,4
Tierische Produkte				
Fleisch insgesamt kg	15,9	29,5	44,4	53,9
davon Schweinefleisch	5,3	14,2	25,3	34,1
Rind- und Kalbfleisch	8,5	12,6	17,2	16,9
Milch insgesamt kg	184,0	272,0	345,0	361,0
Wolle in g.	506,0	1039,0	602,0	330,0
Eier in Stück	40,0	61,0	69,0	81,0

Vom Autor zusammengestellt

10 **Fabrikordnung der Mechanischen Baumwollspinnerei „J. H. Staub & Söhne"**

Die Fabrik stellte an die Arbeiter neue Anforderungen. Mit Fabrikordnungen und Geldstrafen versuchten die Arbeitgeber, ihre Arbeiter in die Fabrikdisziplin zu nehmen. Ein typisches Beispiel stellt folgende Fabrikordnung aus dem hessischen Altenstadt dar:

§ 7 Wenn in einem Arbeitssaal während der Arbeitszeit, wo alle Arbeiter zugegen sind, ein Gegenstand beschädigt wird, und der Täter Verhehlung wegen nicht auszumitteln ist, so sind die Arbeiter des ganzen Saales bis zur Nachweisung des Täters für den Schaden haftbar.

§ 8 Ein friedliches Betragen wird den Arbeitern zur strengen Pflicht gemacht. Wer sich Streitigkeiten, Beschimpfungen und Tätlichkeiten zu Schulden kommen lässt, unterwirft sich der Strafe, welche der Fabrikaufseher oder Inhaber gegen ihn erkennen wird.

§ 9 Ferner werden bestraft […]:

11 Die neue Arbeitswelt: Stanzmaschinen in einem AEG-Werk, 1907

1. Unehrerbietiges Betragen gegen die Aufseher.
2. Verhehlung von Untreue.
3. Eigenmächtige Abänderung an den Maschinen, der Beleuchtung, Heizung und Werkzeugen.
4. Störung anderer Arbeiter.
5. Verspätung und Versäumnisse, besonders der Unfug des blauen Montags und das Herbeiholen von Speise und Trank. […]
6. Das Tabakrauchen.
7. Lärm machen auf dem Weg zu und von der Fabrik. […]

§ 13 Die erhobenen Geldstrafen werden zur Unterstützung kranker und beschädigter Arbeiter verwendet.

§ 14 Der Arbeitslohn wird von den Fabrikinhabern am ersten Zahltag nach dem Eintritt des Arbeiters festgesetzt und später nach Umständen erhöht oder erniedrigt. […]

§ 22 Die Fabrikbesitzer sind jedoch zur augenblicklichen Entlassung des Arbeiters ohne Vergütung von Lohn […] berechtigt, wenn dieser das eine oder das andere der nachstehenden Vergehen sich zu Schulden kommen lässt.

1. Diebstahl oder Untreue.
2. Prügelei, Unzucht oder Betrunkenheit im Fabrikgebäude.
3. Komplotte oder Auflehnung gegen die Fabrikordnung.
4. Beschimpfung der Aufseher.
5. Tätliche Widersetzlichkeit.
6. Weigerung der Übernahme einer ordentlichen Arbeit in der Fabrik.
7. Eigenmächtiges Verlassen der Arbeit.
8. Wiederholte Nachlässigkeit in Erfüllung seines Geschäftes.
9. Beharrlicher Ungehorsam.
10. Absichtliche oder bedeutende Verletzung des anvertrauten Arbeitsgerätes oder Arbeitsstoffes.

Jürgen Kuczynski: Die Geschichte der Lage der Arbeiter unter dem Kapitalismus, Teil I, Band 2. Berlin (Ost) 1962, S. 196 ff.

12 Kinderarbeit in der Kohlengrube um 1908
Die Körpergröße und ein geringes Gehalt machten Kinder für Industriearbeit interessant. Bildung und Gesundheit der Kinder litten bei Arbeitstagen von 9 bis 10 Stunden.

13 Verteidigung der Kinderarbeit durch einen schleswig-holsteinischen Unternehmer (1867)

Der Textilfabrikant Meßtorff protestiert in einem Schreiben an den zuständigen Regierungsrat gegen die preußischen Bestimmungen zum Schutz jugendlicher und kindlicher Arbeiter. Schleswig-Holstein wurde 1867 zu einer preußischen Provinz und übernahm dessen Gesetzgebung. Nachdem er sein betriebliches Schulsystem gelobt hat, führt der Unternehmer fort:

[...] Die Erfahrung hat nach und nach dahin geführt, dass Kinder, die das 10te Lebensjahr vollendet haben, die geeignetesten und brauchbarsten, sowohl für die Arbeit als für das Lernen sind. Der in der neulich uns gemachten Vorlage hingestellte Satz, dass Niemand vor zurückgelegtem 12ten Lebensjahr in Fabriken arbeiten soll, dürfte in aller und jeder Beziehung eine unglückliche Bestimmung sein.

Mit zurückgelegtem 12ten Jahre sind die Kinder nur selten zu den überaus leichten, nur eine gewisse Fingerfertigkeit und Gewandheit erfordernden Arbeiten zu gewöhnen, sie sind dann schon, wenn ich mich so ausdrücken darf, zu flegelig, und nicht fügsam genug, machen den Lehrern in der Regel viel zu schaffen, und haben bei der Arbeit nicht die Lust und den Eifer, weil sie schon einen zu großen Theil ihrer Jugend in Nichtsthun pp. verbracht haben. So alte Kinder werden von den Fabrikanten nicht gern zur Arbeit angenommen. Ganz anders aber ist es, wenn sie nach dem 10ten Jahr eintreten. Sie sind dann noch nicht so verwildert, sind leichter lenksam und fügsam, gewöhnen sich an die Regelmäßigkeit und sind nun, wenn sie 12 Jahr alt sind, himmelweit verschieden von den ungeschlachten, unfläthigen, auf den Straßen sich herumtreibenden, unbeschäftigten Arbeiterkindern. [...].

Es ist eine Thatsache, die hier am Orte durch lange Erfahrung bestätigt wird, dass nur ein kleiner Theil der als Kinder in Fabriken arbeitenden, bei der Fabrikarbeit bleibt, sondern durch die gewonnene körperliche Gewandheit und geistige Geweckhteit, bei der Gewöhnung zu Ordnung und Pünktlichkeit, werden die Mädchen nach ihrer Confirmation sehr geschätzte brauchbare Dienstmädchen und die Knaben in den verschiedensten Gewerben tüchtige Arbeiter. [...]

Schreiben des Fabrikanten J. J. Meßtorff vom 27.8.1867 an den Regierungsrat von Rosen in Kiel. Zit. nach: Nils Hansen: Fabrikkinder. Zur Kinderarbeit in schleswig-holsteinischen Fabriken im 19. Jahrhundert. Neumünster 1987, S. 184 f.

14 Werner Sombart: Wohnverhältnisse und Schlafgängerwesen um 1900

Wer würde es glauben, dass eine ganze Anzahl Menschen bei uns heutigentags in „Wohnungen“ kampiert, die überhaupt kein heizbares Zimmer haben? Und doch belehrt uns die Statistik, dass es deren in Berlin über 15 000, in Barmen über 8 000 gibt usw. Aber das sind nur Ausnahmen, und es wird sich in der großen Mehrzahl der Fälle um Einzelpersonen handeln. Dagegen schwillt die Zahl derjenigen Personen, die in Wohnungen mit 1 Zimmer wohnen, sofort unheimlich an. Ja, in den meisten deutschen Großstädten wohnt, wie ich schon sagte, die Hälfte oder annähernd die Hälfte aller Menschen in Wohnungen, die nicht mehr als ein Zimmer umfassen. Von tausend Bewohnern nämlich in Barmen 490, in Berlin 430, in Breslau 409, in Chemnitz 551, in Dresden 374, in Görlitz 462, in Halle a. d. S. 429, in Königsberg i. Pr. 505, in Magdeburg 454, in Plauen i. V. 641. Mehr als 2 Zimmer, darf man annehmen, bewohnt nur ein verschwindend geringer Prozentsatz der arbeitenden Bevölkerung.

„Übervölkert“ nennt die Statistik eine Wohnung, wenn 6 Personen und mehr in 1 Zimmer, 11 Personen und mehr in 2 Zimmern hausen. Und selbst davon gibt es eine recht erkleckliche Anzahl: in Berlin nahezu 30 000, in Breslau 7 000, in Chemnitz 5 000, in Plauen i. V. 3 000 usw. Man denke: 6 Personen und mehr in 1 Raume, 11 und mehr in 2 Räumen!

Was nun aber das Wohnungselend der ärmeren Bevölkerung, wenigstens in den Großstädten, auf das Höchste steigert, ist der Umstand, dass selbst in den engen Behausungen, die nicht mehr den Namen Wohnung verdienen, noch nicht einmal immer die Familie allein lebt, sondern noch fremde Personen, die Schlafgänger, dazwischen kampieren. Dieser jammervolle Zustand findet sich beispielsweise in Berlin bei 391 von 1 000 einzimmrigen Wohnungen, in Breslau bei 370, in Plauen i. V. bei 596, in München bei 572 aller ein- und zweizimmrigen Wohnungen usw. In München [...] beherbergen etwa 12 000 oder 15 % aller Wohnungen Schlafgänger, von denen über ein Viertel Weiber sind. Von diesen 12 000 Wohnungen waren 3 918 überfüllt im offiziellen Sinne und hatten nur 858 mehr als ein heizbares Zimmer.

Werner Sombart, Das Proletariat. Frankfurt a. M. 1906, S. 23 f. Zit. nach: Wolfgang Köllmann: „Die Industrielle Revolution“, Quellen zur Sozialgeschichte Großbritanniens und Deutschlands im 19. Jahrhundert. Stuttgart (Klett) 1980, S. 47 f.

15 **Das bürgerliche Leben wurde zum Ideal.**
Wirtschafts- und Bildungsbürgertum, wie hier auf dem Bild um 1900 zu sehen, machten nur 6% der Bevölkerung aus. Zusammen mit den Kleinbürgern stellte diese Gesellschaftsschicht höchstens 15% der Gesamtbevölkerung. Dennoch prägten bürgerliche Werte wie Arbeitsmoral, Disziplin und Sparsamkeit, aber auch die bürgerliche Kultur das Leben im Kaiserreich.

16 **In Arbeiterfamilien** herrschte dagegen ein ganz anderer Wohnkomfort. Dieses Foto von 1916 zeigt eine Berliner Kellerwohnung für Arbeiter. Ein 15 m² großer Raum mit einer Küche diente acht Personen als Wohnquartier.

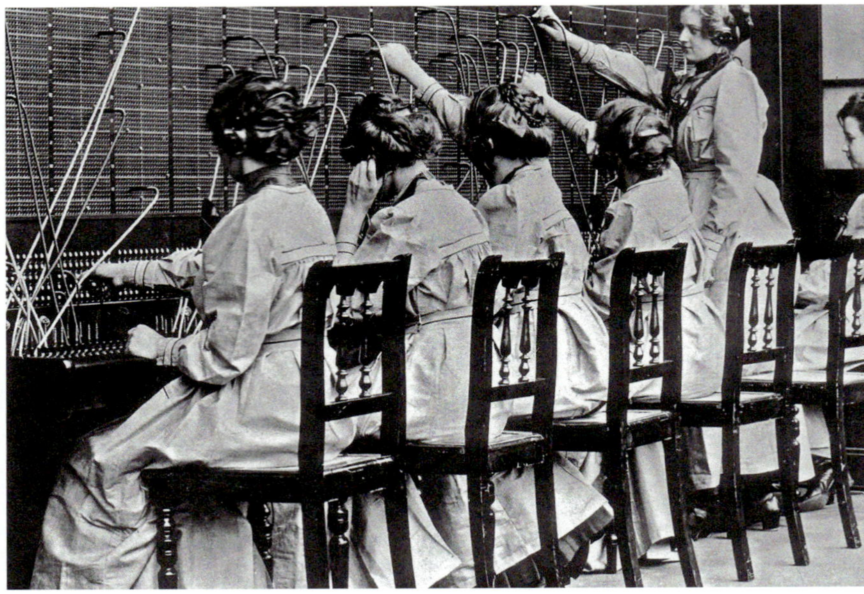

17 „Das Fräulein vom Amt“ wurde um 1900 ein sprichwörtliche Bezeichnung für einen neuen typischen Frauenberuf, den die technische Entwicklung mit sich brachte. Telefonistinnen um 1900 stellen die Verbindung her.

Arbeitsvorschläge

a) Vergleichen Sie die Statistiken zur Bevölkerungsentwicklung miteinander. Erläutern Sie das regional unterschiedliche Bevölkerungswachstum unter dem Gesichtspunkt von Industrialisierungsprozessen. Sind Ihnen ähnliche Veränderungstendenzen im heutigen Deutschland bekannt (M 4).

b) Simulieren Sie eine Talkshow, in der sich Vertreter der Fischereiwirtschaft und eines Chemieunternehmens zum Thema „Recht auf Umweltverschmutzung“ auseinandersetzen (M 7).

c) Das Müll- und Abwasserproblem ist ein aktuelles Thema: Erkundigen Sie sich über den heutigen Umgang mit Emissionen und vergleichen Sie diesen mit der in den Quellen M 5 bis M 7 geschilderten Entsorgungspraxis.

d) Diskutieren Sie, inwieweit Ihrer Meinung nach wirtschaftliche Entwicklung und Umweltschutz ein Gegensatzpaar darstellen. Informieren sie sich über die Agenda 21 von 1992 und deren grundlegenden Aussagen zu diesem Thema.

e) Überlegen Sie sich anhand von M 11 die Vor- und Nachteile der Arbeit im AEG-Werk. Untersuchen Sie die geschlechtsspezifische Rollenverteilung in dieser Werkshalle.

f) Erläutern Sie vor dem Hintergrund von veränderten Arbeitsabläufen im neuen industriellen Fertigungsprozess und der Herkunft der Arbeiter den Zweck einer Fabrikordnung. Überlegen Sie Gründe, weshalb ähnliche innerbetriebliche Reglementierungen heutzutage nicht mehr bestehen (M 10).

g) Erklären Sie dem Fabrikbesitzer aus Sicht des preußischen Regierungsrates die Notwendigkeit der Beschränkung von Kinderarbeit. Diskutieren Sie, inwieweit Kinderarbeit und Kinderarmut im heutigen Deutschland noch ein Problem darstellen (M 12, M 13).

h) Charakterisieren Sie die Lebens- und Wohnverhältnisse von Arbeiterfamilien. Welche zwischenmenschlichen Konfliktpotenziale und Zukunftsprobleme bringen diese Wohnverhältnisse mit sich? Vergleichen Sie anhand der Fotografien bürgerliche und proletarische Wohnverhältnisse miteinander. Achten Sie besonders auf die dargestellten Gegenstände (M 14–M 16).

i) Beurteilen Sie anhand des Autorentextes und der Quellen M 11 und M 17 die Aussage August Bebels (langjähriger SPD-Vorsitzender im Kaiserreich), dass erwerbstätige Frauen einer doppelten Unterdrückung ausgesetzt waren.

1.8 Ansätze zur Lösung der Sozialen Frage

Bürgerliche und christliche Ansätze

Die sozialen Probleme und die Angst vor sozialrevolutionären Unruhen des „vierten Stands“ der Arbeiter führten zu einer breiten Diskussion der Sozialen Frage bei allen gesellschaftlich relevanten Gruppen und politischen Strömungen. Schon früh begannen einzelne Unternehmer, aus Sorge um die Loyalität und die Arbeitskraft ihrer Arbeiter, innerbetriebliche Sozialeinrichtungen aufzubauen. Innerbetriebliche Betriebs- und Pensionskassen sollten den oppositionellen und revolutionären Bestrebungen der Arbeiterorganisationen entgegenwirken. So stellte der Stahlbaron Alfred Krupp (1812–1887) ein breitgefächertes Angebot an sozialen Einrichtungen zur Verfügung, verbot aber gleichzeitig die gewerkschaftliche und sozialdemokratische Organisation seiner Arbeiter. Krupp behandelte als patriarchalisch-autoritärer Prototyp des „Herren an der Ruhr“ seine Arbeiter wie Untertanen. 1858 führte er die paritätische Kranken- und Arbeiterpensionskasse ein, deren Finanzierung durch Arbeitgeber und -nehmer zum Vorbild der modernen Sozialversicherung werden sollte. Anspruchsberechtigt waren Arbeiter ab 15 Jahren Betriebszugehörigkeit sowie Invaliden aufgrund von Arbeitsunfällen. Hinterbliebene Ehefrauen erhielten zwei Drittel der Pensionsbezüge des Ehemannes. Krupp zahlte auch überdurchschnittliche Löhne, beschäftigte die Stammbelegschaft auch bei Konjunktureinbrüchen weiter, baute 3200 preiswerte Werkswohnungen und organisierte ein Netz von Konsumgenossenschaften. Hier wurden preisgünstige Kleidung und Lebensmittel ausschließlich an „Kruppianer“ verkauft.

Die Kirchen lehnten zunächst den industriellen Wandel als Teil des allgemeinen Modernisierungsprozesses ab und sahen in einer Wiederherstellung vorindustrieller Produktionsprozesse die Lösung der Sozialen Frage. Erst Johann Hinrich Wichern (1808–1881) auf evangelischer und Adolph Kolping (1813–1865) auf katholischer Seite begründeten die moderne kirchliche Sozialarbeit, in der sich die Kirchen an der Arbeitsstelle und im Wohnquartier um die Proletarier kümmern sollten. Die massenhafte Armut mit ihren Begleiterscheinungen wie Prostitution und Alkoholismus sah Wichern als Folge der Ferne zu Gott und wollte sie seelsorgerisch bekämpfen. Aus diesem Grund gründete er 1833 für „verwahrloste“ Jugendliche Hamburgs das „Rauhe Haus“, 1843 die Diakonie und 1848 die „Innere Mission“. Kolping dagegen fasste im „Kolpingwerk“ 1864 über 400 katholische

1 **Arbeitssaal für Knaben**, in dem von Johann Hinrich Wichern gegründeten „Rauhen Haus“ um 1845

Gesellenvereine zusammen, in denen ledigen Arbeitern und Handwerkern Geselligkeit, Bildung und religiöse Belehrung geboten wurde.

Generelle Überlegungen stellte der Mainzer Erzbischof Emanuel Wilhelm von Ketteler (1811–1877) an. Er forderte eine Rückbesinnung auf christliche Werte sowie einen größeren sozialen Ausgleich, um den sozialistischen Arbeiterparteien entgegenzutreten. Ketteler sah den Staat in der Pflicht, durch Arbeitsschutzbestimmungen und Sozialgesetzgebung die Lebensverhältnisse der Arbeiter zu verbessern. Gewerkschaften und Streiks sollten legitimiert werden. In Kettelers Richtung argumentierte auch Papst Leo XIII. in seiner Enzyklika „Rerum Novarum" (1891). Er erkannte den gesellschaftlichen Modernisierungswandel an und wollte Unternehmer und Arbeiter zur gegenseitigen Gerechtigkeit verpflichten. Die Unternehmer sollten einen gerechten, über dem Existenzminimum liegenden Lohn zahlen, während die Arbeiter ihrer Arbeitspflicht nachzukommen hatten. Auch Leo XIII. wandte sich nicht gegen Gewerkschaften und Tarifstreitigkeiten. Den Staat forderte er zu einer aktiven Sozialpolitik auf. Trotz dieser Bemühungen entfremdeten sich Arbeiter und Kirche. Die sozialistische Emanzipationsbewegung besaß auf die Mehrzahl der Arbeiterschaft eine größere Strahlkraft.

Enzyklika „Rerum Novarum"

Liberale Ansätze wie der von Nationalökonomen 1872 gegründete „Verein für Socialpolitik" oder die Genossenschaftsbewegung eines Hermann Schulze-Delitzsch (1808–1883) versuchten, den Arbeiter in die Gesellschaftsordnung einzugliedern. In dem Genossenschaftsgedanken, der auf dem Prinzip „Hilfe zur Selbsthilfe" fußte, spiegelte sich der Wunsch wider, Arbeiter zu Miteigentümern von Produktionszusammenschlüssen werden zu lassen. Als kapitalhaltende Kleinstunternehmer sollte dem Proletariat ohne staatliche Hilfe der gesellschaftliche Aufstieg gelingen. Größere Erfolge blieben der Genossenschaftsbewegung beim Aufbau der „Volksbanken" und in der Landwirtschaft vorbehalten. So existierten 28 140 landwirtschaftliche Genossenschaften im Jahre 1914.

1.9 Die Arbeiterbewegung

Grundthesen des Marxismus

Eine systemsprengende Kraft besaßen dagegen die Ideen von Karl Marx und Friedrich Engels. Beide arbeiteten seit den 1840er-Jahren eng zusammen und formulierten im Kommunistischen Manifest (1848) und den drei Bänden des Kapitals (1867, 1885, 1894) die theoretischen Grundlagen des Marxismus.

Die philosophischen Grundlagen: Das Gedankengebäude von Marx und Engels fußt auf den drei Hauptsträngen „dialektischer und historischer Materialismus" sowie die „politische Ökonomie".

Der „dialektische Materialismus" basiert in Abkehr zum idealistischen Gedankengebäude Hegels auf der Überzeugung, dass nicht die menschlichen Ideen die tatsächlichen Verhältnisse des Zusammenlebens bestimmen, sondern dass das menschliche Denken aus den Gegebenheiten folgt. Eine besondere Rolle spielen hierbei die wirtschaftlichen Verhältnisse (Basis), aus denen sich die entsprechende Staatsform, Religion und Kultur (ideologischer Überbau) entwickeln. Demnach bestimmt die Basis den Überbau oder wie Marx formulierte: „Nicht das Bewusstsein bestimmt das Sein, sondern das Sein bestimmt das Bewusstsein."

Karl Marx (1818–1883)

Die Anwendung dieser materialistischen Theorie auf die Entwicklung der Menschheit greift wiederum im Rekurs auf Hegel den Begriff der Dialektik (ursprüngliche Bedeutung: „Kunst der Gesprächsführung") auf. Die Dialektik ist der Motor menschlicher Entwicklung. Entwicklung und Fortschritt entstehen demnach durch Konflikte. Die bestehenden Verhältnisse werden als These aufgefasst, die notwendigerweise ihren Widerspruch und Gegensatz in Form der Antithese hervorruft. Der Konflikt zwischen These und Antithese löst sich auf einer qualitativ höheren

Ebene als Synthese wieder auf. Die Synthese ist das Ergebnis spiralförmiger Bewegung und spiegelt somit den Fortschritt menschlicher Daseinsformen wieder. Der „historischen Materialismus" überträgt diese philosophischen Grundannahmen auf die Menschheitsgeschichte, deren Entwicklung in Stufen voranschreitet. Grundlegende Bedeutung besitzt dabei der Entwicklungsgrad der Produktivkräfte und der Produktionsverhältnisse.
Der Begriff Produktivkräfte beinhaltet alle den Menschen in der Produktion zur Verfügung stehenden Mittel (Werkzeuge, Maschinen, menschliche Fähigkeiten usw.).
Die Produktionsverhältnisse beschreiben die sozialen Rahmenbedingungen, in denen produziert wird. Entscheidend sind die Eigentumsverhältnisse an den Produktionsmitteln.
Die Verbindung von Produktivkräften und Produktionsverhältnissen wurde als Produktionsweise bezeichnet. Die Menschheitsgeschichte besteht nach Marx und Engels aus fünf aufeinanderfolgenden und sich teilweise überlagernden Produktionsweisen:

1. *Urgesellschaft:* Im Übergang zum Ackerbau erfolgte in der Urgesellschaft die Einführung des Eigentums an Produktionsmitteln, was Ausbeuter und Ausgebeutete hervorrief.
2. *Antike Sklavenhaltergesellschaft:* Der Gegensatz zwischen Sklaven und Herren bestimmte die Produktionsweise.
3. *Mittelalterliche Feudalgesellschaft:* Im Mittelalter bestand der Konflikt zwischen Feudalherren und Leibeigenen.
4. *Bürgerlicher Kapitalismus:* Der Fabrikant beutet in diesem Gesellschaftsstadium den Arbeiter aus.
5. *Sozialismus:* Der Unterschied zwischen Ausbeuter und Ausgebeuteten wird aufgehoben, da das Eigentum an den Produktivmitteln vergesellschaftet wird.

Friedrich Engels (1820–1895)

Wie kommt es aber zum Übergang von einer Gesellschaftsstufe zur nächsten? Der technische und gesellschaftliche Fortschritt führt zu einer ständigen Modernisierung der Produktivkräfte, während die Produktionsverhältnisse in Form der bestehenden Eigentumsverhältnisse dieser Entwicklung entgegenstehen. Die herrschende und besitzende Klasse steht als Bewahrer der Produktionsverhältnisse in einem nicht aufhebbaren (antagonistischen) Widerspruch zum Entwicklungsgrad der Produktivkräfte. Die Eigentumsverhältnisse werden zur Fessel der vorwärtsstrebenden Produktivkräfte, die erst durch eine revolutionäre Umwälzung gesprengt werden. Auf einer neuen Gesellschaftsstufe wiederholt sich dann der Klassenkampf zwischen Unterdrückten und Unterdrückern. Die bisherige Geschichte der Menschheit ist nach Marx und Engels eine Geschichte von Klassenkämpfen. Kommt es zu einer Revolution, verändern sich infolge der Produktionsweise (Basis) auch die Kultur, Religion, Moral, Recht und politische Verfassung (ideologischer Überbau) einer Gesellschaftsformation. Erst im Sozialismus enden die revolutionären Veränderungen, da durch die Vergesellschaftung der Produktionsmittel die Grundlage des Klassenkampfes aufgehoben wird.

Die politische Ökonomie

Charakteristisch für den Kapitalismus ist die Ausbeutung der proletarischen Arbeitskraft durch den Bourgeois (Unternehmer), der über das Eigentum an den Produktionsmitteln verfügt. Grundlage dieser Ausbeutung ist das Gesetz des Mehrwerts. Der Unternehmer erzielt den Mehrwert, indem er ein Gut zu einem höheren Preis auf dem Markt veräußert, als es dem Wert der Produktion durch den Einsatz von Arbeitskraft, Maschinen und Rohstoffen entspricht. Der Arbeiter erhält dabei einen Lohn, der bloß seine Existenz sichert. Der Lohn entspricht aber nicht der Wertschöpfung, die er geleistet hat. Die Differenz zwischen dem Verkaufspreis und den Kosten für ein Gut streicht der Unternehmer ein. Sie ist die

Grundlage für seinen gesellschaftlichen Reichtum. Da der Arbeiter aber nichts anderes als seine Arbeitskraft besitzt, muss er in dieses ungleiche Geschäft einwilligen. Dieser Warencharakter der Arbeit führt auch zur Entfremdung von der Arbeit. Der Einzelne ist nicht Herr über den Arbeitsprozess, nicht über das Produkt seiner Arbeit und verfügt auch nicht über den Erlös aus seiner Arbeit.
Der Wunsch nach immer mehr Profit verleitet den Unternehmer zu immer größeren Produktions- und Produktivitätssteigerungen. Der verstärkte Einsatz von Maschinen führt zu steigenden Arbeitslosenzahlen und periodisch wiederkehrenden Absatzkrisen, da der hohe Produktionsausstoß auf keine ausreichende Nachfrage trifft. Diese Wirtschaftskrisen zwingen viele Unternehmen in den Konkurs. Sie sinken gemeinsam mit den Handwerkern ins Proletariat herab. Durch die regelmäßige Wiederholung dieses Prozesses entstehen Konzentrations- und Akkumulationsprozesse. In der Hand von immer weniger Unternehmern (Konzentration) häuft sich immer mehr gesellschaftlicher Reichtum (Akkumulation) an.
Die Anzahl der Proletarier wächst dagegen unaufhaltsam an. Da immer mehr Arbeiter um immer weniger Arbeitsplätze konkurrieren, sinkt der Arbeitslohn. Es kommt zur Verelendung innerhalb der Arbeiterklasse und die industrielle Reservearmee der Arbeitslosen ist jederzeit bereit, einen noch geringeren Lohn anzunehmen. Zunehmende soziale Ungleichheit führt zu immer schrofferen Klassengegensätzen. Der Staat dient dabei stets der herrschenden Klasse der Bourgeoisie. Erst die Entwicklung eines proletarischen Klassenbewusstseins und die Organisation in Arbeiterparteien führten zur revolutionären Überwindung des kapitalistischen Systems und zur Einführung der Diktatur des Proletariats. Diese bereitet der klassenlosen Gesellschaft den Boden.
Der Marxismus besaß einen großen Einfluss auf die internationale Arbeiterbewegung. Zeitweise lebte ein Drittel der Menschheit in sozialistischen Gesellschaften. Dennoch bleiben viele marxistische Erklärungsansätze und Prophezeiungen in der historischen Betrachtung sehr fragwürdig. Die Stadientheorie der Menschheitsentwicklung gilt als überholt. Eine Proletarisierung, wie Marx und Engels sie beschrieben hatten, fand nicht statt. Die Gesellschaft in den postindustriellen Staaten weist vielmehr eine zunehmende Differenzierung und Milieubildung auf. Der Wohlfahrtstaat brachte einen hohen Wohlstandszuwachs und Formen der sozialen Sicherung, die der Verelendungstheorie zuwiderlaufen. Die ökonomischen und politischen Selbstheilungs- und Veränderungskräfte der bürgerlichen Gesellschaft wurden von Marx und Engels unterschätzt. Der real-existierende Sozialismus, der z. B. in der Sowjetunion oder in China die Theorien des Marxismus aufgriff, konnte wegen seines diktatorischen Unrechtscharakters als Konkurrenzmodell nicht überzeugen.

Sozialistische Parteien und Gewerkschaften

Die organisierte Arbeiterbewegung formierte sich nach ersten Vorläufern während der 1848er-Revolution in den 1860er-Jahren neu. Es bestanden zunächst zwei größere Strömungen mit unterschiedlichen Konzepten. 1863 gründete Ferdinand Lassalle (1825–1864) den „Allgemeinen Deutschen Arbeiter Verein" (ADAV). Wesentliches Ziel war die Brechung des ehernen Lohngesetzes, nach dem der Arbeitslohn sich stets am Existenzminimum orientierte. Dieses Lohngesetz konnte nach Lassalle nur gebrochen werden, indem die Arbeiter selbst Produktivgenossenschaften mit staatlichen Kapitalhilfen gründeten. Ein erstes wichtiges Etappenziel sollte dabei die Durchsetzung des allgemeinen Wahlrechts für Männer sein. Die Massenbasis zur Erreichung dieser Ziele konnte der ADAV jedoch nicht erreichen.
Eine weitere Arbeiterorganisation gründeten 1869 Wilhelm Liebknecht (1826–1900) und August Bebel (1840–1913) mit der „Sozialdemokratischen Arbeiterpartei" (SDAP). Diese stand im Gegensatz zum ADAV in Opposition zum preußischen

Staat. Zur Erhöhung der Durchschlagskraft vereinigten sich SDAP und ADAV 1875 in Gotha mit 24000 Mitgliedern zur „Sozialistischen Arbeiterpartei" (SAP). Das reformorientierte Programm kritisierte Marx wegen dessen geringen revolutionären Charakters. Seine Ideen blieben jedoch bis weit in die 1880er-Jahre ohne großen Einfluss, da die Schriften von Marx und Engels den meisten Arbeiterführern nur in Ansätzen bekannt waren. Erst die Verfolgung unter Bismarcks Sozialistengesetz (1878–1890) führte zur programmatischen Radikalisierung der sozialistischen Arbeiterbewegung. Das Sozialistengesetz verbot die Parteiorganisationen, die nahestehenden Gewerkschaften und die gesamte Parteipresse. Parteimitglieder und -anhänger wurden polizeilich verfolgt, teilweise auch ausgebürgert. In den zwölf Jahren der Unterdrückung konnte die SAP allerdings zu Reichstagswahlen antreten und verdreifachte ihre Wählerschaft sogar. Nach der Aufhebung des Gesetzes entwickelte sich die 1890 in SPD umbenannte Partei schnell zu der dynamischsten politischen Bewegung im Kaiserreich. 1912 wurde die SPD mit 110 Abgeordneten stärkste Reichstagsfraktion, während ihre Mitgliederzahl knapp unter der Millionengrenze lag.

2 **Ferdinand Lassalle** führt die Arbeiterbewegung im Kampf gegen das Kapital an. Er zerstört das „Goldene Kalb" des Kapitalismus. Anonymer Stich, Ende 19. Jahrhundert.

Ein weiterer Zweig der Arbeiterbewegung waren die Gewerkschaften. Neben den sozialistischen Gewerkschaften (Freie Gewerkschaften) bestanden noch christliche und liberale Gewerkschaften, die aber bei Weitem nicht die Basis und Durchschlagskraft der Freien Gewerkschaften besaßen. Aus kleinen Anfängen zur gegenseitigen Selbsthilfe bei Krankheit und Arbeitslosigkeit erwuchs nach der Einführung der eingeschränkten Koalitionsfreiheit 1869 im Norddeutschen Bund eine mächtige Massenorganisation, die am Vorabend des Ersten Weltkrieges 2,5 Millionen Mitglieder zählte. Hauptaufgabe der Gewerkschaften war der pragmatische Kampf für die Verbesserung der Arbeitsbedingungen. Kürzere Arbeitszeiten, höhere Löhne und bessere Arbeitsschutzbestimmungen wurden gegen unternehmerischen und staatlichen Widerstand durchgesetzt. Ihr Hauptkampfmittel war dabei der Streik. Zwischen der SPD und den freien Gewerkschaften bestand eine politische und personelle Nähe. Die Gewerkschaftler standen dabei im Revisionismusstreit, der pragmatischen Richtung in der SPD nah, die sich gegen die revolutionären Tendenzen des marxistischen Flügels wandte und für den Weg der politischen und sozialen Reformen einstand. Diese innere Zerrissenheit, die sich bereits im Erfurter Programm 1890 offenbarte, führte schließlich am Ende des Kaiserreiches zur Spaltung der Partei in eine sozialdemokratisch orientierte SPD und der Spartakusgruppe um Rosa Luxemburg und Karl Liebknecht.

3 1844 machte sich der Elberfelder Unternehmer Friedrich Harkort Gedanken zur Lösung der Sozialen Frage

[…] so fordern wir zur Bekämpfung des Proletariats in den Städten:

- gründlichen Unterricht für das ärmste Kind;
- verbesserte Organisation des Armenwesens;
- Ausscheidung der Bettler und Müßiggänger und ihre Unterbringung in Arbeitskolonien;
- öffentliche Krankenhäuser;
- allgemeine Krankenkassen auf Wechselseitigkeit begründet;
- Hebung der Sparkassen;
- Sicherung des Schuldners gegen Personalarrest und Erhaltung seiner unentbehrlichsten Gegenstände;
- gerechtere Verteilung der Konsumptions-Abgaben;
- sittliche und belehrende Vereine.

Alle diese Dinge können nur dann wohltätig auf die Massen einwirken, wenn alle Gebildete, im Geiste eines echten Christentums, sich mit Aufopferung und Liebe dem großen Werke der Zivilisation widmen und nicht, dem Armen gegenüber, eine ausschließende Stellung behaupten, welche täglich gefahrdrohender erscheint. Mühen und Arbeit entfremden dem Gemeinwesen nicht; allein das unwissende Kind des Armen, welches am Weihnachtsabend hungrig und frierend durch die erleuchteten Fenster des Reichen schaut – wird nicht Friede machen mit der Gesellschaft!

Bemerkungen über die Hindernisse der Civilisation und Emancipation der untern Klassen, Elberfeld 1844, S. 73/74. Zit. nach: Wolfgang Köllmann: „Die Industrielle Revolution", Quellen zur Sozialgeschichte Großbritanniens und Deutschlands im 19. Jahrhundert. Stuttgart 1970, S. 54.

4 Katholische Sicht der Wirtschaft

Auszüge aus Wilhelm Emmanuel von Kettelers „Die Arbeiterfrage und das Christenthum" (1864):

Die von uns bisher besprochenen Ursachen der damaligen Lage der Arbeiter sowie die Bösartigkeit der aus diesen Ursachen hervorgegangenen Wirkungen und Folgen haben ihren wesentlichen und tiefsten Grund im Abfall vom Geiste des Christentums, der in den letzten Jahrhunderten stattgefunden hat … […]

Damit die Macht des Reichtums nicht die Armen erdrücke, dazu ist notwendig, dass die Reichen sich selbst beschränken und nicht alles, was einer rein egoistischen Ausbeutung aller den Reichen zustehenden Mittel möglich wäre, sich auch erlauben. Ebenso kann aber auch nur dieser Geist der Selbstverleugnung und der Bescheidenheit, den allein das Christentum erzeugt, den aber der moderne Unglaube in sein gerades Gegenteil, in einen Geist der Begierlichkeit und Unzufriedenheit verkehrt, der arbeitenden Klasse jene Sittlichkeit und Mäßigung, jene Arbeitsamkeit, Sparsamkeit und Genügsamkeit verleihen, wovon ihr und ihrer Arbeitgeber wahres Beste abhängt. Auch darüber dürfen wir uns nicht täuschen, dass nur unter solchen Arbeitern, in denen der Geist des Christentums lebt, wahrhaft gedeihliche Genossenschaften […] auf die Dauer möglich sein werden; wie auch nur echt christliche Kapitalisten und Fabrikherren geeignet und geneigt sein werden, mit ihren Arbeitern in eine gewisse Gemeinschaft des Gewinnes zu treten. […]

Das erste Hilfsmittel, welches die Kirche dem Arbeiterstande auch fortan bieten wird, ist die Gründung und Leitung der Anstalten für den arbeitsunfähigen Arbeiter […]

Das zweite Hilfsmittel, welches die Kirche dem Arbeiterstande bietet […] ist die christliche Familie mit ihrer Grundlage, der christlichen Ehe […]

Das dritte Hilfsmittel […] besteht in seinen Wahrheiten und Lehren, die dem Arbeiterstande zugleich die wahre Bildung geben. […] Nur das Christentum bietet ihm die wahre Bildung […]

Das vierte Hilfsmittel des Christentums zur Verbesserung der materiellen Lage des Arbeiterverbandes besteht in den sozialen Kräften desselben […] Das zweite Unternehmen […] sind die Gesellenvereine. Da sie hauptsächlich auf katholischem Gebiete entstanden sind, so dürfen wir sie mit allem Rechte einen katholischen Beitrag zur Lösung der Arbeiterfrage nennen. […] Gott hat sich eines Gesellen bedient, um dieses Werk in Angriff zu nehmen, und nachdem er ihn in den Priesterstand erhoben, hat er den hochwürdigen Herrn Kolping, diesen alten Gesellen, zu einem wahren Vater des Gesellenstandes gemacht […]

Als fünftes Hilfsmittel […] nennen wir endlich die Förderung der Produktiv-Assoziationen durch die besondern Mittel, die eben nur dem Christentum zu Gebote stehen […]

Das Wesen der Produktiv-Assoziationen haben wir in der Teilnahme der Arbeiter am Geschäftsbetrieb selbst erkannt. Der Arbeiter ist ihnen zugleich Geschäftsunternehmer und Arbeiter und hat daher einen doppelten Antheil an dem eigentlichen Geschäftsgewinn.

Zit. nach: Wilhelm Emmanuel von Ketteler: Die Arbeiterfrage und das Christentum. Mainz 3. Aufl. 1864.

5 Der Genossenschaftsgedanke

besaß in vielen politischen Kreisen als ein Ansatz zur Lösung der Sozialen Frage große Popularität. Dem Genossenschaftsprinzip nach sollten sich Arbeiter zusammenschließen und eigene Produktionsstätten bilden. In folgender Flugschrift aus den 1860er-Jahren zeigt Hermann Schulze-Delitzsch (1808–1883) als ein führender Verfechter des Genossenschaftswesen die Vorteile der Genossenschaften auf:

Zunächst ist hier das Prinzip klarzumachen, auf welchem die Wirklichkeit der Genossenschaften […] beruht. Es ist dies der einfache […] Satz: „Dass man sich zu dem, was man für sich allein nicht auszuführen vermag, mit anderen, die ein gleiches Interesse daran haben, verbinden soll", und fällt somit mit dem Gesellschaftsprinzip selbst zusammen. Das damit gewonnene Resultat, wonach „mehrere kleine Kräfte vereint eine Großkraft bilden", bewährt sich [...] gleichmäßig nach den verschiedensten Seiten.

Zuerst bei der Beschaffung des zu den geschäftlichen Operationen, den Ankäufen im großen usw. erforderlichen Kapitals. Bewirkt hier schon das Zusammenschließen der kleinen Vorräte der Mitglieder die Aufbringung eines Kapitals, das [...] dem Geschäft als Grundsatz, als Grundstock dient, so zeigt sich die Macht der Vereinigung in noch höherem Grade, indem man eine Kreditbasis dadurch gewinnt, wie sie den Mitgliedern in ihrer Isolierung niemals zur Seite stand. [...] Sobald hier eine größere Gesamtheit von Arbeitern durch Übernahme der solidarischen Verbindlichkeit die Zufälle und das Misslingen, welchen der Einzelne ausgesetzt ist, überträgt und so die wechselseitige Garantie aller füreinander organisiert, hebt sich der Grund, welcher dem Kredit entgegenstand, und die erforderliche Sicherheit für den Gläubiger ist vorhanden. [...]

Dieselbe Steigerung wie bei den materiellen tritt aber durch die Einigung auch bei dem zum erweiterten Geschäftsbetriebe unentbehrlichen geistigen Kapitale der Mitglieder ein. [...] Durch den erweiterten Geschäftsbetrieb der Gesellschaft [...] weitet sich der Blick, gewinnt die Umsicht der Mitglieder. Der großartige Verkehr schärft [...] den Unternehmungsgeist und lehrt sie, sich aller der kaufmännischen Vorteile und Einrichtungen zu bedienen, [...].

Zugleich führt die Solidarität als Grundlage der ganzen Vereinigung eine gegenseitige Kontrolle der Mitglieder untereinander von selbst mit sich, da jedes bei der Tüchtigkeit, Ordnungsliebe und Ehrlichkeit des anderen in hohem Grade interessiert ist, weil der Ruin des einen die Verpflichtung der Übrigen erschwert. Was aber als die eigentliche Blüte des Genossenschaftswesens erscheint, das ist die Hebung des Gemeinsinns, welche von ihm aus sich auf das erfreulichste auf alle Beziehungen der Genossen überträgt. Durch die Vereinigung in den nächsten Berufs- und Erwerbskreisen gewöhnen sich dieselben, das eigene Interesse mit der Gesamtheit zu verknüpfen und in dem Wohlstande der anderen eine Bürgschaft für den eigenen zu finden; [...]. Das Gefühl der Zusammengehörigkeit [...] weckt den Sinn für das öffentliche Wohl, für gemeinnütziges Wirken, welches, durch gemeinsames Handeln innerhalb der Genossenschaft stets lebendig erhalten, sich auch in weiteren Kreisen bei jeder Gelegenheit betätigt.

Zit. nach: Das Genossenschaftswesen. In: Vorkämpfe Deutscher Freiheit, Dokumente liberaler Vergangenheit, hrsg. vom Akademischen Freibund. München 1910, S. 26-29. Zit. nach: Wolfgang Köllmann, a.a.O., S. 57 ff.

6 Friedrich Engels: Grundsätze des Kommunismus

1847 schrieb Engels einen Entwurf für das Kommunistische Manifest, der grundlegende Fragen der kommunistischen Theorie leicht verständlich darstellt. Viele dieser Passagen wurden in das Kommunistische Manifest eingearbeitet.

1. Frage: Was ist der Kommunismus?

Antwort: Der Kommunismus ist die Lehre von den Bedingungen der Befreiung des Proletariats.

2. Frage: Was ist das Proletariat?

Antwort: Das Proletariat ist diejenige Klasse der Gesellschaft, welche ihren Lebensunterhalt einzig und allein aus dem Verkauf ihrer Arbeit und [...] von den Schwankungen einer zügellosen Konkurrenz abhängt. [...]

7. Frage: Wodurch unterscheidet sich der Proletarier vom Sklaven?

Antwort: [...] der Proletarier muss sich täglich und stündlich selbst verkaufen. Der einzelne Sklave, Eigentum eines Herrn, hat schon durch das Interesse dieses Herrn eine gesicherte Existenz, so elend sie sein mag; der einzelne Proletarier, Eigentum sozusagen der ganzen Bourgeoisklasse, [...] hat keine gesicherte Existenz. Diese Existenz ist nur der ganzen Proletarierklasse gesichert. Der Sklave steht außerhalb der Konkurrenz, der Proletarier steht in ihr [...]. Der Sklave gilt für eine Sache [...]; der Proletarier ist als Person, als Mitglied der bürgerlichen Gesellschaft anerkannt.

[...] Der Proletarier gehört einer höheren Entwicklungsstufe der Gesellschaft an [...]. Der Proletarier kann sich nur dadurch befreien, dass er das Privateigentum überhaupt aufhebt. [...]

11. Frage: Was waren die nächsten Folgen der industriellen Revolution [...] ?

Antwort: [...] Drittens entwickelte sie [Bourgeoisie] überall das Proletariat in demselben Maße, wie sie die Bourgeoisie entwickelt. [...] Je mehr neue Maschinen erfunden werden, welche die Handarbeit verdrängen, desto mehr drückt die große Industrie den Lohn [...] und macht dadurch die Lage des Proletariats mehr und mehr unerträglich. So bereitet sie einerseits durch die wachsende Unzufriedenheit, andererseits durch die wachsende Macht des Proletariats eine Revolution der Gesellschaft durch das Proletariat vor. [...]

14. Frage: Welcher Art wird diese neue Gesellschaftsordnung sein müssen?

Antwort: Sie wird vor allen Dingen den Betrieb der Industrie und aller Produktionszweige überhaupt aus den Händen der einzelnen, einander Konkurrenz machenden Individuen nehmen und dafür alle diese Produktionszweige durch die ganze Gesellschaft, d.h. für gemeinschaftliche Rechnung, nach gemeinschaftlichem Plan und unter Beteiligung aller Mitglieder der Gesellschaft, betreiben lassen müssen. Sie wird also die Konkurrenz aufheben und die Assoziation an ihre Stelle setzen. [...] Das Privateigentum wird [...] abgeschafft [...] und an seine Stelle wird die gemeinsame Benutzung aller Produktionsinstrumente und die Verteilung aller Produkte nach gemeinsamer Übereinkunft oder die sogenannte Gütergemeinschaft treten. [...]

20. Frage: Was werden die Folgen der schließlichen Beseitigung des Privateigentums sein?

Antwort: [...] Die allgemeine Assoziation aller Gesellschaftsmitglieder zur gemeinsamen und planmäßigen Ausbeutung der Produktionskräfte, die Ausdehnung der Produktion in einem Grade, dass sie die Bedürfnisse aller befriedigen wird, das Aufhören des Zustandes, in dem die Bedürfnisse der einen auf Kosten der andern befriedigt werden, die gänzliche Vernichtung der Klassen und ihrer Gegensätze, die allseitige Entwicklung der Fähigkeiten aller Gesellschaftsmitglieder durch die Beseitigung der bisherigen Teilung der Arbeit, durch die industrielle Erziehung, durch den Wechsel der Tätigkeit, durch die Teilnahme aller an den durch alle erzeugten Genüssen, durch die Verschmelzung von Stadt und Land – das sind die Hauptresultate der Abschaffung des Privateigentums. [...]

Stark gekürzt nach: Friedrich Engels: Grundsätze des Kommunismus. In: http://www.mlwerke.de/ (Stand 20. 8. 2006)

Manifest
der
Kommunistischen Partei.

Veröffentlicht im Februar 1848.

Proletarier aller Länder vereinigt euch.

London.
Gedruckt in der Office der „Bildungs-Gesellschaft für Arbeiter“
von J. E. Burghard.
46, Liverpool Street, Bishopsgate.

7 Originalblatt der ersten Auflage des Kommunistischen Manifests

Das Programm, in dem Marx und Engels bereits große Teile der später als Marxismus bezeichneten Weltanschauung entwickeln, beginnt mit dem heute geflügelten Wort: „Ein Gespenst geht um in Europa – das Gespenst des Kommunismus“ und endet mit dem bekannten Aufruf: „Proletarier aller Länder vereinigt euch!“

8 Manifest der Kommunistischen Partei (1848)

Karl Marx und Friedrich Engels wurden gegen Ende 1847 vom „Bund der Kommunisten“, einer kurzlebigen Vereinigung vorwiegend deutscher Exilrevolutionäre, beauftragt, die politischen Grundsätze der Organisation zusammenzufassen. Die erste Ausgabe des „Manifestes“ erschien im Februar 1848 in deutscher Sprache in London.

Ein Gespenst geht um in Europa – das Gespenst des Kommunismus. [...] Die Geschichte aller bisherigen Gesellschaft ist die Geschichte von Klassenkämpfen. Freier und Sklave, Patrizier und Plebejer, Baron und Leibeigener, Zunftbürger und Gesell, kurz, Unterdrücker und Unterdrückter standen in stetem Gegensatz zueinander, führten einen ununterbrochenen [...] Kampf, der jedes Mal mit einer revolutionären Umgestaltung der ganzen Gesellschaft endete oder mit dem gemeinsamen Untergang der kämpfenden Klassen. [...]

Unsere Epoche [...] zeichnet sich jedoch dadurch aus, dass sie die Klassengegensätze vereinfacht hat. Die ganze Gesellschaft spaltet sich mehr und mehr in zwei große feindliche Lager, in zwei große, einander direkt gegenüberstehende Klassen: Bourgeoisie und Proletariat.

Die Bourgeoisie hat in der Geschichte eine höchst revolutionäre Rolle gespielt. Die Bourgeoisie, wo sie zur Herrschaft gekommen, hat alle feudalen, patriarchalischen, idyllischen Verhältnisse zerstört. Sie hat [...] kein anderes Band zwischen Mensch und Mensch übriggelassen als das nackte Interesse, als die gefühllose „bare Zahlung“. Sie hat [...] an die Stelle der mit religiösen und politischen Illusionen verhüllten Ausbeutung die offene, unverschämte, direkte, dürre Ausbeutung gesetzt. [...]

Die Bourgeoisie [...] hat ganz andere Wunderwerke vollbracht als ägyptische Pyramiden, römische Wasserleitungen und gotische Kathedralen, sie hat ganz andere Züge ausgeführt als Völkerwanderungen und Kreuzzüge. Die Bourgeoisie kann nicht existieren, ohne die Produktionsinstrumente, also die Produktionsverhältnisse, also sämtliche gesellschaftlichen Verhältnisse fortwährend zu revolutionieren. [...] Die fortwährende Umwälzung der Produktion, die ununterbrochene Erschütterung aller gesellschaftlichen Zustände, die ewige Unsicherheit und Bewegung zeichnet die Bourgeois-Epoche vor allen früheren aus. […] Alles Ständische und Stehende verdampft, alles Heilige wird entweiht, und die Menschen sind endlich gezwungen, ihre Lebensstellung, ihre gegenseitigen Beziehungen mit nüchternen Augen anzusehen. […]

Die Bourgeoisie hat durch ihre Exploitation des Weltmarkts die Produktion und Konsumtion aller Länder kosmopolitisch gestaltet. Sie hat zum großen Bedauern der Reaktionäre den nationalen Boden der Industrie unter den Füßen weggezogen. Die uralten nationalen Industrien sind vernichtet worden und werden noch täglich vernichtet. Sie werden verdrängt durch neue Industrien, deren Einführung eine Lebensfrage für alle zivilisierten Nationen wird, durch Industrien, die nicht mehr einheimische Rohstoffe, sondern den entlegensten Zonen angehörige Rohstoffe verarbeiten und deren Fabrikate nicht nur im Lande selbst, sondern in allen Weltteilen zugleich verbraucht werden. […] An die Stelle der alten lokalen und nationalen Selbstgenügsamkeit und Abgeschlossenheit tritt ein allseitiger Verkehr, eine allseitige Abhängigkeit der Nationen voneinander. […]

Aber die Bourgeoisie hat nicht nur die Waffen geschmiedet, die ihr den Tod bringen; sie hat auch die Männer gezeugt, die diese Waffen führen werden – die modernen Arbeiter, die Proletarier. In demselben Maße, worin sich die Bourgeoisie, d.h. das Kapital, entwickelt, in demselben Maße entwickelt sich das Proletariat, die Klasse der modernen Arbeiter, die nur so lange leben, als sie Arbeit finden, und die nur so lange Arbeit finden, als ihre Arbeit das Kapital vermehrt. […]

Die Arbeit der Proletarier hat durch die Ausdehnung der Maschinerie und die Teilung der Arbeit allen selbständigen Charakter und damit allen Reiz für den Arbeiter verloren. Er wird ein bloßes Zubehör der Maschine, von dem nur der einfachste, eintönigste, am leichtesten erlernbare Handgriff verlangt wird. Die Kosten, die der Arbeiter verursacht, beschränken sich daher fast nur auf die Lebensmittel, die er zu seinem Unterhalt und zur Fortpflanzung seiner Rasse bedarf. […]

Aber mit der Entwicklung der Industrie vermehrt sich nicht nur das Proletariat; es wird in größeren Massen zusammengedrängt, seine Kraft wächst […] Die Arbeiter beginnen damit, Koalitionen gegen die Bourgeois zu bilden; sie treten zusammen zur Behauptung ihres Arbeitslohns. Sie stiften selbst dauernde Assoziationen […].

Diese Organisation der Proletarier zur Klasse, und damit zur politischen Partei, wird jeden Augenblick wieder gesprengt durch die Konkurrenz unter den Arbeitern selbst. Aber sie entsteht immer wieder, stärker, fester, mächtiger. […] Es werden ferner […] durch den Fortschritt der Industrie ganze Bestandteile der herrschenden Klasse ins Proletariat hinabgeworfen oder wenigstens in ihren Lebensbedingungen bedroht. […].

Wenn das Proletariat im Kampf gegen die Bourgeoisie sich notwendig zur Klasse vereint, durch eine Revolution sich zur herrschenden Klasse macht und als herrschende Klasse gewaltsam die alten Produktionsverhältnisse aufhebt, so hebt es mit diesen Produktionsverhältnissen die Existenzbedingungen des Klassengegensatzes die Klassen überhaupt und damit seine eigene Herrschaft als Klasse auf.

An die Stelle der bürgerlichen Gesellschaft mit ihren Klassen und Klassengegensätzen tritt eine Assoziation, worin die freie Entwicklung eines jeden die Bedingung für die freie Entwicklung aller ist. […]

Mögen die herrschenden Klassen vor einer kommunistischen Revolution zittern. Die Proletarier haben nichts in ihr zu verlieren als ihre Ketten. Sie haben eine Welt zu gewinnen.

Proletarier aller Länder, vereinigt euch!

Auszüge aus Karl Marx und Friedrich Engels: Das Kommunistische Manifest – Eine moderne Edition, mit einer Einleitung von Eric J. Hobsbawm Hamburg (Argument) 1999.

9 **Fahne der Breslauer Lassallaner** mit dem Symbol der Arbeiterverbrüderung, dem Handschlag. Die „Rote Fahne“ sollte das Symbol der Arbeiterbewegung werden. Der erste Einsatz einer roten Fahne wird für 1834 registriert – bei Arbeiteraufständen in der Seidenindustrie von Lyon. In Deutschland kam die rote Fahne im Revolutionsjahr 1848 in „Mode“. 1863 benutzte sie der „Allgemeine Deutsche Arbeiterverein“ als Parteisymbol. Mit der Aufschrift „Freiheit, Gleichheit, Brüderlichkeit!“ wurde sie später die Traditionsfahne der SPD. Bis etwa 1900 gingen staatliche Behörden gegen das Zeigen roter Symbole vor: Nach Beerdigungen von Sozialdemokraten schnitt die Polizei auf dem Friedhof die roten Kranzschleifen ab.

10 Postkarte zum Wahlrecht um 1912
Der Kampf für ein demokratisches Wahlrecht gehörte zu einen der zentralen politischen Forderungen der Arbeiterbewegung. Ein allgemeines Wahlrecht galt zwar für den Reichstag, aber im bevölkerungsreichsten Preußen wurde bis zum Ende des Kaiserreichs noch nach dem Drei-Klassen-Wahlrecht gewählt. Lassalle sah den Erfolg seines politischen Programms vor allem durch die Umsetzung des allgemeinen Wahlrechts.

11 Ferdinand Lassalle
plädierte im Gegensatz zu Schulze-Delitzsch für staatlich geförderte Produktionsgenossenschaften. Sein offenes Antwortschreiben zur Berufung eines allgemeinen deutschen Arbeiterkongresses in Leipzig (1. März 1863) lautet:
Das eherne ökonomische Gesetz, welches unter den heutigen Verhältnissen, unter der Herrschaft von Angebot und Nachfrage nach Arbeit, den Arbeitslohn bestimmt, ist dieses: Dass der durchschnittliche Arbeitslohn immer auf den notwendigen Lebensunterhalt reduziert bleibt, der in einem Volke gewohnheitsmäßig zur Fristung der Existenz und zur Fortpflanzung erforderlich ist. Dies ist der Punkt, um welchen der wirkliche Tageslohn in Pendelschwingungen jederzeit herum gravitiert, ohne sich jemals lange weder über denselben erheben noch unter denselben hinunterfallen zu können. Er kann sich nicht dauernd über diesen Durchschnitt erheben – denn sonst entstünde durch die leichtere, bessere Lage der Arbeiter eine Vermehrung der Arbeiterbevölkerung und somit des Angebots von Händen, welche den Arbeitslohn wieder auf und unter seinen früheren Stand herabdrücken würde. Der Arbeitslohn kann auch nicht dauernd tief unter diesen notwendigen Lebensunterhalt fallen, denn dann entstehen Auswanderungen, Ehelosigkeit, Enthaltung von der Kinderzeugung und endlich eine durch Elend erzeugte Verminderung der Arbeiterzahl, welche somit das Angebot von Arbeiterhänden noch verringert und den Arbeitslohn daher wieder auf den früheren Stand zurückbringt.
[…] Sollte das Prinzip der freien individuellen Assoziation der Arbeiter nicht vermögen, die Verbesserung der Lage des Arbeiterstandes zu bewirken?
Allerdings vermag es das – aber nur durch seine Anwendung und Ausdehnung auf die fabrikmäßige Großproduktion. Den Arbeiter zu seinem eigenen Unternehmer machen – das ist das Mittel, durch welches – und durch welches allein – jenes eherne und grausame Gesetz beseitigt sein würde, das den Arbeitslohn bestimmt! Wenn der Arbeiterstand sein eigener Unternehmer ist, so fällt jene Scheidung zwischen Arbeitslohn und Unternehmergewinn und mit ihr der bloße Arbeitslohn überhaupt fort, und an seine Stelle tritt als Vergeltung der Arbeit: der Arbeitsertrag! […]
Aber wie? […]
Da der Staat überhaupt gar nichts anderes ist als die große Organisation, die große Assoziation der arbeitenden Klassen, ist seine Hilfe und Förderung nichts anderes […] als die vollkommen natur- und rechtmäßige, vollkommen legitime soziale Selbsthilfe, welche die arbeitenden Klassen als große Assoziationen sich selbst, ihren Mitgliedern als vereinzelten Individuen, erweisen.
Noch einmal also: Die freie individuelle Assoziation der Arbeiter, aber die freie individuelle Assoziation ermögli-

cht durch die stützende und fördernde Hand des Staates – das ist der einzige Weg aus der Wüste, der dem Arbeiterstand gegeben ist. Wie aber den Staat zu dieser Intervention vermögen?

Und hier wird nun sofort sonnenhell die Antwort von Ihrer aller Augen stehen: Dies wird nur durch das allgemeine und direkte Wahlrecht möglich sein. Wenn die gesetzgebenden Körper Deutschlands aus dem allgemeinen und direkten Wahlrecht hervorgehen – dann und nur dann werden sie auch den Staat bestimmen können, sich dieser Pflicht zu unterziehen. […]

Das allgemeine und direkte Wahlrecht ist also, wie sich jetzt ergeben hat, nicht nur Ihr politisches, es ist auch Ihr soziales Grundprinzip, die Grundbedingung aller sozialen Hilfe. Es ist das einzige Mittel, um die materielle Lage des Arbeiterstandes zu verbessern. […]

Zit. nach: Wilhelm Mommsen: Deutsche Parteiprogramme. München 1960, S. 298 ff.

12 Kapitalistische Wohltaten. Karikatur von A. Staehle in „Der wahre Jakob". Die Unterschrift lautet: „Der Kapitalist: Der läuft uns nicht mehr davon!"

13 Das Abschneiden der Sozialdemokraten bei den Reichstagswahlen 1878–1914

Wahlen	Wahlberechtigte	Gültige Stimmen		Stimmen für die Sozialdemokratie		Mandate	Anteil sozialdemokratischer Mandate
		absolut	in %	absolut	in %	nach Stichwahl	in %
1877	8943028	5401021	60,4	493288	9,1	13	3,0
1878	9124311	5760947	63,1	437158	7,6	09	2,3
1881	9090381	5097760	56,1	311961	6,1	13	3,0
1884	9383074	5662657	60,4	549990	9,7	24	6,0
1887	9769802	7540938	77,2	763128	10,1	11	2,8
1890	10145877	7228542	71,2	1427298	19,7	35	8,8
1893	10628282	7673973	72,2	1786738	23,2	44	11,1
1898	11441094	7752693	67,8	2107076	27,2	56	14,0
1903	12531248	9495587	75,8	3010771	31,7	81	20,3
1907	13350698	11262775	84,4	3259020	28,9	53	10,8
1912	14442387	12260731	84,9	4250399	34,7	110	27,7

Zusammengestellt nach: Dieter Fricke: Die deutsche Arbeiterbewegung 1869 bis 1914. Ein Handbuch über ihre Organisation und Tätigkeit im Klassenkampf. Berlin 1976, S. 526 bzw. S. 672.

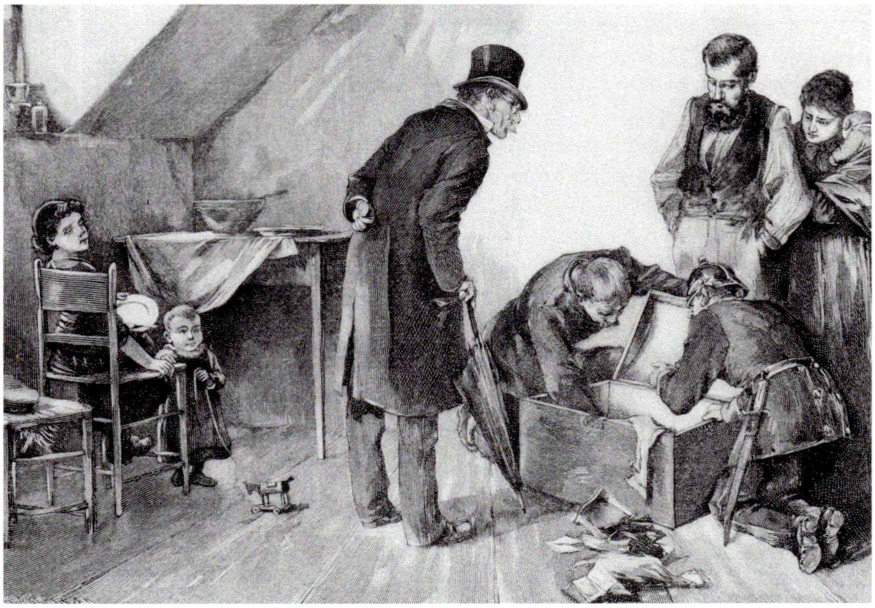

14 Verfolgung und Ausgrenzung von Aktivisten der Arbeiterbewegung standen in der Zeit des Sozialistengesetzes auf der Tagesordnung.

15 Staatliche Sozialpolitik unter Bismarck – das Sozialversicherungssystem

Versicherungsart	Beiträge	Leistungen
Krankenversicherung 1883 für gewerbliche Arbeiter und (freiwillig ab 1892) Angehörige	2–3 % des Lohns; 2/3 vom Versicherten, 1/3 vom Arbeitgeber	Ärztliche Behandlung und Medizin, Krankenhauskosten; nach zweitägiger Wartezeit Krankengeld (50 % des Durchschnittslohns, max. 2 Mark am Tag)
Unfallversicherung 1884 für gewerbliche Arbeiter	Als Haftpflicht vom Arbeitgeber zu zahlen	Heilungskosten; bei Erwerbsunfähigkeit 2/3 des Einkommens, 1/5 für Witwen
Invaliditätsversicherung 1889 für gewerbliche und Landarbeiter (ab 1911 auch für Familienangehörige)	1% (ab 1900 1,5–3 %) des Lohns, je zur Hälfte von Arbeitnehmern und Arbeitgeber	Invalidenrente bei Erwerbsunfähigkeit (1911): 1,1 Mill. Rentenbezieher von durchschnittlich 187 Mark/Jahr; Altersrente ab dem 70. Lebensjahr und nach 30 Beitragsjahren (ab 1900: nach 24 Beitragsjahren)

Nach: Rainer Bölling/Johann Henseler (Hrsg.): Das Deutsche Kaiserreich 1871–1918. Politik und Gesellschaft. Freiburg, Würzburg (Ploetz) 1986, S. 47 f.

16 Erfurter Programm der SPD (1891)

Immer größer wird die Zahl der Proletarier, immer massenhafter die Armee der überschüssigen Arbeiter, immer schroffer der Gegensatz zwischen Ausbeutern und Ausgebeuteten, immer erbitterter der Klassenkampf zwischen Bourgeoisie und Proletariat, der die moderne Gesellschaft in zwei feindliche Heerlager trennt und das gemeinsame Merkmal aller Industrieländer ist.

[…] Nur die Verwandlung des kapitalistischen Privateigentums an Produktionsmitteln – Grund und Boden, Gruben und Bergwerke, Rohstoffe, Werkzeuge, Maschinen, Verkehrsmittel – in gesellschaftliches Eigentum und die Umwandlung der Warenproduktion in sozialistische, für und durch die Gesellschaft betriebene Produktion kann es bewirken, dass der Großbetrieb und die stets wachsende Ertragsfähigkeit der gesellschaftlichen Arbeit für die bisher ausgebeuteten Klassen aus einer Quelle des Elends und der Unterdrückung zu einer Quelle der höchsten Wohlfahrt und allseitiger harmonischer Vervollkommnung werde.

Diese gesellschaftliche Umwandlung bedeutet die Befreiung nicht bloß des Proletariats, sondern des gesamten Menschengeschlechts, das unter den heutigen Zuständen leidet. […] Der Kampf der Arbeiterklasse gegen die

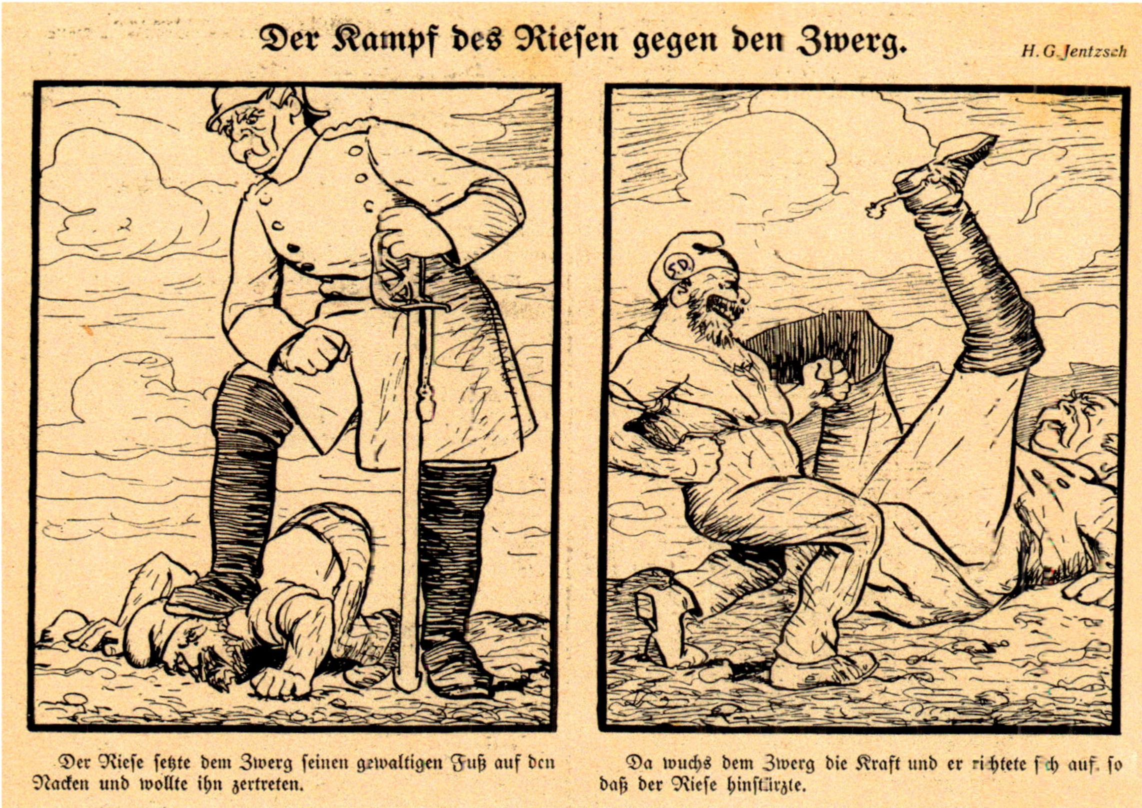

17 **Aufstieg der SPD.** Trotz staatlicher Verfolgung unter dem Sozialistengesetz von 1878 bis 1890 kann die SPD ihren Stimmenanteil von 7,6 % im Jahr 1878 auf 19,7 % bei den Reichstagswahlen 1890 erhöhen. Karikatur zum Aufstieg der SPD in den 1880er-Jahren

kapitalistische Ausbeutung ist notwendigerweise ein politischer Kampf. Die Arbeiterklasse kann ihre ökonomischen Kämpfe nicht führen und ihre ökonomische Organisation nicht entwickeln ohne politische Rechte. Sie kann den Übergang der Produktionsmittel in den Besitz der Gesamtheit nicht bewirken, ohne in den Besitz der politischen Macht gekommen zu sein.
Diesen Kampf der Arbeiterklasse zu einem bewussten und einheitlichen zu gestalten und ihm sein naturnotwendiges Ziel zu weisen – das ist die Aufgabe der Sozialdemokratischen Partei.
[…] Die Sozialdemokratische Partei Deutschlands kämpft also nicht für neue Klassenprivilegien und Vorrechte, sondern für die Abschaffung der Klassenherrschaft und der Klassen selbst und für gleiche Rechte und gleiche Pflichten aller ohne Unterschied des Geschlechts und der Abstammung. Von diesen Anschauungen ausgehend bekämpft sie in der heutigen Gesellschaft nicht bloß die Ausbeutung und Unterdrückung der Lohnarbeiter, sondern jede Art der Ausbeutung und Unterdrückung, richte sie sich gegen eine Klasse, eine Partei, ein Geschlecht oder eine Rasse.
Ausgehend von diesen Grundsätzen fordert die Sozialdemokratische Partei Deutschlands zunächst:

- Allgemeines, gleiches, direktes Wahl- und Stimmrecht mit geheimer Stimmabgabe aller über 20 Jahre alten Reichsangehörigen ohne Unterschied des Geschlechts […]
- Entschädigung für die gewählten Vertreter. […]
- Direkte Gesetzgebung durch das Volk vermittels des Vorschlags- und Verwerfungsrechts. Selbstbestimmung und Selbstverwaltung des Volks in Reich, Staat, Provinz und Gemeinde. […]
- Volkswehr an Stelle der stehenden Heere. Entscheidung über Krieg und Frieden durch die Volksvertretung. […]
- Abschaffung aller Gesetze, welche die Frau in öffentlich- und privatrechtlicher Beziehung gegenüber dem Manne benachteiligen.
- Erklärung der Religion zur Privatsache. […]

- Weltlichkeit der Schulen. Obligatorischer Besuch der öffentlichen Volksschulen. Unentgeltlichkeit des Unterrichts, [...]
- Abschaffung der Todesstrafe.
- Unentgeltlichkeit der ärztlichen Hilfeleistung [...]
- Stufenweise steigende Einkommens- und Vermögenssteuer [...]
- Erbschaftssteuer, stufenweise steigend nach Umfang des Erbgutes [...]
- Eine wirksame nationale und internationale Arbeiterschutzgesetzgebung auf folgender Grundlage:
- Festsetzung eines höchstens acht Stunden betragenden Normalarbeitstages;
- Verbot der Erwerbsarbeit für Kinder unter vierzehn Jahren;
- Verbot der Nachtarbeit, [...]
- eine ununterbrochene Ruhepause von mindestens 36 Stunden in jeder Woche für jeden Arbeiter; [...]

Deutsche Geschichte in Quellen und Darstellung, Bd. 8: Kaiserreich und Erster Weltkrieg 1871–1918, hrsg. von Rüdiger vom Bruch / Björn Hofmeister. Stuttgart (Reclam) 2002, S. 222–226.

19 Evangelium der armen Leute. Gemälde von Jens Birkholm, 1900. Ein sozialdemokratischer Redner spricht.

18 Das Arbeitermilieu

Im ausgehenden 19. Jahrhundert entstand ein proletarisches Milieu, das seinen Zusammenhalt und Ausdruck in Arbeitervereinen und gemeinsamen Festen, Symbolen und Feiern fand. Der Historiker Hans-Ulrich Wehler beschreibt die Funktion dieses Milieus:

Insgesamt ist die Heterogenität der Lebens- und Klassenlagen innerhalb der deutschen Industriearbeiterschaft, erst recht der gewerblichen Arbeitnehmer und der gesamten Lohnarbeiterschaft vor 1914 schlechterdings nicht zu übersehen. Sie ist auch nie beseitigt worden. Seit den 1870er-Jahren drang trotzdem aufgrund der prägenden inner- und außerbetrieblichen Erfahrungen mit der „Proletariät“ die Homogenisierung zu einer sozialen Klasse vor; sie gewann seit den neunziger Jahren an Intensität, ohne doch je so etwas wie den Endzustand einer vollendeten Klassenstruktur zu erreichen. In einem eigenen Sozialmilieu mit hoher Binnenintegration und tief eingefrästen Außengrenzen richtete sich jedoch ein klassenbewusstes Proletariat ein. Indem es sich angesichts der Feindseligkeit der anderen Gesellschaftsklassen und wegen der verweigerten Gleichberechtigung in seiner Subkultur einigelte, baute es eine proletarische Gegenwelt auf, die ihm nach Möglichkeit einen vollgültigen Ersatz für die versperrten bürgerlichen Institutionen bieten sollte. So entstand ein eigener Mikrokosmos, der vom Jugend-, Frauen-, Sport- und Wanderverein über den Taubenzüchter-, Gesang- und Feuerbestattungsverein, die Leihbibliothek, den Lesezirkel und Schachklub bis zu den Gewerkschafts- und Parteiorganisationen reichte. Für nahezu jedes Interesse war gesorgt. Das machte diese Subkultur wohnlich, gab ihr den Charakter eines verlässlich schützenden Gehäuses, in dem man sich vom Kindesalter bis zum Lebensende bewegen konnte. Imponierend bleibt diese Leistung der Arbeiterkultur im weitesten Sinn allemal. Sie nährte die Energie von zahllosen Angehörigen der Arbeiterklassen, in der Gesellschaft einigermaßen menschenwürdig zu überleben, ja sogar politisch aktiv zu bleiben. Aber sie absorbierte auch ein gut Teil der Energie, die sich auf eine zügigere politische Umgestaltung der Gesamtgesellschaft hätte richten können.

In der politischen Arena machten sich gleichwohl die stärksten klassenbildenden Einflüsse geltend. Man muss den Politikbegriff nur weit genug verstehen, damit er von der Streikvorbereitung bis zur Aktivität im sozialdemokratischen Wahlverein, von der geheimen Diskussion im „roten Wirtshaus“ bis zur Demonstration gegen das Klassenwahlrecht reicht. In mancher Hinsicht war die „Arbeiterfrage“ oder die „soziale Frage“ – wie die Zeitgenossen häufig sagten – des anwachsenden Industrieproletariats von Anfang an ein genuin politisches Problem, da es um die Integration vielfach diskriminierter Klassen in die deutsche Staatsbürgergesellschaft ging. Der Verfassungs- und Rechtsstaat, wie er zwischen 1867 und 1877 ausgebaut wurde, bot dafür im Verein mit dem Reichstagswahlrecht die formalen Voraussetzungen.

Zit. nach: Hans-Ulrich Wehler: Deutsche Gesellschaftsgeschichte, Band 3, München 1995, S. 788.

20 **Der Streik**
Gemälde von
Robert Koehler, 1886

Arbeitsvorschläge

a) Erläutern Sie Inhalt und Motive der unternehmerischen Sozialmaßnahmen (VT und M 3). Beurteilen Sie die Maßnahmen aus Sicht eines nichtorganisierten und eines gewerkschaftlich organisierten Arbeiters.

b) Erklären Sie das Genossenschaftsprinzip (VT, M 4, M 5). Überlegen Sie, weshalb es im 19. Jahrhundert so viele Anhänger besaß und warum es sich in Deutschland im industriellen Sektor nicht durchsetzen konnte.

c) Informieren Sie sich über die Grundlagen der Sozialen Marktwirtschaft. Beurteilen Sie, inwieweit das kaiserliche Sozialversicherungssystem in das System der Sozialen Marktwirtschaft passt (M 15).

d) Fassen Sie die philosophischen und ökonomischen Grundlagen des Marxismus zusammen. Erläutern Sie dabei den Klassencharakter des Proletariats und der Bourgeoisie, das marxistische Geschichtsbild und die Zukunft der Klassengesellschaft. Beurteilen Sie den Erkenntnisgewinn des Marxismus. Überlegen Sie, welche Überlegungen von Marx und Engels sich bewahrheitet haben und welche nicht (VT, M 6, M 8).

e) Vergleichen Sie die zeitgenössischen Beiträge zur Sozialen Frage (Ursprung/Lösung) mit der marxistischen Perspektive der Arbeiterfrage (VT, M 3–M 10).

f) Marx besuchte Lassalle vom 1. bis zum 12. April 1861 in dessen Berliner Wohnung. Stellen Sie ein Gespräch nach, indem sich Lassalle und Marx über Gemeinsamkeiten und Unterschiede ihrer politischen Einstellungen auseinandersetzen (M 9, M 11, M 13).

g) Erläutern Sie die Bildsymbolik. Achten sie dabei auf biblische Anspielungen und Verbindungen zur Aufklärung (M 2).

h) Analysieren Sie das Erfurter Programm der SPD, inwieweit es noch den marxistischen Ideen anhängt und inwieweit es schon einen revisionistischen Reformcharakter besitzt (M 16).

i) Überlegen Sie, weshalb SPD und Gewerkschaften trotz staatlicher Repression und staatlicher Sozialpolitik eine solch große Anziehungskraft auf die Arbeiter besaßen (M 13–M 20).

j) Welche Assoziationen verbinden Sie mit diesem Bild? Beschreiben Sie die Szene aus Sicht eines Informanten der Polizei (M 19).

k) Ein Streik bricht aus. Überlegen Sie, welche Forderungen die Arbeitnehmer dem Arbeitgeber stellen. Weitere Figuren sind in Gespräche verwickelt. Stellen Sie die Gesamtszene nach. Zu welchem Ergebnis kommen Sie (M 20)?

Geschichte erinnern: Industrialisierung vor Ort

Friedrich Haux – ein Trikotagenfabrikant von der Schwäbischen Alb

Häufig verbindet sich die Industrialisierung vor Ort mit dem Namen herausragender lokaler Persönlichkeiten, die heute noch in Straßennamen oder in Stiftungen nachleben. Jede Stadt hat hier eigene Pioniere aufzuweisen. Um die Rolle der wichtigen Personen für den Heimatort zu untersuchen, muss man sich auf die Spurensuche ins Archiv, in Museen und zu ortsansässigen Firmen begeben oder mit Zeitzeugen sprechen. Als Beispiel für die vielen Pioniere, die in zahlreichen Städten die Industrialisierung zu unterschiedlichen Zeitpunkten des 19. Jahrhunderts auf den Weg gebracht haben, wird eine repräsentative Unternehmerpersönlichkeit einer Kleinstadt auf der Schwäbischen Alb vorgestellt, die in wenigen Jahren aus dem Nichts die größte ortsansässige Firma geschaffen hat: Friedrich Haux.

Die 1885 von den Brüdern Friedrich und Reinhold gegründete Firma „Gebrüder Haux" entwickelte sich bis 1900 zum größten Steuerzahler in der Stadt Ebingen dank der Herstellung von Trikotagen. Mode war zu dieser Zeit noch kaum ein Thema; stattdessen wurde „auf Lager" produziert, und zwar vor allem Unterwäsche und Arbeitskleidung in den Farben Weiß und Grau. Ab 1890 entstand ein Massenbedarf für Trikotagen und Haux lieferte seine Ware deutschlandweit. Ein zweites Standbein schuf sich die Firma Haux zu Beginn des neuen Jahrhunderts dadurch, dass sie frühzeitig auf die Erzeugung von Strom setzte: Mit dem Kauf von zwei Mühlen im 15 km entfernten Laucherttal generierte man Strom und leitete diesen mit einer Fernleitung nach Ebingen, was es wiederum anderen Firmen ermöglichte, ohne eigene Dampfmaschine zu produzieren – auf diese Weise wurde der Strombedarf der Stadt bis in die 1950er-Jahre vollständig gedeckt. Auch Zeiten der Rezession und des Systemwechsels meisterte die Firma Haux – so gliederte Haux seiner Firma 1923 eine eigene Spinnerei an –, sodass sie im Jahre 1985 ihr 100-jähriges Jubiläum feiern konnte. Zwei Jahre danach musste sie aufgrund des allgemeinen Niedergangs der Textilindustrie jedoch Insolvenz anmelden.

1 **Friedrich Haux mit seiner Ehefrau Lydia**

Friedrich Haux hat sich nicht nur unternehmerisch, sondern auch politisch als Förderer der ab den 1880ern erscheinenden „freisinnigen", also liberalen Zeitung „Neuer Alb-Bote" betätigt. Der Liberale Haux vertrat die Stadt ab 1912 im württembergischen Landtag. Auf diese Weise spielte er für die Stadt und ihre Bürger über Jahrzehnte hinweg eine bedeutsame Rolle. In seiner Fabrik bezahlte die Betriebskasse deutlich höhere Renten als der Staat; daneben ließ Friedrich Haux – in demokratisch gesinnten Kreisen nicht unüblich – für seine Arbeiter eine Werkssiedlung anlegen, damit sich die Arbeiter nicht täglich auf den langen Fußmarsch in ihre Heimatdörfer machen mussten. Für 13 Mark Monatsmiete konnte man ein „Häusle" beziehen. Überregionales Aufsehen erregte 1907 die spektakuläre Verschiebung der „alten" Villa Haux um 50 Meter. Nachdem das Haus inklusive des gesamten Mobiliars um 50 cm angehoben worden war, beförderten ca. 70 Arbeiter es in 14 Tagen auf eigens verlegten Gleisen auf die andere Straßenseite (vgl. Bild). Haux wollte die liebevoll gestaltete Villa in Zeiten des Wohnraummangels erhalten, zugleich aber eine neuere repräsentative Villa bauen. In dieser verfügte der technikbegeisterte Haux schon vor dem Ersten Weltkrieg über solch moderne Einrichtungen wie eine Mischbatterie mit Kalt- und Warmwasser oder ein zentrales Staubsaugsystem.

2 Friedrich Haux: Biografie

* 1860	5. November
1885	Gründung der Firma „Gebrüder Haux"
ab 1896	Alleininhaber
1900	größter Betrieb in Ebingen (Grundlage: städtischer Gewerbesteueransatz)
1901/02	Bau des E-Werkes in Veringendorf/Lauchert und der Hochspannungsleitung nach Ebingen
1906	Bau der Werkssiedlung für Mitarbeiter
1907	Verleihung des Titels „Kommerzienrat"
1912	Einzug in den Landtag Württembergs für die Demokratische Volkspartei
1913/14	Fertigstellung des neuen vierstöckigen Fabrikgebäudes
1923	Bau einer Spinnerei
† 1929	10. Februar

3 Kandidatur für den Landtag

Ebingen, 14. Dez. In den letzten Tagen sind uns aus dem Schwarzwald, dem oberen Neckartal, der Alb und aus Oberschwaben Nachrichten zugegangen, welche die Proporzkandidatur Haux als sehr zugkräftig bezeichnen. Wird im Bezirk Balingen eine Stimmenzersplitterung vermieden, so ist die Möglichkeit groß, daß ein Ebinger Bürger als Abgeordneter in den Landtag einzieht. Darum wird man im Bezirk Balingen alle Anstrengungen machen, der Kandidatur von Kommerzienrat Haux zum Sieg zu verhelfen.

Aus: Der Alb-Bote, 14.12.1912 (hist. Rechtschreibung)

4 Soziales Engagement für Kriegsteilnehmer

Darauf macht Herr Kommerzienrat Haux von Ebingen die Mitteilung, daß er zu Gunsten bedürftiger Angehöriger der Ausmarschierten des Bezirks die Summe von 10 000 Mark zur Verfügung gestellt. Dieselbe Summe stehe weiter für die Angehörigen der Ausmarschierten der Stadtgemeinde Ebingen zur Verfügung. Für diese hochherzige Freigebigkeit in ernster Zeit sprechen Oberamtmann Fender im Namen des Bezirks und Stadtschultheiß Spanagel im Namen der Stadtgemeinde Ebingen ihren herzlichen Dank aus.

Aus: Der Neue Alb-Bote, 10.10.1914 (hist. Rechtschreibung)

5 Stromversorgung: Das E-Werk der „Gebrüder Haux" in Veringendorf 1903

6 Verschiebung der alten Villa Haux 1907

Da sich Friedrich Haux 1907 eine größere Villa bauen wollte, musste die alte verschoben werden. Dazu wurde sie (samt Mobiliar) angehoben und auf Schienen auf die andere Straßenseite befördert, wo sie bis heute steht.

Arbeitsvorschläge:

a) Arbeiten Sie das vielfältige Engagement Friedrich Haux' aus den Quellen heraus und bewerten Sie die Rolle, die er für seine Heimatstadt einnimmt. Überprüfen Sie, inwieweit Haux repräsentativ für das Industriezeitalter ist.

b) Erforschen Sie die Geschichte eines großen ortsansässigen Arbeitgebers (Anfänge, Gründer und ehemalige Eigentümer, Entwicklung, Wandel der Produkte, Rolle für die Kommune). Wenden Sie sich dafür auch direkt an die Firmen.

c) Überlegen Sie, welche Chancen und Grenzen es beim Umgang mit biografischem Material gibt (Zuspitzung auf eine Person, Spurensuche im Archiv und vor Ort).

1.10 Modernisierung: Theorie und Begriff

Moderne: Positive und negative Aspekte

Vor allem vor dem Hintergrund der Industrialisierung und der damit verbundenen Veränderungen entstand im 19. Jahrhundert der Begriff der Moderne. Damit waren zunächst positive Bedeutungen verbunden wie Fortschritt und technische Innovation, Vorstellungen, die in unzähligen zeitgenössischen Abbildungen zum Ausdruck kommen. Sehr bald allerdings verbanden sich mit dem Begriff der Moderne und der Modernisierung auch negative Vorstellungen: Verschlechterung der Lebensumstände vieler, neue Existenzängste und Arbeitsprozesse, die einen deutlich stärkeren Druck auf das Individuum ausüben: Das Zeitalter der „Nervosität“ (Stress, wie wir heute sagen würden) hatte begonnen.

Modernisierung als Prozess

Für die Historiker beschreibt „Modernisierung“ den Basisprozess der gesellschaftlichen, politischen, wirtschaftlichen und kulturellen Veränderungen seit dem Ende des 18. Jahrhunderts. Im Laufe dieser Modernisierung hat sich die Moderne bis hin zur heutigen Post- oder Spät-Moderne entwickelt. Wie bei jeder Etikettierung einer Epoche soll der Begriff auch hier zunächst Typisches zusammenfassen und zuordnen. Zudem versuchen spätere Betrachter auch, mit diesen Etiketten in das Chaos von Daten und Ereignissen einen Sinnzusammenhang zu bringen.

Die Soziologie differenziert den Begriff „Modernisierung“ in verschiedene Teilprozesse, die sich gegenseitig verstärken oder aufheben können: Individualisierung, Rationalisierung, Differenzierung, Domestizierung, Bürokratisierung, Beschleunigung, Globalisierung und Integration. Jeder dieser Teilprozesse ist hoch abstrakt und kann auf verschiedenen Feldern historisch wie aktuell beobachtet werden (vgl. M 4 b). Modernisierung ist ein offener, immer noch andauernder Vorgang.

Periodisierung

In der Geschichte spricht man von „Moderne“ und „Modernisierung“ in unterschiedlichen Zusammenhängen: Zunächst einmal beginnt für viele Historiker die Moderne mit dem Ende des Mittelalters. In einem engeren Sinne aber wird die „Moderne“ am Übergang vom 18. zum 19. Jahrhundert angesetzt. Grundlegende wirtschaftliche, politische und kulturelle Veränderungen, deren Wurzeln in der

1 Modernisierungsdarstellung im 19. Jahrhundert: „Die erste Eisenbahn“
Zinkätzung von Karl Römer, 1892

Frühen Neuzeit (Wissenschaft, Aufklärung ,...) oder im Spätmittelalter liegen (Stadtkultur, parlamentarische Partizipation), haben in dieser Phase eine besondere Dynamik erlangt und sich radikalisiert (politische Revolutionen, Industrialisierung, Klassengesellschaft), sodass die westlichen Gesellschaften ein Transformationsprozess erfasst hat, der tiefgreifende politische und soziale Veränderungen hervorgerufen hat. Die Einforderung von individualistischem Glücksstreben in der amerikanischen Unabhängigkeitserklärung sowie in den Menschen- und Bürgerrechten in Frankreich stellt einen Brennpunkt eines länger angelegten historischen Prozesses dar. Ähnliche Kulminationen erlebt dieser Zeitraum auch im wirtschaftlichen, politischen sowie kulturellen Bereich. Diese Entwicklungen werden mit dem Schlüsselbegriff „Modernisierung" charakterisiert – im Einzelnen geht es um Nation(alstaats)bildung, Durchsetzung von politischer Partizipation, Durchsetzung des Industriekapitalismus, gesellschaftlichen Wandel hin zur bürgerlichen Klassengesellschaft sowie Entwicklung des modernen (Interventions-) Staates. Demgegenüber werden die vorangehenden Jahrhunderte dann als „Inkubationszeit" der Moderne bezeichnet. Daneben wird „Moderne" auch für den beschleunigten Wandel im Übergang vom 19. zum 20. Jahrhundert gebraucht, wobei hier gerade das Widersprüchliche und Krisenhafte von Modernisierungserscheinungen (Sinnkrisen, Verlustängste, Entwurzelung, Auflösung traditionaler Bindungen) überwiegt. Vereinsamung und Entfremdung sind Folgen der Rationalisierungsprozesse.

2 **Der Schrei:** In diesem berühmten Gemälde stellte Edvard Munch die Vereinsamung und die Ängste des modernen Menschen dar (1893, Nationalgalerie Oslo).

Klassische Modernisierungstheorie

Der Begriff „Modernisierung" enthält ein Potenzial an Erklärungen für historischen Wandel. Die Basis der Modernisierungstheorie stellt die Annahme eines linearen und rationalen Prozesses dar, der „von der traditionellen Agrar- zu modernen Industrie- und Dienstleistungsgesellschaften führt und der gleichzeitig als Weg zu einer freiheitlichen, pluralistischen und demokratischen Ordnung verstanden wird" (Thomas Raithel). In diesem linearen Prozess scheint vieles, wenn nicht gar alles auf die modernen Demokratien westlicher Prägung und das im Westen verankerte liberale Wirtschafts- und Gesellschaftsmodell zuzulaufen. Es besteht jedoch die Gefahr, dass man den Modernisierungsprozess als allzu linear und fortschrittsoptimistisch, als geraden Weg zu einer perfekten zukünftigen Welt begreift. Dieser Vorwurf wurde auch immer wieder gegen die klassischen Modernisierungstheorien aus der amerikanischen Schule erhoben (z. B. Talcott Parsons). Kräfte der Beharrung und des Ausgleichs wurden zu negativ, das Verhältnis zwischen Tradition und Moderne zu dichotomisch (gegensätzlich) gesehen (vgl. M 4).

Historische Sozialwissenschaft

Im Kontext der deutschen Geschichte verliert der Begriff jedoch seine latent unkritische Dimension und wird ambivalent, indem er von der „Bielefelder Schule" um Hans-Ulrich Wehler zur Erklärung des Deutschen Sonderwegs herangezogen wurde. Die politisch-wirtschaftliche Doppelrevolution (Industrialisierung und Demokratisierung) in der Mitte des 19. Jahrhunderts ist auf politischer Ebene misslungen, weshalb es in Deutschland zu einem verhängnisvollen Modernisierungsdefizit im Politischen kam (Parlamentarismus, Partizipation, Parteienwesen, Verantwortungsbereitschaft). So kam es zur Abweichung von der Entwicklung westlicher Nationen, dem „Deutschen Sonderweg", insofern als wirtschaftliche Modernisierung nicht von politischer begleitet wurde. In dieser Hinsicht bietet die verhinderte politische Modernisierung in Deutschland eine Erklärung für den Verlauf der deutschen Geschichte im 20. Jahrhundert.

Probleme des Modernisierungskonzeptes

Schon früh wurden Defizite der klassischen Modernisierungstheorie infrage gestellt: Die lineare Grundfigur erklärt nicht die Gleichzeitigkeit des Ungleichzeitigen – warum etwa bleibt die Existenz der Monarchien im 19. Jahrhundert weitgehend unhinterfragt? Wie ist die Bedeutung des Glaubens in einem fortschreitenden Säkularisierungsprozess zu erklären? Viel eher als von der Ablösung wird man wohl von einem Nebeneinander von Alt und Neu, von Vermischung, Zusammenwirken und allmählichem Wandel ausgehen müssen. Kontrovers wird seit Langem das Verhältnis von Nationalsozialismus und Modernisierung gesehen. Obwohl aus der Ablehnung gegenüber der Moderne entstanden, hat die Mischung aus modernen und antimodernen Elementen im NS-Regime zum Bruch mit vielen Traditionen geführt, die auch in der Weimarer Republik aus dem Kaiserreich noch fortlebten. Moderne (Herrschafts-)Techniken wurden instrumentalisiert und deren negatives Potenzial ausgeschöpft. Die NS-Vernichtungspolitik kann so als Ausdruck moderner Rationalität interpretiert werden (vgl. M 9).

Die „Postmoderne"

Seit den 70er-Jahren des 20. Jahrhunderts taucht zunehmend der Begriff der „Postmoderne" als Gegenbegriff zur „Moderne" auf, die hier vor allem an ihrem negativem Potenzial und ihren totalitären Auswüchsen gemessen wurde. Als Folge hiervon entstand eine Tendenz zur starken Subjektivierung. Allgemeine Sinn- und Wertmaßstäbe wurden kritisch hinterfragt, manchmal gar abgelehnt. Gegenüber eindeutigen (historischen) Erklärungsmodellen entwickelte die Wissenschaft eine fundamentale Skepsis. Stattdessen wurde ein uneingeschränkter Pluralismus postuliert (häufig abfällig als „postmoderne Beliebigkeit" abqualifiziert). Geschichtsschreibung wurde entmythisiert und als literarische Konstruktion entlarvt – Erzähltraditionen und Machtkonfigurationen, nicht der Gang der Ereignisse bestimmten nach Ansicht postmoderner Historiker die Darstellung.

Ambivalenz als Grundmerkmal

Unbestritten ist inzwischen die Krisenanfälligkeit von Modernisierungsprozessen: Der Individualisierung steht ein Trend zur Standardisierung gegenüber, Rationalisierung korrespondiert mit den Gesetzen des Marktes, persönliche Freiheitschancen schützen nicht vor Orientierungslosigkeit. Die Moderne bringt Gefährdungen genauso wie Chancen hervor. Ihr Grundmerkmal ist die Ambivalenz, weniger die Linearität. Dies kann bis zu offenen Paradoxa (immanenten Widersprüchen) führen: Differenzierung führt einerseits zu funktionaler Teilung, andererseits zu einem erhöhten Koordinationsbedarf; aufgrund von Rationalisierung wird Arbeit durch Spezialisten extrem effektiv geleistet, doch fehlt häufig der „Blick über den Tellerrand" zu unmittelbar benachbarten Problemfeldern; die Möglichkeiten der Autonomie für ein Individuum sind häufig verbunden mit Schwierigkeiten der Identitätsfindung bei einem nicht zu unterschätzenden Individualisierungsdruck. Zuletzt stach der Soziologe Ulrich Beck mit seiner Theorie der „Reflexiven Modernisierung" hervor. In seiner Vorstellung wird die Moderne rückbezüglich, reagiert in einer „Zweiten Moderne" auf die Entwicklungen bzw. Nebenfolgen, die durch den Modernisierungsprozess entstehen, und stellt sich ihnen gezielt.

3 Allegorie auf das elektrische Licht. Druck nach Gemälde von Ludwig Kandler (1883)

Modernisierung muss also immer mehrdimensional und interdependent (voneinander abhängig) gedacht werden. Mit dieser begrifflichen Differenzierung kann das Konzept der Modernisierung eine Renaissance erleben, wenn es sich im Spannungsfeld von Traditionalem und Innovativem durchsetzen kann. Unbedingt bewusst sollte jedem sein, dass der Begriff der Modernisierung als Leitbegriff für historischen Wandel sehr eurozentrisch argumentiert. Im Zusammenhang einer Globalgeschichte muss der Begriff „Modernisierung" erneut seine Erklärungskraft beweisen.

4 Kennzeichen von Modernisierung in Theorie und Praxis

a) Die Soziologen Nina Degele und Christian Dries fassen die klassische Modernisierungstheorie zusammen:

Als der zentrale Typus sozialen Wandels in westlichen Gesellschaften bestimmt Modernisierung nach wie vor die Richtung gesellschaftlicher Entwicklungen. […] Modernisierung als eine ambivalente „Ausbreitung des Westens" […] umfasst in seinem klassischen […] Verständnis vier Annahmen: Erstens gilt Modernisierung als endogene Leistung der in diesem Prozess begriffenen Gesellschaften, zweitens unterstützen sich die einzelnen Züge der Modernisierung wechselseitig, drittens behindern Modernisierungsvorläufer nicht die Nachzügler und viertens konvergieren Modernisierungsprozesse in der Steigerung gesamtgesellschaftlicher Anpassungsfähigkeit. Modernisierung gilt damit formal als progressiver (auf eine neue Stufe des Fortschritts führender), systemischer (Es sind immer auch mehrere, wechselwirkende Dimensionen betroffen: Wirtschaftlicher Wandel lässt die Kultur nicht unberührt etc.), globaler […] und irreversibler Prozess, d.h., die erreichten Fortschritte sind aller Wahrscheinlichkeit nach nicht mehr rückgängig zu machen […].

Nina Degele / Christian Dries: Modernisierungstheorie. München (W. Fink) 2005, S. 17 f.

b) Ein praktisches Beispiel: Schönheitsoperationen

Modernisierungstheoretisch lässt sich das Phänomen Schönheitsoperationen aus mehreren Perspektiven deuten: Das auf professionelle Fettabsaugung spezialisierte „Lipozentrum Dresden" […] (Differenzierung) beispielsweise wirbt auf seiner Website mit perfekt gestylten Körpern, deren Individualität als Ergebnis freier Entscheidung optimal zum Ausdruck kommen soll (Individualisierung), die sich dafür aber folgenreichen Disziplinierungsmaßnahmen unterziehen müssen (Domestizierung). Weitere Werbeargumente sind die mögliche Arbeits- und Gesellschaftsfähigkeit nach 1–3 Tagen, die Anonymität des Eingriffs sowie die Unsichtbarkeit von Narben – die damit verbundene Abhängigkeit von Medizin und Technik wird allerdings nicht thematisiert (Rationalisierung). Weiter sind Schönheitsoperationen schon längst zu einer globalen Angelegenheit geworden. Denn zum einen haben westliche Schönheitsideale dazu geführt, dass bei Schönheitsoperationen in Japan im Vergleich zu europäischen Ländern und den USA sehr viel häufiger Augenoperationen, Nasenvergrößerungen und Beinverlängerungen gefragt sind. Zum anderen locken die Möglichkeit eines unbemerkten Einrgiffs (Die Operation wird mit einem Urlaub verbunden.) und niedrige Preise. […] Wird der Einbau von Technik in den Körper (wie etwa bei Brustimplantaten aus Silikon) verselbstverständlicht, setzen sich neue Standards durch, die eine gesellschaftliche Konkurrenzspirale weiter in die Höhe treiben. Denn wenn gutes Aussehen mehr Gehalt und bessere Karrierechancen bringt […], sind Körper und Aussehen in Zeiten sozialer Abkühlung zu ‚Bioaktien' mit Wertsteigerungspotenzial geworden – was es im steigenden Konkurrenzkampf auszunutzen gilt. Nicht nur an der eigenen Biografie mit den entsprechenden kognitiven Kompetenzen wird gebastelt, sondern zunehmend auch am Körper.

Nina Degele / Christian Dries: Modernisierungstheorie. München (W. Fink) 2005, S. 273 f.

5 Modernisierung auch des Körpers

He Lulu, eine vom Skalpell geschaffene Schönheit, hält am 5.11.2003 ein Foto von sich vor ihrer Schönheitsoperation in der Hand. China hat 2004 den ersten Schönheitswettbewerb Miss Plastic Surgery veranstaltet. Diskutieren ließe sich, inwiefern – gerade in China – mit Schönheitsoperationen auch ein internationales, sprich europäisches Schönheitsideal festgeschrieben wird, und ob man sogar von einem globalisierten Körper sprechen könnte.

6 Modernisierungstheorie im historischen Kontext

a) Hans-Ulrich Wehler am Beginn seiner vierbändigen Gesellschaftsgeschichte zur Modernisierung in der deutschen Geschichte:

Die zweite Frage richtet sich auf das Problem, wann und in welchen Bereichen man von einer irreversiblen Beschleunigung des Modernisierungsprozesses sprechen kann. [...] Offensichtlich setzt der säkulare Prozess des Bevölkerungswachstums auch in Deutschland vor der Mitte des 18. Jahrhunderts ein. Ebenso begann die allmähliche Modernisierung der Landwirtschaft im ausgehenden 18. Jahrhundert [...]. Die sozialen Strukturen der deutschen Territorialgesellschaften waren spätestens seit dem 18. Jahrhundert in einem tiefen Wandel begriffen, der bald nach der Jahrhundertwende noch einmal beschleunigt wurde. [...] Das Vordringen „marktbedingter" und schließlich „sozialer Klassen" kann [...] als „Maßstab dieser Modernisierung" der Gesellschaft gelten. Diese und verwandte Prozesse können, ja müssen als unmittelbare oder vermittelte Folgen des Kapitalismus begriffen werden, andere aber entziehen sich dieser Deutung, verweisen vielmehr auf eigene Überlieferungen, Triebkräfte, Bedingungen. Die fortschreitende Staatsbildung gehört dazu, auch der Bürokratisierungsprozess, der im 18. Jahrhundert in wesentlichen Grundzügen bereits zu erkennen ist; in den 1840er-Jahren hatte er in allen größeren deutschen Staaten wichtige Etappen bereits hinter sich gebracht. [...] Mit der Bürokratisierung, deren Ambivalenz noch herauszuarbeiten bleibt, war längst vor der Mitte des 19. Jahrhunderts einer der wahrhaft universellen Organisationstrends der modernen Geschichte in unaufhaltsamem Vordringen begriffen.

Die großen Rechtskodifikationen am Ausgang des 18. Jahrhunderts und im frühen 19. Jahrhundert führten zusammen mit dem Aufbau einer eigenen Justizverwaltung ungeachtet aller rückwärts gewandten Züge Elemente einer Modernität ein, die sich als ungemein folgenreich erweisen sollte – sei es für die vom preußischen „Allgemeinen Landrecht" normierte Sozialordnung oder für die von vielen Gesetzeswerken verbesserte rationale Vorauskalkulierbarkeit von Rechtssicherheit, wirtschaftlichem Verhalten und Funktionieren des Staatsapparats.

Das gesamte Erziehungssystem befand sich seit dem 18. und in den ersten Jahrzehnten des 19. Jahrhunderts in zügiger Entwicklung, vor der Mitte des 19. Jahrhunderts waren wichtige Fundamente befestigt und Fortschritte konsolidiert. Das trifft besonders auf den Bereich der Universitäten zu. [...]

Aufklärung und Rationalismus fassten im 18. Jahrhundert festen Fuß. Eine lebhaft räsonnierende „aufgeklärte" Intelligenz unterwarf fast alle Traditionen einer „vernünftigen" Kritik, die tendenziell jede Überlieferung auflöste. Das Forum einer bürgerlichen Öffentlichkeit wurde deutlich erkennbar. An den Hochschulen drang rationale Kritik in nahezu allen Bereichen kräftig voran. Der indirekte Einfluss der Französischen Revolution gab dem Emanzipationsdenken mächtigen Auftrieb, der direkte Einfluss der napoleonischen Kriege führte zu einem neuen Modernisierungsschub. All das wäre ausschließlich im Zusammenhang des deutschen Kapitalismus nicht angemessen erfassbar.

[...] Richtig bleibt, dass die deutsche Industrielle Revolution seit 1845, die Agrarkrise von 1845 bis 1847 und die Revolution von 1848/49 zusammengenommen definitiv das Ende des seit den Merowingern anhaltenden tausendjährigen Feudalzeitalters signalisieren.

Hans-Ulrich Wehler: Deutsche Gesellschaftsgeschichte, Bd. 1–4, 1996–2008. München (C.H. Beck), Bd. 1, S. 21 ff.

b) Christopher Bayly stellt die Entwicklung zwischen 1780–1914 im globalgeschichtlichen Rahmen dar.

In welchem Maße vermitteln rekonstruierbare politische, soziale und ökonomische Trends „in der Welt" jenseits der offen geäußerten Ideologien, Reden und Texte den Eindruck, dass in dieser Periode etwas entstand, das als das Moderne bezeichnet werden könnte? In diesem Buch wird der Standpunkt vertreten, dass zeitgenössische Veränderungen so schnell vor sich gingen und so grundsätzlich miteinander interagierten, dass diese Periode zu Recht als „die Geburt der modernen Welt" bezeichnet werden kann. Sie umfasst die Geburt des Nationalstaats, der die Zentralisierung der Macht oder die Loyalität gegenüber einer ethnischen Gemeinschaft forderte, sowie die massive Ausweitung globaler geschäftlicher und intellektueller Verbindungen. Diesen tief greifenden Veränderungen gemeinsam war die internationale Verbreitung der Industrialisierung und eines neuen urbanen Lebensstils. Das Verschmelzen all dieser Trends weist auf einen Sprung in der sozialen Organisation der Menschen hin. Der Bereich und der Umfang des Wandels nahmen dramatisch zu. Modernität war nicht nur ein Prozess, sondern auch eine Periode, die Ende des 18. Jahrhunderts begann und sich bis zum heutigen Tag in unterschiedlichen Formen fortgesetzt hat.

[...] Nach 1750 wurde das Ausmaß der sozialen Organisation und Bestrebungen im Laufe von vielleicht nur zwei Generationen erheblich größer. Schnellere Kommunikation, größere politische Einheiten und ehrgeizigere Ideologien der westlichen und nichtwestlichen „Zivilisation" waren die Motoren dieses Wandels. Gleichzeitig wurden die Gesellschaften intern komplexer und differenzierter, Unterschiede in Reichtum und Macht zwischen den Gesellschaften wurden größer. Dies ist das Phänomen, das Menschen in vielen verschiedenen Gesellschaften auf unterschiedliche Weise als „das Moderne" verstanden haben.

Christopher A. Bayly: Die Geburt der modernen Welt. Eine Globalgeschichte 1780–1914. Frankfurt a. Main (Campus) 2006, S. 26 f. Übers.: Thomas Bertram, Martin Klaus

7 Dichotomien*-Alphabet der Modernisierung

Hans-Ulrich Wehler stellt Anfangs- und Schlussstadium von Modernisierungsprozessen (sehr vereinfacht) an einzelnen Kriterien dar.

	traditional	modern
Alphabetismus	gering	hoch
Berufe	einfach, stabil	ausdifferenziert, wechselnd
soziale Bewegung	stabil	mobil
soziale Differenzierung	gering	hoch
Einkommen	niedrig, große Unterschiede	hoch, tendenzielle Angleichung
Empathie	gering	hoch
Familie	Dominanz großer Primärgruppen	Kernfamilie, konkurrierender Gruppeneinfluss
Funktionen	diffus	spezifiziert
Herrschaft	lokal, personal	zentralistisch, anonym
Kommunikation	personal	Medien
Konflikte	offen, disruptiv (=aufbrechend)	institutionalisiert, eingehegt
soziale Kontrolle	direkt, personal	indirekt, bürokratisch
Lebenserwartung	gering	hoch
Mobilität	gering	hoch
Normen	konsistent	inkonsistent
Organisationsgrad	niedrig, informell	hoch, formell
politische Partizipation	gering	groß
Positionsrekrutierung	geschlossen, zugeschrieben	offen, erworben
Produktivität	gering	hoch
Recht	religiös, personalistisch	abstrakt, formelle Verträge
Religion	Dogmatik, Staatsbeistand	Säkularisierung, Trennung von Staat und Kirche
Rollen	allgemein	spezialisiert
Siedlungsweise	ländlich	städtisch
Sozialstruktur	homogen, stabile lokale Gruppen	heterogen, hohe Mobilität
Stratifikation (soziale Schichtung)	„deferential community", Stände	egalitäre Schichtung, auf Berufsleistung basierend
Technik	gering	hoch
Verhalten	Innensteuerung	Außensteuerung
Werte	partikularistisch	universalistisch
Wirtschaft	agrarische Subsistenzwirtschaft	industrielle Technologie

* gegensätzliche Begriffspaare

Hans-Ulrich Wehler: Modernisierungstheorie und Geschichte. Göttingen (Vandenhoeck und Ruprecht) 1975, Bd. 1, S. 14 f.

8 Kontinuität und Wandel

Christopher Bayly widerspricht der grundlegenden Dichotomie von Kontinuität und Wandel zur Erklärung von Modernisierungsschüben:

Eine Möglichkeit, aus dieser Sackgasse herauszukommen, besteht darin, nicht nur zu fragen, was sich im Laufe dieses Jahrhunderts veränderte und was sich nicht veränderte, sondern auch, warum zugelassen wurde, dass bestimmte ältere Praktiken, politische Strukturen und Hierarchien – gemeint sind durch kulturelle Werte legitimierte Systeme der Unterordnung – überdauerten. Was boten diese älteren Systeme weiterhin in einer Epoche, von der sich schwerlich leugnen lässt, dass es bereits ein recht starkes Bevölkerungswachstum, den Aufschwung des Industriekapitalismus, Demokratie und den modernen Staat gab? […] Ein Teil der Antwort lautet, dass Politiker und Eliten sich gerade deshalb für den Fortbestand der älteren Systeme entschieden, weil diese Systeme nach wie vor halfen, eine Welt von Beziehungen zusammenzuhalten, die einheitlicher, aber auch komplexer wurden. Gleichzeitig kann die Tatsache des Fortbestands älterer Systeme nicht in allen Fällen vom „funktionalen" Standpunkt aus erklärt wer-

den. Manchmal bestanden Hierarchien und offensichtlich überflüssige Überzeugungen fort oder wurden wiederhergestellt, einfach weil die Menschen sie schätzten. [...]
Es ist nach wie vor möglich zu behaupten, dass die Industrie, die Expansion der europäischen Reiche sowie die Verbreitung und Aufnahme neuer Ideen zwischen 1780 und 1914 epochale Veränderungen im internationalen Leben herbeiführten. [...] Dennoch trifft es zu, dass viele ältere Formen und Darstellungen von Macht und Souveränität sich angesichts des Wandels als besonders unverwüstlich erwiesen. Und zwar weil sie inmitten der durch Industrialisierung, Großmachtexpansion und den Aufstieg des Staates ausgelösten Veränderungen weiterhin gesellschaftliche, politische und emotionale Aufgaben erfüllten. Die alten höchsten Gewalten beugten sich angesichts dieser Veränderungen und stellten sich in Bezug auf sie neu auf. Deshalb wurden diese Kontinuitäten paradoxerweise durch den Wandel selbst gestärkt.

Christopher A. Bayly: Die Geburt der modernen Welt. Eine Globalgeschichte 1780–1914. Frankfurt/Main (Campus) 2006, S. 494, 537. Übers.: Thomas Bertram, Martin Klaus

9 Der Holocaust als Produkt der industrialisierten, rationalen Moderne

Eine besondere Herausforderung für die Deutung und Einordnung der neuesten Zeit wirft der Holocaust auf. Muss nicht jede Hoffnung auf den Fortschritt der Menschheit vor dem Grauen des planmäßigen Massenmordes versiegen? Desavouiert nicht der Mord an den Juden jede optimistische Konzeption der Moderne? Lange Zeit galt es als ausgemacht, dass das NS-Regime den Massenmord an den Juden zwar in technisch durchgeplanter Form vollbrachte, darin aber seinen offenkundig irrationalen und antimodernen Charakter offenbarte. Entgegen den Kriegsnotwendigkeiten hätten die Nazis die „Zwecklosigkeit" der Tat „bis zur offenen Zweckwidrigkeit" getrieben und „dem ganzen Unternehmen inmitten einer zweckbeherrschten Welt den Anschein einer verrückten Irrealität" verliehen (Hannah Arendt). Als atavistischer, letztlich in den Eigentümlichkeiten der deutschen Geschichte wurzelnder „Zivilisationsbruch" (Dan Diner), konnte der Holocaust somit als Antithese zur Moderne gelten, die es in Form adäquaten Erinnerns gleichsam immer wieder neu zu überwinden gelte.
Seit den 1980er-Jahren mehrten sich demgegenüber die Stimmen, die dem Massenmord auch genuine Elemente des modernen Rationalitätspostulats zuschrieben oder ihn sogar explizit als eine extreme Möglichkeit der Moderne selbst betrachteten. Autoren [...] betonten in diesem Zusammenhang die grundlegende Ambivalenz der Moderne und wiesen auf die Abgründe hin, die der Anspruch wissenschaftlicher Rationalität aufreißt, wenn sie den Menschen nach ihrem Bilde formen und dies gegebenenfalls durch „social engineering" durchsetzen will, das heißt durch die rein instrumentelle Vernunft der Technokratie. [...]
Auf die Spitze getrieben wurde eine solche Sicht durch Götz Aly und Susanne Heim. Sie wiesen auf wissenschaftlich begründete Modelle und Planungen hin, die auf eine „zweckmäßige Großraumpolitik" zielten und als Voraussetzung hierfür massive Bevölkerungsverschiebungen für erforderlich hielten. Eine solche „negative", aber durchaus rationale „Bevölkerungspolitik" habe die Massenvernichtung von Menschen „als funktional im Sinne einer langfristigen gesellschaftlichen, Modernisierung" empfohlen. Auschwitz erscheint so in hohem Maße als „Folge einer gnadenlos instrumentalisierten Vernunft".

Andreas Wirsching: Rückblick: Epochenbildung als Lesart der Geschichte. In: Neueste Zeit. München (Oldenbourg) 2006, S. 161–170.

Arbeitsvorschläge:

a) Definieren Sie Modernisierung für sich persönlich. Vergleichen Sie diese Definition dann mit den Konzepten in diesem Kapitel (VT, M 1, M 2).
b) Erläutern Sie die Grundeigenschaften von Modernisierung: progressiv, systemisch, global und irreversibel (M 4 a).
c) Exemplifizieren Sie die Teilprozesse der Modernisierung am Beispiel der Schönheitsoperationen (M 4 b, M 5). Finden Sie weitere Beispiele.
d) Recherchieren Sie Definitionen und Erklärungen für die abstrakten Prozesse der Modernisierung im Internet und stellen Sie eine Verbindung zum Ausgangsbegriff „Modernisierung" her. Finden Sie Beispiele aus unserer Zeit (VT).
e) Arbeiten Sie heraus, wie Wehler und Bayly den Beginn der Modernisierung begründen (M 6 a/b).
f) Wenden Sie die Begriffe Wehlers auf historische Entwicklungen im 19. Jahrhundert an (M 6a). Bewerten Sie, in welchen Teilen der Welt man heute von einer „modernisierten" Gesellschaft sprechen kann.
g) Erklären Sie die Rolle, die nach Bayly (M 8) Kontinuitäten im Prozess der Modernisierung spielen.
h) Überprüfen Sie, inwieweit der Holocaust dem Modernisierungsparadigma widerspricht bzw. es bestätigt (M 9).

1.11 Migration im 19. Jahrhundert

Gesellschaftliche Modernisierung und Migration

Die Modernisierung der Gesellschaften in Europa führte im 19. und beginnenden 20. Jahrhundert dazu, dass Millionen von Menschen ihren Lebensmittelpunkt veränderten und auswanderten. Individuelle Entscheidungen prägten hier also gesellschaftliche, politische und kulturelle Entwicklungen. Nicht nur die Gründe, auch die Verlaufsformen der Migration waren im Einzelnen recht unterschiedlich. Migration hat Auswirkungen auf ihren Ausgangsort und ihren Zielort. In der Praxis muss die Wanderung organisiert und durchgeführt werden. Im Zielland stellen sich den Migranten neue Schwierigkeiten. Auch die dortige Kultur hat bestimmte Erwartungen an sie. Migration gelingt oder scheitert, hinterlässt in jedem Fall aber Spuren im Herkunfts- wie im Zielland.

Auch heute spielen Migrationsbewegungen eine immens wichtige Rolle. In diesem Kapitel werden grundlegende Prozesse der Migration historisch nachverfolgt und an zwei Beispielen betrachtet: der Massenauswanderung in die Vereinigten Staaten im 19. Jahrhundert und die Migration der sogenannten „Ruhrpolen“ zu Beginn des 20. Jahrhunderts in Deutschland.

Formen der Migration

Schon immer sind Menschen gewandert (migriert), sei es bei der Ausbreitung des Homo sapiens über die Erde, während der Völkerwanderung in der Spätantike oder bei der Siedlungswanderung nach Ost- und Südosteuropa bis ins frühe 19. Jahrhundert. Migration ist eine Grundkonstante des Menschseins, so alt wie die Menschheit selbst und eine elementare Erfahrung vieler Menschen bis zum heutigen Tag. Fast alle Menschen sind auf die eine oder andere Art Migranten. Kleinräumige Migrationen zum Arbeitsplatz, zur Ausbildungsstelle oder aufgrund von Heiraten sind Teil des Alltags. Man unterscheidet grundsätzlich zwischen Binnenmigration (home-community-migration: Heiraten über Orts- und Regionengrenzen hinweg), Arbeits- oder Ausbildungsmigration (z. B. Pendler oder Wanderarbeiter), Kolonisation (Gründung einer neuen Gemeinschaft, ohne eine neue Sprache oder Bräuche lernen zu müssen), Gemeinschaftswanderung (Nomadentum), Immigration, Emigration, Transitwanderung und transnationaler Migration (cross-community migration; Migration über Sprach- und Kulturgrenzen hinweg). Letztere meint man, wenn in der Politik von Migration oder neuerdings „Migrationshintergrund“ die Rede ist.

1 Migranten auf einem Auswandererschiff zwischen Bremen und New York
Foto, 1905

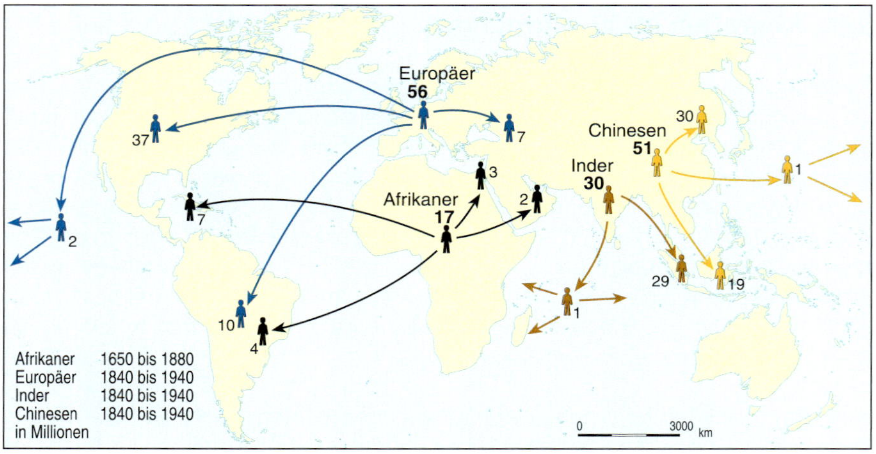

2 Globale Migration im 19. Jahrhundert
Nicht nur von Europa wanderten die Menschen nach Übersee.

Push- und Pull-Faktoren

Motive und Ursachen von Migration werden in „Push- und Pull-Faktoren" differenziert. Meist steht eine Situation von Unterdrückung und/oder Entbehrung am Ausgangspunkt (Hunger, Not, Armut, Arbeitslosigkeit, Verfolgung religiöser oder politischer Art), gleichzeitig kann aber auch die Attraktivität des Zielortes entscheidend sein (Lebenschancen, Aussicht auf Freiheit, Wohlstand, ein selbstbestimmtes Leben). Eine Mischung aus Push- und Pull-Faktoren ist der Regelfall, die konkrete Gewichtung ganz unterschiedlich: Wo der eine ein Stück Ackerland sucht, erwartet der andere ein Land, in dem Milch und Honig fließen. Am Anfang der Überlegungen steht jedoch die individuelle Situation im Ursprungsland: Die Wanderungsschwelle fällt, je aussichtsloser die Situation in der Heimat ist.

Nicht immer ist Migration ein freiwilliger Akt. Die Geschichte liefert viele Beispiele für Vertreibungen aus Glaubensgründen, Gründen der national einheitlichen Grenzziehung bis hin zu ethnisch-rassisch motivierten Vertreibungen oder gar der sogenannten „Umweltflucht".

Voraussetzungen für Migrationsprozesse

Um transnationale Migration erfolgreich bewältigen zu können, sind mehrere Voraussetzungen zu erfüllen. Der Migrant muss aus der Ausgangskultur weggehen können. Er muss die Wanderung finanzieren und logistisch in der Lage sein zu migrieren. Dazu muss er Informationen über das Zielland erlangen. Er muss im Zielland ankommen und sich dort verständigen und einleben (Sozialisation). Die Zielkultur muss den Migranten aufnehmen und integrieren (Akkulturation). Die Parameter einer Migration sind so vielfältig, dass eine erfolgreiche Migration das Resultat von komplexen und miteinander verwobenen Prozessen ist.

Kettenwanderungen und Netzwerke

Migrationsprozesse können durchaus eine Eigendynamik entfalten. Wenn aus der neuen Heimat Nachrichten darüber in die alte kommen, dass die Migration erfolgreich verlaufen ist, kommt es häufig zu sogenannten „Kettenwanderungen". Man folgt Verwandten, Freunden und Bekannten, die von einer erfolgreichen Migration berichten können. So migrierten im 19. Jahrhundert ganze Ortschaften in die USA, die häufig noch den Namen der alten Heimat in sich tragen. Massenwanderungen bestehen also aus einer Reihe kleinerer Wanderungen und setzen eine Vielzahl individueller Entscheidungen voraus. Während der Migration stehen den Migranten häufig Netzwerke zur Seite, die die Migration in der Praxis erst ermöglichen (Anwerber, Abfertiger, Helfer, Eingewöhner, konkret: Werbeagenturen, Schifffahrtslinien, *communities* im Zielland). Erst durch diese Netzwerke kann eine Massenmigration organisiert werden.

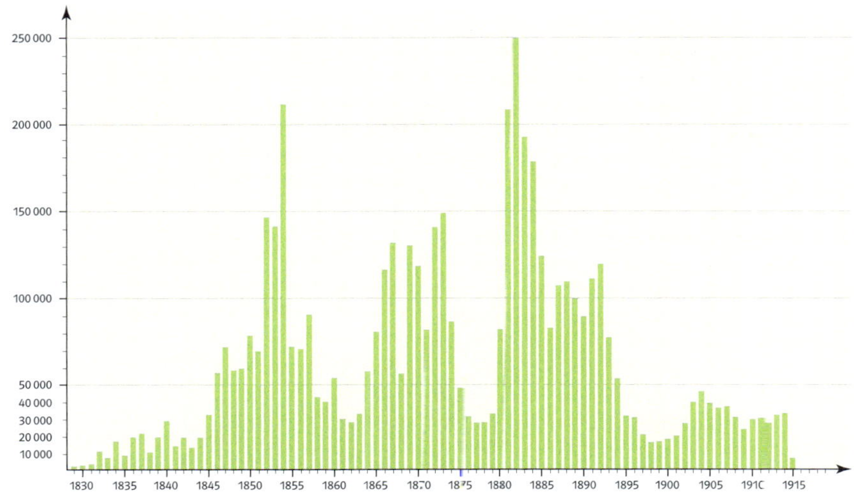

3 Jährliche deutsche Auswanderung in die USA, 1830–1915

Remigration

Nicht selten ist auch die Remigration. Nach einer bestimmten Zeitspanne kehrt der erfolgreiche Migrant gefeiert bzw. der gescheiterte Migrant beschämt in seine alte Heimat zurück. Manchmal war der Aufenthalt auch als befristete Arbeitsmigration geplant. Ein Viertel der Auswanderer in die USA hatte im 19. Jahrhundert seine Remigration von vornherein einkalkuliert.

Migration ist vor allem auch kein europäisches Phänomen: In der Hochzeit der Auswanderung aus Europa, dem 19. Jahrhundert, sind nahezu gleich viele Asiaten und fast genauso viele Inder migriert (vgl. Karte M 2). Die globale Bedeutung der Migration tritt angesichts eines eurozentrischen Blicks oft in den Hintergrund. Die beispiellose Welle freiwilliger Migration von Menschen rund um die Welt im 19. Jahrhundert bildet dabei auch ab, wo der höchste Bedarf an Arbeitskräften bestand.

Das 19. Jahrhundert war durch den krisenhaften Übergang vom agrarischen ins industrielle Zeitalter geprägt. Dieser grundlegende Wandel ließ Bevölkerungswachstum und Erwerbsangebot auseinanderklaffen. Als Folge davon verarmten breite Schichten (Pauperismus). Die Massenauswanderung nach Übersee, hauptsächlich in die Vereinigten Staaten, bot hier eine Entlastung, vielleicht sogar die Funktion eines Ventils.

Auswanderung aus Südwestdeutschland

Über 60 Millionen Menschen verließen zwischen 1820 und 1915 Europa auf dem Weg in die neue Welt, davon waren ca. 6 Millionen Deutsche, über 20 % der württembergischen Bevölkerung verließen ihre Heimat. Zwischen 1820 und 1860 stellten die Deutschen mit rund 30 % der Einwanderer in den USA nach den Iren die stärkste Einwanderergruppe, von 1861–1890 sogar die stärkste.

Die Anfänge der Migration hängen mit der Wirtschaftskrise von 1816/17 zusammen (man spricht von einem „nuklearen Winter" nach einem Vulkanausbruch in Südostasien, der Missernten, Hungersnot und Teuerung zur Folge hatte). Von da an griff das Auswanderungsfieber um sich. So wurde Friedrich List schon in dieser Zeit von der königlich-würt-tembergischen Verwaltung damit beauftragt, den Ursachen und Motiven der Auswanderer auf den Grund zu gehen (vgl. M 10).

4 Hungerwecken aus Ulm, von der Hungersnot 1816/17
Kleine Brötchen wie diese backte man im Südwesten während der Hungersnot 1816/17.

5 Zwischendeck auf einem Auswandererschiff um 1850
Rekonstruktion des Deutschen Auswandererhauses Bremen/Bremerhaven

Motivation der Auswanderer

Der Höhepunkt der südwestdeutschen Auswanderung lag zwischen 1846 und 1855; danach verlagerte sich das Herkunftsgebiet deutscher Auswanderer bis zum Ende des Jahrhunderts in den nordostdeutschen Raum. Auch bei den Motiven für die Auswanderung bildet die Jahrhundertmitte eine Zäsur. Bis zur Mitte der 1850er-Jahre dominiert die Not in Europa als Motivation für die massenhafte Auswanderung, danach wird aber die Situation in Nordamerika für den Entschluss zur Auswanderung entscheidend. Nach 1893 flacht die Massenauswanderung in die USA ab – dies hat mit der „panic of 1893", einer US-amerikanischen Wirtschaftskrise und mit dem hohen Erwerbsangebot durch die zweite Industrialisierungswelle in Deutschland zu tun, während der Deutschland zunehmend zum Einwanderungsland wurde.

Bis in die Mitte des 19. Jahrhunderts kamen die meisten Auswanderer aus dem deutschen Südwesten. Sie emigrierten meist über französische, holländische und englische Häfen. War die Auswanderung zunächst vor allem durch heimische Krisen ausgelöst, spielten bei der Entscheidung zur Auswanderung schon bald andere Faktoren eine Rolle: Auswandererbriefe, die nicht selten Kettenwanderungen auslösten, Auswandererwerbung durch Schifffahrtsagenturen bis hin zu „All-inclusive"-Angeboten gegen Ende des Jahrhunderts (M 12), regelrechte Auswanderervereine, die reichhaltige Informations- und Aufklärungsliteratur bereitstellten, und schließlich sogar Auswandererförderung durch heimische Regierungen. Das Kommunikationsnetz zwischen neuer und alter Welt wurde immer dichter, die Informationen über den Zielort immer genauer, bevor man seine Reise antrat. Je häufiger Auswanderungen dabei erfolgreich waren, desto eher wurde die Auswanderung zu einer Alternative für die Daheimgebliebenen. Je stärker Netzwerke hinter einer Auswanderungsentscheidung standen, desto leichter fiel sie („Multiplikator-Effekt").

6 Einschiffung von Auswanderern Hamburg 1850

Haltung der Obrigkeit

Die Obrigkeit wechselte ihre Haltung gegenüber dem Phänomen der Massenauswanderung mehrfach: Im deutschen Südwesten etwa reagierte man zunächst bis 1830 sehr restriktiv, indem man versuchte, die Auswanderung zu verhindern. Anschließend wurden dann staatlich konzessionierte Agenten zur Kanalisierung und Sicherheit der Auswanderer eingesetzt. Die Auswanderung galt nun als Mittel der Sozialpolitik, denn dank gezielter Auswanderungsförderung wollte man gegen die Armut und die hohe Bevölkerungszahl in bestimmten Gegenden angehen. So übernahmen gar manche Gemeinden die Kosten der Auswanderung. Ab 1860 wurde diese Förderung auf eine rein formale Behandlung des Problems reduziert, was wiederum zeigt, dass der Staat nun kein aktives Interesse mehr an der Auswanderung hatte. Eine einheitliche Auswanderungspolitik innerhalb des Deutschen Bundes hat es nicht gegeben. Auch die Versammlung der Frankfurter Paulskirche hatte mit einem entsprechenden Versuch keinen Erfolg

Migrationswege

Die Voraussetzung für eine erfolgreiche Massenmigration waren funktionierende Verkehrstechnik und Infrastruktur sowie Fortschritte im Transportwesen. Eisenbahn, Kanalbau und Dampfschifffahrt bis hin zu Reiseunternehmen, die Transatlantikpassagen anboten, schufen ein immer dichteres Netz von Verbindungen zwischen Herkunfts- und Zielort der Migration. Ein entscheidender Schritt dabei war die Anbindung der Überseehäfen an die Binneninfrastruktur. So konnten die Emigranten reibungslos von einem Verkehrsmittel auf das nächste wechseln.

Finanzierung der Reise

Bis 1830 bezahlten die Passagiere nur einen Teil der Überfahrt und arbeiteten den fehlenden Teil in den USA ab. Danach wurde es notwendig, die gesamte Reisesumme bei Abfahrt zu bezahlen. In der Praxis wurde die Reise oft durch schon in den USA ansässige Bekannte vorfinanziert (sog. Prepaids). In diesem Zusammenhang etablierten sich auch transatlantische Handels- und Bankverbindungen.

Der erste wichtige deutsche Auswandererhafen war Bremerhaven. Seit 1832 sicherten hier Ordnungen, die den Auswanderern ein Mindestmaß an Proviant und Platz garantierten, einen Nachweis über die Seetüchtigkeit der Schiffe einforderten und Passagierlisten verlangten, den Migranten eine gewisse Zuverlässigkeit

7 Castle Garden (Manhattan)
Zentraler Ort der Registrierung von Einwanderern bis 1880. Lithographie

8 Werbeplakat der HAPAG 1880

der Passage. In Bremen entstand ab 1851 das „Nachweisbureau für Auswanderer“ mit der ausdrücklichen Aufgabe, den Auswanderern Hilfestellung zu geben. 1857 errichtete der „Norddeutsche Lloyd“ (NDL) die erste regelmäßige Dampfschifffahrtsverbindung von Bremen nach New York. Schon 1847 wurde die HAPAG (Hamburg-Amerikanische Packetfahrt-Actien-Gesellschaft) gegründet, die bis zum Beginn des 20. Jahrhunderts die größte Schifffahrtsgesellschaft der Welt werden sollte. Die Migranten waren Teil eines Systems von Waren-Personen-Verkehr über den Atlantik hinweg: Waren (häufig Rohstoffe) wurden aus Übersee importiert, auf der Rückfahrt nach Amerika wurden sehr viel weniger raumintensive Fertigwaren transportiert. So blieb Raum für die Passagiere in sogenannten Zwischendecks. Diese waren oft nur 1,80 m hoch und erfüllten gleichzeitig die Funktion von Schlaf-, Ess- und Aufenthaltsplätzen. Die hygienischen Zustände und die Qualität der Luft auf dem Zwischendeck waren sehr schlecht. Die Reisezeit verkürzte sich im Laufe des 19. Jahrhunderts enorm: Während 1834 ein Schiff von Bremen nach New York noch 50 Tage unterwegs war, benötigte es 1850 noch zwischen drei und vier Wochen. Die Verkürzung der Reisedauer bedeutete für die Migranten natürlich eine Verminderung der Reisekosten wie der Reiserisiken.

Ankunft im Zielland

Im Hauptankunftshafen New York kamen die Immigranten an Manhattans Südspitze im ehemaligen Fort „Castle Garden“ an; später war Ellis Island, eine Manhattan vorgelagerte Insel, der erste Kontakt mit der neuen Welt. Häufig verfügten die Einwanderer schon dank Verwandter und Bekannter über Verbindungen in die USA und hatten recht genaue Vorstellungen darüber, wo ihre ökonomischen Chancen am besten standen. In vielen Städten existierte ein „Little Germany“, das für Neuankömmlinge Unterstützung anbot. Die deutsche Minderheit war im 19. Jahrhundert sehr rege: Mit eigenen Organisationen, deutschsprachigen Schulen, einer breiten deutschsprachigen Presse und einem ausdifferenzierten Vereinswesen bot sich den Einwanderern ein vielfältiges kulturelles Leben. Dennoch blieb die Nähe zur Herkunftskultur meist ein Phänomen der ersten Generation, bereits die zweite Generation war sprachlich wie kulturell assimiliert.

Migration innerhalb des Deutschen Reiches

Um die Jahrhundertwende vom 19. zum 20. Jahrhundert fand im Deutschen Reich der Übergang von der Auswanderung in die USA zur kontinentalen Zuwanderung auf Zeit statt, nämlich nach Preußen, hauptsächlich in die Industriezentren des Ruhrgebietes. Bis 1914 waren es schließlich 1,2 Millionen ausländischer Wanderarbeiter, die im Reich ihr Geld verdienten; 70 bis 80 % davon waren polnische „Preußengänger“.
Diese Binnenwanderung ist Teil der internen Ost-West-Wanderung im Kaiserreich ab 1880. Massive Arbeiteranwerbungen im ostelbischen Raum führten zur Umsetzung unterbäuerlicher Schichten vom Land- ins Industrieproletariat.

„Ruhrpolen“, „Ruhrmasuren“ und „Auslandspolen“

Hierbei muss jedoch genau differenziert werden zwischen sogenannten „Ruhrpolen“, „Ruhrmasuren“ und „Auslandspolen“. Ruhrpolen waren Menschen polnischer Nationalkultur, die aber auf preußischem Staatsgebiet lebten und deshalb auch über die preußisch-deutsche Staatsangehörigkeit verfügten. Genauso wie die Ruhrmasuren genossen sie innerhalb des Deutschen Reiches Freizügigkeit. Im Unterschied zu den Ruhrpolen stammten die Ruhrmasuren aus den südlichen ostpreußischen Provinzen; sie waren „urpreußisch" und deshalb evangelisch. Um eine echte Einwanderungssituation handelte es sich also bei beiden Gruppen nicht im rechtlichen, aber im sozialen, kulturellen und mentalen Sinne. Der Übergang zur kapitalistischen Agrarverfassung hinterließ in den preußischen Provinzen viele besitzlose Landarbeiter und Kleinstbauern. Deren Proletarisierung trug erheblich zur Wanderungsbereitschaft bei, sodass sich bis 1914 ca. 350 000 Ruhrpolen ins Ruhrgebiet aufmachten. Zunächst wurden sie öfters als Streikbrecher angeworben und eingesetzt, sodass sie von den Industriegewerkschaften oft als „Lohndrücker" diffamiert wurden. Im Ruhrgebiet wurden sie meist für körperlich intensive Tätigkeiten mit relativ geringem Qualifikationsniveau bei niedrigeren Löhnen, als die heimischen Arbeiter erhielten, eingesetzt, arbeiteten also in Bereichen, für die es schwer war, noch Einheimische zu finden. Der Übergang von der saisonalen Wanderung vor allem junger unverheirateter Männer zur dauerhaften Zuwanderung war dabei fließend.

Rübenwanderung, Saisonalisierung des Arbeitsmarktes

Die Saisonalisierung des Arbeitsmarktes im späten 19. Jahrhundert durch neue Maschinen (z. B. Dampfdreschmaschine) und neue Anbauprodukte (Zuckerrübenproduktion) geht zurück auf die Umstellung auf agrarkapitalistische Produktion und eine Unternehmermentalität im Agrarsektor. Während der Hochsaison herrschte Arbeitskräftemangel („Leutenot") und Höchstlöhne wurden gezahlt; dagegen herrschte in den Wintermonaten Unterbeschäftigung. Die extreme Lohnkonkurrenz in der Hochsaison schuf das Interesse der Landwirtschaft an Wanderarbeitern und führte schließlich zur sogenannten „Rübenwanderung".

Pufferfunktion der Wanderarbeit

Obwohl der Zustrom der Auslandspolen aus wirtschaftlichen Gründen gewollt war, widersprach er doch der nationalpolitischen Germanisierungspolitik gegenüber den ehemaligen polnischen Provinzen im Osten Preußens. Deshalb griff man zu einer sehr scharfen Überwachung der Migrationsströme: Die Wanderarbeiter wurden gezwungen, sich zu legitimieren und im Winter in ihre Heimat jenseits der Grenze zurückzukehren. Hierdurch entstanden Wanderungsbewegungen mit extremen saisonalen Spitzen und Tiefen. Überwacht wurde die saisonale Zuwanderung von der halbamtlichen „preußischen Feldarbeiterzentrale", die die Zuwanderung über insgesamt 39 Grenzämter entlang der Grenzen des Deutschen Reiches kontrollierte. Zu Beginn des 20. Jahrhunderts lebte schließlich ein Viertel aller Polen außerhalb des Deutschen Reiches von der Arbeitswanderung, meist führte diese nach Preußen.

In Preußen entstand ein doppelter Arbeitsmarkt: Auf gehobenem Niveau und in dauerhafter Anstellung wurden die Arbeiten von Deutschen verrichtet; darunter bildete sich eine weitere „subproletarische" Arbeiterschicht, die konjunkturelle Schwankungen im agrarwirtschaftlichen Sektor abpufferte. So milderten die Wanderarbeiter den Übergang des Deutschen Reiches und insbesondere Preußens vom Agrar- zum Industriestaat deutlich ab.

9 Polnische Landarbeiterinnen auf der Durchreise in Berlin, ca. 1900

10 Push-Faktor: Hungersnot und Feudallasten

a) Friedrich List befragte im Auftrag der württembergischen Regierung auswanderungswillige Württemberger, warum 1817 ein „Auswandererfieber“ grassierte: Seinem Bericht fügte List den Klagebrief eines Bauern bei, der exemplarisch die Motive der Auswanderung nennt:*

Die größte Not treibt uns, nach Amerika auszuwandern. Erstens hat man uns Frucht versprochen zum Säen, es kommt aber keine, – mithin bleibt unser Feld unbesät liegen, dass man auf die Zukunft nichts als Mangel zu erwarten hat. Zweitens sind wir außerstand, zwei Herren ihre Steuer zu entrichten, und in der Not will sich keiner unsrer annehmen. Drittens: holt man nur eine Traget Streu oder dürr Holz im Wald, wird man vor Forstgericht zitiert und gestraft, wie die Strafprotokoll ausweisen, und doch dem Wald kein Schad gestift. Viertens ist die gewärtige Teuerung und Hungersnot so groß, dass die Lebensmittel unmöglich mehr vor unsere Familien von uns angeschafft werden können und das Hungersterben vor der Tür ist. So sind wir genötigt, ein andres Land aufzusuchen, weil wir hier keine Hilfe haben.

Unternheimbach [sic], den 3. Mai 1817.

Zi. nach: Günter Moltmann (Hrsg.): Deutsche Amerikaauswanderung im 19. Jahrhundert. Stuttgart (Metzler) 1976, S. 67.

b) 25 Jahre später, 1842, äußert sich Friedrich List abermals zur Auswanderung:

Der Strom der Auswanderung hat in der neuesten Zeit in Deutschland so ganz ausschließlich seine Richtung nach Nordamerika genommen, dass man an kein anderes Land mehr denkt, wenn davon die Rede ist. Das ist auch ganz natürlich. Dort stehen der Ansiedlung des deutschen Bauern keine gutsherrlichen und Patrimonialrechte, keine Zehnten, keine Fronen, keine kulturhinderlichen Gesetze entgegen; er hat keinerlei Art von Willkür oder Druck zu befürchten; einzig mit der Natur hat er den Kampf zu bestehen, und ist diese glücklich besiegt, so ist er freier Bürger, ausschließlicher Besitzer der Früchte seines Fleißes. Warum denn sonst würde er Tausende von Meilen weit hinziehen, die Gefahren und Leiden einer großen See- und Landreise bestehen und sich eine Reihe von Jahren hindurch in die Wildnis begraben?

Friedrich List: Die Ackerverfassung, die Zwergwirtschaft und die Auswanderung, 1842. Zit. nach Wolfgang J.Helbich, „Alle Menschen sind dort gleich …“. Die deutsche Amerika-Auswanderung im 19. und 20. Jahrhundert. Düsseldorf (Schwann) 1988, S. 63.

* Friedrich List 1789–1846, Ökonom, Begründer der modernen Volkswirtschaftslehre. 1825 wegen liberaler Rechtsauffassungen inhaftiert, wanderte er nach Amerika aus und kehrte 1828 zurück. List beteiligte sich an dem Staatslexikon von Rotteck und Welcker und konzipierte ein Eisenbahnnetz für Deutschland.

11 Karikatur zu den Motiven der Auswanderer, um 1849

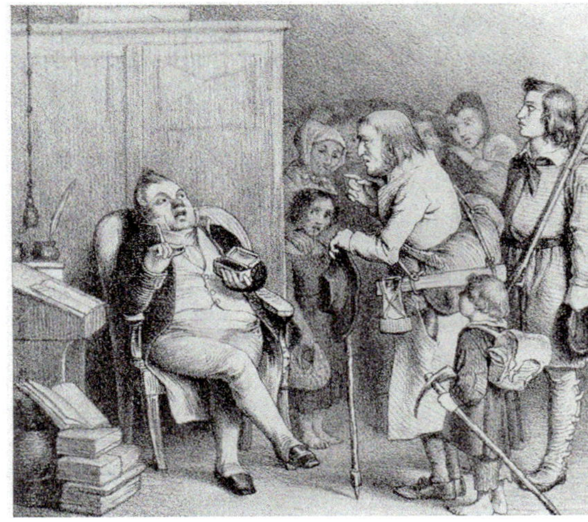

Amtmann: Aber Leute, gibt es denn kein Mittel, das Euch zum Hierbleiben bewegen kann?
Alter Bauer: Oh ja, Herr Amtmann, wenn Sie gehen, wollen wir bleiben.

12 Organisierte Auswanderung (1849)

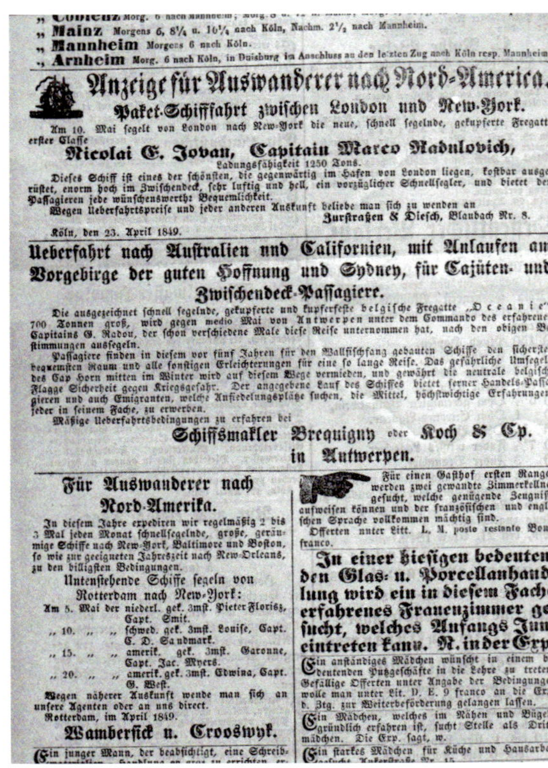

„ Mainz Morgens 6, 8¼ u. 10¼ nach Köln, Nachm. 2½ nach Mannheim.
„ Mannheim Morgens 6 nach Köln.
„ Arnheim Morg. 6 nach Köln, in Duisburg im Anschluss an den letzten Zug nach Köln resp. Mannheim.

Anzeige für Auswanderer nach Nord-America.

Paket-Schifffahrt zwischen London und New-York.

Am 10. Mai segelt von London nach New-York die neue, schnell segelnde, gekupferte Fregatte erster Classe

Nicolai E. Jovan, Capitain Marco Radulovich,

Ladungsfähigkeit 1250 Tons.

Dieses Schiff ist eines der schönsten, die gegenwärtig im Hafen von London liegen, kostbar ausgerüstet, enorm hoch im Zwischendeck, sehr luftig und hell, ein vorzüglicher Schnellsegler, und bietet den Passagieren jede wünschenswerthe Bequemlichkeit.

Wegen Ueberfahrtspreise und jeder anderen Auskunft beliebe man sich zu wenden an

Zurstraßen & Diesch, Blaubach Nr. 8.

Köln, den 23. April 1849.

Ueberfahrt nach Australien und Californien, mit Anlaufen am Vorgebirge der guten Hoffnung und Sydney, für Cajüten- und Zwischendeck-Passagiere.

Die ausgezeichnet schnell segelnde, gekupferte und kupferfeste belgische Fregatte „Oceanie“, 700 Tonnen groß, wird gegen medio Mai von Antwerpen unter dem Commando des erfahrenen Capitains G. Radou, der schon verschiedene Male diese Reise unternommen hat, nach den obigen Bestimmungen aussegeln.

Passagiere finden in diesem vor fünf Jahren für den Wallfischfang gebauten Schiffe den sichersten bequemsten Raum und alle sonstigen Erleichterungen für eine so lange Reise. Das gefährliche Umsegeln des Cap Horn mitten im Winter wird auf diesem Wege vermieden, und gewährt die neutrale belgische Flagge Sicherheit gegen Kriegsgefahr. Der angegebene Lauf des Schiffes bietet ferner Handels-Passagieren und auch Emigranten, welche Ansiedelungsplätze suchen, die Mittel, höchstwichtige Erfahrungen, jeder in seinem Fache, zu erwerben.

Mäßige Ueberfahrtsbedingungen zu erfahren bei

Schiffsmakler Brequigny oder **Koch & Cp. in Antwerpen.**

Für Auswanderer nach Nord-Amerika.

In diesem Jahre expediren wir regelmäßig 2 bis 3 Mal jeden Monat schnellsegelnde, große, geräumige Schiffe nach New-York, Baltimore und Boston, so wie zur geeigneten Jahreszeit nach New-Orleans, zu den billigsten Bedingungen.

Untenstehende Schiffe segeln von Rotterdam nach New-York:

Am 5. Mai der niederl. gek. 3mst. Pieter Florisz, Capt. Smit.
„ 10. „ „ schwed. gek. 3mst. Louise, Capt. C. D. Sandmark.
„ 15. „ „ amerik. gek. 3mst. Garonne, Capt. Jac. Myers.
„ 20. „ „ amerik. gek. 3mst. Edwina, Capt. G. West.

Wegen näherer Auskunft wende man sich an unsere Agenten oder an uns direct.

Rotterdam, im April 1849.

Wambersick u. Crooswyk.

Für einen Gasthof ersten Ranges werden zwei gewandte Zimmerkellner gesucht, welche genügende Zeugnisse aufweisen können und der französischen und englischen Sprache vollkommen mächtig sind.

Offerten unter Litt. L. M. poste restante Bonn franco.

In einer hiesigen bedeutenden Glas- u. Porcellanhandlung wird ein in diesem Fache erfahrenes Frauenzimmer gesucht, welches Anfangs Juni eintreten kann. N. in der Exp.

Ein anständiges Mädchen wünscht in einem bedeutenden Putzgeschäfte in die Lehre zu treten. Gefällige Offerten unter Angabe der Bedingungen wolle man unter Lit. D. E. 9 franco an die Exp. d. Ztg. zur Weiterbeförderung gelangen lassen.

Ein Mädchen, welches im Nähen und Bügeln gründlich erfahren ist, sucht Stelle als Drittmädchen. Die Exp. sagt, w.

Ein junger Mann, der beabsichtigt, eine Schreib- …

Ein starkes Mädchen für Küche und Hausarbeit …

13 Pull-Faktor: Werbung für Amerika

Traugott Bromme verfasste schon 1848 Tipps für Auswanderer:

Die Vortheile, welche Amerika dem Einwanderer verspricht und bietet, sind: ein leicht zu erwerbender Boden, volle Freiheit der Beschäftigungen und Gewerbe, milde Abgaben, allgemeine politische und religiöse Freiheit, zu denken und zu glauben was er will, seine Meinung unbefangen zu äußern, und seine Einsichten zum Besten seines neuen Vaterlandes geltend zu machen in Schriften und als frei erwählter Vertreter des Volks [...] Es geschieht in Amerika sonst durchaus nichts für den Fremden; er muß alles sich selbst danken, bedarf aber auch nichts weiter und kann dabei recht wohl bestehen, denn es ist klar, daß ein Mensch, der sich nur sonst zu behelfen und in alles zu finden weiß, thätig, erwerbsfleißig, mäßig, sparsam ist, den Entbehrungen trotz bieten kann, aber auch nur ein Solcher, dort besser als irgend wo sein Glück finden kann. Die rohen Stoffe sind dort überall zur Zufriedenheit vorhanden, man muß sie nur zur verarbeiten wissen. – Nie hat die Regierung die Einwanderung durch irgend eine Maaßregel aufgemuntert. Sie verkennt zwar den Zuwachs von Kraft nicht, den sie durch gesunde, kräftige, frugale und arbeitsame Menschen erlangt, aber diese dürfen nicht vergessen, daß Amerika das Land gleicher Rechte ist, und daß ihre Theilnahme an dem Ganzen keine Begünstigungen zur Folge haben kann; [...] Wer hier leben und sich gefallen will, muß die europäische Haut abstreifen und nie wieder in sie hineinkriechen; dann aber erwacht auch in ihm ein Gefühl der Superiorität über alle andere Nationen, das aus dem Bewußtseyn hervorgeht: daß hier zu Lande als Glied der Gesellschaft Niemand über ihm steht, daß durch Geburt die Menschen weder höher noch niedriger sind, daß ihr sittlicher und geistiger Werth Alles ist. Selbst die Regierungen sind hier nicht Götter, sondern nur Diener des Volks, das sie nach Wohlgefallen ein- und absetzt. Daraus folgt aber unter anderm auch, daß die Gewalt der Regierung, Gutes und Böses zu thun, höchst beschränkt ist und eben darum auch den Einwanderern keine Vergnügungen geben kann. Statt daß in Europa das Volk vom Regenten abhängt, hängt hier der Beamte vom Volke ab [...]

Aus dem Vorstehenden kann man im Allgemeinen schon entnehmen, welchen Personen Amerika angemessen seyn wird und umgekehrt, welche Personen Amerika zusagen werden. – Es sind dieß vorzugsweise nur zwei Stände, Landwirthe und Handwerker, die in Amerika mit Sicherheit fortkommen werden, und nur diese sollen sich daher in der Regel dahin begeben. [...]

Traugott Bromme: Rathschläge für Auswanderer (1848). Zit. nach: Wolfgang J. Helbich: „Alle Menschen sind dort gleich ...". Die deutsche Amerika-Auswanderung im 19. und 20. Jahrhundert. Düsseldorf (Schwann) 1988, S. 66 f. (in historischer Rechtsschreibung)

14 Uncle Sam's Thanksgiving Dinner. Holzschnitt von Thomas Nast, aus dem Harper's Weekly, 20. Nov. 1869. Die Darstellung bezieht sich auf den 15. Verfassungszusatz, der im Februar 1869 beschlossen worden war. Im Hintergrund sieht man an der Wand: Washington, Lincoln, Grant (US-Präsident) und ein Bild von Castle's Garden. Über dem Bild von Grant steht: 15th Amendment. Auf dem Tischaufbau: Universal Suffrage.

15 Das Leben in den USA

a) Germany in New York (1867):

[...] The representative German is usually a manufacturer of some kind, greater or smaller, or a mechanic, – very commonly a grocer, or a brewer of lager-Bier. Sometimes he is a lithographer, a layer-out of maps, or an artist in one branch or another [...] Legions of them are dispersed as waiters through the hotels and restaurants of the city. A great many – and these chiefly of the Hebrew persuasion find occupation as dealers in clothing, jewelry, and miscellaneous articles [...] New York is indebted for its vegetable markets to the Germans, who were the first to educate the suburban soil for the growth of kitchen stuff, and who have still almost a monopoly of the market-garden business in the neighborhood of the city [...] Germans who are heavy bankers or stock-brokers, or engaged in commerce and manufacture generally, upon a large scale, soon become absorbed into the "upper-ten" element of New York society. Abandoning all the manners and customs of the fatherland to the smaller operators and the dealers in retail, they give little or no color to the native society with which they become incorporated. [...] It is notable how much the German's idea of domestic felicity is disconnected with his own roof and threshold. He works assiduously at his calling from daylight until early afternoon, looking upon his dwelling as a workshop only, and fleeing from it with his wife and children at every available opportunity, to take his ease in the Garten Wirthschaft, which is really his home [...]

Charles Dawson Shanly, Germany in New York. In: Atlantic Monthly 19 (1867), S. 555–564, hier: S. 555–558, S. 560–562.

b) Little Germany als Pufferzone:

Little Germany in New York City hatte eine Auffangfunktion, war entstanden als eine Art Puffer zwischen dem zurückgelassenen, vertrauten deutschen Lebenskreis und der auf den Neueinwanderer einstürmenden amerikanischen Realität. Geografische Abgrenzung innerhalb eines deutschen Viertels war daher nicht einfach als Ausdruck mangelnder Assimilationsbereitschaft zu interpretieren. Wichtig war die Rolle der Institutionen, die Kleindeutschland prägten, also der deutschen Kirchen, der Schulen, der Presse und der vielen Vereine. Hatten auch sie diese Pufferfunktion, halfen sie bei der gewiß schwierigen Umstellung?

Die Kirchen hatten eine große Chance, steuernd in den Sozialisationsprozess einzugreifen. Der deutschsprachige Gottesdienst nach vertrautem Ritus war für viele Immigranten der erste Ruhepunkt nach dem Erlebnis der Auswanderung [...] Ebenfalls eine Hilfe im Prozess des Sich-Eingliederns boten die meisten deutschsprachigen Zeitungen New Yorks. Dadurch, dass sie sowohl über Ereignisse in Deutschland und Kleindeutschland als auch über das Tagesgeschehen sowie über politische und wirtschaftliche Tendenzen in den Vereinigten Staaten berichteten, dadurch, dass sie zum Beispiel die Einwanderer zur Wahl aufriefen und sie über ihre neuen Rechte und Möglichkeiten informierten, waren die deutschsprachigen Presseorgane ein wichtiger Vermittler in der schwierigen Situation, in der sich der Neuankömmling gegenüber der fremden Umgebung befand [...]

Agnes Bretting: Die Konfrontation der deutschen Einwanderer mit der amerikanischen Wirklichkeit in New York City im 19. und 20. Jahrhundert. In: American Studies 27 (1982), S. 247–257.

16 Die bleibenden Hinterlassenschaften der Deutschen

Die andere Verzweigung der Ausgangsfrage, welche Aspekte der heutigen amerikanischen Gesellschaft auf die deutsche Einwanderung zurückzuführen sind, ist sehr viel seltener gestellt und nie befriedigend beantwortet worden. Sie birgt die Schwierigkeit, dass es in mehreren Bereichen nahezu unentwirrbar ist, ob Einflüsse von deutschen Einwanderern ausgingen, ohne deren Vermittlung direkt aus Deutschland kamen bzw. von den Tausenden junger Amerikaner, die im 19. Jahrhundert in Deutschland studierten, vermittelt wurden – oder von jedem etwas; sie enthält vor allem das grundsätzliche Problem jeder (hier implizit) kontrafaktischen Geschichtsbetrachtung, das sich an konkreten Beispielen vielleicht am besten verdeutlichen lässt: Es mag beweisbar sein, dass der Weihnachtsbaum oder das Sauerkraut, dass die Turnerei oder der Marxismus genuine Mitbringsel deutscher Einwanderer sind; unbeweisbar dagegen ist, dass es diese Dinge ohne die deutsche Einwanderung heute nicht gäbe.

Man sollte sich dieser massiven Bedenken jederzeit bewusst bleiben, wenn man nach den Spuren der deutschen Einwanderung sucht – und auch der noch elementareren Warnung, dass in derartigen Bereichen bestenfalls eine gewisse Plausibilität und Wahrscheinlichkeit erreichbar ist – keine genau quantifizierbare Zuordnung oder Bestimmung einer Kausalität.

Nach diesen Einschränkungen lässt sich etwas unbeschwerter hinweisen auf die Einführung des Turn- und des Kunstunterrichts zunächst an den deutschamerikanischen Schulen und dann, von den deutschen Siedlungszentren ausgehend, an öffentlichen Schulen überhaupt; das (klassische) Musikleben geht gleichfalls weitgehend auf Beispiel, Vorbild und Bemühungen deutscher Einwanderer zurück. Natürlich ließe sich die Reihe jener beiläufigen und auch dieser gewichtigeren Aspekte deutschen Ursprungs noch fortsetzen, doch soll hier nur noch auf zwei von ihnen eingegangen werden – die beiden wohl unbestritten allgegenwärtigsten. Gemeint sind ein dem Vergnügen und der Entspannung gewidmeter Sonntag und eine tabufreie, eher unkomplizierte Haltung zum Alkohol.

Wolfgang J Helbich: „Alle Menschen sind dort gleich...". Die deutsche Amerika-Auswanderung im 19. und 20. Jahrhundert. Düsseldorf (Schwann) 1988, S. 55 f.

17 Zusammenhang zwischen Auswanderung in die USA und Migration in Deutschland

a) Bis zum letzten Drittel des 19. Jahrhunderts verlagerten sich die Hauptausgangsräume der transatlantischen Massenwanderung von den Südwest- zu den vorwiegend landwirtschaftlich strukturierten Nordostgebieten, in denen überseeische Auswanderung und interne Abwanderung vor allem bestimmt wurden durch strukturelle Antriebskräfte im Ausgangsraum. Die Schere zwischen Geburten- und Sterbekurven im Prozess der demografischen Transition war am weitesten geöffnet, als in der Körnerwirtschaft des Nordostens der Fall der Erzeugerpreise unter dem internationalen Konkurrenzdruck abrupt die goldenen Jahre der Agrarkonjunktur beendete. Der über den Weltmarkt induzierte Einbruch der Agrarkonjunktur riss in den 1870er-Jahren die von der günstigen Ertragslage in den beiden vorausgegangenen Jahrzehnten verschleierte strukturelle Agrarkrise auf. Nunmehr geführt von den Nordostgebieten stieg die überseeische Massenauswanderung seit 1880 zu ihrer dritten und stärksten Welle im transatlantischen Wanderungsgeschehen des 19. Jahrhunderts auf, bis die expandierenden industriellen Arbeitsmärkte Mittel- und insbesondere Westdeutschlands mit ihrem ständig wachsenden sozialökonomischen Chancenangebot die Anziehungskraft des überseeischen Haupteinwanderungslandes USA zurücktreten ließen. Sie nahmen damit in der Hochindustrialisierungsperiode jene zweite industrielle Reservearmee auf, die das Wachstum in der Hochkonjunkturphase vor dem Ersten Weltkrieg mitbedingte und den Wandel zum Industriestaat forcierte. In die von dieser massenhaften Verschiebung vom Land- zum Industrieproletariat gerissenen Lücken rückte eine ausländische Reservearmee ein, deren transnationale Bewegung von Preußen aus auf dem Verordnungsweg weitgehend in den Bahnen einer jährlich fluktuierenden Saisonwanderung gehalten wurde. Sie übernahm jenseits der Ersatzfunktionen auf dem landwirtschaftlichen Arbeitsmarkt in der industriellen Hochkonjunkturphase Zusatzfunktionen auch in nichtlandwirtschaftlichen Bereichen. Von einzelnen Erscheinungsformen der direkten Lohn- und Verdrängungskonkurrenz abgesehen, verschärfte sie dabei in der Landwirtschaft bereichsweise mittelbar-indirekt die strukturellen Ursachen des Wanderungsgeschehens, dessen Folge sie war. Über die Deckung von Ersatz- und Zusatzbedarf auf dem Arbeitsmarkt hinaus erfüllte die kontinentale Zuwanderung konjunkturelle Pufferfunktionen in dem durch strukturelle Agrarkrise und lange Agrarkonjunktur, durch industrielle Stockungsspanne und anhaltende Hochkonjunktur gekennzeichneten Wechsel von Krise und Aufschwung. Vor allem aber trug sie dazu bei, auf dem Arbeitsmarkt die Folgen jener gewaltigen Verschiebung von Wertschöpfungs- und Beschäftigtenanteilen zwischen ländlichen Primär- und städtischen Sekundärbereichen zu balancieren, die in den Jahrzehnten vor dem Ersten Weltkrieg den Wandel brachte vom Agrarstaat mit starker Industrie zum Industriestaat mit starker agrarischer Basis.

Klaus J. Bade: Sozialhistorische Migrationsforschung. Göttingen (Vandenhock und Ruprecht unipress) 2004, S. 214.

b) Die deutsche Überseeauswanderung blieb nach alledem eine weitgehend sich selbst überlassene Massenbewegung, trotz der verschiedensten ökonomisch, sozial oder politisch motivierten, nationalkulturell, nationalideell bzw. nationalideologisch bestimmten Appelle, sie zu ‚organisieren bzw. zu lenken': Bis zum Abebben der transatlantischen Massenbewegung des 19. Jahrhunderts gab es im überseeischen Haupteinwanderungsland USA keine einschränkende Quotengesetzgebung und im Auswanderungsland – von der strafrechtlichen Verfolgung der ‚heimlichen Auswanderung' Militärpflichtiger abgesehen – keine hemmenden Restriktionen. […]
Das Gegenteil war bei der Stellung Deutschlands und insbesondere Preußens gegenüber jenem kontinentalen Zustrom von ausländischen Wanderarbeitern seit den 1890er-Jahren der Fall. Das kaiserliche Deutschland schien sich im Sinne der Statistik vom Auswanderungsland zum Einwanderungsland zu verwandeln und wurde dabei mit Problemen konfrontiert, die es, als Auswanderungsland, bislang in solchen Dimensionen nur andernorts verursacht, nicht aber innerhalb der eigenen Grenzen zu bewältigen hatte. Damit begann für das Auswanderungsland des 19. Jahrhunderts noch vor der Jahrhundertwende ein neues Kapitel in der Geschichte der transnationalen Migration.

Klaus J. Bade: Sozialhistorische Migrationsforschung. Göttingen (Vandenhock und Ruprecht unipress) 2004, S. 343 f.

18 Lehren aus der Geschichte?

Wenn der Verweis auf die „historische Dimension“ eines aktuellen Problems nicht völlig unverbindlich bleiben soll, muss ein solches „Lernen“ möglich sein. Andererseits tut sich wohl jeder professionelle Historiker zu Recht mit diachronen Vergleichen sehr schwer. Ihm fallen neben vergleichbaren Momenten meist genauso viel unvergleichbare ein, die es zumindest verbieten, aus historischen Beispielen unmittelbar brauchbare und umsetzbare Orientierungen abzuleiten.[…] Hier seien nur vier Punkte hervorgehoben, die den „Nutzen der Historie“ andeuten sollen:
1. In einem sehr allgemeinen Sinne kann – und sollte – die Beschäftigung mit der Geschichte von Minderheiten in Deutschland für den Umgang mit „Fremden“ im eigenen Land sensibilisieren und einem borniertem Germanozentrismus entgegenwirken. Berlin wäre ohne seine französischen, jüdischen und polnischen Minderheiten ebenso wenig denkbar wie das Ruhrgebiet ohne Polen,

Holländer und Italiener. Bewusstgemachte Tradition von Minderheiten im eigenen Lande kann zumindest dämpfend auf Fremdenhass und Abwehrängste wirken. Vieles als völlig neu und bedrohlich Empfundene war in anderer Form schon einmal da und ist keineswegs so neu.

2. Das historische Beispiel kann dank der zeitlichen Distanz in einer gewissen „didaktischen Verfremdung" den Blick für aktuelle Probleme schärfen, die Unvermeidbarkeit von Konflikten verdeutlichen, aber auch Lösungsansätze aufzeigen, wenn man bereit ist, in längeren Zeiträumen zu denken und nicht von heute auf morgen nach schnell wirksamen Rezepten verlangt. Die historischen Ängste vor einem „Polenstaat im Westen" haben sich als völlig unbegründet herausgestellt, und die Polenviertel in vielen Ruhrgebietsstädten haben keineswegs gravierende kommunalpolitische Probleme geschaffen.

3. Gerade die von den Deutschen als bedrohlich empfundene nationale organisatorische Separation der Polen hatte eine stabilisierende Komponente, die für die gegenwärtige Diskussion nicht übersehen werden sollte. [...]

4. Die Geschichte der Integration der ruhrpolnischen Minderheit war keineswegs eine „Erfolgsgeschichte von amerikanischen Ausmaßen". Sie war ein spannungsreicher und mühsamer Prozess. Vor allem aus politischen Gründen blieb in der deutschen Gesellschaft viel an Ablehnung, Diskriminierung, Konkurrenzangst und Fremdenhass gegenüber den Polen. Gleichwohl sollten die produktiven Ansätze einer multikulturellen Koexistenz und Symbiose nicht übersehen und unterbewertet werden. Dies zu betonen, kann somit einen historischen Beitrag zur politischen Bewusstseinsbildung darstellen.

Christoph Kleßmann: ‚Ruhrpolen' damals und ‚Gastarbeiter' heute?, in: Klaus J. Bade(Hrsg.), Auswanderer – Wanderarbeiter – Gastarbeiter. Bevölkerung, Arbeitsmarkt und Wanderung in Deutschland seit der Mitte des 19. Jahrhunderts. 2 Bde. Ostfildern (Scripta Mercaturae) 1984, S. 798 f.

Arbeitsvorschläge

a) Beschreiben Sie die Entwicklung der deutschen Überseeauswanderung und setzen Sie sie in Beziehung zu Entwicklungen und Ereignissen in Europa (M 3, M 4; M 10–M 12; VT).

b) Stellen Sie am Beispiel der Materialien M 10 und M 13 konkrete Push- und Pull-Faktoren gegenüber. Vergleichen Sie die Motivationen damals mit denen eines Migranten im 21. Jahrhundert.

c) Informieren Sie sich über den 15. Verfassungszusatz der amerikanischen Verfassung und interpretieren Sie die Darstellung von M 14 in Bezug auf das Selbstbild der Vereinigten Staaten als Zielland von Migration.

d) Arbeiten Sie die bleibenden Hinterlassenschaften der deutschen Einwanderer für Amerika heraus und erläutern Sie die dahinterstehende Problematik (M 15, M 16).

e) Differenzieren Sie zwischen den Begriffen „Ruhrpolen", „Ruhrmasuren" und „Auslandspolen". Erklären Sie, in welcher Hinsicht diese Differenzierung wichtig ist (VT).

f) Erläutern Sie die Rolle der polnischen Wanderarbeiter für die deutsche Gesellschaft der Jahrhundertwende (VT).

g) Untersuchen Sie die Migrationbewegung aus und nach Deutschland auf Ähnlichkeiten und Unterschiede (M 17). Bewerten Sie jeweils die Rolle der Ein- und Auswanderer für das Herkunfts- bzw. Zielland.

h) Bewerten Sie die Rolle historischen Arbeitens für gegenwärtige Probleme (M 18).

1.12 Modul: Modernisierungsprozess und Familie

Was ist eine Familie?

Im heutigen Westeuropa und Amerika meint man mit Familie die Gemeinschaft von Eltern und Kindern und – in weiterem Sinne – die der Verwandten wie Großeltern, Onkel, Tanten usw. Diese Vorstellung ist aber bereits das Ergebnis des Modernisierungsprozesses und der industrialisierten Gesellschaft, der im Mittelpunkt dieses ersten Kapitels steht.

Das lateinische Wort familia bezeichnete dagegen die Gesamtheit von Hausherr (pater familias), Ehefrau, Kindern und Verwandten, aber auch der Diener und Sklaven – und sogar der „Klienten“, der Parteigänger des Hausherrn. Ist unsere heutige Familie eher eine Form des Zusammenlebens, die auf subjektiven Gefühlen wie Liebe, freie Lebensentscheidung und emotionale Bindungen beruht, war die Familie von der Antike bis weit ins 19. Jahrhundert hinein die grundlegende wirtschaftliche und gesellschaftliche Einheit. Und außerhalb Europas und Amerikas ist dies auch heute in vielen Ländern noch so.

- Beschreiben Sie, welche Einflüsse die Industrialisierung auf die Familienform von Arbeitern hatte. Legen Sie dazu den VT von S. 42-43 und die Materialien S. 47-49 zugrunde.
- Stellen Sie Charakteristika der Familie des Bürgertums im 19. Jahrhundert zusammen. Berücksichtigen Sie dabei auch die Unternehmerfamilie Haux (S. 66 f.)

1 Familienbilder: oben: Familie in einer Wohnküche vor 1930. Unten: moderne Familie (Freiburg)

2 Familienbild der Romantik

Stich von Daniel Chodowiecki: Die glückliche Familie 1792

3 Familie und bürgerliche Gesellschaft

In seinem Buch „Die Familie" schreibt Wilhelm Heinrich Riehl, Kulturhistoriker und Journalist 1855:

Die Idee der Familie.

Der philosophische Mythus Platons, Jakob Böhme's und so manches anderen Denkers, daß in dem Urmenschen Mann und Weib in Einer Person vereinigt gewesen sey, findet seine praktische Deutung in der Ehe.

Die in ihre zwei Gegensätze gespaltene menschliche Gesammtpersönlichkeit sucht in der Ehe wieder einheitlich zu werden. In einem einzelnen Mann oder einer einzelnen Frau kann sich die Idee der Menschheit niemals vollständig darstellen. Ein Ehepaar gibt erst einen Mikrokosmus der ganzen Menschheit. Die Menschheit ist ausgegangen von dem „ersten Paar", und wenn sie ausstürbe bis nur auf ein Paar, könnte sie doch wieder aufwachsen und blühend werden wie vorher. […]

Die Ehe und die Familiengründung ist der erste Ausfluß des hohen Urrechtes des Menschen: der freien Persönlichkeit. Bei dem Thiere verbinden sich die Geschlechtsindividuen gattungsmäßig und eben darum nur vorübergehend: bei dem Menschen verbanden sich die Personen für die ganze Lebensdauer. Wenn moderne Socialisten Staats-Kindererzeugungs-Anstalten an die Stelle der Familie setzen wollen, so heißt das nichts anderes, als die Bestialität an die Stelle der Menschlichkeit setzen.[…]

Die Familie ist nur das natürliche Vorgebilde der Volkspersönlichkeit, d. h. der bürgerlichen Gesellschaft. Beide sind, gleichsam als Naturprodukte unserer geschichtlichen Entwicklung, bestimmt durch die Idee der Sitte; der Staat dagegen ruht auf der Idee des Rechtes. So verkehrt es daher ist, den Staat als eine erweiterte Familie zu betrachten, so verkehrt ist es, bei der Familie oder der bürgerlichen Gesellschaft nach der beiden Organismen zu Grunde liegenden Rechtsidee zu fragen. […]

Wilhelm H. Riehl, Die Familie, Stuttgart: Cotta 1855

4 Die Familie als antimodernes Konzept

NS-Plakat von 1938

Arbeitsvorschläge:

a) Ordnen Sie die Darstellung D. Chodowieckis (M 2) historisch ein (Kap. 2) und erläutern Sie, inwiefern hier neue Verhältnisse beschrieben werden.
b) Fassen Sie die Aussagen von Wilhelm H. Riehl zusammen (M 3).
c) Ordnen Sie das Plakat M 4 in den Zusammenhang der NS-Ideologie (Kap. 4) ein und diskutieren Sie, inwiefern Familie ein antimodernes Konzept sein kann.

2. Politische Revolutionen der Moderne

2.1 Historischer Revolutionsvergleich

Thema dieses Kapitels sind drei politische Revolutionen der Moderne, die in vergleichender Perspektive betrachtet werden sollen: die Amerikanische Revolution 1776, die Französische Revolution 1789 und die Russische Revolution 1917. Dafür ist es von zentraler Bedeutung, dass vergleichende Fragestellungen formuliert werden, aus denen sich Hypothesen für den Revolutionsvergleich ergeben. Diese müssen dann entweder bestätigt (verifiziert) oder widerlegt (falsifiziert) werden. Dabei kann z. B. gefragt werden, ob den drei Revolutionen ähnliche Ursachenkonstellationen oder vergleichbare Verlaufsmuster zugrunde liegen.

1. Vorgeschichte, Voraussetzungen, Ursachen, Anlässe, Auslöser:
a) Politische Situation vor der Revolution
b) Wirtschaftliche Entwicklung vor der Revolution
c) Gesellschaftliche Entwicklung vor der Revolution
d) Geistige Entwicklung und Mentalitäten vor der Revolution

2. Verlauf der Revolution
a) Phasen der Revolution
b) Trägergruppen der Revolution
c) Revolutionäre Führung und Massenbasis
d) Rolle der Gewalt im revolutionären Prozess

3. Ergebnisse und Auswirkungen der Revolution
a) Bereiche, in denen die Revolution Veränderungen herbeigeführt hat, und Ausmaß der eingetretenen Veränderungen
b) Erfolg und Misserfolg
c) Sicherung der revolutionären Ergebnisse

1 Grafik der Schweizer Bild- und Textkünstlerin Dominique Anne Schuetz

Arbeitsvorschläge:
a) Erarbeiten Sie eine Mind-Map für den Revolutionsvergleich.
b) Ergänzen Sie bei der Bearbeitung der folgenden Abschnitte 2.2 bis 2.12 Schritt für Schritt diese Mind-Map, indem Sie für jede der drei Revolutionen die Kriterien konkretisieren. Verwenden Sie dazu jeweils eine andere Farbe.
c) Diskutieren Sie die Thematisierung von „Revolution" in der modernen Kunst am Beispiel von M 1. Suchen Sie weitere Beispiele.

2

2.2 Die Amerikanische Revolution

Gab es eine „Amerikanische Revolution"?

Das dramatische Geschehen, das sich in Amerika zwischen 1763 und 1789 vollzogen hat, wurde in Europa sehr aufmerksam beobachtet. Die Zeitgenossen waren unschlüssig, ob sie Zeitzeugen eines revolutionären Umbruchs geworden sind. Es wurde heftig darüber debattiert, ob mit der gewaltsamen Trennung der englischen Kolonien vom Mutterland ein „novus ordo saeculorum" angebrochen sei. Und noch heute ist es unter Historikern umstritten, ob diese Vorgänge die Bezeichnung „Revolution" verdienen. Manche vertreten entschieden die These einer „American Revolution", andere ziehen es vor, Begriffe wie „Unabhängigkeitskrieg", „antikolonialer Befreiungskampf" oder „Staatsgründung" zu verwenden.

Einig ist man sich in der historischen Forschung lediglich darüber, dass die Vorgänge in Amerika durchaus Merkmale einer Revolution aufweisen, dass sich aber auch Elemente des Revolutionsbegriffs in ihm nicht identifizieren lassen – uneins ist man sich über deren jeweilige Gewichtung. Einige Historiker vertreten schließlich die Position, dass in den nordamerikanischen Kolonien schon vor 1776 die Grundlagen einer modernen, „bürgerlichen" Gesellschaft bestanden hätten, diese also – im Gegensatz etwa zur Französischen Revolution – nicht erst auf revolutionärem Weg entstanden sei. Im folgenden Abschnitt können Sie sich eine begründete Position zu den genannten Streitfragen erarbeiten.

1 **Boston in Neu England**, ca. 1731–36, zeitgenössische Malerei

2 „Wir sind die vollkommenste Gesellschaft, die jetzt in der Welt existiert“

Der gebürtige Franzose Hector St. John de Crèvecoeur (1735–1815), der 1754 als Soldat nach Nordamerika kam, beschreibt die Verhältnisse in den nordamerikanischen Kolonien um die Mitte des 18. Jahrhunderts:

Hier gibt es keine aristokratischen Familien, keine Fürstenhöfe, keine Könige, keine Bischöfe, keine geistliche Oberherrschaft, keine unsichtbare Macht, die wenigen eine sehr sichtbare verleiht, keine großen Manufakturbesitzer, die Tausende beschäftigen, keine Übertreibung des Luxus. Die Reichen und die Armen sind nicht so weit voneinander entfernt wie in Europa. […]

Rechtsanwalt oder Kaufmann sind die erhabensten Titel, die unsere Städte gewähren; der eines Farmers ist die einzige Bezeichnung für die ländlichen Bewohner unseres Gemeinwesens. Gewiss wird der Reisende einige Zeit benötigen, ehe er sich mit unserem Wortschatz anfreunden kann, dem es wohl an würdevollen Bezeichnungen und Ehrennamen gebricht. So sieht er an einem Sonntag eine Versammlung respektabler Farmer und ihrer Frauen, alle in schmuckes, selbsterzeugtes Tuch gekleidet, wohlberitten oder in ihren eigenen schlichten Wagen. Unter ihnen gibt es keinen Hochwohlgeboren außer dem unbelesenen Friedensrichter. Dort erblickt er einen Pfarrer, schlicht wie seine Herde, einen Farmer, der nicht von der Arbeit anderer in Saus und Braus lebt. Wir haben keine Prinzen, für die wir uns abmühen, hungern und bluten, wir sind die vollkommenste Gesellschaft, die jetzt in der Welt existiert. Hier ist der Mensch so frei, wie er sein sollte. […]

In diesem großen amerikanischen Asyl haben sich die Armen Europas auf die eine oder andere Weise und im Ergebnis verschiedener Ursachen zusammengefunden; zu welchem Zweck sollten sie einander fragen, aus welchem Land sie kommen? Ach, zwei Drittel von ihnen hatten kein Heimatland. Kann ein Unglücklicher, der umherstreifen muss, der arbeitet und hungert, dessen Leben ständig voll tiefen Elends und bedrückender Armut ist – kann dieser Mensch England oder irgendein anderes Königreich sein Heimatland nennen? Ein Land, das kein Brot für ihn hatte, dessen Felder ihm keine Ernte lieferten, dem nichts anderes als das Stirnrunzeln der Reichen, die Härte der Gesetze, Kerkerhaft und schwere Strafen zuteil wurden; dem kein Fußbreit der unendlichen Oberfläche dieses Planeten gehörte? Nein! Gedrängt von einer Vielfalt von Beweggründen, kamen sie hierher, wo alles darauf gerichtet war, ihnen neues Leben einzuhauchen; neue Gesetze, eine neue Lebensweise, ein neues Gesellschaftssystem; hier sind sie Menschen geworden […]. Welche unsichtbare Kraft hat diese überraschende Metamorphose bewirkt? Die der Gesetze und die ihres Fleißes. Die Gesetze, die nachsichtigen Gesetze schützen sie bei ihrer Ankunft und verleihen ihnen das Siegel der Aufnahme; sie erhalten reichen Lohn für ihre Arbeit; der angehäufte Lohn verschafft ihnen Land, dieses Land verleiht ihnen den Titel freier Menschen, und diesem Titel haftet jeglicher Vorteil an, welchen Menschen je erlangen können. […]

Derjenige ist Amerikaner, der all seine alten Vorurteile und Verhaltensweisen hinter sich gelassen hat und aus der neuen Lebensform, die er angenommen hat, von der neuen Regierung, der er gehorcht, und von dem neuen Stand, den er bekleidet, neue empfängt. […] Der Amerikaner ist ein neuer Mensch, der nach neuen Grundsätzen handelt; er muss deshalb neue Gedanken hegen und neue Meinungen formen. Aus unfreiwilligem Müßiggang, sklavischer Abhängigkeit, Armut und nutzloser Fron ist er zu einem Schaffen ganz anderer Art übergegangen, das durch ein reichliches Auskommen belohnt wird.

Heinz Förster (Hrsg.): Was ist ein Amerikaner? Zeugnisse aus dem Zeitalter der amerikanischen Revolution. Leipzig, Weimar 1987, S. 8 ff. Übers.: Ruprecht Willnow.

3 Bourgeois und citoyen

Der Historiker Jürgen Kocka über Bürgertum und bürgerliche Gesellschaft (2008).

Seit dem 18. Jahrhundert kamen neue Kräfte ins Spiel. Der Feudalismus ging unter und mit ihm der Stand der Stadtbürger im alten Sinn. Mit dem aufsteigenden Kapitalismus, dem anschwellenden Handel und mit der Industrialisierung stieg die Zahl und wuchs die Bedeutung der großen Kaufleute, Verleger und Manufakturunternehmer, der Reeder und Bankiers, der Unternehmer und Fabrikanten. Diese „Bourgeoisie“, diese „Wirtschafts-“ oder „Besitzbüger“ wurden wohlhabender, sozial gewichtiger und einflussreicher. […] So bildete sich im späten 18. und frühen 19. Jahrhundert eine neue Sozialformation heraus, eine aufsteigende schmale Schicht, die sich aus Besitzenden und Gebildeten zusammensetzte und für die das Wort „bürgerlich“ in einer neuen Weise in Gebrauch kam: im Sinne von Besitzbürgertum und Bildungsbürgertum. […] Was hatten diese unterschiedlichen Bürger gemeinsam? Einerseits die kritische Distanz zum Geburtsadel und seiner Welt, die Hochschätzung von Leistung und Bildung, die Kritik am Gottesgnadentum und an absolutistischer Willkür, zugleich aber die Absetzung vom niederen Volk; andererseits die städtische Lebensweise und die damit zusammenhängende Kultur. […]

Vor allem im Milieu dieses neuen Bürgertums entwickelten sich moderne, durch die Aufklärung geprägte Ideen, Ideen von einer neuen Gesellschaft, Kultur und Politik: das Programm einer „bürgerlichen Gesellschaft“. Es wurde in bürgerlich geprägten Logen und Lesegesellschaften, den Vereinen und Zeitschriften des 18. und frühen 19. Jahrhunderts diskutiert, bald auch auf öffentlichen Versammlungen und Festen der sich ausbreitenden liberalen Bewegung. Es war ein zukunftsgerichteter

Entwurf, zu dem sehr verschiedene Autoren beigetragen hatten – von John Locke und Adam Smith über Montesquieu und die Enzyklopädisten bis zu Immanuel Kant und den liberalen Denkern des 19. Jahrhunderts. Im Zentrum dieses Entwufs stand das Ziel einer modernen, säkularisierten Gesellschaft freier, mündiger Bürger (citoyens), die ihre Verhältnisse friedlich, vernünftig und selbständig regelten, ohne allzu viel soziale Ungleichheit, ohne obrigkeitsstaatliche Gängelung, individuell und gemeinsam zugleich. Dazu bedurfte es bestimmter Institutionen: des Marktes, einer kritischen Öffentlichkeit, des Rechtsstaates mit Verfassung und Parlament. In dieser gesellschaftlich-politischen Zielsetzung steckte ein neuer Daseinsentwurf, der auf Arbeit, Leistung und Bildung (nicht auf Geburt), auf Vernunft und ihren öffentlichen Gebrauch (statt auf Tradition), auf individueller Konkurrenz wie auf genossenschaftliche Gemeinsamkeit fußte und sich kritisch gegen zentrale Elemente des Alten Regimes wandte: gegen Absolutismus, gegen Geburtsprivilegien und gegen ständische Ungleichheit, auch gegen kirchlich-religiöse Orthodoxie.

Jürgen Kocka: Bürger und Bürgerlichkeit im Wandel. In: APuZ 9-10/2008, S. 3–9, hier: S. 4 f.

4 Mit der „Boston Tea Party“ am 16. Dezember 1776 protestierten als Indianer verkleidete Kolonisten gegen Importzölle: Der Handel ausschließlich zugunsten des Mutterlandes wurde damit aufgekündigt. Zeitgenössische Lithographie.

Arbeitsvorschläge:

a) Bestimmen Sie die wirtschaftlichen Aktivitäten, die in M 1 gezeigt werden.
b) Überprüfen Sie anhand von M 2 und M 3, inwieweit Merkmale einer „bürgerlichen Gesellschaft“ schon vor 1763 in Amerika verwirklicht waren. Vergleichen Sie dazu auch die Informationen zum Bürgertum aus Kapitel 1 und 3.
c) Formulieren Sie eine begründete Antwort auf die Frage, ob bereits vor 1763 in den nordamerikanischen Kolonien eine bürgerliche Gesellschaft bestanden hat.

2.3 Ursachen der Amerikanischen Revolution

Von Kolumbus zur englischen Kolonialherrschaft

Mit Kolumbus' Ankunft in Amerika 1492 entbrannte zwischen den führenden europäischen Seemächten rasch ein heftiger militärisch-wirtschaftlicher Konkurrenzkampf um die „Neue Welt". Zunächst standen sich Spanien und Portugal gegenüber, die zusehends von England, Frankreich und den Niederlanden überflügelt wurden. Seit der Mitte des 17. Jahrhunderts setzte sich beim Wettlauf um Nordamerika England immer erfolgreicher gegen seine Konkurrenten durch, sodass bis 1733 an der Ostküste 13 englische Kolonien entstanden. Das merkantilistische Handelssystem Englands legte eine strikte Arbeitsteilung zwischen Mutterland und Kolonien fest: Deren vorrangige Aufgabe sollte es sein, billige Rohstoffe nach England zu liefern, die dort zu Fertigwaren verarbeitet und dann wiederum an die nordamerikanischen Kolonien verkauft würden. Diese asymmetrischen Handelsbeziehungen waren erkennbar zum Vorteil des Mutterlandes organisiert. So durften besonders profitable Güter wie Wolle, Tabak, Reis, Pelze und der Textilfarbstoff Indigo nur nach England verkauft werden, und umgekehrt mussten alle Importgüter der Kolonien auf englischen Schiffen nach Amerika transportiert werden. Um das Monopol des Mutterlandes bei der Produktion von Fertigwaren nicht zu gefährden, wurde den Kolonien z. B. die Herstellung von Textilien und Eisenwaren gesetzlich verboten.

Handelsbeziehungen

Trotz dieser Restriktionen florierte der Atlantikhandel für beide Seiten: In der Mitte des 18. Jahrhunderts wurden ca. 25 % der englischen Exporte nach Amerika verkauft und die Wirtschaftsleistung der 13 Kolonien hatte einen Anteil von ca. 40 % an derjenigen des Mutterlandes. Angesichts dieser Erfolgsbilanz bildeten sich rasch liberale Beziehungen zwischen England und seinen amerikanischen Kolonien heraus, die von Zeitgenossen als „salutary neglect" (heilsame Vernachlässigung) bezeichnet wurden. Zwar überwachte seit 1696 ein vom englischen König bzw. von seinem Kronrat eingesetzter Gouverneur gemeinsam mit einem „Board of Trade and Plantations" die Kolonien. Immer einflussreicher wurden vor Ort aber die Repräsentantenhäuser der Landbesitzer, die in „meeting houses" und „town halls" dezentrale Partizipationsstrukturen ausbildeten und schließlich sogar als Bestandteil der Verfassung des Empire anerkannt wurden. So entstand ein basisdemokratisches System der Selbstregierung, das den Einfluss der könig-

1 Magna Britannia: her Colonies reduc'd
Der Fall der Kolonialmacht, Karikatur August 1765

lichen Gouverneure in der alltäglichen Lebenspraxis zusehends relativierte und in ein legislatives Zweikammersystem mündete, in dem ein von Siedlern gewähltes Unterhaus das Gegengewicht zur königlichen Bürokratie bildete. Unübersehbar waren die Ähnlichkeiten zur Verfassungspraxis des Mutterlandes, wo seit der „Glorious Revolution" von 1689 der Weg zum Repräsentationsprinzip und zur Rechtsstaatlichkeit beschritten worden war. Einflüsse der europäischen Aufklärer führten schließlich sogar früher als in England zur Proklamation von Menschen- und Bürgerrechten und zur Institutionalisierung föderativer Strukturen. Eine eigene amerikanische Aufklärung, die eher praktisch als theoretisch orientiert war, begründete geistige Toleranz, religiöse Vielfalt und die Förderung der Bildung, sodass um 1750 bis zu 80 % der weißen Amerikaner lesen konnten und wählen durften – in beiden Fällen deutlich mehr als im Mutterland zu dieser Zeit.

Vom Steuerstreit zum Unabhängigkeitskrieg

Diese viel versprechende Entwicklung wurde durch den French and Indian War 1756–1763 jäh unterbrochen. England, das mit seinem Sieg über Frankreich sein Kolonialreich um Kanada erweitert hatte, stieß mit seinem Versuch, einen Teil der immensen Kriegskosten durch Steuererhöhungen auf die Kolonisten abzuwälzen, auf deren erbitterten Widerstand. Vor allem das 1765 erlassene Stamp Act, das Gebühren für die Ausstellung von Urkunden sowie Abgaben auf Zeitungen und Druckschriften festsetzte, wurde als Willkürmaßnahme wahrgenommen. Ein in New York tagender „Stamp Act Congress" erklärte die neue Steuer als verfassungswidrig und forderte: „No taxation without representation!" Nach weiteren Steuergesetzen, z. B. dem Townshend Act 1767, das Importsteuern auf Tee festsetzte, folgten von den „Sons of Liberty" getragene Proteste und organisierte Boykotte gegenüber englischen Importwaren, die 1770 im „Boston Massacre" und 1773 in der Boston Tea Party eskalierten. Nach harten Strafmaßnahmen, die das englische Parlament gegen die Kolonie Massachusetts verhängte, kam es zu gewaltsamen Ausein-andersetzungen zwischen bewaffneten Siedlermilizen und britischen Besatzungstruppen, die sich rasch ausweiteten und im April 1775 in den Gefechten bei Lexington und Concord eskalierten. Der Kontinentalkongress versetzte die Kolonien im Mai 1775 förmlich in den Verteidigungszustand und ernannte George Washington zum Oberbefehlshaber der amerikanischen Streitkräfte. Der Unabhängigkeitskrieg hatte begonnen – auch die „Amerikanische Revolution"?

2 **„The bloody Boston Massacre" vom 5. März 1770.** Englische Soldaten schießen auf Kolonisten. Zeitgenössische kolorierte Lithographie.

3 Maßnahmen der englischen Kolonialpolitik 1651–1773

1651 Navigation Act I: Transportmonopol für englische Schiffe auf den Handelswegen zwischen England und Nordamerika; Einfuhrverbot für Fische nach England

1660 Navigation Act II: Beschränkung der kolonialen Exporte (Baumwolle, Zucker, Tabak, Indigo, Reis, Gold, Silber) auf Lieferungen nach England

1699 Wolle-Gesetz: Export-Verbot von Wolle für die nordamerikanischen Kolonien

1732 Hut-Gesetz: Export-Verbot von Hüten für die nordamerikanischen Kolonien

1750 Eisen-Gesetz: Produktionsverbot von Eisen für die nordamerikanischen Kolonien

1756 Ausbruch des French and Indian War, der 1763 mit einem Sieg Englands endet. England will seine Kolonien nun an den hohen Kriegskosten beteiligen.

1763 Festlegung des Appalachen-Kamms als westliche Siedlungsgrenze, womit den Kolonien die weitere Westausdehnung untersagt wird.

1764 Sugar Act: Einfuhrzoll auf westindischen Rohzucker für die nordamerikanischen Kolonien; bei Verstößen sind nicht mehr die lokalen Geschworenengerichte, sondern ein zentrales britisches Gericht zuständig.

1764 Währungsgesetz untersagt den Kolonien die Ausgabe von Papiergeld und Schuldverschreibungen.

1765 Einquartierungsgesetz verpflichtet die Kolonien, englisches Militär unterzubringen und zu versorgen.

1765 Stamp Act: Besteuerung von Drucksachen und Dokumenten in den nordamerikanischen Kolonien

1767 Townshend Acts: Einfuhrzölle auf Tee, Papier, Glas, Blei und Farben, die in die nordamerikanischen Kolonien geliefert werden.

1773 Melasse-Gesetz: Einfuhrzoll auf westindische Melasse, die in die nordamerikanischen Kolonien geliefert wird. Melasse fällt als Nebenerzeugnis in der Zuckerverarbeitung an und wird als Ausgangsprodukt für die Herstellung von Rum verwendet.

Zusammengestellt vom Verfasser

4 Handelsbeziehungen als politischer Sprengsatz

a) Aus dem Bericht eines schwedischen Reisenden, der sich 1753 bis 1761 in den nordamerikanischen Kolonien Englands aufgehalten hat:

Die englischen Kolonien in diesem Teil der Welt haben an Einwohnerzahl und an Reichtum so sehr zugenommen, dass sie es fast mit dem Alten England aufnehmen können. Um nun Autorität und Handel des Mutterlandes nicht zu beeinträchtigen und zugleich verschiedene andere Absichten zu verfolgen, hat man den Kolonisten verboten, neue Manufakturen zu errichten, die sich zum Nachteil des britischen Handels entwickeln würden. Sie dürfen nicht nach Gold und Silber graben, es sei denn, sie schickten es sofort nach England. Mit wenigen Ausnahmen steht es ihnen nicht frei, mit Gebieten Handel zu treiben, die nicht zum britischen Herrschaftsbereich gehören, noch dürfen Ausländer mit ihnen Handel treiben. Diese und andere Beschränkungen haben dazu geführt, dass die Sympathie der Einwohner der englischen Kolonien für ihr Mutterland abnimmt. Diese Reserviertheit wird von den Ausländern, den Deutschen, Holländern und Franzosen, die keine besondere Zuneigung zum Alten England empfinden, verstärkt. Hinzu kommt, dass viele Leute nie mit dem, was sie haben, zufrieden sind, wie viel es auch ist. Sie wollen immer mehr haben und wollen die Freude genießen, die eine Verbesserung mit sich bringt. Ihre außerordentliche Freiheit und ihr Wohlstand verführen sie oft zu zügellosen, selbstsüchtigen und willkürlichen Handlungen. […] Engländer […] haben mir erzählt, dass die Kolonien in Amerika in einer Zeitspanne von 30, 40 oder 50 Jahren einen eigenen Staat bilden könnten, vollständig unabhängig vom Alten England.

W.P. und A.M. Adams (Hrsg.): Die Amerikanische Revolution in Augenzeugenberichten. München (dtv) 1976, S. 29.

b) Aus einer Flugschrift John Dickinsons, eines Rechtsanwalts aus Philadelphia (1765)

Die Bewohner der Kolonien auf dem amerikanischen Festland besitzen nur kleine Vermögen. Sie widmen sich ganz der Erschließung wilder Regionen. Mit alten und gut besiedelten Ländern zu konkurrieren, wäre für sie sehr schwierig, weil diese besser und billiger produzieren. Sie haben weder die Zeit, noch verspüren sie die Versuchung, Manufakturen aufzubauen.

Hierin liegt die Bedeutung der Kolonien für Großbritannien. Seine Prosperität beruht auf Handel, sein Handel auf Manufakturen, seine Manufakturen auf Absatzmärkten. Und die Kolonien sind sein sicherster und günstigster Markt. Auf allen anderen Märkten muss es sich mit den anderen europäischen Mächten auseinandersetzen und auf vielerlei Art können ihm diese Märkte verloren gehen. In Amerika aber sind Großbritanniens Vorteile heute bereits immens. [..] Unsere Erzeugnisse sind vor allem Nahrungsmittel, Schiffbaumaterial, Felle, Eisen und Holz. Einige Kolonien bauen Tabak und Indigo an. Großbritannien braucht viele dieser Güter. Dennoch ist alles, was es uns abnimmt, zu wenig, um für die Fertigwaren zu zahlen, die wir von dort beziehen wollen. In einigen der südlichen Kolonien mögen die eigenen Erzeugnisse dem Bedarf an Fertigwaren entsprechen, im Norden ist es anders. Dort beträgt der Wert der Einfuhren aus Großbritannien mehr als das Doppelte von dem Wert der direkten Ausfuhren in dieses Königreich.

Um unsere Schulden bezahlen zu können, haben wir nur einen Ausweg: Wir müssen zusätzlich Handel mit anderen

2

5 Handelsbilanzen zwischen England und ausgewählten nordamerikanischen Kolonien 1762–1774

	Export nach England 1762	Export nach England 1774	Import aus England 1762	Import aus England 1774
Neu-England	45 000*	112 000	250 000	562 000
New York	60 000	80 000	285 000	438 000
Pennsylvania	40 000	70 000	210 000	625 000
Virginia/Maryland	415 000	612 000	420 000	529 000
Carolina	180 000	432 000	200 000	378 000
Georgia	6 000	68 000	23 000	57 000

nach: Heinz Dieter Schmid, Fragen an die Geschichte, Bd. 3, Frankfurt a.M. (Hirschgraben) 1977

*Warenwert in engl. Pfund

treiben, der das Silber und Gold einbringt, das wir selbst nicht haben. Wenn es also für Großbritannien vorteilhaft ist, dass wir seine Manufakturprodukte abnehmen und bezahlen, dann sollten auch die Kanäle, durch die wir das nötige Geld erwerben, mit Sorgfalt offen gehalten und nicht behindert werden. Unser Handel [...] hat diesen Zweck im großen und ganzen bislang erfüllt; obwohl wir große Schwierigkeiten hatten, weil das Mutterland seit langem die Kolonien an Leinen gelegt hat, die sie äußerst fest binden [...].

Solche Regelungen, dessen sind wir uns bewusst, bilden das Fundament der britischen Machtstellung [...]. Jeder weitere Versuch aber, einige Kolonien [...] in Fesseln zu legen und jeder Versuch, das Steueraufkommen in Amerika zu vergrößern durch Beschränkung seines Handels, würde für uns bedeuten, dass durch strikte Machtausübung geregelt wird, was keine solche Regelung verträgt [...].

Nichts kann uns zu einem unabhängigen Volk machen, es sei denn Großbritannien durch sein eigenes Verhalten. Und sein einziges Mittel, dies zu erreichen, bestünde in dem Zwang, der uns enthaltsam, erfinderisch und unzufrieden machen und uns einen würde; der sicherste Weg, die Kolonien zusammenzubringen, wäre, es zu ihrem gemeinsamen Interesse werden zu lassen, sich den Absichten und Maßnahmen Großbritanniens entgegenzustellen.

Jack Dickinson: The Late Regulations Respecting the British Colonies on the Continent of America, Considered in a Letter from a Gentleman in Philadelphia to His Friend in London. Philadelphia 1765, in: A. u. W. P. Adams (Hrsg.): Die Amerikanische Revolution und die Verfassung 1754–1791. München (dtv) 1987, S. 43 ff.

6 Der Sugar Act

a) Petition des Kolonialparlaments von New York an das englische Unterhaus, 1764:

Vom Jahr 1683 bis zu diesem Tag hat es drei gesetzgebende Organe in dieser Kolonie gegeben: den Gouverneur, den von der Krone ernannten Gouverneursrat und die vom Volk gewählten Abgeordneten, die neben der Vollmacht, Gesetze für die Kolonie zu erlassen, das Recht ausgeübt haben, Steuern für den Unterhalt der Regierung zu erheben. [...] Die Bewohner dieser Kolonie sind daher überrascht und bestürzt von der Nachricht, dass neuerdings Pläne geschmiedet werden, das Parlament Großbritanniens dazu zu bringen, die hiesigen Untertanen durch Gesetze zu besteuern, die dort beschlossen werden. Da wir, die wir die Ehre haben, ihre Repräsentanten zu sein, befürchten, dass diese Neuerung die Interessen der Krone und der Nation erheblich beeinflussen und die Kolonie zu absolutem Ruin führen wird, ist es unsere Pflicht, Sie mit der vernünftigen Forderung unserer Wähler bekannt zu machen, sie von der Bürde aller Steuern zu befreien, die nicht von ihnen selbst gebilligt worden sind, und auf die tragischen Konsequenzen des gegenteiligen Prinzips für die Krone, das Mutterland, die Kolonisten und ihre Nachkommenschaft hinzuweisen. [...]

Das Recht auf Verweigerung nicht bewilligter, erzwungener Steuern muss das große Prinzip eines jeden freien Staates sein. Ohne ein solches Recht gibt es keine Freiheit, kein Glück und keine Sicherheit. Es lässt sich nicht trennen vom Begriff des Eigentums. Denn wer kann das sein Eigentum nennen, was ihm nach Gutdünken von einem anderen fortgenommen werden kann. [...] Um so eindringlicher bittet die Assembly von New York in voller Übereinstimmung mit ihren Wählern das Parlament, unseren Handel nur mit solchen Zöllen zu belegen, die der Regulierung des Handels zugunsten Großbritanniens dienen, und es der Gesetzgebungsbefugnis der Kolonie zu überlassen, alle anderen finanziellen Lasten selbst auf ihre Bevölkerung zu verteilen.

A. u. W. P. Adams (Hrsg.): Die Amerikanische Revolution und die Verfassung 1754–1791. München (dtv) 1987, S. 26–28.

b) Antwortschreiben des britischen Finanzministers Thomas Whately, 1765:

Die Steuergelder, die durch bereits erlassene und noch folgende Gesetze eingenommen werden, sollen nach dem Willen des Parlaments einen Teil der Ausgaben decken, die zur Verteidigung, zum Schutz und zur Sicherung der britischen Kolonien in Amerika erforderlich sind. [...] Es

7 **25. Januar 1774: Der englische Steuereintreiber John Malcom wird von der Bevölkerung von Boston geteert, gefedert und ausgepeitscht.** Zeitgenössischer Stich

stimmt, dass sie außerdem ihre eigenen örtlichen Verwaltungen zu bezahlen haben, aber auch Großbritannien hat seinen Verwaltungsapparat; es muss darüber hinaus ein großes Truppenkontingent in Friedenszeiten unterhalten; und das Haushaltsdefizit, dessen größter Teil durch einen Krieg zum Schutz der Kolonisten entstanden ist, liegt allein auf seinen Schultern. [...]
Zölle, die zu diesem Zweck erhoben werden, sind letzten Endes ebenso wie reine Steuerabgaben eine Form der Besteuerung des Volkes. Die Verfassung kennt auch keinen Unterschied zwischen einer von außen auferlegten Handelssteuer und einer von der Bevölkerung selbst beschlossenen internen Steuer [...].
Das Recht des Parlaments von Großbritannien, jede Art von Steuern in den Kolonien zu erheben, ist bisher nie bestritten worden. Selbst wenn es keine Präzedenzfälle gäbe, wäre dieses Recht unantastbar, denn es ist in den Prinzipien unserer Verfassung begründet. Es ist eine Tatsache, dass die Bewohner der Kolonien im Parlament repräsentiert sind. Es trifft zu, dass sie die Mitglieder des Parlaments nicht mitwählen, aber auch neun Zehntel der Bewohner des Mutterlandes können nicht wählen; denn das Wahlrecht ist mit dem Besitz ganz bestimmter Arten von Eigentum und der Zugehörigkeit zu ganz bestimmten Ortschaften mit gewissen Privilegien verknüpft. Nur ein sehr kleiner Teil der Bewohner des Landes erfüllt diese Bedingungen. [...] Frauen und Minderjährige, soviel Besitz sie auch ihr Eigen nennen mögen, haben ebenfalls kein Wahlrecht. [...] Keiner von ihnen entsendet Abgeordnete: Sind sie aber deshalb im Parlament nicht vertreten? Ist ihr unermesslicher Besitz Steuern unterworfen, denen sie nicht zustimmen? Werden sie willkürlich durch Gesetze regiert, denen sie ihre Zustimmung verweigern? Die Kolonien sind in genau der gleichen Lage: Alle britischen Untertanen sind in der gleichen Lage; niemand ist wirklich, alle sind virtuell, dem Sinne nach, im Parlament vertreten, denn jedes Mitglied des Parlaments ist nicht nur Abgeordneter seiner Wähler, sondern Mitglied jener hehren Versammlung, die alle Bürger Großbritanniens repräsentiert. Ihre Rechte und ihre Interessen sollen der Gegenstand seines Denkens und die alleinige Richtschnur seines Handelns sein, was immer auch dies für seine eigene Wählerschaft bedeutet. Wenn er diese Rechte und Interessen vernachlässigt zugunsten besonderer Vorteile des Ortes, wo er gewählt worden ist, verletzt er seine Pflicht. [...] Alle britischen Untertanen sind gleichmäßig im Unterhaus von Großbritannien repräsentiert und sind an die Entscheidung der Mehrheit des Hauses gebunden, gleichgültig ob ihre eigenen Abgeordneten der betreffenden Maßnahme zugestimmt haben oder nicht oder ob ihre besonderen Abgeordneten anwesend waren oder nicht.

A. u. W.P. Adams (Hrsg.): Die Amerikanische Revolution und die Verfassung 1754–1791. München (dtv) 1987, S. 29–31.

8 Fand zwischen 1763 und 1776 eine Revolution statt?

Der Historiker Jürgen Heideking schätzte 1996 die Ereignisse wie folgt ein:

Der Gesinnungswandel, der aus treuen Untertanen der Krone Patrioten und Rebellen machte, hatte sich erstaunlich schnell vollzogen. John Adams bezeichnete diesen intellektuellen Prozess rückblickend als den eigentlichen Kern des Geschehens. Die Revolution, so schrieb er 1815 an Thomas Jefferson, habe in den Köpfen der Menschen stattgefunden und sie sei schon abgeschlossen gewesen, bevor 1775 bei Lexington und Concord Blut vergossen wurde. Diese Beobachtung trifft insofern zu, als die Ursprünge des britisch-amerikanischen Disputs [...] in erster Linie geistig-ideologischer Natur waren. Das beharrliche Pochen auf die „alten englischen Rechte" diente nicht der Verschleierung materieller Interessen, wenngleich diese sicher auch eine Rolle spielten. Den unerlässlichen Nährboden für die Widerstandshaltung bildete vielmehr ein Geflecht von Denkgewohnheiten, Verhaltensweisen und Wertvorstellungen, das in tiefere Bewusstseinsebenen hineinreichte und breite soziale Schichten beeinflusste. Die gebildeten Kolonisten schöpften ihre Argumente und Konzepte aus vielen Quellen: [...] aus der liberalen Natur- und Vertragsrechtslehre John Lockes; aus der Literatur der Aufklärung, speziell in der Variante des schottischen Utilitarismus. [...] Im Lichte dieser Ideologie mit ihrem extremen Machtmisstrauen, ihrer Hochschätzung der klassisch-römischen Bürgertugend (virtue) und ihren Warnungen vor einem unmerklichen, schleichenden Verlust der Freiheit reimten sich die Ereignisse seit 1763 zu einem logischen Ganzen, zu einer von langer Hand geplanten, weit verzweigten und systematisch vorangetriebenen Verschwörung gegen die Kolonien zusammen. Die neuen Steuern, das Insistieren der Briten auf der absoluten Parlamentssouveränität, der Ausbau der Kolonialverwaltung, die Verlegung von Truppen in die Städte und schließlich die harte Bestrafung von Massachusetts – all das waren keine Reformen, sondern Anhaltspunkte für einen generellen Anschlag auf das Selbstbestimmungsrecht der Kolonisten. [...]

Die „Aufdeckung" der englischen Machenschaften steigerte offenkundig das Selbstbewusstsein und das Machtgefühl der Patrioten. Hatten sie zunächst nur die Befugnis des Parlaments angezweifelt, „interne", die Selbstverwaltung der Kolonien berührende Abgaben zu erheben, so stellten sie wenig später die Geltungskraft des imperialen Steuerrechts insgesamt in Frage, um dann schließlich dem King in Parliament jegliche Gesetzgebungskompetenz abzusprechen. Die Berufung auf die Ancient Constitution und die historischen Rechte der Engländer wurde im Laufe der Debatte durch die Konzepte des Gesellschaftsvertrags und der „natürlichen Rechte" aller Menschen ergänzt und überwölbt. Auf diese Weise gelang es, die städtischen Mittel- und Unterschichten zu mobilisieren und die Autorität von englischer Regierung und Westminster-Parlament sowie mehr und mehr auch die Zuneigung zur Krone zu untergraben. [...] Eine wachsende Zahl von Amerikanern, die den patriotischen Führern folgten, empfanden sich demgegenüber nicht mehr als Untertanen, sondern als freie Bürger, die ihr Schicksal selbst in die Hand nahmen.

J. Heideking: Geschichte der USA. Tübingen (Francke) 1996, S. 37 f.

Arbeitsvorschläge:

a) Charakterisieren Sie, ausgehend von M2 und M3, die Ziele der englischen Kolonialpolitik und ihre Veränderung nach 1763.

b) Arbeiten Sie aus M5 heraus, wie sich die englische Kolonialpolitik auf die Handelsbilanzen der nördlichen und südlichen Kolonien auswirkte, und erklären Sie die Unterschiede.

c) Stellen Sie anhand von M4a und b die Konfliktfelder dar, die zwischen England und seinen Kolonien bestehen. Vergleichen Sie die Texte 4a und 4b in Hinblick auf erkennbare Unabhängigkeitsbestrebungen der Kolonien.

c) Organisieren Sie, ausgehend von M6, am Beispiel des Sugar Act eine Debatte über die unterschiedlichen Rechtsstandpunkte der britischen Regierung einerseits und der Kolonisten andererseits.

d) Erörtern Sie, inwieweit die Vorgänge zwischen 1763 und 1776 revolutionären Charakter hatten. Berücksichtigen Sie dabei auch M1.

2.4 Staatsgründung und Ausgestaltung der Demokratie

Radikalisierung der Siedler

Mit dem 1775 ausgebrochenen Unabhängigkeitskrieg hatten einige zunächst unbedeutend wirkende Steuererhöhungen binnen weniger Jahre zu einem Grundsatzkonflikt zwischen 13 Kolonien und dem Mutterland geführt, der mit friedlichen Mitteln nicht mehr zu lösen war. Die Siedler, die zunächst nur den Anspruch auf autonome Festsetzung interner Abgaben erhoben hatten, radikalisierten sich zusehends. Wenig später verneinten sie die Geltung des britischen Steuerrechts in den Kolonien insgesamt, um schließlich dem britischen Parlament die legislative Kompetenz in den Kolonien überhaupt abzusprechen. Die Kontinentalkongresse, die den Widerstand über die kolonialen Grenzen hinweg organisierten, bildeten dabei nur die Spitze eines Eisbergs, der aus lokalen „commitees" und „conventions" bestand. Deren Mitglieder wurden öffentlich gewählt und forderten zusehends die Unabhängigkeit, die der gemäßigten Abgeordnetenmehrheit im Zweiten Kontinentalkongress 1775 zunächst noch zu radikal erschien. Auch auf dem Weg zur Unabhängigkeit wirkten also die basisdemokratischen Netzwerke, die seit 1772 in der Organisationsform interkolonialer Korrespondenzkomitees für den Informationsaustausch und die Koordination der Widerstandsaktivitäten gesorgt hatten. Eine wachsende politische Öffentlichkeit trieb den weiter zögernden Zweiten Kontinentalkongress 1776 durch die Organisation von Gemeinde- und Provinzialversammlungen voran. Thomas Paines Flugschrift „Common Sense", von der innerhalb weniger Monate 150 000 Exemplare verkauft worden waren, war schließlich der Tropfen, der das Fass zum Überlaufen brachte. Im Januar 1776 erschienen, forderte sie in bedingungsloser Radikalität den Übergang zur republikanischen Staatsform. Die Unabhängigkeitserklärung am 4. Juli 1776 war dann nur noch der letzte Schritt auf dem längst beschrittenen Weg, der zur Trennung vom Mutterland führte.

COMMON SENSE;
ADDRESSED TO THE
INHABITANTS
OF
AMERICA,
On the following interesting
SUBJECTS.
I. Of the Origin and Design of Government in general, with concise Remarks on the English Constitution.
II. Of Monarchy and Hereditary Succession.
III. Thoughts on the present State of American Affairs.
IV. Of the present Ability of America, with some miscellaneous Reflections.

Man knows no Master save creating HEAVEN,
Or those whom choice and common good ordain.
THOMSON.

PHILADELPHIA;
Printed, and Sold, by R. BELL, in Third-Street.

1 „Common Sense", Flugschrift von Thomas Paine, 1776

Von der Unabhängigkeit zur Verfassung

Aber erst 1783 erklärte sich England im Frieden von Paris schließlich zur Anerkennung der amerikanischen Unabhängigkeit bereit. Neben dem Freiheitswillen der Siedler hatte auch die finanzielle und militärische Hilfe Frankreichs und anderer europäischer Staaten zu dem völlig überraschenden Sieg der schlecht ausgerüsteten amerikanischen Milizen gegen die Truppen der Weltmacht Großbritannien beigetragen, sodass 1789 die neue Verfassung der USA in Kraft treten konnte.

2 **„Das amerikanische Pferd und sein englischer Reiter"**
König Georg III., Karikatur aus dem Jahr 1779

Es mag erstaunlich erscheinen, dass die US-Verfassung in der Folgezeit zwar mit 27 Amendments versehen worden ist, davon abgesehen aber bis heute unverändert ihre Gültigkeit behalten hat – umso mehr, weil sich an der Wende vom 18. zum 19. Jahrhundert in den USA tief greifende Veränderungsprozesse vollzogen haben. Neben der territorialen Ausdehnung nach Westen führten vor allem die verstärkte Einwanderung und die beginnende Industrialisierung zu neuen Herausforderungen. Gesellschaftliche Wandlungsprozesse wie die Herausbildung eines reformwilligen Mittelstandes und einer selbstbewussten Arbeiterschaft führten zu wachsenden Forderungen nach einer raschen Ausweitung der politischen Partizipation. Präsident Andrew Jackson (1829–1837) hat diese gesellschaftlichen Forderungen aufgegriffen und in seinem Programm der „Jacksonian Democracy“ umgesetzt. Es war die Geburtsstunde einer „offenen Gesellschaft“, die das politische Monopol der alten sozialen Eliten überwand, und gleichzeitig auch der modernen Massenparteien, des Zweiparteiensystems, des allgemeinen Wahlrechts und einer rasch wachsenden Wahlbeteiligung. Die sozialen Spannungen, die mit dem Übergang von einer agrarisch geprägten Gesellschaft zu industriellen Sozialstrukturen verbunden waren, wurden auf dem Weg einer umfassenden Reformpolitik gelöst, ohne dass – wie in Europa – radikal-revolutionäre Massenbewegungen entstanden oder Forderungen nach einer grundlegenden Gesellschaftsveränderung erhoben worden wären. Gleichzeitig blieben allerdings auch sozialstaatliche Sicherungssysteme in den USA unterentwickelt – ein Merkmal, das die amerikanische Gesellschaft bis heute von den meisten europäischen Gesellschaften unterscheidet.

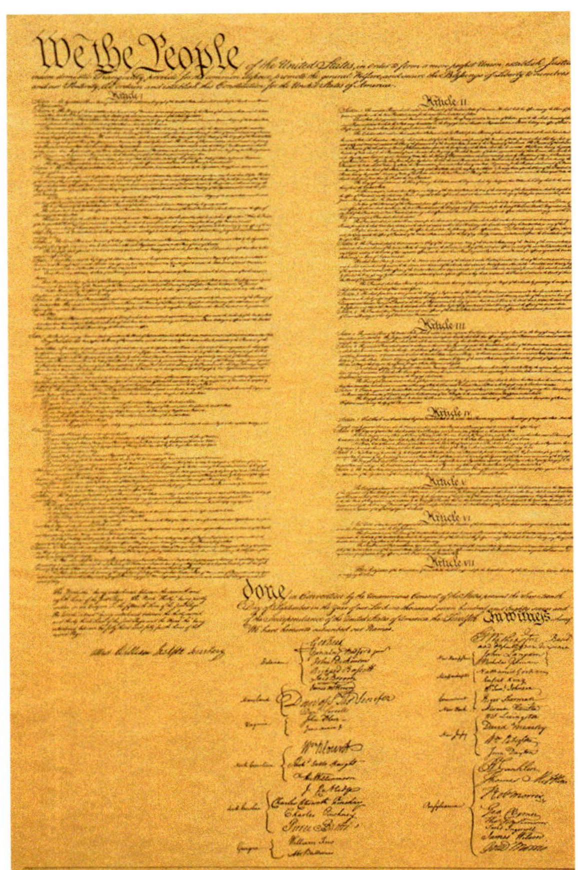

3 **Original der Amerikanischen Verfassung von 1787, mit Unterschriften**

4 Amerikanische Unabhängigkeitserklärung 1776

Zwei Tage nach Veröffentlichung der Unabhängigkeitserklärung erschien in der deutschsprachigen Zeitung „Henrich Millers Philadelphischer Staatsboote" die erste deutsche Übersetzung.

Im Congress, den 4ten July, 1776.

Eine Erklärung
durch die Repräsentanten der Vereinigten Staaten von America,
im General-Congress versammelt.
[…]
Wir halten diese Wahrheiten für ausgemacht, dass alle Menschen gleich erschaffen worden, dass sie von ihrem Schöpfer mit gewissen unveräußerlichen Rechten begabt worden, worunter sind Leben, Freiheit und das Streben nach Glückseligkeit. Dass zur Versicherung dieser Rechte Regierungen unter den Menschen eingeführt worden sind, welche ihre gerechte Gewalt von der Einwilligung der Regierten herleiten; dass sobald einige Regierungsform diesen Endzwecken verderblich wird, es das Recht des Volkes ist sie zu verändern oder abzuschaffen, und eine neue Regierung einzusetzen, die auf solche Grundsätze gegründet, und deren Macht und Gewalt solchergestalt gebildet wird, als ihnen zur Erhaltung ihrer Sicherheit und Glückseligkeit am schicklichsten zu seyn dünket. […] Dis war die Weise, wie die Kolonien ihre Leiden geduldig ertrugen; und so ist jetzt die Nothwendigkeit geschaffen, welche sie zwinget ihre vorigen Regierungssysteme zu verändern. Die Geschichte des jetzigen Königs von Großbritannien ist eine Geschichte von wiederholten Ungerechtigkeiten und gewaltsamen Eingriffen, welche alle die Errichtung einer absoluten Tyranney über diese Staaten zum geraden Endzweck haben. Dis zu beweisen, wollen wir der unpartheyischen Welt folgende Facta vorlegen:

Es folgen die Anklagen gegen die britische Herrschaft

Indem wir, derohalben, die Repräsentanten der Vereinigten Staaten von America, im General-Congress versammelt, uns wegen der Redlichkeit unserer Gesinnungen auf den allerhöchsten Richter der Welt berufen, so Verkündigen wir hiemit feyerlich, und Erklären, im Namen und aus Macht der guten Leute dieser Colonien, Dass diese Vereinigten Colonien Freye und Unabhängige Staaten sind, und von Rechtswegen seyn sollen; dass sie von aller Pflicht und Teuergebenheit gegen die Brittische Krone frey- und losgesprochen sind, und dass alle Politische Verbindung zwischen ihnen und dem Staat von Großbritannien hiemit gänzlich aufgehoben ist, und aufgehoben seyn soll; und dass als Freye und Unabhängige Staaten sie wolle Macht und Gewalt haben, Krieg zu führen, Frieden zu machen, Allianzen zu schließen, Handlung zu errichten, und alles und jedes andere zu thun, was Unabhängigen Staaten von Rechtswegen zukömmt. Und zur Behauptung und Unterstützung dieser Erklärung verpfänden wir, mit vestem Vertrauen auf den Schutz der Göttlichen Vorsehung, uns unter einander unser Leben, unser Vermögen und unser geheiligtes Ehrenwort.

Unterzeichnet auf Befehl und im Namen der Congresses,
John Hancock, Präsident.
Bescheiniget,
Carl Thomson, Secretär

Henrich Millers Philadelphischer Staatsboote, 06.07.1776, in historischer Rechtschreibung

5 Virginia Bill of Rights 12. Juni 1776

Die Virginia Bill of Rights ist der erste Katalog von Menschen- und Bürgerrechten in der Geschichte der Menschheit, noch vor der Erklärung der Französischen Nationalversammlung 1789.

Eine von den Vertretern des guten Volkes von Virginia, versammelt in vollem und freiem Konvent, abgegebene Erklärung der Rechte, die ihnen und ihrer Nachkommenschaft als Basis und Grundlage der Regierung zukommen.

Art. 1. Alle Menschen sind von Natur aus in gleicher Weise frei und unabhängig und besitzen bestimmte angeborene Rechte, welche sie ihrer Nachkommenschaft durch keinen Vertrag rauben oder entziehen können, wenn sie eine staatliche Verbindung eingehen, und zwar den Genuss des Lebens und der Freiheit, die Mittel zum Erwerb und Besitz von Eigentum und das Erstreben und Erlangen von Glück und Sicherheit.

Art. 2. Alle Macht ruht im Volke zu und leitet sich folglich von ihm her; die Beamten sind nur seine Bevollmächtigten und Diener und ihm jederzeit verantwortlich.

Art. 3. Die Regierung ist oder sollte zum allgemeinen Wohle, zum Schutze und zur Sicherheit des Volkes, der Nation oder Allgemeinheit eingesetzt sein; von all den verschiedenen Arten und Formen der Regierung ist diejenige die beste, die imstande ist, den höchsten Grad von Glück und Sicherheit hervorzubringen […]; und am wirksamsten gegen die Gefahr einer Misswirtschaft gesichert ist; und wenn irgendeine Regierung sich diesen Zwecken nicht gewachsen oder feindlich zeigt, so hat eine Mehrheit der Gemeinschaft ein unbezweifelbares, unveräußerliches und unverletzbares Recht, dieselbe zu reformieren, umzugestalten oder abzuschaffen, so wie es für das allgemeine Wohl am nützlichsten zu erachten ist.

Art. 5. Die gesetzgebenden und ausführenden Gewalten des Staates sollen von der richterlichen getrennt und klar geschieden sein; die Mitglieder der beiden ersteren sollen von dem Geiste der Bedrückung abgehalten werden, dadurch dass sie die Lasten des Volkes verspüren und an ihnen teilhaben; sie sollen zu bestimmten Zeiten in den Privatstand entlassen werden, in die Gemein-

2

schaft zurückkehren, der sie ursprünglich entnommen wurden, und die freigewordenen Stellen durch häufige, bestimmte und regelmäßige Wahlen wieder besetzt werden, bei denen alle oder ein Teil der früheren Mitglieder wieder wählbar oder unwählbar sind, wie es die Gesetze bestimmen.

Art. 8. Bei allen schweren und kriminellen Anklagen hat jedermann das Recht, Grund und Art seiner Anklage zu erfahren, den Anklägern und Zeugen gegenübergestellt zu werden, Entlastungszeugen herbeizurufen und eine rasche Untersuchung durch einen unparteiischen Gerichtshof von zwölf Männern seiner Nachbarschaft zu verlangen, ohne deren einmütige Zustimmung er nicht als schuldig befunden werden kann; auch kann er nicht gezwungen werden, gegen sich selbst auszusagen; niemand kann seiner Freiheit beraubt werden außer durch Landesgesetz oder das Urteil von seinesgleichen.

Art. 12. Die Freiheit der Presse ist eines der großen Bollwerke der Freiheit und kann niemals, außer durch despotische Regierungen, eingeschränkt werden.

Art. 13. Eine gut geschulte Miliz, dem Volke entnommen und in den Waffen geübt, ist der eigentliche, natürliche, sichere Schutz eines freien Staates; stehende Heere sollten in Friedenszeiten als der Freiheit gefährlich nicht zugelassen sein; in allen Fällen aber sollte das Militär der Zivilgewalt strikt untergeordnet und von ihr beherrscht werden.

Art. 15. Keine freie Regierung oder die Segnungen der Freiheit können einem Volke erhalten bleiben außer durch ein festes Anhalten an Gerechtigkeit, Mäßigung, Enthaltsamkeit, Genügsamkeit und Tugend und durch häufiges Zurückgehen auf grundlegende Prinzipien.

Die Entwicklung der Menschen- und Bürgerrechte von 1776 bis zur Gegenwart. Göttingen, Berlin, Frankfurt (Musterschmidt) 1964, S. 37–41; Günter Franz (Hrsg.): Staatsverfassungen. München 1964, S. 7ff.

6 Historiker über den geistigen Hintergrund der Unabhängigkeitserklärung

a) Fritz Hartung (1883-1967), Prof. für Verfassungsgeschichte der Neuzeit von 1923 bis 1949 in Berlin, 1964:

1895 hat G. Jellinek als Erster die Frage aufgeworfen, wo die Wurzeln der Menschenrechte zu finden seien. Seine Feststellung, dass Amerika der Ruhm gebührt, die früheste Erklärung der Rechte verfasst zu haben, und dass diese amerikanische Erklärung das Vorbild für die französische von 1789 abgegeben habe, ist zwar in Frankreich, wo man sich stolz als das Mutterland der Menschenrechte fühlte, auf erregten Widerstand gestoßen, hat sich aber als unanfechtbar erwiesen.

Von Menschenrechten ist während des Mittelalters, so stark auch sein Freiheitsgedanke im Vergleich zum absoluten Staat der Neuzeit ausgebildet gewesen ist, noch nicht die Rede gewesen. Die Landesfreiheiten sind nicht Freiheiten des Menschen, sondern Freiheiten der Stände gewesen. Selbst die berühmte Magna Charta von 1215, mit der die Geschichte der englischen Freiheit beginnt, gewährt ihre Freiheiten nur den Mitgliedern der Stände. Immerhin haben wir hier aber einen Ansatz zu der späteren Entwicklung der individuellen Menschenrechte. [...]

Der erste entschiedene Schritt vorwärts war die Petition of Rights vom Jahre 1628, die für alle Engländer gewisse Rechte, z. B. den Schutz gegen Erhebung eigenmächtig ausgeschriebener Steuern, gegen willkürliche Verhaftung u. a. fordert. Als nach einem halben Jahrhundert der Zwiespalt zwischen Königtum und Parlament erneut ausbrach, erwirkte dieses zunächst in der berühmten Habeas-Corpus-Akte von 1679 eine wirksame Garantie für die persönliche Freiheit, indem die Verhaftung an feste Regeln gebunden und der binnen 24 Stunden vorzunehmenden Nachprüfung durch den ordentlichen Richter unterstellt wurde. 10 Jahre später brachte die glorreiche Revolution in der Bill of Rights den Grundsatz, dass der Engländer gewisse Rechte habe, über die die Regierung nicht ohne Zustimmung des Parlaments verfügen dürfe, zur allgemeinen Anerkennung. Gegen das Parlament freilich gibt es für den Einzelnen auch heute noch keine Rechtsschranken.

Diese Überzeugung hat auch die Kolonisten erfüllt, die im Laufe des 17. und 18. Jahrhunderts von England nach Nordamerika auswanderten. Dass daraus der Einzelne bestimmte politische Forderungen gegen den Staat ableiten könne, dieser Gedanke lag dem europäischen Denken des 18. Jahrhunderts freilich noch fern. Er ist in der Tat zum ersten Male in Amerika verwirklicht worden.

Die Entwicklung der Menschen- und Bürgerrechte von 1776 bis zur Gegenwart. Göttingen, Berlin, Frankfurt (Musterschmidt) 1964.

b) Horst Dippel, Prof. für die Geschichte Nordamerikas und Großbritanniens 1996:

Die Revolution war mehr als nur die Geburt einer Nation; sie wurde zum Beginn eines Novus ordo saeculorum, wie es seither im Siegel der Vereinigten Staaten heißt, und der erste grundlegende Ausdruck dieses Neuanfangs ist die Unabhängigkeitserklärung mit ihrem universalen Anspruch auf „Leben, Freiheit und dem Streben nach Glück" als „selbstverständliche Wahrheiten". Damit war das ganze Gefüge menschlicher Beziehungen auf eine neue Basis gestellt und das Verhältnis zwischen dem Wert des Individuums und dem Wohlergehen der Allgemeinheit zugunsten des Einzelnen neu geordnet. Das waren nicht mehr die sozialpolitischen Ordnungsvorstellungen Großbritanniens und nur begrenzt jene der nachfolgenden Französischen Revolution, doch die Auswirkungen in allen Bereichen des täglichen Lebens wie in der Organisation der politischen Macht waren weit reichend.

Horst Dippel: Geschichte der USA. München (Beck) 1996, S. 28.

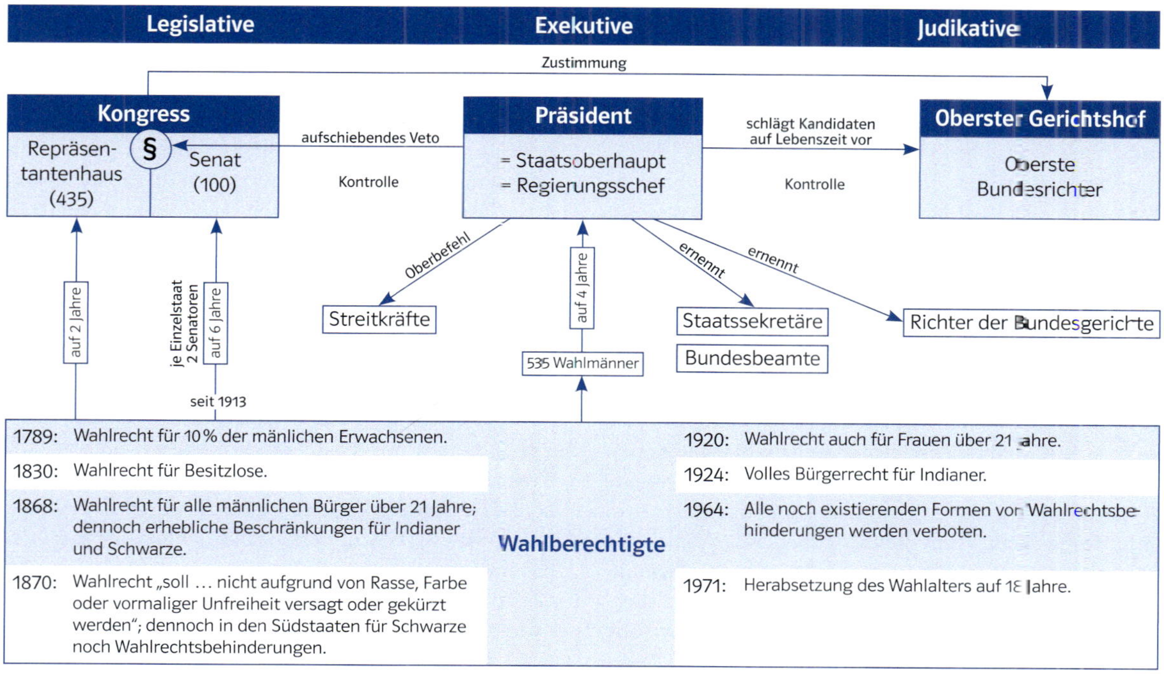

7 **Verfassung der Vereinigten Staaten von Amerika**

8 Hintergründe zur Entstehung der Verfassung

Der Historiker Jürgen Heideking über die Entstehung der US-Verfassung 1787:

Nach der sozialen Herkunft der Delegierten stellte der Verfassungskonvent von Philadelphia einen Querschnitt durch die revolutionäre Elite der Pflanzeraristokratie, Kaufleute und Anwälte dar, ideologisch überwog aber das zentralistisch-nationale Element. 55 gewählte Abgeordnete tagten vom 25. Mai bis 17. September unter dem Vorsitz George Washingtons hinter verschlossenen Türen.

Vier Problemkreise verwoben sich in der Debatte zu einem komplizierten Geflecht: das Verhältnis zwischen den Einzelstaaten und der Zentralregierung; die Machtverteilung innerhalb dieser Zentralregierung; die Repräsentation von großen und kleinen Staaten im zukünftigen Parlament; und der Interessengegensatz zwischen Nord- und Südstaaten, der hauptsächlich in der Sklavereifrage wurzelte.

Was den ersten Komplex betraf, so schränkten die Delegierten die Staatensouveränität ein und wiesen der Zentralregierung eine übergeordnete Stellung zu. Die Bundesregierung erhielt das Recht, Einfuhrzölle und Steuern zu erheben sowie den Handel zwischen den Staaten und mit dem Ausland zu regulieren. Zugleich wurde den Staaten untersagt, Papiergeld auszugeben und Münzen zu prägen. Damit waren die Voraussetzungen für den einheitlichen Binnenmarkt und eine gemeinsame Wirtschafts-, Währungs- und Handelspolitik geschaffen. Vollendet wurde der Übergang von der konföderativen zur bundesstaatlichen Ordnung durch zwei dehnbare Generalklauseln: Artikel I,8 ermächtigte den Kongress, alle Gesetze zu beschließen, die er für „notwendig und angemessen“ hielt, um die ihm von der Verfassung gestellten Aufgaben zu erfüllen; und Artikel VI erklärte die Verfassung und die Gesetze und Verträge der Union zum höchsten geltenden Recht.

Trotz der Beschneidung ihrer Selbständigkeit blieben die Staaten aber die Grundeinheiten des Regierungssystems. Das zeigte sich z. B. bei dem in Artikel V festgelegten Verfahren zur Verfassungsänderung: Vorgeschlagen werden konnten Änderungen und Ergänzungen (Amendments) entweder von beiden Häusern des Kongresses mit Zwei-Drittel-Mehrheit oder von einem Verfassungskonvent, der auf Antrag von zwei Drittel der Staaten zustande kam. Damit ein solcher Vorschlag Geltung erlangte, mussten ihm aber drei Viertel der Staaten zustimmen.

Bei der Konstruktion der Bundesorgane ließ sich die Mehrheit der Delegierten von der Absicht leiten, ein Übergewicht der Legislative zu verhindern. Eine möglichst unabhängige Exekutive und Judikative waren dazu gedacht der legislativen Gewalt Grenzen zu setzen, um das System als Ganzes im Gleichgewicht zu halten. In der Summe der Kompetenzen, die der Konvent dem Präsidenten zubilligte, machte er ihn gleichzeitig zum Regierungschef, zum Staatsoberhaupt und zum Oberbefehlshaber der Streitkräfte. Diese unerhörte Machtfülle wurde allerdings dadurch eingegrenzt, dass der Präsident

eine ganze Reihe von Befugnissen mit dem Kongress teilen musste. Diese Regelungen sind charakteristisch für das Bemühen des Konvents, ein komplexes System der Gewaltenverschränkung und wechselseitigen Kontrolle zu schaffen, das eher Montesquieus Idealvorstellungen von der englischen Verfassung als dem tatsächlichen System des King in Parliament folgte. Die Präsidentschaft wurde Teil eines mixed and limited government, dessen verfassungsmäßige Begrenzung in erster Linie dem Schutz der individuellen Freiheit vor staatlicher Willkür und Unterdrückung dienen sollte. Als zuständiges Präsidenten-Wahlgremium war lange Zeit der Kongress vorgesehen gewesen, nachdem die Delegierten den Gedanken der direkten Volkswahl als zu radikal, vor allem aber als nachteilig für die kleinen Staaten und die Sklavenstaaten verworfen hatten. Die Entscheidung für eine indirekte Volkswahl stellte also in erster Linie ein Zugeständnis an die kleinen Staaten und das föderative Prinzip dar.
Das Prinzip der Gewaltenteilung und Gewaltenverschränkung wird auch beim Blick auf die Judikative deutlich. Der Konvent etablierte das Oberste Gericht (Supreme Court) zwar erstmals als eigenständigen dritten Regierungszweig, ermächtigt, aber den Präsidenten, die Bundesrichter mit Zustimmung des Senats auf Lebenszeit zu ernennen. Der Vorsitzende des Gerichts wiederum wurde ermächtigt, das Verfahren der Amtsanklage (Impeachment) gegen den Präsidenten zu leiten, das der Konvent als letzte Schranke gegen exekutive Willkür errichtete. An einem solchen Impeachment sind laut Verfassung aber auch die beiden Kammern des Kongresses beteiligt: Das Repräsentantenhaus hat das alleinige Recht, die Anklage zu erheben. Und der Senat kann den Präsidenten mit Zwei-Drittel-Mehrheit verurteilen.
Bei der Frage nach Struktur und Zusammensetzung des Kongresses einigte man sich darauf, bei der Sitzverteilung im Unterhaus (House of Representatives) die Einwohnerzahl zugrunde zu legen, im Oberhaus (Senate) hingegen jedem Staat zwei Sitze zu gewähren. Die Abgeordneten sollten in den Staaten für zwei Jahre direkt gewählt werden, die Senatoren auf sechs Jahre. Dieser Kompromiss entschädigte die kleinen Staaten für den erlittenen Machtverlust, denn über den Senat konnten sie nun gleichberechtigt Einfluss auf die Gesetzgebung und die Ernennung von Beamten und Richtern nehmen.
Der Nord-Süd-Konflikt hatte seinen Ursprung darin, dass die Südstaaten fürchten mussten, im Kongress wegen ihrer geringeren weißen Bevölkerungszahl vom Norden majorisiert zu werden. Ihre Delegierten im Konvent wollten sicherstellen, dass die künftige Wirtschaftspolitik die Interessen der auf den Export von Agrarprodukten angewiesenen südlichen Pflanzer und Farmer berücksichtigte und dass sich der Rest der Union nicht zusammentun konnte, um die Sklaverei zu verbieten. Im sog. Great Compromise willigte der Norden ein, dass die Drei-Fünftel-Klausel – für die Repräsentation im Unterhaus sind zu den Weißen drei Fünftel „aller anderen Personen, mit Ausnahme von Indianern“ (= Sklaven) hinzuzuzählen – angewendet wurde und der Kongress den Sklavenimport bis 1808 nicht unterbinden durfte. Im Gegenzug erklärte sich der Süden bereit, entsprechend der verbesserten Repräsentation mehr direkte Steuern zu zahlen und auf Zwei-Drittel-Mehrheiten für Handelsgesetze zu verzichten.

Jürgen Heideking: Geschichte der USA. Tübingen, Basel 1996, S. 65–72.

9 „Die Reichen reicher und die Mächtigen mächtiger“

Aus einer Kongressbotschaft (1832) des US-Präsidenten Andrew Jackson (1767–1845, Präsident 1829–1837):

Es ist zu bedauern, dass die Reichen und Mächtigen allzu oft die Gesetze der Regierung nach ihren selbstsüchtigen Zwecken beugen. Unterschiede in der Gesellschaft werden immer bestehen unter jeder gerechten Regierung. Gleichheit der Talente, der Erziehung oder des Reichtums kann durch menschliche Einrichtungen nicht bewirkt werden. Im vollen Genuss der Gaben des Himmels und der Früchte überlegenen Fleißes, überlegener Sparsamkeit und Tugend hat jedermann gleichermaßen das Recht auf Schutz durchs Gesetz; aber wenn die Gesetze es unternehmen, zu diesen natürlichen und gerechten Vorteilen künstliche Unterscheidungen zu fügen, Titel, Belohnungen und ausschließliche Vorrechte zu gewähren, die Reichen reicher und die Mächtigen mächtiger zu machen, so haben die geringen Glieder der Gesellschaft – die Farmer, Handwerker und Arbeiter –, die nicht Zeit noch Mittel haben, sich gleiche Gunsterweisungen zu verschaffen, ein Recht sich über die Ungerechtigkeit ihrer Regierung zu beklagen. Es gibt keine notwendigen Übel in der Regierung. Ihre Übel bestehen nur in ihren Missbräuchen. Wenn sie sich auf gleichen Schutz beschränkte und, wie der Himmel seinen Regen, ihre Gunstbeweise gleichermaßen über Hoch und Niedrig, Reiche und Arme ausschütten wollte, wäre sie ein uneingeschränkter Segen. […]
Auch braucht unsere Regierung nicht unterhalten und unsere Union nicht bewahrt zu werden durch Eingriffe in die Rechte und Befugnisse der Einzelstaaten. Wenn wir auf solche Weise versuchen, unsere allgemeine Regierung zu stärken, schwächen wir sie. Ihre wahre Stärke besteht darin, Individuen und Staaten so weit wie möglich sich selbst zu überlassen, – sich fühlbar zu machen nicht durch ihre Macht, sondern ihre Wohltätigkeit; nicht durch ihre Kontrolle, sondern ihren Schutz; nicht indem sie die Staaten enger an die Mitte bindet, sondern indem sie es jedem überlässt, sich ungehindert in seiner zugemessenen Bahn zu bewegen.

Zit. nach: Erich Angermann (Hrsg.): Der Aufstieg der Vereinigten Staaten von Amerika. Innen- und außenpolitische Entwicklung 1607–1917. Stuttgart (Klett) 1981, S. 25 f.

10 **Politischer Cartoon zur Politik von Präsident Andrew Jackson, ca. 1832**

11 Die „Jacksonian Democracy“

Hans R. Guggisberg über die Ausweitung der Partizipation in den 1830er-Jahren:

Mit dem Abgang von John Quincy Adams 1828 war die Reihe der Präsidenten aus Virginia und Neuengland zu Ende. Sie hatten sich in ihrem Lebens- und Regierungsstil stets als Vertreter einer relativ kleinen und elitären Oberschicht erwiesen. Adams hatte die kommerziellen Interessen der finanzkräftigen und wohlhabenden Oberschicht vertreten. Seine vornehme Neuengland-Abstammung und sein distanziert-aristokratisches Auftreten hatten ihn den Massen suspekt gemacht. So war es gekommen, dass Jackson einen klaren Wahlsieg erringen konnte.

Jackson zog als erster „Westerner“ ins Weiße Haus ein; er war der erste Politiker auf dem Präsidentenstuhl, der sich mit aller Entschiedenheit als Vertreter des Mittelstandes und als Advokat des „Common Man“ deklarierte. Seinen Anhängern lieferte er ein äußerst attraktives Image, denn er war der Inbegriff des „self-made man“. Aus einfachsten Verhältnissen stammend, hatte er sich an der „Frontier“ von Tennessee zum Lokalpolitiker emporgearbeitet und war schließlich durch kühne Spekulationen zu beträchtlichem Reichtum gelangt. Obwohl er als Gutsherr auf seiner Besitzung „Hermitage“ bei Nashville ein durchaus aristokratisches Leben führte (er hielt auch Sklaven), bewahrte er doch stets engen und lebendigen Kontakt zum einfachen Volk. Seine Persönlichkeit war durch einfache Integrität, Willenskraft und pragmatisches Denken geprägt; geistige Interessen besaß er keine, dafür umso größeres politisches Führungstalent.

Mit dem Aufstieg Jacksons verband sich die Konsolidierung des Zweiparteiensystems. Seine eigene „Democratic Party“ war 1828 gegründet worden; sie stand bewusst in der Nachfolge Jeffersons. Ihr gegenüber konstituierte sich in den frühen 1830er-Jahren die „Whig Party“, die in mancher Beziehung die föderalistische Tradition fortsetzte. Auf beiden Seiten verfestigte sich die Organisation der „Parteimaschinen“; Berufspolitiker verdrängen allmählich die Amateure und ganz allgemein verbreitete sich eine neue Einstellung gegenüber dem öffentlichen Amt: Es wurde immer mehr als Belohnung oder Anreiz für besonderen parteipolitischen Einsatz verstanden. Jackson erkannte die aus dieser Entwicklung resultierenden Möglichkeiten sehr klar und baute das „Spoils System“ weiter aus als irgendeiner unter den früheren Präsidenten. Durch generelle Verkürzung der Amtszeiten und relativ rasche personelle Wechsel in den hohen Staatsstellen („Rotation in office“) konnte er viele treue Anhänger belohnen, eine verhältnismäßig große Zahl von Bürgern ins aktive politische Leben hineinziehen, die Bürokratisierung eindämmen und erst noch den Eindruck erwecken, als werde der gesamte Verwaltungsapparat laufend demokratisiert und von inkompetenten Leuten gesäubert. […]

Seine schärfste und radikalste Ausprägung fand der individualistisch-demokratische Geist der Jackson-Ära in dem zu Beginn der 1830er-Jahre aktiv gewordenen Abolitionismus, d. h. in der Bewegung, die das Ziel der totalen und bedingungslosen Abschaffung der Sklaverei verfolgte. Zur Erhöhung der Nervosität trug der um 1831 in Virginia ausgebrochene Sklavenaufstand des Nat Turner bei, dessen gnadenlose Niederschlagung im Norden die Erbitterung anheizte. Umgekehrt entstand im Süden ein einseitiges Bild vom Norden: Man sah ihn als die industrialisierte Region, die die agrarischen Südstaaten ausbeuten und gänzlich unterwerfen wollte. [...]

In dieser Situation ergab sich für die Republikaner die Hoffnung, aus den nächsten Präsidentschaftswahlen als Sieger hervorzugehen. 1860 nominierten sie Abraham Lincoln zum Präsidentschaftskandidaten und provozierten damit im Süden unverhüllte Sezessionsdrohungen, denn Lincoln hatte durch ein berühmtes Bibel-Zitat seine Position zur Sklavenfrage unmissverständlich klar gemacht: „A house divided against itself cannot stand." Er identifizierte sich keineswegs mit dem Abolitionismus, aber er widersetzte sich mit aller Deutlichkeit jeder weiteren Ausbreitung der Sklaverei und gewann damit 180 von 303 Wahlmännerstimmen. Der Süden erkannte, dass die Gelegenheit zum Austritt aus der Union jetzt oder nie ergriffen werden musste.

Hans R. Guggisberg: Geschichte der USA. Stuttgart (Kohlhammer) 1975, S. 94–112.

12 Die Regierung der Menge

Der französische Politiker Alexis de Tocqueville berichtet nach einer Reise durch die USA über die „Jacksonian Democracy" (1831):

Was ich hier in diesem Lande sehe, beweist mir keineswegs, dass selbst unter den günstigsten Umständen – und sie waren hier gegeben – die Regierung der Menge eine ausgezeichnete Sache ist. Alle sind sich darüber so gut wie einig, dass die Staatsmänner, die Mitglieder der Kammer in den ersten Zeiten der Republik viel hervorragendere Leute waren als heute. Sie gehörten fast alle jener Schicht von Eigentümern an, die mit jedem Tag mehr verschwindet. Jetzt hat das Land keine so „glückliche Hand" mehr. Die Wahl fällt im Allgemeinen auf diejenigen, die den Neigungen schmeicheln und dem Volk entgegenkommen. Die Wirkung der Demokratie, zusammen mit der äußersten Unbeständigkeit aller Dinge, dem absoluten Mangel an einem Geist der Konsequenz und Dauer, den man hier bemerkt, führt mit jedem Tag mehr vor Augen, dass die vernünftige Regierung nicht die ist, an der alle Interessen beteiligt sind, sondern die, welche von den aufgeklärtesten und verantwortlichsten Klassen geleitet wird.

Indessen kann man nicht ableugnen, dass dieses Land im Ganzen ein bewunderungswürdiges Schauspiel bietet. Ich sage dir rückhaltlos, dass es mich von der Überlegenheit der freien Regierungen über alle anderen überzeugt. [...] Hier herrscht mit der Regierung, so wie sie ist, eine allgemeine Zufriedenheit, von der wir uns keine Vorstellung machen können. Hier steht das Volk zweifellos auf einer höheren moralischen Stufe als bei uns; jeder hat hier ein Gefühl von seinem unabhängigen Stand und seiner persönlichen Würde, was den Umgang mit ihm nicht immer angenehm macht, aber ihn doch schließlich zur Selbstachtung und zur Achtung anderer bewegt. Ich bewundere hier vor allem zwei Dinge: einmal die außerordentliche Achtung vor dem Gesetz. Es herrscht unverbrüchlich von selbst und ohne Eingriff der öffentlichen Gewalt. [...] Das zweite, worum ich die Leute hier beneide, ist die Leichtigkeit, mit der sie auf die Inanspruchnahme der Regierung verzichten. Jedermann hält sich hier für die Aufrechterhaltung der öffentlichen Sicherheit und für die Ausführung der Gesetze verantwortlich. Anstatt sich auf die Polizei zu verlassen, verlässt er sich nur auf sich selbst. Der Erfolg ist, dass die öffentliche Gewalt, ohne jemals in Erscheinung zu treten, überall ist.

Zit. nach: Das Zeitalter der Gleichheit. Eine Auswahl aus dem Gesamtwerk, hrsg. v. Siegfried Landshut. Stuttgart (Kröner) 1954, S. 269 ff.

Arbeitsvorschläge:

a) Arbeiten Sie aus M 4 heraus, welche Gründe für die Trennung der Kolonien vom Mutterland angeführt werden.
b) Vergleichen Sie M 4 und M 5 hinsichtlich 1. der individuellen Freiheitsrechte und 2. der politischen Teilhaberechte, die jeweils beansprucht werden.
c) Beurteilen Sie, ausgehend von M 6, das Verhältnis von europäischen und amerikanischen Denktraditionen in der Unabhängigkeitserklärung.
d) Stellen Sie anhand von M 7 und M 8 dar, welche Lösung für die „vier Problemkreise" (M 8, Zeile 11) in der US-Verfassung jeweils gefunden wird.
e) Überprüfen Sie anhand von M 9 bis M 12, inwieweit die „Jacksonian Democracy" den neuen Herausforderungen der ersten Hälfte des 19. Jahrhunderts gerecht geworden ist.
f) Interpretieren Sie den Cartoon in M 10.

2

2.5 Go West! – Die territoriale Erschließung

Ausweitung des Siedlungsgebietes

Die erste Hälfte des 19. Jahrhunderts war für die USA die Phase des größten Wachstums ihrer Geschichte, und zwar sowohl hinsichtlich der territorialen Expansion als auch des Bevölkerungswachstums und der ökonomischen Kapazitäten. Umfasste das Staatsgebiet bis 1783 das Territorium westlich der Appalachen bis zum Mississippi, so dehnte sich durch den Louisiana Purchase 1803 das Land bis zu den Rocky Mountains aus. Mit dem Ankauf des ursprünglich französischen Louisiana begann die eigentliche Zeit der „Go West!"-Bewegung, die 1890 mit dem Erreichen des Pazifik abgeschlossen wurde. Diese „Frontier"-Zeit, in der die Siedlungsgrenze jährlich ca. 25 km nach Westen vorgeschoben wurde, war nicht nur mit militärischen Auseinandersetzungen, sondern auch einer menschenverachtenden Behandlung der „Native Americans", der Indianer, verbunden. Verschiedene „Indian Removal Acts", die zu Massendeportationen führten, der Eisenbahnbau und die mit ihm verbundene systematische Tötung der Bisonherden, die die Lebensgrundlage der Prärieindianer bildeten, sowie die Indianerkriege zwischen 1860 und 1890 führten zu der demografischen Katastrophe, in deren Verlauf die Zahl der Native Americans binnen hundert Jahren um ca. 90 % dezimiert wurde, sodass um 1890 nur noch ca. 200 000 Indianer in 250 Reservaten lebten.

Völkermord an den Indianern

Ursprünge des American Way of Life

Manifest Destiny

Die „Go West!"-Bewegung führte auch zur Herausbildung des „American Way of Life", einer spezifisch amerikanischen Kollektividentität, die in der Pionierzeit entstanden ist und langfristige Wirkungen bis in die Gegenwart entfaltet hat. 1945 hatte ein Journalist vom „Manifest Destiny" der amerikanischen Nation gesprochen und ihre zivilisatorische Mission gemeint. „Amerikanische Eigenschaften" wie Individualismus, Risikobereitschaft und Sendungsbewusstsein führte er auf Erfahrungen der Pioniere, insbesondere der Trapper, Goldsucher und Cowboys, zurück. Schließlich war die Frontier-Bewegung auch verbunden mit wachsenden innerstaatlichen Konflikten, deren Ursache die Gewichtsverlagerung innerhalb der Union zuungunsten der Südstaaten gewesen ist, die wegen der Arbeitskräfteprobleme in ihrer exportorientierten Plantagenwirtschaft auf Zwangsarbeit von Sklaven und organisierten Menschenhandel, nämlich auf die Aufrechterhaltung des atlantischen Dreieckshandels angewiesen zu sein glaubten. Die fundamentalen wirtschaftlich-sozialen Umwälzungsprozesse, die aus dem Prozess der wachsenden Dominanz der sklavenfreien Bundesstaaten binnen weniger Jahrzehnte erwuchsen, führten schließlich zum schärfsten inneren Konflikt der amerikanischen Geschichte: dem Sezessionskrieg.

1 Die Erschließung des Westens: The Empire extends to the west, Gemälde, 1868

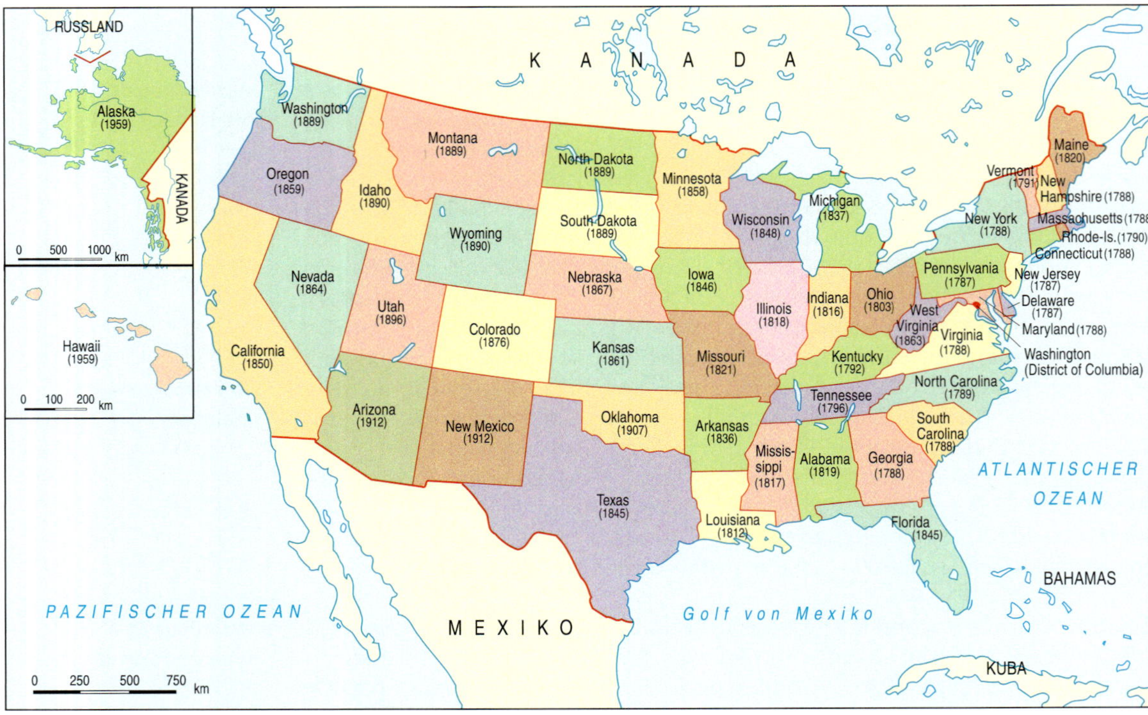

2 **Die Erschließung des Westens und die amerikanischen Bundesstaaten.** Die Jahreszahl gibt an, wann der Staat in die Union aufgenommen wurde.

3 Lebensumstände im „Westen"

Der französische Einwanderer Hector St. John de Crèvecoeur (1735–1815) berichtet über „den Westen":

Nun langen wir bei den großen Wäldern an, nahe den letzten bewohnten Gebieten; hier scheinen sich die Menschen noch weiter jenseits der Reichweite der Regierung zu befinden, wodurch sie in gewissem Maße sich selbst überlassen sind. Wie könnte diese in jeden Winkel dringen? Da die Menschen durch Unglück, den Zwang des Neubeginns, durch das Verlangen, große Landgebiete zu erwerben, durch Müßiggang, häufig auch mangelnde Sparsamkeit und durch alte Schulden dorthin getrieben wurden, bietet das Wiederzusammenführen solchen Volkes kein sehr angenehmes Schauspiel. Wenn Zwietracht, Mangel an Einmütigkeit und Freundschaft, wenn entweder Trunksucht oder Müßiggang in solch fernen Gebieten vorherrschen, müssen Hader, Untätigkeit und Elend folgen. Gegen solche Übel stehen nicht dieselben Heilmittel zur Verfügung wie in einer lange bestehenden Gemeinschaft. Die wenigen Friedensrichter, die sie haben, sind im Allgemeinen kaum besser als der Rest; oft befinden sich die Menschen in einem regelrechten Kriegszustand des einen gegen den anderen, wobei die Entscheidung zuweilen durch Schläge, zuweilen durch gesetzliche Mittel herbeigeführt wird; ein Kriegszustand ist auch ihr Verhältnis zu den wilden Bewohnern dieser ehrwürdigen Wälder, die ihnen zu entreißen sie hergekommen sind. Hier scheinen die Menschen nicht besser zu sein als Fleisch fressende Tiere einer höheren Stufe, die sich von anderen wilden Tieren ernähren, wenn sie sie fangen können, und falls sie dieses nicht vermögen, leben sie vom Ackerbau.

Heinz Förster (Hrsg.): Was ist ein Amerikaner? Zeugnisse aus dem Zeitalter der amerikanischen Revolution. Leipzig, Weimar 1987, S. 8 ff. Übers. Ruprecht Willnow.

4 Die „wandernde Grenze"

Aus einem Handbuch für Siedler (1837):

Im Allgemeinen haben die meisten Siedlungen im Westen drei Arten von Siedlern erlebt, die wie die Wellen des Ozeans, eine nach der anderen herangerollt sind. Zuerst kommt der Pionier, der seine Familie in der Hauptsache mit der natürlichen Vegetation [...] und von der Jagd ernährt. Er benutzt primitive, meiste selbst hergestellte Ackergeräte und Werkzeuge und legt meistens nur ein Maisfeld und einen Küchengarten an. [...] Es ist nicht wichtig, ob er je den Grund und Boden besitzen wird. Er wohnt hier nur auf Zeit, zahlt keine Pacht und ist unabhängig wie ein [englischer] Landadliger. [...] Er baut sein Blockhaus, sammelt um sich herum ein paar andere Familien [...] und bleibt am Ort, bis der Boden verbraucht ist und das Wild seltener wird. [...]

Die Zuwanderer der nächsten Welle erwerben das Land, fügen neue Felder hinzu, legen Wege an und schlagen

primitive Brücken über die Flüsse, errichten gehauene Blockhäuser mit Glasfenstern und Schornsteinen aus Ziegel oder Stein, legen manchmal Obstgärten an, bauen Mühlen, Schulen, Gerichtsgebäude etc. und zeigen dabei das äußere Bild und die Formen eines schlichten, bescheidenen, zivilisierten Lebens.
Dann rollt eine neue Welle heran. Die Männer mit Kapital und Unternehmergeist kommen. Der Siedler ist bereit zu verkaufen, die Wertsteigerung seines Besitzes zu nutzen und weiter in das Landesinnere vorzustoßen. Er wird nun selbst ein Mann des Kapitals und Unternehmertums. Das kleine Dorf entwickelt sich zu einer großen Gemeinde oder Stadt; solide Backsteinhäuser, ausgedehnte Felder, Obstplantagen Gärten, Schulen, Kirchen sind jetzt zu sehen. Feine Stoffe, Seidentücher, [...] Luxusartikel, Moden und Vergnügungen aller Art breiten sich aus. So rollt Woge um Woge westwärts; das wahre Eldorado liegt noch in der Ferne.

Zit. nach: Rolf Renz u.a.: USA und UdSSR. Entstehung und Entwicklung der Weltmächte. Hannover (Schroedel) 1986, S. 27.

5 Die Frontier-These

a) Der amerikanische Historiker Frederick J. Turner in seinem Vortrag „The Significance of the Frontier in American History" (1893):

Bei den meisten Nationen hat sich die Entwicklung in einem begrenzten Raum abgespielt; und wenn die Nation sich ausdehnte, ist sie auf andere wachsende Völker getroffen, die sie erobert hat. Aber im Fall der Vereinigten Staaten haben wir eine andersartige Erscheinung. [...] Bis in unsere Tage war die amerikanische Geschichte zu einem beträchtlichen Teil die Geschichte der Kolonisation des Großen Westens. Das Vorhandensein freien Landes, sein ständiges Zurückweichen und das Vordringen der amerikanischen Besiedlung nach Westen erklären die amerikanische Entwicklung. [...] Die Besonderheit der amerikanischen Institutionen liegt in der Tatsache, dass sie sich den Wandlungen eines expandierenden Volkes anpassen mussten, den Wandlungen, die hervorgingen aus der Durchquerung eines Kontinents, der Eroberung einer Wildnis [...]. Die gesellschaftliche Entwicklung Amerikas hat an der Grenze [im Westen] immer wieder neu begonnen. Diese fortwährende Wiedergeburt, dieses Fließende des amerikanischen Lebens, diese Westausdehnung mit ihren stets neuen Chancen und der fortwährenden Berührung mit der Einfachheit einer primitiven Gesellschaft stellen die Kräfte dar, die den amerikanischen Charakter geformt haben. [...] Das Ergebnis ist, dass der amerikanische Geist seine auffallenden Charakteristika der Grenze verdankt. Jene Rauheit und Kraft, verbunden mit Scharfsinn und Wissbegier; jene praktische, erfinderische Denkungsart, rasch im Auffinden von Behelfen; jene meisternde Hand in materiellen Dingen, mangelhaft im Künstlerischen, aber machtvoll zur Erreichung großer Ziele; jene ruhelose, nervöse Tatkraft; jener dominante Individualismus, zum Guten und zum Bösen wirkend, und zu all dem die Spannkraft und Üppigkeit, die mit der Freiheit einhergehen – das sind Züge der Grenze [...].
Die bedeutendste Wirkung der Grenze lag in der Förderung der Demokratie hier und in Europa. Wie gezeigt worden ist, bringt die Grenze den Individualismus zur Entfaltung. Die komplexe Gesellschaft wird unter dem Einfluss der Wildnis in eine Art primitiver Organisation zurückverwandelt, die auf der Familie gründet. Die Tendenz ist anti-sozial. Sie erzeugt Antipathie gegen Kontrolle, besonders gegen jede direkte Kontrolle. Der Steuereinnehmer wird als ein Repräsentant der Unterdrückung angesehen. Die Bedingungen des Grenzlebens, die in den Kolonien vorherrschten, sind wichtige Faktoren in der Erklärung der Amerikanischen Revolution, wo die individuelle Freiheit zeitweise mit dem Fehlen jeglicher wirksamen Regierungsgewalt verwechselt wurde. [...]
Aber die Demokratie, die im freien Land entstand, die stark in Selbstsucht und Individualismus ist, intolerant gegenüber jeglicher Verwaltung und Schulbildung und die die individuelle Freiheit über das sinnvolle Maß hinaus pflegt, hat ihre Gefahren so gut wie ihre Vorzüge. Der Individualismus in Amerika hat eine Nachlässigkeit in staatlichen Dingen hervorgebracht, die das „Beutesystem" [spoils system] und all die offenkundigen Übel möglich macht, die aus einem Mangel an Bürgergeist folgen.

Zit. nach: Diethelm Düsterloh/Joachim Rohlfes: Die Vereinigten Staaten von Amerika. Stuttgart (Klett) 1982, S. 28 f.

b) Der deutsche Historiker Jürgen Heideking zu Turners „Frontier-These" (1996):

Die neuere Geschichtswissenschaft kreidet Turner zwar etliche Irrtümer und Versäumnisse an: So hat er offenkundig die Bedeutung des Einflusses unterschätzt, den die Ostküste mit ihren Institutionen, Werten und Ideologien auf den Westen ausübte; darüber hinaus idealisierte er die Frontier, indem er negative Aspekte wie Gewalttätigkeit, Landspekulation, hemmungslose Ausbeutung der Natur und Zerstörung indianischer Kulturen vernachlässigte. Ebensowenig schenkte er dem Beitrag der Frauen, der Schwarzen und der Asiaten zur „Eroberung des Westens" die gebührende Beachtung. Dennoch wird die von Turner angeschnittene Frage des „American exceptionalism" auch heute noch lebhaft diskutiert. Die Glorifizierung des „Wilden Westens" in Medien und Werbung sowie die Neigung, die Raumfahrt oder andere moderne Technologien als die New Frontier bzw. Last Frontier zu bezeichnen, lassen erkennen, welch enorme Suggestivkraft der Frontier-Metapher das gesamte 20. Jahrhundert hindurch innewohnte.

Jürgen Heideking: Geschichte der USA. Tübingen, Basel 1996, S. 187 f.

2

6 Der „Umzug der Indianer“

Aus einer Kongressbotschaft des US-Präsidenten Andrew Jackson zum Indianerproblem (1830):

Dem Kongress teile ich mit Freuden mit, dass die wohlwollende Politik der Regierung im Hinblick auf den Umzug der Indianer aus den weißen Siedlungsgebieten vor dem glücklichen Abschluss steht. [...] Bevölkerungswellen und die Zivilisation rollen nach Westen und wir schlagen jetzt vor, die Gebiete, die von den Rothäuten des Südens und Westens bewohnt sind, in einem fairen Tausch zu erwerben und sie auf Kosten der Vereinigten Staaten in ein Gebiet zu schicken, wo ihre Existenz vielleicht dauerhaft gesichert werden kann. Zweifellos wird es schmerzlich für sie sein, die Gräber ihrer Väter zu verlassen; aber was tun sie mehr, als was unsere Vorfahren taten oder was unsere Kinder jetzt tun?

Um ihre Lebensverhältnisse in einem unbekannten Land zu verbessern, ließen unsere Vorfahren alles zurück, was ihnen an irdischen Dingen teuer war. Unsere Kinder verlassen Jahr für Jahr zu Tausenden ihre Geburtsorte, um in entfernten Regionen eine neue Heimat zu suchen. Weinen die Menschen über diese schmerzhafte Trennung [...] ? Ganz und gar nicht. Es ist vielmehr eine Quelle der Freude, dass unser Land Raum bietet, in dem sich unser junges Volk frei von geistigen und körperlichen Zwängen entfalten kann. Es zieht Hunderte, fast Tausende von Meilen auf eigene Kosten um, kauft Grund und Boden und bestreitet vom Augenblick seiner Ankunft an selbst seinen Unterhalt. Kann es grausam von unserer Regierung sein, [...] dem Indianer ein neues und ausgedehntes Gebiet zu geben, ihm die Umzugskosten zu bezahlen und ihn ein Jahr lang in seiner Heimat zu unterstützen? Wie viele tausend unserer eigenen Leute würden freudig die Gelegenheit ergreifen, unter solchen Bedingungen in den Westen zu ziehen! Und ist anzunehmen, dass der umherziehende Wilde eine stärkere Bindung an seine Heimat hat als der sesshafte, zivilisierte Christ? [...] Er ist nicht willens, sich den Gesetzen der Einzelstaaten zu unterwerfen und sich mit deren Bevölkerung zu vermischen. Um ihn davor zu schützen – oder gar vor der völligen Vernichtung, bietet ihm die Zentralregierung großzügig eine neue Heimat an.

Zit. nach: Anton Egner u .a.: Herausforderungen der Moderne. Übers. Rudolf Renz. Hannover (Schroedel) 2002, S. 25

7 „Die Nacht der Indianer wird dunkel sein“

Aus einer Rede des Häuptlings Seattle bei den Verhandlungen mit Isaac Stevens, dem Gouverneur von Washington (1855):

Der große – und wie ich glaube – gute Häuptling der Weißen schickt uns die Nachricht, dass er unser Land kaufen will. Aber er will uns genug lassen, damit wir sorglos leben können. Vielleicht ist das großzügig, denn der rote Mann hat keine Rechte mehr, die man achten müsste. Es mag sogar sinnvoll sein, da wir ein so großes Stück Land nicht länger brauchen. Früher bedeckte mein Volk dieses Land wie eine vom Wind getriebene Woge den muschelbesäten Strand. Aber diese Zeit ist vorbei und die Größe und Macht der Stämme heute fast schon vergessen.

Aber ich will nicht das Dahinschwinden meines Volkes beklagen. Noch will ich unseren weißen Brüdern die Schuld daran geben. Vielleicht haben auch wir ein wenig Schuld. [...] Euer Gott liebt euer Volk und hasst das meine. Er legt seinen starken Arm um den weißen Mann und führt ihn bei der Hand wie ein Vater seinen Sohn führt. Er hat seine roten Kinder verlassen. Er macht euer Volk stärker – Tag um Tag. Bald werdet ihr das Land überfluten. Mein Volk aber schwindet mit der Ebbe dahin, wir kehren nie mehr zurück. Nein, der Gott des weißen Mannes liebt seine roten Kinder nicht, sonst würde er sie in seinen Schutz nehmen. Jetzt sind wir Waisen. Und niemand ist da, der uns hilft. [...]

Nein, wir sind zwei getrennte Rassen, und getrennt müssen wir bleiben. Es gibt nicht viel, was uns verbindet.

Uns ist die Asche unserer Väter heilig. Ihre Gräber sind heilige Erde. Ihr aber seid Wanderer, ihr lasst die Gräber eurer Väter hinter euch zurück und kümmert euch nicht darum.

Eure Religion wurde auf steinerne Tafeln geschrieben mit dem eisernen Finger eines zornigen Gottes, damit ihr sie nicht vergesst. Das kann der rote Mann nicht verstehen und nicht im Gedächtnis bewahren. Unsere Religion, das sind die Lebensformen unserer Väter, die Träume unserer alten Männer, die ihnen der Große Geist schickt, die Visionen unserer Häuptlinge. Und das ist in das Herz meines Volkes geschrieben. [...]

Nein, Tag und Nacht können nicht miteinander leben.

Der rote Mann zog sich stets vor dem eindringenden Weißen zurück, wie der Dunst in den Bergen vor der Morgensonne weicht. Darum scheint euer Angebot gerecht und ich glaube, mein Volk wird es annehmen und in das angebotene Reservat gehen. Wir werden abseits leben – und in Frieden.

Es ist gleich, wo wir den Rest unserer Tage verbringen. Es sind nicht mehr viele. Die Nacht der Indianer wird dunkel sein. Keine Sterne erhellen ihren Horizont. Der Wind ist traurig. Das Schicksal jagt den roten Mann, bis er nicht mehr kann. Wohin er auch geht, überall hört er den nahenden Schritt seines Jägers und er macht sich zum Sterben bereit, wie das waidwunde Reh, das den Schritt seines Jägers hört. [...]

Es kann sein, dass wir trotzdem Brüder sind. Wir werden es sehen. Wir werden euer Angebot bedenken. Wenn die Entscheidung gefallen ist, geben wir euch Nachricht.

Zit. nach: William Arrowsmith/Michael Korth (Hrsg.): „Meine Worte sind wie Sterne – sie gehen nicht unter“. Reden der Indianerhäuptlinge. München (Dianus-Trikont) 1984, S. 19–22.

8 Drei der berühmtesten Indianerhäuptlinge in historischen Fotografien
v. l. n. r.: „Sitting Bull" 1885; „Geronimo" 1887; Noah Seattle 1864

9 Kongressbotschaft des US-Präsidenten Chester Alan Arthur zum Indianerproblem (1881):

Es war zu einer Zeit, als das nationale Territorium nahezu unbegrenzt erschien und viele Millionen Acres weit außerhalb der zivilisierten Siedlungen umfasste, durchaus natürlich, dass eine Politik eingeleitet wurde, die mehr als alles andere zu einer ergiebigen Quelle unserer Schwierigkeiten mit den Indianern geworden ist. […] Es ist nutzlos hier zu erörtern, wer von ihnen hauptsächlich für die Auseinandersetzungen verantwortlich war, deren Aufzählung so viel Platz auf den Seiten unserer Geschichte einnimmt. […]

Dringend Not tun jetzt gesetzgeberische Maßnahmen, um den Erfolg der Anstrengungen zu sichern, die unternommen werden, um die Standards und Gewohnheiten eines zivilisierten Lebens unter den Indianern einzuführen, sie in den Kreis unserer Bürger einzugliedern und Anteil an ihren Rechten und Pflichten nehmen zu lassen. […] Ich empfehle darum erstens die Verabschiedung eines Gesetzes, das die Gesetze der Staaten und Territorien für die indianischen Reservationen verbindlich macht. Die Indianer sollten den Schutz der Gesetze erlangen. Sie sollten die Möglichkeit bekommen, ihre persönlichen und ihre Eigentumsrechte vor Gericht zu vertreten. Sie haben wiederholt um dieses Recht gebeten. Seine Ausübung wäre für sie auf dem Weg zur Zivilisation sehr wertvoll. […]

Zweitens ist im Interesse ihrer gegenwärtigen Wohlfahrt und ihres beständigen Fortschreitens ein Gesetz erforderlich, das die Zuteilung von Landparzellen zum persönlichen Besitz für jene Indianer erlaubt, die dies wünschen; diese Parzellen müssen eine vernünftige Größe haben, durch Rechtsurkunde übereignet werden und zu ihrem eigenen Schutz für 20 oder 25 Jahre unveräußerlich sein. Es gibt gute Gründe zu glauben, dass die Indianer in Reaktion auf solch großzügiges Vorgehen der Regierung in großer Zahl dazu gebracht werden könnten, ihre Stammesbindungen zu lockern und sich als Farmer zu betätigen. Viele von ihnen sehen ein, dass die Tage ihres Jägerdaseins vorüber sind und dass es jetzt in ihrem Interesse liegt, ihre Lebensweise den neuen Gegebenheiten anzupassen. […]

Drittens empfehle ich großzügige Zuschüsse für den Unterhalt indianischer Schulen, da ich zuversichtlich glaube, dass ein solches Vorgehen auch wirtschaftlich klug ist.

Diethelm Düsterloh/Joachim Rohlfes: Die Vereinigten Staaten von Amerika. Stuttgart (Klett) 1982, S. 27 f.

Arbeitsvorschläge:

a) Arbeiten Sie aus M 1 bis M 5 die Argumente heraus, die für die These angeführt werden, im Zuge der Frontier-Bewegung habe sich eine spezifische amerikanische Mentalität entwickelt.
b) Bewerten Sie die häufig vertretene These, dieser „American Way of Life" unterscheide sich bis heute von europäischen Denktraditionen und Lebensformen.
c) Charakterisieren Sie, ausgehend von M 6 bis M 9, die Grundzüge der amerikanischen Indianerpolitik im 19. Jahrhundert.
d) Analysieren Sie M 7 und M 9 hinsichtlich der Unterschiede zwischen dem Denken „der Indianer" und dem „der Weißen".

2

2.6 Der Sezessionskrieg und seine Folgen

Sklaverei und Sezessionskrieg

Die Sklavereiproblematik, die im Sezessionskrieg zur Zerreißprobe zwischen Nord- und Südstaaten der USA geführt hat, wirft die Frage nach dem irritierenden Widerspruch zwischen den aufklärerisch-humanitären Idealen (z. B. „all men are created equal") der amerikanischen Verfassung einerseits und der grausamen Ausbeutung und Entrechtung der Afroamerikaner andererseits auf. So war etwa Thomas Jefferson, der liberale Aufklärer und Verfasser der Unabhängigkeitserklärung, zugleich Sklavenhalter und als solcher von der „natürlichen Minderwertigkeit" der schwarzen Sklaven überzeugt. Diese Einstellung teilten nicht nur die meisten seiner weißen Landsleute, sondern auch andere Gründungsväter der Vereinigten Staaten, so z. B. Benjamin Franklin, James Madison und George Washington.

Dreieckshandel

1608 waren die ersten Afrikaner im Rahmen des transatlantischen Dreieckshandels nach Amerika verschleppt worden, 1770 lebten bereits etwa 500 000 Sklaven in den nordamerikanischen Kolonien Englands, vorwiegend in den Südstaaten mit Plantagenwirtschaft – als persönliches Sacheigentum ihres Herrn, der sie kaufen, verkaufen und verleihen konnte, ohne dass sie sich unter Berufung auf die verfassungsmäßig allen Menschen garantierten Grund- und Menschenrechte hätten wehren können.

Abolitionismus

Mit der territorialen Ausdehnung nach Westen gerieten die sklavenhaltenden Südstaaten innerhalb der Union zusehends in die Minderheit, d. h. die „peculiar institution", wie die Sklaverei euphemistisch genannt wurde, stand zur Disposition. Die Industriestaaten des Nordens und die farmerdominierten Staaten des Westens, für die Zwangsarbeit nicht rentabel war, vertraten immer entschiedener den Abolitionismus, d. h. die Forderung nach Abschaffung der Sklaverei, was die Südstaaten als Angriff auf ihre ökonomischen Existenzgrundlagen interpretierten. Es wurde zunehmend unübersehbar, dass sich unter dem Dach der Union zwei divergierende Gesellschaftssysteme mit konträren Wertmaßstäben unversöhnlich gegenüberstanden. Mit der Wahl Abraham Lincolns (1809–1865) zum Präsidenten eskalierte der Konflikt, forderte Lincolns industriefreundliche Republikanische Partei doch Schutzzölle zum Zwecke des raschen Aufbaus einer konkurrenzfähigen Industrie sowie die Befreiung der Sklaven.

Bürgerkrieg und „Zweite Amerikanische Revolution"

Wenige Wochen nach Lincolns Wahl kam es zur Sezession, d. h. sieben Staaten des „Deep South" trennten sich von der Union und gründeten die „Konföderierten Staaten von Amerika", denen sich wenig später vier weitere Südstaaten anschlossen. Dahinter verbarg sich nicht zuletzt auch ein verfassungsrechtliches Grundproblem, denn die elf Südstaaten beriefen sich auf die „states' rights"-Theorie, derzufolge Einzelstaaten aufgrund ihrer Souveränität zum Austritt aus der Union befugt seien – eine verfassungsrechtliche Position, die mit der bundesstaatlichen Interpretation der amerikanischen Verfassung, wie sie die Nordstaaten vertraten, unvereinbar war. In einem Bürgerkrieg, der auf beiden Seiten mit großer Rücksichtslosigkeit geführt wurde und 600 000 Tote forderte, gelang den Nordstaaten erst nach vier Jahre langen erbitterten Kämpfen 1865 der Sieg über den Süden, der verfassungsrechtlich auf die „states' rights"-Position und wirtschaftlich auf die Zwangsarbeit der Sklaven verzichten musste. Die Schere zwischen dem fortschrittlichen Norden, der aufgrund der Industrialisierung ohnehin bereits prosperierte, und dem rückständigen Süden, der wirtschaftlich marginalisiert wurde, öffnete sich noch weiter als schon zuvor. Deshalb bezeichnen einige Historiker den Bürgerkrieg auch als die „Zweite Amerikanische Revolution".

1 **Abschaffung der Sklaverei:** Mit der Französischen Revolution war bereits 1789 die Sklaverei in Frankreich zunächst abgeschafft, wurde aber bald wieder eingeführt. Erst 1848 gelang die Abschaffung der Sklaverei in den französischen Kolonien (das linke Bild von F. Biard). In Amerika gelang erst nach dem Sezessionskrieg 1865 die Abschaffung (13. Verfassungszusatz). Das rechte zeitgenössische Bild stellt Abraham Lincoln als Sklavenbefreier dar.

2 Der Missouri-Kompromiss

Jürgen Heideking über den Kompromiss in der Sklavenfrage 1820:

Zwischen 1800 und 1819 waren drei Sklavenstaaten (Louisiana, Mississippi, Alabama) und drei „freie“ Staaten (Ohio, Indiana, Illinois) neu in die Union aufgenommen worden, die nun 22 Mitglieder zählte. 1819 beantragten auch die Siedler von Missouri beim Kongress die Aufnahme, da die Bevölkerung des Territoriums die nach der Northwest Ordinance (1787) erforderliche Zahl von 60000 erreicht hatte, 10000 von ihnen Sklaven. Während die früheren Beitritte eher routinemäßig abgewickelt worden waren, entbrannte im Kongress über diesen Antrag erstmals ein heftiger Streit, der die politische Sprengkraft der Sklavereifrage schlaglichtartig deutlich machte. Die Vertreter der Nordstaaten, die im Repräsentantenhaus auf Grund ihrer Bevölkerungsstärke die Mehrheit hatten, wollten eine Klausel in die von Missouri vorgelegte Verfassung einfügen, die den Staat auf eine allmähliche Emanzipation der Sklaven verpflichtet hätte. Der Senat, in dem sich Sklavenstaaten und freie Staaten genau die Waage hielten, lehnte jedoch eine solche Bedingung ab. Daraufhin verweigerte das Repräsentantenhaus dem Aufnahmeantrag von Missouri die Zustimmung und im Gegenzug blockierte der Senat den Beitritt von Maine, das bislang zu Massachusetts gehört hatte, nun aber ein eigener Staat werden wollte.

In monatelangen, äußerst mühsamen Beratungen fand der Kongress aber doch noch einen Ausweg aus dem Dilemma: Maine wurde 1820 als freier Staat aufgenommen und Missouri durfte im folgenden Jahr ohne Bedingungen, d. h. als Sklavenstaat beitreten, wodurch das Nord-Süd-Gleichgewicht im Senat erhalten blieb: dafür akzeptierten die Südstaatler das permanente Verbot der Sklaverei im Rest des 1803 von Napoleon erworbenen Louisiana-Territoriums oberhalb einer Linie (36 Grad 30 Minuten nördlicher Breite), die von der Südwestecke Missouris bis zu den Rocky Mountains gezogen wurde. Wieder einmal hatte die Furcht vor dem Auseinanderfallen der Union einen Kompromiss erzwungen, der die Sklavereifrage eine weitere Generation lang politisch neutralisierte. Allen Beteiligten war aber schmerzhaft bewusst geworden, dass das Schicksal der Westgebiete, der schwarzen Bevölkerung und der Union auch in Zukunft untrennbar miteinander verbunden sein würden.

Jürgen Heideking: Geschichte der USA. Tübingen, Basel 1996, S. 106 f.

3 Die Lebensumstände der Sklaven

a) Charles Lyell, englischer Geologe, berichtet während einer Reise durch die USA über die Sklaverei in Georgia (1849):

Die Feldsklaven besitzen ihre eigenen Häuser […]. Im Vergleich mit dem Lebensstandard der weißen Dienerschaft in Europa erfreuen sich die Schwarzen jedoch vieler Vorteile. Vor allem können sie jederzeit heiraten. Wenn hier eine Herrin irgendeiner jungen Sklavin gegenüber die Bedingung aussprechen würde, die in englischen Zeitungsanzeigen für ein Hausmädchen üblich ist, „No followers allowed“ [Liebhaber nicht gestattet], so würde dies als ein Akt ausgesprochener Tyrannei betrachtet werden. […]
Die Negerhäuser sind genauso sauber wie die meisten Arbeiterhäuschen in Schottland (das muss man ohne Schmeichelei zugeben). Es ist immer eine Halle vorhanden, wie sie es nennen, in der sich eine Truhe, ein Tisch, zwei oder drei Stühle und einige Regale für Geschirr befinden. An der Tür zum Schlafzimmer haben sie ein großes

hölzernes Vorhängeschloss angebracht, um, wenn sie bei der Arbeit auf dem Felde sind, ihre Wertsachen vor den Nachbarn zu schützen, denn sie stibitzen immer wieder untereinander. [...]
Wir besichtigten das Krankenhaus von Hopeton, das aus drei einzelnen Krankensälen besteht, alle hervorragend sauber und gut gelüftet. Einer ist für die Männer bestimmt, der andere für die Frauen und der dritte für Wöchnerinnen. Den Letzteren wird nach ihrer Entbindung eine Erholungszeit von einem Monat zugestanden, ein Vorteil, den die hart arbeitenden englischen Dienstboten kaum genießen. [...]
Die Feldsklaven erhalten Maismehl, Reis und Milch und gelegentlich Fleisch und Suppe. Wenn sie die Rationen nicht bewältigen können, geben sie die Reste entweder an den Aufseher zurück, der ihnen am Ende der Woche ein Taschengeld dafür auszahlt, oder sie behalten sie als Futter für ihr Geflügel, das sie dann meistens ebenso gegen bar verkaufen wie die Eier, um sich Sirupbonbons, Tabak und andere Genussmittel dafür kaufen zu können.
Wenn sie sich gelegentlich einmal anstrengen, schaffen sie ihr Tagewerk in fünf Stunden; dann amüsieren sie sich beim Fischen und verkaufen ihre Beute; andere beschäftigen sich in ihrer Freizeit damit, Kanoes aus großen Zypressenbäumen zu schnitzen.

Zit. nach: Victor Austin (Hrsg.): Der Amerikanische Bürgerkrieg in Augenzeugenberichten. Düsseldorf (Rauch) 1963, S. 34–36.

b) M. D. Conway aus Virginia berichtet in seinen „Testimonies Concerning Slavery“ (1865) über die Behandlung der Sklaven:

In den Städten und Dörfern wird das Auspeitschen von einem offiziell ernannten Vollstrecker übernommen. Nur in Notfällen oder in hitziger Erregung kommt es vor, dass Damen oder Herren ihre Sklaven selbst schlagen. Die Herren scheuen es als eine Herabsetzung auf die soziale Stufe des Aufsehers oder Wachtmeisters, wie man den Auspeitscher auch nennt. Die Damen sind dagegen zu empfindlich, um die Züchtigung zu erteilen; sie schreiben lieber auf ein Stück Papier: „Mr. X, erteilen Sie doch bitteschön dem Negermädchen Nancy soundsoviel Hiebe und schicken Sie die Rechnung an folgende Adresse ...“
An kein Gebäude unseres Dorfes erinnere ich mich so gut, wie an des Sklavenauspeitschers alte, gefängnisartige Behausung, die aus Ziegeln und Kalkstein gebaut war [...]. Der Sklavenauspeitscher wird für seine Tätigkeit gut bezahlt und führt ein angenehmes Leben. Doch der stille, alte Mann, über den ich schrieb, kam zu dem Schluss, den Tod einem solchen Leben vorzuziehen; eines Tages kam ein schluchzendes Mädchen, das den Auftrag für 40 Peitschenhiebe in der Hand hielt, doch öffnete ihr niemand. Daraufhin schlugen die Nachbarn die Tür ein und entdeckten Kapitän Pickett, der sich an seinem eigenen Auspeitschpfahl erhängt hatte.

Zit. nach: Susanne Everett: Geschichte der Sklaverei. Augsburg (Weltbild) 1998, S. 113.

c) Der Sklave Salomon Northup berichtet über die Sklavenarbeit auf einer Baumwollplantage in Louisiana in den 1860er-Jahren:

Der erste Tag (Anlernzeit)

Wenn ein neuer Handlanger, der sich bei der Arbeit noch nicht richtig auskennt, zum ersten Mal aufs Feld geschickt wird, wird er tüchtig mit der Peitsche angetrieben und den Tag lang gezwungen, so schnell wie möglich zu pflücken. Am Abend wird die Ladung gewogen, damit seine Leistung bekannt ist. Nun muss er an jedem folgenden Abend das gleiche Gewicht anbringen. Wird es weniger, so gilt es als Beweis dafür, dass er getrödelt hat, und das wird mit einer größeren oder kleineren Anzahl von Peitschenhieben bestraft. [...]

Arbeitszeit

Die Handlanger müssen bei Sonnenaufgang auf den Feldern sein und, abgesehen von der Mittagspause von 10 bis 15 Minuten, in der sie ihre Ration kalten Specks herunterschlingen, dürfen sie keinen Moment Ruhe genießen, bis es völlig dunkel wird. Wenn Vollmond ist, arbeiten sie oft bis mitten in die Nacht hinein. Nicht einmal zu Mittag wagen sie aufzuhören oder – egal wie spät der Abend wird – ins Quartier zurückzukehren, ehe der Driver ihnen den Befehl gibt.

Das Abwiegen

Wenn die Tagesarbeit auf dem Feld erledigt ist, werden die Körbe ins Entkörnungshaus gebracht, wo die Baumwolle zunächst gewogen wird. Egal wie müde er ist – egal wie sehr er sich nach Schlaf und Ruhe sehnt –, wenn der Sklave sich mit seinem Korb Baumwolle dem Entkörnungshaus nähert, begleitet ihn immer die Angst. Fällt es zu leicht aus – hat er das ihm zugemutete Pensum nicht geschafft –, dann weiß er, dass er es büßen wird. Sollte er das Soll um zehn oder zwanzig Pfund überschritten haben, wird sein Herr wahrscheinlich die Aufgabe für den nächsten Tag höher einschätzen.
Daher ist, egal ob zu wenig oder zu viel Baumwolle, sein Weg zum Entkörnungshaus nie frei von Furcht und Zittern. [...]

Die Ration

Die Sklaven bekommen nur Mais und Speck. Die Ration wird jeden Sonntagvormittag am Kornspeicher und an der Räucherkammer ausgeteilt. Jeder erhält eine Wochenration von 3 Pfund Speck und genug Mais für ein Pekh [9 Liter] Mehl. Das ist alles – kein Tee, kein Kaffee, kein

Zucker und, abgesehen von einer kleinen Prise hie und da, kein Salz.

Das Essen

[…] Die meisten Sklaven besitzen kein Messer, geschweige denn eine Gabel. Sie schneiden ihren Speck mit der Axt am Holzstapel. Das Maismehl wird mit etwas Wasser gemischt, ins Feuer gelegt und gebacken. […] Der Bewohner der Sklavenhütte darf sich zum Dinieren auf den Boden setzen. Jetzt ist es gewöhnlich schon Mitternacht.

Der Schlaf

Dieselbe Angst vor Strafe, die die Sklaven vor dem Entkörnungshaus erleben, packt sie wieder, wenn sie sich zur Ruhe hinlegen: Jedoch ist es jetzt die Angst, dass sie verschlafen. Dieses Vergehen zöge nicht weniger als 20 Peitschenhiebe nach sich.

Zit. nach: Wolfgang Wimmer: Die Sklaven. Eine Sozialgeschichte mit Gegenwart. Reinbek (Rowohlt) 1979, S. 159 ff.

4 Bürgerkrieg und Sklavenhaltung in historischen Fotografien

Mitte des 19. Jh. war die Technik der Fotografie bereits so weit entwickelt, dass die Schrecken des Bürgerkriegs und der Sklaverei fotografisch dokumentiert und in Zeitungen auch verbreitet werden konnten.

a) A. Lincoln bei Kabinettssitzung, Foto 1862

b) Unionstruppen vor dem Haus General Lees 1864

c) Schützengraben mit Toten, Chacellorsville 1863

d) Unionstruppen vor Haus eines Sklavenhändlers, Virginia, undatiert

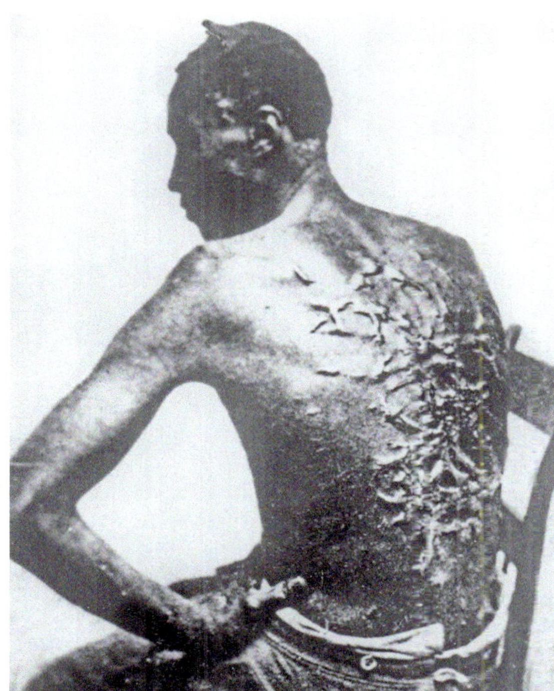

e) Entflohener Sklave aus Lousiana 1863

5 Sklavenbefreiung und Verfassungszusätze

a) Abraham Lincolns Erklärung zur Befreiung der Sklaven (1863):

Kraft der Gewalt […] bestimme ich, dass alle als Sklaven in den genannten Staaten und Teilen von Staaten gehaltenen Personen frei sind und es von jetzt an bleiben sollen und dass die vollziehende Staatsgewalt der Vereinigten Staaten mit Einschluss der Militär- und Marinebehörden die Freiheit besagter Personen anerkennen und erhalten wird.

Und ich mache den hierdurch für frei erklärten Personen zur Pflicht, sich aller Gewalttätigkeiten zu enthalten, es sei denn in der Notwehr, und ich empfehle ihnen, in allen Fällen, wo es gestattet ist, treu gegen mäßigen Lohn zu arbeiten.

Und ich bestimme weiter und mache bekannt, dass geeignete Personen zum bewaffneten Heeresdienst in den Vereinigten Staaten zugelassen werden auf Forts, Stationen und zu anderen Stellen und zur Bemannung von Schiffen aller Art.

Und für diese Verfügung, die ich entschieden für einen Akt der Gerechtigkeit halte und die als militärische Notwendigkeit durch die Verfassung bestätigt wird, rufe ich das gereifte Urteil der Menschheit und die gütige Gnade des allmächtigen Gottes an.

Zit. nach: Herbert Schambeck (Hrsg.): Dokumente zur Geschichte der Vereinigten Staaten von Amerika. Berlin 1993, S. 373 f.

c) Civil Rights Act (1866):

Es wird hiermit verfügt, dass alle Personen, welche in den Vereinigten Staaten geboren wurden und welche keiner ausländischen Macht unterworfen sind, ausgenommen Indianer, welche nicht besteuert werden, hiermit zu Bürgern der Vereinigten Staaten erklärt werden; und dass solche Bürger jeder Rasse und Farbe und ohne Rücksicht auf einen etwaigen früheren Zustand der Sklaverei oder der unfreiwilligen Knechtschaft, ausgenommen den Fall einer Bestrafung für ein Verbrechen, dessen der Betroffene rechtmäßig verurteilt worden ist, dasselbe Recht haben sollen, in jedem Staat und Territorium in den Vereinigten Staaten, Verträge abzuschließen und durchzusetzen, zu klagen, Parteistellung zu besitzen und als Zeuge auszusagen; weiters das Recht besitzen, Grundbesitz und persönliches Eigentum zu erben, zu kaufen, zu mieten, zu verkaufen, zu besitzen und zu übertragen; weiters das gleiche Recht auf vollen und gleichen Nutzen aller Gesetze und Verfahren für die Sicherheit der Person und des Eigentums, so wie er von weißen Bürgern genossen wird, und sie sollen weiters derselben Bestrafung, Gefängnisstrafen und Geldstrafen, unterworfen sein und keiner anderen ungeachtet irgendeines Gesetzes, einer Satzung, einer Verordnung, einer Verfügung, einer Regelung oder einer Gewohnheit, die das Gegenteil aussagen.

Zit. nach: Herbert Schambeck (Hrsg.), Dokumente zur Geschichte der Vereinigten Staaten von Amerika. Berlin 1993, S. 383.

b) Amendment XIII zur US-Verfassung (1865):

Abschnitt 1. Weder Sklaverei noch Zwangsdienstbarkeit darf, außer als Strafe für ein Verbrechen, dessen die betreffende Person in einem ordentlichen Verfahren für schuldig befunden worden ist, in den Vereinigten Staaten oder in irgendeinem Gebiet unter ihrer Gesetzeshoheit bestehen.

Zit. nach: Herbert Schambeck (Hrsg.): Dokumente zur Geschichte der Vereinigten Staaten von Amerika. Berlin 1993, S. 185 f.

d) Amendment XV zur US-Verfassung (1870):

Abschnitt 1. Das Wahlrecht der Bürger der Vereinigten Staaten darf von den Vereinigten Staaten oder einem Einzelstaat nicht auf Grund der Rassenzugehörigkeit, der Hautfarbe oder des vormaligen Dienstbarkeitsverhältnisses versagt oder beschränkt werden.

Zit. nach: Herbert Schambeck (Hrsg.): Dokumente zur Geschichte der Vereinigten Staaten von Amerika. Berlin 1993, S. 187.

Arbeitsvorschläge:

a) Erläutern Sie, ausgehend von M 2, worin die „politische Sprengkraft der Sklavereifrage" (M 2, Zeile 11 f.) bestand und welche Lösung im Kongress gefunden wurde.
b) Beurteilen Sie die langfristige Tragfähigkeit des Missouri-Kompromisses (M 2).
c) Beschreiben Sie anhand von M 3 die Lebensverhältnisse der nordamerikanischen Sklaven. Erklären Sie, wie es zu den Unterschieden gekommen sein kann, die zwischen den Beschreibungen bestehen.
d) Beschreiben und interpretieren Sie die fotografischen Dokumente in M 4 und ordnen Sie sie in ihren historischen Kontext ein.
e) Bewerten Sie anhand von M 5 die Ergebnisse des Sezessionskrieges.
f) Recherchieren Sie, welche weiteren Auswirkungen der Sezessionskrieg hatte, und formulieren Sie ein abschließendes Urteil über seine Bedeutung für die Geschichte der USA. (**Online Link** 430016-0201)

Zeittafel: Amerikanische Revolution

1607	In Jamestown (Virginia) lassen sich die ersten britischen Siedler nieder.
1620	Mayflower Compact und Gründung von Plymouth Plantation
1756 – 1763	Siebenjähriger Krieg in Europa, French and Indian War in Nordamerika
1765	Stamp Act („no taxation without representation“)
1767	Townshend Act, Einfuhrzölle auf Glas, Blei, Farbe, Papier und Tee
1770	Erste gewaltsame Auseinandersetzungen zwischen Bostoner Bürgern und britischen Soldaten („Boston Massacre“)
1773	Bei der „Boston Tea Party“ werfen amerikanische Siedler, die als Indianer verkleidet sind, aus Protest gegen den britischen Teezoll Teeladungen ins Hafenbecken.
1775	Zweiter Kontinentalkongress in Philadelphia, Ausarbeitung der Unabhängigkeitserklärung durch Thomas Jefferson
1775 – 1783	Unabhängigkeitskrieg
1776	Am 4. Juli trennen sich die Kolonien vom Mutterland und erklären ihre staatliche Unabhängigkeit von England.
1783	Anerkennung der amerikanischen Unabhängigkeit durch England im Frieden von Paris
1787 – 1789	Ausarbeitung und Ratifizierung der US-Verfassung
1823	Monroe-Doktrin, mit der die USA die gegenseitige Nichteinmischung zwischen Europa und Amerika proklamieren
1829 – 1837	US-Präsident Andrew Jackson erweitert die Partizipationschancen, z. B. allgemeines Männerwahlrecht („Jacksonian Democracy“).
1846 – 1848	Krieg mit Mexiko, Erweiterung der USA bis Neu-Mexiko und Kalifornien
1860 – 1890	Höhepunkt der Indianerkriege, in denen die Native Americans stark dezimiert und in Reservate abgedrängt werden
1861	Wahl Abraham Lincolns zum US-Präsidenten, Abspaltung der Südstaaten, die die „Confederate States of America“ bilden
1861 – 1865	Sieg der Nordstaaten im Sezessionskrieg und Wiederherstellung der Union
1865	Abschaffung der Sklaverei durch den US-Kongress
1868	Ausdehnung des Männerwahlrechts auf Afro-Amerikaner
1870	Einführung des Frauenwahlrechts in Wyoming (in den USA insgesamt erst 1920)
1890	Ende der „Frontier“-Bewegung

2.7 Die Französische Revolution

Eine neue Epoche der Weltgeschichte?

Goethe berichtet, er habe nach der Kanonade von Valmy, bei der eine französische Revolutionsarmee 1792 preußische Truppen zum Rückzug gezwungen hat, gegenüber Offizieren geäußert: „Von hier und heute geht eine neue Epoche der Weltgeschichte aus, und ihr könnt sagen, ihr seid dabei gewesen." Er scheint also geahnt zu haben, was wir heute sicher wissen: dass die Französische Revolution ein epochales Ereignis war, das die Geschichte der Moderne bis in unsere Gegenwart hinein tief geprägt hat. Sie hat nicht nur Frankreich grundlegend verändert, sondern die von ihr ausgelösten Umwälzungen strahlten von Frankreich ausgehend hinaus in weite Teile Europas und der Welt.

Kontroverse

Schreckensherrschaft

Die Ergebnisse, Errungenschaften und Wirkungen der Französischen Revolution sind sehr vielfältig und wurden dementsprechend in den mehr als 200 Jahren, die seither vergangen sind, sehr unterschiedlich bewertet. Während die einen den auf dem Prinzip der Volkssouveränität beruhenden Verfassungsstaat mit Gewaltenteilung und Rechtssicherheit als revolutionäre Errungenschaft feiern, weisen die anderen auf das Abgleiten der Revolution in den Totalitarismus hin, der in der radikalen Phase der „Schreckensherrschaft" („Grande Terreur") zur Missachtung elementarster Menschenrechte und zum staatlich organisierten Massenmord geführt habe. Während die einen das Experimentieren mit zukunftsweisenden Staatsformen wie der konstitutionellen Monarchie und der Republik betonen, meinen andere, die Revolutionäre hätten die Büchse der Pandora geöffnet, aus der der jakobinische Einparteienstaat und die plebiszitäre Militärdiktatur Napoleons in die Welt gekommen seien – mit unheilvollen Wirkungen bis heute.

Geburt der Zivilgesellschaft oder des Totalitarismus

Während die einen in einer umfassenden Fundamentalpolitisierung der Gesellschaft die Anfänge der zivilen Bürgergesellschaft des 20./21. Jahrhunderts ausmachen, sehen andere in der Ideologisierung und Radikalisierung der politischen Auseinandersetzung den Beginn von geistiger Intoleranz bis hin zur Verfolgung und Vernichtung des politischen Gegners. Während die einen die Ausbreitung der Ideen von Freiheit, Gleichheit und Brüderlichkeit über die französischen

1 Hinrichtung des französischen Königs Ludwig XVI. in einer Zeichnung der Brüder Grimm

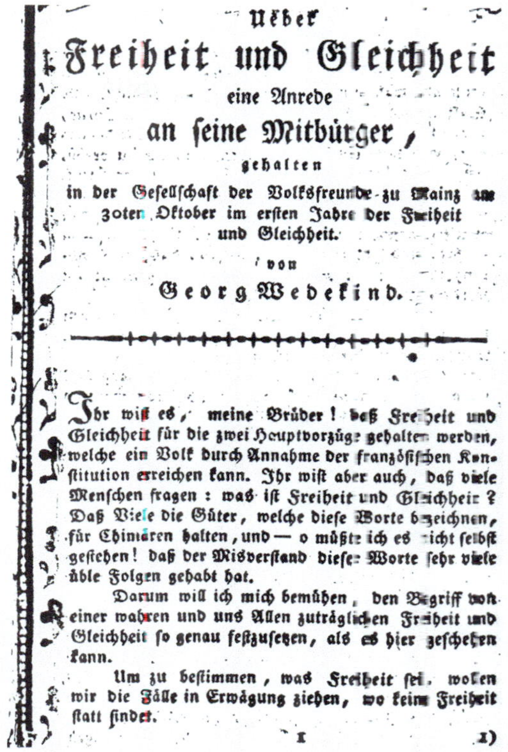

Ueber

Freiheit und Gleichheit

eine Anrede

an seine Mitbürger,

gehalten

in der Gesellschaft der Volksfreunde zu Mainz am 30ten Oktober im ersten Jahre der Freiheit und Gleichheit.

von

Georg Wedekind.

Ihr wißt es, meine Brüder! daß Freiheit und Gleichheit für die zwei Hauptvorzüge gehalten werden, welche ein Volk durch Annahme der französischen Konstitution erreichen kann. Ihr wißt aber auch, daß viele Menschen fragen: was ist Freiheit und Gleichheit? Daß Viele die Güter, welche diese Worte bezeichnen, für Chimären halten, und — o müßte ich es nicht selbst gestehen! daß der Mißverstand dieser Worte sehr viele üble Folgen gehabt hat.

Darum will ich mich bemühen, den Begriff von einer wahren und uns Allen zuträglichen Freiheit und Gleichheit so genau festzusetzen, als es hier geschehen kann.

Um zu bestimmen, was Freiheit sei, wollen wir die Fälle in Erwägung ziehen, wo keine Freiheit statt findet.

1)

2 **Rezeption der Französischen Revolution in Deutschland**
links: Zeichnung eines Freiheitsbaums mit Jakobinermütze von Johann Wolfgang Goethe; rechts: Druckschrift von Georg Christian Wedekind, Medizinprofessor und Begründer des Jakobinerclubs in Mainz.

Grenzen hinaus als Startschuss für den weltweiten Siegeszug der Demokratie werten, sehen die anderen im Sendungsbewusstsein der Revolutionäre einen aggressiven Missionsgeist, der auch vor kriegerischer Gewaltanwendung nicht zurückschreckt. Während die einen das Ende der Ständegesellschaft und die Geburt der modernen Nation bejubeln, sehen die anderen im Nationalstaat den Vorboten von Nationalismus und Chauvinismus. Während die einen eine moderne Staatsbürgergesellschaft und eine liberale Leistungsgesellschaft entstehen sehen, beklagen die anderen mit dem Sieg des Bürgertums und der Geburt der „bürgerlichen Gesellschaft" die Entstehung unversöhnlicher Klassengegensätze, die die proklamierte Chancengleichheit und Leistungsgerechtigkeit gerade verhindert hätten. Während die einen im Wirken z. B. von Olympe de Gouges und ihrer „Déclaration des droits de la Femme et de la Citoyenne" bis hin zu den revolutionären Frauenclubs die Anfänge der Frauenemanzipation erkennen, weisen andere auf die Zerschlagung der Frauenclubs durch die Jakobiner und die Hinrichtung von Olympe de Gouges 1793 hin.

Licht- und Schattenseiten der Revolution

Die Liste der Zwiespältigkeiten, die das Bild der Französischen Revolution kennzeichnen, ließe sich noch beliebig weiter verlängern. Auf den folgenden Seiten können Sie anhand von Quellenmaterialien und einer ausführlichen Zeittafel einerseits Ihre Kenntnisse von der Französischen Revolution auffrischen und vervollständigen, andererseits können Sie sich ein eigenes Urteil darüber bilden, welche Licht- und Schattenseiten diese Revolution hatte und inwieweit sie zur Herausbildung demokratischer Lebensformen in Europa beigetragen hat.

3 Deutsche Jakobiner

Der deutsche Jakobiner Georg Friedrich Rebmann (1796):

Die größte Begebenheit unserer Tage und man kann wohl sagen, die größte Begebenheit aller Jahrhunderte, die fränkische Revolution, musste auf jeden Menschen von einigem Gefühl eine entscheidende Wirkung äußern. Jeder, der nicht bloß für seine Existenz Sinn hatte, nahm auf irgendeine Art an dieser großen Erscheinung teil und mancher junge Mann, der sonst ein elendes Pflanzenleben fortgeschleppt hätte, erhielt dadurch einen entscheidenden Stoß, der alle seine Kräfte in Bewegung setzte. Schöner und größer, als es leider! je zur Wirklichkeit kommen wird, stand das Ideal eines allgemeinen Brüderbundes vor der Seele des Menschen, der seine Mitbürger liebte.

Georg Friedrich Rebmann: Vollständige Geschichte meiner Verfolgungen und meiner Leiden [Herbst 1796]. Zit. nach: Rolf Reichardt: Das Blut der Freiheit. Frankfurt/Main (Fischer) 1998, S. 330.

4 Revolution in moralischer Absicht

Der deutsche Philosoph Immanuel Kant (1798):

Die Revolution eines geistreichen Volkes, die wir in unseren Tagen vor sich gehen sehen, mag gelingen oder scheitern; sie mag mit Elend und Gräueltaten dermaßen angefüllt sein, dass ein wohldenkender Mensch sie, zum zweiten Male unternehmend, glücklich auszuführen hoffen könnte, doch das Experiment auf solche Kosten zu machen nie beschließen würde – diese Revolution, sage ich, findet doch in den Gemütern aller Zuschauer (die nicht selbst in diesem Spiele mit verwickelt sind) eine Teilnehmung dem Wunsche nach, die nahe an Enthusiasm[us] grenzt, die keine andere als eine moralische Anlage im Menschengeschlecht zur Ursache haben kann. Ein solches Phänomen in der Menschengeschichte vergisst sich nicht mehr, weil es eine Anlage und ein Vermögen in der menschlichen Natur zum Besseren aufgedeckt hat, dergleichen kein Politiker aus dem bisherigen Laufe der Dinge herausgeklügelt hätte. [...] Aber, wenn der bei dieser Begebenheit beabsichtigte Zweck auch jetzt nicht erreicht würde, wenn die Revolution gegen das Ende doch fehlschlüge oder, nachdem diese einige Zeit gewähret hätte, doch wiederum alles ins vorige Gleis zurückgebracht würde, so verliert jene Vorhersage doch nichts von ihrer Kraft. Denn jene Begebenheit ist zu groß, zu sehr mit dem Interesse der Menschheit verwebt, als dass sie nicht den Völkern, bei irgendeiner Veranlassung günstiger Umstände, in Erinnerung gebracht und zu Wiederholung neuer Versuche dieser Art erweckt werden sollte.

Immanuel Kant: Der Streit der Fakultäten: In: Werke in 12 Bänden, Bd. XI, Frankfurt/Main 1964, S. 358, 361.

5 Die „fürchterliche französische Revolution“

Der deutsche Publizist Ernst Moritz Arndt (1814):

Auch das hat die fürchterliche französische Revolution, die wir jetzt unsere, die europäische Revolution nennen müssen, uns heller als das Sonnenlicht gezeigt, dass der alte Zustand Europas vergangen ist, dass wir in den Vorhallen einer neuen Zeit stehen, [...] dass wir dieser wilden und tollen Revolution unendlich viel verdanken, dass sie ein reiches Feuermeer ausgegossen hat, woraus jeder nicht lichtscheue Mann sein Teil hat schöpfen können, dass sie Ideen in die Köpfe und Herzen gebracht hat, die zur Begründung der Zukunft die notwendigsten sind und die zu fassen vor zwanzig oder dreißig Jahren die meisten Menschen noch zitterten.

Zit. nach Rolf Reichardt: Das Blut der Freiheit. Frankfurt/Main (Fischer) 1998, S. 333.

6 Eine neue Solidarität der Völker

Der deutsche Staatsrechtler Lorenz von Stein (1842):

Von Frankreich aus zog sich ein doppelter Strom in alle Länder des Westens hinein; der eine, ein Strom neuer Gedanken und Hoffnungen, der andere ein Strom von Emigranten mit alten Ansprüchen. [...] Es ward plötzlich klar, dass es neben dem System des politischen Gleichgewichts für die Staaten noch ein zweites, vielleicht viel mächtigeres Band, eine gewaltige Solidarität in dem ganzen neueren Leben der Völker gebe: die Gleichartigkeit der Gesellschaft in der europäisch-germanischen Welt. Die verschiedenen Stände begannen die Gleichartigkeit des Kampfes, die Gemeinschaft der Siege und Niederlagen, der Entwicklung und Hemmung zu erkennen; die Sache der Emigranten ward zur Sache des Privilegiums in ganz Europa, die Sache des Tiers-État zur Sache der unterdrückten Völker. Die Geschichte Europas hatte in ihrer Bewegung endlich das Element ergriffen, durch welches sie die Gemeinschaft der Völker auf immer hervorrief – den Boden der gesellschaftlichen Zustände. [...] Hier in der Tat und nicht in den Kriegen, Siegen und Staatenänderungen, welche alsbald folgten, liegt der Grund, weshalb wirklich die neueste Zeit sich von der früheren mit jenen Jahren scheidet.

Zit. nach: Rolf Reichardt: Das Blut der Freiheit. Frankfurt/Main (Fischer) 1998, S. 333 f.

7 Folgen für Deutschland

Der deutsche Historiker Gerhard Ritter (1950):

Die Französische Revolution hat eine bewusste Gegensätzlichkeit deutschen und französischen Staatsdenkens eigentlich erst geschaffen, indem sie die bis dahin bestehende Normalform kontinentalen Staatswesens, den in Deutschland so eifrig nachgeahmten Militär- und Beamtenstaat des absoluten Fürstentums, in Frankreich selbst und im Bereich der unmittelbaren französischen Hege-

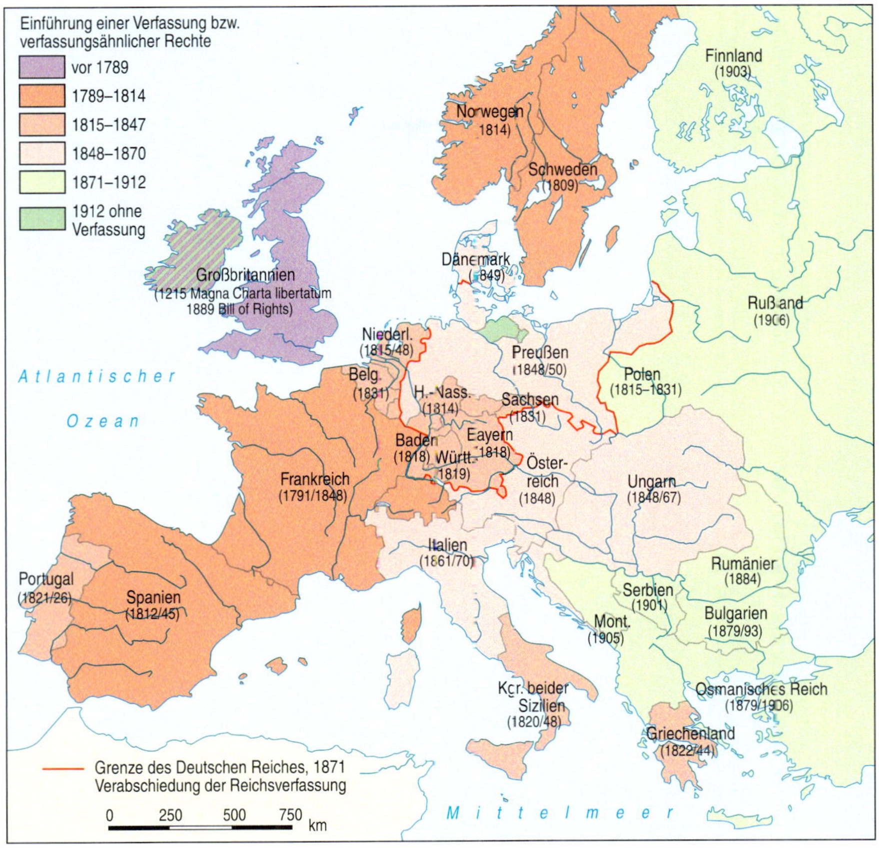

8 **Europas Staaten mit Verfassungen von 1789 bis 1912**

monie zerstörte und statt dessen einen totalen Neubau auf der Grundlage rein rationaler Prinzipien wagte. […]

Aber die Französische Revolution ist noch viel unmittelbarer für das Verständnis der uns heute bedrängenden Fragen wichtig. Indem sie den gewagten Versuch machte, ihren Staat ausschließlich auf rationale, d.h. jedem ohne Weiteres einleuchtende Prinzipien statt auf uraltes Herkommen und religiöse Gehorsamkeitsgebote zu begründen, hat sie die naive Selbstverständlichkeit erschüttert, mit der bis dahin in Europa historische Autoritäten als solche anerkannt worden waren. Die europäische Menschheit wurde zur kritischen Nachprüfung ihres Autoritätsglaubens aufgerufen; die öffentliche Meinung wurde überall mobilisiert, ein ungeheurer Prozess der Politisierung eingeleitet, in den nach und nach alle Volksschichten hineingezogen wurden: zuerst das Bürgertum, zuletzt auch die Masse des Industrieproletariats. Was so entstand, war ein Gärungsprozess, der seinem Wesen nach unendlich ist und eine ewig erneute Unruhe in das politisch-soziale Gefüge der europäischen Menschheit hineingebracht hat. Dabei war die Rationalisierung des politischen Lebens nur ein Teilstück der großen, seit dem 18. Jahrhundert siegreich vordringenden Bewegung zur Rationalisierung, Entzauberung, Technisierung der Welt überhaupt; ihr fiel auch die alte Herrschaft der Kirche über die Geister zum Opfer, sodass nun der Staat mehr als jemals früher zur beherrschenden Macht des öffentlichen Lebens werden konnte. Mit der Umwandlung des alten Obrigkeitsstaats zum demokratischen Volksstaat und mit der Verdrängung der Kirchen aus dem Mittelpunkt des Lebens war grundsätzlich der Weg zum modernen Totalstaat eröffnet. […]

Alle Welt ist heute eifrig bemüht, nach den „Wurzeln des Nationalsozialismus“ in der deutschen Geschichte zu fahnden. Ein höchst notwendiges Geschäft! Aber es würde erfolglos bleiben, wollten wir bei dieser Suche unseren Gesichtskreis auf Deutschland beschränken. Nicht irgendein Ereignis der deutschen Geschichte, sondern die große Französische Revolution hat den festen Boden politischer Traditionen Europas entscheidend aufgelockert; sie hat aber auch die neuen Begriffe und Schlagworte geprägt, mit deren Hilfe der moderne Volks- und Führerstaat sich selbst begründet. Vor allem: Sie hat das Vorbild eines solchen Staatswesens selbst geschaffen und hat mit dessen Waffen den ganzen europäischen Kontinent überschwemmt. Wie hätte das ohne tiefgreifende Dauerfolgen bleiben können?

Gerhard Ritter: Europa und die deutsche Frage. München 1948, S. 42 f., 51.

CODE CIVIL
DES
FRANÇAIS.

ÉDITION ORIGINALE ET SEULE OFFICIELLE.

À PARIS,
DE L'IMPRIMERIE DE LA RÉPUBLIQUE.
An XII. 1804.

Napoleons
Gesetzbuch.

Einzig officielle Ausgabe für das
Großherzogthum Berg.

Düsseldorf,
In der Großherzoglich = Bergischen Regierungs = Buchdruckerey,
bey X. Levrault, Hafenstraße, N.ro 871.
1810.

9 **Mit dem Code Civil bzw. Code Napoléon entstand ein Rechtscodex, der zur Grundlage vieler europäischer Verfassungen wurde; rechts die erste deutsche Übersetzung von 1810.**

10 Die Französische Revolution als Sieg der Bourgeoisie

Der französische Historiker Albert Soboul (1962):

Zehn Jahre revolutionärer Ereignisse hatten die Lage in Frankreich im Wesentlichen in Übereinstimmung mit den Wünschen der Bourgeoisie und Besitzenden grundlegend verändert. Die alte Aristokratie war samt ihren Privilegien und ihrer führenden gesellschaftlichen Bedeutung zerschlagen und die letzten Spuren der Feudalität waren beseitigt. Mit der radikalen Zerstörung der gesamten feudalen Hinterlassenschaft, der Befreiung der Bauern von den Herrenrechten, den kirchlichen Zehnten und – eingeschränkt – auch von den kollektiven Zwängen (contraintes communautaires), mit der Aufhebung der Zunftmonopole und der Herstellung des nationalen Marktes beschleunigte die Französische Revolution die Entwicklung des Übergangs vom „Feudalismus" zum Kapitalismus und bildete zugleich eine ihrer entscheidenden Etappen. Indem sie andererseits die provinziellen Besonderheiten und die lokalen Vorrechte aufhob und die Staatsgewalt des Ancien Régime zerbrach, schuf sie vom Direktorium bis zum Empire die Voraussetzungen eines modernen Staates, der den wirtschaftlichen und sozialen Interessen der Bourgeoisie entsprach.

Als großartigste bürgerliche Revolution, die durch den bewegten Charakter ihrer Klassenkämpfe alle vorangegangenen Revolutionen in den Schatten stellt, ist die Französische Revolution, um einen Ausdruck von Jaurès in seiner Histoire socialiste aufzugreifen, „im weitesten Sinne bürgerlich und demokratisch", während die amerikanische und englische Revolution „borniert bürgerlich und konservativ" blieben. Sie verdankt dies dem Widerstand der Aristokratie, die jeden politischen Kompromiss angelsächsischer Provenienz unmöglich machte und die Bourgeoisie zwang, nicht minder hartnäckig die totale Zerstörung der alten Ordnung zu betreiben: Dies aber konnte sie allein mit Unterstützung des Volkes durchführen. […]

So entstehen aus der Französischen Revolution heraus Ideen, die nach einem Ausdruck von Marx „über die Ideen des ganzen alten Weltzustandes" hinausweisen: die einer neuen Gesellschaftsverfassung, die nicht mehr die bürgerliche Ordnung sein wird.

Die Französische Revolution steht damit im Zentrum der modernen Weltgeschichte, am Kreuzweg verschiedener gesellschaftlicher und politischer Strömungen, welche die Nationen entzweit haben und noch weiterhin entzweien werden. Ihr Enthusiasmus begeistert die Menschen, die sich an die Kämpfe für Freiheit und Unabhängigkeit und an ihren Traum von der brüderlichen Gleichheit erinnern – oder löst Hassgefühle aus. Ihr aufgeklärter Geist lenkt die Angriffe gegen Privileg und Tradition oder reißt die Vernunft durch ihre großen Bemühungen mit fort, um die Gesellschaft auf rationale Grundlagen zu stellen. Ob bewundert oder gefürchtet – die Revolution lebt im Bewusstsein der Menschen weiter.

Albert Soboul: Die Große Französische Revolution. Frankfurt/Main (EVA) 1972, S. 571 f., 573 f. Übers.: Joachim Heilmann, Dietfried Krause-Vilmar.

11 Die Französische Revolution als Prototyp der nationalen Revolutionen

Der französische Historiker Michel Vovelle (1982):

Innerhalb von zehn Jahren markiert die Französische Revolution eine entscheidende und im Wesentlichen irreversible Wende nicht nur in der Geschichte Frankreichs, sondern auch der Welt; und zwar nicht nur durch das, was sie zerstört hat, sondern auch durch das, was sie aufbaut oder ankündigt. Als eine mit Unterstützung der Volksmassen vollzogene bürgerliche Revolution entspricht ihre Bilanz den besonderen Bedingungen Frankreichs am Ende des 18. Jahrhunderts […]. Sie ist die Revolution der Freiheit und der Gleichheit und sie begründet am Ende des Jahrhunderts der Aufklärung eine neue Gesellschaftsordnung. Ihre Botschaft ist aber nicht monolithisch: In ihr verbinden sich nacheinander der Diskurs der verfassungsgebenden Revolution – mit der Verfassung von 1791 und zuvor schon mit der Erklärung der Menschenrechte von 1789 –, darauf folgt die jakobinische Verfassung von 1793 bzw. des Jahres I – die bereits mehr als nur eine Variante des ursprünglichen Textes ist, vielmehr den Höhepunkt des Traums von der sozialen Demokratie markiert – und schließlich der Verfassung des Jahres III, die wieder zur Orthodoxie der neuen bürgerlichen Wertvorstellungen zurückkehrt. Die Revolution ersetzt die ungleichen Hierarchien der Gesellschaft des Ancien Régime durch das Prinzip der Gleichheit: „Die Menschen werden frei geboren und bleiben frei und gleich in all ihren Rechten." Dies setzt die Beseitigung aller früheren Privilegien und Abhängigkeiten voraus. Mit dieser Gleichheit ist vor allem die zivile Gleichheit in jedweder Form gemeint: auch die der Protestanten und der Juden (hier gibt es den stärksten Widerstand). Bedenken und Einschränkungen machen die Verfassungsgeber allerdings bei den Sklaven und der Gleichheit der Schwarzen oder Mulatten geltend: Erst der jakobinische Konvent wird – kurzfristig – im emanzipatorischen Sinne entscheiden. Damit deutet sich an, dass die bürgerliche Revolution der Gleichheit auch Grenzen setzt. In politischer Hinsicht hat zwischen 1793 und dem Jahre II nur eine einzige Erprobung des allgemeinen Wahlrechts für männliche Erwachsene stattgefunden. 1791 und im Jahre III herrscht dagegen das Zensuswahlrecht, das aktive und passive Bürger aufgrund eines Zensus unterscheidet. Diese politischen Beschränkungen bedeuten in Wahrheit soziale Schranken, die die Grenzen der bürgerlichen Demokratie zu diesem Zeitpunkt markieren.

Die Revolution ist das Jahr I der Freiheit. Sie hat diese Freiheit mit weniger Einschränkungen als im Falle der Gleichheit von Anfang an proklamiert. […] Die Verbreitung der revolutionären Presse und die Vermehrung der Clubs zeigen, mit welcher Begeisterung diese Innovation angenommen wurde. Die politischen Freiheiten boten das Terrain für vielfältige und exemplarische Erfahrungen. Die Erklärung der Menschenrechte proklamiert die Volkssouveränität, das Prinzip der Wählbarkeit auf allen Ebenen und die Notwendigkeit eines repräsentativen Staatswesens basierend auf der Gewaltenteilung […]. Erst durch die Revolution ist die moderne französische Nation entstanden und herangereift. Sie ist der Prototyp und das begeisternde Vorbild aller großen nationalen Revolutionen des 19. Jahrhunderts.

Michel Vovelle: Die Französische Revolution. Soziale Bewegung und Umbruch der Mentalitäten. Frankfurt/Main (Fischer) 1985, S. 51–57. Übers.: Peter Schöttler.

12 Die Französische Revolution als Motor der deutschen Entwicklung

Der deutsche Historiker Thomas Nipperdey (1983):

Am Anfang war Napoleon. Die Geschichte der Deutschen, ihr Leben und ihre Erfahrungen in den ersten eineinhalb Jahrzehnten des 19. Jahrhunderts, in denen die ersten Grundlagen eines modernen Deutschland gelegt worden sind, steht unter seinem überwältigenden Einfluss. […] Die Grundprinzipien der modernen Welt sind mit der Französischen Revolution ins Leben (und ins Bewusstsein der Zeitgenossen) getreten, sie hat in der Weltgeschichte Epoche gemacht.

Die fast tausendjährige Geschichte des Heiligen Römischen Reiches Deutscher Nation war zu Ende. Altmodisch, schwerfällig, ohne wirkliche Macht war es der Revolutionierung der europäischen Verhältnisse nicht gewachsen; der ungeheure Machtdruck der französischen Armeen der Revolution wie Napoleons, die Sprengkraft der inneren Gegensätze, des preußisch-österreichischen Dualismus wie des Souveränitätsstrebens der Territorialfürsten, die Überlebtheit der zersplitterten Herrschaftsorganisation von Reichskirche, Reichsadel und Reichsstädten – das vernichtete seine Existenz. Es hatte bestehende Zustände stabilisiert, das Gleichgewicht in Europa, die Koexistenz der Partikulargewalten in Deutschland, deren

Konflikte es regelte oder eindämmte, die feudale Herrschafts- und Gesellschaftsordnung. Damit war es nun vorbei. Das Ende der bestehenden Ordnung, durchdringende Veränderungen, Neuordnung – das stand jetzt auf der Tagesordnung. […]

Daneben dann gehört […] der Versuch, innere Reformen durchzusetzen: die Errungenschaften der Revolution, die Auflösung des feudalständischen Systems, so wie Napoleon sie konsolidiert hatte, zu übernehmen. Das hatte für Frankreich einen dreifachen, vor allem machtpolitischen Sinn. Die Gleichförmigkeit von Verwaltung, Rechtsnormen und Verfassung, die Gleichschaltung mit Frankreich, sollte die Einheit des Imperiums festigen und sichern. Die Reformen sollten die Staaten effektiver machen und alle ihre Kräfte zugunsten des Imperiums mobilisieren. Die Reformen sollten schließlich – im Sinne moralischer Eroberung – die Anziehungskraft des Systems und damit seine Stabilität erhöhen. „Welches Volk wird unter die preußische Willkürherrschaft zurückkehren wollen, wenn es einmal die Wohltaten einer weisen und liberalen Verwaltung gekostet hat?“ „Die Völker Deutschlands verlangen staatsbürgerliche Gleichheit und liberale Ideen“ – das war das Programm Napoleons.

Thomas Nipperdey: Deutsche Geschichte 1800–1866. Bürgerwelt und starker Staat. München (C.H. Beck) 1983, S. 11–20.

14 **Zweihundert-Jahr-Feier am 14. Juli 1989 in Paris**

13 Das Bürgertum als Erbe

Der deutsche Historiker Ernst Schulin (1988/2004):

Die Französische Revolution hat das, was schon der fortschrittliche Absolutismus wollte, aber nicht erreichte, geschaffen: nämlich den festen, einheitlichen, zentralen Regierungsapparat, der alle Umstürze des 19. Jahrhunderts überlebte und der das eigentliche stabile, „konservative“ Element des Staates war. Mit diesen beiden, nämlich mit der politischen Demokratie und der Zentralregierung, hängt zusammen der moderne Nationalismus, die allgemeine Schulpflicht, die allgemeine Wehrpflicht und dergleichen. […]

Die politisch bestimmende Gesellschaftsschicht war seither das Bürgertum in seinem schwer abzugrenzenden Umfang. Wenn man sagt, das „reiche Bürgertum“ oder das „kapitalistische“, ist das schon zu abgegrenzt. Sein bestimmtes Interesse, nämlich die Sicherung des Eigentums, die Freiheit für die wirtschaftliche Unternehmung und für den sozialen Aufstieg, ist aber seit 1789 zu erkennen. Es ist zu erkennen in der Abschaffung der Stände einerseits, in der Begrenzung des Weges zur radikalen Demokratisierung andererseits. […]

Das europäische Bürgertum wollte liberal sein wie das französische, es wollte die Errungenschaften der ersten Phase der Französischen Revolution haben, also Verfassung, konstitutionelle Monarchie. Aber der Liberalismus war diskreditiert als gewaltsamer französischer Import. Der Nationalismus – auch er in Frankreich in der Gefahrenzeit in seinem modernen Sinne entstanden – war, als Gegenkraft gegen Napoleons Universalreich, weit stärker. Er wurde […] zur wirkungsvollsten Ideologie des 19. Jahrhunderts.

Das Bürgertum ist durch diese Modifizierungen, Brechungen der Revolution in den verschiedenen Staaten des 19. Jahrhunderts in ein Lavieren geraten, das es diskreditiert hat. Es wurde angreifbar von rechts und von links, weil sein Klasseninteresse dabei deutlich hervortrat. Die ernst gemeinte Idee, allgemeine Menschenrechte zu vertreten, ständelos zu sein, blieb allzu sehr Idee angesichts der weiterbestehenden Aristokratie und angesichts der Vorsichtsmaßnahmen gegen das zunehmende Proletariat. Diese Idee konnte also als Ideologie angegriffen werden. Marx und Engels konnten im Kommunistischen Manifest 1848 feststellen, dass statt der bisherigen Stände eine wirtschaftlich noch weit kräftigere – politisch allerdings ungeschickt handelnde – Klasse die Herrschaft ergriffen habe, und da sie Klasse sei und alle Geschichte in Klassenkämpfen bestehe, müsse sich das Proletariat seiner Klasse bewusst werden und im revolutionären Kampf gegen die Bourgeoisie auftreten. Das hat das Proletariat weitgehend nicht getan, weil dieser Klassencharakter weniger sichtbar und wirksam war als der frühere Ständecharakter, weil also in den meisten Fällen durch evolutionären Kampf erreicht werden konnte, was Marx nur durch revolutionären Umsturz erreichbar glaubte. Der Streit zwischen diesen beiden Formen der Weiterentwicklung ist aber auch heute noch nicht zu Ende. Er wird immer wieder aufflammen, wenn die Entwicklung faktisch allzu sehr stagniert.

Hergeleitet werden muss dieser Streit aus der Großen Französischen Revolution […], welche epochale Bedeutung gehabt hat. Sie ist die erste große, auf völlige Neuerung ausgehende Revolution gewesen – Vorbild für alle gescheiterten oder gelungenen, künstlichen oder echten Revolutionen der Folgezeit, aber auch für die Reformen der Folgezeit. Darin liegt ihr lebendige geschichtliche Wirkung bis heute.

Ernst Schulin: Die Französische Revolution. München (C.H. Beck), 4. Aufl. 2004, S. 266–268.

15 Ein neuer Begriff von Revolution

Der deutsche Historiker Hans-Ulrich Thamer (2004):

Was macht dann das Umstürzende, das Innovative und die Wirkungsmacht der Revolution […] aus? Die moderne Forschung der vergangenen zwanzig Jahre findet die Antwort darauf im Politischen, in der Entwicklung von Verfassungen und neuen Formen der Legitimation von Herrschaft, in der Proklamation von Menschen- und Bürgerrechten und in der Funktion der Revolution als Gründungsereignis für eine demokratische politische Kultur, in der Entfaltung neuer Formen der politischen Repräsentation und Integration, in der Entwicklung von neuen Formen der politischen Rituale und Kommunikation, mit denen das Prinzip der Volkssouveränität von seiner abstrakten Ebene in die politische Praxis übersetzt und sichtbar gemacht werden sollte, mit denen die politischen Fraktionskämpfe ausgeformt und ausgetragen wurden. […] Die Erfindung neuer politischer Ausdrucksformen und einer modernen politischen Begriffswelt gehört zu den schöpferischen Leistungen der Revolution und zu ihrem Erbe an unsere Gegenwart. Mit der Französischen Revolution entsteht ein neuer Begriff von Revolution. Revolution war nicht mehr das, was das 18. Jahrhundert darunter verstanden hatte: eine allgemeine staatliche Veränderung, ein geistiger Fortschritt, eine Veränderung im Denken. Nun verband sich mit dem Begriff „Revolution“ die Erfahrung eines dramatischen, von Gewalt begleiteten umfassenden Wandels in Politik und Gesellschaft mit dem Anspruch, eine neue gerechte Ordnung zu schaffen und damit den geschichtlichen Fortschritt zu gestalten.

Hans-Ulrich Thamer: Die Französische Revolution. München (C. H. Beck) 2004, S. 8 f.

Arbeitsvorschläge:

a) Stellen Sie anhand der Texte und Bilder positive und negative Aspekte der Französischen Revolution in Form einer Mind-Map einander gegenüber.
b) Erläutern Sie, ausgehend von M 1 bis M 15, die Auswirkungen der Französischen Revolution auf Deutschland.
c) Erörtern Sie, inwieweit diese Auswirkungen die deutsche Entwicklung positiv beeinflusst haben.
d) Charakterisieren Sie die jeweilige politische Grundeinstellung der Autoren der Texte M 6, M 7, M 9–M 15 gegenüber der Französischen Revolution.
e) Nehmen Sie zu den hier abgedruckten Äußerungen begründet Stellung. Bewerten Sie Ergebnisse und Auswirkungen der Französischen Revolution und erörtern Sie ihre Bedeutung für die europäische Geschichte.
f) Suchen Sie aufgrund des Bildes M 14 nach vergleichbaren Bildern für Deutschland und interpretieren Sie die Unterschiede der jeweiligen Erinnerungskultur. (Dazu können Sie zum Beispiel auf den Web-Seiten der jeweiligen Staatspräsidenten recherchieren.)Ip et utat, vel iliquipis nonsequis nulputpat.

2

Zeittafel: Französische Revolution

1. Vorgeschichte der Revolution

1774	Regierungsantritt Ludwigs XVI.
1775	Amtsantritt des Reformministers Turgot (bis 1776), schwere Teuerungskrawalle in Paris und Umgegend („Mehlkrieg“)
1778	Kriegseintritt Frankreichs auf der Seite der USA
1787	Eröffnung der Notabelnversammlung in Versailles zur Behebung der Finanzkrise. Der Adel lehnt einen Verzicht auf seine Steuerprivilegien ab, was in zahlreichen Flugschriften kritisiert wird. Entlassung des Reformministers Calonne.
1788 (Juli)	Zerstörung der Getreideernte durch Wirbelstürme in großen Teilen Nord- und Ostfrankreichs. Ludwig XVI. beschließt die Einberufung der Generalstände (erstmals seit 1614), um den drohenden Staatsbankrott abzuwenden, sowie die Aufhebung der Zensur.
1788 (August)	Berufung des Reformministers Necker
1788 (Dezember)	Ludwig XVI. genehmigt dem Dritten Stand die Verdopplung der Zahl seiner Mandate in den Generalständen, beharrt aber auf der Abstimmung nach Ständen.
1789 (Januar)	Beginn der Wahlen zu den Generalständen, Flugschriftenkampagne für die Rechte des Dritten Standes, z.B. „Qu'est-ce que le Tiers État“ von Emmanuel de Sieyès)

2. Die liberale Phase der Revolution 1789–1791

1789

17. Juni	Der Dritte Stand erklärt sich zur Nationalversammlung und beginnt die Erarbeitung einer neuen Verfassung.
20. Juni	Ballhausschwur
11. Juli	Ludwig XVI. entlässt den Reformminister Necker.
12. Juli	Straßenkämpfe in Paris, Bildung einer Bürgergarde
14. Juli	Sturm auf die Bastille
15. Juli	Rückberufung des am 11. Juli entlassenen Necker, Beginn der Emigration von Adligen
Juli/August	Bauernunruhen in weiten Teilen Frankreichs („La Grande Peur“)
4. August	Verzicht des Adels auf einen Teil seiner Privilegien
11. August	Abschaffung des Feudalsystems durch die Nationalversammlung

26. August	Erklärung der Menschen- und Bürgerrechte
5./6. Oktober	„Zug der Marktweiber nach Versailles“
1790	
19. Juni	Abschaffung des Adels
12. Juli	Zivilverfassung des Klerus
27. November	Dekret über den Priestereid
1791 **3. September**	Verabschiedung der Verfassung durch die Nationalversammlung
28. September	Judenemanzipation

3. Die Radikalisierung der Revolution 1791 – 1793

1791	
23. Februar	Beginn der Vorbereitungen zum Aufbau einer Emigrantenarmee in Worms mit dem Ziel einer Gegenrevolution, geleitet vom Prinzen von Condé
20./21. Juni	Flucht Ludwigs XVI. aus Paris, Festnahme in Varennes (Champagne) und Rückführung nach Paris, wo er von allen Funktionen entbunden wird.
15. Juli	Wiedereinsetzung Ludwigs XVI. in seine Funktionen
27. August	Deklaration von Pillnitz
14. September	Eid Ludwigs XVI. auf die Verfassung
30. September	Letzte Sitzung der konstituierenden Nationalversammlung
1792	
Januar – März	Teuerungsunruhen, Plünderung von Schlössern, Angriffe auf Geldverleiher, eidverweigernde Priester und „Gegenrevolutionäre“
6. Februar	Antifranzösisches Bündnis zwischen Preußen und Österreich
August/September	Vormarsch der preußisch-österreichischen Invasionsarmee nach Frankreich
2. – 6. September	Internierung der königlichen Familie im Temple
	Septembermassaker mit 1100 Opfern (überwiegend eidverweigernde Priester)
3. – 15. September	Wahlen zum Nationalkonvent (750 Abgeordnete) nach allgemeinem Wahlrecht
21. September	Zusammentreten des Nationalkonvents

2

1793	
21. Januar	Hinrichtung Ludwigs XVI.

4. „Terreur" und „Grande Terreur" 1793–1794

1793	
Februar	Frankreich erklärt Großbritannien, Spanien und den Niederlanden den Krieg.
Anfang März	Gegenrevolutionäre Aufständische in der Bretagne und der Vendée
10. März	Einrichtung des Revolutionstribunals
5. April	Einsetzung des Wohlfahrtsausschusses
2. Juni	Ausschluss der girondistischen Abgeordneten aus dem Nationalkonvent, Beginn der Jakobinerherrschaft
17. Juli	Entschädigungslose Abschaffung aller Feudalrechte
23. August	Einführung der „Levée en masse" (allgemeine Wehrpflicht)
17. September	Gesetz gegen die „Verdächtigen", Beginn der „Terreur"
29. September	Maximum für Preise und Löhne
10. Oktober	Diktatorische Vollmachten für den Wohlfahrtsausschuss des Nationalkonvents
10. November	Höhepunkt der Entchristianisierung, Schließung zahlreicher Kirchen
19. Dezember	Einführung der allgemeinen Schulpflicht
1794	
4. Februar	Abschaffung der Sklaverei in den französischen Kolonien
26. Februar	Dekret zur Entschädigung der Armen durch den beschlagnahmten Besitz der Revolutionsfeinde
10. Juni	Französischer Sieg über die Österreicher bei Fleurus
26. Juni	Veschärfung des Terrors, Übergang zur „Grande Terreur"
27. Juli	Sturz Robespierres (9. Thermidor), Ende der Jakobinerherrschaft

5. Die Verbürgerlichung der Revolution und ihr Ende 1794 – 1799

1794	
19. November	Schließung des Jakobinerclubs durch den Nationalkonvent
November	Eroberung Hollands durch französische Truppen (Batavische Republik)
24. Dezember	Abschaffung des Maximums, Rückkehr zum Wirtschaftsliberalismus
1795	
17. Februar	Friedensvertrag zwischen dem Konvent und den Aufständischen der Vendée
1. April	Aufstand der Pariser Sansculotten („Brot und die Verfassung von 1793")
20. – 23. Mai	Entwaffnung der aufständischen Sansculotten durch die Armee
1. Oktober	Anschluss der österreichischen Niederlande (Belgien) an Frankreich
1796	
Februar bis Juni	Niederschlagung der royalistischen Aufstände in der Vendée und der Bretagne
2. März	Ernennung Napoleons zum Oberbefehlshaber der Italien-Armee
März	Besetzung der Schweizer Kantone durch Frankreich (Helvetische Republik)
11. Mai	Staatsstreich des Direktoriums gegen das Parlament, das von jakobinischen Abgeordneten „gesäubert" wird.
9. Juli	Gründung der cisalpinischen Republik in Mailand
1798	
März	Besetzung der Schweizer Kantone durch Frankreich (Helvetische Republik)
11. Mai	Staatsstreich des Direktoriums gegen das Parlament, das von jakobinischen Abgeordneten „gesäubert" wird.
1799	
9./10. November	Staatsstreich Napoleons, Wahl von drei Konsuln (Napoleon, Sieyès, Lebrun)
15. Dezember	Napoleon wird Erster Konsul und faktischer Alleinherrscher.

2.8 Die russische Gesellschaft vor 1917

Das zaristische Russland

Das russische Zarenreich hatte aus der Sicht westeuropäischer Intellektueller über viele Jahrhunderte einen denkbar schlechten Ruf. Es galt ihnen als Raum wirtschaftlich-gesellschaftlicher Rückständigkeit und als Hort politischer Reaktion. Da Umbrüche wie Reformation und Aufklärung, die das übrige Europa tief greifend verändert hatten, in Russland nur ansatzweise rezipiert wurden, zogen viele Intellektuelle die Zugehörigkeit Russlands zu Europa immer wieder grundsätzlich in Zweifel. Obwohl Peter der Große (1682–1725) und Katharina II. (1762–1796) sich energisch um eine Modernisierung des „schlafenden Riesen" bemühten, schwankte ihre Politik, vor allem aber die ihrer Nachfolger zwischen Phasen manchmal entschlossener, häufig aber nur halbherziger Reformansätze und dem früher oder später folgenden Rückfall in Phasen restaurativer Beharrung.

Reformen unter Alexander II.

Erst als das Zarenreich durch die verheerende russische Niederlage im Krimkrieg (1853–1856) erschüttert wurde, schien sich Alexander II. (1855–1881) zu tief greifenden Reformen durchzuringen. Mit der wichtigsten Reform, der Befreiung der leibeigenen Bauern 1861, kündigte er das gesellschaftlich-politische Bündnis zwischen Zarismus und russischem Gutsadel auf und beseitigte damit einen wichtigen Stützpfeiler der autokratischen Ordnung. Sein Nachfolger Alexander III. (1881–1894) förderte die russische Industrialisierung durch die Beschaffung von Auslandskapital, eine protektionistische Außenhandelspolitik sowie Steuererleichterungen für Banken und Eisenbahngesellschaften. Reformen und Industrialisierung vollzogen sich allerdings im Rahmen der tradierten politisch-gesellschaftlichen Ordnung, Partizipationsansprüche des erstarkenden Bürgertums und der entstehenden Industriearbeiterschaft wurden nicht erfüllt. Damit wuchsen die Widersprüche zwischen den gebildeten Eliten und den sich radikalisierenden Unterschichten, den urbanen Innovationskernen und der Verelendung der Bauern, der Autokratie und der sich zusehends lauter artikulierenden bürgerlichen Öffentlichkeit, dem imperialen Zentrum und den Nationalitäten. Diese Widersprüche kamen zum Ausbruch in der Revolution von 1905, nachdem Russland im Krieg gegen Japan im selben Jahr erneut eine bittere außenpolitisch-militärische Niederlage hatte hinnehmen müssen. Die Revolutionäre erzwangen die Gewährung eines Parlaments, der Duma, deren Funktionen aber sehr beschränkt blieben. Die Gesetzgebung bedurfte der Zustimmung von Staatsrat und Zar, wichtige Posten des Budgets waren von ihrem Einfluss ausgeschlossen. Die Regierung war allein dem Zaren verantwortlich und hatte in tagungsfreien Zeiten ein Notverordnungsrecht. Historiker bezeichneten dieses System deshalb als „Scheinkonstitutionalismus". Lenins Prognose, dass es sich bei der Revolution von 1905 um eine „Generalprobe" für die bevorstehende sozialistische Revolution gehandelt habe, sollte sich bald als richtig erweisen.

1 **Zar Alexander II.**
Foto, 1878

2 **Zar Nikolaus II. verabschiedet 1905 russische Soldaten in den Krieg gegen Japan**
Fotografie, 1905

3 Wirtschaftliche und soziale Hintergründe

a) Der Historiker Andreas Kappeler (2000):

Im Laufe des 19. Jahrhunderts gewann in Adel und Bürokratie die Einsicht an Boden, dass das sozio-politische System reformiert und die Wirtschaft modernisiert werden müssten. Anlass dazu gab die stürmische soziale und wirtschaftliche Entwicklung in Mittel- und Westeuropa, hinter der Russland immer weiter zurückzubleiben drohte. […]

Erst als Russland durch die Niederlage im Krimkrieg (1853–56) aufgerüttelt worden war, kam es unter Alexander II. (1855–81) zu weitergehenden Reformen. Die wichtigste war die Befreiung der leibeigenen Bauern im Jahre 1861. Damit kündigte die Regierung die seit dem Mittelalter bestehende Koalition mit dem Gutsadel auf, die ein Fundament der autokratischen Ordnung bildete. Allerdings konnte der Adel einen beträchtlichen Teil seines Grundbesitzes behalten und erhielt eine Entschädigung für das an die Bauern übergehende Land. Die nun persönlich freien Bauern bekamen dagegen im Durchschnitt kleinere Grundstücke, als sie zuvor bearbeitet hatten, und mussten dafür komplizierte, langfristige Ablösungszahlungen leisten. Als stabilisierendes Element und Kontrollinstanz blieb die Landgemeinde (mir) erhalten, an die die Bauern weiter gebunden blieben. Dies stand deren Mobilität und damit der Freisetzung von Arbeitskräften im Wege, ebenso wie die Beibehaltung der periodischen Landumverteilung eine Intensivierung des Ackerbaus behinderte. […]

Die innenpolitische Reaktion war gekoppelt mit einer innovativen, von Finanzminister Sergej Witte durchgeführten Wirtschaftspolitik. Der Staat gab mit der Förderung des Eisenbahnbaus, des Bankwesens, der Beschaffung von Auslandskapital und einer protektionistischen Außenhandelspolitik der Industrialisierung Russlands entscheidende Impulse. Bergbau und Schwerindustrie wiesen in den 1890er-Jahren die höchsten Zuwachsraten auf. […] Damit einher ging die allmähliche Formierung von Industriearbeitern und Unternehmen. […]

Reformen und Industrialisierung vollzogen sich im Rahmen der hergebrachten politischen Ordnung. Damit verstärkten sie schon bestehende Widersprüche zwischen gebildeten Eliten und Unterschichten, Stadt und Land, Autokratie und neue Öffentlichkeit, imperialem Zentrum und nationalen Perspektiven. […]

Die Februarrevolution war eine spontane Volksbewegung, die in der Hauptstadt Petrograd, wie St. Petersburg seit 1914 hieß, begann und in wenigen Tagen im ganzen Land siegte: Am 2. März 1917 dankte Nikolaus II. ab. Das entstandene Machtvakuum füllten zwei Institutionen, der Petrograder Sowjet (Rat) der Arbeiter- und Soldatendeputierten und die aus der letzten Duma hervorgegangene provisorische Regierung.

Andreas Kappeler: Russische Geschichte. München (C.H. Beck) 2000, S. 28–34.

b) Inserat aus der „Moskauer Zeitung" (1801):

Es werden verkauft drei Kutscher, stattlich und gut geschult, und zwei Mädchen von 18 und 15 Jahren, beide von hübschem Äußeren und mit Handarbeit wohl vertraut. […] Im gleichen Hause werden Klaviere und Orgeln abgegeben.

Zit. nach: Andreas Kappeler: Russische Geschichte. München (C.H. Beck) 2000, S. 5.

4 Die „Großen Reformen" in Russland

1856 erklärte Zar Alexander II. den versammelten Adelsvertretern des Moskauer Gouvernements: „Es ist besser, die Leibeigenschaft von oben her aufzuheben, als darauf zu warten, bis sie beginnt sich selbst von unten her abzuschaffen." Mit dem Gesetz vom 19. Februar 1861 wurden die leibeigenen Bauern persönlich frei. Von einer umfassenden „Bauernbefreiung" kann man allerdings keineswegs sprechen. Fronarbeit, Geldzinsleistungen und Abgaben blieben bestehen, mussten allerdings innerhalb von zwei Jahren „reguliert", also zwischen Gutsbesitzer und Bauer vertraglich geregelt werden. Die Gutsbesitzer erhielten das Recht, das Land dergestalt neu zu verteilen, dass ihre eigenen Felder nicht mehr verstreut, sondern rund um den Gutshof lagen. Nach der Regulierung mussten die Bauern ihren Hof kaufen und konnten mit dem Gutsherrn über den Erwerb ihres bisherigen Nutzungslandes verhandeln. Obwohl der Staat den Bauern 80 % der Ablösungssumme als Darlehen gewährte, wählte ein großer Teil den „Bettelanteil" – ein Viertel des bisherigen Landes –, für den sie nichts bezahlen mussten und der sie zugleich von allen Verpflichtungen gegenüber dem Gutsherrn befreite. Mit solchen Ländereien waren die Bauern kaum existenzfähig, doch manchen gelang es, zusätzliche Felder zu pachten oder gar zu kaufen. Für viele Kleinbauern sowie die leibeigenen Diener und das Gesinde der Gutsherren wurde die Landarmut zum sozialen Problem.

Auch in anderer Beziehung entließ die Agrarreform die Bauern keineswegs aus allen Bindungen: Die Institution der Dorfgemeinde mit steuerlicher Solidarhaftung und regelmäßiger Landumverteilung wurde auf das ganze Russische Reich ausgedehnt. Nach einer Übergangszeit, in der der Gutsherr noch die Polizei- und Fürsorgegewalt hatte, regelte die Dorfversammlung Landnutzung, Ablösung, Erbteilung, Abzugsrecht, Steuerumlage und vieles andere. Für die Bauern galten somit die Rechte der Freizügigkeit, der freien Verfügbarkeit über den Boden, der freien Berufswahl oder des Standeswechsels nicht. Der Zar hoffte, dass die Bindung der Bauern an ihr Land und die Dorfgemeinde, die sie ohne deren Zustimmung und entsprechende Steuerzahlungen nicht verlassen durften, eine Proletarisierung der Bauern und eine Entstehung von Arbeiterslums in den Städten verhindern werde. Zustände wie in England oder auch in Preußen wollte man vermeiden.

Die Bauernbefreiung von 1861 war nur der Gipfel einer Vielzahl von „Großen Reformen“, die darauf verwies, welcher Stau sich angesammelt hatte. Die angestrebte Militärreform mit dem Aufbau einer Kaderarmee, die sich unter den Wehrpflichtigen die geeignetsten heraussuchen wollte – 1874 wurde dann die allgemeine Wehrpflicht eingeführt –, bedingte die Abschaffung der Leibeigenschaft. Überfällig war auch eine Verbesserung der Bürokratie. Das 1864 erlassene Gesetz über die Landschaften, die *zemstva*, sah Wahl- und Beschlussversammlungen auf dem Land vor, allerdings sicherte ein kompliziertes Wahlsystem das Übergewicht des Adels. Ähnliche Probleme stellten sich in den Städten. Die 1870 verkündete Stadtreform ließ die Wahl eines städtischen Parlaments, einer Duma, zu. Der Zensus lag allerdings so hoch, dass lediglich 3 bis 5 % der männlichen Bevölkerung das Wahlrecht besaßen. Von nicht zu unterschätzender Bedeutung für die Entwicklung des Zarenreiches hin zur Rechtsstaatlichkeit war die 1864 vorgenommene Ausgliederung der Justiz aus der Staatsverwaltung. Die Richter waren nun unabhängig, die Verfahren öffentlich, Verteidiger standen Staatsanwälten gegenüber.

Heiko Haumann: Geschichte Russlands. München (C.H. Beck) 1996, S. 352–360.

5 Der Krimkrieg

a) Die Folgen des Krimkriegs:

Die Niederlage bei Sewastopol 1855 war ein Skandal für Russland: Innerhalb eines Jahres hatte die Stadt trotz eines zahlenmäßig weit überlegenen Landheeres nicht entsetzt werden können. Die Entmilitarisierung der Schwarzmeerhäfen und die Neutralisierung des Schwarzen Meeres bedeuteten ebenso eine Schwächung des russischen Einflusses wie die internationale Kontrolle der Donauschifffahrt und die Ausweitung der österreichischen Einflusssphäre auf dem Balkan. Die Niederlage heizte in Russland die Suche nach den Ursachen für die beschämende Entwicklung an. Auf militärischer Ebene, auf der sich die Autokratie doch so stark fühlte, war offensichtlich eine Rückständigkeit gegenüber dem Westen eingetreten.

Die Faktoren, die die schmähliche Niederlage begründet hatten, waren schnell zusammengetragen: Führungsschwäche; Korruption im gesamten Versorgungswesen; Unfähigkeit der russischen Industrie, die Armee angemessen auszurüsten und die Schwarzmeerflotte mit Kohle zu versorgen; zu wenig Eisenbahnlinien, um Truppen und Nachschub über die riesigen Entfernungen zu transportieren; Unruhen unter den rekrutierten Bauern und – parallel dazu – Kriegsunlust bei den adligen Gutsbesitzern, die um ihre Bauern fürchteten sowie die Exportmöglichkeiten über die Schwarzmeerhäfen verloren gehen sahen.

Heiko Haumann: Geschichte Russlands. München (C.H. Beck) 1996, S. 351 f.

b) Schützengraben von Sewastopol 1855

c) Kriegsreporter William H. Russel, 1855 während des Krimkriegs. Dieser war der erste Krieg, über den in europäischen Zeitungen „live“ berichtet wurde.

6 Magie, Ritual und Wunderglaube: Die russisch-orthodoxe Kirche, ein Bollwerk gegen die moderne Welt

Die mystische Pracht des orthodoxen Gottesdienstes berauscht die Sinne. Der betörende Weihrauchduft, der samtene, unirdische Chorgesang, die melodische Rezitation der liturgischen Texte in der archaischen, nur nebelhaft verständlichen Sprache des Altkirchenslawischen entführt die Menschen in eine andere, phantasmagorische Welt. Das stundenlange Stehen im Gedränge der Gläubigen macht die eigene physische Hinfälligkeit schmerzhaft spürbar und lässt den Einzelnen sich in der Menge auflösen. In dieser Erfahrung finden viele Trost und Zugang zu höheren Sphären. Die Religion stiftet ein geistiges Gemeinschaftsgefühl und einen Sinn für historische Kontinuität.

Die russisch-orthodoxe Kirche hat ein mittelalterliches Weltbild, in deren Spiritualität wird dem Diesseits kein eigener Wert beigemessen. In den Augen vieler Fürsprecher der Orthodoxie haben die Demut und der Wunderglauben der Russen die Kirche als lebendigen Organismus bewahrt. Dagegen hätten die Säkularisierung und die Aufklärung im Westen das Christentum entmythologisiert, durchrationalisiert und damit spirituell ausgehöhlt. Dem Gottesdienst liegt eine liturgische Ordnung zugrunde, die in byzantinischen Klöstern zwischen dem 5. und 7. Jahrhundert entwickelt wurde. Die zwischen zwei und vier Stunden dauernde Liturgie, welche die Gemeinde buchstäblich „durchzustehen" hat, lässt noch den weltentsagenden Mönchsgeist ihres Ursprungs spüren. Auf den asketischen Charakter im Gegensatz zum „bequemen" Gottesdienst der westlichen Konfessionen sind viele russische Kirchenleute stolz. Denn darin kommt ihrer Ansicht nach die besonders inbrünstige, entsagende russische Frömmigkeit zum Ausdruck.

Die Sprache des Gottesdienstes, das Altkirchenslawische, wie es zur Zeit der Slawenmission vor tausend Jahren erstmals schriftlich fixiert wurde, ist dem Russen nicht besser verständlich als dem heutigen Deutschen das Althochdeutsche. Ein beliebtes Argument gegen die moderne Sprache ist ihre „Unreinheit": Auf russisch werde geflucht. Statt Glaubensinhalte zu vermitteln, soll die Gottesdienstsprache demnach vor allem radikal anders sein, ein der Lebenswelt entgegengesetztes mystisches Sein evozieren, wie es die Ikone tut. Orthodoxe Publizisten preisen das synästhetische Erlebnis von Ikonenbildern, Kirchenraum, Weihrauchduft, Gesang und unverständlicher Rede, das der banalen rationalen katechetischen Unterweisung etwa bei den Protestanten weit überlegen sei. Die Leistung der russischen Kirche bestehe gerade darin, das verstandesmäßig Unfassliche der christlichen Botschaft stets gegenwärtig zu halten.

Es ist das Bewahren der überkommenen Liturgie, das unbeirrte Festhalten an alten Dogmen, was die russische Orthodoxie sich vor allem zugute hält. Dabei ist der kanonische Text das Entscheidende, nicht sein Verständnis durch den Gläubigen. Ungeachtet seiner späten Christianisierung sieht sich das Moskauer Patriarchat deshalb in größerer Nähe zur Urkirche und zu den Wurzeln des Christentums als beispielsweise den Katholizismus, der dank seiner Zentralstruktur dogmatische Reformen vornehmen konnte. Die dezentralisierte Ostkirche hingegen konnte ihre Einheit nur bewahren, indem sie den Status quo nicht um ein Jota veränderte. Je jünger eine Konfession ist und je weiter vom Ursprung des Christentums entfernt, desto dubioser erscheint sie in den Augen der Moskauer Theologen. Daher die Geringschätzung für die protestantischen Kirchen, zumal die neu-evangelischen Konfessionen aus Amerika.

Die orthodoxe Kirche betet gewohnheitsmäßig für die Machthaber und sie predigt weniger Gerechtigkeit und Verantwortungsbewusstsein als gläubige Demut, die irdische Missstände überspringen soll. Geistliche verlangen von Kirchenbesuchern, dass sie sich bedingungslos unterordnen. In der Unterdrückung der Individualität sehen sie eine reinigende Kraft. Demut, verstanden auch als Verzicht darauf, die göttliche Botschaft verstehen zu wollen, gilt als höchste Tugend. Alles Fragenstellen komme vom Teufel.

Kerstin Holm: Magie, Ritual und Wunderglaube. In: FAZ 11.4.1998.

Arbeitsvorschläge:

a) Stellen Sie, ausgehend von M 1 bis M 6, progressive und restaurative Tendenzen in der russischen Geschichte vor 1917 einander gegenüber.

b) Erklären Sie anhand dieser Tendenzen, warum Russland bis 1917 hinter der westeuropäischen Entwicklung zurückgeblieben ist.

2

2.9 Die Februarrevolution und ihre Folgen

Das zaristische Russland

Am 23. Februar 1917 streikten in Petrograd, der Hauptstadt des zaristischen Russland, mehr als 100 000 Fabrikarbeiter; am Tag darauf hatte sich die Zahl der Streikenden bereits verdoppelt. Ihren spontanen Demonstrationen gegen Hunger, Krieg und zaristische Autokratie schlossen sich Frauen aus den Schlangen vor den Lebensmittelgeschäften an, am 26. Februar auch die Soldaten der Garnison. Am 2. März erklärte Zar Nikolaus II. seinen Rücktritt. Wie war es zu diesem schnellen Umsturz gekommen?

Nach der militärischen Niederlage gegen Japan und der Revolution von 1905 war der Erste Weltkrieg zu einer noch schwereren Belastungsprobe für das Zarenreich geworden. Die Niederlagen gegen die deutschen Truppen hatten Russland erstmals seit Jahrhunderten bedeutende territoriale Verluste gebracht und die schlechte Lebensmittelversorgung in den Städten erhöhte die sozialen Spannungen. Die zaristische Autokratie konnte die militärischen und wirtschaftlichen Probleme, die sich im Winter 1916/17 dramatisch zuspitzten, nicht mehr lösen, und so brach in der letzten Februarwoche des Jahres 1917 angesichts von Massendemonstrationen in Petrograd und Moskau das Ancien Régime fast ohne Gegenwehr zusammen.

Provisorische Regierung

Das entstandene Machtvakuum füllte die Provisorische Regierung, die aus einer breiten Parteien-Koalition der Duma unter dem Ministerpräsidenten Kerenski gebildet wurde. Sie proklamierte die bürgerlichen Grundrechte sowie die Gleichberechtigung aller Nationen und Religionen. Wahlen zu einer Verfassunggebenden Versammlung wurden vorbereitet; damit war Russland eine demokratische Republik geworden. Die drängenden Probleme einer Agrarreform, der Lösung der „sozialen Frage" in den Städten, der Frage nach Fortsetzung des Krieges oder Friedensschluss sowie nach dem Selbstbestimmungsrecht für die Nationalitäten wurden der zu wählenden Konstituante überlassen.

Damit wurden die Erwartungen der Bevölkerungsmehrheit aber enttäuscht, die sich eine schnelle Verbesserung ihrer Lage erhofft hatte. So wurde die von Arbeitern, Soldaten und Bauern getragene soziale Revolution zur entscheidenden

1 Demonstration auf dem Newskij Prospekt in Petrograd vor dem Anitschkow-Palais: Transparent mit der Aufschrift „Lang lebe die demokratische Regierung und die Konstituierende Versammlung!". Foto, 1917

2 **12. März 1917**
Versammlung des Petrograder Sowjet der Arbeiter- und Bauerndeputierten im Taurischen Palais

3 **August 1917**
A. Kerenski bei einer Ansprache vor Arbeitern in Petrograd, in der er vor den Bolschewiki warnt.

Triebkraft der folgenden Monate, und der Petrograder Sowjet (Rat) der Arbeiter- und Soldatendeputierten trat als konkurrierendes Machtzentrum neben die Provisorische Regierung. Das System der „Doppelherrschaft" von Provisorischer Regierung und Sowjets erwies sich bald als instabil und entscheidungsschwach, sodass sich in den Städten das Industrieproletariat in Gewerkschaften, Fabrikkomitees und Arbeitermilizen selbstständig organisierte, Fabriken besetzte und die Arbeiterkontrolle über die Betriebe zunächst forderte, schließlich erzwang. Auf dem Land vollzog sich, getragen von spontan gewählten Bauern- und Landkomitees, eine gewaltsame Agrarrevolution, in deren Folge die Güter von Großgrundbesitzern ohne behördliche Genehmigung besetzt und enteignet wurden. In der russischen Armee häuften sich die Meutereien angesichts fortgesetzter militärischer Niederlagen und die Autonomieforderungen der Nationalitäten wurden zusehends unüberhörbar. Sie verbreiteten sich, ausgehend von der Ukraine, wie ein Steppenbrand in ganz Russland und beriefen sich auf das Selbstbestimmungsrecht der Völker, das die Provisorische Regierung garantiert hatte. Die Stabilität des nachrevolutionären Staates geriet zusehends ins Wanken, als im August 1917 General Kornilow, der Oberkommandierende der russischen Armee, einen Militärputsch versuchte und sich in Petrograd blutige Zusammenstöße zwischen Demonstranten und Regierungstruppen ereigneten, die Hunderte von Toten und Verletzten forderten. Die „Doppelherrschaft" war gescheitert.

4 Die Situation auf dem Lande 1917

a) Bericht aus dem Gouvernement Rjazan' im April 1917:

Im Kreis kommt es zu Gewaltakten und Eigenmächtigkeiten. Es drohen eine völlige Zerrüttung der Wirtschaften, der Verlust des Viehs und der Ruin vieler Menschen [...]. In einem Telegramm vom 7. April wird von Bauernunruhen im Kreis Skopin in Verbindung mit dem Beschluss des Ranenburger Exekutivkomitees über die zwangsweise Verpachtung gutsherrlichen Landes und die Requirierung von Inventar und Vorräten auf den Gütern berichtet. Die Agitation von Studenten für Ruhe bis zur Verfassunggebenden Nationalversammlung hat keinen Erfolg. In einem Telegramm des Gutsbesitzers A. Sumacher [...] wird von der eigenmächtigen Übernahme gutsherrlichen Landes sowie des lebenden und toten Inventars durch die Bauern des Kreises Ranenburg berichtet. Auf Sumachers Gut wurden von der örtlichen Bevölkerung Pferde und Pferdegeschirr weggenommen. Im Kreis Sapozok fordern Bauern [...] die Übergabe fast des gesamten Landes der dortigen Güter der Bürgerin Suvalova, wobei Preise und Parzellen nach eigenem Belieben festgelegt werden sollen. [...] Das besagte Komitee des Volost' Kudrjavskaja hat auf dem Gut der örtlichen Grundbesitzerin Sablykina eigenmächtig zwei Drittel des Landes für Sommergetreide zu 5 Rubel pro Desjatine verpachtet. [...] Im Kreis Rjazsk ist ein örtlicher Grundbesitzer, der Adelsmarschall Sterligov, eingesperrt worden. [...] Im Kreis Sapozok wurden von Bauern auf dem „Noven'kischen" Gut des Generalsmajors Dybenskij [...] 250 Desjatinen Acker- und Wiesenland in Besitz genommen, die früher an andere verpachtet waren. Im Kreis Rjazan' haben die Bauern des Dorfes Poljany auf dem Gut des Generals Petrovo-Solovovo die Arbeiter entlassen und den General gezwungen, ihnen einen großen Teil des Landes zu geben.

Richard Lorenz (Hrsg.): Die Russische Revolution 1917. München (Nymphenburger) 1981, S. 135 ff.; Zit. nach: Peter Böhning, Helga Jung-Paarmann: Revolutionen. Paderborn (Schöningh) 1989, S. 155 f.

b) Aus dem Bericht des Gouvernements-Kommissars von Woronesh vom 2. Juni 1917:

Die Fälle von Übertretungen verschiedener Art und von ungesetzlichen Handlungen nehmen im Gouvernement von Tag zu Tag zu, vor allem im Zusammenhang mit der Landfrage. Überall setzen die Bauern dem Weiterbestand der Gutswirtschaften Schwierigkeiten entgegen, sie übernehmen die Gutswirtschaften vollständig oder teilweise, schicken ihr Vieh auf die Gutsweide, weiden die Getreidefelder, Heuschonungen und Waldschläge ab, entfernen Angestellte und Arbeiter, holen die Kriegsgefangenen fort, setzen niedrige Pachtzinsen fest, die oft nicht zur Bezahlung der Abgaben und Bankzinsen ausreichen, und erzwingen obendrein, dass diese nicht an die Gutsbesitzer, sondern an das Kreiskomitee entrichtet werden. Sie setzen für die Arbeiter unglaublich hohe Löhne fest, verbieten die Einstellung von Arbeitern aus anderen Kreisen, erheben Gemeindesteuern, verbieten das Abschlagen selbst solcher Wälder, die vom Waldschutzkomitee für den Bedarf von Unternehmungen, die für die Landesverteidigung arbeiten, freigegeben sind, ziehen Kloster- und Kirchenländereien sowie staatliche Waldungen usw. ein. Alle diese Funktionen werden häufig auf Verordnung oder mit Bewilligung der Kreiskomitees und mitunter auch der Ujesd-(Bezirks-)Komitees ausgeübt. Haussuchungen und Verhaftungen auf Befehl solcher Organisationen oder selbst auf Initiative einzelner Bürger sind eine ziemlich häufige Erscheinung. Es sind auch einige Fälle zwangsweiser Entfernung von Beamten der alten Verwaltung, Geistlicher und Privatpersonen aus dem Gebiet der betreffenden Örtlichkeit vorgekommen.

S. Dubrowski: Die Bauernbewegung in der Russischen Revolution 1917, Berlin 1929, S. 66; Zit. nach: Martin Grohmann u.a.: Wirtschaft und Gesellschaft in der Sowjetunion. Hannover (Schroedel) 1979, S. 17 f. Übers. Götz Kilian.

c) Aus einer Resolution des Bauernkongresses von Cherson am 20. September 1917:

Der 4. Ujesd-Bauernkongress geht von der Überzeugung aus, dass das Land ohne Entschädigung in den Besitz des Volkes zur ausgleichenden Arbeitsnutzung übergehen muss. Er schlägt deshalb vor, dass das Grundgesetz über den Grund und Boden, das diese Prinzipien als unerschütterlich festsetzt, von der gesamtnationalen Konstituierenden Versammlung erlassen werden muss.

Da er jegliche privaten Aneignungen des Landes ablehnt, hält es der Kongress gleichzeitig im Interesse des werktätigen Volkes und der Sache der Revolution für notwendig, unverzüglich und planmäßig eine Agrarpolitik durchzuführen, die auf die Verwirklichung der Sozialisierung des Landes gerichtet ist. Der Kongress ist der Ansicht, dass die Vorbereitung des Agrarprogramms und seine Verwirklichung, aber auch die Lösung aller Agrarfragen in die Hände des organisierten werktätigen Volkes sowohl im Zentrum als auch an den einzelnen Orten übergehen muss. Daher hält er bis zur Konstituierenden Versammlung für notwendig:

1. Übergang aller Ländereien in die Verwaltung der Landkomitees, die sich um eine möglichst gleichmäßige und korrekte Verteilung des Landes unter die einzelnen werktätigen Wirtschaften [...] kümmern.
2. Planmäßige und zweckmäßige Verteilung der Arbeitskräfte unter die Wirtschaften durch die Landkomitees.
3. Berechnung des ganzen lebenden und toten Inventars und Verfügung darüber zum Zweck seiner besten Nutzung. [...]
4. Reorganisation der Landkomitees nach demokratischen Prinzipien.

Zit. nach: Martin Grohmann u. a.: Wirtschaft und Gesellschaft in der Sowjetunion. Hannover (Schroedel) 1979, S. 18 f.

5 Die Situation in der Armee 1917

a) Aus einem Telegramm des Armee- und Frontkomitees der 11. russischen Armee vom 11. Juli 1917:

Die deutsche Offensive, die am 6. Juli vor der Front der 11. Armee ihren Anfang nahm, entwickelt sich zu einer furchtbaren Katastrophe, die unter Umständen den Untergang des revolutionären Russlands zur Folge haben kann. In der Stimmung der Truppen […] hat sich ein scharfer und gefahrdrohender Umschwung vollzogen. Die Angriffslust erschöpfte sich rasch, die meisten Truppenteile befinden sich im Zustande einer zunehmenden Zersetzung. […] Hinter der Front ziehen kilometerweit Züge von Flüchtlingen mit und ohne Gewehr, gesund, frisch, aber bar aller Scham und im Gefühl völliger Sicherheit vor Strafe. Zeitweilig entfernen sich ganze Truppenteile.

Zit. nach: Horst Günther Linke: Die russischen Revolutionen 1905/1917. Zusammenbruch der zaristischen Herrschaft und Machtergreifung der Bolschewiki. Stuttgart (Klett) 1991, S. 62.

b) Bericht des Armee-Nachrichtendienstes für den 2. bis 13. Oktober 1917:

Nordfront. Die Situation in der Armee hat sich nicht verändert und lässt sich beschreiben als ein völliger Mangel an Vertrauen in die Offiziere und das höhere kommandierende Personal. Der Glaube unter den Soldaten wächst, dass sie für das, was sie tun, nicht bestraft werden können. […] Der Einfluss bolschewistischer Ideen vergrößert sich rapide. Dazu kommt eine allgemeine Müdigkeit, eine Reizbarkeit und ein Verlangen nach Frieden um jeden Preis. […]
Die Armeekomitees sind in den meisten Fällen hilflos, den Mob zu führen, und sind oft gezwungen, ihm zu folgen, um nicht völlig das Vertrauen der Massen zu verlieren. […] Erhebliche Mengen von Soldaten […] täuschen Krankheit vor und verlassen die Front, um ins Hospital zu gehen.

Westfront. Aufgrund allgemeiner Kriegsmüdigkeit, schlechter Ernährung, Misstrauen gegenüber den Offizieren etc. hat sich eine intensive defätistische Agitation entwickelt, die begleitet wird von Befehlsverweigerungen, Drohungen gegen das kommandierende Personal und Versuchen, mit Deutschen zu fraternisieren. Überall hört man Stimmen, die nach sofortigem Frieden rufen, weil, so sagen sie, während des Winters niemand in den Schützengräben bleiben will. […] Es gibt eine tief verwurzelte Überzeugung unter den Mannschaften, dass die Verbrüderung mit dem Feind ein sicherer Weg zum Frieden ist. […] Die am häufigsten debattierte Frage ist die Frage von Krieg und Frieden. […]
Typisch für die Tendenzen im Leben der Nachhut der Westfront sind die jüngsten Zerstörungen im Ersatzlager in Gomel. Am 1. Oktober verlangten über 8000 Soldaten, die an die Front verlegt werden sollten, sofort nach Hause entlassen zu werden. […] Von Agitatoren angestiftet stürmten sie das Magazin, nahmen etwa 1500 Winterausrüstungen und misshandelten den stellvertretenden Kommissar und ein Mitglied des Frontkomitees. […]

Südwestfront. Die defätistische Agitation nimmt zu und die Auflösung der Armee ist in vollem Gang. […] Das dominierende Gesprächsthema ist Frieden um jeden Preis und unter jeder Bedingung. Jeder Befehl, egal um was es sich handelt, wird mit Feindseligkeit beantwortet.

Zit. nach: Martin Grohmann u.a.: Wirtschaft und Gesellschaft in der Sowjetunion. Hannover (Schroedel) 1979, S. 19 f.

6 Das „Frauenbataillon des Todes“ wurde im Mai 1917 zur Verteidigung der neuen parlamentarischen Republik gegründet, erlebte an der Front verlustreiche Kämpfe und leistete im Oktober 1917 gegen die Bolschewiki erbitterten Widerstand bei der Verteidigung des Winterpalais. Nach der Niederlage sind viele Soldatinnen misshandelt oder hingerichtet worden oder haben Selbstmord begangen. Der amerikanische Journalist John Reed berichtete als Augenzeuge von den Kämpfen.

7 Die Situation in den Betrieben

a) Die Werksleitung der Metallfabrik „Sormowo" begründet am 8. September 1917 die Betriebsschließung:

Nach der Revolution versuchte die Verwaltung der Betriebe, indem sie neue Ordnungen und Organisationen der Arbeiter anerkannte und berücksichtigte, mit allen Mitteln die Produktivität der Betriebe auf der früheren Höhe zu halten. Aber diese Bemühungen des Betriebspersonals mit dem Direktor an der Spitze, der gewöhnlich in völliger Einigkeit mit den betrieblichen Organisationen der Arbeiter handelte, ergaben schließlich aus folgenden Gründen keine befriedigenden Ergebnisse:

1. Die Masse der Arbeiter setzte sich nicht nur über die Meinung der Verwaltung der Betriebe hinweg, sondern oft auch über die Meinung ihrer eigenen Organisationen. Es begannen die üblichen, in der Mehrzahl der Fälle ungerechtfertigten Beschuldigungen und Entfernungen des oft in ihrer Bedeutung unersetzlichen Betriebspersonals. Das unkorrekte Verhalten ging mitunter bis zur Verspottung des zurückgebliebenen, nicht entfernten Personals durch die Arbeiter. [...]

2. Die Produktivität der Arbeiter ging stark zurück.

3. Die Bezahlung der Arbeiter gestaltete sich unter ständigem Druck von ihrer Seite nicht entsprechend der Arbeitsproduktivität.

Zit. nach: Martin Grohmann u.a.: Wirtschaft und Gesellschaft in der Sowjetunion. Hannover (Schroedel) 1979, S. 21.

b) Arbeiter der geschlossenen Firma „Sormowo" antworten der Werksleitung am 23. September 1917:

Die Schließung der Firma hat allgemeinpolitische Bedeutung und ist eine Folge der Verschwörung der Bourgeoisie, die die Produktion sabotiert, damit [...] die knöcherne Hand des Hungers die Arbeiter zwingt, alle revolutionären Errungenschaften aufzugeben. Deshalb betrachten wir Folgendes als einzigen Ausweg aus der geschaffenen Lage: a) Übergang der ganzen Macht in die Hände der Arbeiter und der ärmsten Bauern sowie Beschlagnahmung der von den Unternehmern vorsätzlich sabotierten Unternehmen; b) Einrichtung einer vollständigen Kontrolle der Arbeiter über die Banken und über die Produktion; c) Einführung einer allgemeinen Arbeitspflicht; d) Wir schlagen den Arbeitern von „Sormowo" vor, die Arbeit im Betrieb trotz alledem fortzusetzen und die Personen des administrativen Personals zu verpflichten, auf ihren Posten zu bleiben.

Zit. nach: Martin Grohmann u.a.: Wirtschaft und Gesellschaft in der Sowjetunion. Hannover (Schroedel) 1979, S. 22.

c) Aus einem Brief von Metallunternehmern an den Ministerpräsidenten Kerenski vom 29. September 1917:

Die Verwaltung der Russischen Lokomotivbau- und mechanischen Gesellschaft teilte dem Rat der Kongresse mit, dass am 20. September der Direktor und die ganze Verwaltung der Lokomotivbau-Fabrik in Charkow durch die Arbeiter in Arrest gesteckt wurden und am 21. September das Betriebskomitee die Abfertigung einer bereiten Lokomotive auf der süd-östlichen Eisenbahn zurückhielt. Trotz der äußerst schwierigen Lage, die im Charkower Betrieb infolge der übermäßigen Ansprüche der Arbeiter und ihrer eigenmächtigen Einmischung in die Verwaltung des Betriebes geschaffen wurde [...], wurde die Verwaltung der Gesellschaft gezwungen, den Arbeitern weitere Zugeständnisse zu machen [...]. Indessen verbesserte das getroffene Abkommen, das von den Vertretern der Arbeiter des Betriebes und der Gewerkschaft unterschrieben worden war, nicht die Lage im Betrieb und die Arbeiter wandten – wie aus der Mitteilung der Verwaltung ersichtlich wird – Gewalt gegen die betriebliche Administration an und hielten eigenmächtig die Auslieferung fertiger Erzeugnisse aus dem Betrieb zurück. All dies macht eine geregelte und produktive Arbeit des Betriebes völlig unmöglich.

Zit. nach: Martin Grohmann u.a.: Wirtschaft und Gesellschaft in der Sowjetunion. Hannover (Schroedel) 1979, S. 22.

c) Resolution bei einer Konferenz von Fabrikkomitees 1917:

Die Arbeiter sind mehr als die Besitzer an einer richtigen und kontinuierlichen Arbeit der Industriebetriebe interessiert. Die Arbeiterkontrolle gewährleistet in dieser Beziehung die Interessen der gesamten heutigen Gesellschaft, des ganzen Volkes besser als allein nur das selbstherrliche Gutdünken der Besitzer, die sich von Erwägungen ihres eigennützigen materiellen oder politischen Vorteils leiten lassen. [...]

Die innerbetriebliche Ordnung, Einstellung, Entlassung, Urlaub, [...] Feststellung des Grades der Arbeitsfähigkeit und des fachlichen Könnens, Feststellung der Gründe für Lösung des Arbeitsvertrags, Konflikte mit der Werksleitung und sonstige Fragen des innerbetrieblichen Lebens dürfen nach Einführung der Arbeiterkontrolle ausschließlich nur mit Zustimmung und Bestätigung des Fabrikkomitees entschieden werden, dem auch das Recht zugestanden werden muss, Verwaltungsmitglieder des Betriebes abzulehnen. [...]

Die Werksleitung ist verpflichtet, den Arbeiterkontrolleuren zur Kenntnisnahme und Durchführung der Kontrolle alle Angaben zu machen, ihnen die Möglichkeit zu geben, diese Angaben zu überprüfen, und ihnen alle Geschäftsbücher des Betriebes vorzulegen.

John Reed: Zehn Tage, die die Welt erschütterten. Reinbek (Rowohlt) 1967 (Orig.: Berlin, Dietz, 1927), Übers. Willi Schulz, S. 289–291. Zit. nach: Martin Grohmann u.a.: Wirtschaft und Gesellschaft in der Sowjetunion. Hannover (Schroedel) 1979, S. 23 f.

d) Aus einem Bericht der Zeitung „Russkija Vedomosti" vom 24. August 1917:

Die Lebensmittelkrise hat sich aufs äußerste zugespitzt. Das grimmige Gespenst des Hungers starrt das Land an.

Die Unzufriedenheit der Bevölkerung wächst mit furchterregender Macht. Tumulte aufgrund des Lebensmittelmangels sind überall im Land an der Tagesordnung.

Zit. nach: Horst Günther Linke: Die russischen Revolutionen 1905 /1917. Zusammenbruch der zaristischen Herrschaft und Machtergreifung der Bolschewiki, Stuttgart (Klett) 1991, S. 62.

8 Die Konterrevolution bekämpfen

Aus der Resolution einer Petersburger Gewerkschaftsversammlung am 27. August 1917:

Die Arbeiterklasse muss sämtliche Kräfte anspannen, um die Revolution vor gegen sie gerichteten Anschlägen zu verteidigen. [...] Um das Land und die Revolution aus der Sackgasse zu führen, ist es notwendig, unverzüglich die Republik und eine Reihe von entschiedenen Maßnahmen zu dekretieren, damit das gutsherrliche Land den Bauernkomitees zur Verfügung gestellt werden kann und die unverzügliche Verwirklichung der Arbeiterkontrolle über die Produktion sowie die staatliche Organisierung einer Reihe von Industriezweigen herbeigeführt werden können, außerdem die Regulierung der Ernährung, der entschiedene und erbarmungslose Kampf gegen alle konterrevolutionären Kräfte.

Zit. nach: Horst Günther Linke: Die russischen Revolutionen 1905/1917. Zusammenbruch der zaristischen Herrschaft und Machtergreifung der Bolschewiki, Stuttgart (Klett) 1991, S. 64.

9 Die Funktionsweise der Sowjets (Räte)

Der Historiker Isaac Deutscher über die Rolle der Räte [= Sowjets] in der Russischen Revolution 1917 (1969):

Die Sowjets beruhten einerseits auf der arbeitenden Klasse (und – in Petrograd – auch der Garnison), und dank ihres Wahlverfahrens befanden sie sich in engster Fühlung mit den fluktuierenden Stimmungen der Massen und in der besten Position, um die Massen zur Aktion zu bewegen. Die Deputierten jedes Sowjets wurden in den Fabriken durch die Gesamtheit der Arbeiter gewählt und in den Kasernen durch ganze Regimenter. Aber die Deputierten wurden nicht auf eine bestimmte Dauer gewählt. Die Wählerschaft konnte einen Deputierten, wenn sie seine Haltung nicht billigte, jederzeit zurückrufen und einen neuen wählen. [...] Als repräsentative Körperschaften standen die Sowjets auf einer schmaleren Basis als Parlamente, die auf dem allgemeinen Wahlrecht beruhen. Sie stellten eine Klassenorganisation par excellence dar und das Verfahren, nach dem sie gewählt wurden, schloss jede Vertretung des Adels und des Bürgertums aus. Andererseits repräsentierten die Sowjets von 1917 an ihre Wählerschaften weit direkter und beeinflussbarer, als das eine normale parlamentarische Einrichtung vermochte. Die Deputierten unterstanden der dauernden und wachsamen Kontrolle der Wählerschaft, sie wurden tatsächlich abberufen. Durch eine fast unaufhörliche Folge von Nebenwahlen änderte sich die Zusammensetzung der Sowjets entsprechend den Stimmungen in Fabriken, Kasernen und auf dem Lande. Da die Stimmen ferner nicht in territorialen Wahlbezirken, sondern in Produktions- oder Militäreinheiten abgegeben wurden, besaßen die Sowjets eine enorme revolutionäre Kapazität. Wie gigantische Streikkomitees erteilten sie Arbeitern in Fabriken, Eisenbahnwerkstätten, städtischen Betrieben und sonst wo Befehle. Die Deputierten waren auf einzigartige Weise Gesetzgeber, Ausführungsorgane und Kommissare: die Scheidung zwischen gesetzgeberischen und ausführenden Funktionen war aufgehoben.

Isaac Deutscher: Die unvollendete Revolution, Frankfurt/Main 1967, S. 112 f. Übs.: Harry Maor.

Arbeitsvorschläge:

a) Arbeiten Sie aus M 4 und M 9 das Zustandekommen und die Arbeitsweise der Sowjets heraus.
b) Vergleichen Sie das Rätesystem mit parlamentarischen Systemen und bewerten Sie die jeweilige Effizienz der beiden Systeme.
c) Beurteilen Sie die Funktionen, die Rätesysteme in revolutionären Situationen gewinnen können.
d) Erarbeiten Sie anhand der Texte und Bilder (M 1 – M 8) eine Reportage über die Situation in Russland zwischen Winter 1916 und Herbst 1917.
e) Erklären Sie, aus welchen Gründen sich die Situation in dieser Zeitspanne so dramatisch zugespitzt hat.

2.10 Von der Februar- zur Oktoberrevolution

Im Herbst 1917 eskalierten die Konflikte zwischen der Provisorischen Regierung und dem Petrograder Sowjet der Arbeiter- und Soldatendeputierten – das System der „Doppelherrschaft" geriet in eine tief greifende Krise. In dieser Phase blockierter Entscheidungen eroberte Wladimir Iljitsch Lenin (1870–1924) mit seinen Bolschewiki die Mehrheit der Abgeordneten in den wichtigsten Sowjets, indem er eine sofortige, radikale Lösung aller drängenden Fragen versprach, die von der Provisorischen Regierung bis zur Wahl einer Verfassunggebenden Versammlung aufgeschoben worden waren. Der Konstitutionalismus der Provisorischen Regierung hatte sich gegenüber der populistischen Strategie Lenins und der Bolschewiki als unterlegen erwiesen. Auf Antrag von Lenins kleiner, aber straff organisierter Partei von Berufsrevolutionären beschloss der Petrograder Sowjet der Arbeiter- und Soldatendeputierten am 24. Oktober 1917 schließlich die Besetzung der strategisch wichtigen Punkte Petrograds, die Leo Trotzki (1879–1940) in Lenins Auftrag militärisch in die Tat umsetzte. Mit dem Sturm auf das Winterpalais am Morgen des folgenden Tages wurde die Provisorische Regierung durch die Bolschewiki entmachtet. Die politisch gut vorbereitete Oktoberrevolution war vollzogen, ohne dass sie auf nennenswerten Widerstand gestoßen wäre. Zeitgenossen berichten, sogar die Straßenbahnen seien fahrplanmäßig gefahren.

1 Erstürmung des Winterpalais, das als Regierungssitz der Provisorischen Regierung gedient hatte (Nachgestellte Szene, Foto von Iwan Kobozew, 1917).

2 Antworten der Provisorischen Regierung auf die Fragen des Jahres 1917

a) Aus einer Erklärung der Provisorischen Regierung:

Bei seiner Tätigkeit wird sich das Kabinett von folgenden Prinzipien leiten lassen:

1. Vollständige und sofortige Amnestie aller politischen und religiösen Vergehen einschließlich terroristischer Angriffe, militärischer Revolten, Verbrechen in der Landwirtschaft usw.
2. Freiheit der Rede, der Presse, Vereins-, Versammlungs- und Streikfreiheit und Ausdehnung der politischen Freiheit auf Personen, die im Militärdienst stehen, soweit es die militärische Technik zulässt.
3. Abschaffung aller benachteiligenden Unterschiede infolge der Zugehörigkeit zu bestimmten Ständen, Religionsgemeinschaften und Nationalitäten.
4. Sofortige Vorbereitung zur Einberufung einer Konstituierenden Versammlung auf der Grundlage des allgemeinen, gleichen, geheimen und direkten Wahlrechts, welche die Verwaltungs- und Verfassungsform des Landes bestimmen soll.
5. Ersetzung der Polizei durch eine Volksmiliz mit gewählter Leitung, die den Organen der lokalen Selbstverwaltung untersteht.
6. Wahlen zu den Organen der lokalen Selbstverwaltung auf der Grundlage allgemeiner, direkter, gleicher und geheimer Wahlen.
7. Die militärischen Einheiten, die an der revolutionären Bewegung teilgenommen haben, nicht zu entwaffnen und aus Petrograd zu entfernen.
8. Unter Aufrechterhaltung strenger militärischer Disziplin an der Front und im Militärdienst Befreiung der Soldaten von allen Beschränkungen allgemeiner Rechte, deren sich die anderen Bürger erfreuen.

Die Provisorische Regierung erachtet es als ihre Pflicht zu betonen, dass sie nicht beabsichtigt, militärische Umstände zu einer Hinausschiebung der oben angedeuteten Reformen und anderen Maßnahmen auszunützen.

Zit. nach: Martin Hellmann (Hrsg.): Die russische Revolution 1917. München 1964, S. 152 f. Zit. nach: Martin Grohmann u.a.: Wirtschaft und Gesellschaft in der Sowjetunion. Hannover (Schroedel) 1979, S. 13 f.

b) Proklamation der Provisorischen Regierung vom 6.3.1917:

Die Regierung wird alle Anstrengungen machen, unsere Armee mit allem Nötigen zu versorgen, um den Krieg zu einem siegreichen Ende zu bringen. Die Regierung wird die Bündnisse, die uns mit anderen Mächten verbinden, als geheiligt ansehen und unerschütterlich die mit den Alliierten getroffenen Vereinbarungen ausführen.

Zit. nach: Horst Günther Linke: Die russischen Revolutionen 1905/1917. Stuttgart (Klett) 1991, S. 58.

c) Proklamation der Provisorischen Regierung vom 19.3.1917:

Das erste und dringlichste Problem ist die Landfrage. [...] Es gibt keinen Zweifel, dass sie auf die Tagesordnung der Konstituierenden Versammlung gesetzt wird. Die Landfrage kann nicht durch willkürliche Inbesitznahme gelöst werden. Gewalt und Raub sind die schlimmsten und gefährlichsten Mittel im Bereich der ökonomischen Beziehungen.

Zit. nach: Horst Günther Linke: Die russischen Revolutionen 1905/1917, Stuttgart (Klett) 1991, S. 58.

d) Manifest der Provisorischen Regierung vom 9.4.1917:

Bürger! Das Land ist noch immer dem Angriff eines mächtigen Feindes ausgesetzt, der ganze Provinzen unseres Territoriums besetzt hält und uns jetzt in den ersten Tagen der russischen Freiheit mit neuen entscheidenden Angriffen bedroht. Die unbedingte Verteidigung unserer Heimat und die Befreiung des Landes von dem Feind, der unsere Grenzen überrannte – das ist die erste unabänderliche Pflicht unserer Soldaten, die die Freiheit des Volkes verteidigen.

Zit. nach: Günter Schönbrunn: Weltkriege und Revolutionen 1914–1945. München (bsv) 1979, S. 70.

e) Die Journalistin Marylie Markovic berichtet von einem Wortduell zwischen Lenin und Kerenski bei einem Kongress der Arbeiterdeputierten in Petersburg am 27.5.1917:

„Herr Lenin“, sagt Kerenski, „hat vergessen, dass in unserer Zeit eine Massenverhaftung der Kapitalisten Sabotage der Gesetze der wirtschaftlichen Entwicklung ist. Welche Hilfsmittel brauchen Sie noch, Herr Lenin, abgesehen von der Verhaftung der Kapitalisten und der Abtrennung Finnlands und der Ukraine? Der Weg, den Sie betreten wollen, ist der der Zerstörung. Hüten Sie sich! Aus dem Chaos wird, wie ein Phönix aus der Asche, ein Diktator aufsteigen.“

Zit. nach: Richard Kohn (Hrsg.): Die Russische Revolution in Augenzeugenberichten. München 1977 (Orig.: Rauch, Düsseldorf 1959), S. 241 f. Übers. Brigitte Reinicke.

f) A. R. Goc, führendes Mitglied der Sozialrevolutionären Partei, in einer Rede am 24. Oktober 1917:

Die Politik der Bolschewiki ist demagogisch und verbrecherisch in ihrer Ausbeutung der Unzufriedenheit des Volkes. Aber da sind ganze Serien von Forderungen des Volkes, die bisher nicht befriedigt worden sind. [...] Die Fragen bezüglich Frieden, Land und Demokratisierung der Armee sollten in solch einer Form gestellt werden, dass kein Soldat, Bauer oder Arbeiter den geringsten Zweifel hätte, dass unsere Regierung versucht, sie bestimmt und unfehlbar zu lösen.

John Reed: Zehn Tage, die die Welt erschütterten. Reinbek (Rowohlt) 1967 (Orig.: Berlin, Dietz 1927). Übers. Willi Schulz, S. 81. Zit. nach: Horst Günther Linke: Die russischen Revolutionen 1905/1917, Stuttgart (Klett) 1991, S. 69.

3 Antworten der Bolschewiki auf die Fragen des Jahres 1917

a) Flugblatt der Bolschewiki (Februar 1917):

Wir wollen Krieg führen gegen diesen Krieg. [...] Einunddreißig Monate menschlichen Gemetzels bescherten dem Volk den Verlust vieler Millionen Leben, Millionen Krüppel, Wahnsinnige und Kranke, Kriegsdrill in den Fabriken, Leibeigenschaft auf dem Lande, Auspeitschung und Beleidigungen für die Matrosen, Mangel an Lebensmitteln, Teuerung, Hunger. Nur der kleine Haufen herrschender Kapitalisten und Großgrundbesitzer schreit nach dem Krieg, erwirbt bei dem blutigen Geschäft großen Profit. [...] Weg mit dem Krieg! Es lebe die Brüderlichkeit unter den Arbeitern!

Zit. nach: Horst Günther Linke: Die russischen Revolutionen 1905/1917. Stuttgart (Klett) 1991, S. 53.

b) Aus Lenins „April-Thesen“ (7. April 1917):

1. In unserer Stellung zum Krieg, der von Seiten Russlands auch unter der neuen Regierung Lwow und Co. – infolge des kapitalistischen Charakters dieser Regierung – unbedingt ein räuberischer imperialistischer Krieg bleibt, sind auch die geringsten Zugeständnisse an die „revolutionäre Vaterlandsverteidigung“ unzulässig. [...]
   Organisierung der allerbreitesten Propaganda dieser Auffassung unter den Fronttruppen. Verbrüderung.
2. Die Eigenart der gegenwärtigen Lage in Russland besteht im Übergang von der ersten Etappe der Revolution, die infolge des ungenügend entwickelten Klassenbewusstseins und der ungenügenden Organisiertheit des Proletariats der Bourgeoisie die Macht gab, zur zweiten Etappe der Revolution, die die Macht in die Hände des Proletariats und der ärmsten Schichten der Bauernschaft legen muss. [...]
3. Keinerlei Unterstützung der Provisorischen Regierung, Aufdeckung der ganzen Verlogenheit aller ihrer Versprechungen, insbesondere hinsichtlich des Verzichts auf Annexionen. [...]
4. Anerkennung der Tatsache, dass unsere Partei in den meisten Sowjets der Arbeiterdeputierten in der Minderheit, vorläufig sogar in einer schwachen Minderheit ist [...]. Solange wir in der Minderheit sind, besteht unsere Arbeit in der Kritik und Klarstellung der Fehler, wobei wir gleichzeitig die Notwendigkeit des Übergangs der gesamten Staatsmacht an die Sowjets der Arbeiterdeputierten propagieren, damit die Massen sich durch die Erfahrung von ihren Irrtümern befreien.
5. Keine parlamentarische Republik – von den Sowjets der Arbeiterdeputierten zu dieser zurückzukehren wäre ein Schritt rückwärts –, sondern eine Republik der Sowjets der Arbeiter-, Landarbeiter- und Bauerndeputierten im ganzen Lande, von unten bis oben.
   Abschaffung der Polizei, der Armee, der Beamtenschaft.
   Entlohnung aller Beamten, die durchweg wählbar und jederzeit absetzbar sein müssen, nicht über den Durchschnittslohn eines guten Arbeiters hinaus.
6. Im Agrarprogramm Verlegung des Schwergewichts auf die Sowjets der Landarbeiterdeputierten. Konfiskation aller Gutsbesitzerländereien. Nationalisierung des gesamten Bodens im Lande; die Verfügungsgewalt über den Boden liegt in den Händen der örtlichen Sowjets der Landarbeiter- und Bauerndeputierten. [...]
7. Sofortige Verschmelzung aller Banken des Landes zu einer Nationalbank und Errichtung der Kontrolle über die Nationalbank durch den Sowjet der Arbeiterdeputierten.
8. Nicht „Einführung“ des Sozialismus als unsere unmittelbare Aufgabe, sondern augenblicklich nur zur Kontrolle über gesellschaftliche Produktion und die Verteilung der Erzeugnisse durch den Sowjet der Arbeiterdeputierten.

W.I. Lenin: Werke, Band 24. Berlin (Dietz) 1959, S. 3–6; Zit. nach: Horst Günther Linke: Die russischen Revolutionen 1905/1917. Stuttgart (Klett) 1991, S. 60 f.

c) Die Journalistin Marylie Markovic berichtet von einem Wortduell zwischen Lenin und Kerenski bei einem Kongress der Arbeiterdeputierten in Petersburg am 27.5.1917:

Lenin setzt sein Programm der wirtschaftlichen und finanziellen Reformen auseinander. „Die Kapitalisten müssen verhaftet werden, ohne das bleiben unsere Sätze unnütze Worte!“ Dann erklärt er die Beziehungen der revolutionären Demokratie zu Finnland und der Ukraine als unzulässig, indem er bekräftigt, man müsse sie sich vollständig von Russland lösen lassen, wenn es ihr Wunsch sei. Schließlich spricht er über die Offensive. Seine Erklärung ist kurz, aber deutlich: „Die Offensive in diesem Augenblick ist die Fortsetzung des imperialistischen Blutbades!“

Richard Kohn (Hrsg.): Die Russische Revolution in Augenzeugenberichten. München 1977, S. 241.

d) Resolution des Tscheljabinsker Sowjets der Arbeiter- und Soldatendeputierten (12. September 1917):

Die Versammlung [...] fordert die sofortige Einberufung eines Allrussischen Sowjetkongresses. Zugleich ist die Versammlung der Ansicht, dass der einzige Ausweg aus der gegenwärtigen politischen Lage die Bildung einer Macht aus Vertretern des revolutionären Proletariats und Bauerntums besteht – einer Macht, deren Tätigkeit Folgendes zugrunde liegen muss:

1. Ausrufung der demokratischen Republik.
2. Unverzügliche Aufhebung des Privateigentums an Gutsbesitzerland ohne Entschädigung und seine Übergabe in die Verwaltung von Bauernkomitees,

4 Panzerwagen der Bolschewiki vor dem Hauptquartier ihrer Partei in Petrograd (1917)

von nun an bis zur Entscheidung der Konstituierenden Versammlung, wobei die ersten Bauern mit Inventar versorgt werden sollen.

3. Einführung der Arbeiterkontrolle in gesamtstaatlichem Maßstab über Produktion und Verteilung sowie Verstaatlichung der wichtigsten Industriezweige […]. Schonungslose Besteuerung der Großkapitalisten und der Vermögen sowie Beschlagnahme der Kriegsgewinne mit dem Ziel, das Land vor wirtschaftlicher Zerrüttung zu bewahren.
4. Ungültigkeitserklärung der Geheimverträge und unverzüglicher Vorschlag eines allgemeinen demokratischen Friedens an alle Völker der Krieg führenden Staaten.

Zit. nach: Martin Grohmann u.a.: Wirtschaft und Gesellschaft in der Sowjetunion: Hannover (Schroedel) 1979, S. 31.

e) Anweisung des Jekaterinodarsker Sowjets der Arbeiter, Soldaten und Bauerndeputierten an den Delegierten auf dem II. Allrussischen Sowjetkongress (7. Oktober 1917):

Die siebenmonatige faktische Herrschaft der Bourgeoisie im Land in Form der Koalition mit der Politik der Verlängerung des imperialistischen Krieges, der Sabotage und Aussperrungen, der Weigerung, die dringendsten Forderungen der Arbeiter, der Armee und der Bauernschaft zu verwirklichen, führte das Land fast zum völligen Verfall […].

1. Unverzügliche Bildung einer Regierung aus den Mitgliedern des Sowjetkongresses bis zur Konstituierenden Versammlung, die nur dem Sowjet verantwortlich ist;
2. Unverzüglicher Vorschlag eines demokratischen Friedens an die Völker aller kriegführenden Länder […];
3. Unverzügliche Beschlagnahme aller Gutsbesitzerländereien und ihre Übergabe mit Inventar an die bäuerlichen Landkomitees bis zur endgültigen Entscheidung der Konstituierenden Versammlung;
4. Einführung der Arbeiterkontrolle über die Produktion und Verteilung der Produkte sowie der Verstaatlichung der Banken und syndizierten Unternehmen;
5. Schonungslose Besteuerung der vermögenden Klassen und Beschlagnahme der Kriegsgewinne;
6. Sofortige Einberufung der Konstituierenden Versammlung.

Zit. nach: Martin Grohmann u.a.: Wirtschaft und Gesellschaft in der Sowjetunion. Hannover (Schroedel) 1979, S. 29.

5 Der Weg zur Oktoberrevolution

a) Aus einem Brief Lenins vom 12. September 1917 an das Zentralkomitee der bolschewistischen Partei:

Nachdem jetzt die Bolschewiki in den beiden hauptstädtischen Arbeiter- und Soldatendeputiertenräten die Mehrheit erhalten haben, können und müssen sie die Staatsmacht in ihre Hände nehmen.

Sie können es, denn die aktive Mehrheit der revolutionären Elemente der Bevölkerung beider Hauptstädte reicht aus, um die Massen mitzureißen, den Widerstand des Gegners zu überwinden, ihn selbst zu schlagen, die Macht zu erobern und zu halten. Denn wenn sie sofort einen demokratischen Frieden vorschlagen, das Land sofort den Bauern geben, die von Kerenskij beschnittenen oder zerschlagenen Einrichtungen und Freiheiten wiederherstellen, werden die Bolschewiki eine Regierung bilden, die niemand stürzen kann.

Die Mehrheit des Volkes ist für uns. Das hat der lange und schwere Weg vom 6. Mai bis zum 31. August bewiesen: Die Mehrheit in den hauptstädtischen Räten ist die Frucht der Entwicklung des Volkes nach unserer Seite hin. [...] Es wäre naiv, eine „formelle" Mehrheit der Bolschewiki abzuwarten. Keine Revolution wartet das ab. [...] Die Geschichte wird uns nicht verzeihen, wenn wir die Macht jetzt nicht ergreifen.

W.I. Lenin: Werke, Band 26. Berlin [Ost] (Dietz) 1959, S. 1 ff.

b) Kritische Stellungnahme Sinowjews und Kamenews zu Lenins Aufstandsplänen in der Sitzung des bolschewistischen Zentralkomitees am 10. Oktober 1917:

Man sagt: Für uns ist schon die Mehrheit des Volkes in Russland, und 2. für uns ist die Mehrheit des internationalen Proletariats. Leider ist weder das eine noch das andere wahr und das ist der springende Punkt.

In Russland ist die Mehrheit der Arbeiter und ein ansehnlicher Teil der Soldaten für uns. Aber alles andere ist zweifelhaft. Wir sind z.B. alle überzeugt, dass, wenn es jetzt zu Wahlen zur Konstituierenden Versammlung kommt, die Bauern in ihrer Mehrheit für die Sozialrevolutionäre stimmen werden. [...]

Die Partei des Proletariats wird wachsen, ihr Programm wird immer breiteren Massen klar werden. [...] Und nur durch eins kann sie ihre Erfolge hemmen, und zwar dadurch, dass sie unter den jetzigen Umständen die Initiative der Aktion auf sich nimmt und so das Proletariat den Schlägen der vereinigten [...] Konterrevolution aussetzt. Gegen diese verhängnisvolle Politik erheben wir die Stimme der Warnung.

Zit. nach: M. Hellmann (Hrsg.): Die russische Revolution 1917. Von der Abdankung des Zaren bis zum Staatsstreich der Bolschewiki. München (dtv) 1984, S. 295, 297.

c) Mehrheitsbeschluss (10:2) des bolschewistischen Zentralkomitees am 10. Oktober 1917:

Das Zentralkomitee stellt fest, dass die internationale Lage der russischen Revolution [...], die militärische Lage [...] wie auch die Erlangung der Mehrheit der proletarischen Partei in den Sowjets – dass all dies in Verbindung mit dem Bauernaufstand und mit der Hinwendung des Vertrauens des Volkes zu unserer Partei (die Wahlen in Moskau) [...] – dass all dies den bewaffneten Aufstand auf die Tagesordnung setzt.

Das Zentralkomitee stellt demnach fest, dass der bewaffnete Aufstand unvermeidlich und nun vollständig herangereift ist.

Zit. nach: Martin Grohmann u.a.: Wirtschaft und Gesellschaft in der Sowjetunion. Hannover (Schroedel) 1979, S. 34.

d) Aus einem Brief Lenins vom 24. Oktober 1917 an das Zentralkomitee der bolschewistischen Partei:

Genossen! Ich schreibe diese Zeilen am 24. abends. Die Lage ist über alle Maßen kritisch. Es ist sonnenklar, dass jetzt eine Verzögerung des Aufstands schon wahrhaftig den Tod bedeutet. Unter Aufbietung aller Kräfte bemühe ich mich, die Genossen zu überzeugen, dass jetzt alles an einem Haar hängt, dass auf der Tagesordnung Fragen stehen, die nicht durch Konferenzen, nicht durch Kongresse (selbst nicht durch Sowjetkongresse) entschieden werden, sondern ausschließlich durch die Völker, durch die Masse, durch den bewaffneten Kampf der bewaffneten Massen. [...]

Man muss um jeden Preis heute Abend, heute Nacht die Regierung verhaften, nachdem man die Offiziersschüler entwaffnet hat (sie besiegt hat, wenn sie Widerstand leisten) usw.

Man darf nicht warten!!

Man kann alles verlieren!!

W.I. Lenin: Werke, Band 26, Berlin [Ost] (Dietz) 1961, S. 223 f.

6 Aufstieg der Bolschewiki

Sitzverteilung im I. und II. Allrussischen Sowjetkongress der Arbeiter- und Soldatendeputierten (Juni/Oktober 1917):

Parteien	I. Allrussischer Sowjetkongress (3. – 24. 6.1917)	II. Allrussischer Sowjetkongress (25. – 27.10.1917)
Sozialrevolutionäre	285 Abgeordnete	159–190 * Abgeordnete
Menschewiki	248 Abgeordnete	71–75 * Abgeordnete
Bolschewiki	105 Abgeordnete	250–300 * Abgeordnete
sonstige	362 Abgeordnete	50 Abgeordnete

* Hier liegen abweichende Angaben vor.

Zahlenangaben nach: Horst Günther Linke: Die russischen Revolutionen 1905/1917. Stuttgart (Klett) 1991, S. 61, Fn. 74; S. 72; ergänzt durch: Bernd Mütter u.a. (Hrsg.): Geschichtsbuch, Band 4. Berlin (Cornelsen) 1996, S. 46.

7 Kontrovers: Urteile über die Vorgänge in Russland zwischen April und Oktober 1917

a) Leo Trotzki 1931:

Es bleibt zu fragen und es ist keine unwichtige Frage, obwohl sie leichter zu stellen als zu beantworten ist: Welche Entwicklung hätte die Revolution genommen, wenn Lenin im April 1917 Russland nicht erreicht hätte? Lenin war nicht der Schöpfer des revolutionären Prozesses, sondern hat sich nur in der Kette der objektiven historischen Kräfte eingegliedert. Doch war er in dieser Kette ein großes Glied. Die Rolle der Persönlichkeit tritt hier vor uns in wahrhaft gigantischem Maßstabe auf. Nur muss man diese Rolle richtig begreifen und die Persönlichkeit als Glied der historischen Kette betrachten. Lenin war kein zufälliges Element der historischen Entwicklung, sondern Produkt der gesamten vergangenen russischen Geschichte.

Leo Trotzki: Geschichte der russischen Revolution. Frankfurt/Main 1960, S. 262 f. Übers.: Alexandra Pfemfert.

b) Valentin Gitermann 1949:

Dass sich die bürgerliche Demokratie in Russland so bald nach ihrer Geburt als lebensunfähig erwies, lässt sich nicht etwa durch taktische Fehler erklären, die Kerenski oder andere Politiker begangen hätten. Es resultierte vielmehr die Machtergreifung des Bolschewismus aus den gegebenen Verhältnissen mit unabwendbarer Zwangsläufigkeit. Die antibolschewistischen Koalitionsparteien mussten immer deutlicher erkennen, wie ihr Einfluss auf die Massen des Volkes sank. Das Volk verlangte Frieden und Land und diesem Verlangen kamen nur die Parolen des Bolschewismus entgegen. Daraus erklärt sich, dass die Parteien der Regierungskoalition von der Befürchtung gequält wurden, durch eine bolschewistische Erhebung hinweggefegt zu werden.

Valentin Gitermann: Geschichte Russlands, Band 3. Frankfurt/Main (Büchergilde Gutenberg) 1952, S. 487.

c) Dietrich Geyer 1968:

Der Machtwechsel in Petrograd war [...] Ergebnis eines Sieges, den die Bolschewiki zuvor auf politischem Feld errungen hatten, auf dem Boden jener Rätedemokratie, deren Prinzipien sie negierten und deren Apparat sie nicht entbehren konnten. Erst die Eroberung des Petrograder Sowjets hatte die Organisation des Coup d'état möglich gemacht. Der Gegner konnte entwaffnet werden, weil er politisch schon entwaffnet war.
Umgekehrt ließ sich die Macht nicht behaupten, wenn sie sich politisch nicht sichern ließ. Die Kunst des Aufstands war das Produkt politischer Kunst, das Resultat einer Politik, deren plebiszitärer Grundzug schwerlich angefochten werden kann. [...] Waffenstillstand und Landaufteilung: Gegenüber diesem Sofortprogramm gab es im Oktober keine politische Alternative mehr, die glaubwürdig hätte werden können. In dieser Tatsache lag eine zwingende Gewalt. Nicht nur die Provisorische Regierung, auch die Rätedemokratie ist an ihr zugrunde gegangen.

Dietrich Geyer: Die Russische Revolution. Göttingen (Vandenhoeck & Ruprecht) 1980, S. 106.

d) Michail Gorbatschow 1987:

Die Oktoberrevolution war ein machtvolles Aufbegehren von Millionen Menschen, in dem die grundlegenden Interessen der Arbeiterklasse, die in Jahrhunderten gehegten Hoffnungen und Wünsche der Bauernschaft, der Friedenswille der Soldaten und Matrosen und die unbezwingbare Sehnsucht der Völker des multinationalen Russland nach Freiheit und Licht zu einer Einheit verschmolzen.

Michail Gorbatschow: Die Oktoberrevolution und der Umgestaltungsprozess: Die Revolution geht weiter. In: Neue Zeit, Nr. 45, Moskau (Verlag der Zeitung Trud) 1987, S. 2ff Zit. nach: Anton Egner u.a.: Geschichte SII, Krisen im 20. Jahrhundert. Hannover (Schroedel) 1996, S. 76.

e) Manfred Hildermeier 1989:

Die Tendenz ist zweifellos gewachsen, dem Februarregime einen größeren Teil der Verantwortung für die Möglichkeit des Oktober zuzuweisen als bisher. Übergroße äußere Lasten und gravierende eigene Versäumnisse haben das einzige echte Experiment des Parlamentarismus in Russland zu Fall gebracht. Gewiss bleibt der Putsch Lenins ein denkwürdiges Ereignis mit weltgeschichtlichen Folgen. Aber er bildete nicht das Bravourstück, das man oft in ihm gesehen hat. Die Macht lag auf der Straße und die Februarregierung sah gebannt zu, wie die Bolschewiki sie vor aller Augen auflasen.

Manfred Hildermeier: Die Russische Revolution 1905–1921. Frankfurt/Main 1989, S. 300.

f) Hugo Portisch 1991:

[Es] bleibt für den Historiker immer noch ein Rätsel, wie es einer an sich so kleinen Partei [wie den Bolschewiki] gelingen konnte, sich gegen so große Mehrheiten durchzusetzen. [...] Die heutigen sowjetischen Historiker geben auf diese Frage eine einfache Antwort: Es kommt der Zeitpunkt, an dem ein Volk müde wird. Die Februarrevolution hatte in der Bevölkerung gewaltige Hoffnungen geweckt, da war man bereit alle Energien zu einem Neuaufbau Russlands einzusetzen, jubelte über den Sturz des Zaren, begrüßte die Demokratie, erhoffte den Frieden und erwartete eine rasche Verbesserung der Lebensverhältnisse. Doch die politischen Führer waren schwach, unerfahren, zögerlich. Statt den revolutionären Schwung zu nutzen, [...] verschob man alles auf die Zeit nach dem Krieg. Die Lebensverhältnisse wurden nicht besser, sondern nur schlechter, die Produktion nahm ab, der Hunger nahm zu. In dieser Situation gewinnt der, der handelt, Lenin handelte. Und er hatte der Bevölkerung auch etwas sehr Konkretes zu bieten: den sofortigen Frieden und die sofortige Landverteilung. Die Bolschewiki waren nicht beliebt, bei den Wahlen blieben sie in der Minderheit, aber ihren Staatsstreich haben sich mehr oder weniger alle gefallen lassen. Es war niemand da, der dem Volk mehr oder Besseres anzubieten hatte als Lenin. Vor allem war niemand da, der an seiner statt gehandelt hätte.

Hugo Portisch, Hört die Signale. Aufstieg und Fall des Sowjetkommunismus. München (dtv) 1991, S. 83.

g) Wladimir Miljutenko 1992:

Nein, der Rote Oktober war kein Zufall oder Fehler der Geschichte. Im Jahre 1917 hatte das zur Verzweiflung getriebene Volk zum Sturm auf die Festen des despotischen Systems geblasen. Es war begeistert von der Hoffnung auf ein besseres Leben und von der einfachen und verständlichen Losung der Bolschewiki: Frieden, Freiheit, Gerechtigkeit und Brüderlichkeit.

Wladimir Miljutenko: Wohin haben uns die Lokomotiven des Fortschritts gezogen. In: Wostok 5, Köln (Wostok Verlagsgesellschaft) 1992, S. 3: zit. nach: Anton Egner u.a.: Geschichte SII, Krisen im 20. Jahrhundert, Hannover (Schroedel) 1996, S. 77. Übers. Britta Wollenweber.

h) Eric Hobsbawm 1995:

Wer die Forderungen der Massen übernahm – „Brot, Friede, Land" – fand sofort Unterstützung und das waren vor allem Lenins Bolschewiken. Lenins einzig wirkliche Leistung war, dass er zu erkennen in der Lage war, was die Massen wollten, und dementsprechend eben auch wusste, dass er führen musste, indem er ihnen folgte. Auf der anderen Seite war, der Provisorischen Regierung und ihren Sympathisanten nicht bewusst geworden, wie unfähig sie war Russland dahin zu bringen, ihre Gesetze und Dekrete zu befolgen. Die radikale Grundströmung in ihrer Gefolgschaft drängte die Bolschewiken unaufhaltsam zur Machtübernahme. Als der Augenblick dann da war, musste die Macht nur noch übernommen werden. Die Provisorische Regierung hatte sich schlichtweg in Luft aufgelöst, nachdem niemand mehr zu ihrer Verteidigung übriggeblieben war.

Eric Hobsbawm: Das Zeitalter der Extreme. München (Hanser) 1995, S. 86 f. Übers.: Yvonne Badal.

Arbeitsvorschläge:

a) Arbeiten Sie aus M 2 heraus, welche Antworten die Provisorische Regierung auf die Fragen des Jahres 1917 gegeben hat.
b) Beurteilen Sie, wie diese Antworten wohl in der Bevölkerung aufgenommen worden sind.
c) Vergleichen Sie die Antworten, die die Bolschewiki (M 3) auf die Fragen des Jahres 1917 geben, mit denen der Provisorischen Regierung (M 2).
d) Leo Trotzki schrieb später, dass die Provisorische Regierung keine realistischen Antworten auf die Probleme von 1917 gehabt hätte. Nehmen Sie begründet Stellung.
e) Stellen Sie die unterschiedlichen strategischen Konzepte, die in der bolschewistischen Partei vertreten worden sind, einander gegenüber (M 5).
f) Bewerten Sie die jeweiligen Erfolgschancen der Konzepte.
g) Erklären Sie die Veränderung der Sitzverteilung, die sich in M 6 zeigt.
h) Bewerten Sie die Urteile über die Oktoberrevolution, die sich in den Texten der Historiker niederschlagen (M 7).

2.11 Die Folgen der Oktoberrevolution

Erste politische Maßnahmen der Bolschewiki

Lenin und die Bolschewiki waren nun gezwungen, die populistischen Versprechungen zu erfüllen, mit denen sie die sozialrevolutionären Massenbewegungen auf ihre Seite gezogen und damit die Mehrheit in den Sowjets errungen hatten – auch auf die Gefahr hin, den neuen sozialistischen Staat gleich von Anbeginn zu destabilisieren. Dementsprechend erließen sie das Dekret über einen sofortigen Frieden ohne Annexionen und Kontributionen, das sich programmatisch nicht an die Regierungen der Krieg führenden Länder wandte, sondern an die Völker und insbesondere die klassenbewussten Arbeiter. Wenig später folgten die Dekrete über „Grund und Boden", womit die entschädigungslose Enteignung und Verteilung des gutsherrlichen Landes an die Bauern proklamiert wurde, über die „Arbeiterkontrolle" in den Betrieben sowie über die „Rechte der Völker", das den Nationalitäten ein nahezu unbeschränktes Selbstbestimmungsrecht bis hin zur Sezession garantierte.

Auflösung der Verfassunggebenden Versammlung

Die Machtfrage lösten die Bolschewiki, indem sie die Verfassunggebende Versammlung, in der die Partei der Sozialrevolutionäre die Mehrheit gewonnen hatte, durch Soldaten auflösen ließ. Damit hatten die Bolschewiki trotz ihrer Wahlniederlage die alleinige Macht an sich gerissen – allerdings war zu diesem Zeitpunkt noch offen, ob die vorgesehene Übergangsperiode der „Diktatur des Proletariats" sich zu einer Rätedemokratie oder einer Ein-Parteien-Diktatur entwickeln würde.
Die Dekrete zeigten rasch ihre problematischen Auswirkungen. Das Friedensdekret führte am 3. März 1918 zum „Schmachfrieden" von Brest-Litowsk, in dem Russland riesige Gebiete im Westen und Süden mit dem Baltikum und der Ukraine aufgeben musste. Die Nationalitäten der peripher gelegenen Regionen erklärten überwiegend ihre Unabhängigkeit, und gleichzeitig entfesselte die „Weiße Armee", von alliierten Interventionstruppen unterstützte konterrevolutionäre Kräfte, einen Bürgerkrieg, um die Bolschewiki zu stürzen. Trotz dieser Bedrängnis startete Lenin mit dem System des „Kriegskommunismus" sein Experiment einer sozialistischen Wirtschaft, in dessen Verlauf die großen Industriebetriebe verstaatlicht und die Versorgungsprobleme durch eine gewaltsam durchgesetzte Ablieferungspflicht nur notdürftig gelöst wurden. Hungersnöte, denen ca. 6 Millionen Menschen zum Opfer fielen, sowie eine schrankenlose Machtkonzentration bei der Kommunistischen

1 Propagandaplakate anlässlich der ersten Jahrestage der Oktoberrevolution
links: 1919: „Der zweite Jahrestag der großen Oktoberrevolution"; rechts: 1925: „Was gab die Oktoberrevolution den Arbeitern und Bauern: Schulen für Erwachsene, Arbeiterklubs, Bibliotheken […]"

Partei auf Kosten der Sowjets waren die Folge. Nachdem die übrigen Parteien formell verboten worden waren, wurde unter der Parole des „demokratischen Zentralismus" 1921 zusätzlich auch noch ein Fraktionsverbot innerhalb der Partei Lenins verhängt – das Ende der innerparteilichen Demokratie.

Die zerrüttete Wirtschaft und die wachsende politische Unterdrückung führten zu Widerstandsbewegungen von Bauern und Soldaten. In Kronstadt wurde z. B. 1921 ein Aufstand von Matrosen, die 1917 aktiv an der Oktoberrevolution teilgenommen hatten, gewaltsam niedergeschlagen. Die Revolution begann, „ihre Kinder zu fressen", wie ein Historiker später schrieb. Die wachsenden Probleme zwangen Lenin Anfang der 1920er-Jahre zu einer Kurskorrektur. In der Nationalitäten- und in der Wirtschaftspolitik ging er zu flexibleren Lösungen über. Die 1922 gegründete „Union der Sozialistischen Sowjetrepubliken" (UdSSR) erhielt eine föderative Grundstruktur, innerhalb derer die nationalen Gebietseinheiten die Möglichkeit kultureller Entfaltung erhielten. Dieser flexibleren Nationalitätenpolitik entsprach die Liberalisierung der Wirtschaftspolitik. Die „Neue Ökonomische Politik" (NEP) ließ marktwirtschaftliche Elemente in Landwirtschaft, Kleinindustrie und Kleinhandel zu und zeitigte rasch Erfolge. Der Wiederaufbau der am Ende von Bürgerkrieg und Kriegskommunismus daniederliegenden Wirtschaft gelang schnell, in seinem Gefolge wuchs aber ebenso rasch die soziale Differenzierung – eine ideologisch höchst unerwünschte Nebenwirkung, die nach Lenins Tod 1924 innerparteiliche Kritiker auf den Plan rief. Unter ihnen setzte sich in den Machtkämpfen um Lenins Nachfolge Josef Stalin (1879–1953), der Generalsekretär der Partei, gegen seine Konkurrenten Trotzki, Sinowjew und Kamenew durch. Eine folgenreiche Neubestimmung des politischen Kurses der jungen Sowjetunion war die Folge.

2 Plakat: Denk an die Hungernden, UdSSR 1921; rechts: vom Hungertod bedrohte Bauernfamilie in Südrussland, 1921

3 Die Auflösung der Konstituierenden Versammlung am 6. Januar 1918

a) Ergebnis der Wahlen zur Konstituierenden Versammlung (einberufen am 5./6. Januar 1918):

Parteien	Stimmen
Russ. Sozialrevolutionäre	16 500 000
Nichtrussische Sozialrevolutionäre	4 400 000
Menschewiki, Volkssozialisten u.a.	1 700 000
Bolschewiki	9 023 963
Konstitutionelle Demokraten	1 856 639
Konservative	2 750 000

b) Stellungnahme des Vorsitzenden der Sozialrevolutionäre, V. M. Tschernow[1], zum Wahlsieg seiner Partei (1925):

Die elementare Agrarbewegung der landarmen Bauern, die das Gros der russischen Bauernschaft mit sich riss, rückte geschlossen unter den agrarischen Parolen der Sozialrevolutionären Partei vor; und in der ersten wirklich freien Volkswahl zur Konstituierenden Versammlung gab sie dieser Partei die absolute Mehrheit. Das war ein Ergebnis ohne Vorbild in der Geschichte. Bei der ersten Anwendung des allgemeinen Wahlrechts im Lande erhielt eine sozialistische Partei, die öffentlich ihre Absicht verkündet hatte, den Privatbesitz an Land abzuschaffen, die Stellung einer regierenden Partei aufgrund der Bauernstimmen.

Zit. nach: Horst Günther Linke: Die russischen Revolutionen 1905/1917. Stuttgart (Klett) 1991, S. 73.

----

1 Tschernow wurde aufgrund des Wahlsiegs der Sozialrevolutionäre am 5. 1. 1917 zum Präsidenten der Konstituierenden Versammlung gewählt. Er emigrierte 1920.

c) Aus dem von Lenin verfassten Dekret des Zentralvollzugskomitees der Sowjets über die Auflösung der Konstituierenden Versammlung vom 6. Januar 1918:

Im Laufe der ganzen ersten Periode der russischen Revolution mehrten sich die Sowjets, wuchsen und erstarkten […]. Die Konstituierende Versammlung, gewählt aufgrund von Kandidatenlisten, die vor der Oktoberrevolution aufgestellt worden waren, brachte das alte politische Kräfteverhältnis zum Ausdruck […]. Das Volk konnte damals, als es für die Kandidaten der Partei der Sozialrevolutionäre stimmte, nicht zwischen den Rechten Sozialrevolutionären, den Anhängern der Bourgeoisie, und den Linken Sozialrevolutionären, den Anhängern des Sozialismus, seine Wahl treffen. So kam es, dass diese Konstituierende Versammlung, die die Krönung der bürgerlichen parlamentarischen Republik sein sollte, sich der Oktoberrevolution und der Sowjetmacht unvermeidlich in den Weg stellen musste. […]

Jeder Verzicht auf die uneingeschränkte Macht der Sowjets, auf die vom Volk eroberte Sowjetrepublik zugunsten des bürgerlichen Parlamentarismus und der Konstituierenden Versammlung wäre jetzt ein Schritt rückwärts, würde den Zusammenbruch der ganzen Oktoberrevolution der Arbeiter und Bauern bedeuten. […]

Deshalb beschließt das Zentralvollzugskomitee: Die Konstituierende Versammlung wird aufgelöst

W.I. Lenin: Ausgewählte Werke, Band 2. Berlin 1966, S. 601 f. Zit. nach: Bernd Mütter u.a. (Hrsg.): Geschichtsbuch, Band 4, Berlin (Cornelsen) 1996, S. 47.

4 Die Auflösung der Konstituierenden Versammlung im Urteil der Historiker

a) Oskar Anweiler 1958:

Die Auflösung der Konstituierenden Versammlung und der 3. Sowjetkongress bilden den Abschluss der Übergangsperiode von der bolschewistischen Machtergreifung im Oktober 1917 bis zur endgültigen Formung der neuen Staatsgewalt. Die Bolschewiki nutzten die zeitliche und bewusstseinsmäßige Vorrangstellung der Räte aus, um die Konstituante und den Gedanken einer parlamentarischen Vertretungsform zu beseitigen. Die Sowjetdemokratie, die an die Stelle der „bürgerlichen Demokratie" treten sollte, blieb aber nur ein Versprechen und die Sowjetverfassung wurde immer mehr zu einer Fassade, welche die Wirklichkeit der Parteidiktatur verbergen sollte.

Oskar Anweiler: Die Rätebewegung in Russland 1905–1921. Leiden 1958, S. 272 f.

b) Dietrich Geyer 1968:

Der Versuch, zu einer Bewertung der Ergebnisse zu kommen, muss in Betracht ziehen, dass Russland sich zu diesem Zeitpunkt in vollem Umbruch, in heller Auflösung und Umorientierung befunden hat. Die neuen Fronten, die sich nach dem bolschewistischen Staatsstreich bilden sollten, hatten sich im Lande draußen noch kaum formiert. Die Masse der bäuerlichen Wähler, die den Sozialrevolutionären ihre Stimme gab, entschied sich für eine Partei, deren aktivistischer Teil, die Linken Sozialrevolutionäre, inzwischen zur Sowjetregierung übergegangen war, ohne dass dies im Abstimmungsergebnis oder in der Mandatsverteilung entsprechend zum Ausdruck hätte kommen können. Keinesfalls wird man sagen dürfen, dass sich die ländliche Bevölkerung mit ihrer Stimme gegen die im Oktober geschaffenen Fakten entschied. […] Zugleich aber wurde sichtbar, dass die Bolschewiki die Masse der Arbeiterschaft und des Soldatenvolks für sich gewonnen hatten und dass andererseits die Wählerschaft der sozialdemokratischen Menschewiki auf ihren traditionellen Anhang zusammengeschmolzen war, ohne dass begründete Aussicht bestand, gegenüber den Bolschewiki jemals wieder konkurrenzfähig zu werden. Die detaillierte Wahlanalyse des amerikanischen Historikers O. H. Radkey hat eindrücklich belegt, dass sich der bolschewistische Einfluss mit den von der Front zurückkehrenden Soldaten auch auf die ländlichen Gebiete rasch übertrug. Gegen die Wirkung, die von den verkündeten Sofortmaßnahmen ausging, von dem bolschewistischen Friedensdekret und der allgemeinen Landverteilung, wollte offenbar kein Kraut mehr wachsen.

Dietrich Geyer: Die Russische Revolution. Göttingen (Vandenhoeck & Ruprecht) 1980, S. 111 f.

c) Heiko Haumann 1996:

Es der Konstituante zu überlassen, doch noch die Oktoberrevolution für ungültig zu erklären, war nach der eingetretenen Entwicklung nicht mehr denkbar. Am 12. November 1917 wurde gewählt, zu einer Zeit, als in Teilen des Landes die Einzelheiten des Umsturzes noch gar nicht bekannt waren. Insbesondere konnten die Bauern, die den Sozialrevolutionären ihre Stimme geben wollten, in der Regel nicht zwischen dem rechten und dem linken Flügel – der zu einer Zusammenarbeit mit den Bolschewiki bereit war – differenzieren. 410 Abgeordnete stellten die Sozialrevolutionäre, als die Konstituante am 5. Januar 1918 zu ihrer Eröffnungssitzung zusammentrat. Davon stimmten 40, die sich den Linken zurechneten, mit den Bolschewiki, die mit 175 Abgeordneten zur zweitstärksten Partei geworden waren und vor allen Dingen die Arbeiterschaft und die Soldaten hinter sich wussten. Alle übrigen Parteien landeten weit abgeschlagen. Insgesamt konnten jedoch die Gegner der Oktoberrevolution mit einem Block von 487 Stimmen die absolute Mehrheit auf sich vereinen – gegen 215 Stimmen der Befürworter. Als die Bolschewiki eine „Deklaration der Rechte des arbeitenden und ausgebeuteten Volkes" einbrachten, die auch die ersten Dekrete der Sowjetmacht bestätigte, lehnte es die Mehrheit der Konstituante ab, diese überhaupt zu beraten. Das Zentrale Exekutivkomitee des Sowjetkongresses ließ daraufhin am folgenden Tag die Verfassunggebende Versammlung auflösen. Der vom 10. bis 18. Januar 1918 tagende Dritte Sowjetkongress nahm dann die „Deklaration" an und konstituierte damit zugleich die Sowjetordnung als Staatsform.

Heiko Haumann: Geschichte Russlands. München 1996, S. 464 f.

5 Bürgerkrieg und Kriegskommunismus

a) Aus einem Dekret des Allrussischen Zentralen Exekutivkomitees vom 13. Mai 1918:

Der unheilvolle Zerfallsprozess in der Versorgung des Landes, auch eine Folge des vierjährigen Krieges, setzt sich immer weiter fort, weitet sich aus, spitzt sich zu. [...] Satt und wohlgenährt, mit riesigen Geldmengen, die sie in den Kriegsjahren verdient haben, bleibt die Dorfbourgeoisie vollkommen taub und gleichgültig gegenüber dem Stöhnen der hungernden Arbeiter und der armen Bauern, führt kein Getreide an die Sammelstellen ab, um den Staat zu immer höheren Getreidepreisen zu zwingen, und verkauft zur gleichen Zeit vor Ort Getreide zu Wucherpreisen an Getreidespekulanten und -schieber [...]. Das Allrussische Zentrale Exekutivkomitee verurteilt die entstandene Lage und verordnet, angesichts der Tatsache, dass Russland nur bei strengster Buchführung und gleichmäßiger Verteilung aller Getreidevorräte einen Ausweg aus der Versorgungskrise findet:

1. Die Unerschütterlichkeit des Getreidemonopols und der Festpreise wird bekräftigt, ebenso die Notwendigkeit eines bedingungslosen Kampfes gegen Spekulantenschieber; gleichzeitig wird jeder Getreidebesitzer verpflichtet, alle Überschüsse – über das hinaus, was für die Aussaat und den persönlichen Konsum entsprechend den festgesetzten Normen bis zur neuen Ernte unverzichtbar ist – innerhalb von Wochenfrist nach Veröffentlichung dieser Verordnung in jedem Amtsbezirk zur Ablieferung zu melden. [...]

3. Alle, die Getreideüberschüsse haben und sie nicht zu den Sammelstellen bringen, sowie diejenigen, die Getreidevorräte für Schwarzbrennereien verschwenden, sind zu Volksfeinden erklärt, dem revolutionären Gericht zu übergeben und mindestens 10 Jahre ins Gefängnis zu sperren; ihr ganzes Vermögen ist zu konfiszieren und sie sind für immer aus der Landgemeinde auszuschließen; Schwarzbrenner sind darüber hinaus zu öffentlichen Zwangsarbeiten zu verurteilen.

Im Falle, dass bei irgendjemandem Getreideüberschüsse, die nicht gemäß Punkt 1 der Ablieferung gemeldet sind, entdeckt werden, wird ihm das Getreide entschädigungslos weggenommen: Der Wert (nach Festpreisen) der nicht deklarierten Überschüsse wird, nach Abschluss ihrer Überführung zu den Sammelstellen, zur Hälfte der Person ausgezahlt, die den Hinweis auf die versteckten Überschüsse gab, zur anderen Hälfte aber der Dorfgemeinde.

Zit. nach: Helmut Altrichter, Heiko Haumann (Hrsg.): Die Sowjetunion. Band 2. München (dtv) 1987, S. 56 ff.

b) Note des Obersten Rats der Alliierten während der Pariser Friedenskonferenz am 26. Mai 1919:

Die Alliierten und Assoziierten Regierungen wünschen nun in aller Form, dass es das Ziel ihrer Politik ist, den Frieden innerhalb Russlands wiederherzustellen, indem sie dem russischen Volk ermöglichen, die Kontrolle über seine eigenen Angelegenheiten mittels einer frei gewählten Konstituierenden Versammlung zurückzugewinnen und den Frieden an seinen Grenzen wiederherzustellen, indem Streitigkeiten hinsichtlich der Grenzen des russischen Staates und seiner Beziehungen zu seinen Nachbarn dem friedlichen Schiedsgericht des Völkerbundes übertragen werden.

Sie sind durch ihre Erfahrungen in den letzten zwölf Monaten überzeugt, dass es nicht möglich ist, diese Ziele durch Verhandlungen mit der Sowjetregierung in Moskau zu erreichen. Sie sind deswegen bereit, der Regierung des Admiral Kolcak und seinen Verbündeten mit Kriegsmaterial, Nachschub und Lebensmitteln bei der Errichtung ihrer Regierungsgewalt über ganz Russland zu helfen, vorausgesetzt, sie erhalten von ihnen bestimmte Garantien, dass ihre Politik auf dieselben Ziele gerichtet ist wie die der Alliierten und Assoziierten Mächte.

Zit. nach: Horst Günther Linke: Die russischen Revolutionen 1905/1917. Stuttgart (Klett) 1991, S. 75 f.

c) Der Historiker Heiko Haumann über die Entwicklung in den ersten Monaten nach der Oktoberrevolution 1918/19:

Am 3. März 1918 wurde in Brest-Litowsk der Friedensvertrag unterzeichnet. Dadurch verlor Russland weite Teile seines Staatsgebietes, darunter einen so wichtigen Wirtschaftsraum wie die Ukraine. Gewiss brachte der Vertrag eine Atempause für die Stabilisierung der Ordnung und währte auch nur bis zur deutschen Revolution im November 1918. Doch die Pause dauerte kürzer, als Lenin erhofft hatte: Die Kapitulation der Bolschewiki vor den Mittelmächten beschleunigte die Formierung gegenrevolutionärer Kräfte in Russland wie deren aktive Unterstützung durch die Westmächte. Darüber hinaus schieden aus Protest gegen den Vertrag die Linken Sozialrevolutionäre aus dem Rat der Volkskommissare aus.

In diesen Auseinandersetzungen standen die Bolschewiki zum ersten Mal vor dem Problem, wie sie mit der Kluft zwischen großen Erwartungen und harter Realität fertig werden sollten. Wie weit konnte man Kompromisse mit dem „Klassenfeind" eingehen? Welchen Wert hatte die Existenz der Sowjetmacht, wenn sie nur unter Hintanstellung wesentlicher Ziele überleben konnte? Wenn die Weltrevolution zunächst ausblieb, musste man dann nicht doch auf traditionelle politische Mittel, die man zunächst abgelehnt hatte, zurückgreifen? So nutze die Sowjetregierung allmählich auch wieder die Möglichkeiten der Geheimdiplomatie und angesichts des drohenden Bürgerkrieges und möglicher internationaler Verwicklungen begann sie energisch eine neue reguläre Armee aufzubauen. Hatte man ursprünglich an revolutionäre Milizeinheiten ohne Hierarchien gedacht, so führte Trotzki in der Roten Armee bald wieder Rangunterschiede und überlieferte militärische Ordnungsprinzipien ein, hatte auch nichts gegen die Verwendung ehemaliger zaristischer Offiziere als dringend erforderliche Spezialisten einzuwenden. Allerdings stellte er den militärischen Kommandeuren einen politischen Kommissar zur Seite.

Wirtschaftlich hatte es nach der Oktoberrevolution eine „rotgardistische Attacke gegen das Kapital" (Lenin) gegeben: Weitgehend spontane Enteignungen vieler Unternehmen durch die Arbeiter und ihre Betriebskomitees selbst verbanden sich mit Versuchen, neue unternehmerische Strukturen von unten aufzubauen. Lenin rief Ende 1917 den Arbeitern und Bauern zu: „Mögen auch Fehler vorkommen, das sind Fehler einer neuen Klasse beim Aufbau eines neuen Lebens. Einen konkreten Plan zur Organisierung des wirtschaftlichen Lebens gibt es nicht und kann es nicht geben. Niemand kann ihn geben. Nur die Masse kann das tun, von unten, aufgrund der Erfahrung. Ihr seid die Macht, tut alles, was euch wünschenswert erscheint, nehmt alles, was ihr braucht, wir werden euch unterstützen, sorgt aber für die Produktion, sorgt dafür, dass Nützliches produziert wird. Stellt euch auf nützliche Arbeit um, ihr werdet Fehler machen, aber ihr werdet lernen."

Mit dem Dekret über die Arbeiterkontrolle vom 14. November 1917 und der Bildung des Obersten Volkswirtschaftsrates am 2. Dezember 1917 versuchten die Bolschewiki die organisatorischen Rahmenbedingungen für den Neuaufbau zu schaffen. Dies ging jedoch nicht so rasch vonstatten, um den dramatischen Rückgang der Produktion aufzufangen. Im Frühjahr 1918 setzte deshalb eine intensive wirtschaftspolitische Diskussion ein.

Lenin nahm gegenüber seiner ursprünglichen Begeisterung für die Bewegung von unten eine radikale Kehrtwende vor und forderte eine Festigung der Organisation und eine Steigerung der Produktion. Man müsse vom Kapitalismus lernen und dessen fortgeschrittenste Organisationsformen einführen. Private Unternehmer müssten ihre Firmen weiterführen können, im Bündnis mit dem Staat, allerdings auch durch ihn wie durch Gewerkschaften und Betriebskomitees kontrolliert. Im Betrieb habe strengste Arbeitsdisziplin zu herrschen anstelle einer „Meeting-Demokratie" sei den Anordnungen der Leitung unbedingt Folge zu leisten. Über die betriebliche Ebene hinaus war Lenin der Meinung, es sei notwendig, „bürgerliche Spezialisten" heranzuziehen und auch bevorzugt zu behandeln.

Seine Position rief heftigen Widerspruch der Fraktion der „Linken Kommunisten" um Bucharin und Radek hervor, die Partei und Regierung beschworen, nicht hinter die Ergebnisse der Oktoberrevolution zurückzufallen. Es dürfe keinen „Staatskapitalismus" geben, sondern der Aufbau des Sozialismus müsse durch das Proletariat selbst und durch von Anfang an sozialistische Maßnahmen geschehen. So solle sich die Betriebsleitung drittelparitätische zusammensetzen aus gewählten Arbeitern des Betriebes, aus Vertretern des technisch-administrativen Personals sowie aus ernannten Vertretern des Volkswirtschaftsrates, der Gewerkschaften und der Sowjets. Die Geldwirtschaft müsse zurückgedrängt werden, ein Verteilungs- und Versorgungsapparat könne den privaten Handel ersetzen. Insgesamt solle die Selbstinitiative von unten so weit wie möglich gestärkt werden.

Dieses Programm fand auf dem Ersten Allrussischen Kongress der Volkswirtschaftsräte Ende Mai und Anfang Juni 1918 eine Mehrheit. Damit fiel die Entscheidung, den

Sozialismus unmittelbar aufzubauen, ohne einen Umweg über den Staatskapitalismus zu nehmen. Die gesetzlichen Voraussetzungen für die Neuorganisation der Wirtschaft schuf die Nationalisierung aller Großbetriebe sowie einiger Industriezweige am 28. Juni 1918. Fast gleichzeitig fiel die Entscheidung, auch in der Agrarpolitik entschiedener als bisher die sozialistische Richtung einzuschlagen. Von der antifeudalen, „bürgerlichen" Reform, wie sie das Dekret über Grund und Boden vom 26. Oktober 1917 ausgedrückt hatte, wollte man nun zur „proletarischen" Revolution übergehen. Anfang Mai 1918 wurde beschlossen, das Prinzip der razverstka – der „ausgleichenden Verteilung" des Getreides zwischen Überschuss- und Mangelgebieten – notfalls auch mit Gewalt durchzusetzen. Wenn die wohlhabenderen Bauern, die Kulaken, die Herausgabe von Überschüssen verweigerten, sollte es ihnen zwangsweise weggenommen werden. Mit ähnlicher Stoßrichtung folgte am 11. Juni 1918 die Organisation des Landproletariats im Komitees der Dorfarmut. Die armen Bauern sollten mit Unterstützung des Staates die Kulaken unter Druck setzen, sie zur Zusammenarbeit mit den Organen der Lebensmittelverteilung zwingen und allmählich selbst zu sozialistischen Produktionsformen auf dem Land übergehen. Allerdings konnten sich die Vorstellungen der Bolschewiki nicht ungestört entfalten. Noch während man über die zukünftige Richtung diskutierte und die ersten Maßnahmen beschloss, entbrannte der Bürgerkrieg mit voller Schärfe. Dies blieb nicht ohne Einfluss auf die Praxis des Aufbaus.

Heiko Haumann: Geschichte Russlands, München (Piper) 1996, S. 468–475.

6 Neue Ökonomische Politik (NEP)

a) Dekret des Allrussischen Zentralen Exekutivkomitees vom 7. Juli 1921:

Zur Produktivitätssteigerung der Handwerks- und kleinen Industriebetriebe [...] verfügen das Allrussische Zentrale Exekutivkomitee und der Rat der Volkskommissare:

1. Jeder Staatsbürger kann frei ein Handwerk ausüben, aber auch ein kleines Industrieunternehmen gründen.

Anmerkung: Kleine Industriebetriebe können nur von Staatsbürgern gegründet werden, die mindestens 18 Jahre alt sind, wobei jeder Staatsbürger nicht mehr als ein Unternehmen besitzen darf.

2. Als kleine Industrieunternehmen gelten Betriebe, die nicht mehr als 10 oder 20 Lohnarbeiter beschäftigen, einschließlich der Heimarbeiter. [...]

4. Handwerker und Besitzer kleiner Industrieunternehmen haben das Recht, frei über die von ihnen hergestellten Produkte und Erzeugnisse zu verfügen und in den Grenzen der geltenden Vorschriften Rohstoffe, Materialien, Werkzeuge und Ausstattung zu erwerben.

Helmut Altrichter, Heiko Haumann (Hrsg.): Die Sowjetunion. Band 2. München (dtv) 1987, S. 140 f.

b) Lenin begründet die beim XX. Parteitag beschlossene „Neue Ökonomische Politik" (1921):

Im Grunde ist die Lage so: Wir müssen die Mittelbauernschaft ökonomisch zufrieden stellen und uns mit der Freiheit des Umsatzes abfinden, sonst können wir angesichts der Verzögerung der internationalen Revolution die Macht des Proletariats in Russland nicht behaupten, ökonomisch nicht behaupten. [...]

Warum mussten wir die [während dem Bürgerkrieg eingeführte] Ablieferungspflicht durch eine Steuer ersetzen? Die Ablieferungspflicht setzte die Einziehung aller Überschüsse und die Einführung eines obligatorischen Staatsmonopols voraus. Wir konnten nicht anders handeln, wir befanden uns in einer äußersten Notlage. [...]

Als Übergangsmaßnahme ist es in einem Bauernland, das eine Industrie besitzt – und dessen Industrie auch arbeitet, – möglich, das System der Steuer und des freien Umsatzes anzuwenden, wenn eine gewisse Menge von Waren vorhanden ist.

Eben dieser Umsatz ist für den Bauern ein Ansporn, ein Anreiz, ein Antrieb. Der Landwirt kann und soll in seinem eigenen Interesse fleißig sein, denn man wird ihm nicht alle Überschüsse wegnehmen, sondern nur die Steuer erheben, die möglichst im Voraus festgesetzt werden muss. Die Hauptsache, es ist ein Ansporn, ein Anreiz, ein Antrieb für den kleinen Landwirt bei der Bewirtschaftung seines Hofes vorhanden. Wir müssen unsere staatliche Wirtschaft in Anpassung an die Wirtschaft des Mittelbauern aufbauen, die wir in drei Jahren [Bürgerkrieg] nicht umgestalten konnten und auch in zehn Jahren nicht umgestalten werden. [...]

Es ist notwendig, das Beschlossene noch heute Abend durch Rundfunk der ganzen Welt mitzuteilen und bekanntzugeben, dass der Parteitag der Regierungspartei im Prinzip die Ablieferungspflicht durch eine Steuer ersetzt und dadurch dem kleinen Landwirt eine ganze Reihe von Anreizen gibt, seine Wirtschaft zu erweitern und seine Anbaufläche zu vergrößern; dass der Parteitag, indem er diesen Weg beschreitet, das System der Beziehungen zwischen Proletariat und Bauernschaft korrigiert und die Überzeugung zum Ausdruck bringt, dass auf diesem Wege gefestigte Beziehungen zwischen Proletariat und Bauernschaft erreicht werden.

W.I. Lenin: Werke, Bd. 32. Berlin [Ost] (Dietz) 1959, S. 231.

7 **Die wirtschaftliche Entwicklung in der Sowjetunion 1913–1926**

	1913	1920	1921	1922	1923	1924	1925	1926
Industrieproduktion (Mrd. Rubel)	10,251	1,41	2,004	2,619	4,005	4,660	7,739	11 083
Kohle (Mio. t)	29	8,7	8,9	9,5	13,7	16,1	18,1	27,6
Elektrizität (Mrd. KWSt.)	1,942	-	0,52	0,775	1,146	1,562	2,025	3,508
Roheisen (Tsd. t)	4216	-	116	188	309	755	1535	2441
Stahl (Tsd. t)	4231	-	183	392	709	1140	2135	3141
Baumwollstoffe (Mio. m)	2582	-	105	349	691	963	1688	2286
Bestelltes Ackerland (Mio. ha)	1500	-	90,3	77,7	91,7	98,1	104,3	110,3
Getreideernte (Mio. t)	80,1	46,1	37,6	50,3	56,6	51,4	72,5	76,8
Bahnfracht (Mio. t)	132,4	-	39,4	29,9	50,8	67,5	83,4	-

Nach: A Nove: An Economic History of the U.S.S.R. London 1988, S. 94.

Arbeitsvorschläge:

a) Beurteilen Sie Lenins Begründung für die Auflösung der Konstituierenden Versammlung vor dem Hintergrund des Wahlergebnisses (M 3a).

b) Verfassen Sie eine Antwort Tschernows (M 3b) auf Lenins Dekret (M 3c).

c) Vergleichen Sie die Urteile der Historiker zur Auflösung der Verfassunggebenden Versammlung 1918 (M 4).

d) Arbeiten Sie aus M 2 und M 5a heraus, welche Probleme 1918 bestanden und wie die Bolschewiki darauf reagierten.

e) Bewerten Sie die Politik des „Obersten Rates der Alliierten“ (M 5b) gegenüber Russland.

f) Organisieren Sie eine Diskussion, in der einerseits die Position Lenins, andererseits die der „linken Kommunisten“ im Frühjahr 1918 vertreten wird (M 5c).

g) Charakterisieren Sie die NEP (M 6a, b) und vergleichen Sie sie mit den wirtschaftlichen Entscheidungen, die im Mai/Juni 1918 getroffen wurden (M 5c).

h) Arbeiten Sie aus M 7 heraus, wie sich die russische/sowjetische Wirtschaft 1913 bis 1926 entwickelt hat. Teilen Sie die Entwicklung in Phasen ein und erklären Sie die Veränderung (M 7).

2.12 Der Stalinismus

Im Gegensatz zur Theorie von der „permanenten Revolution", mit der sein Konkurrent Leo Trotzki den Sozialismus rasch aus der Sowjetunion auch in andere europäische und außereuropäische Länder exportieren wollte, vertrat Stalin das Konzept vom „Sozialismus in einem Land". Er ging davon aus, dass sich die Hoffnungen auf eine Weltrevolution, die schon Karl Marx als direkte Folge einer sozialistischen Revolution vorhergesagt hatte, vorerst nicht erfüllen würden. Um die Geschwindigkeit beim Aufbau des Sozialismus zu steigern, brach er Ende der 1920er-Jahre die NEP ab und setzte stattdessen auf eine forcierte Industrialisierung und die Kollektivierung der Landwirtschaft. Mittel zur Erreichung dieser Ziele waren staatlich dekretierte Fünfjahrespläne ab 1929, der massenhafte Einsatz von Arbeitskräften, teilweise als Zwangsarbeiter, sowie der staatlich verordnete Konsumverzicht der sowjetischen Bevölkerung. Mit hohen sozialen und menschlichen Opfern verwandelte sich die Sowjetunion in wenigen Jahren aus einem rückständigen Agrar- in einen modernen Industriestaat.

Im politischen Bereich wuchsen Zentralisierung, Bürokratisierung und Hierarchisierung weiter, sodass Stalin schließlich als Diktator die Alleinherrschaft errang. Im Zuge der „Großen Säuberungen" und der „Liquidierung der Kulaken als Klasse" wurde in den 1930er-Jahren ein System des Massenterrors aufgebaut, dem Millionen von Unschuldigen zum Opfer fielen. Arbeitslager, Massendeportationen, Hinrichtungen sowie schrankenloser physischer und psychischer Terror wurden durch manipulierte Massenmedien verharmlost bzw. verheimlicht. Trotz dieses Gewaltsystems gelang es Stalin, nach dem deutschen Überfall auf die Sowjetunion 1941 durch die Mobilisierung des russischen Patriotismus so große Widerstandskräfte in der Bevölkerung wachzurufen, dass Deutschland im „Großen Vaterländischen Krieg" geschlagen werden konnte. Von 1945 bis zu seinem Tod 1953 hatte Stalin den Zenit seiner Macht erreicht. Die Sowjetunion beherrschte Osteuropa bis zur DDR und war neben den USA zur zweiten Supermacht in der internationalen Politik aufgestiegen, die über riesige nukleare Arsenale verfügte (ab 1949) und eine Schlüsselrolle im bipolaren System des Kalten Kriegs spielte.

1 Personenkult um Stalin an dessen 70. Geburtstag am 4. April 1950. Unter den Gästen auf der Tribüne: Togliatti, Beria, Molotov sowie Mao Tse Tung.

2 Revolution von oben

a) Stalin über die von ihm geplante „Revolution von oben" (1926):

Die Hauptaufgabe der bürgerlichen Revolution besteht darin, die Macht zu ergreifen und sie mit der vorhandenen bürgerlichen Ökonomik in Einklang zu bringen, während die Hauptaufgabe der proletarischen Revolution darin besteht, nach der Machtergreifung eine neue, die sozialistische Ökonomik aufzubauen.

Die bürgerliche Revolution wird gewöhnlich mit der Machtergreifung abgeschlossen, während die Machtergreifung in der proletarischen Revolution erst ihr Anfang ist, wobei die Macht als Hebel für den Umbau der alten Ökonomik und die Organisierung der neuen benutzt wird.

Zit. nach: Boris Meissner: Der soziale Strukturwandel im bolschewistischen Russland. In: ders. (Hrsg.): Sowjetgesellschaft im Wandel. Stuttgart u. a. (Kohlhammer) 1966, S. 28 ff., hier: S. 35.

b) Der Politologe Boris Meissner kommentiert Stalins „Revolution von oben" (1966):

Das Wesen und die Eigenart der Sowjetgesellschaft ist entscheidend durch die tiefgehenden sozialstrukturellen Wandlungen der Jahre 1928/29 bis 1938/39 geprägt worden, die von ihrem Urheber [Stalin] selbst unter der Bezeichnung „Revolution von oben" zusammengefasst worden sind. Der Umbruch, der von Stalin in diesen zehn schicksalhaften Jahren herbeigeführt wurde, hatte die Ausmaße und die Tiefenwirkung einer großen sozialen Revolution, obgleich er von den Herrschenden und nicht den Beherrschten ausging. […]

Stalin hat […] Marx gleichsam auf den Kopf gestellt. Nach Marx konnte eine neue Staats- und Gesellschaftsordnung nur aus einem dominanten sozialen Konflikt hervorgehen. Der politisch-ideologische Überbau, dessen Kernstück der Staat bildete, hatte sich der Sozialstruktur des ökonomischen Unterbaus anzupassen. Nach Stalin war eine kleine herrschende Gruppe, nur wenn sie im Besitz der richtigen Erkenntnis war, legitimiert, die Gesellschaft mit Hilfe der Staatsmacht nach ihrem Bilde zu formen. In der Praxis bedeutete dies, dass die herrschende Gruppe ihre bisherige soziale Basis durch eine andere auswechselte. Dieser zusammenhängende revolutionäre Prozess, der zehn Jahre umfasste, hat sich in zwei Etappen vollzogen, wobei das Jahr 1934 eine Zäsur darstellte. Die planökonomische „Revolution von oben" steht im Mittelpunkt des ersten Abschnitts, der mit der „Großen Säuberung" verbundene Kampf um die Alleinherrschaft ist für den zweiten Abschnitt kennzeichnend.

Boris Meissner: Der soziale Strukturwandel im bolschewistischen Russland. In: ders. (Hrsg.): Sowjetgesellschaft im Wandel, Stuttgart u. a. (Kohlhammer) 1966, S. 28 ff., hier: S. 35

3 Wirtschaft nach dem Fünfjahresplan

a) Aus einem „Prawda"-Artikel Stalins vom 7. November 1929 zum ersten Fünfjahresplan (1928–1932):

Das verflossene Jahr war ein Jahr des großen Umschwungs an allen Fronten des sozialistischen Aufbaus. Dieser Umschwung ging und geht im Zeichen der entschiedenen Offensive des Sozialismus gegen die kapitalistischen Elemente in Stadt und Land vor sich. […]

Betrachtet man die Ergebnisse des verflossenen Jahres auf dem Gebiete des wirtschaftlichen Aufbaus, der für uns entscheidende Bedeutung hat, so könnte man die Erfolge unserer Offensive an dieser Front, unsere Errungenschaften im verflossenen Jahre in drei Hauptmomenten zusammenfassen.

Es ist unzweifelhaft, dass eine der wichtigsten Tatsachen, wenn nicht die allerwichtigste Tatsache unseres Aufbaus im letzten Jahre darin besteht, dass es uns gelungen ist, einen entschiedenen Umschwung auf dem Gebiete der Arbeitsproduktivität zu erzielen. Dieser Umschwung fand seinen Ausdruck in der Entfaltung der schöpferischen Initiative und des machtvollen Arbeitsaufschwungs der Millionenmassen der Arbeiterklasse an der Front des sozialistischen Aufbaus. Darin besteht unsere erste und wichtigste Errungenschaft im verflossenen Jahre.

Die Entfaltung der schöpferischen Initiative und des Arbeitsaufschwungs der Massen wurde in drei Hauptrichtungen gefördert:

a) in der Richtung des Kampfes gegen den Bürokratismus, der die Arbeitsinitiative und Arbeitsaktivität der Massen drosselt – durch die Selbstkritik; b) in der Richtung des Kampfes gegen diejenigen, die die Arbeit schwänzen und die proletarische Arbeitsdisziplin verletzen – durch den sozialistischen Wettbewerb; schließlich c) in der Richtung der Bekämpfung von Schlendrian und Verknöcherung in der Produktion – durch die Organisierung der ununterbrochenen Arbeitswoche. […]

Die […] zweite Errungenschaft der Partei besteht darin, dass wir im verflossenen Jahre das Problem der Akkumulation für die großen Neubauten der Schwerindustrie in der Hauptsache erfolgreich gelöst, ein beschleunigtes Tempo in der Entwicklung der Produktion von Produktionsmitteln eingeschlagen und die Voraussetzungen für die Umwandlung unseres Landes in ein Metall-Land geschaffen haben. […]

Schließlich über die dritte Errungenschaft der Partei im verflossenen Jahre, die mit den ersten zwei Errungenschaften organisch verbunden ist. Es handelt sich um den grundlegenden Umschwung in der Entwicklung unserer Landwirtschaft von der kleinen und rückständigen individuellen Wirtschaft zur fortgeschrittenen kollektiven Großlandwirtschaft, zur gemeinsamen Bodenbearbeitung, zu Maschinen- und Traktorenstationen, zu Artels [= Genossenschaften] und Kollektivwirtschaften, die sich auf die neue Technik stützen und schließlich zu Riesen-

Sowjetwirtschaften, die mit Hunderten von Traktoren und Mähdreschmaschinen ausgerüstet sind. […]
Wir gehen mit Volldampf den Weg der Industrialisierung – zum Sozialismus […]. Wir werden zu einem Lande des Metalls, einem Lande der Automobilisierung, einem Lande der Traktorisierung.

Zit. nach: W. Lautemann (Hrsg.): Günter Schönbrunn (Bearb.): Geschichte in Quellen, Band 5. München (bsv) o.J., S. 144 f.

b) Propagandapostkarte 1946: „Wir werden den neuen Fünfjahresplan von Stalin ehrenvoll erfüllen und übererfüllen."

4 Kollektivierung und Liquidierung der Kulaken

a) Das ZK der KPdSU über die Kollektivierung (1930):

In den letzten Monaten hat die Kollektivierungsbewegung einen neuen Schritt vorwärts getan. [….] Die Grundlage dieser Bewegung ist die Kollektivierung der Produktionsmittel der Wirtschaften der armen und der Mittelbauern. […] Auf diese Weise haben wir eine materielle Grundlage für die Ablösung der Großproduktion in Kulakenwirtschaften durch die Großproduktion der Kolchose. […]
Dieser Umstand […] hat der Partei das volle Recht gegeben, in ihrer praktischen Arbeit von der Politik der Einschränkung der Ausbeutungstendenzen des Kulakentums zur Politik der Liquidierung des Kulakentums als Klasse überzugehen.

Zit. nach: Hans-Joachim Lieber, Karl-Heinz Ruffmann (Hrsg.): Der Sowjetkommunismus. Dokumente, 2 Bände. Köln, Berlin 1963/64, Band 2, S. 287.

b) Vertreibung von Kulaken, 1932

c) Aus Stalins Rechenschaftsbericht an den XVII. Parteitag am 26. Januar 1934:

Die Sowjetunion hat sich in dieser Periode [1930–1933] von Grund auf umgestaltet und das Gepräge der Rückständigkeit und des Mittelalters abgestreift. Aus einem Agrarland ist sie zu einem Industrieland geworden. Aus einem Lande der kleinbäuerlichen Einzelwirtschaft ist sie zu einem Lande des kollektiven mechanisierten landwirtschaftlichen Großbetriebs geworden. Aus einem unwissenden, analphabetischen und kulturlosen Land wurde sie – genauer gesagt: wird sie – zu einem gebildeten, kulturell hochstehenden Land, das von einem gewaltigen Netz von Hoch-, Mittel- und Elementarschulen bedeckt ist, die in den Sprachen der Nationalitäten der Sowjetunion wirken.
Es wurden neue Industriezweige geschaffen: der Werkzeugmaschinenbau, die Automobilindustrie, die Traktorenindustrie, die chemische Industrie, der Motorenbau, der Flugzeugbau, die Produktion von Mähdreschmaschinen, von Hochleistungs-Turbinen und Generatoren, von Qualitätsstahlsorten, Eisenlegierungen, synthetischem Kautschuk, Stickstoff, Kunstfasern usw. usf. (Anhaltender Beifall.)
In dieser Periode wurden Tausende neuer, modernster Industriewerke errichtet und in Betrieb gesetzt. […]
Es wurden mehr als 200 000 Kollektivwirtschaften und 5000 Sowjetwirtschaften geschaffen, mit neuen Rayonzentren und industriellen Stützpunkten für sie.
In fast menschenleeren Gebieten sind neue große Städte mit einer großen Bevölkerungszahl emporgewachsen. Die alten Städte und Industrieorte haben sich kolossal erweitert. […]
Dem Wesen der Sache nach war die Berichtsperiode für die Landwirtschaft nicht so sehr eine Periode des raschen Aufschwungs und mächtigen Anlaufs, als vielmehr eine Periode, in der die Voraussetzungen für einen solchen Aufschwung und einen solchen Anlauf in der nächsten Zukunft geschaffen wurden. […]

	1913	1929	1930	1931	1932	1933
Getreide	801	717,4	835,4	694,8	698,7	898
Rohbaumwolle	7,4	8,6	11,1	12,9	12,7	13,2
Flachsfasern	3,3	3,6	4,4	5,5	5,0	5,6
Zuckerrüben	109	62,5	150,2	120,5	65,6	90
Ölfrüchte	21,5	35,8	36,2	51,0	45,5	46

Gesamtproduktion von Getreide und gewerblichen Nutzpflanzen in der UdSSR (in Mio. Doppelzentner)

Am schwersten hat die Viehzucht die Reorganisationsperiode überstanden. Hier die entsprechende Tabelle:

	1916	1929	1930	1931	1932	1933
Pferde	35,1	34	30,2	26,2	19,6	16,6
Rinder	58,9	68,1	52,5	47,9	40,7	38,6
Schafe/Ziegen	115,2	147,2	108,8	77,7	52,1	50,6
Schweine	20,3	20,9	13,6	14,4	11,6	12,2

Es ist offensichtlich, dass einerseits die Tatsache, dass die Viehzucht am stärksten von großkulakischen Elementen durchsetzt war und andererseits die verstärkte Kulakenagitation für das Schlachten des Viehs, die in den Jahren der Reorganisation einen günstigen Boden fand, in dieser Tabelle zum Ausdruck kommen. […]
Wie hat sich bei uns die Kollektivierung der bäuerlichen Wirtschaften in der Berichtsperiode entwickelt?
Hier die entsprechende Tabelle:

	1929	1930	1931	1932	1933
Kollektivwirtschaften (in Tsd)	57,0	85,9	211,1	211,05	224,5
an Kollektivwirtschaften angeschlossene Bauernhöfe (in Mio.)	1	6	13	14,9	15,2
Prozentsatz der Kollektivierung der Bauernhöfe	3,9	23,6	52,7	61,5	65

Daten nach: W. Lautemann (Hrsg.): Günter Schönbrunn (Bearb.): Geschichte in Quellen, Band 5. München (bsv) o.J., S. 143 f.

5 Die sowjetische Verfassung

a) Aus der sowjetischen Verfassung von 1936:

Artikel 124: Zum Zwecke der Gewährleistung der Gewissensfreiheit für die Bürger sind in der UdSSR die Kirche vom Staat und die Schule von der Kirche getrennt. Die Freiheit der Ausübung religiöser Kulthandlungen und die Freiheit antireligiöser Propaganda werden allen Bürgern zuerkannt.
Artikel 126: In Übereinstimmung mit den Interessen der Werktätigen und zum Zwecke der Entwicklung der organisatorischen Selbsttätigkeit und der politischen Aktivität der Volksmassen wird den Bürgern der UdSSR das Recht gewährleistet, sich in gesellschaftlichen Organisationen zu vereinigen: in Gewerkschaften, genossenschaftlichen Vereinigungen, Jugendorganisationen, Sport- und Wehrorganisationen, Kulturvereinigungen, technischen und wissenschaftlichen Gesellschaften, während die aktivsten und zielbewusstesten Bürger aus den Reihen der Arbeiterklasse, der werktätigen Bauern und der schaffenden Intelligenz sich freiwillig in der kommunistischen Partei der Sowjetunion vereinigen, die der Vortrupp der Werktätigen in ihrem Kampf für die Errichtung der kommunistischen Gesellschaft ist und den leitenden Kern aller Organisationen der Werktätigen, der gesellschaftlichen sowohl wie der staatlichen, bildet.
Artikel 135: Die Deputierten werden in allgemeiner Wahl gewählt: Alle Bürger der UdSSR, die das Alter von 18 Jahren erreicht haben, besitzen […] das Recht, an den Wahlen der Deputierten teilzunehmen, mit Ausnahme von Geisteskranken und Personen, die vom Gericht unter Aberkennung des Wahlrechts verurteilt worden sind. Zum Deputierten des Obersten Sowjets der UdSSR kann jeder Bürger der UdSSR gewählt werden, der das Alter von 23 Jahren erreicht hat […].
Artikel 141: Die Aufstellung der Kandidaten für die Wahlen erfolgt nach Wahlkreisen.
Das Recht, Kandidaten aufzustellen, wird den gesellschaftlichen Organisationen und den Vereinigungen der Werktätigen gewährleistet: den kommunistischen Parteiorganisationen, den Gewerkschaften, Genossenschaften, Jugendorganisationen, Kulturvereinigungen.

Zit. nach: Georg von Rauch: Machtkämpfe und soziale Wandlungen in der Sowjetunion seit 1923. Stuttgart (Klett) 1971, S. 26 ff.

b) Der deutsche Verfassungsjurist Reinhart Maurach 1955 über die Verfassung von 1936:

Es darf nicht übersehen werden, dass den Gegnern der Kirche in Art. 124 durch das Recht auf Ausübung antireligiöser Propaganda wesentlich mehr Freiheit gewährt wird als den Kirchen und Glaubensgemeinschaften selber, deren Recht auf die Ausübung religiöser Kulthandlungen beschränkt wird unter Vorbehalt einer religiösen Propaganda (Mission).

2

Optisch scheinen die in Art. 126 aufgezählten Grundrechte denen liberaler Verfassungen über Vereins- und insbesondere Koalitionsfreiheit zu gleichen. Tatsächlich ergeben sich aber wesentliche Einschränkungen dieser politisch sehr wichtigen Grundrechte:

1. Das Recht auf Vereinsbildung ist nicht absolut, d.h. es wird nur unter der Voraussetzung gewährt, dass durch die Vereinsbildung dem Interesse von Partei und Staat positiv entsprochen wird. Schon bevor sich ein Verein gebildet hat und bevor ihm die Verfolgung von Zielen nachgewiesen werden kann, die „den Interessen der Werktätigen" usw. nicht positiv entsprechen, kann ihm seine Konstituierung verboten werden.

2. Das Recht auf Gründung politisch indifferenter und rein privater Vereine besteht nicht. Nur solche Zusammenschlüsse sind erlaubt, deren Existenz Staat und Partei Förderung ihrer eigenen Ziele erwarten lassen. [...]

4. Die Kommunistische Partei wird ausdrücklich erwähnt

a) in beherrschender Stellung als einzige Partei (Koalition)

b) in moralisch qualifizierter Stellung als Vereinigung der Besten.

Art. 135 bekennt sich zum Grundsatz der Allgemeinheit des Wahlrechts, nachdem bis 1936 radikale, unter „Klassen"-Gesichtspunkten erfolgende Beschränkungen für das aktive wie passive Wahlrecht bestanden hatten. Die heutigen Einschränkungen des Wahlrechts (Geisteskrankheit, Verlust der politischen und Bürgerrechte) halten sich im Rahmen der liberalen Verfassungen. Von der Möglichkeit des Rechtsverlusts wird allerdings sehr weitgehend Gebrauch gemacht; hiervon sind nicht nur die Millionen der Strafgefangenen betroffen, sondern auch den bereits Strafentlassenen wird für eine bestimmte Zeit das Wahlrecht aberkannt. [...]

Art. 141, Abs. 2 macht jede Form freier Wahlen unmöglich: Nach gründlicher Vorprüfung und Siebung durch die Partei und die ihr hörigen Organisationen werden die Kandidaten nominiert; von einer Wahl kann insofern keine Rede sein, da für jeden Wahlkreis nur ein Kandidat vorgeschlagen wird. In Art. 141 schließt sich der Ring der um das Volk geschmiedeten Diktatur der Partei.

Reinhart Maurach: Handbuch der Sowjetverfassung. München 1955, S. 221 ff.

6 Gulags, Verfolgungen

a) Der sowjetische Historiker Roy Medwedew über die Zahl der Stalinismus-Opfer (1989):

Bei öffentlichen Auftritten werde ich häufig nach der Gesamtzahl der Stalinismus-Opfer gefragt. Das ist eine schwierige Frage, auf die es keine genaue Antwort gibt. Der Stalinismus hat seine Verbrechen geheim gehalten. Niemand hat über die Zahl der Erschossenen, der Umsiedler oder der Verhungerten Aufzeichnungen gemacht. [...]

Von 1927 bis 1929 waren „nur" ungefähr eine Million Menschen in den Gefängnissen, in der Verbannung oder in politischer Isolationshaft. Einige waren vor kurzem noch Parteimitglieder aus der Opposition oder „bourgeoise" Spezialisten, die in der Regel in den sowjetischen Behörden gewissenhaft ihre Arbeit getan hatten [...]. Die noch in den Hauptstädten lebenden ehemaligen Mitglieder der sozialrevolutionären Partei und der Partei der Menschewiki wurden in die Provinz verbannt. In den ländlichen Gegenden wurden Tierärzte, Agrotechniker, Genossenschaftler, die zu Mitgliedern der frei erfundenen „Arbeiter- und Bauernpartei" erklärt worden waren, festgenommen.

In den Jahren 1930–1932 führten die Straforgane einen schrecklichen Schlag gegen faktisch alle reichen Bauern aus. Ihre Häuser und Besitztümer wurden in aller Eile gegründeten Kolchosen übergeben und die gesamte Familie des „Kulaken" [...] wurde zwangsweise nach Sibirien, in den Ural oder in den Norden umgesiedelt oder in das Gebiet Archangelsk, auf die Halbinsel Kola und die Komi ASSR. Die offiziellen Zahlen der „Entkulakisierten" wurden viele Male geändert; Vertrauen genießen sie nicht. Die Statistik der Jahre 1926–1927 rechnete 5% oder etwa 1,2 Millionen der bäuerlichen Höfe zu den „Kulaken". Nach Augenzeugenberichten flüchteten nur einige wenige der reichen Bauern in die Stadt, nachdem sie frühzeitig ihren Besitz verkauft hatten. Die Übrigen wurden umgesiedelt. Bei einer Durchschnittsgröße von sechs bis sieben Personen pro bäuerliche Familie sind da sechs bis sieben Millionen neuer Opfer des Stalinismus. [...]

Aufgrund indirekter Daten der Zählungen der Jahre 1926, 1937 und 1939 kann man zuverlässig annehmen, dass sechs bis sieben Millionen Menschen in den Jahren 1932–1933 verhungert sind. [...]

Die Gefängnisse konnten eine solche Menge von Bauern nicht fassen; und gerade in diesen Jahren, 1934 – 1935, wurde im Lande mit der Schaffung eines weiten Netzes von „Besserungs-Arbeitslagern" begonnen. In diese Lager wurden außer den Bauern auch Kriminelle „zur Umerziehung" geschickt. 1935 begann eine neue repressive Massenkampagne – die Umsiedlung von „klassenfremden Elementen" aus Leningrad, Moskau und einigen anderen Hauptstädten. Die Familien ehemaliger Adliger, Händler, Kapitalisten und Beamten wurden in entfernte Provinzstädte umgesiedelt. Die Zahl der Umgesiedelten kann man ohne größere Fehlerquote auf eine Million beziffern.

In den Jahren 1937–1938, das heißt in den Jahren der „Jeshowschischina" oder des „Großen Terrors" belief sich die Zahl der Opfer der Massenrepressalien nach meinen Berechnungen auf 5 bis 7 Millionen Menschen. [...] In den Jahren 1937–1938 wurde ungefähr eine Million der Verhafteten zum Tode durch Erschießen verurteilt, die Übrigen wurden in Lager geschickt. Kaum einer dieser Menschen hat jedoch den Tag seiner Rehabilitierung erlebt.

Hans Hecker: Staat zwischen Revolution und Reform. Die innere Entwicklung der Sowjetunion 1922–1990, Stuttgart (Klett) 1991, S. 33–35.

b) Der Historiker Stefan Merl über die „Liquidierung der Kulaken als Klasse" (1987):

Zunächst ist zu beachten, dass der Begriff „Kulak" keineswegs eindeutig definiert war. Die Bolschewiki verstanden darunter nicht Großbauern schlechthin, sondern nur denjenigen, der im Dorf als „Parasit" und „Ausbeuter" auftrat und nicht von eigener Hände Arbeit lebte. Das aber war ein Bauerntyp, den es im sowjetischen Dorf der 20er-Jahre praktisch nicht mehr gab. Selbst die größten Bauernwirtschaften arbeiteten fast ausschließlich mit familieneigenen Arbeitskräften; Lohnarbeit und Landpacht hatten nur geringe Bedeutung. [... Somit] bildeten die „Kulaken" überhaupt keine abgrenzbare Klasse, sondern stellten ein ideologisch abgeleitetes Feindbild dar. Gebraucht wurde dieses Feindbild jedoch keineswegs nur aus ideologischen Motiven, sondern zur Durchsetzung praktischer Ziele: Um die Bauern den staatlichen Forderungen zu unterwerfen, war es erforderlich, dass der „Kulak" ein vage bestimmter Begriff blieb, unter den jede auch nur etwas überdurchschnittlich versorgte Bauernwirtschaft fallen konnte. Man schlug auf den fiktiven Kulaken ein, um die Masse der Bauern einzuschüchtern und politisch willfährig zu machen. Der seit 1927 ausgeübte politische Druck auf die „Kulaken" und nachfolgend ihre „Liquidierung als Klasse" sollte helfen, die Zwangskollektivierung unter dem Deckmantel der „Freiwilligkeit" durchzusetzen. [...] So verliefen die beiden Wellen der „Liquidierung der Kulakenwirtschaften" parallel zu den Kollektivierungswellen. Die Angst vor einem ähnlichen Schicksal sollte die Bauern zum Beitritt in die Kolchosen bewegen. [...] Bauern, die in Versammlungen gegen staatliche Forderungen auftraten, mussten mit ihrer Verhaftung rechnen. [...] In einigen Orten verjagte man die enteigneten Familien trotz der Winterkälte unverzüglich aus ihren Häusern. Weder auf Kranke, Gebrechliche noch Mütter mit Kleinkindern wurde Rücksicht genommen. In ihrer Verzweiflung begingen einige „Kulaken" Selbstmord. Auch die Aufnahmeregionen der ersten Deportationstransporte im Februar und März 1930, vor allem der europäische Norden und der Ural, hatten keine hinreichende Vorbereitung treffen können. Bereits während des Bahntransports gab es Todesfälle. Mit dem Einsetzen des Tauwetters spitzte sich die Lage in den Aufnahmelagern zu. Seuchen breiteten sich aus, die besonders unter den Kindern große Opfer forderten. [...]

Die Gesamtzahl der von der „Liquidierung der Kulakenwirtschaften" betroffenen Familien wie auch die Zahl der Opfer lassen sich mithilfe der heute verfügbaren Daten zumindest annähernd bestimmen. [...] Insgesamt waren zwischen Ende 1929 und Mitte 1933 etwa 600 bis 800 000 bäuerliche Haushalte von der „Liquidierung der Kulaken als Klasse" betroffen. Bei einer durchschnittlichen Kopfzahl der betreffenden Familien von etwa sechs Personen sind das 3,5 bis 5 Millionen Menschen. Über die Hälfte dieser „Kulakenwirtschaften" verblieb in ihren Heimatbezirken. Diese Familien wurden mithin lokal umgesiedelt und mussten, häufig unter schwierigsten Bedingungen, einen neuen Anfang versuchen. Etwa 350 000 Familien mit 1,8 Millionen Personen wurden deportiert. Die im Herbst 1930 wiedereinsetzenden Transporte verliefen weniger barbarisch. Außer dem Ural war das Zielgebiet nunmehr hauptsächlich Sibirien und Kasachstan, also Gebiete, in denen ein erheblicher Mangel an Arbeitskräften bestand. [...]

Fast geschlossen umgekommen sind im Lauf der 30er-Jahre ca. 100 000 in das GULag-System eingewiesene Verhaftete, vorwiegend Familienoberhäupter. Weitere 100 000 Menschen kamen vermutlich Anfang 1930 durch

7 Reste des Lagers Pevek in Sibirien
Foto, 1992

2

die Vertreibung aus ihren Häusern, die Deportation nach Norden und standrechtliche Erschießung ums Leben. Einschließlich der in den Deportationsgebieten bis Ende der 30er-Jahre Verstorbenen lässt sich die Gesamtzahl der Opfer auf ungefähr 300 000 Personen eingrenzen. Die hohe Zahl der Opfer war eine Begleiterscheinung der Aktion, sie wurde offensichtlich von der Parteiführung in Kauf genommen. Trotzdem ist aus den Umständen ersichtlich, dass in der Sowjetunion, anders als bei den deutschen Judenmorden, von einem vorgefassten, systematischen Vernichtungswillen der Staatsmacht gegenüber diesen Menschen nicht gesprochen werden kann.

Stefan Merl: „Ausrottung" der Bourgeoisie und der Kulaken in Sowjetrussland? Anmerkungen zu einem fragwürdigen Vergleich mit Hitlers Judenvernichtung, in: Geschichte und Gesellschaft 13 (1987), S. 368–381, hier: S. 372–377.

c) Der „Vier-Uhr-früh-Witz". Mündliche Überlieferung aus Moskau in den 1930er-Jahren:

Um 4 Uhr früh klopft es an einer Moskauer Wohnung, in der fünf Familien wohnen. Alle springen sofort aus ihren Betten, aber keiner traut sich, die Tür zu öffnen. Sie stehen und warten zitternd an ihren Zimmertüren. Das Klopfen wird stärker. Schließlich fasst sich einer, der Mieter Abram Abramowitsch, und öffnet die Wohnungstür. Man hört ihn eine Weile mit einem draußen stehenden Mann flüstern. Dann wendet er sich zu seinen zitternden Hausgenossen, sein Gesicht strahlt: „Keine Beunruhigung, Genossen, es ist nichts, das Haus brennt ...

Wolfgang Leonhard: Die Revolution entlässt ihre Kinder, Köln (Kiepenheuer und Witsch) 22. Aufl. 2005, S. 43.

8 Schauprozesse

Von 1936 bis 1938 wurden in Moskau Schauprozesse gegen mehrere Millionen vermeintlicher „Volksfeinde" durchgeführt, bei denen etwa 1 Million Angeklagte zum Tode verurteilt wurden.

a) Aus dem Protokoll des Moskauer Schauprozesses gegen Nikolai Bucharin (1938):

Ankläger Wyschinski: Angeklagter Bucharin, bekennen Sie sich der gegen Sie erhobenen Anklagen schuldig?

Bucharin: Ja, ich bekenne mich der gegen mich erhobenen Anklagen schuldig. [...]

Wyschinski: Formulieren Sie kurz, wessen Sie sich schuldig bekennen.

Bucharin: Erstens der Zugehörigkeit zum konterrevolutionären „Block der Rechten und Trotzkisten".

Wyschinski: Seit welchem Jahre?

Bucharin: Ungefähr seit 1928. Ich bekenne mich schuldig, dass ich einer der prominentesten Führer dieses „Blocks der Rechten und Trotzkisten" war. Ich bekenne mich folglich dessen schuldig, was unmittelbar daraus folgt, schuldig der Gesamtheit der Verbrechen, die von dieser konterrevolutionären Organisation begangen wurden, unabhängig davon, ob ich von ihnen wusste oder nicht, ob ich an diesem oder jenem Akt direkten Anteil genommen habe oder nicht, weil ich als einer der Führer und nicht als Weichensteller dieser konterrevolutionären Organisation verantwortlich bin.

Wyschinski: Welche Ziele verfolgte diese konterrevolutionäre Organisation?

Bucharin: Sie verfolgte im Grunde genommen, obwohl sie sich vielleicht dessen nicht genügend bewusst war und nicht das Tüpfelchen auf das „i" setzte, als ihr Hauptziel die Restauration der kapitalistischen Verhältnisse in der UdSSR. [...] Die rechte Konterrevolution schien in der ersten Zeit eine „Abweichung" zu sein, auf den ersten Blick eine solche, die mit der Unzufriedenheit mit der Kollektivierung, mit der Unzufriedenheit mit der Industrialisierung begann, die glaubte, dass die Industrialisierung angeblich die Produktion zugrunde richtet. [...] Hier spielte sich bei uns ein sehr interessanter Prozess ab, die Überschätzung der individuellen Wirtschaft, die Neigung zu ihrer Idealisierung, zur Idealisierung ihres Eigentümers. Im Programm stand die wohlhabende individuelle Bauernwirtschaft und der Kulak verwandelte sich eigentlich in einen Selbstzweck.

In der Periode der Liquidierung des Kulakentums 1929 und 1930 bedauerten wir die Entkulakisierten aus sogenannten humanitären Erwägungen. [...] Wir predigten seinerzeit die sozialistische Industrialisierung und begannen dann mit Achselzucken, mit Ironie und später in der Hauptsache mit Verbitterung auf unsere gewaltigen, gigantisch wachsenden Fabriken zu blicken wie auf irgendwelche gefräßigen Ungeheuer, die alles verzehren und den breiten Massen die Verbrauchsartikel entziehen; wir sahen in ihnen eine bestimmte Gefahr.

Wenn ich praktisch meine programmatische Einstellung formulieren soll, so ist dies in wirtschaftlicher Hinsicht der Staatskapitalismus, der wirtschaftstüchtige Einzelbauer, der Abbau der Kollektivwirtschaften, ausländische Konzessionen, das Aufgeben des Außenhandelsmonopols und als Ergebnis – die Restauration des Kapitalismus.

Wyschinski: Aber es ergab sich der volle Sieg des Sozialismus.

Bucharin: Und der volle Bankrott unserer Prognose. Innerhalb des Landes war unser faktisches Programm das Abgleiten zur bürgerlich-demokratischen Freiheit, zur Koalition, weil aus dem Block mit den Menschewiki, Sozialrevolutionären und anderen die Freiheit auf Parteienbildung folgt [...]. Ein Abgleiten nicht nur auf das Gleis der bürgerlich-demokratischen Freiheit, sondern im politischen Sinne auf ein Gleis, wo es unzweifelhaft Elemente des Cäsarismus gibt.

Wyschinski: Sagen Sie einfach – des Faschismus.

[...]

Wyschinski: Angeklagter Bucharin, es wird Ihnen das letzte Wort erteilt.

Bucharin: Vor Gericht bekannte ich mich und bekenne ich mich der Verbrechen schuldig, die ich begangen habe und die mir zur Last gelegt wurden. Vor Gericht erklärte ich auch und unterstreiche und wiederhole es jetzt, dass ich mich politisch für die Gesamtheit der vom „Block der Rechten und Trotzkisten“ verübten Verbrechen schuldig bekenne. Ich unterliege dem strengsten Strafmaß und ich bin mit dem Bürger Staatsanwalt einverstanden, der einige Male wiederholte, dass ich an der Schwelle meiner Todesstunde stehe. Der äußerst schwere Charakter des Verbrechens ist offensichtlich, die politische Verantwortung ist grenzenlos, die juristische Verantwortung ist eine solche, dass sie jedes, selbst das härteste Urteil rechtfertigt. Das härteste Urteil wird gerecht sein, weil man mich für solche Dinge zehnmal erschießen kann.

DER SPIEGEL, Nr. 7/1988, S. 136–144.

*Bucharin (1888–1938) war 1917 bis 1929 führendes Parteimitglied und Wirtschaftsexperte. Er leitete die Oktoberrevolution in Moskau und war enger Kampfgenosse Lenins, seit 1917 Mitglied des Zentralkomitees und Chefredakteur der Parteizeitung „Prawda“, seit 1924 Mitglied des Politbüros und seit 1926 Vorsitzender der Komintern. Wegen seiner Kritik an Stalins Wirtschaftspolitik verlor er 1929 sämtliche politischen Ämter und wurde nach dem Todesurteil im Moskauer Schauprozess 1938 hingerichtet.

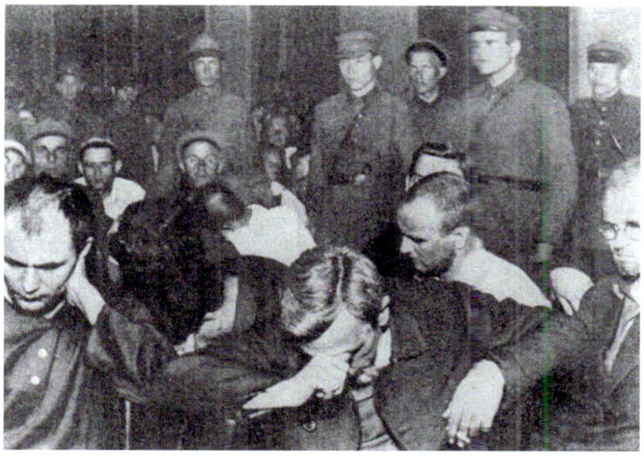

b) Moskau 1932: Im Schauprozess gegen angebliche Wirtschaftsverbrecher hören die Angeklagten ihr Todesurteil.

c) N. Bucharin am Lenin-Mausoleum, 1929 (Dritter v. r.)

Arbeitsvorschläge:

a) Vergleichen Sie anhand von M 2 bis M 4 Lenins NEP mit Stalins Wirtschaftspolitik. Erörtern Sie Vor- und Nachteile der beiden wirtschaftspolitischen Konzepte.

b) Vergleichen Sie die stalinistische Verfassung (M 5a) mit der Verfassung der Bundesrepublik Deutschland.

c) Überprüfen Sie, inwieweit Ihre Vergleichsergebnisse mit denen in M 8 übereinstimmen.

d) Erklären Sie die Aussagestrategie Bucharins (M 8), der Taten gesteht, die er nachweislich nicht begangen hat.

e) Vergleichen Sie die Analyse der Historiker Medwedes (M 6a) und Merl (M 6b) und erklären Sie, warum sie zu unterschiedlichen Resultaten gelangen.

f) Beurteilen Sie den Schlusssatz in M 6b.

g) Interpretieren Sie M 6c.

2.13 Revolutionsbegriff und Revolutionstheorien

Gewaltsame und friedliche Revolutionen

Wer den Begriff „Revolution" hört, denkt zumeist spontan an Vorgänge, die in höchstem Maße turbulent, spektakulär und dramatisch ablaufen: an Massenbewegungen auf den Straßen, an Kämpfe zwischen Revolutionären und bewaffneten „Ordnungskräften" der Herrschenden, an Gewaltanwendung und an Blutvergießen also, aber auch an den letztendlichen Sturz des verhassten Regimes und die Einführung einer völlig neuartigen politischen, wirtschaftlichen und gesellschaftlichen Ordnung. Schon der zweite Blick aber fördert Gegenbeispiele zutage: etwa die „friedlichen" Revolutionen der Jahre 1989 bis 1991, die die kommunistischen Regimes in Mittel- und Osteuropa stürzten, allerdings im Zuge einer legalen Regierungsablösung durch demokratische Wahlen. Sieht man vom Blutvergießen in Rumänien ab, so brachen diese Revolutionen – z. B. in Prag unter dem viel sagenden Titel „Die samtene Revolution" – mit der langen revolutionären Tradition, in der eine neue Gesellschaftsordnung durch blutige Machtkämpfe in einem Klima des Bürgerkriegs durchgesetzt wurde: so geschehen während der Amerikanischen Revolution 1776, der Französischen Revolution 1789 und der Russischen Revolution 1917 gleichermaßen.

Digitale Revolution, Neolithische Revolution

Aber auch andere Gegenbeispiele begegnen schnell: etwa die „digitale Revolution", die den vermeintlich in unseren Tagen sich vollziehenden Übergang zur Informations- und Wissensgesellschaft vorbereitet haben soll. Dieser Übergang sei in seiner radikalen Umformung aller Lebensformen weltgeschichtlich nur mit der „Neolithischen Revolution" und der „Industriellen Revolution" zu vergleichen – so die Verfechter dieser These. Können Revolutionen sich also auch über sehr lange Zeiträume, vielleicht sogar über Jahrhunderte oder gar Jahrtausende erstrecken, wie es beim Übergang zum Neolithikum fraglos der Fall war?

Revolutionsbegriff

Diese und weitere Fragen sind vorab zu klären, wenn man der Gefahr entgehen will, am Ende des Revolutionsvergleichs einen inflationär gebrauchten, alle Differenzierungen verwischenden Revolutionsbegriff zugrunde zu legen. Deshalb sollte zunächst eine Definition des Begriffs „Revolution" sowie seine Abgrenzung von verwandten Begriffen erarbeitet werden, bevor geklärt wird, welcher Revolutionsbegriff sich auf die untersuchten drei Revolutionen anwenden lässt. Dazu können Ihnen die folgenden Definitionen, die von den unterschiedlichsten Voraussetzungen ausgehen, helfen.

Allgemeine Gesetzmäßigkeiten?

Nachdem Sie nun die Amerikanische, die Französische und die Russische Revolution vergleichend betrachtet haben, sollten Sie Bilanz ziehen. Am Ende Ihrer Untersuchung stellt sich die Frage, ob sich allgemeine Gesetzmäßigkeiten von Revolutionen feststellen lassen. Diese Frage haben sich in der Vergangenheit die verschiedensten Wissenschaftler und Politiker immer wieder gestellt – sie haben Antworten gegeben, die implizit die unterschiedlichsten revolutionstheoretischen Hypothesen enthalten. Diese Hypothesen, von denen auf den folgenden Seiten einige wiedergegeben werden, die besondere Beachtung gefunden haben und kontrovers diskutiert worden sind, sollen Ihnen helfen, ein Fazit aus Ihrem Revolutionsvergleich zu ziehen.

1 Alexis de Tocqueville: L'ancien régime et la révolution (1856)

Man gelangt nicht immer nur dann zur Revolution, wenn eine schlimme Lage zur schlimmsten wird. Sehr oft geschieht es, dass ein Volk, das die drückendsten Gesetze ohne Klage und gleichsam, als fühlte es sie nicht, ertragen hatte, diese gewaltsam beseitigt, sobald ihre Last sich vermindert. Die Regierung, die durch eine Revolution vernichtet wird, ist fast stets besser als die unmittelbar vorausgegangene, und die Erfahrung lehrt, dass der gefährlichste Augenblick für eine schlechte Regierung der ist, wo sie sich zu reformieren beginnt. Nur ein großes Genie vermag einen Fürsten zu retten, der es unternimmt, seinen Untertanen nach langer Bedrückung Erleichterung zu gewähren. Das Übel, das man als unvermeidlich in Geduld ertrug, erscheint unerträglich, sobald man auf den Gedanken kommt, sich ihm zu entziehen. Alles, was man alsdann an Missbräuchen beseitigt, scheint das noch Übrige nur umso deutlicher zu zeigen und lässt es schmerzlicher empfinden: Das Übel ist geringer geworden, aber die Empfindlichkeit ist lebhafter. Das Lehnswesen hatte in seiner vollen Kraft den Franzosen nicht so viel Hass eingeflößt wie in dem Augenblick, da es im Begriffe stand zu verschwinden. Die geringsten Willkürakte Ludwigs XVI. schienen schwerer zu ertragen als der ganze Despotismus Ludwigs XIV. […]

Folgende Grundzüge bestimmten das Bild Frankreichs im 18. Jahrhundert:

- Es gab weniger Arme und Reiche, weniger Mächtige und Schwache als in irgendeinem anderen Lande.
- Trotz der politischen Situation war das Prinzip der Gleichheit eingezogen in das Bewusstsein aller und sorgte für eine allgemeine Begeisterung.
- Das Land war besser geeint als irgendein anderes und war einer starken funktionierenden zentralen Herrschaft unterworfen. Dennoch war es geprägt von einem unerschütterlichen Freiheitsbewusstsein.

Die französische Revolution hat eine Vielzahl von Neuerungen und Veränderungen gebracht, aber sie hat letztlich nur den Keim des Bewusstseins größer werden lassen, der schon vor der Revolution existiert hatte. Die Revolution hat die Folgen eines großen Prozesses geregelt, organisiert und gerechtfertigt, aber sie war nicht identisch mit diesem Prozess.[…] Alles was die Revolution bewirkt hat, wäre zweifellos auch ohne sie geschehen, sie beschleunigte nur die Umwandlung, mit der die politische Verfassung der gesellschaftlichen angeglichen wurde, sie vereinigte die Wirklichkeit mit der Theorie und die Gesetze mit den Lebensgewohnheiten.

Alexis de Tocqueville: Das alte Staatswesen und die Revolution. Reinbek (Rowohlt) 1969, S. 153 f.; Teil 2. Zit. nach: Elmar Stuckmann: Revolution und Evolution. Braunschweig (Westermann) 1979, S. 84 f.

2 Karl Marx: Das Kommunistische Manifest (1848)

Die Geschichte aller bisherigen Gesellschaft ist die Geschichte von Klassenkämpfen. Freier und Sklave, Patrizier und Plebejer, Baron und Leibeigener, Zunftbürger und Gesell, kurz, Unterdrücker und Unterdrückte standen in stetem Gegensatz zueinander, führten einen ununterbrochenen, bald versteckten, bald offenen Kampf […].

Unsere Epoche, die Epoche der Bourgeoisie, zeichnet sich jedoch dadurch aus, dass sie die Klassengegensätze vereinfacht hat. Die ganze Gesellschaft spaltet sich mehr und mehr in zwei große feindliche Lager, in zwei große, einander direkt gegenüberstehende Klassen: Bourgeoisie und Proletariat. […] Die Bourgeoisie hebt mehr und mehr die Zersplitterung der Produktionsmittel des Besitzes und der Bevölkerung auf. Sie hat die Bevölkerung agglomeriert, die Produktionsmittel zentralisiert und das Eigentum in wenigen Händen konzentriert. […] Die bisherigen kleinen Mittelstände, die kleinen Industriellen, Kaufleute und Rentiers, die Handwerker und Bauern, alle diese Klassen fallen ins Proletariat hinab, teils dadurch, dass ihr kleines Kapital für den Betrieb der großen Industrie nicht ausreicht und der Konkurrenz mit den größeren Kapitalisten erliegt, teils dadurch, dass ihre Geschicklichkeit von neuen Produktionsweisen entwertet wird. So rekrutiert sich das Proletariat aus allen Klassen der Bevölkerung.

Das Proletariat macht verschiedene Entwicklungsstufen durch. Sein Kampf gegen die Bourgeoisie beginnt mit seiner Existenz. […] Die kommunistische Revolution ist das radikalste Brechen mit den überlieferten Eigentumsverhältnissen; kein Wunder, dass in ihrem Entwicklungsgange am radikalsten mit den überlieferten Ideen gebrochen wird. […] Wir sahen oben schon, dass der erste Schritt in der Arbeiterrevolution die Erhebung des Proletariats zur herrschenden Klasse, die Erkämpfung der Demokratie ist. […] Wenn das Proletariat im Kampfe gegen die Bourgeoisie sich notwendig zur Klasse vereint, durch eine Revolution sich zur herrschenden Klasse macht und als herrschende Klasse gewaltsam die alten Produktionsverhältnisse aufhebt, so hebt es mit diesen Produktionsverhältnissen die Existenzbedingungen des Klassengegensatzes, die Klassen überhaupt und damit seine eigene Herrschaft als Klasse auf. An die Stelle der alten bürgerlichen Gesellschaft mit ihren Klassen und Klassengegensätzen tritt eine Assoziation, worin die freie Entwicklung eines jeden die Bedingung für die freie Entwicklung aller ist.

Zit. nach: Elmar Stuckmann: Revolution und Evolution. Braunschweig (Westermann) 1979, S. 116 f.

3 Wladimir Iljitsch Lenin

a) Merkmale der Revolution (1915):

Welches sind, allgemein gesprochen, die Merkmale einer revolutionären Situation? Wir gehen sicherlich nicht fehl, wenn wir folgende drei Hauptmerkmale anführen:
1. Für die herrschenden Klassen ist es unmöglich, ihre Herrschaft unverändert aufrechtzuerhalten; die eine oder andere Krise der „oberen Schichten", eine Krise der Politik der herrschenden Klasse, die einen Riss entstehen lässt, durch den sich die Unzufriedenheit und Empörung der unterdrückten Klassen Bahn bricht. [...]
2. Die Not und das Elend der unterdrückten Klassen verschärfen sich über das gewöhnliche Maß hinaus.
3. Infolge der erwähnten Ursachen steigert sich erheblich die Aktivität der Massen, die sich in der „friedlichen Epoche" ruhig ausplündern lassen, in stürmischen Zeiten dagegen sowohl durch die ganze Krisensituation als auch durch die „oberen Schichten" selbst zu selbstständigem historischem Handeln gedrängt werden.

W.I. Lenin: Werke, Band 21. Berlin [Ost] (Dietz) 1959, S. 206 f.

b) Der linke Radikalismus, die Kinderkrankheit des Kommunismus (1920):

Das Grundgesetz der Revolution, das durch alle Revolutionen und insbesondere durch alle drei russischen Revolutionen des 20. Jahrhunderts bestätigt worden ist, besteht in Folgendem: Zur Revolution genügt es nicht, dass die ausgebeuteten und geknechteten Massen die Unmöglichkeit, in alter Weise weiterzuleben, einsehen und eine Änderung fordern; zur Revolution ist nötig, dass die Ausbeuter nicht mehr in der alten Weise leben und regieren können. Erst dann, wenn die „Unterschichten" das Alte nicht mehr wollen und „Oberschichten" in der alten Weise nicht mehr können, erst dann kann die Revolution siegen. Mit anderen Worten kann man diese Wahrheit so ausdrücken: Die Revolution ist unmöglich ohne eine gesamtnationale (Ausgebeutete wie Ausbeuter erfassende) Krise. Folglich ist zur Revolution notwendig: erstens, dass die Mehrheit der Arbeiter (oder jedenfalls die Mehrheit der klassenbewussten, denkenden, politisch aktiven Arbeiter) die Notwendigkeit des Umsturzes völlig begreift und bereit ist, seinetwegen in den Tod zu gehen; zweitens, dass die herrschenden Klassen eine Regierungskrise durchmachen, die sogar die rückständigsten Massen in die Politik hineinzieht (das Merkmal einer jeden wirklichen Revolution ist die schnelle Verzehnfachung, ja Verhundertfachung der Zahl der zum politischen Kampf fähigen Vertreter der werktätigen und ausgebeuteten Masse, die bis dahin apathisch war), die Regierung kraftlos macht und es den Revolutionären ermöglicht, diese Regierung schnell zu stürzen.

W. I. Lenin: Ausgewählte Werke, Band III. Berlin [Ost] 1966, S. 436.

4 Die Entstehung der Revolution

Das Phasenmodell von Lyford P. Edwards: The Natural History of Revolution (1927):

Edwards gliedert den Entstehungsprozess der Revolution in einem Dreiphasen-Modell, das ihm sowohl als Zeitraster als auch als Rangskala für die Ordnung kausaler Faktoren dient. „Einleitende Symptome" kennzeichnen die erste Phase: Eine allgemeine Unruhe breitet sich aus, die sich in fieberhafter Reisetätigkeit und dem Anwachsen sozialer Randgruppen niederschlägt; die Zahl der Verbrechen, Scheidungen, Selbstmorde und Laster steigt; die Enttäuschung über die Unterdrückung als legitim empfundener Ansprüche nimmt zu und konkretisiert die vorher unspezifische Unrast; ein spürbarer Anstieg des Reichtums, der Bildung und der Macht, der unterdrückten Teile der Bevölkerung lässt sich beobachten; Hoffnung und nicht Verzweiflung wird zur entscheidenden Antriebskraft auf dem Weg zu einer sich in ersten Umrissen abzeichnenden Revolution: „Fortgeschrittene Symptome" bestimmen den Charakter der zweiten Phase, in der zwei „Haupt-Symptome" dominieren: erstens der „Frontwechsel" entfremdeter Intellektueller, der zum allmählichen Legitimationsverlust der bestehenden Ordnung führt, die präzise Diagnose der Ursachen einer noch ziellosen Unzufriedenheit ermöglicht und eine zum Scheitern verurteilte Reformdiskussion initiiert, die einerseits den Umschlag kollektiver Frustrationen in eine „Unterdrückungspsychose", andererseits die Erosion des Selbstvertrauens und der Geschlossenheit herrschender Eliten beschleunigt; zweitens die Entstehung eines „sozialen Mythos", in dem die Entwürfe revolutionärer Intellektueller mit den elementaren Wünschen unterdrückter Gruppen, Schichten und Klassen zu einer Utopie verschmelzen, die in der Gegenwart nicht erfüllbare Hoffnungen als realisierbare Zukunft verheißt; ökonomische Inzentive, die offensive Forderung nach einer Verbesserung der eigenen wirtschaftlichen Lage und des sozialen Status, aber auch die defensive Absicherung gegen unkontrollierbare Eingriffe in die Ratio ökonomischen Handelns ergänzen schließlich eine komplexe Ursachenkonstellation, die eine im Ungleichgewicht befindliche Gesellschaft in die vorrevolutionäre Krise stürzt. Erst ein beschleunigender Katalysator, ein häufig nichtiger Anlass, der die Inkompetenz und hilflose Ohnmacht der Eliten enthüllt, löst jedoch die dritte Phase aus: Der vielzitierte Funke, der ins Pulverfass fällt, gibt das Signal zum Ausbruch der Revolution.

Zit. nach: Hans-Ulrich Wehler (Hrsg.): 200 Jahre amerikanische Revolution und moderne Revolutionsforschung. Göttingen (Vandenhoeck & Ruprecht) 1976, S. 131 f.

5 Die J-Kurve von James C. Davies (1962)

Revolutionen sind dann am wahrscheinlichsten, wenn eine anhaltende Periode tatsächlichen wirtschaftlichen und sozialen Wachstums von einer kurzen und schweren Rezession abgelöst wird. Derartige Ereignisse wirken sich auf das Bewusstsein der Menschen in einer bestimmten Gesellschaft aus: Während der Wachstumsperiode wird die Erwartung genährt, man sei auch zukünftig in der Lage, seine wachsenden Bedürfnisse zu befriedigen; und während der Rezession, wenn die Realität und diese optimistischen Erwartungen weit auseinanderklaffen, greifen Angst und Frustration um sich. Dabei ist der tatsächliche Stand der sozialen und ökonomischen Entwicklung weniger bedeutsam als die Erwartung, der vorangegangene Fortschritt, der nun aufgehalten ist, könne und müsse in der Zukunft fortdauern.
Politische Stabilität und Instabilität hängen letztlich von der Bewusstseinslage, von der Stimmung innerhalb einer Gesellschaft ab. [...] Armut macht mitnichten Revolutionäre aus den Menschen: im besten Fall kümmern sie sich nur um sich selbst oder um die eigene Familie – im schlechtesten Fall versinken sie in Resignation und stumme Verzweiflung. Wenn Menschen vor der Wahl stehen, ihre Ketten oder ihr Leben zu verlieren, ziehen sie es meistens vor, die Ketten zu behalten; eine Tatsache, die Marx wohl übersehen hat. Erst wenn sich die Ketten etwas gelockert haben und abgeworfen werden können, ohne dass man dabei mit hoher Wahrscheinlichkeit sein Leben verliert, kommen Menschen in eine Lage, in der Empörung möglich ist. [...]
Dass Revolutionen erst eine Periode steigender Erwartungen und dann eine Periode enttäuschter Erwartungen vorangehen muss, modifiziert sowohl die Vorstellungen von Marx als auch die von Tocqueville. Die grundlegende Idee von Marx war ja, dass Revolutionen nach einer fortschreitenden Verelendung ausbrechen, und die von Tocqueville, dass es dann zu Revolutionen kommt, wenn sich die Lebensbedingungen verbessern. Ohne eine der beiden Theorien zu verwerfen, können wir, wenn wir sozusagen Tocqueville vor Marx schieben, die Ereignisse besser skizzieren [...]. Aus dieser revidierten Vorstellung können wir zwei generelle Schlussfolgerungen ziehen. Die erste besagt: Es ist äußerst unwahrscheinlich, dass eine Revolution in einer Gesellschaft ausbricht, in der es ständig unbeschränkte Möglichkeiten gibt, neue Bedürfnisse, neue Hoffnungen, neue Erwartungen zu befriedigen. [...] Die zweite Schlussfolgerung besagt: Es ist unwahrscheinlich, dass eine Revolution dort ausbricht, wo es nicht zuvor eine Hoffnung gegeben hat – eine Periode, in der die Erwartungen angestiegen sind.

Zit. nach: Wolfgang Zapf (Hrsg.): Theorien sozialen Wandels. Köln, Berlin (Kiepenheuer & Witsch) 1970, S. 400 f., 412.

6 Das Revolutionsmodell von Charles Tilly (1975)

C. Tilly war Professor (gest. April 2008) an der Columbia University New York und arbeitete v. a. über Social change.
Der Historiker Georg Meyer fasst den Ansatz Tillys zusammen:
[...] entwickelt er ein Phasenmodell, in dem sieben Etappen des revolutionären Prozesses unterschieden und im Hinblick auf das in ihnen wahrscheinliche Ausmaß „kollektiver Gewalt" befragt werden: die sich allmählich als Herausforderer des politischen Systems herausbildenden revolutionären Gruppen; die Stabilisierung dieser Gruppen durch eine wachsende Zahl von Mitgliedern und

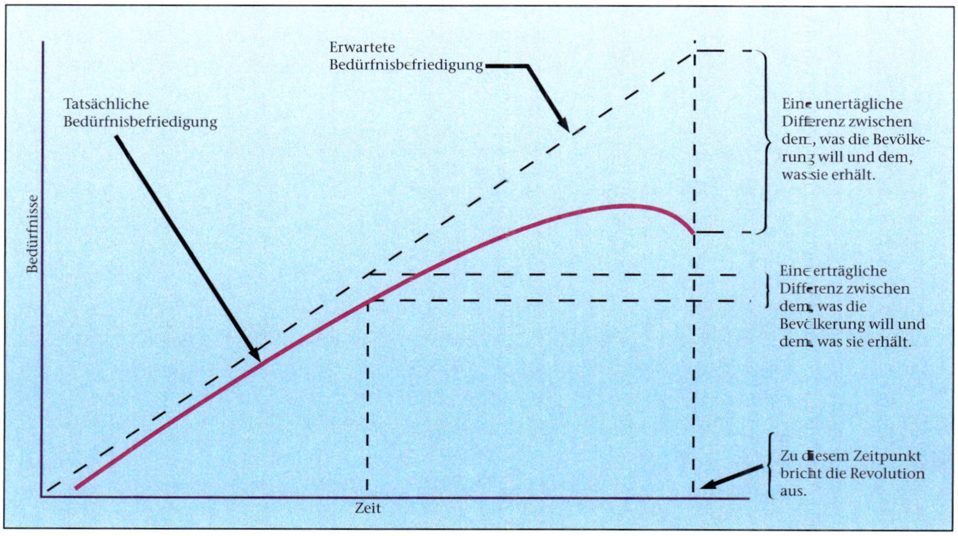

Nach: James C. Davies: Toward a Theory of Revolution. In: Wolfgang Zapf (Hrsg.): Theorien des sozialen Wandels. Köln-Berlin (Kiepenheuer & Witsch) 1970, S. 402.

7 Revolutionäre Entwicklung nach J. Davies

8 **C. Dupius, Der massenhafte Thronsturz. Kolorierte Radierung, Paris 1794**

Anhängern oder durch die Erweiterung ihrer Koalitionen mit anderen Gruppen; die erfolglosen Unterdrückungsversuche der Regierung; die durch die Eroberung eines Bereichs souverän kontrollierter Herrschaft entstehende „Doppelherrschaft“ oder „multiple Souveränität“; die Behauptung und Ausdehnung dieses alternativen Herrschaftsbereichs; der Sieg der revolutionären Koalition; und abschließend die von unterschiedlichen gruppenspezifischen Möglichkeiten der kontinuierlichen Mobilisierung von Ressourcen und deshalb von aufbrechenden Koalitionen gekennzeichnete Wiedererrichtung eines funktionsfähigen politischen Systems und einer zur Herrschaftsausübung fähigen Regierung – die Veralltäglichung der Revolution.

Zit. nach: Hans-Ulrich Wehler (Hrsg.): 200 Jahre amerikanische Revolution und moderne Revolutionsforschung. Göttingen (Vandenhoeck & Ruprecht) 1976, S. 154 f.

9 Der Historiker Paul Nolte über den Revolutionsbegriff (1998)

Wenngleich in der Öffentlichkeit der Durchbruch von Revolution häufig mit spektakulären und gewaltsamen Aktionen assoziiert wird – man denke nur an die „Boston Tea Party“ in der Amerikanischen oder den Sturm der Bastille in der Französischen Revolution –, hat die historische Forschung doch seit Langem ein komplexeres Revolutionsverständnis herausgearbeitet, das die vielstufige Dynamik solcher Ereignisse betont und insbesondere ihren frühen Phasen große Bedeutung beimisst – der Phase der Formierung von Protest und Artikulation von Forderungen, die sich häufig noch im Rahmen der „alten“ Institutionen bewegte und aus ihnen heraus Gegenmodelle einer neuen Herrschaftsform entwickelte. So sieht man in der Forschung, um nur einige Beispiele zu nennen, den Beginn der Französischen Revolution häufig bereits im Jahr 1787 mit dem Beginn der Revolte der Parlamente und des Adels gegen die königliche Regierung, den Auftakt der Amerikanischen Revolution in der Protestformierung nach der „Stamp Act“ von 1765 und die Russische Revolution wird tendenziell als ein langfristiger Prozess interpretiert, der die Bürgerliche Revolution von 1905 mit einschließt.

Paul Nolte: Radikalisierung und Republik: Die Revolution in Baden 1847 – 1849, in: Hans-Georg Wehling/Angelika Hauser-Hauswirth (Hg.): Die großen Revolutionen im deutschen Südwesten, Stuttgart, Berlin, Köln (Kohlhammer) 1998, S. 34 f.

Arbeitsvorschläge:

a) Bilden Sie Gruppen ähnlicher bzw. verwandter Revolutionstheorien und erläutern Sie, worin die Ähnlichkeiten und Verwandtschaften bestehen.
b) Informieren Sie sich über die Autoren der theoretischen Texte.
c) Nachdem Sie drei Revolutionen vergleichend betrachtet haben, sollten Sie Bilanz ziehen. Untersuchen Sie, welche Revolutionstheorien sich Ihrer Ansicht auf dem Hintergrund der drei untersuchten Revolutionen als besonders tragfähig erwiesen haben.
d) Diskutieren Sie, welche Auffassung von Revolution in M 8 zum Ausdruck kommt.

2.14 Modul: Entwicklung der Menschenrechte

Menschenrechte in Verfassungen

Als Menschenrechte gelten diejenigen Rechte, die dem Menschen ohne weitere Bedingungen und ohne Berücksichtigung seiner sozialen, familiären, religiösen oder ethnischen Zugehörigkeit zustehen. Sie gelten daher für alle Menschen. Bereits in der Antike hat es philosophische Überlegungen zum Naturrecht gegeben. Menschenrechte im modernen Sinne sind aber erst seit dem Ende des 18. Jahrhunderts formuliert worden. Sie sind als fundamentale, natürlich gegebene Rechte gegen die feudalen Gesellschaftsordnungen konzipiert worden. Die ersten Erklärungen der Menschenrechte finden sich daher in der Virginia Bill of Rights, der amerikanischen Unabhängigkeitserklärung sowie während der Französischen Revolution. Menschenrechte fanden Eingang in viele Verfassungstexte des 19. und 20. Jahrhunderts. So beinhaltet auch das deutsche Grundgesetz das Bekenntnis zu „unverletzlichen und unveräußerlichen Menschenrechten als Grundlage jeder menschlichen Gemeinschaft des Friedens und der Gerechtigkeit in der Welt".

Völkerrecht

Völkerrechtlich wurden Menschenrechte erst nach dem 2. Weltkrieg eingefordert. Grundlage ist die Allgemeine Erklärung der Menschenrechte am 10. Dezember 1948. Nun entstanden auch internationale Instanzen, die die Menschenrechte einschärfen sollten, so vor allem der Internationale Gerichtshof in Den Haag und der Europäischen Gerichtshof für Menschenrechte in Straßburg. In jüngerer Zeit sind die internationalen Strafgerichtshöfe für das ehemalige Jugoslawien und für Ruanda entstanden, die die Verbrechen in den betreffenden Ländern (Völkermord) aufklären sollen. Eine neue Qualität hat zuletzt im März 2009 der erste internationale Haftbefehl gegen einen amtierenden Regierungschef – Al Baschir im Sudan – gehabt.Daneben sind auch Nicht-Regierungs-Organisationen wie Amnesty International oder Medecins sans frontières zu nennen, die sich seit Langem gegen Menschenrechtsverletzungen engagieren.

1 Sitzung des Internationalen Strafgerichtshofs in Den Haag

- Stellen Sie heraus, welche Menschenrechte in der amerikanischen Unabhängigkeitserklärung und der Virginia Bill of Rights verankert werden (S. 101 M 4 und M 5, siehe auch M 6). Vergleichen Sie dies mit der französischen Declaration von 1789 (S. 168 M 2).

- Stellen Sie zusammen, inwiefern die Formulierung der Menschenrechte die Abschaffung der Sklaverei in Amerika befördert hat (S. 112–116).

2 Deklaration der Menschen- und Bürgerrechte 1789.

Art. 1. Die Menschen sind und bleiben von Geburt frei und gleich an Rechten. Soziale Unterschiede dürfen nur im gemeinen Nutzen begründet sein.
Art. 2. Das Ziel jeder politischen Vereinigung ist die Erhaltung der natürlichen und unveräußerlichen Menschenrechte. Diese Rechte sind Freiheit, Eigentum, Sicherheit und Widerstand gegen Unterdrückung. [...]
Art. 7. Jeder Mensch kann nur in den durch das Gesetz bestimmten Fällen und in den Formen, die es vorschreibt, angeklagt, verhaftet und gefangen gehalten werden. [...]
Art. 10. Niemand soll wegen seiner Meinungen, selbst religiöser Art, beunruhigt werden, solange ihre Äußerungen nicht die durch das Gesetz festgelegte öffentliche Ordnung stören.
Art. 11. Die freie Mitteilung der Gedanken und Meinungen ist eines der kostbarsten Menschenrechte. Jeder Bürger kann also frei schreiben, reden, drucken unter Vorbehalt der Verantwortlichkeit für den Missbrauch dieser Freiheit in den durch Gesetz bestimmten Fällen. [...]
Art. 16. Eine Gesellschaft, in der die Verbürgung der Rechte nicht gesichert und die Gewaltenteilung nicht festgelegt ist, hat keine Verfassung.
Art. 17. Da das Eigentum ein unverletzliches und heiliges Recht ist, kann es niemandem genommen werden, wenn es nicht die gesetzlich festgelegte, öffentliche Notwendigkeit augenscheinlich erfordert und unter der Bedingung der gerechten und vorherigen Entschädigung.

Günther Franz (Hrsg.): Staatsverfassungen. Eine Sammlung wichtiger Verfassungen der Vergangenheit und Gegenwart in Urtext und Übersetzung. 2. Aufl., München 1964, S. 303 ff.

3 Frauenrechte als Menschenrechte 1791

Aus der „Erklärung der Rechte der Frau und Bürgerin“ von Marie Olympe de Gouges

Mann, bist du fähig, gerecht zu sein? Eine Frau stellt dir diese Frage. Dieses Recht wirst du ihr zumindest nicht nehmen können. Sag mir, wer hat dir die selbstherrliche Macht verliehen, mein Geschlecht zu unterdrücken? Deine Kraft? Deine Talente? Betrachte den Schöpfer in seiner Weisheit. Durchlaufe die Natur in all ihrer Majestät, die Natur, der du dich nähern zu wollen scheinst, und leite daraus, wenn du es wagst, ein Beispiel für diese tyrannische Herrschaft ab. Geh zu den Tieren, befrage die Elemente, studiere die Pflanzen, ja wirf einen Blick auf den Kreislauf der Natur und füge dich dem Beweis, wenn ich dir die Mittel dazu in die Hand gebe. Suche, untersuche und unterscheide, wenn du es kannst, die Geschlechter in der Ordnung der Natur, überall findest du sie ohne Unterschied zusammen, überall arbeiten sie in einer harmonischen Gemeinschaft an diesem unsterblichen Meisterwerk. Nur der Mann hat sich aus der Ausnahme ein Prinzip zurechtgeschneidert. Extravagant, blind, von den Wissenschaften aufgeblasen und degeneriert, will er in diesem Jahrhundert der Aufklärung und des Scharfsinns, doch in krasser Unwissenheit, despotisch über ein Geschlecht befinden, das alle intellektuellen Fähigkeiten besitzt.

Zit. nach: Ute Gerhard: Menschenrechte – Frauenrechte 1789. In: Viktoria Schmidt-Linsenhoff (Hrsg.): Sklavin oder Bürgerin? Französische Revolution und Neue Weiblichkeit 1760–1830. Marburg 1989, S. 68 f.

4 Der Anspruch der Allgemeinen Erklärung der Menschenrechte durch die Vereinten Nationen 1948

Art. 1 Alle Menschen sind frei und gleich an Würde und Rechten geboren. Sie sind mit Vernunft und Gewissen begabt und sollen einander im Geiste der Brüderlichkeit begegnen.
Art. 2 Jedermann hat Anspruch auf die in dieser Erklärung proklamierten Rechte und Freiheiten ohne irgendeine Unterscheidung, wie etwa nach Rasse, Farbe, Geschlecht, Sprache, Religion, politischer oder sonstiger Überzeugung, nationaler oder sozialer Herkunft, nach Vermögen, Geburt oder sonstigem Status. [...]
Art. 3 jedermann hat das Recht auf Leben, Freiheit und Sicherheit der Person. [...]
Art. 5 Niemand darf der Folter oder grausamer, unmenschlicher oder erniedrigender Behandlung oder Strafe unterworfen werden. [...]
Art. 7 Alle Menschen sind vor dem Gesetz gleich und haben ohne Diskriminierung Anspruch auf gleichen Schutz durch das Gesetz. [...]
Art. 13 (2) Jedermann hat das Recht, jedes land, einschließlich seines eigenen zu verlassen und in sein Land zurückzukehren. [...]
Art. 17 (1) Jedermann hat das Recht, allein oder in Gemeinschaft mit anderen Eigentum zu haben.
(2) Niemand darf willkürlich seines Eigentums beraubt werden.
Art. 18 Jedermann hat das Recht auf Gedanken-, Gewissen- und Religionsfreiheit. [...]
Art. 19 Jedermann hat das Recht auf Freiheit der Meinung und der Meinungsäußerung: dieses Recht umfasst die unbehinderte Meinungsfreiheit und die Freiheit, ohne Rücksicht auf Staatsgrenzen Informationen und Gednakengut durch Mittel jeder Art sich zu beschaffen, zu empfangen und weiterzugeben.
Art. 20 (1) Jedermann hat das Recht auf versammlungs- und vereinigungsfreiheit zu friedlichen Zwecken. [...]
Art. 23 (1) Jedermann hat das Recht auf Arbeit, auf freie Berufswahl, auf angemessene und befriedigende Arbeitsbedingungen sowie auf Schutz gegen Arbeitslosigkeit.
(2) Alle Menschen haben ohne jede Diskriminierung das Recht auf gleichen Lohn für gleiche Arbeit. [...]

Auswärtiges Amt (Hrsg.): Menschenrechte in der Welt – Dokumentation, Bonn, 3. erw. Aufl. 1980, S. 19 ff.

3 1848 – Brüderlichkeit europäischer Nationalbewegungen?

3.1 Europa zwischen Restauration und Revolution 1815–1847

Die europäische Friedensordnung von 1815

Mit dem Siegeszug Napoleons durch Europa hatten sich die revolutionären Ideen der Französischen Revolution auf dem gesamten Kontinent verbreitet. Für das europäische Bürgertum waren sie in ihrem Streben nach Freiheit und Einheit zum Vorbild geworden, für die Kräfte der alten Ordnung zur Bedrohung. Nach dem Sieg über Napoleon setzten die siegreichen Monarchen alles daran, die von den Franzosen vorgenommenen Veränderungen wieder rückgängig zu machen. Diese Bestrebungen bildeten den Hintergrund für den Wiener Kongress, auf dem die europäischen Machthaber 1814/15 zusammentraten. In Wien wurde feierlich die „Heilige Allianz" der europäischen christlichen Monarchien und das Ende der Revolution verkündet. Besonders der österreichische Staatskanzler Clemens Fürst Metternich sorgte dafür (**Online Link** 430016-0301), dass die Wiener Friedensordnung zu einer Kampfansage an alle freiheitlichen und nationalen Bewegungen wurde.

Territoriale Neuordnung

Den Gang der Verhandlungen bestimmten die fünf europäischen Großmächte Russland, Österreich, Preußen, Großbritannien und Frankreich. Sie wollten in Europa ein Gleichgewicht der Großmächte schaffen, um dauerhaft für Stabilität und Frieden zu sorgen. Bei den beschlossenen territorialen Veränderungen fielen zwei Tendenzen ins Auge: Österreich gab seine Besitzungen am Ober- und Niederrhein auf, erhielt aber die Lombardei und Venezien in Oberitalien; es zog sich also aus dem engeren deutschen Raum zurück und verlagerte seinen Schwerpunkt nach (Süd-)Osten. Preußen hingegen musste in Osteuropa der russischen Großmachtstellung Rechnung tragen, gewann aber im Westen mit Westfalen und dem nördlichen Rheinland neues Territorium hinzu. Das Hohenzollernreich bestand nunmehr aus zwei voneinander getrennten Gebieten: Es erstreckte sich vom Memelgebiet im äußersten Nordosten bis nach Saarbrücken im Westen – ein Faktum, das in späteren Zeiten Wünsche nach nationaler Einheit unter der Führung Preußens befördern sollte. Doch das war Zukunftsmusik – in Wien standen nationale Wünsche hintenan.

Der Deutsche Bund

Der Wiener Kongress war von vornherein darauf angelegt, die nationale Bewegung im Keim zu ersticken. Folglich hatte auch niemand daran Interesse, einen deutschen Nationalstaat zu schaffen. Man beließ es bei der Souveränität der deutschen Einzelstaaten, die das Prinzip der „legitimen" Ordnung unterstützten und so den Fortbestand der fürstlichen Autorität und der Monarchie sicherten. Dennoch schien es zu gewagt, das Streben nach Einheit vollständig zu ignorieren. Daher wurden die deutschen Einzelstaaten in einem losen Staatenbund – dem Deutschen Bund – zusammengeschlossen. (**Online Link** 430016-0301) An der Spitze stand der Bundestag in Frankfurt unter österreichischem Vorsitz, zu dem die rund 40 Mitgliedsstaaten ihre Vertreter entsandten. In jedem Mitgliedstaat galten eigene Gesetze; eine einheitliche Außen- oder Wirtschaftspolitik wurde nicht verfolgt. Die beiden Großmächte Österreich und Preußen gaben den Ton an. Der Deutsche Bund sollte Stabilität, Gleichgewicht und Frieden garantieren und durch die Vielstimmigkeit der Einzelinteressen verhindern, dass in der Mitte Europas ein expansives Deutschland entstünde. In der Tat bescherte er Europa eine nie da gewesene Friedenszeit. Doch dieser Stabilität standen Kosten entgegen: Das „System Metternich" unterdrückte die freiheitlichen und nationalen Bewegungen brutal.

1 Europa nach dem Wiener Kongress
Die in Wien beschlossene Neuordnung Europas hatte etwa für ein halbes Jahrhundert Bestand. Wichtigstes Ergebnis war, dass eine Anzahl neuer Staaten entstand und eine Reihe von Napoleon zerstörter Staaten wieder restauriert wurde. (**Online Link** 430016-0301)

Verfassungsentwicklung

Gleichwohl konnten die Monarchen die Uhren nicht vollständig zurückdrehen. Einige Errungenschaften der Französischen Revolution – Sicherheit des Eigentums, religiöse Toleranz oder das Auswanderungsrecht – mussten sie als Zugeständnis an das Bürgertum in die Bundesakte übernehmen. Ferner stellte der Deutsche Bund für alle Einzelstaaten „landständische Verfassungen" in Aussicht. In süddeutschen Bundesstaaten wie Baden oder Württemberg, die vom revolutionären Nachbarland Frankreich geprägt waren, traten bereits 1818/19 erste moderne repräsentative Verfassungen mit erweiterten Grundrechten in Kraft. (**Online Link** 430016-0301) Doch diese Entwicklung wurde von Preußen und Österreich nicht mitgetragen: Preußen beließ es bei der Ankündigung einer Verfassung, während Metternich überall in seinem europäischen Einflussbereich versuchte, den Parlamentarismus wieder zurückzudrängen. In der Wiener Schlussakte von 1820 wurden denn auch alle Bundesmitglieder zur Einhaltung des „monarchischen Prinzips" verpflichtet. Damit waren den süddeutschen Verfassungsentwicklungen die Grenzen aufgezeigt.

Restauration

Die national gesinnten Kräfte in Deutschland waren von den Ergebnissen des Wiener Kongresses enttäuscht. Allerdings konnten auch sie kein Konzept für eine nationale Staatsbildung vorlegen. So blieb es zunächst bei einzelnen Protestaktionen. Auf dem Wartburgfest am 18. Oktober 1817 – einer doppelten Gedenkfeier zum Jubiläum der Reformation und des Sieges über Napoleon in der Völkerschlacht bei Leipzig – verbrannten Studenten „undeutsche" Bücher. Das Fest wurde zum Gründungsimpuls für die Allgemeine Deutsche Burschenschaft. Diese studentische Verbindung strukturierte sich erstmals nicht landsmannschaftlich, sondern verstand sich national. Im März 1819 ermordete der Burschenschaftler Carl Ludwig Sand den Schriftsteller August von Kotzebue – das politische Attentat wirkte auf die Machthaber wie ein Schock.

Metternich nutzte die Empörung, um den Deutschen Bund zu einem verschärften Vorgehen gegen Universitäten, Presse und Parlamente zu bewegen. Wenig später legte Metternich der Bundesversammlung die „Karlsbader Beschlüsse“ zur Verabschiedung vor: Von nun an wurden freiheitlich gesinnte Professoren entlassen, vermeintliche „Demagogen“ verfolgt, Burschenschaften verboten und Schriften zensiert.

Antijudaismus
Hepp-Hepp-Krawalle

Im Zusammenhang mit dem Widerstand gegen etliche der zur Napoleonzeit durchgeführten Reformen kam es 1819 in vielen Städten des Deutschen Bundes zu zahlreichen antijudaistische Übergriffen gegen die jüdische Bevölkerung. Hintergrund bildete u. a. die Debatte um die 1808/12 eingeführten Reformen. Diese öffneten der jüdischen Bevölkerung den Weg in Wirtschaftsbereiche, die zuvor vom Zunftwesen abgeschottet gewesen waren. Dies verschärfte für Handwerker, aber auch für Händler und Studierende den Konkurrenzdruck auf dem Arbeitsmarkt. Synagogen und jüdische Privathäuser wurden zerstört und es kam zu Toten und Verletzten. Die Hetzrufe „Hepp, Hepp“ gaben den Unruhen ihren Namen.

Nationale Bewegungen in Europa

Die von Napoleon erzwungenen Reformen, der sich ausweitende Widerstand gegen die 1808–1813 immer mehr als „nationale Fremdherrschaft“ interpretierte napoleonische Hegemonie und die Mobilisierung breiter Bevölkerungsschichten im Zuge der napoleonischen Kriege hatte dem Gedanken an einen Nationalstaat neue Schubkraft gegeben. Der Wiener Kongress versuchte jedoch, derartige nationale Interessen möglichst zu unterdrücken. Nationale Bestrebungen in Neapel und Piemont-Sardinien sowie in den italienischen Besitzungen der Habsburgermonarchie waren in Wien abgewehrt worden – für Metternich handelte es sich bei Italien nur um einen „geografischen Begriff“. Polens Ruf nach einem Nationalstaat war ungehört geblieben. Mit dem Vereinten Königreich der Niederlande existierte ein künstliches Gebilde, das belgischen Interessen nicht gerecht wurde. Griechenland kämpfte seit 1821 gegen die osmanische Herrschaft – sein Freiheitskampf wurde von Liberalen in ganz Europa mit Begeisterung verfolgt. Seine Unabhängigkeit erlangte Griechenland aber erst durch das Londoner Protokoll 1830. Zwar konnten die nationalen Proteste in Europa mühsam unterdrückt werden, es war aber nur eine Frage der Zeit, bis sie wieder hervorbrechen würden. Als in Frankreich mit der Julirevolution 1830 die nach Napoleons Sturz wieder eingeführte Monarchie gestürzt und durch ein Bürgerkönigtum ersetzt wurde, war der Zeitpunkt gekommen – die Konflikte flammten wieder auf.

Nationale Konflikte um 1830

Ermutigt durch die französischen Verhältnisse opponierte Belgien erfolgreich gegen die niederländische Fremdherrschaft, die ihm im Wiener Kongress aufgezwungen worden war. Es entstand ein liberales Königreich Belgien mit konstitutioneller Verfassung. Einen ganz anderen Ausgang nahmen die nationalen Aufstände im November 1830 in Polen: Der polnischen Revolutionsarmee gelang es zwar zunächst, die russischen Truppen aus den zaristisch verwalteten Gebieten Polens zu vertreiben; im Januar 1831 rief das Parlament die Wiedererstehung des polnischen Staates aus. Doch am Ende konnte Russland mit preußischer und österreichischer Unterstützung die polnischen Truppen besiegen. Jetzt wurden sogar die wenigen Autonomierechte aufgehoben, die Polen 1815 verblieben waren. Mit einer Niederlage endeten ebenfalls die Aufstände der Freiheits- und Nationalbewegung in Italien.

Im Gefolge der Julirevolution kam es auch in einigen deutschen Staaten zu politischen und sozialen Aufständen. In Braunschweig und Sachsen mussten die Machthaber abdanken, in Kurhessen und Hannover wechselten die Regierungen. Immerhin bewirkten die Unruhen, dass immer mehr Staaten konstitutionelle Verfassungen beschlossen – die herrschende Ordnung konnten sie nicht erschüttern. Nach der Julirevolution zeichnete sich in Europa eine Zweiteilung ab: im Westen die freiheitlichen Staaten England und Frankreich, im Osten die Mächte der alten Ordnung: Preußen, Österreich und Russland.

Deutschland im Vormärz

Trotz der massiven Unterdrückung erlebte die Freiheitsbewegung in den 1830er-Jahren einen neuen Aufbruch. Ihre Ideen verbreiteten sich in Kunst und Literatur, etwa durch Bücher von Schriftstellern des „Jungen Deutschland". Zu dieser Gruppe gehörte beispielsweise der Dichter des Deutschlandliedes August Heinrich Hoffmann von Fallersleben. Feste und Feiern etablierten sich als neue Protestform. Auf dem Hambacher Fest demonstrierten 1832 Tausende unter der schwarz-rot-goldenen Flagge der Burschenschaften für gesetzliche Freiheit und deutsche Nationalwürde. Die Hauptredner wurden wegen Hochverrats angeklagt, Metternich sah sich zu einer Verschärfung der Unterdrückungspolitik durch den Deutschen Bund veranlasst. Die Universitäten wurden zum Zentrum oppositionellen Denkens. Darüber hinaus sammelten sich liberale, demokratische und nationale Ideen in den Parlamenten der Einzelstaaten, die bereits Verfassungen eingeführt hatten.

2 Die gefangenen Griechen von Mamelucken[1] bewacht
Ölgemälde (185,5 cm x 248 cm) von Adolf Friedrich Teichs, 1836.
Die Erinnerung an das antike Griechenland begeisterte die Gebildeten Europas für den griechischen Freiheitskampf gegen die osmanische Herrschaft, an dem sich Freiwillige aus vielen christlichen Ländern Europas beteiligten. Zwar erlangten die Griechen 1829 ihre Autonomie, mussten sich aber 1832 unter dem Druck Großbritanniens, Frankreichs und Russlands mit der Errichtung einer absoluten Monarchie abfinden.

1 Söldner islamischer Herrscher

3 Metternichs politische Ordnungsvorstellungen

a) Aus einer Instruktion Metternichs für einen österreichischen Gesandten (1826):

Das erste Ziel der Bemühungen unserer Regierung und aller seit der Wiederherstellung der Unabhängigkeit Europas mit ihr verbündeten Regierungen ist die Aufrechterhaltung der gesetzlichen Ordnung, die das glückliche Ergebnis dieser Wiederherstellung ist; eines Zustandes der Ruhe, der allen die Früchte eines so teuer erkauften Friedens sichert. […] Seit einigen Jahren sehen wir zu unserer Genugtuung, wie mehrere der Regierenden, die am spätesten die Notwendigkeit der zur Erreichung dieses Zieles geeigneten Maßnahmen einsahen, sich endlich zu der Überzeugung durchrangen, dass die Unterdrückung des noch bestehenden Übels die erste und unerlässliche Vorbedingung dafür ist. Dieses Übel, man kann es nicht verhehlen, hat gerade seit der allgemeinen Befriedung erschreckende Fortschritte gemacht. Es ist allumfassend in seiner unheilvollen Betätigung, es äußert sich in allen möglichen Formen, in fast allen Ländern. Da es in seiner destruktiven Betätigung allumfassend ist, kann es nur durch einen allumfassenden Widerstand bekämpft und besiegt werden. Dieses Übel ist der revolutionäre Geist, geboren aus jener ordnungswidrigen Unruhe, welche die Umwälzungen der Epoche der heutigen Generation aufgeprägt haben, gespeist durch begehrliche Leidenschaften und tiefe Entsittlichung der einen, begrüßt durch den Fanatismus der anderen.

Zit. nach: W. Näf (Hrsg.): Europapolitik zu Beginn des 19. Jahrhunderts. Bern 1953, S. 47.

b) Aus Metternichs „Politischem Testament" (1849–1855):

Eine Erwägung, welche der liberale Geist gewöhnlich außer Acht lässt und die in ihren Folgen dennoch zu den gewichtigsten gehört, ist die des Unterschiedes, welcher sich praktisch in Staaten wie im Leben der Individuen zwischen Vorschreiten der Dinge in gemessenem Gange und in Sprüngen ergibt. Im Ersteren entwickeln sich die Bedingungen in einer logischen, naturgerechten Konsequenz, während Letztere den Zusammenhang unter diesen Bedingungen zerreißen. Alles in der Natur verfolgt den Weg der Entwicklung, des Aneinanderreihens der Sachen; bei solchem Gange allein ist das Ausscheiden der schlechten Stoffe und die Ausbildung der guten denkbar. Sprungweise Übergänge bedingen stets neue Schöpfungen, und schaffen können die Menschen nichts.

Fürst Richard von Metternich-Winneburg (Hrsg.): Aus Metternichs nachgelassenen Papieren, Bd. 7. Wien 1888 ff., S. 634 ff. Zit. nach: W. Lautemann (Hrsg.): Geschichte in Quellen, Bd. 5: Das bürgerliche Zeitalter 1815–1914. Bearb. v. Günter Schönbrunn, München (bsv) 1980, S. 71 f.

4 Liberale und radikale Vorstellungen

a) Bedrohtes Licht der Wahrheit. Lithografie, 1845

b) Der liberale Württemberger Politiker und Schriftsteller Paul Pfizer, 1831:

Welcher Grad von Freiheit und von Gleichheit […] möglich sei, ist nach der Verschiedenheit des Nationalcharakters, der Kulturperiode und der übrigen Momente des Volkslebens sehr verschieden. Dieselben Institutionen, welche bei einem gebildeten Volke die Schutzwehr aller Freiheit und die Lebensbedingungen des Fortschritts sind, Pressefreiheit, Volksvertretung, Schwurgerichte, Nationalbewaffnung, können bei einem ungebildeten, noch auf der Kindheitsstufe der Entwickelung stehenden Volke eine Quelle der Zerrüttung und Gesetzlosigkeit, ein Werkzeug der Gewalt und Unterdrückung werden, und von der bloß privatrechtlichen Freiheit und der rein passiven Gleichheit eines von jeder Teilnahme an der Staatsgewalt ausgeschlossenen Volks bis zur demokratischen Selbstregierung liegt eine weite Stufenreihe liberaler Institutionen in der Mitte, von denen der vernünftige Liberalismus keine weder unbedingt verwerfen, noch für die absolut heilbringende erklären wird. […] Dass unter dem gleichen Rechte und der gleichen Freiheit aller, welche der Liberalismus fordert, nicht die äußerliche Gleichheit von Besitz und Macht gemeint sein könne, indem Rechtsgleichheit himmelweit verschieden ist von materieller Gleichheit des Besitzes, und die bleibende Durchführung der Letztern ohne einen die Freiheit des Verkehrs, des Eigentums und der Verträge vernichtenden Despotismus gar nicht denkbar wäre, – dies wird […] allmählich von den Gegnern des Liberalismus ebenso gut als von den Liberalen selbst eingesehen.

Zit. nach: G. Küntzel (Hrsg.): Paul Achatius Pfizer. Politische Aufsätze und Briefe. Stuttgart 1924, S. 2 f.

c) Der Publizist und Politiker Philipp Jakob Siebenpfeiffer, Initiator und Hauptredner des Hambacher Festes, in einer gerichtlichen Verteidigungsrede, 1834:

Ich halte die Repräsentativ-Republik für die einzige Staatsform, die einem größeren Volk, das seine Würde fühlt, geziemt, für die alleinige, die heute möglich. […] Wir wollen nicht geistige Knechtschaft, wir wollen Freiheit des Denkens, Freiheit des Handelns für alle. Welche Staatsform, welches Gesetz jeweils einem Volke fromme, das bestimme das Volk selbst. Wollte das spanische von Mönchen regiert sein, wer hat ein Recht, es zu hindern? Will der Türke nichts von europäischer Zivilisation wissen, warum quält ihn der Sultan damit? Will Italien freie Institutionen, warum fesselt Österreich die dortigen Regierungen? […] Die monarchischen Gewalthaber behaupten ihre Systeme mit Kanonen; Marat und Robespierre wollten Republikaner mit der Guillotine machen; sind die einen im Unrecht, warum nicht die andern? So weit ist man jetzt einig in der denkenden Welt, dass der Mensch religiöse Gewissensfreiheit als ein Recht anspricht; warum wollt ihr nicht die politische Gewissensfreiheit anerkennen? Nationen sind wie Individuen: Jede nach ihrer Weise bilde sich durch freie lichtvolle Verständigung ihren politischen Glauben, denke sich ihre politische Gottheit, weih ihre Altäre! Dies ist's, was ich Volkshoheit nenne. Ich will nicht, dass ein einzelner Mensch, sei's ein Napoleon oder […] Joseph II., die Geschichte von Millionen nach seinen Einfällen bestimme; ich will, dass auch nicht irgendein Teil der Staatsglieder, seien's die Konservativen Englands oder die Pariser Sansculotten, herrschen; ich will, dass keine Partei die andere, nicht die Minderzahl die Mehrzahl, nicht einmal die Mehrheit die Minderzahl unterdrücke; ich will, dass die Gesamtheit herrsche, d. h. Geist und Gang der Regierung regle. […] Der herrschende Gesamtwillen, der freie Ausdruck aller Volksinteressen – dies ist meine Republik.

F. Federici (Hrsg.): Der deutsche Liberalismus. Zürich 1946, S. 142 ff. Zit. nach: Geschicht In, Bd. 5: Das bürgerliche Zeitalter 1815–1914. Bearb. von G. Schönbrunn, München 198, S. 850 f.

5 Protest der Göttinger Sieben

Als 1837 König Ernst-August von Hannover die erst vier Jahre zuvor gewährte liberalere Verfassung wieder durch ein Patent aufhebt, verweigern sieben Göttinger Professoren die Teilnahme an der neuen Ständeversammlung, da sie das Patent als Verfassungsbruch ansahen.

Die sieben Professoren wurden daraufhin entlassen, drei des Landes verwiesen. In Windeseile wurden sie aber zum Symbol der bürgerlich-liberalen Freiheitsbewegung. Zu den „Göttinger Sieben“ zählten: der Orientalist Heinrich Ewald, die Historiker Friedrich Christoph Dahlmann und Georg Gottfried Gervinius, die Gebrüder Jakob und Wilhelm Grimm, der Experimentalphysiker Wilhelm Eduard Weber sowie der Staats- und Kirchenrechtler Wilhelm Eduard Albrecht. Lithographie von Friedrich Eduard Ritmüller (1805–1868)

6 Deutsches Nationalgefühl

a) Der Schriftsteller und Literaturwissenschaftler Ernst Moritz Arndt in seiner Schrift „Über Volkshass", 1813:

Wir sind von Gott in den Mittelpunkt Europens gesetzt, wir sind das Herz unseres Weltteils, wir sind auch der Mittelpunkt der neuen Geschichte und der Kirche und des Christentums. Gerade weil wir in der Mitte liegen, stürmen und strömen alle verschiedensten Völker Europens immer auf uns ein und suchen uns wegzuspülen und wegzudrängen. […] Wir haben also mehr als alle anderen Völker Ursache zu wachen, dass das Eigentümliche und Besondere, was uns als Deutsche, als ein bestimmtes Volk mit einem bestimmten Namen, auszeichnet, durch die Völkerflut und Geistesflut, die immer von uns und zu uns geht, nicht weggespült und weggewaschen werde; wir müssen dreifache und vierfache Bollwerke und Schanzen um uns aufführen, damit wir nicht zuletzt matte Bilder werden, welche allem und nichts ähnlich sehen und welche, weil sie Gestalt und Gepräge verloren haben, auch nichts andres gestalten und bilden können; dass ich es mit einem Wort sage, damit der Deutsche der große geistige Spiegel der Welt bleiben könne, muss er seine Eigentümlichkeit nicht verschleifen noch vertändeln: Er muss ein Deutscher bleiben.

H. Vogt (Hrsg.): Nationalismus gestern und heute. Opladen 1967, S. 103 f.

b) Aus den „Grundsätzen und Beschlüssen" der Deutschen Burschenschaften, 1817:

1. Ein Deutschland ist, und ein Deutschland soll sein und bleiben. Je mehr die Deutschen durch verschiedene Staaten getrennt sind, desto heiliger ist die Pflicht für jeden frommen und edlen deutschen Mann und Jüngling, dahin zu streben, dass die Einheit nicht verloren gehe und das Vaterland nicht verschwinde. […]

5. Die Lehre von der Spaltung Deutschlands in Norddeutschland und Süddeutschland ist irrig, falsch, verrucht. Es ist eine Lehre, von einem bösen Feinde ausgegangen. Norddeutschland und Süddeutschland sind nicht verschiedener als Nordfrankreich und Südfrankreich. Die Unterscheidung ist lediglich geografisch. Es gibt ein Norddeutschland und ein Süddeutschland, wie es eine rechte und eine linke Seite am Menschen gibt. Aber der Mensch ist eins und hat nur einen Sinn und ein Herz, und Deutschland ist eins und soll nur einen Sinn und ein Herz haben.

6. Die Lehre von der Spaltung Deutschlands in das katholische und protestantische ist irrig, falsch, unglückselig. Es ist eine Lehre, von einem bösen Feinde ausgegangen. […]

12. Die Sehnsucht nach Kaiser und Reich ist ungeschwächt in der Brust jedes frommen und ehrlichen deutschen Mannes und Jünglings und wird bleiben, solange

c) Studenten verbrennen auf dem Wartburgfest (18. Oktober 1817) „undeutsche Schriften".
Holzstich um 1880 nach F. Hottenroth

die Erinnerung an Kaiser und Reich nicht verschwunden und das Gefühl der Nationalehre nicht ausgetilgt und die Betrachtung der Lage des Vaterlandes zu anderen Völkern und Ländern nicht vernichtet ist. Es ist die Pflicht jedes frommen und ehrlichen deutschen Mannes und Jünglings, diese Sehnsucht in sich selbst zu nähren und in anderen zu erregen.

H. Haupt (Hrsg.): D. Wentzckes (Bearb.): Quellen und Darstellungen der deutschen Burschenschaft und der deutschen Einheitsbewegung, Bd. 4. Heidelberg 1913, S. 117 f.

7 Was macht eine Nation aus?

a) Der deutsche Sozialwissenschaftler und Historiker Eugen Lemberg, 1964:

Was also die Nationen zu Nationen macht oder – allgemeiner gesagt – große gesellschaftliche Gruppen zu selbstbewussten, aktionsfähigen, nationalen oder nationähnlichen Gemeinschaften bindet und von ihrer Umwelt abgrenzt, das ist nicht die Gemeinsamkeit irgendeines Merkmals, die Gleichheit der Sprache, der Abstammung, des Charakters, der Kultur oder der Unterstellung unter eine gemeinsame Staatsgewalt, sondern umgekehrt: ein System von Vorstellungen, Wertungen und Normen, ein Welt- und Gesellschaftsbild, und das bedeutet: eine Ideologie, die eine durch irgendeines der erwähnten Merkmale gekennzeichnete Großgruppe ihrer Zugehörigkeit bewusst macht und dieser Zusammengehörigkeit einen besonderen Wert zuschreibt. […] Eine solche Ideologie muss a) aufgrund irgendeines charakteristischen Merkmals ein Gesamtbild der zu integrierenden Gruppe enthalten, das diese Gruppe von ihrer Umgebung abgrenzt; b) dieser Gruppe eine Rolle in ihrer Umgebung zuweisen; c) die Gruppe mit dem Bewusstsein seiner Überlegenheit über diese Umwelt erfüllen; d) ein gruppenbezogenes Normensystem, eine Gruppenmoral, entwickeln, die unter Umständen innerhalb der Gruppe ein anderes Verhalten vorschreibt als außerhalb; e) das Gefühl einer Bedrohung von außen, eine Feindvorstellung erzeugen; f) die Einheit der Gruppe als ein lebenswichtiges, gegen Spaltungen sorgsam zu hütendes Gut erscheinen lassen; g) der Gruppe die Hingabe ihrer einzelnen Angehörigen verschaffen und diese Angehörigen für ihre Hingabe belohnen.

Eugen Lemberg: Nationalismus, Bd. 2. Reinbek 1964, S. 52 und 65.

b) Der deutsche Historiker Otto Dann, 1996:

Nationen sind Gesellschaften, die aufgrund gemeinsamer geschichtlicher Herkunft eine politische Interessengemeinschaft bilden. Sie verstehen sich als eine Solidargemeinschaft; denn sie gehen aus von der Rechtsgleichheit ihrer Mitglieder.

Nationen sind stets auf ein konkretes Territorium (patria) bezogen. Ihr wichtigstes Anliegen ist die eigenverantwortliche Gestaltung ihrer Lebensverhältnisse, d. h. politische Selbstverwaltung (Souveränität) innerhalb ihres Territoriums bzw. ein eigener Staat.

Nationen werden zusammengehalten durch einen Grundkonsens über ihre politische Verfassung und Kultur. […]

Wie alle großen sozialen Gemeinschaften und Institutionen sind auch Nationen nicht von Natur aus gegeben, sondern ein Resultat gesellschaftlicher Kultur und geschichtlicher Entwicklung. […]

Eine politische Nation entsteht mit der Bildung von Nationalbewusstsein innerhalb einer Bevölkerung. Wir verstehen darunter den Prozess einer kollektiven politischen Bewusstwerdung, in dem Mitglieder eines Volkes (Ethnie) bzw. Bewohner eines Territoriums entdecken, dass sie gemeinsame Traditionen und Interessen haben.

Eine nationale Bewusstwerdung führt Personen und Bevölkerungsgruppen zusammen, die bisher kaum etwas miteinander zu tun hatten, weil sie in verschiedenen regionalen, ethnischen, religiösen oder sozialen Zusammenhängen nebeneinander lebten. Sie motiviert sie zu gemeinsamen Aktionen und schafft zwischen ihnen ein Wir-Bewusstsein sowie emotionale Bindungen. Die Abgrenzungen gegenüber Nachbarvölkern spielt dabei eine wichtige Rolle. Die Bildung einer Nation ist somit in erster Linie als ein Vorgang sozialer Integration zu verstehen. […]

Wie jede politische Bewegung ist eine Nationalbewegung geprägt von ihrer Programmatik, ihrer Ideologie (Der Begriff wird hier nicht negativ verstanden!). Eine nationale Ideologie stellt ihre Interpreten vor besondere Schwierigkeiten; denn bei der Legitimierung nationaler Bewegungen fließen zwei verschiedene Argumentationen zusammen. Einerseits vertritt eine Nationalbewegung menschenrechtliche und demokratische Partizipationsforderungen, die universale Grundkonzeption moderner Nationen. Zum anderen hat eine Nationalbewegung zu begründen, warum sie innerhalb des von ihr beanspruchten Gebietes politische Autonomie einfordert. Hier, bei der Selbstdarstellung und -legitimierung der Nation, kommen deren spezifische Identitätsmerkmale zum Tragen.

Wir verstehen unter Nationalismus ein politisches Verhalten, das nicht von der Überzeugung der Gleichwertigkeit aller Menschen und Nationen getragen ist, sondern andere Völker und Nationen als minderwertig oder als Feinde einschätzt und behandelt.

Otto Dann: Nation und Nationalismus in Deutschland 1770–1990, München 1996, S. 12 ff. und 19 f.

8 Niederlande unter Napoleon: Neue Spielräume für eine nationale Identität

Die Niederlande waren früh unter die Herrschaft der französischen Revolutionstruppen geraten. 1795 gründeten diese dort die Batavische Republik. Napoleon ersetzte 1806 diese Re-

publik durch das Königreich Holland mit seinem Bruder Louis als König. Dieser dankte 1810 infolge der katastrophalen Auswirkungen der Kontinentalsperre ab, worauf Holland in das französische Kaiserreich einverleibt wurde.

Es scheint bei der Annexion auch Zuversicht auf Besserung gegeben zu haben. […] Jedenfalls setzte man auf Ausbreitung des Handels durch Fortfall der Zollgrenzen, auf die Einführung der niedrigen französischen Steuern. Aber gerade das blieb bis 1812 aus. Die gegenüber der Louis-Napoléon-Zeit sehr rigorose Handhabung der Kontinentalsperre brachte den Seehandel fast zum Erliegen. Die Seefischerei wurde 1812 sogar gänzlich verboten. Die überstrapazierte Staatskasse zahlte nur noch ein Drittel der Zinsen auf Staatsanleihen, wogegen in den Jahren zuvor heftig gestritten worden war. Die Hoffnung auf Frankreich schwand verständlicherweise schnell […] Die Jahre 1806 bis 1813 brachten dem Land zum ersten Mal seit der Befreiung von Spanien eine fremde Herrschaft. Hieraus wurde das Land befreit, ohne selbst einen Befreiungskrieg zu führen; das Ende der französischen Herrschaft kam trotz der spontanen, kurzen und heftigen Unruhen in Amsterdam und Den Haag ohne dramatischen Höhepunkt. Ein politisch umsetzbares nationalniederländisches, zum Widerstand erzogenes Bewusstsein war ausgeblieben. Dennoch waren Begriffe wie „Vaterland“ oder „Nation“, die man in den achtziger und in den folgenden Jahren gepflegt hatte, aus der Öffentlichkeit nicht verschwunden. Sie zählten nunmehr zum Repertoire einer Art inneren Emigration und wurden von der intellektuellen Elite im literarisch-kulturellen Umfeld wach gehalten. Solange sich die eigene, durch „Sprache, Literatur, Sitten und eigentümliche Volksart“ (J.M. Kemper) geprägte nationale Identität politisch nicht manifestieren konnte, sollte sie als kulturelle Identität immer wieder ins Bewusstsein gerückt werden. Die folgenden Jahrzehnte des 19. Jahrhunderts haben dann neue Spielräume für die Demonstration einer nationalen Identität geschaffen.

Horst Lademacher: Die Niederlande. Politische Kultur zwischen Individualität und Anpassung. Berlin (Propyläen) 1993, S. 403 f.

Arbeitsvorschläge

a) Informieren Sie Ihre Mitschülerinnen und Mitschüler in Form eines Kurzreferats über die „Karlsbader Beschlüsse“.

b) Wie berechtigt war Metternichs Bestehen auf dem Grundsatz der „Ordnung“ (M 3)?

c) Bewerten Sie Metternichs Unterscheidung von „gemessenem Gang“ und „Sprüngen“ hinsichtlich des „Vorschreitens der Dinge“ (M 3b). Berücksichtigen Sie dabei die Eindrücke und Erfahrungen aus der Französischen Revolution.

d) Erörtern Sie Pfizers Verständnis von „Gleichheit“ und „Freiheit“ und setzen Sie sich kritisch mit seiner These von verschiedenen „Entwicklungsstufen des Liberalismus“ auseinander (M 4b).

f) Bewerten Sie die Behauptung „Nationen seien wie Individuen“ und die daraus abgeleitete Auffassung vom politischen „Individualismus“ der Nationen (M 4c).

g) Recherchieren Sie zu einem von Ihnen ausgewählten Professor der „Göttinger Sieben“ dessen Lebenslauf sowie seinen weiteren Lebensweg nach 1837 und stellen Sie dessen Rolle im Vormärz in einem Kurzreferat dar (M 5).

h) Analysieren Sie die Argumente, die Arndt (M 6a) für die in seinen Augen herausragende Stellung des „deutschen Volkes“ anführt. Setzen Sie sich kritisch mit der Arndt'schen Argumentation und den verwendeten Begriffen auseinander.

i) Erläutern Sie, inwiefern in den „Grundsätzen und Beschlüssen“ der deutschen Burschenschaften (M 6b) ein romantisierender und rückwärts gewandter Begriff von der deutschen Nation zum Ausdruck kommt.

j) Wenden Sie Lembergs Merkmalskatalog a) bis g) (M 7a) auf die in den beiden Texten (M 6a und b) zum Ausdruck kommenden „nationalen“ Vorstellungen an.

k) Erörtern Sie, inwiefern man dem Nationalismus mobilisierende und integrierende Wirkungen zuschreiben kann.

l) Zeigen Sie die Unterschiede und Gemeinsamkeiten der beiden Begriffsbestimmungen von „Nation“ auf (M 7a und b). Diskutieren Sie, welche der beiden Definitionen Ihnen stichhaltiger erscheint.

3

3.2 1848 in Deutschland: Das Scheitern von Einheit und Freiheit

Europa 1848

Abermals gab Frankreich den Takt vor, als es im Februar 1848 das Bürgerkönigtum entthronte und die Revolution in Europa auslöste. Ein vergleichender Rundblick offenbart den unterschiedlichen Entwicklungsstand der Großmächte in Europa: Im industriell entwickelten England blieb die Revolution aus – es hatte stürmische Jahre im Innern hinter sich, aber durch rechtzeitige Reformen den Umsturz immer noch gerade verhindert. Während in Frankreich 1848 bereits zum dritten Mal eine Monarchie gestürzt und die Republik ausgerufen wurde, handelte es sich bei den deutschen Unruhen um erste revolutionäre Versuche. In den vorindustriellen deutschen Staaten opponierten die Revolutionäre gegen eine vom Adel dominierte Ständegesellschaft, während die französische Februarrevolution erste Züge einer sozialistischen Revolution annahm. In die Unruhen in Mittel- und Osteuropa mischten sich nationale Proteste – England und Frankreich hingegen waren bereits Nationalstaaten. Im industriell zurückgebliebenen Russland blieb es ruhig: Das Zarenregime konnte noch jeglichen Protest unterdrücken.

Märzforderungen

Die Nachrichten vom französischen Umsturz verbreiteten sich wie ein Lauffeuer in allen europäischen Zentren. Die deutsche Opposition – unterstützt von einer spontanen Volksbewegung – drängte in diesen Tagen in den Einzelstaaten mit Petitionen, Kundgebungen und Umzügen auf die Erfüllung der „Märzforderungen": Garantie der Grundrechte und der Pressefreiheit, Einrichtung von Schwurgerichten und Bürgerwehren. Gleichzeitig begann sie, sich national zu organisieren. Am 5. März trafen sich in Heidelberg 51 prominente Oppositionspolitiker – unter ihnen Heinrich von Gagern und Friedrich Hecker. Sie beschlossen, ein „Vorparlament" einzuberufen, das die verfassunggebende deutsche Nationalversammlung vorbereiten sollte. Damit brachen sie unwiderruflich mit dem alten System.

Unruhen in Stadt und Land

In der revolutionären Situation entluden sich auch soziale Spannungen. Die städtische Unterschicht – Tagelöhner, Handwerker, Proletarier – hatte in den vergangenen Jahren an den Strukturproblemen durch die fortschreitende Indus-

1 1848 – Das Frühjahr der Revolutionen

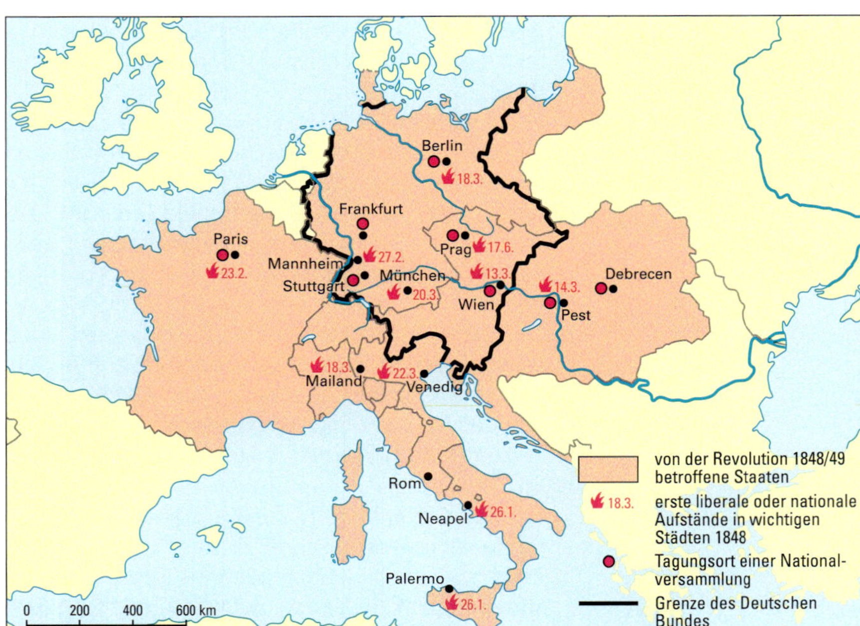

trialisierung gelitten. Das allgemeine Massenelend in den Städten war 1845/46 durch zwei Missernten und ein Konjunkturtief noch verschärft worden. Auch auf dem Lande breiteten sich gewaltsame Aufstände aus: Die Landbevölkerung in Mittel- und Süddeutschland sowie Schlesien lehnte sich gegen Grundherren und Staatsbeamte auf, weil sie nach der Bauernbefreiung immer noch erdrückende Dienste und Abgaben zu leisten hatte. Die sozialen Proteste sorgten für die Massenbasis der Revolution. Als die Forderungen der Bauern erfüllt waren, zogen sie sich jedoch schnell vom revolutionären Geschehen zurück.

Revolution in Wien

Beeindruckt von der Wucht der Volksbewegung leisteten die Monarchen in Wien und Berlin kaum Gegenwehr – auch wenn es zu blutigen Zusammenstößen zwischen Regierungstruppen und Revolutionären kam. In Wien stürmte die Menge am 13. März 1848 das Ständehaus. Als die tagende niederösterreichische Ständeversammlung sich den Forderungen des Volkes nicht sofort anschloss und das Militär versuchte, die Menge auseinanderzutreiben, eskalierte die Situation. Soldaten schossen blind in die Menge und töteten fünf Demonstranten – es folgten blutige Straßenkämpfe. Die Wiener Hofburg entschloss sich, die Lage durch Zugeständnisse an die Demonstranten zu beruhigen. Metternich, der verhasste Repräsentant des alten Systems, wurde zum Bauernopfer bestimmt und musste fliehen. In Wien feierte man den Sieg der Revolution.

Revolution in Berlin

Die Ereignisse in Wien zeigten auch in Berlin Wirkung, wo am 14. März 1848 die ersten Unruhen ausbrachen. Preußens König Friedrich Wilhelm IV. erklärte sich zu Zugeständnissen bereit: Am 18. März hob er die Zensur auf und kündigte die Einberufung eines „Vereinigten Landtages“ an. Als Gerüchte über diese Veränderungen die Runde machten, versammelten sich tausende Menschen vor dem Berliner Stadtschloss. Dort wartete eine provozierend hohe Zahl von Soldaten. In der unübersichtlichen Situation lösten sich aus den Reihen des Militärs zwei Schüsse – die Situation eskalierte. Über Nacht tobte in Berlin der Bürgerkrieg, über 200 Menschen – meist Arbeiter und Handwerker – starben. In Berlin war quasi „aus Versehen“ die Revolution ausgebrochen. Am nächsten Morgen lenkte der König ein und ließ die Truppen abziehen. Friedrich Wilhelm IV. trat die Flucht nach vorn an: Er stimmte der Ausarbeitung einer Verfassung zu, bewilligte den Zusammentritt einer preußischen Nationalversammlung und bekannte sich zur Einheit der Nation.

Eines hatten die Ereignisse in Berlin und Wien gemeinsam – ganz im Unterschied zu denen in Paris: Die Revolution machte vor den Thronen Halt. Die Monarchen blieben und mit ihnen ihre Stützen in Bürokratie und Militär. Die Gewaltakte riefen innerhalb der Protestbewegung schnell die Frage auf, wann die Revolution „geschlossen“ werden sollte. Es entwickelten sich zwei verschiedene Strömungen.

Liberalismus

Das liberale Lager wollte die Unruhen so schnell wie möglich beenden. Eine Revolution lag ihm völlig fern: Die Liberalen wollten die Gesellschaft von Anfang an auf dem Wege der „Vereinbarung“ mit den alten Mächten reformieren, um die befürchtete Revolution gerade zu verhindern. Das liberale Bürgertum hatte durch die Industrialisierung wirtschaftlich an Einfluss gewonnen; nun forderte es auch politische Mitbestimmung. Die Liberalen strebten eine konstitutionelle Monarchie an. Zu ihren Kernforderungen gehörten die Garantie der Presse- und Versammlungsfreiheit, der persönlichen Freiheitsrechte sowie einer unabhängigen Justiz. Im wirtschaftlichen Bereich setzten sie auf Selbstorganisation und das Gesetz des freien Marktes. So könne mehr Wohlstand erreicht werden – zunächst für das Bürgertum, im Laufe der Zeit aber auch für die Unterschichten. Eine politische Mitwirkung der Unterschichten ging den meisten Liberalen jedoch zu

2 Deutsche Nation siehe hier Deinen König! Die Kreidelithografie von 1848 karikiert den Umritt des preußischen Königs in Berlin am 21. März 1848, mit dem er sich symbolisch an die Spitze der revolutionären Entwicklung setzen wollte.

(„Botanybai" = der Hafen der englischen Strafkolonie Australien)

weit, deshalb befürworteten sie ein Zensuswahlrecht. Ein Abgleiten in die soziale Revolution wollten sie um jeden Preis verhindern.

Im Gegensatz dazu wollten die Demokraten die Unterschichten in den gesellschaftlichen Reformprozess mit einbeziehen. Neben dem allgemeinen Wahlrecht klagten sie einen Ausgleich von Kapital und Arbeit ein – etwa durch eine progressive Einkommenssteuer. Die Demokraten wollten die traditionellen gesellschaftlichen Sozialverhältnisse mittels eines demokratischen Staates verbessern. Sie forderten die weitgehende Entmachtung des Monarchen und die Ausrufung einer Republik. Die demokratischen Vertreter kamen ausschließlich aus dem intellektuellen Milieu, sahen sich jedoch als Sprecher der Unterschicht. Zu ihren Anhängern gehörten kleine Gewerbetreibende, sozial bedrohte Gruppen der Handwerkerschaft, anfangs auch Bauern.

Die Entscheidung über den zukünftigen Kurs übertrug das Vorparlament mit dem Hinweis auf die „Volkssouveränität" der zukünftigen Nationalversammlung. Sie wurde unter hoher Beteiligung nach dem allgemeinen und gleichen Männerwahlrecht von allen „selbstständigen" Staatsbürgern gewählt.

Nationalversammlung

Am 18. Mai 1848 trat die deutsche Nationalversammlung zum ersten Mal feierlich in der Frankfurter Paulskirche zusammen. Sie bestand fast ausschließlich aus bürgerlichen Repräsentanten – Professoren, Juristen, höheren Verwaltungsbeamten. Die Nationalversammlung setzte mit Billigung der Fürsten und Regierungen eine Zentralgewalt ein, an deren Spitze der österreichische Erzherzog Johann als Reichsverweser stand. Der alte Bundestag des Deutschen Bundes beendete damit seine Tätigkeit. Zentrale Aufgabe der Frankfurter Abgeordneten war es nunmehr, einen deutschen National- und Verfassungsstaat zu schaffen. Noch gab es keine politischen Parteien im heutigen Sinne, dennoch waren drei große politische Lager deutlich zu unterscheiden: eine zahlenmäßig eher schwache republikanische Linke, das konservative Lager und die große Mehrheit der liberalen Mitte.

Uneinigkeit der Revolutionäre und aggressiver Nationalismus

Die Arbeit der Nationalversammlung begann unter schwierigen Bedingungen, sodass sie ihrem eigentlichen Auftrag – der Erarbeitung einer Verfassung – zunächst kaum nachkommen konnte. Die Aufstände im Land waren mit ihrem Zusammentritt nicht beendet. Die soziale Situation der Handwerksmeister, Gesellen, Arbeiter und Tagelöhner war durch die Konjunkturkrise noch schlechter geworden. Hinzu trat ein nationaler Konflikt. Als Preußen im Krieg um Schleswig-Holstein mit Dänemark einen Waffenstillstand schloss und die Nationalversammlung dies schließlich (widerwillig) billigte, empörte sich das radikale Lager. Neue Gewaltakte erschütterten das Land. Die Radikalen sahen Schleswig-Holstein als Teil des deutschen Nationalstaates, auf den nicht verzichtet werden durfte. Sie warfen dem Parlament Verrat an Nation und Revolution vor – die Risse innerhalb der revolutionären Bewegung wurden immer deutlicher.

Nationalismus

Der Konflikt um Schleswig-Holstein legte die Sprengkraft der nationalen Idee und erste Züge eines aggressiven deutschen Nationalismus offen. Waren im Vormärz nationale Freiheitsbewegungen in anderen europäischen Ländern – wie etwa in Polen – von den liberalen Kräften unterstützt worden, stellte jetzt die Mehrheit der Parlamentarier das Selbstbestimmungsrecht der Völker infrage. Mit der Brüderlichkeit der europäischen Nationalbewegungen war es vorbei. Daraus ergaben sich Ansatzpunkte für die Gegenrevolution: Sie spielte die verschiedenen Nationalbewegungen gegeneinander aus, die in der Paulskirche mehr und mehr aneinandergerieten. Die Kräfte der Reaktion gewannen wieder an Auftrieb.
Die Nationalversammlung hatte bei der Verfassungsgebung ein ganzes Bündel von Fragen zu beantworten: Welche Grundrechte und wie viel Demokratie

3 Einzug der Mitglieder des Vorparlaments in die Paulskirche.
Kolorierte Lithografie von Jean Nicolas Ventadour, 1848

4 Germania
Gemälde nach einer Darstellung von Phillip Veit, 1837. Die sieben Wappen stellen die sieben Kurfürsten dar, die seit 1356 den Kaiser wählten.

sollten garantiert werden? Welche Staatsform – Republik oder eine Form der Monarchie – sollte Deutschland erhalten? Welche Stellung sollte die Zentralgewalt einnehmen? Zur alles überlagernden Frage wurde aber, welche Gebiete zum deutschen Nationalstaat dazugehören und welche Rolle Preußen und Österreich darin spielen würden. Zwei Auffassungen bildeten sich heraus:
Das großdeutsche Lager befand sich im Parlament zunächst in der Mehrheit. Es befürwortete eine Nationalstaatsbildung unter Einschluss der deutschen Gebiete Österreichs. Damit wäre faktisch das Ende der Habsburger Monarchie besiegelt worden – entsprechend leistete Wien erbitterten Widerstand gegen diese Lösung. Problematisch an diesem Vorschlag war aber auch, dass er sich nicht auf das deutschsprachige Österreich beschränkte: Auch Böhmen und Mähren sowie Welschtirol und Triest sollten dem deutschen Nationalstaat einverleibt werden. Die großdeutsche Neigung der Nationalversammlung trieb zudem die Tschechen, Slowaken, Kroaten und Slowenen in die Arme der Gegenrevolution. Sie wollten nicht als Minderheiten in einem deutschen und einem ungarischen Nationalstaat aufgehen – in dieser Situation lag ihnen der Erhalt des habsburgischen Vielvölkerstaates näher. Das kleindeutsche Lager hingegen favorisierte eine Lösung ohne das deutschsprachige Österreich unter der Führung eines preußischen Kaisers. Diese Variante lief auf eine Trennung von Österreich hinaus.

Verabschiedung der Verfassung

Im Oktober 1848 eroberte die Gegenrevolution Wien. Ende des Jahres 1848 hatte überall im revolutionären Europa – sogar in Frankreich – die Reaktion gesiegt.
Mit der Niederlage der Revolution in Wien schied die großdeutsche Lösung aus. Dennoch waren nicht alle Abgeordneten der Paulskirche bereit, einer kleindeutschen Lösung unter einem preußischen Kaiser zuzustimmen und den Sieg der Reaktion in Österreich hinzunehmen. Die äußerste Linke forderte einen gro-

ßen europäischen Krieg gegen die Mächte der Beharrung – den russischen und österreichischen „Militärdespotismus“. Doch dieser Vorschlag setzte sich nicht durch: Am 27. März 1849 verabschiedete die Paulskirche mit knapper Mehrheit die Reichsverfassung. Tags darauf wurde Friedrich Wilhelm IV. zum Kaiser gewählt.
Doch Friedrich Wilhelm IV. lehnte die Kaiserwürde ab: Er war nicht bereit, die Krone aus den Händen des Volkes entgegenzunehmen. Darüber hinaus wollte er keinen Krieg riskieren: Möglicherweise hätten Österreich und Russland gemeinsam versucht, die Ergebnisse der Revolution gewaltsam rückgängig zu machen, wie sie es im Sommer 1849 in Ungarn dann auch taten. Mit der Ablehnung Friedrich Wilhelms IV. scheiterte die Nationalversammlung: Zahlreiche Einzelstaaten zogen ihre Abgeordneten zurück und auch die gemäßigten Liberalen legten ihr Mandat nieder. Sie hielten das Scheitern der Verfassung für das kleinere Übel, als einen Bürgerkrieg zu riskieren. Übrig blieb ein Rumpfparlament der Linken, das seinen Sitz nach Stuttgart verlegte. Letzte revolutionäre Kämpfe flackerten mit der „Reichsverfassungskampagne“ und der „Mairevolution“ in Baden noch einmal auf. Die radikalen Vertreter, die die Reichsverfassung mit Gewalt verteidigten, wurden brutal bekämpft und besiegt. Die Tätigkeit des Rumpfparlamentes wurde am 18. Juni gewaltsam beendet.

Reichsverfassungskampagne

Scheitern der Revolution?

Die Revolution war überall in Europa – mit Ausnahme der Schweiz – gescheitert. Freilich hinterließ die Revolution Spuren: In Preußen galt nach 1848 eine Verfassung, der Absolutismus war überwunden. Die liberalen Ideen konnten nicht mehr vollständig beseitigt werden. Trotzdem waren in den nachfolgenden Jahrzehnten alle parlamentarischen und freiheitlichen Initiativen mit dem Makel des Scheiterns behaftet. Preußen blieb obrigkeitsstaatlich dominiert, die Freiheitsfrage ungelöst – das war eine schwere Hypothek für zukünftige politische Entwicklungen in Deutschland.

5 Es ginge wohl aber es geht nicht.
Kolorierte Lithografie 1849. Der gesichtslose Friedrich Wilhelm IV. zwischen „germanischen“ Volksvertretern und Fürstenhäusern (Zar Alexander, Kaiser Franz Joseph, Könige von Hannover, Bayern, Württemberg und Sachsen).

3

6 Verhaltene Revolution?

Die Schriftstellerin Fanny Lewald (1811–1889) berichtet in ihren Erinnerungen über die Revolution in Berlin, Eintrag unter dem 11. April 1848:

Wie stieg erst meine Verwunderung, als ich [...] die Straßen Berlins ohne Militär sah; [...] und als an allen Ecken unzensierte Zeitungsblätter und Plakate, ja selbst Zigarren verkauft wurden, während sonst das Rauchen auf der Straße bei 2 Taler Strafe verboten und sogar die Inschriften der Leichensteine zensurpflichtig waren.

Verwüstungen durch die Revolution bin ich in der Stadt nicht gewahr worden, soweit sie vom Volke ausgegangen sind. [...]

Nirgends hat sich das Volk gegen die Paläste des Königs oder der Prinzen gewendet, nirgends das Eigentum angetastet; und es ist mir eine Genugtuung, dass sich keine Spur von Rohheit im Volke gezeigt, dass selbst der König in allen Proklamationen den Edelmut und die Mäßigung der Kämpfenden lobpreisend anerkannt hat. Was mir aber, im Hinblick auf Paris, schmerzlich auffiel, das ist der Mangel an Freudigkeit über den Sieg, der fehlende Schwung des Enthusiasmus, die mich in Paris so sehr überraschten. Keine begeisternden Lieder, keine jener siegestrunkenen Zurufe, welche dort von Mund zu Mund gingen und so elektrisch wirkten. [...] Wir haben keinen deutschen Volksgesang, und „Es lebe der überwundene Absolutismus" [...] kann man eben nicht rufen. Das aber ist noch nicht das Schlimmste. Was mich beängstigt, ist das Gefühl der Unsicherheit, das ich hier an so vielen Menschen wahrnehme und von dem in Paris keine Spur vorhanden war. [...]

Ein großer und edler Teil der Bevölkerung sieht mit opferfreudiger Begeisterung in die Zukunft – aber der Untertänigkeitsgeist eines absolutistisch regierten Volkes, die Angst vieler Besitzenden vor möglichen Verlusten und der weit verzweigte bürokratische Kastengeist sind damit noch lange nicht überwunden.

Zit. nach: Fanny Lewald: Erinnerungen aus dem Jahr 1848. Bearb. von Dietrich Schäfer, Frankfurt/Main 1969, S. 74 ff.

7 Königlicher Charakter?

a) Aus der Proklamation Friedrich Wilhelms IV. „An mein Volk und die deutsche Nation" vom 21. März 1848:

An mein Volk und die deutsche Nation! Mit Vertrauen sprach der König vor 35 Jahren in den Tagen hoher Gefahr zu seinem Volke, und sein Vertrauen ward nicht zuschanden; der König, mit seinem Volke vereint, rettete Preußen und Deutschland vor Schmach und Erniedrigung. Mit Vertrauen spreche ich heute, im Augenblicke, wo das Vaterland in höchster Gefahr schwebt, zu der deutschen Nation, unter deren edelste Stämme mein Volk sich mit Stolz rechnen darf. Deutschland ist von innerer Gärung ergriffen und kann durch äußere Gefahr von mehr als einer Seite bedroht werden. Rettung aus dieser doppelten dringenden Gefahr kann nur aus der innigsten Vereinigung der deutschen Fürsten und Völker unter einer Leitung hervorgehen. Ich übernehme heute diese Leitung für die Tage der Gefahr. Mein Volk, das die Gefahr nicht scheut, wird mich nicht verlassen, und Deutschland wird sich mir mit Vertrauen anschließen. Ich habe heute die alten deutschen Farben [Schwarz-Rot-Gold, Farben des Lützow'schen Freikorps 1813] angenommen und mich und mein Volk unter das ehrwürdige Banner des deutschen Reiches gestellt. Preußen geht fortan in Deutschland auf.

Tim Klein: Der Vorkampf. Ebenhausen–München 1927, S. 209 ff.

b) Aus einem Brief Friedrich Wilhelms IV. vom 13. Dezember 1848 an den Gesandten Bunsen über die Kaiserkrone:

Ich will Ihnen das Licht darüber so kurz und hell als möglich schärfen. Die Krone ist erstlich keine Krone. Die Krone, die ein Hohenzoller nehmen dürfte, wenn die Umstände es möglich machen könnten, ist keine, die eine, wenn auch mit fürstlicher Zustimmung eingesetzte, aber in die revolutionäre Saat geschossene Versammlung macht (in der Art der Straßenpflasterkrone Louis Philipps), sondern eine, die den Stempel Gottes trägt, die den, dem sie aufgesetzt wird, nach der heiligen Ölung „von Gottes Gnaden" macht, weil und wie sie mehr denn 34 Fürsten zu Königen der Deutschen von Gottes Gnaden gemacht und den Letzten immer der alten Reihe gesellt. Die Krone, die die Ottonen, die Hohenstaufen, die Habsburger getragen, kann natürlich ein Hohenzoller tragen; sie ehrt ihn überschwänglich mit tausendjährigem Glanze.

Die aber, die Sie leider meinen, verunehrt überschwänglich mit ihrem Ludergeruch der Revolution von 1848, der albernsten, dümmsten, schlechtesten, wenn auch, gottlob, nicht bösesten dieses Jahrhunderts. Einen solchen imaginären Reif, aus Dreck und Letten [Ton, Lehm] gebacken, soll ein legitimer König von Gottes Gnaden und nun gar der König von Preußen sich geben lassen, der den Segen hat, wenn auch nicht die älteste, doch die edelste Krone, die niemand gestohlen worden ist, zu tragen? [...]

Ich sage es Ihnen rund heraus: Soll die tausendjährige Krone deutscher Nation, die 42 Jahre geruht hat, wieder einmal vergeben werden, so bin ich es und meinesgleichen, die sie vergeben werden. Und wehe dem, der sich anmaßt, was ihm nicht zukommt!

Leopold von Ranke: Aus dem Briefwechsel Friedrich Wilhelms IV. mit von Bunsen. Leipzig 1874, S. 147.

8 Wahlrechtsdebatte und „politische Unreife“

a) Aus dem Entwurf des Reichswahlgesetzes vom 15.2.1849:

Art. I. § 1. Wähler ist jeder selbstständige, unbescholtene Deutsche, welcher das 25. Lebensjahr zurückgelegt hat. § 2. Als nicht selbstständig, also von der Berechtigung zum Wählen ausgeschlossen, sollen angesehen werden: 1) Personen, welche unter Vormundschaft oder Kuratel stehen oder über deren Vermögen Konkurs- oder Fallitzustand [Bankrott] gerichtlich eröffnet worden ist […]; 2) Personen, welche eine Armenunterstützung aus öffentlichen Mitteln beziehen oder im letzten der Wahl vorhergegangenen Jahre bezogen haben; 3) Dienstboten; 4) Handwerksgehilfen und Fabrikarbeiter; 5) Tagelöhner.

F. Wigard (Hrsg.): Stenographischer Bericht über die Verhandlungen der deutschen constituirenden Nationalversammlung zu Frankfurt a. M., Bd. 8. Frankfurt/M. 1848, S. 5218 f.

b) Aus dem Debattenbeitrag des linksliberalen Abgeordneten Ziegert (Minden):

Aber, wendet man ferner ein, die politische Unreife des Volkes, die Bestechlichkeit! Meine Herren, kommen Sie uns nicht mit der Behauptung der politischen Unreife, welche auf den früheren Satz des alten Polizeistaates vom beschränkten Untertanenverstande hinausläuft. Ich meine, die so genannten unteren Klassen, welche die Bewegung des vorigen Jahres mit durchgemacht haben, die zur Verbesserung der jetzigen Zustände mit Hand angelegt und auch in dieser Zeit ebenso den Lockungen der Demagogen als den Verführungen der Reaktion Widerstand geleistet haben, welche in dem Versammlungsrecht, in der freien Presse, im freien Gemeinwesen und in der Öffentlichkeit des Staatslebens die Mittel zur weiteren Ausbildung besitzen, sind nicht mehr politisch unreif zu nennen. […] Sie können nicht leugnen, dass die Bewegung unserer Zeit nicht bloß eine politische, sondern auch eine soziale ist, und zwar in doppelter Richtung, einmal, indem die Besitzlosen und Minderbegüterten mehr oder weniger gegen die Herrschaft des Besitzes und des Kapitals im Kampfe stehen, und sodann dadurch, dass die arbeitenden Klassen an der Verbesserung ihrer Lage sich organisch beteiligen wollen. Statten Sie jetzt, wo von uns zur Verbesserung der Lage der arbeitenden Klassen noch nichts geschehen ist, den Besitz und das Kapital mit einer bevorzugten politischen Berechtigung aus und schließen Sie auf der anderen Seite die arbeitende Klasse von der Möglichkeit aus, Männer ihres Vertrauens in die Reichsversammlung zu wählen, so wird der ohnehin gestörte Friede in der Gesellschaft dadurch nicht wiederhergestellt, es wird der Kampf dadurch nur noch vermehrt.

Zit. nach: M. Freund (Hrsg.): Der Liberalismus. Stuttgart 1965, S. 146 f.

c) Aus dem Debattenbeitrag des liberalen Abgeordneten Wernher (Nierstein):

Es existiert eine tiefe Begriffsverwirrung über den Begriff von Volk, es gibt ein physisches Volk, unter das gehören alle, Mann und Weib, Säuglinge und Greise, die Menschen im Zuchthaus wie derjenige, der die Zierde seines Volkes ist; aber das politische Volk ist zu allen Zeiten, wird zu allen Zeiten und muss zu allen Zeiten von dem physischen Volke unterschieden werden. […] Der moderne Staat […] bedarf zu seiner Erhaltung, um die hohen Zwecke der Kultur zu erfüllen, moderner Mittel, Geld, Geld, und darum sind im modernen Staate alle diejenigen, die zum Bedürfnis des Staates etwas und ein Wesentliches beitragen, das eigentliche, das politische Volk; ich halte es für eine große Verkennung der Dinge, wenn man darin eine Anmaßung der Bezahlenden findet. […]
Ich behaupte nach meiner getreuen Erfahrung, dass zur Beurteilung der Bedürfnisse eines großen Staates die untersten Klassen nicht geeignet sind. […] Geben Sie diesen Klassen den innigsten Anteil an den Wahlen zur Besetzung der Gemeindeämter, das können sie erkennen und übersehen, und hier liegt die Basis ihrer unmittelbaren Beteiligung am Staate. Wenn Sie aber diesen unmittelbaren Anteil auf die Wahlen zur Vertretung eines so großen Staates wie Deutschland, welcher vom Belt bis zum Adriatischen Meer sich erstrecken soll, ausdehnen, dann laden Sie jenen eine Bürde auf, welche sie nicht zu tragen vermögen.

Zit. nach: M. Freund (Hrsg.): Der Liberalismus. Stuttgart 1965, S. 148 f.

9 Die nationale Frage

a) Der linksliberale Abgeordnete Wilhelm Jordan über die Zukunft der Provinz Posen, 24. Juli 1848:

Es steht als Tatsache fest, dass ein großer Teil von Posen gegenwärtig überwiegend deutsch ist, und von dieser Tatsache haben wir auszugehen. […] Wer da sagt, wir sollten diese deutschen Bewohner von Posen den Polen hingeben und unter polnische Regierung stellen, den halte ich mindestens für einen unbewussten Volksverräter. […] Polen bloß deswegen herstellen zu wollen, weil sein Untergang uns mit gerechter Trauer erfüllt, das nenne ich eine schwachsinnige Sentimentalität. (Bravo von der Rechten, Zischen von der Linken) […]
Ich sage, die Politik, die uns zuruft: Gebt Polen frei, es koste, was es wolle, ist eine kurzsichtige, eine selbstvergessene Politik, eine Politik der Schwäche, eine Politik der Furcht, eine Politik der Feigheit. Es ist hohe Zeit für uns, endlich einmal zu erwachen aus jener träumerischen Selbstvergessenheit, in der wir schwärmten für alle möglichen Nationalitäten, während wir selbst in schmachvoller Unfreiheit darniederlagen und vor aller Welt mit Füßen getreten wurden, zu erwachen zu einem gesunden Volksegoismus, um das Wort einmal geradeheraus zu sagen, welcher die Wohlfahrt und Ehre des Vaterlandes in allen Fragen obenan stellt.

F. Wigard (Hrsg.): Stenographischer Bericht über die Verhandlungen der deutschen constituirenden Nationalversammlung zu Frankfurt a. M., Bd. 2. Frankfurt/M. 1848, S. 1143 ff.

b) Der Abgeordnete der äußersten Linken, Arnold Ruge, 24. Juli 1848:

Die Intervention der Gewalt und Tyrannei ist überall das schmachvolle Unrecht, die Propaganda der Freiheit und des Humanismus dagegen ist das welthistorische Recht der Völker des Geistes. [...] Darum ist es ein richtiges Gefühl, und das Gefühl der Völker irrt sich nicht, dass die Teilung Polens ein schmachvolles Unrecht war. [...] Die Polen sind das Element der Freiheit, das in das Slawentum geworfen wurde. [...] Im Namen der Humanität und Gerechtigkeit verlange ich, dass Polen wiederhergestellt werde und dass wir das Vorparlament nicht Lügen strafen, welches erklärt hat, die Teilung Polens sei ein schmachvolles Unrecht. [...] An der Ehre Deutschlands ist es, dass es die lang fortgesetzte Unterdrückung der slawischen Völker aufhebe; an der Ehre Deutschlands ist es, dass Deutschland die Freiheit nach Osten propagiere und nicht an der Grenze von Russland und Polen damit stehen bleibe. An unserer Ehre ist es, dass wir Freunde aller befreiten Völker werden, dass wir die Italiener befreien und ihre Freunde werden und dass wir die Polen befreien und ihre Freunde werden. [...] Die Frage, die uns hier beschäftigt, ist die Rekonstruierung eines neuen Völkerrechts, die Rekonstruierung der europäischen zivilisierten Nationen.

Ebenda, S. 1184.

10 Der Stellenwert der „nationalen Idee"

a) Der Historiker Dieter Hein über den Stellenwert der „nationalen Idee" in der 1848er-Revolution, 2000:

Die stärkste dynamisierende Kraft ging 1848/49 zweifellos von der nationalen Idee aus. Wie fast überall in Europa zählte auch und gerade im staatlich zersplitterten, nur lose durch einen Staatenbund zusammengefassten Mitteleuropa die Begründung eines Nationalstaates zu den zentralen politischen Zielen, die in nahezu allen politischen Lagern akzeptiert wurden. [...]

Die Nation war geradezu die Projektion aller Veränderungswünsche, die sich in den langen Jahrzehnten politischer Stagnation und Unterdrückung angestaut hatten. Sie war das genaue Gegenbild zum Staat der bürokratischen Bevormundung, der jede kritische Meinungsäußerung, überhaupt jede Normverletzung unnachsichtig verfolgte, der jede spontane Menschenansammlung auflöste und jeden Organisationsansatz zu unterdrücken versuchte, der kaum wirtschaftliche Impulse zu geben vermochte, zugleich aber die wachsenden sozialen Lasten von oben herab verteilte. Das Freiheits- und Partizipationsversprechen, das mit der nationalen Idee unauflöslich verknüpft war, war daher auch für breite Bevölkerungskreise alles andere als abstrakt. [...] Speziell in den städtischen Gewerben, bei kleinen und mittleren Handwerksmeistern, Gesellen, ja bis hinein in die noch nicht sehr zahlreiche Arbeiterschaft ging man davon aus, dass der neue Gesamtstaat einen Schutz der nationalen Arbeit gewährleisten werde, durch ein System von Schutzzöllen, das den nationalen Markt gegenüber ausländischer Konkurrenz abschirme, und durch eine nationale Gewerbeordnung, die einen nur allmählichen, schrittweisen Übergang zur Gewerbefreiheit unter Mitsprache der Betroffenen sichere. [...]

Die führenden Repräsentanten der liberalen und demokratischen Bewegung verfügten nicht über ein schlüssiges Konzept dafür, wie sich der künftige deutsche Nationalstaat in das europäische Umfeld einfügen und wie er sich zu den nationalen Bestrebungen benachbarter Völker verhalten sollte. Dass auch die deutsche Nation auf das Wohlwollen ihrer Nachbarn und die Solidarität der anderen National-

11 Die universelle demokratische und soziale Republik. Der Bund Kolorierte Lithografie von Frédéric Sorrieu, um 1849. Ein unendlicher Zug der Völker hat den Weg in die Freiheit – symbolisiert durch die Statue der weiblichen Allegorie der Freiheit – angetreten. Die Statue hält in der linken Hand die Fackel der Aufklärung, mit der rechten Hand stützt sie sich auf die Erklärung der Menschenrechte. (**Online Link** 430016-0301)

bewegungen angewiesen sei, dass ihre Anhänger also aus wohlverstandenem Eigeninteresse das Unabhängigkeitsstreben der Italiener, der Ungarn, der Tschechen oder auch der Polen unterstützen müssten, geriet im Frühjahr 1848 schnell aus dem Blick. Im Überschwang der nationalen Gefühle und aus einer vermeintlichen Position der Stärke heraus versagte die liberale und demokratische Mehrheit nicht nur den nationalen Minderheiten im bisherigen Deutschen Bund das Selbstbestimmungsrecht, sondern versuchte auch, die deutschsprachige Bevölkerung außerhalb der Bundesgrenzen in den neuen Staat einzubeziehen. Vergeblich warnte der demokratische Abgeordnete Carl Vogt die Paulskirchenmehrheit, dass ihre Politik „in eine allgemeine Länderfresserei ausgeartet“ sei.

Dieter Hein: Die deutsche Revolution 1848/49. In: Peter Wende (Hrsg.): Große Revolutionen der Geschichte. Von der Frühzeit bis zur Gegenwart. München (Beck) 2000, S. 158–175; hier S. 168 f.

12 Die 1848er-Revolution im Urteil heutiger Historiker

a) Der Historiker Walter Grab, 1980:

Zweifellos wäre bei einem Sieg der bürgerlichen Revolution der Weg zum ersehnten deutschen Einheitsstaat nicht über Staatsstreiche, aufgelöste Parlamente, oktroyierte Verfassungen und schließlich über Schlachtfelder in drei Kriegen gegen andere Völker gegangen. Zweifellos hätte bei einem Triumph der Volksbewegung die Idee der Demokratie, der aktiven Teilnahme der Öffentlichkeit am politischen Entscheidungsprozess, tiefe Wurzeln in den Köpfen von Millionen geschlagen, anstatt im militärischen Obrigkeitsstaat zu verkümmern. Zweifellos hätte ein siegreiches 1848 die Ungeheuerlichkeiten, die den deutschen Namen in unserem Jahrhundert befleckt und geschändet haben, verhindert. Aber trotz ihres Scheiterns bildet das revolutionäre Sturmjahr einen epochalen Einschnitt in der deutschen Geschichte. Die bürgerlich-demokratische Revolution leitete einen nicht mehr rückgängig zu machenden Prozess der Erneuerung in allen Lebensbereichen ein. Erstmals eröffnete sich der Ausblick auf eine von politischer Freiheit und sozialer Gleichheit bestimmte Gesellschaftsordnung, in der der Einzelne nicht mehr Objekt fremder Befehlsgewalt, sondern Subjekt eigener Entscheidungen ist. Erstmals betrat die Arbeiterbewegung, die im Kampf ihre Organisationen zu schaffen begann, die politische Arena. Erstmals wurden 1848 laut und allen vernehmbar die Ideen des sozialen Wohlfahrtsstaats, der freiheitlich-parlamentarischen Demokratie, der Föderativrepublik, der Abschaffung aller sozialen Privilegien der Geburt und des Besitzes verkündet. Die geschichtliche Entwicklung hat gezeigt, dass die Ideen von 1848 mächtiger und zukunftsträchtiger waren als die Ideen von 1871, auf denen der Obrigkeitsstaat Bismarcks beruhte. […] Das unter seiner Ägide in Blut und Eisen geschaffene Reich, dessen Verfassung keinen Grundrechtskatalog besaß […], ging nach weniger als einem halben Jahrhundert blutig und eisern in einem Krieg zugrunde. […] Die Grundsätze hingegen, von denen sich die 1848 unterlegenen republikanischen Volkstribunen leiten ließen, nämlich die universalen Ideen der unveräußerlichen Menschenrechte, der demokratischen Sozialordnung und der brüderlichen Gleichberechtigung aller Nationen, sind heute ebenso gültig wie vor vier Generationen. Ein Jahrhundert nach dem anscheinenden Triumph der Reaktion und dem Scheitern der Revolution sind sie zum großen Teil im Grundgesetz der Bundesrepublik verankert worden. An dieses stets neu zu erkämpfende Vermächtnis der geschlagenen, aber unbesiegbaren Revolutionäre von 1848 gilt es anzuknüpfen.

Walter Grab: Die Revolution 1848/49. Eine Dokumentation. München (Reclam) 1980, S. 25 f. [Neuaufl. Stuttgart 1998]

b) Der Historiker Heinrich August Winkler zum Ausgang der Revolution von 1848:

Gescheitert war die Revolution vor allem an einer politischen Überforderung des deutschen Liberalismus: Es erwies sich als unmöglich, Einheit und Freiheit zur gleichen Zeit zu verwirklichen. In den alten Nationalstaaten des europäischen Westens, in Frankreich und England zumal, war die nationale Vereinheitlichung über Jahrhunderte hinweg das Werk von Königen und Ständeversammlungen gewesen; wer mehr Freiheit wollte, fand den staatlichen Rahmen schon vor, in dem die Veränderungen erfolgen sollten. In Deutschland musste der staatliche Rahmen für das Vorhaben der Liberalen und Demokraten erst noch hergestellt werden. Die Liberalen im engeren Sinn waren sich durchaus bewusst, dass sie, während sie am staatlichen Rahmen des neuen Deutschland arbeiteten, die Machtmittel der größeren deutschen Staaten mit Preußen an der Spitze benötigten, um das Werk der nationalen Einigung auch außen, gegen andere Mächte, abzusichern. Schon deswegen (und nicht nur, weil sie die soziale Revolution fürchteten) verbot sich aus ihrer Sicht eine Politik der Konfrontation mit den alten Gewalten – eine Politik, wie die Linke sie befürwortete und betrieb. […]

Dass die Liberalen und Demokraten Einheit und Freiheit nicht aus eigener Kraft verwirklichen konnten, hatte verhängnisvolle Folgen für das deutsche politische Bewusstsein: Es blieb obrigkeitlich verformt. Doch das ehrgeizige Doppelziel war 1848 objektiv unerreichbar. Und es war nicht nur ein Unglück, dass es nicht erreicht wurde. Denn wenn die konsequenten Revolutionäre Gelegenheit erhalten hätten, ihr Programm in die Tat umzusetzen, wäre das Ergebnis vermutlich eine europäische Katastrophe gewesen.

Heinrich August Winkler: Deutsche Geschichte vom Ende des Alten Reiches bis zum Untergang der Weimarer Republik (Sonderausgabe für die Bundeszentrale und die Landeszentralen für politische Bildung von „Der lange Weg nach Westen“, Bd. 1). Bonn 2000, S. 129 f.

13 Die Revolution von 1848/49 in der politischen Tradition

a) oben: „Märzzeitung 1898"

b) oben rechts: „1848/1948". Plakat zur Ausstellung im Alten Rathaus, (Ost-)Berlin

c) rechts: Titelblatt des „Spiegel" Nr. 7/1998

Arbeitsvorschläge

Analysieren Sie die Bilder vor dem politischen Hintergrund ihrer Entstehungszeit (M 13a–c):

a) Analysieren Sie die Darstellung der Personen auf dem Plakat von 1948 (M 13b). Was sollen sie jeweils verkörpern? Welche Vorstellung von Revolutionen lässt sich daraus ablesen?

b) Erläutern Sie die Reihe der gezeigten deutschen Politiker auf dem „Spiegel"-Titel (M 13c). Zeigen Sie die vorgenommene Bewertung der Revolution von 1848 auf. Suchen Sie nach einem historischen Zusammenhang, in den die drei Personen mit der Revolution gebracht werden.

Arbeitsvorschläge

a) Untersuchen Sie, wie die geplante Verfassung die Frage der Gewaltenteilung geregelt hätte und welche Stellung den Ländern in dem so verfassten Staatsgebilde zugekommen wäre.

b) Beschreiben Sie die Lage in Berlin, wie sie sich Lewald darbot. Gehen Sie dabei insbesondere auf die Unterschiede ein, die sie zwischen den Pariser und Berliner Ereignissen sah (M 6).

c) Stellen Sie dar, welchen Ausweg aus den revolutionären Unruhen Friedrich Wilhelm IV. vorschlägt (M 7a).

d) Stellen Sie die Auffassung Friedrich Wilhelms IV. in M 7b seiner Haltung vom März 1848 gegenüber (M 7a) und bewerten Sie sein Verhalten im Verlauf der Revolution.

e) Stellen Sie die Argumente zusammen, mit denen sich Ziegert gegen den Vorwurf der „politischen Unreife" des Volkes wendet (M 8b).

f) Erläutern Sie, was Wernher unter dem Begriff des „physischen Volkes" im Gegensatz zum „politischen Volk" versteht (M 8c).

g) Stellen Sie die Aussagen Ziegerts und Wernhers gegeneinander. Diskutieren Sie, welche Konsequenzen sich aus den verschiedenen Konzepten für den Verlauf der Revolution ergaben.

h) Diskutieren Sie Jordans und Ruges Auffassung vom Verhältnis zwischen nationalen Interessen und Völkerrecht (M 9a und b). Worin liegt der grundsätzliche Unterschied zwischen beiden Standpunkten?

i) Beschreiben und erklären Sie die einzelnen Bildelemente (M 11). Formulieren Sie anschließend, zu welcher Gesamtaussage sich die Elemente in der Darstellung verdichten.

j) Arbeiten Sie die innenpolitischen und außenpolitischen Dimensionen der „nationalen Idee" heraus.

k) Warum erwägt keiner, einen Gedenktag zu Ehren der Märzerhebung von 1848 und der Märzverfassung von 1849, etwa am letzten Märzsonntag, einzuführen? Stellen Sie Argumente für und gegen den Vorschlag des Historikers Wehler (1998) zusammen. Beziehen Sie Stellung: Mit welcher Begründung würden Sie einen Revolutionsgedenktag befürworten oder ablehnen?

l) Vergleichen Sie die unterschiedlichen Bewertungen der Revolution von 1848. Ist die Revolution von 1848 gescheitert? Stellen Sie aus den verschiedenen Beurteilungen die Gründe zusammen, die dafür und dagegen sprechen. Nehmen Sie selbst Stellung und begründen Sie Ihre Ansicht (M 12).

m) Arbeiten Sie heraus, welche positiven und negativen Folgen die Revolution nach Ansicht der Autoren für die nachfolgende Geschichte Deutschlands hatte.

3.3 Die Badische Revolution

Die Voraussetzungen in Baden

Im Deutschen Bund gehörte Baden zu den kleineren Ländern. Es war noch weitgehend agrarisch geprägt. Die technische und wirtschaftliche Modernisierung befand sich in den Anfängen. Die soziale Not war groß und das arme Land konnte seine schnell wachsende Bevölkerung nur mit Mühe ausreichend versorgen. Politisch jedoch spielte Baden eine besondere Rolle. 1849 wurde es zum Zentrum der revolutionären Ereignisse: In der Badischen Revolution von 1849 wurden Formen der Demokratie „geprobt", die heute zum politischen Alltag in der Bundesrepublik Deutschland gehören.

Mit dem Aufstieg zum Großherzogtum 1806 vervierfachten sich Einwohnerzahl und Gebietsumfang. Um den Zusammenhalt dieses Staates zu sichern, hatte der Großherzog 1818 eine liberale Verfassung mit einem ausgeprägten Bürgerrechtskatalog gewährt. Diese Verfassung begründete eine liberale Tradition in Baden. Sie bot der liberalen Bewegung legale politische Mitwirkungsmöglichkeiten, die in Preußen oder Österreich nicht existierten. 1843 feierten mehr als 100 000 Badener zwischen Wertheim und Konstanz den 25. Jahrestag „ihrer" Verfassung.

Die liberale Bewegung und die „Forderungen des Badischen Volkes"

Die liberale Bewegung in Baden hatte sich zu einer politischen Kraft entwickelt, mit der die Monarchie rechnen musste. Über Jahrzehnte hinweg war in Baden eine kritische politische Kultur entstanden, die von Arbeiter-, Turner-, Gesangs- und Frauenvereinen getragen wurde, gestützt durch eine freie Presse und eine lautstarke Opposition im Landtag. Die liberale Opposition konnte über die Debatten in der 2. Kammer des Landtags, in der sie seit den 1840er-Jahren die Mehrheit hatte, ihre Vorstellungen verbreiten und Zeichen für ganz Deutschland setzen. „Das kleine Baden beschämt uns", bemerkte schon früh ein preußischer Beobachter. Hier war nach 1818 ein ganz anderes Staatsverständnis entstanden als in den meisten übrigen Staaten des Deutschen Bundes. Hier ging die Bevölkerung davon aus, dass das Volk der eigentliche Inhaber der Staatsgewalt war. Das Volk besaß in diesem Denken die Souveränität, der Herrscher war nur der Beauftragte des Volkes. Der Einzelne war nicht mehr Untertan, sondern Staatsbürger.

Das Land hatte schon am Vorabend der Revolution einen hohen Grad der Politisierung erreicht, die auch das Metternich'sche System nicht hatte aufhalten können. Bereits im September 1847 trafen sich im zentral gelegenen Offenburg Vertreter aller Schichten. Die dort verkündeten „Forderungen des Volkes in Baden" wurden in der Folgezeit vorbildhaft für ganz Deutschland. Zum ersten Mal waren in Deutschland die Forderungen der Opposition in einem Programm zusammengefasst worden: Presse-, Meinungs- und Versammlungsfreiheit, Wegfall aller Privilegien, Volksbewaffnung, Schwurgerichte, Verfassungen in allen Einzelstaaten, Wahl einer deutschen Nationalversammlung, „Ausgleich zwischen Kapital und Arbeit".

Der Funke der Februarrevolution in Frankreich sprang 1848 sehr schnell auf das Nachbarland Baden über, das bald zum Zentrum der oppositionellen Bewegung in Deutschland wurde. Vielerorts wurden auf Volksversammlungen und in Petitionen die „Märzforderungen" propagiert, die sich an die Grundforderungen des badischen Liberalismus der Vormärzzeit anlehnten. Auf Druck einer breiten Bewegung wurden sie in fast allen Ländern verwirklicht. Ebenso gestanden die Monarchen nach badischem Beispiel liberale „Märzministerien" zu. Ziel einer Volksversammlung in Offenburg am 19. März 1848 war es, der Bewegung eine organisatorische Basis zu geben. Überall sollten Vereine gegründet werden, die das politische Leben des Volkes organisieren und sein Mitspracherecht garantieren sollten.

Weg zur gewaltsamen Revolution

Am 5. März 1848 brachten die badischen Vertreter Gustav Struve und Friedrich Hecker ein 15-Punkte-Programm im Frankfurter Vorparlament ein. Doch die übergroße Mehrheit der Versammlung, die mit den Fürsten zusammen arbeiten wollte und einer konstitutionellen Monarchie zuneigte, wies das Programm zurück. Hecker und Struve setzten nun auf den Weg der Gewalt: „Hier in Frankfurt ist nichts zu machen, es gilt in Baden loszuschlagen."

Am 14. April 1848 rief Hecker in Konstanz die Republik aus und wollte mithilfe eines groß angelegten Volksaufstands die Macht erringen. Doch der bewaffnete Vorstoß wurde schnell in Kandern von badischen Truppen gestoppt. Der massenhafte Zustrom war ausgeblieben, in der Bevölkerung fehlte das Verständnis für die ganze Aktion. Zudem hatte das Vorparlament gerade demokratische Wahlen für ein gesamtdeutsches Parlament beschlossen. Liberale Politiker wandten sich offen gegen Heckers Unternehmen aus Angst vor einer unkontrollierten Volksbewegung.

Trotz der Niederlage Heckers und seiner wenigen Anhänger lebten die Gedanken der Demokraten in Baden fort. Häufiger als in anderen Ländern wurde in Baden die Forderung nach einer demokratischen Republik laut. Im Herbst 1848 flammte die gewaltbereite Bewegung angesichts der Ohnmacht des Frankfurter Parlaments wieder auf, so auch in Baden. So wollte Gustav Struve der Revolution ebenfalls mit Gewalt zum Sieg verhelfen. Am 21. September 1848 rief er in Lörrach die deutsche Republik aus. Wieder scheiterte dieser Putsch schnell und kläglich: Bei Staufen wurde die kleine „Revolutionsarmee" von badischen Truppen geschlagen. Der Rückhalt in der Bevölkerung fehlte auch hier.

Die Volksvereine

Die badischen Demokraten zogen aus dem Scheitern von Hecker und Struve die Konsequenzen. Sie setzten nun auf einen Verfassungsumbau mit friedlich-demokratischen Mitteln. Ein wichtiges Instrument waren dabei die Volksvereine und ihre politische Basisarbeit.
Am 28. Dezember 1848 hatte die Paulskirchenversammlung die Grundrechte verkündet. Das Vereinsrecht als Grundrecht wurde nun auch in Baden geltendes Recht. Dies führte sehr schnell zu einer wahren Gründungswelle im politischen Vereinswesen. Gab es im Juli 1848 18 Volksvereine, so waren es Anfang Mai 1849 fast 500 mit ca. 46 000 Mitgliedern. Jeder zehnte männliche Erwachsene gehörte nun einem Volksverein an, was bei einer Bevölkerung von 1,4 Millionen einem Organisationsgrad von 3,4 % entspricht.

1 **Freischärler ziehen in Lörrach ein, September 1848.** Ölgemälde von Friedrich Kaiser

2 Das anonyme Gemälde von 1848 zeigt einen Zeitungsleserverein, den der Maler mit einigen prominenten Revolutionären bestückt hat.

Die Demokraten hatten unter Führung von Amand Goegg seit Ende 1848 gezielt landesweit eine zentrale Organisation von politischen Vereinen aufgebaut, gestützt durch eine nahe stehende Presse und durch ein weit entwickeltes Vereinswesen. Nichts wurde mehr dem Zufall überlassen.

Diese Vereine gaben sich ein gemeinsames Programm, gliederten sich von unten nach oben in 71 Bezirksvereine und in acht Regionen als Kreisvereine mit dem demokratisch gewählten Landesausschuss an der Spitze. Der Beitritt war freiwillig, alle Mitglieder waren gleich. Sie vertraten für kurze Zeit auch weite Bevölkerungskreise parlamentarisch. Die übergroße Mehrzahl der politischen Vereine war demokratisch gesinnt. Daneben gab es – wenn auch zahlenmäßig viel geringer – vaterländische und konstitutionelle Vereine, die miteinander in Konkurrenz um die Wähler traten, mit ausgeprägtem Programm und eigenem Gruppenbewusstsein. Mit den Volksvereinen versuchte die politische Opposition, politische Organisationsstrukturen aufzubauen, die große Ähnlichkeiten mit unserem modernen Parteinwesen haben.

Die gescheiterte Revolution?

Als der preußische König Friedrich Wilhelm IV. die ihm angebotene Kaiserkrone zurückwies, entstand schnell eine überregionale Protestbewegung, die sogenannte „Reichsverfassungskampagne“ (s. S. 183). Nicht nur die Bürger waren nun für die Sicherung der Verfassungsrechte zur Gewalt bereit, auch große Teile der badischen Armee liefen zur Revolution über. Im Juni 1849 wurde eine verfassunggebende Landesversammlung gewählt, die eine republikanische Verfassung entwarf. Für deren Umsetzung blieb der Versammlung keine Zeit mehr. Preußische Truppen überrollten das Land und die Abgeordneten mussten der militärischen Gewalt weichen. Trotz dieser Niederlage konnte der Anspruch auf einen demokratischen Verfassungsstaat aber nicht mehr gänzlich rückgängig gemacht werden.

Die Badische Revolution war das Ergebnis einer politischen Bewegung, die ihren Ausgangspunkt in der Verfassung von 1818 hatte und sich aus eigener Kraft und durch Impulse aus dem Nachbarland Frankreich weiter entwickelte und in einer starken Politisierung der Gesellschaft 1849 endete. Diese Entwicklung zu einer modernen Demokratie hin wurde durch die militärische Invasion Preußens brutal unterbrochen. Nach der Kapitulation der Festung Rastatt wurden zahlreiche Aufständische zum Tode oder zu Freiheitsstrafen verurteilt und Baden musste Reparationen zahlen. Bis 1852 herrschte in Baden noch das Kriegsrecht.

Baden war zum preußischen Satellitenstaat geworden, die demokratischen Errungenschaften in Baden wurden rückgängig gemacht. Doch eines konnte nicht mehr rückgängig gemacht werden: Die Politik war ins Volk eingedrungen und die demokratischen Vorbilder lebten weiter.

3 **Das Acherner Programm vom 2. April 1848**

Sicherheit des Eigentums und der Person, Wohlstand, Bildung und Freiheit für Alle ohne Unterschied der Geburt, des Standes und des Glaubens ist das Ziel, nach welchem das deutsche Volk strebt. Die Mittel, zu demselben zu gelangen, sind:

1. Aufhebung der stehenden Soldatenheere und Verschmelzung derselben mit der Bürgerwehr zum Behufe der Bildung einer wahren, alle waffenfähigen Männer umfassenden Volkswehr.

2. Aufhebung der stehenden Heere von Beamten und Ersetzung derselben durch eine wohlfeile Regierung, welche aus frei gewählten Volksmännern besteht

3. Abschaffung der stehenden Heere von Abgaben […] und Ersetzung derselben

a) durch eine progressive Einkommens- und Vermögenssteuer, bei welcher der notwendige Lebensunterhalt frei von allen Abgaben verbleibt. […]

4. Abschaffung aller Vorrechte, welchen Namen dieselben tragen mögen, insbesondere des Adels, der Privilegien des Reichtums (Census) und der bevorzugten Gerichtsstände, und Ersetzung derselben durch ein allgemeines Staatsbürgerrecht.

5. Abschaffung der Bevormundung der Gemeinden und Ersetzung derselben durch ein auf der Grundlage der Selbstverwaltung ruhendes Gemeinde Gesetz.

7. Auflösung des Bundes, welcher bisher bestand zwischen Kirche und Staat, und Kirche und Schule, und Ersetzung derselben durch:

a) die Grundsätze der gleichen Berechtigung aller Glaubensbekenntnisse, der ungeschmälerten Glauben- und Gewissensfreiheit, des freien Associationsrechts, der Selbstverwaltung der Gemeinden und namentlich des Rechts derselben, ihre Geistlichen, Lehrer und Bürgermeister frei zu wählen;

b) Besserstellung des Lehrerstandes und gleichmäßigere Ordnung der Pfarrbesoldung;

c) Abschaffung des Schulgeldes und der Stolgebühren

8. Abschaffung der Censur, Concessionen und Cautionen und Ersetzung dieser Zwangsanstalten durch den Grundsatz der Preßfreiheit in seiner weitesten Ausdehnung.

9. Abschaffung der geheimen und schriftlichen Inquisitonsgerichte und Ersetzung derselben durch öffentliche und mündlich gepflogene Schwurgerichte.

10. Abschaffung der Hunderte von Beschränkungen der persönlichen Freiheit der Deutschen der verschiedenen Stände und gleichmäßige Sicherstellung derselben durch ein besonderes Gesetz (Habeas-corpus-Acte im ausgedehntesten Sinne des Worts), welches insbesondere auch das Vereins- und Versammlungsrecht des Volkes feststellt.

12. Ausgleichung des Missverhältnisses zwischen Arbeit und Kapital vermittelst eines besonderen Arbeiter-Ministeriums, welches dem Wucher steuert, die Arbeit schützt und derselben namentlich einen Anteil an dem Arbeitsgewinne sichert.

14. Aufhebung der Zerrissenheit Deutschlands […].

15. Aufhebung der erblichen Monarchie (Einherrschaft) und Ersetzung derselben durch frei gewählte Parlamente, an deren Spitze frei gewählte Präsidenten stehen, alle vereint in der föderativen Bundesverfassung nach dem Muster der nordamerikanischen Freistaaten

Zit. nach: Hans Martin Pillin: Achern in der Revolution von 1848/49. In: Die Ortenau Historischer Verein. Offenburg 1985, S.212 f.

4 **Das Aktionsprogramm von A. Goegg**

1. Parteiorganisation

1.1. Gründung von Ortsvereinen bis in die letzte Ortschaft.

1.2. Deren Unterstellung unter acht Kreisausschüsse, die ihrerseits dem Landesausschuss verantwortlich sind.

1.3. Regelmäßige Kreiskongresse und Bezirksvollversammlungen der Volksvereine mit Ausbau enger Nachrichtenverbindungen zum Landesausschuss.

1.4. Wöchentliche politische Schulung aller Mitglieder durch Verteilung des in der Zentrale Mannheim herausgegebenen Wochenblattes „Flugblätter der Volksvereine“.

1.5. Ausbau einer geregelten Beitragsorganisation anstelle der bisherigen unregelmäßig stattfindenden Sammlungen.

1.6. Besondere Vertrauensleute „bereisen in unserer Sache das Land“, „vertreten uns auf auswärtigen Kongressen“ und „knüpfen engere Verbindungen an“.

2. Propaganda

2.1 Unterstützung der bestehenden radikalen Zeitungen wie „Mannheimer Abendzeitung“, „Republik“ (Heidelberg), „Seeblätter“ (Konstanz).

2.2 Herausgabe von Flugblättern zu wichtigen Tagesfragen.

3. Gewinnung der bewaffneten Macht

3.1 „Errichtung von Bürgerwehren bis in die kleinsten Dörfer und die Wahl von demokratisch gesinnten Offizieren“.

3.2 „Umstimmung des Militärs für die Demokratie … namentlich durch wiederholte Verbrüderungsfeste zwischen den Soldaten und den Bürgerwehren“. Ständige Verbindung zwischen dem Landesausschuss und den Regimentern des stehenden Heeres über „demokratische Wortführer, meistens Unteroffiziere.

Franz X. Vollmer: S.134 (zusammengestellt nach verschiedenen Nachrichten v. A. Goegg, Nachträgliche authentische Aufschlüsse. S. 92 ff.)

5 1848 – Epochenschwelle zur Moderne

[…] für die meisten Staaten des europäischen Kontinents (*markiert das Jahr 1848*) die Epochenschwelle zu Moderne, nämlich den Übergang von der frühen zur entfalteten Bürger- oder Zivilgesellschaft: Verbliebene feudale Lasten und ständische Vorrechte wurden weitgehend beseitigt, Verfassungen und, auf Basis eines gleichen und allgemeinen Wahlrechts bestimmte, Parlamente zu zentralen Bestandteilen eines gesellschaftlichen Erfahrungsschatzes, die sich aller nachmärzlichen „Reaction" zum Trotz nicht mehr ausradieren ließen; rechtsstaatliche Normen wurden fester verankert, auch wenn eine gesetzlich nicht eingehegte politische Polizei und überhaupt obrigkeitsstaatliche Willkür nach 1849 für ein Jahrzehnt (erneut) für politische Friedhofsruhe sorgten.
Entscheidend war, dass 1848 eine – nicht nur „bürgerliche – Öffentlichkeit bis dahin unbekannten Ausmaßes dank der februar- und märzrevolutionären Geburtshelfer das Licht der europäischen Welt erblickte. Die neue Öffentlichkeit war keine bloß mediale Öffentlichkeit. Sie lebte vom individuellen und kollektiven Engagement der (Staats-) Bürger, vom anti-obrigkeitlichen Drängen der (sozial schwer spezifizierbaren) „Volksmassen" auf vollständige politisch-gesellschaftliche Partizipation auf allen Ebenen […]
Politische Parteien und Gewerkschaften „modernen Typs" wurden gegründet, Visionen eine Sozialstaats entwickelt, der entsprechenden Konzepten des 20. Jahrhunderts bereits sehr nahe war, […]. Die tief greifenden politischen Lernprozesse breiter Bevölkerungsschichten (*markieren*) den Aufbruch in eine vom aktiven citoyen getragene demokratische Zivilgesellschaft.

Rüdiger Hachtmann: Epochenschwelle zur Moderne. Einführung in die Revolution von 1848/49, Tübingen (edition diskord), 2002, S. 16 f.

6 Erschießung Robert Blums bei Wien (politischer Schriftsteller und linker Palamentarier)

Darstellung von 1892

Arbeitsvorschläge

a) Gliedern Sie die Forderungen des Acherner Programms (M 3) nach übergeordneten Gesichtspunkten und ordnen Sie dieses Programm in das politische Spektrum Deutschlands 1848/49 ein.
b) Arbeiten Sie heraus, welches politisches Vorgehen in der Darstellung des Hecker-Zuges (M 1) und auf der Acherner Volksversammlung (M 3) jeweils deutlich wird.
c) Vergleichen Sie die Organisation und die Aufgaben der Volksvereine (M3–M5) und der heutigen Parteien. Beziehen Sie auch das Bild M 2 in Ihre Überlegungen ein.
d) Erstellen sie eine entsprechende Zeitleiste für die badische Geschichte im Zeitraum von 1815–1848.
e) Vergleichen Sie die Entwicklung in Baden mit der eines anderen deutschen Landes und arbeiten Sie Unterschiede heraus.
f) Zeigen Sie, inwieweit Entwicklungen in Baden vorbildhaft für ganz Deutschland wurden.
g) Arbeiten Sie heraus, welche Aussage das Bild (M6) zum Ergebnis der Badischen Revolution macht.
h) Überprüfen Sie am Beispiel Badens die zentralen Thesen des Textes (M 5)
i) Nehmen Sie selbst zu den Aussagen von M 5 und M 6 Stellung.

3.4 Staat, Wirtschaft und Gesellschaft im Deutschen Kaiserreich

Politische Verfassung und soziale Struktur

Als am 18. Januar 1871 im Spiegelsaal von Versailles das Deutsche Reich gegründet wurde, gelang durch eine „Revolution von oben" doch noch die deutsche Einigung. Anders als während der Revolution von 1848/1849 proklamierten die Fürsten der Bundesstaaten das neue Reich. Als Erster ließ der Großherzog Friedrich I. von Baden den neuen Kaiser, seinen Schwiegervater, hochleben. Mit Wilhelm I. wurde einer der schärfsten Gegner der Revolution zum Kaiser ausgerufen.

Preußen hatte seine Machtstellung geschickt genutzt und so die Einigung des Reiches erreicht. Als wirtschaftliche Vormacht mit seinen Industriezentren in Oberschlesien, im Ruhrgebiet und im Saarland war es der preußischen Politik gelungen, Österreich im deutschen Zollverein an den Rand zu drängen. Außenpolitisch war die Lage ebenfalls günstig, da die europäischen Mächte ihren Blick von Mitteleuropa an den Rand lenkten und dort mit ihren Interessen aufeinanderprallten. Russland wollte im Osmanischen Reich und am Schwarzen Meer neue Ziele erreichen, England sah seine Position im Mittelmeer dadurch in Gefahr und griff deshalb, zusammen mit Frankreich in den Krimkrieg ein. Frankreich unterstützte zunächst weder Preußen noch Österreich. Da Österreich aber 1859 im Krieg gegen Piemont-Sardinien unterlag, war seine Position geschwächt. Als Bismarck 1862 nach einer innenpolitischen Krise um den Wehretat preußischer Ministerpräsident wurde, setzte er auf die nationale Einheit. Da er in der Wirt-

1 Das Deutsche Reich 1871

schaftspolitik einen liberalen Kurs, das bedeutete einen Kurs der wirtschaftlichen Öffnung und des Freihandels verfolgte, hatte er die Unterstützung des liberalen Bürgertums. Allerdings wollte er die Einheit nicht durch eine Revolution, sondern durch „Eisen und Blut", also möglicherweise auch durch einen Krieg, erreichen.

Die Kriege von 1864 und 1866

1863 kam es zu einer Krise um Schleswig; der dänische König wollte das Herzogtum stärker in seinen Staat einbinden. Die Herzogtümer Schleswig und Holstein waren schon vorher zwischen dem dänischen König und den deutschen Staaten umstritten, die nun aufkommende Empörung in Deutschland nutzte Bismarck, nachdem er die Neutralität der europäischen Großmächte erreicht hatte, 1864 zusammen mit Österreich zu einem Krieg gegen Dänemark. Nach dem Sieg erhielt Preußen die Verwaltung über Schleswig, Österreich verwaltete Holstein. Dabei kam es zu Streitigkeiten, die 1866 zum Krieg zwischen Preußen und Österreich führten. Baden und Württemberg standen auf der Seite Österreichs. Nach dem preußischen Sieg löste sich der Deutsche Bund auf und wurde durch den Norddeutschen Bund ersetzt. Preußen annektierte nicht nur Schleswig und Holstein, sondern auch Hannover, Kurhessen, Nassau und Frankfurt, die auf der Seite Österreichs gekämpft hatten. Aus den besetzten Gebieten entstanden preußische Provinzen, die hessischen Gebiete wurden 1868 zur Provinz Hessen-Nassau zusammengefasst. Damit war Preußen zur alleinigen Führungsmacht in Deutschland aufgestiegen. Mit Württemberg und Baden sowie den anderen süddeutschen Staaten schloss Preußen Schutzbündnisse für den Kriegsfall ab.

1871: Krieg gegen Frankreich und Reichsgründung

Dieser Kriegsfall entstand 1870. Nach der österreichischen Niederlage 1866 fürchtete Frankreich um seine Stellung in Europa. Zum Konflikt mit Preußen führte die Nachfolge auf dem spanischen Thron. Gegen Frankreichs Willen wollte Bismarck einen Prinzen aus einer Nebenlinie der Hohenzollern durchsetzten. Nachdem Frankreich dazu Forderungen gestellt hatte, eskalierte der Streit. Bismarck verschärfte die Formulierungen der „Emser Depesche" und gab die veränderte Version an die Presse weiter. Dies führte zur Kriegserklärung Frankreichs und somit zum Bündnisfall für die süddeutschen Länder. Die öffentliche Empörung über die Forderungen Frankreichs machte aus dem Krieg einen nationalen Kampf gegen einen äußeren Gegner. Frankreich verlor in der Schlacht von Sedan („Sedantag") den Krieg und damit Elsass-Lothringen und musste eine Kriegsentschädigung von 5 Mrd. Franc bezahlen. Die süddeutschen Länder stimmten den Anschlussverträgen zum Norddeutschen Bund zu und so wurde im Januar 1871 in Versailles das Deutsche Reich gegründet, durch einen Zusammenschluss der Fürsten und nicht durch eine gewählte Nationalversammlung.

Reichsverfassung

Die neue Reichsverfassung trat im April 1871 in Kraft, sie übernahm große Teile der Verfassung für den Norddeutschen Bund. Die Verfassung spiegelte die Vormachtstellung Preußens, der preußische König war zugleich deutscher Kaiser, der preußische Ministerpräsident gleichzeitig Reichskanzler. Die Stellung des Parlaments war schwach, es hatte nur die Gesetzesinitiative und das Budgetrecht, zusammen mit dem Bundesrat, inne. Die Reichsregierung und der Reichskanzler wurden nicht vom Reichstag gewählt, sondern vom Kaiser ernannt. Der Bundesrat wurde von Vertretern der Bundesstaaten gebildet, Preußen besaß mit 17 von 58 Stimmen eine Sperrminorität (14 Stimmen), mit der Gesetzesinitiativen blockiert werden konnten. Einige Bundesstaaten hatten Reservatsrechte, so auch Württemberg, das bis zum Ende des Kaiserreichs eine eigene Post behielt sowie eine eigene Eisenbahn- und Militärverwaltung hatte.

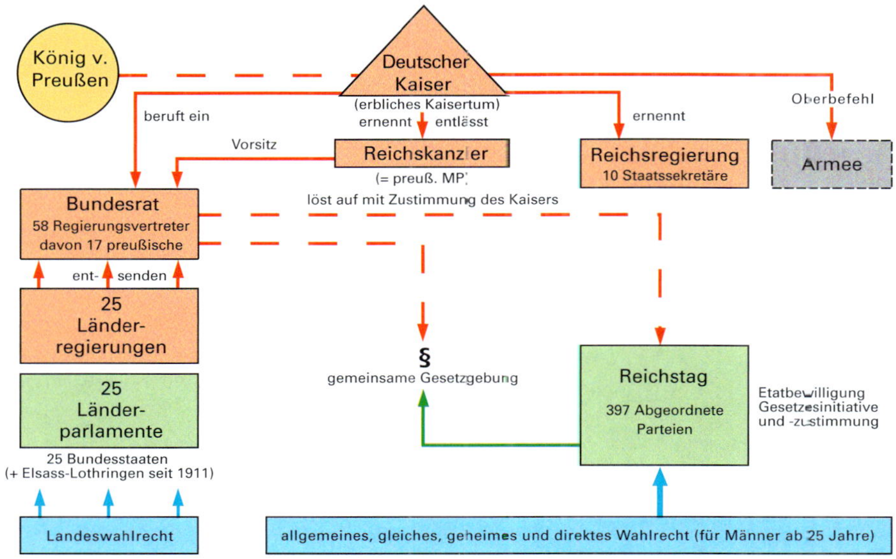

2 **Die Verfassung des Deutschen Reiches 1871**
(vgl. S. 203, M 11)

Militarisierung der Gesellschaft

Nach der staatlichen Einigung stand die gesellschaftliche Integration auf dem Programm, die unterschiedlichen regionalen Identitäten, die verschiedenen gesellschaftlichen Klassen und die nationalen Minderheiten mussten zu einer gemeinsamen Identität finden. Das liberale und nationale Bürgertum hatte sein Ziel eines (klein-)deutschen Verfassungsstaates erreicht, der Adel und das Militär konnten sich mit der Monarchie und der erfolgreichen Armee identifizieren. Die deutsche Elite wurde von den preußischen Machteliten, dem Offizierskorps und dem agrarischen Junkertum gebildet. Die unteren Schichten waren bisher noch nicht in dem neuen Staat angekommen. In den Bundesstaaten gab es ein starkes regionales Bewusstsein, ein Bayer sah sich zunächst als Bayer und erst dann als Deutscher, es gab auch weiterhin neben der deutschen die bayrische Staatsangehörigkeit. Noch gab es keine innere Einheit in Deutschland.

Der Nationalismus des 19. Jahrhunderts verfolgte das Ziel, einen ethnisch homogenen Nationalstaat zu schaffen. Dies war besonders in Mittel- und Osteuropa kaum möglich, da es dort viele nationale Minderheiten gab. Im Staatsbürgerrecht standen sich die Ideen eines ethnischen und eines territorialen Nationsbegriffes gegenüber. In Frankreich wurde seit der Französischen Revolution das Territorialprinzip (ius soli) praktiziert, alle Bewohner des Staatsgebietes waren auch Staatsbürger. Das Abstammungsprinzip (ius sanguinis) galt im Deutschen Reich, danach konnten nur Menschen mit gleicher Abstammung und Sprache Staatsbürger werden. Dadurch wurden viele Einwohner des Deutschen Reiches von der deutschen Staatsbürgerschaft ausgeschlossen und zu nationalen Minderheiten, so z. B. Dänen, Friesen, Sorben, Polen und Franzosen. Die Integration in die Gesellschaft des neuen Reiches wurde somit von vornherein verhindert.

Militarismus

Durch die Siege in den Einigungskriegen hatte das Militär an Prestige gewonnen. So entwickelte sich im Deutschen Reich eine militärische Elite, das Offizierkorps verstand sich als höchste Klasse und als Staat im Staate. Dies führte zu einem Militarismus, der sich bald auch im Alltagsleben ausbreitete. Die Armee galt als „Schule der Nation", zahlreiche Paraden, Umzüge, Feier- und Gedenktage („Sedantag") und Uniformen zeigten den „Glanz" der Armee. Der Offizier wurde zum Leitbild der Gesellschaft, er stand für Patriotismus, Kaisertreue, Ordnung und Autorität.

3 Kaiser Wilhelm II. und seine Familie. Die zeitgenössische Postkarte trägt die Unterschrift: „Guten Morgen, Majestät! Kompagnie zur Stelle!"

Der Reichsnationalismus beinhaltete Autoritätshörigkeit, Untertanengeist, Selbstüberschätzung und Ablehnung und Abwertung von anderen. Dieser Zeitgeist wurde von Schriftstellern wie Carl Zuckmayer („Der Hauptmann von Köpenick") und Heinrich Mann („Der Untertan") dargestellt. In der Mode fand diese Haltung besonders mit der Flottenpolitik ab 1898 ihren Ausdruck durch die Popularität von Matrosenanzügen als Kinderbekleidung, wie sie auch die Kinder des Kaisers Wilhelm II. trugen.

Außerdem entstanden im Kaiserreich überall Denkmäler, neben den großen wie dem Völkerschlachtdenkmal in Leipzig gab es in vielen Städten Krieger- und Kaiserdenkmale, später dann Bismarckstatuen. Diese Denkmale wurden oft durch lokale Vereine finanziert, häufig schlossen sich die Veteranen der Einigungskriege in Kriegervereinen zusammen. Deren Dachverband, der Kyffhäuserbund zählte 1910 2,6 Millionen Mitglieder. Ein weiterer großer Verein war der Deutsche Flottenverein, der die Flottenpolitik Wilhelms II. unterstützte und eine Million Mitglieder zählte.

4 Paraden, wie hier zu Ehren des Kaisers 1911, gehörten zum Ritual des Kaiserreiches.

Methode: Roman im Unterricht am Beispiel „Der Untertan" von Heinrich Mann

Ein Roman ist keine wissenschaftliche Monographie, ein Schriftsteller geht mit einer anderen Intention an ein Thema heran als ein Historiker. Der Historiker stellt sich die Aufgabe, ein vergangenes Ereignis mit allen Fakten darzustellen, es zu interpretieren und in die Zeitverhältnisse einzuordnen. Ein Autor schreibt eine Geschichte, diese soll möglichst spannend und interessant sein und den Leser fesseln. Der Autor sucht sich sein Thema in der Geschichte (als historischer Roman) oder in seiner eigenen Gegenwart und arbeitet es in einer Geschichte heraus. Diese Geschichte ist meist durch wenige Hauptfiguren getragen, deren Schicksal vom Leser miterlebt wird. Dabei muss der Autor den Handlungsrahmen genau recherchieren, um die Geschichte glaubhaft zu gestalten. Deshalb können Romane auch als Quelle für den Historiker dienen und historisches Wissen vermitteln. Durch die Handlung und den Handlungsrahmen einer Geschichte kann eine Epoche lebhaft werden.

5 Diederich Heßling bei der Einweihung eines Denkmals auf dem Rednerpult (aus der Verfilmung des Buches 1951)

Im Beispiel-Roman „Der Untertan" wird die Zeit des Kaiserreiches dargestellt. Der Autor Heinrich Mann schrieb das Buch zwischen 1906 und 1914, es behandelt also ein zeitgenössisches Thema, da die Gesellschaft des wilhelminischen Deutschlands beschrieben wird. Ab Januar 1914 waren einige Kapitel des Buches vorab als Szenen in einer Illustrierten („Zeit im Bild") erschienen. Als Buch wurde es erstmalig 1916 veröffentlicht und war nach dem Ersten Weltkrieg sehr erfolgreich. Es war Teil einer Reihe von Gesellschaftsromanen über das Kaiserreich von Heinrich Mann (vgl. „Professor Unrat"). Das Buch wurde 1951 von Wolfgang Staudte in der DDR verfilmt. Erst 1956 wurde der Film auch in der Bundesrepublik in leicht gekürzter Fassung gezeigt. Seit den 1980er-Jahren war in der Bundesrepublik die ungekürzte Fassung zu sehen.

Die Handlung des Romans zeigt in einer Folge von Episoden die (Lebens-) Geschichte von Diederich Heßling, einem „typischen" Bürger des Kaiserreiches. Heßling wird in den Episoden von seiner Kindheit über die Jugend, seine Militärzeit bis zur Etablierung als Unternehmer und angesehner Bürger mit lokalpolitischen Ambitionen als kleiner Tyrann dargestellt, dem die Hierarchie einerseits Macht über andere verleiht, der anderseits aber auch unter ihr leidet.

Für die Interpretation eines Romans als historische Quelle sind verschiedene methodische Arbeitsschritte notwendig:

1. Charakterisierung der Hauptpersonen, Zuordnung zu gesellschaftlichen Gruppen.
2. Aus wessen Perspektive wird die Handlung geschildert?
3. Aus welchem Grund hat die Autorin/der Autor die Figuren gewählt?
4. In welcher historischen Epoche spielt die Romanhandlung?
5. Welche Konflikte bilden den Mittelpunkt der Handlung? Sind sie in den Figuren oder in den gesellschaftlichen Bedingungen der Zeit angelegt?
6. Enthält der Roman Informationen zur historischen Epoche, in der er spielt?
7. Wie werden die Ereignisse des Romans gedeutet? Welche Haltung nimmt die Autorin/der Autor ein?
8. Arbeiten Sie den zeitlichen und gesellschaftlichen Hintergrund der Autorin/des Autoren heraus.
9. Wie bewerten Sie diesen Hintergrund aus heutiger Sicht?
10. Gefällt Ihnen die Geschichte? Begründen Sie Ihr Urteil.

Kulturkampf

Innenpolitisch begann der Kampf gegen die von Bismarck als „Reichsfeinde" eingestuften Gesellschaftsgruppen mit dem „Kulturkampf". Für Bismarck waren Reichsfeinde Gruppierungen, die die innere Einheit bedrohten, für ihn war „innere Einheit" gleichbedeutend mit Homogenität. Damit wurden alle gesellschaftlichen Gruppen, die sich von der Mehrheit abhoben, potenzielle „Reichsfeinde". Den Begriff „Kulturkampf" prägte der linksliberale Abgeordnete Rudolf Virchow 1873. Die Maßnahmen richteten sich gegen die katholische Bevölkerung und ihre politische Vertreterin, das Zentrum. Bismarck behauptete, die deutschen Katholiken seien Gegner des kleindeutschen, preußischen Kaiserreichs und ständen mit dem katholischen Frankreich und dem Papst in enger Verbindung. Die gesetzlichen Maßnahmen richteten sich gegen den gesellschaftlichen Einfluss der katholischen Kirche, 1871 trat der „Kanzelparagraph" in Kraft, der politische Äußerungen von Geistlichen verbot. 1872 wurde die geistliche Schulaufsicht abgeschafft und 1875 die Zivilehe eingeführt, diese blieben bis heute bestehen. Als Folge der Gesetze wurden viele Geistliche entlassen oder verhaftet und die verwaisten Pfarrstellen nicht neu besetzt. Mit den Maigesetzen von 1873 wurde die katholische Kirche in Deutschland der staatlichen Aufsicht unterstellt, so mussten Geistliche einen staatlichen Abschluss vorweisen.

6 Bismarck und Papst Pius IX. beim Schachspiel
Karikatur aus dem Kladderadatsch, 1875

Die Gesetze verfehlten allerdings ihr Ziel, denn das Zentrum ging gestärkt aus den Auseinandersetzungen hervor und konnte bei der Reichstagswahl 1874 seine Stimmenzahl verdoppeln. Das Zentrum war 1870 noch vor der Reichsgründung entstanden und war die erste „Volkspartei" des Kaiserreiches, da sie sowohl bürgerliche als auch proletarische Katholiken vertrat und somit auch über eine Massenbasis verfügte. Sie profitierte dabei auch vom katholischen Vereinsleben, das in den katholischen Hochburgen im Reich, so z. B. im Rheinland und im Ruhrgebiet stark verwurzelt war. In Baden hatte sich bereits 1869 die katholische Volkspartei gegründet, die 1888 in der Zentrumspartei aufging. Sowohl in Baden als auch in Württemberg gab es starke katholische und protestantische Bevölkerungsgruppen. In Württemberg stärkte der protestantische König Karl die Rechte der katholischen Minderheit; der Kulturkampf wurde nicht ausgefochten.

Ende der 1870er-Jahre erkannte Bismarck, dass seine Politik gegen das Zentrum gescheitert war; das Zentrum blieb weiterhin stark und die Unterstützung durch die Liberalen, die seine Trennung von Staat und Kirche mitgetragen hatten, bröckelte wegen der Einschränkung der bürgerlichen Freiheiten. So konnte er den Papstwechsel 1878 nutzen und seine Politik abmildern. Allmählich wurden alle Konflikte beigelegt und Papst Leo XII. konnte so im Mai 1887 den Friedenszustand zwischen Heiligen Stuhl und Deutschen Reich verkünden. Bismarck brauchte das Zentrum für neue politische Mehrheiten, da er die liberale Freihandelspolitik zu Gunsten einer konservativen Schutzzollpolitik aufgeben wollte.

Sozialgesetzgebung und Sozialistengesetze

Zu den „Reichsfeinden" zählte Bismarck auch die Sozialdemokratie. Nach dem „Kulturkampf" begann 1878 mit dem „Sozialistengesetz" die Auseinandersetzung mit der Arbeiterklasse. Anlass waren zwei Attentate auf Wilhelm I. im Mai und Juni, die fälschlicherweise den Sozialdemokraten angelastet wurden. Nach der Verabschiedung des Gesetzes am 19. Oktober 1878 wurde es bis 1890 jährlich verlängert. (**Online Link** 430016-0301) Die Sozialistische Arbeiterpartei Deutschlands SAP (ab 1891 SPD) war aus der Vereinigung des Allgemeinen Deutschen Arbeitervereins (1863 von Ferdinand Lassalle gegründet) und der Sozialdemokratischen Arbeiterpartei (von August Bebel und Wilhelm Liebknecht 1869 gegründet) entstanden und entwickelte sich schnell zu einer Massenpartei. Ähnlich wie das Zentrum besaß auch die SAP durch viele Arbeitervereine, die Kindergärten, Sportvereine oder Bildungseinrichtungen betrieben, ein großes Wählerpotential. Die Arbeiterklasse hatte sich damit eine eigene „Arbeiterkultur" geschaffen. Diese wollte Bismarck mit seinem „Gesetz gegen die gemeingefährlichen Bestrebungen der Sozialdemokratie" schwächen. Das Gesetz führte zum Verbot aller Parteiorganisationen, den parteinahen Gewerkschaften und der Parteipresse. Außerdem wurden zahlreiche Sozialdemokraten verhaftet. Die Partei selbst wurde nicht verboten und konnte an den Wahlen teilnehmen. In Baden hielten sich viele Sozialdemokraten nach der Einführung der Sozialistengesetze auf, dort wurden sie vom Staat nicht so stark kontrolliert wie in anderen Reichsgebieten.

Neben dem Verbot versuchte Bismarck aber auch, die Arbeiterklasse durch eine aktive Rolle des Staates für seine Politik zu gewinnen. Zeitgleich zum „Sozialistengesetz" begann Bismarck deshalb mit den Planungen für eine staatliche Sozialversicherung, diese startete 1883 mit der Krankenversicherung, es folgten die Unfallversicherung 1884 und die Alters- und Invaliditätsversicherung 1889.
Die Krankenversicherung führte reichsweit Ortskrankenkassen ein und wurde je zur Hälfte von Arbeitnehmer und Arbeitgeber finanziert. Bezahlt wurden ärztliche Behandlung, Medikamente und ein Krankengeld bis zur 13. Woche.
Die Unfallversicherung wurde von den Berufgenossenschaften übernommen, sie war für den Arbeiter kostenlos, er erhielt Zahlungen bei einem Unfall. Die Versicherung übernahm nach Ende der Krankenversicherung die Kosten für Arzt und Medikamente. Bei dauerhafter Invalidität oder bei Tod des Arbeiters wurde eine Invaliditäts- oder Hinterbliebenenrente bezahlt. Die Alters- und Invaliditätsversicherung schließlich bezahlte Arbeitern, die weniger als 2000 Mark im Jahr verdienten ab dem 70. Lebensjahr eine Altersrente sowie eine Invaliditätsrente bei Arbeitsunfähigkeit. Sie war ebenfalls paritätisch finanziert.

Dennoch erreichte Bismarck sein Ziel, die Integration der Arbeiterklasse in die Gesellschaft des Reiches und eine Schwächung der SPD, nicht. Der Aufstieg der SPD und der Gewerkschaften konnte nicht verhindert werden, 1890 erhielt die SPD die meisten Stimmen bei den Reichstagswahlen, 1912 hatte sie dann auch die meisten Sitze.

3

7 **Reichstagswahlergebnisse 1871, 1874, 1890, 1912: Prozent der Wahlstimmen (Prozent der Mandate)**

	SPD	Zentrum	Linkslib. Parteien	Rechtslib. Parteien	Konserv. Parteien	*Sonstige*
1871	3,2 (0,5)	18,6 (16,5)	9,3 (12,3)	37,3 (40,6)	23,0 (24,6)	8,6 (5,5)
1874	6,8 (2,3)	27,9 (22,9)	9,0 (12,6)	30,7 (39,8)	14,1 (13,9)	11,5 (8,5)
1890	19,8 (8,8)	18,6 (26,7)	18,0 (19,1)	16,3 (10,6)	19,8 (24,6)	7,5 (10,2)
1912	34,8 (27,7)	16,4 (22,9)	12,3 (10,6)	13,6 (11,3)	12,8 (15,1)	10,1 (12,4)

8 **Zielsetzungen einzelner Parteien**

	Verfassung und Verwaltung:	**Sozial- und Wirtschaftspolitik:**	**Außen- und Wehrpolitik:**
SPD (Erfurter Programm) *Arbeiter*	Abschaffung der Klassenherrschaft, allgemeines Wahlrecht, direkte Gesetzgebung des Volkes (Vorschlags- und Verwerfungsrecht), Entscheidung über Krieg und Frieden durch die Volkvertretung, freie Meinungsäußerung, Gleichberechtigung der Frau, weltliche Schulen	Vergesellschaftung des Eigentums an Produktionsmitteln, stufenweise steigende Einkommens- und Vermögenssteuer, Abschaffung indirekter Steuern und Zölle, Arbeiterschutzgesetze, staatliche Sozialversicherung, Koalitionsrecht	Volksheer statt stehender Heere, allgemeine Wehrhaftigkeit, internationales Schiedsgericht
Zentrum *vor allem katholische Wähler aus allen sozialen Schichten*	Erhaltung der Selbstständigkeit der Kirche, konfessionelle Schulen, Dezentralisierung der Verwaltung, Selbstbestimmung der Bundesländer	Lösung der sozialen Fragen auf gesetzlichem Boden, Förderung des Mittel- und Bauernstands, Beschränkung der Ausgaben zu Kriegszwecken	gegen Militarismus, festes Bündnis mit Österreich
Fortschrittliche Volkspartei *„Neuer" Mittelstand der Angestellten, freiberufliche Bürger*	Gleichberechtigung der Staatsbürger vor dem Gesetz und in der Verwaltung, allgemeines Wahlrecht, Bekenntnis zur Reichsverfassung im konstitutionellen Sinn, Festigung der Rechte der Volksvertretung, bürgerliche Freiheitsrechte, Trennung von Staat und Kirche	Progressive Einkommensbesteuerung, Arbeiterschutz, Herabsetzung der Zölle, Hebung der Lage der Lohnarbeiter und Angestellten, Koalitionsrecht, Förderung der Tarifverträge, gegen Kartelle, Erweiterung der Rechte der Frauen, Frauenbildung	Sicherung der vollen Wehrkraft, allgemeine Wehrpflicht, Ausbau des Völkerrechts, internationale Schiedsgerichtsbarkeit
Nationalliberale Partei *protestantisches und industrielles Bürgertum*	Unantastbarkeit des Reichstagswahlrechts, Verurteilung der zersetzenden Agitation der Sozialdemokratie, Bekämpfung der Machtansprüche des Zentrums, Gleichberechtigung aller Bürger	System des maßvollen Schutzzolls, Kräftigung des selbstständigen Mittelstands und der Interessen der Beamten, Koalitionsrecht	volle Leistungsfähigkeit von Heer und Flotte, Weltstellung Deutschlands, feste Vertretung nationaler Interessen nach außen
Deutsche Konservative Partei *preußische Großgrundbesitzer, Unternehmer, völkisch-national ausgerichtete Gruppen des Mittelstands*	Erhalt der Monarchie von Gottes Gnaden, Sicherung der bürgerlichen Freiheiten, Beteiligung der Nation an der Gesetzgebung, Zusammenwirken von Staat und Kirche, Kampf gegen den „zersetzenden jüdischen Einfluss", Kampf gegen vaterlandslose und auf Umsturz gerichtete Bestrebungen der Sozialdemokratie	konfessionelle christliche Volksschule, Vereinfachung der Sozialgesetzgebung, Besserung der Lage der Arbeiter, Stärkung des Mittelstands, Zollschutz für Landwirtschaft und Industrie	Erhalt der vollen Wehrkraft, zielbewusste Kolonialpolitik

Judenemanzipation und Antisemitismus

Die Judenemanzipation war seit der Französischen Revolution ein politisches Thema in Europa, die rechtliche Gleichstellung war eine Forderung der liberalen Bewegung. Nachdem es ab 1800 unter Napoleon in den linksrheinischen Gebieten zur Judenemanzipation gekommen war, erließen auch die meisten anderen deutschen Staaten Gesetze zur rechtlichen Gleichstellung. Diese wurden allerdings nach den Befreiungskriegen und dem Wiener Kongress in allen Staaten zurückgenommen. Erst 1862 kam es wieder zu einem Emanzipationsgesetz in Baden. 1869 wurde im Norddeutschen Bund ein Gesetz zur Gleichstellung erlassen, das dann 1871 auf das ganze Deutsche Reich ausgedehnt wurde.

Doch kaum hatten die deutschen Juden ihre rechtliche Gleichstellung erreicht, wurde diese wieder bedroht. Nachdem der Gründerboom in den Gründerkrach und eine anhaltende Wirtschaftsflaute gemündet war, kam es seit 1880 zu einem starken Antisemitismus. Zunächst warfen Antisemiten wie Wilhelm Marr und Heinrich Treitschke in ihren Pamphleten den Juden eine Mitschuld an der Wirtschaftskrise vor. Allerdings kam es dabei auch zu einer Verwandlung des bisherigen christlichen Antijudaismus zu einem rassisch „fundierten" Antisemitismus. So unterzeichneten 1880/81 über 250 000 Bürger die „Antisemiten-Petition", die sich gegen die rechtliche und soziale Gleichstellung wendete. Besonders Handwerker, Kleinhändler, Bauern sowie das gehobene Bürgertum fühlten sich in ihrer wirtschaftlichen Existenz durch die jüdische „Konkurrenz" bedroht. Durch ihre gesellschaftliche Randexistenz war den Juden der berufliche Aufstieg im Staatsdienst verwehrt geblieben, sie arbeiteten deshalb besonders als Händler und in der neuen Industrie sowie den freien Berufen. Nachdem sie an den Universitäten zugelassen wurden, studierten viele Juden Jura, Medizin oder eine der neuen Naturwissenschaften. So gelang ihnen der soziale Aufstieg ins Bürgertum, wie das Beispiel der Familie Rathenau zeigt. Emil Rathenau war einer der deutschen Pioniere in der Elektrotechnik, er war 1884 Mitbegründer der Berliner Electricitäts-Werke und gründete die AEG in Berlin. Sein Sohn Walther Rathenau übernahm die Leitung der Firma und war in der Weimarer Republik Außenminister, bevor er 1922 von Rechtsradikalen ermordet wurde.

9 Walther Rathenau, Gemälde von Edvard Munch 1907

Ab 1890 gelangen antisemitischen Parteien einige Wahlerfolge. Gegen den Antisemitismus arbeiteten die Freisinnige Partei, die auch als „Juden-Schutztruppe" verunglimpft wurde und der 1891 gegründete „Verein zur Abwehr des Antisemitismus". Aber auch die jüdischen Deutschen bildeten einen Verein gegen den Antisemitismus, 1893 gründeten sie in Berlin den „Central-Verein deutscher Staatsbürger jüdischen Glaubens".
Nachdem der Einfluss der Antisemiten-Parteien Mitte der 1890er-Jahre zurückging, wurden Verbände zum wichtigsten Träger des Antisemitismus im Kaiserreich, so waren der „Bund der Landwirte", der „Deutschnationale Handlungsgehilfenverband" sowie der „Alldeutsche Verband" offen antisemitisch.

Familie und Frauenemanzipation

Die Industrielle Revolution war aus Sicht der Zeitgenossen auch eine gesellschaftliche Revolution, die die hergebrachte Ordnung zerstörte. Sowohl Konservative als auch Sozialisten sahen in der neuen abhängigen Erwerbstätigkeit in den Fabriken eine Gefahr für die Familie. Während es im Kommunistischen Manifest hieß, die Industrie habe „alle Familienbande für den Proletarier zerrissen", schrieben konservative Autoren von der „Familienlosigkeit" und der „wilden Ehe" der Arbeiter. Diese Betrachtungen waren allerdings nicht richtig, denn durch die neuen Arbeitsmöglichkeiten wurden jetzt auch für die Unterschicht die materiellen Voraussetzungen für eine Eheschließung erst geschaffen. Während Knechte, Mägde, Dienstboten oder Handwerksgesellen nicht heiraten konnten, konnten Industriearbeiter eine Familie gründen. So setzte sich im 19. Jahrhundert die Familie auch in der Unterschicht als Lebensform durch.

10 Helene Lange (oben), Clara Zetkin

Die traditionelle bürgerliche Rollenverteilung, die dem Mann die Öffentlichkeit und der Frau den Haushalt zuwies, hatte allerdings weiter Bestand. Mitte des 19. Jahrhunderts entstand deshalb die Frauenbewegung. Sie war in einen bürgerlichen und einen sozialistischen Flügel gespalten. Während die bürgerlichen Frauen nach der Märzrevolution von 1848 begannen Reformen zu fordern, sahen die sozialistischen Frauen die Frauenrechte als Teil des Klassenkampfes und wollten sie deshalb durch die Revolution verändern. Die Spaltung in verschiedene Richtungen konnte auch 1894 nicht überwunden werden, als sich die bürgerlichen Frauenvereine zum „Bund Deutscher Frauenvereine“ (BDF) zusammenschlossen, die proletarischen Gruppen wegen politischer Unterschiede aber außen vor blieben.

Die bürgerlichen Frauen gründeten 1865 den „Allgemeinen Deutschen Frauenverein“ (ADF) und versuchten durch Reformen die Emanzipation voranzubringen. Helene Lange, Louise Otto-Peters und Gertrud Bäumer setzten sich für das Frauenwahlrecht, das Universitätsstudium und das Recht auf Erwerbstätigkeit ein. Dabei konnten sie allmählich Erfolge feiern, denn in Preußen konnten Frauen ab 1896 Abitur machen und in Baden bekamen Frauen 1900 das Immatrikulationsrecht. Das Wahlrecht konnten sie allerdings erst 1918 erkämpfen, denn das allgemeine und gleiche Wahlrecht der Reichsverfassung von 1871 bezog sich nur auf die Männer. Aber noch im Bürgerlichen Gesetzbuch (BGB) von 1900 galt das alleinige Entscheidungsrecht des Mannes in der Ehe, dies wurde in der Bundesrepublik erst in den 1950er-Jahren abgeschafft. Die politische Betätigung wurde den Frauen erst 1908 legal möglich, als ein neues Vereins- und Versammlungsgesetz auch Frauen erlaubte, Parteimitglieder zu werden.

Die sozialistischen Frauen, als bekannteste Clara Zetkin, die in Stuttgart lebte, und Lily Braun, kämpften ebenfalls für das Wahlrecht und für Bildungsmöglichkeiten von Mädchen und Frauen, allerdings sahen sie in der Arbeitswelt andere Probleme. Während bürgerliche Frauen nicht arbeiten durften, mussten Frauen aus dem Proletariat arbeiten – unter noch schlechteren Bedingungen als ihre Männer und für weniger Lohn. Deshalb kämpften die sozialistischen Frauen für gleichen Lohn für gleiche Arbeit und einen besseren Arbeiterinnen- und Mutterschutz.

Gründerjahre und Depression

Die „Gründerjahre“ waren kurz aber wirkungsvoll, sie umfassten nur zweieinhalb Jahre von der Reichsgründung im Januar 1871 bis zum Börsenkrach Mitte 1873. Faktoren für den Aufschwung waren vor allem die Kriegsreparationen aus Frankreich und die Änderung des Aktiengesellschaftsrechtes 1870. Die Kriegsreparationen von 5 Milliarden Franc flossen etwa zur Hälfte direkt in den deutschen Kapitalmarkt, die Industrieproduktion stellte sich von der Kriegsproduktion auf Friedenzeiten um. Die neue Rechtslage führte zu einem Boom bei Gründungen von Aktiengesellschaften, so etwa 500 allein in Preußen. So kam neben dem französischen Geld auch immer mehr privates Kapital in den Aktienmarkt, die Wirtschaft wuchs, die Aktienkurse stiegen, es kam zur Spekulation.
1873 kam es zu einer Bankenkrise, die sich bald auf die Börsen auswirkte, und einer nachfolgenden Stagnation der überhitzten Konjunktur.

Mit dem Krach verloren die Menschen das Vertrauen in den Wirtschaftsliberalismus, eine Wende zur Schutzzollpolitik begann, da die deutschen Produkte auf dem Weltmarkt nicht konkurrenzfähig waren. Durch die Schutzzollpolitik konnten die Landwirtschaft und die Schwerindustrie vor der Konkurrenz geschützt werden. Die neuen Industrien wie Elektro und Chemie waren dagegen auf dem Weltmarkt konkurrenzfähig, in den 1880er-Jahren hatte die deutsche Chemieindustrie dort einen Anteil von 50 %, den sie später sogar noch steigern konnte.

11 Verfassung des Deutschen Reiches

Die Verfassung wurde im April 1871 angenommen:

II. Reichsgesetzgebung

Art. 5 Die Reichsregierung wird ausgeübt durch den Bundesrat und den Reichstag. Die Übereinstimmung der Mehrheitsbeschlüsse beider Versammlung ist zu einem Reichsgesetze erforderlich und ausreichend. [...]

III. Bundesrat

Art. 6 Der Bundesrat besteht aus den [58 von den Regierungen entsandten] Vertretern der Mitglieder des Bundes.

Art. 7 Der Bundesrat beschließt:

Über die dem Reichstage zu machenden Vorlagen und die von demselben gefassten Beschlüsse; [...]

Jedes Bundesmitglied ist befugt, Vorschläge zu machen und in Vortrag zu bringen, und das Präsidium ist verpflichtet, dieselben der Beratung zu übergeben. [...]

IV. Präsidium

Art. 11 Das Präsidium des Bundes steht dem König von Preußen zu, welcher den Namen Deutscher Kaiser führt. Der Kaiser hat das Reich völkerrechtlich zu vertreten, im Namen des Reichs Krieg zu erklären und Frieden zu schließen, Bündnisse und andere Verträge mit fremden Staaten einzugehen [...]. Zur Erklärung des Krieges ist die Zustimmung des Bundesrates erforderlich, es sei denn, dass ein Angriff auf das Bundesgebiet [...] erfolgt. [...]

Art. 12 Dem Kaiser steht es zu, den Bundesrat oder den Reichstag zu berufen, zu eröffnen, zu vertagen oder zu schließen. [...]

Art. 15 Der Vorsitz im Bundesrate und die Leitung der Geschäfte steht dem Reichskanzler [zugleich preußischer Ministerpräsident] zu, welcher vom Kaiser zu ernennen ist.

Art. 17 Dem Kaiser steht die Ausfertigung und Verkündung der Reichsgesetze und die Überwachung und Ausführung derselben zu. Die Anordnungen und Verfügungen des Kaisers werden im Namen des Reichs erlassen und bedürfen zu ihrer Gültigkeit der Gegenzeichnung des Reichskanzlers, welcher dadurch die Verantwortlichkeit übernimmt. [...]

Art. 19 Wenn Bundesglieder ihre verfassungsmäßigen Pflichten nicht erfüllen, können sie dazu im Wege des Exekution angehalten werden. Diese Exekution ist vom Bundesrate zu beschließen und vom Kaiser zu vollstrecken.

V. Reichstag

Art. 20 Der Reichstag geht aus allgemeinen und direkten Wahlen mit geheimer Abstimmung hervor. [...]

Art. 23 Der Reichstag hat das Recht, innerhalb der Kompetenz des Reichs Gesetze vorzuschlagen und an ihn gerichtete Petitionen dem Bundesrate resp. Reichskanzler zu überweisen.

Art. 24 Die Legislaturperiode des Reichstages dauert drei Jahre. Zur Auflösung des Reichstages während derselben ist ein Beschluss des Bundesrates unter Zustimmung des Kaisers erforderlich. [...]

IX. Reichskriegswesen

Art. 63 Die gesamte Landmacht des Reiches wird ein einheitliches Heer bilden, welches in Krieg und Frieden unter dem Befehle des Kaisers steht. [...]

XII. Reichsfinanzen

Art. 69 Alle Einnahmen und Ausgaben des Reiches müssen für jedes Jahr veranschlagt [...] werden. [Der Reichshaushalts-Etat] wird vor Beginn des Etatjahres [...] durch Gesetz festgestellt.

[Das Reichsgericht wird erst 1879 gegründet.]

Zit. nach: F. Siebert: Von Frankfurt nach Bonn, Hundert Jahre deutsche Verfassungen 1848–1949. Bonn 1978, S. 66 ff.

12 Das Offizierskorps

Aus einer Artikelserie des Militär-Wochenblatts (1889):

Von der größten Wichtigkeit ist daher der Zustand des Offizierkorps; er ist entscheidend für den Wert des ganzen Heeres. Es wiederholt sich hier, was im Leben allgemeine Erfahrung ist: die unteren Schichten sind stets das, was die oberen aus ihnen machen. [...] In keinem anderen Lande der Welt steht der Offiziersstand auf einer so hohen Stufe, nimmt er auf der Skala der menschlichen Gesellschaft einen so hohen Rang, eine so angesehene und geachtete Stellung ein als in Deutschland [...] Wenn der Offiziersberuf jetzt nicht mehr wie früher das Monopol des Adels ist, so dürfen doch nur Ebenbürtige, nur Ritter vom Geiste und Kavaliere von Erziehung und Gesinnung Mitglieder und genossen dieses bevorzugten Standes sein. [...] Beide, der bürgerliche sowohl wie der adelige Offizier, vertreten das gleiche Prinzip, die aristokratische Weltanschauung gegen die demokratische. [...] Die dem Urgedanken des Offizierstandes entstammenden Gesinnungen sind: dynastischer Sinn, unbedingte Treue gegen die Person des Monarchen, erhöhter Patriotismus, Erhaltung des Bestehenden, Vertheidigung der seinem Schutze anvertrauten Rechte seines Königs und Bekämpfung vaterlandsloser, königsfeindlicher Gesinnung. [...] Die Stellung als Offizier erfordert gebieterisch eine Missbilligung aller jener politischen Richtungen, welche das Königtum von Gottes Gnaden bekämpfen oder seine ihm zustehenden Rechte verkürzen möchten; aller Tendenzen, welche in ihren Konsequenzen zur Leugnung aller göttlichen und menschlichen Autorität, zur Auflösung aller bestehenden Ordnungen, zur Untergrabung des Rechtes führen.

Zit. nach: Militär-Wochenblatt, Jg. 74, Nr. 62 und 67. Berlin 1889.

13 Kulturkampfgesetze des Deutschen Reiches und Preußens 1871/1872

a) Ergänzung des Strafgesetzbuchs vom 10. Dezember 1871 (Kanzelparagraph) (Auszug):

Ein Geistlicher oder anderer Religionsdiener, welcher in Ausübung oder in Veranlassung der Ausübung seines Berufes öffentlich vor einer Menschenmenge oder welcher in einer Kirche oder an einem anderen zu religiösen Versammlungen bestimmten Orte vor mehreren Angelegenheiten des Staates in einer den öffentlichen Frieden gefährdenden Weise zum Gegenstande einer Verkündigung oder Erörterung macht, wird mit Gefängnis oder Festungshaft bis zu zwei Jahren bestraft.

b) Gesetz, betreffend die Beaufsichtigung des Unterrichts- und Erziehungswesens, vom 11. März 1872 (preußisches Schulaufsichtsgesetz):

§ 1. Unter Aufhebung aller in einzelnen Landesteilen entgegenstehenden Bestimmungen steht die Aufsicht über alle öffentlichen und Privat-Unterrichts- und Erziehungsanstalten dem Staate zu. [...]

§ 2. Die Ernennung der Lokal- und Kreisschulinspektoren und die Abgrenzung ihrer Aufsichtsbezirke gebührt dem Staate allein.

c) Gesetz über die Vorbildung und Anstellung der Geistlichen vom 11. Mai 1873:

§ 1. Ein geistliches Amt darf in einer der christlichen Kirchen nur einem Deutschen übertragen werden, welcher seine wissenschaftliche Vorbildung nach den Vorschriften dieses Gesetzes dargetan hat und gegen dessen Anstellung kein Einspruch von der Staatsregierung erhoben worden ist. [...]

§ 4. Zur Bekleidung eines geistlichen Amts ist die Ablegung der Entlassungsprüfung an einem deutschen Gymnasium, die Zurücklegung eines dreijährigen theologischen Studiums auf einer deutschen Staatsuniversität sowie die Ablegung einer wissenschaftlichen Staatsprüfung erforderlich. [...]

§ 8. Die Staatsprüfung [...] wird darauf gerichtet, ob der Kandidat sich die für seinen Beruf erforderliche allgemeine wissenschaftliche Bildung, insbesondere auf dem Gebiet der Philosophie, der Geschichte und der deutschen Literatur, erworben habe.

Zit. nach: J. B. Kißling: Geschichte des Kulturkampfes im Deutschen Reiche, Bd. 2. Freiburg 1911, S. 460 ff.

14 Medaille von 1898. Vorderseite: „Fürst Bismarck. Baumeister des Deutschen Reiches."

15 Reaktion der Katholiken auf den Kulturkampf

Aus einem Aufruf des Vereins der deutschen Katholiken (1872):

Der Staat, das heißt jener Staat, wie ihn die Gegner der geoffenbarten Religion und der Kirche sich mit Willkür konstruieren und mit Leidenschaft zur Geltung zu bringen suchen, leidet keine günstige Macht in seinem irdischen Bereiche, welche ihm die Wahrheit sagt, wenn er irrt, sein Unrecht rügt, wenn er frevelt. Wir dagegen stehen fest in unseren kirchlich-politischen Grundsätzen, welche uns Vernunft und Glauben lehren. Wir halten daran, dass es auf Erden zwei Gewalten gebe, die von Gott zum Heile des Menschengeschlechts bestellt sind; dass es aber der Wille Gottes ist, dessen Fügung die irdische Ordnung im Staate ihr Dasein verdankt, und dessen Gnade die Heilsordnung in der Kirche gestiftet hat, beide Ordnungen nicht getrennt zu sehen, sondern vereint zur Herstellung des großen christlichen Gemeinwesens, welches über den ganzen Erdenkreis sich zu erstrecken bestimmt ist. Das richtige Verhältnis von Staat und Kirche aber erkennen wir aus den Zielen, welche beiden gesteckt sind: dort ein Ziel in der Irdischkeit, das sich notwendigerweise dem höheren ewigen Ziele des Menschen unterordnet, hier dieses ewige Ziel, das unendlich weit über dieses endliche Dasein hinausreicht und zu welchem sich jenes verhält wie das Mittel zum Zweck.

Zit. nach: E. Friedberg (Hrsg.): Aktenstücke, die altkatholische Bewegung betreffend. Tübingen 1876, S. 86 f.

16 Die Zukunft
Ansichtskarten-Karikatur über die Situation der Juden in Deutschland, um 1900

17 Der Berliner Antisemitismusstreit von 1880

a) Der nationalliberale Historiker Heinrich v. Treitschke (1834–1896) verfasste 1880 eine Streitschrift über den Antisemitismus:

Was wir von unseren israelitischen Mitbürgern zu fordern haben, ist einfach: sie sollen Deutsche werden, sich schlicht und recht als Deutsche fühlen – unbeschadet ihre Glaubens und ihrer alten heiligen Erinnerungen, die uns allen ehrwürdig sind; denn wir wollen nicht, daß auf Jahrtausende germanischer Gesittung ein Zeitalter deutsch-jüdischer Mischkultur folge. Es wäre sündlich zu vergessen, daß sehr viele Juden, getaufte und ungetaufte, […] deutsche Männer waren im besten Sinne, Männer, in denen wir die edlen und guten Züge deutschen Geistes verehren. Es bleibt aber ebenso unleugbar, daß zahlreiche und mächtige Kreise unseres Judentums den guten Willen, schlechtweg Deutsche zu werden, durchaus nicht hegen. […] Mancher meiner jüdischen Freunde wird mir mit tiefem Bedauern recht geben, wenn ich behaupte, daß in neuester Zeit ein gefährlicher Geist der Überhebung in jüdischen Kreisen erwacht ist, daß die Einwirkung des Judentums auf unser nationales Leben, die in früheren Tagen manches Gute schuf, sich neuerdings vielfach schädlich zeigt. […] Überblickt man alle diese Verhältnisse- und wie vieles ließe sich noch sagen! –, so erscheint die laute Agitation des Augenblicks doch nur als eine brutale und gehässige, aber natürliche Reaktion des germanischen Volksgefühls, gegen ein fremdes Element, das in unserem Leben einen allzu breiten Raum eingenommen hat.[…] Bis in die Kreise der höchsten Bildung hinauf, unter Männern, die jeden Gedanken kirchlicher Unduldsamkeit oder nationalen Hochmuts mit Abscheu von sich weisen würden, ertönt es heute wie aus einem Munde: Die Juden sind unser Unglück!

H. von Treitschke: Ein Wort über unser Judentum. Berlin 1880, S. 3 f.

b) Der liberale Historiker Theodor Mommsen (1817–1903) antwortete auf Treitschke:

Das ist der eigentliche Sitz des Wahnes, der jetzt die Massen erfaßt hat, und sein rechter Prophet ist Herr von Treitschke. Was heißt das, wenn er von unseren israelitischen Mitbürgern fordert, sie sollen Deutsche werden? Sie sind es ja, so gut wie er und ich. Er mag tugendhafter sein als sie; aber machen die Tugenden den Deutschen? Wer gibt uns das Recht, unsere Mitbürger dieser oder jener Kategorien wegen der Fehler, welche im allgemeinen dieser Kategorie, es sei auch mit Recht, zur Last gelegt werden, aus der Reihe der Deutschen zu streichen? Wie scharf man die Fehler dieser Mitbürger empfinden, wie schroff man über alle Milderungsgründe sich hinwegsetzen mag, immer wird man logisch wie praktisch höchstens dahin kommen, die Juden für Deutsche zu erklären, welche im Punkte der Erbsünde doppelt bedacht worden sind. […] Wir, die eben erst geeinte Nation, betreten mit dem Judenkrieg eine gefährliche Bahn. Unsere Stämme sind recht sehr ungleich. Es ist keiner darunter, dem nicht spezifische Fehler anhaften, und unsere gegenseitige Liebe ist nicht so alt, daß sie nicht rosten könnte. Heute gilt es den Juden, […] morgen wird vielleicht bewiesen, daß genau genommen jeder Berliner nicht besser sei als ein Semit. Noch etwas weiter hin, und der Pommer fordert die Erstreckung der Statistik auf die Windbeutelei und hofft, durch Zahlen zu beweisen, daß dann in den westlichen Provinzen ein doppelter Prozentsatz sich herausstellen werde. Es wäre das nicht der ungeschickteste Weg, um die Einheit unserer Nation zu untergraben.

Th. Mommsen: Auch ein Wort über unser Judentum. Berlin 1880, S. 11 f.

3

18 Das „Sozialistengesetz"

a) „Gesetz gegen die gemeingefährlichen Bestrebungen der Sozialdemokratie" vom 21.Oktober 1878 (ungekürzt unter **Online Link** 430016-0101)*:*

§1. [1] Vereine, welche durch sozialdemokratische, sozialistische und kommunistische Bestrebungen den Umsturz der bestehenden Staats- oder Gesellschaftsordnung bezwecken, sind zu verbieten. […]

§9. [1] Versammlungen, in denen sozialdemokratische, sozialistische oder kommunistische auf den Umsturz der bestehenden Staats- und Gesellschaftsordnung gerichtete Bestrebungen zu Tage treten, sind aufzulösen.

[2] Versammlungen, von denen durch Thatsachen die Annahme gerechtfertigt ist, daß sie zur Förderung der im ersten Absatze bezeichneten Bestrebungen bestimmt sind, sind zu verbieten.

[3] Den Versammlungen werden öffentliche Festlichkeiten und Aufzüge gleichgestellt. […]

§11. [1] Druckschriften, in welchen sozialdemokratische, sozialistische oder kommunistische auf den Umsturz der bestehenden Staats- oder Gesellschaftsordnung gerichtete Bestrebungen in einer den öffentlichen Frieden, insbesondere die Eintracht der Bevölkerungsklassen gefährdende Weise zu Tage treten, sind zu verbieten.

[2] Bei periodischen Druckschriften kann das Verbot sich auch auf das fernere Erscheinen erstrecken, sobald auf Grund dieses Gesetzes das Verbot einer einzelnen Nummer erfolgt. […]

§17. [1] Wer an einem verbotenen Vereine (36.) als Mitglied sich betheiligt, oder eine Tätigkeit im Interesse eines solchen Vereins ausübt, wird mit Geldstrafe bis zu fünfhundert Mark oder mit Gefängniß bis zu drei Monaten bestraft. Eine gleiche Strafe trifft denjenigen, welcher an einer verbotenen Versammlung (§9.) sich betheiligt, oder welcher nach polizeilicher Auflösung einer Versammlung (§9.) sich nicht sofort entfernt.

[2] Gegen diejenigen, welche sich an dem Vereine oder an der Versammlung als Vorsteher, Leiter, Ordner, Agenten, Redner oder Kassirer betheiligen, oder welche zu der Versammlung auffordern, ist auf Gefängniß von Einem Monat bis zu Einem Jahre zu erkennen.

§18. Wer für einen verbotenen Verein oder für eine verbotene Versammlung Räumlichkeiten hergibt, wird mit Gefängniß von Einem Monat bis zu Einem Jahre bestraft.

§19. Wer eine verbotene Druckschrift /33.11,12), oder wer eine von der vorläufigen Beschlagnahme betroffene Druckschrift (§.15) verbreitet, fortsetzt oder wieder abdruckt, wird mit Geldstrafe bis zu eintausend Mark oder mit Gefängniß bis zu sechs Monaten bestraft. […]

Zit. nach: R. vom Bruch, B. Hofmeister(Hrsg.): Deutsche Geschichte in Quellen und Darstellung, Bd. 8, Kaiserreich und Erster Weltkrieg 1871–1918. Stuttgart, 2. durchges. Auflage 2002, S.50 f.

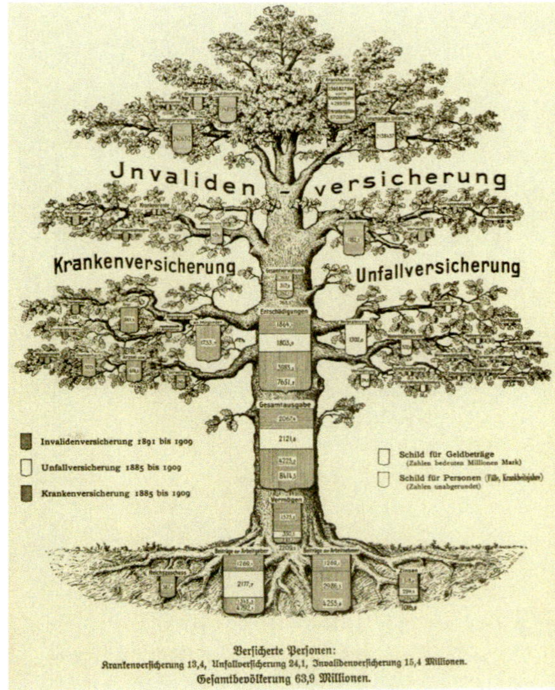

19 Das System der Sozialversicherung im Kaiserreich, um 1900. (**Online Link** 430016-0301)

20 Ziele der Frauenbewegung

Aus dem Programm des Allgemeinen Deutschen Frauenvereins (1905):

Die Frauenbewegung setzt sich somit das Ziel: den Kultureinfluß der Frau zu voller innerer Entfaltung und freier sozialer Wirksamkeit zu bringen. […]

I. Bildung: a) obligatorische Fortbildungsschulen für alle aus der Volksschule entlassenen Mädchen; b) eine Reorganisation der höheren Mädchenschule, durch welche diese, unbeschadet ihrer dem Wirkungskreise der Frau entsprechenden Besonderheit, den höheren Knabenschulen gleichwertig wird; […] c) unbeschränkte Zulassung ordnungsmäßig vorgebildeter Frauen zu allen wissenschaftlichen, technischen und künstlerischen Hochschulen.

II. Berufstätigkeit: Die Frauenbewegung betrachtet für die verheiratete Frau den in der Ehe und Mutterschaft beschlossenen Pflichtenkreis als ersten und nächstliegenden Beruf. […] In Anbetracht der großen Zahl von Frauen, die unverheiratet bleiben, und der weiteren Zahl derer, die in der Ehe keine ausreichende wirtschaftliche Versorgung finden können, ist die Berufsarbeit der Frau eine wirtschaftliche und sittliche Notwendigkeit. Die Frauenbewegung betrachtet die berufliche Frauenarbeit aber auch in weiterem Sinne und unabhängig von jeder äußeren Notwendigkeit als Kulturwert, da auch die Frau Träger hervorragender spezifischer Begabung sein kann und bei vollkommen freier

Entfaltung ihrer Fähigkeiten auf vielen Gebieten geistiger und materieller Tätigkeit Aufgaben finden wird, die sie ihrer Natur nach besser lösen kann als der Mann. – In bezug auf die wirtschaftliche Bewertung der beruflichen Frauenarbeit vertritt die Frauenbewegung den Grundsatz: Gleicher Lohn für gleiche Leistung.

III. Ehe und Familie: Die Frauenbewegung sieht in der Heiligkeit der Ehe die wesentlichste Bürgschaft für das körperliche und geistige Wohl der Nachkommenschaft und die Grundbedingung sozialer Gesundheit. Sie legt in bezug auf die sexuelle Sittlichkeit Männern und Frauen gleiche Pflichten auf und bekämpft die doppelte Moral, die einerseits dem Manne eine in jeder Hinsicht verhängnisvolle sexuelle Freiheit gewährt, andererseits die Frau mit ungerechter Härte trifft. Sie fordert für die Frau als Leiterin des Hauses und Erzieherin der Kinder, dass sie im Einklang mit der Höhe ihrer Verpflichtung und dem Wert ihrer Leistungen auch rechtlich die gleiche Verantwortung in allen Angelegenheiten der Ehe und der Familie trage wie der Mann. […]

IV. Öffentliches Leben, Gemeinde und Staat: a) Zulassung der Frauen zu verantwortlichen Ämtern in Gemeinde und Staat, vor allem solchen, die zu den Interessen der Frauen in besonders nahen Beziehungen stehen; […]

b) Zuziehung der Frauen zur Vertretung der Laien bei der Rechtspflege;

c) Beseitigung der vereinsrechtlichen Beschränkungen der Frau; d) Teilnahme der Frauen am kirchlichen Wahlrecht; e) Teilnahme der Frauen am kommunalen Wahlrecht; f) Teilnahme der Frauen am politischen Wahlrecht.

H. Lange: Die Frauenbewegung in ihren gegenwärtigen Problemen. Leipzig 1914, S. 134 ff.

21 Clara Zetkin zur sozialistischen Frauenbewegung

Clara Zetkin schrieb 1908 über die Anfänge der sozialistischen Frauenbewegung:

[…] Aus der Erkenntnis, dass die Proletarierin der kapitalistischen Ordnung schutzbedürftig und kampffähig zugleich gegenübersteht, wurde das Streben geboren, die Frauen als gleichberechtigte und gleichverpflichtete Mitglieder der Internationalen Gewerksgenossenschaft für ganz Deutschland einzugliedern.[…]

Die bedeutsamsten Züge des skizzierten Anfangs der klassenbewussten organisierten proletarischen Frauenbewegung in Deutschland scheinen mir diese:[…] der ausgesprochen proletarische, international gerichtete Charakter der Bewegung, die rein von jeder bürgerlich-frauenrechtlerischen Beimengung war; die feste, sichere Zielsetzung: die sozialistische Gesellschaft. […]

Zit. nach: R. vom Bruch, B. Hofmeister (Hrsg.): Deutsche Geschichte in Quellen und Darstellung Bd. 8, Kaiserreich und Erster Weltkrieg 1871–1918. Stuttgart, 2. durchges. Auflage 2002, S. 141 f.

Arbeitsvorschläge:

a) Diskutieren Sie anhand von M 2 und M 11, inwiefern das Deutsche Reich ein demokratischer Staat war. Beachten Sie dabei auch den Gründungsakt.
b) Arbeiten Sie anhand der Quellen die gesellschaftlichen Leitbilder des Kaiserreichs heraus. Analysieren Sie dabei auch das Bild der Kaiserfamilie (M 3, M 12).
c) Suchen Sie Orte des Kaiserreiches in Ihrer Stadt auf. Welche Spuren hat die Zeit im Straßenbild hinterlassen (Denkmal, Architektur, Straßennamen)?
d) Informieren Sie sich über das Vereinsleben des Kaiserreiches (Kriegerverein, Flottenverein, Parteien, Frauenvereine etc.). Stellen Sie die Ergebnisse vor.
e) Arbeiten Sie die Motive für den Kulturkampf heraus (M 13–M 15).
f) Benennen Sie die gesellschaftlichen Auswirkungen des Kulturkampfes.
g) Diskutieren Sie, inwieweit die Trennung von Religion und Staat heute vollzogen ist.
h) Stellen Sie die Strategie gegenüber der Arbeiterklasse dar (M 18, M 19).
i) Diskutieren Sie, ob Bismarck seine Ziele gegenüber Katholiken und Arbeiterschaft erreicht hat. Beachten Sie dabei auch die Wahlergebnisse von Zentrum und SPD (M 7).
k) Stellen Sie die Wahlprogramme der Reichstagsparteien kurz dar (M8).
l) Interpretieren Sie die Karikatur (M 16).
m) Skizzieren Sie die Positionen Treitschkes und Mommsens (M 17).
n) Zeigen Sie die Reaktion der deutschen Juden auf den Antisemitismus auf (VT).
o) Informieren Sie sich anhand der Literatur (Wolfgang Brenner: Walther Rathenau – Deutscher und Jude. München 2005, Christian Schölzel, Walther Rathenau. Eine Biographie, Paderborn 2006) über Walther Rathenau.
p) Stellen Sie die Motive der Frauen dar. Welche Unterschiede sind zwischen bürgerlichen und sozialistischen Zielen zu erkennen. (M 20, M 21)

3

Zeittafel: Politische Kultur im Kaiserreich

1871	Die Nationalliberalen werden stärkste Kraft im ersten Reichstag, gefolgt vom Zentrum. Der Kulturkampf gegen die katholische Zentrumspartei beginnt: Der „Kanzelparagraph“ untersagt Geistlichen bei der Ausübung ihre Amtes kritische politische Äußerungen.
1872	Der Jesuitenorden wird verboten und die zivile Schulaufsicht eingeführt.
1873	„Großer Börsenkrach“ in Berlin
1875	Die Zivilehe wird eingeführt. Aus dem Zusammenschluss von Allgemeinem Deutschen Arbeiterverein und Sozialdemokratischer Arbeiterpartei entsteht die Sozialistische Arbeiterpartei Deutschlands.
1876	Der „Centralverband deutscher Unternehmer“ entsteht.
1878	„Sozialistengesetz“ (verlängert bis 1890)
1879	Der Reichstag beschließt Schutzzölle für Industrie und Landwirtschaft.
1883–1889	Durch eine umfangreiche Sozialgesetzgebung will Bismarck die Integration der Arbeiterschaft verbessern und die SPD schwächen.
1888	Wilhelm II. wird deutscher Kaiser.
1890	Bismarck tritt zurück. Die SPD erhält die meisten Wählerstimmen.
1893	Der „Bund der Landwirte“ wird gegründet. Gründung des „Central-Vereins deutscher Staatsbürger jüdischen Glaubens“
1894	Gründung „Allgemeiner Deutscher Frauenverein“
1896	Bürgerliches Gesetzbuch nach Vorbild des Code Civil
1898	Der „Kyffhäuser-Bund“, Dachverband aller deutschen Kriegervereine, wird gebildet. Das Erste Flottenbaugesetz forciert den Flottenbau (Zweites Flottengesetz 1900). Der „Deutsche Flottenverein“ wird gegründet.
1910	Die linksliberalen Parteien schließen sich zur Fortschrittlichen Volkspartei zusammen.
1912	Die SPD wird stärkste Partei im Reichstag.
1918	Mit der Abdankung Wilhelms II. am 9. November endet die Konstitutionelle Monarchie in Deutschland.

Online-Link
430016-0301

3.5 Das Kaiserreich im Spannungsfeld europäischer Politik

Bismarcks Außenpolitik nach 1871

Mit den erfolgreichen Kriegen 1864, 1866 und 1870 und der Reichsgründung war Deutschland zu einer halbhegemonialen Stellung in der Mitte Europas aufgestiegen. Damit war auch das alte Mächtesystem der Pentarchie (s. M 1) zerstört worden. Die europäischen Großmächte sahen mit Sorge auf mögliche weitere deutsche Gebietsansprüche. Gleichzeitig gab es zwischen den Großmächten großes Konfliktpotenzial außerhalb Europas, sodass es keinerlei Bündnisse gegen Deutschland gab. Dieses Kräftegleichgewicht wollte Bismarck erhalten, da er einen neuen Krieg als existentielle Bedrohung für das Deutsche Reich ansah. Er wiederholte deshalb immer wieder, dass das Deutsche Reich „saturiert“ sei, d. h. keinerlei weitere Expansionsziele hätte. Da Frankreich nach der Niederlage und dem Verlust Elsass-Lothringens als Gegner des Deutschen Reiches feststand, waren die wichtigsten Ziele bismarck'scher Außenpolitik, die Isolierung Frankreichs und die Verhinderung von Koalitionen gegen das Reich. Deshalb spricht man auch vom „cauchmar des coalitions“ als Leitprinzip bismarck'scher Außenpolitik. Diesen Ausdruck verwendete Bismarck im Kissinger Diktat 1877, in dem er seine außenpolitischen Leitlinien darlegte. Um seine Ziele zu erreichen, knüpfte Bismarck ein System aus defensiven Bündnisverträgen mit den Großmächten.

Drei-Kaiser-Abkommen

Zunächst wollte er eine Koalition zwischen den Verlierern von 1866, Österreich-Ungarn und 1871, Frankreich verhindern. Im September 1872 kam es deshalb zu einem Treffen zwischen Wilhelm I., dem österreichischen Kaiser Franz Joseph I. und dem russischen Zaren Alexander II. in Berlin, daraus entwickelte sich das „Drei-Kaiser-Abkommen“ vom 22. Oktober 1873. Darin verständigten sich die Vertragspartner auf gemeinsame Konsultationen, falls einer der Partner von einer weiteren Macht angegriffen werden sollte.

Der Balkan war im letzten Drittel des 19. Jahrhunderts ein Unruheherd, der auch für die europäischen Mächte wichtig wurde. Lokale Aufstände gegen die osmanische Herrschaft führten zum Krieg zwischen Russland und dem Osmanischen Reich 1877. Mit dem Frieden von San Stefano im März 1878 war eine neue Mächtekonstellation entstanden. Russland sah sich als Schutzmacht der orthodoxen Christen auf dem Balkan und versuchte Vormacht auf dem Balkan zu werden. Dieses Ziel war mit dem Frieden von San Stefano erreicht worden, denn Serbien, Montenegro, Rumänien und Bulgarien erreichten Gebietsgewinne und Bulgarien erhielt einen Zugang zur Ägäis. Der russische Machtzuwachs führte zu einer Krise, als Großbritannien, das das europäische Machtgleichgewicht gefährdet sah, Flottenverbände ins Marmarameer schickte. Österreich sah den wachsenden Einfluss Russlands an seiner Südflanke ebenfalls kritisch. Deshalb schlug der österreichische Außenminister Andrassy einen internationalen Kongress zur Lösung der strittigen Fragen vor. Deutschland verfolgte auf dem Balkan keine eigenen Interessen und Bismarck erklärte im Februar 1878 im Reichstag, er sei bereit, als „ehrlicher Makler“ den Kongress zu

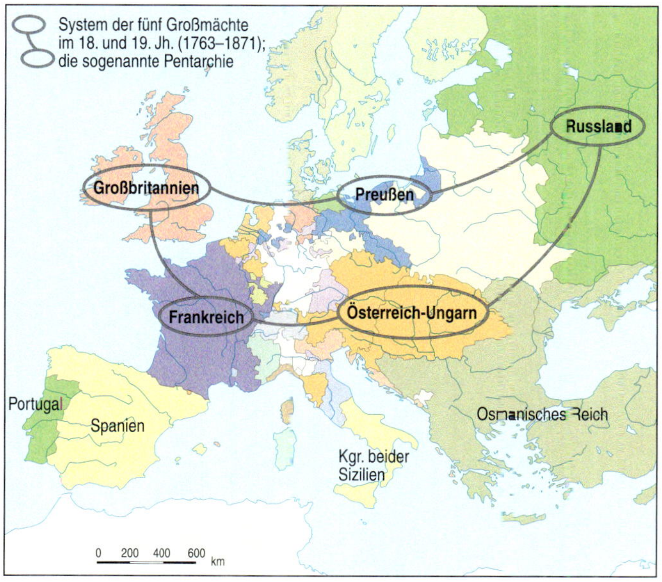

1 Europa Mitte 19. Jh.: Nach dem Siebenjährigen Krieg herrschte bis 1871 ein Gleichgewicht zwischen fünf Großmächten (sog. Pentarchie).

Berliner Kongress

leiten. Deshalb wurde Berlin als Tagungsort gewählt. Die Teilnehmer Österreich-Ungarn, Russland, Großbritannien, Frankreich, das Osmanische Reich und das Deutsche Reich schickten am 13. Juni jeweils zwei Vertreter nach Berlin. Als nach einem Monat Verhandlungen am 13. Juli die Ergebnisse im Berliner Vertrag festgehalten wurden, war der Friede von San Stefano zu Ungunsten Russlands erheblich revidiert worden. Zwar wurde die Unabhängigkeit Rumäniens, Serbiens und Montenegros bestätigt, jedoch wurde Bulgarien wieder aufgeteilt und teilweise unter osmanische Herrschaft gestellt. Außerdem wurde Österreich-Ungarn das Recht zur Besetzung von Bosnien und Herzegowina erteilt. Damit war der russische Machtzuwachs ausgeglichen. Das Ergebnis verbesserte die deutsch-englischen Beziehungen, da aus britischer Sicht Bismarck als „ehrlicher Makler" ohne eigene Interessen aufgetreten war. England wurde durch den Erwerb Zyperns zur Vormacht im östlichen Mittelmeer. Die deutschen Beziehungen zu Russland verschlechterten sich dagegen nach dem Berliner Kongress zusehends, da Russland sich durch die Ergebnisse benachteiligt fühlte. Außerdem wurden durch die deutsche Schutzzollpolitik landwirtschaftliche Exporte Russlands behindert.

Beziehungen zu Russland

Die schlechten Beziehungen zu Russland versuchte Wilhelm I. in persönlichen Gesprächen mit Alexander II. auszuräumen, Bismarck hingegen handelte mit Österreich 1879 den geheimen Zweibund aus. Dieser sah bei einem Angriff Russlands auf einen der Partner militärischen Beistand vor. Bei einem Angriff anderer Mächte war wohlwollende Neutralität vereinbart. Der Vertrag galt bis 1918. 1882 wurde er durch Aufnahme Italiens zum Dreibund. Der Dreibund wurde bis zum Kriegseintritt Italiens auf Seiten der Entente 1915 alle 5 Jahre verlängert. Die Rivalität auf dem Balkan führte allerdings zu immer stärkeren Problemen in den österreichisch-russischen Beziehungen. Nach einer vorübergehenden Verbesserung konnte Bismarck mit dem geheimen „Drei-Kaiser-Bündnis" eine Annäherung Russlands an Frankreich verhindern. 1884 wurde das Bündnis für drei weitere Jahre verlängert, 1887 konnte er dies nicht mehr erreichen. Gleichzeitig wurde in der französischen Öffentlichkeit erneut über einen Revanchekrieg spekuliert. Zusammen mit den Forderungen russischer Panslawisten nach einem russisch-

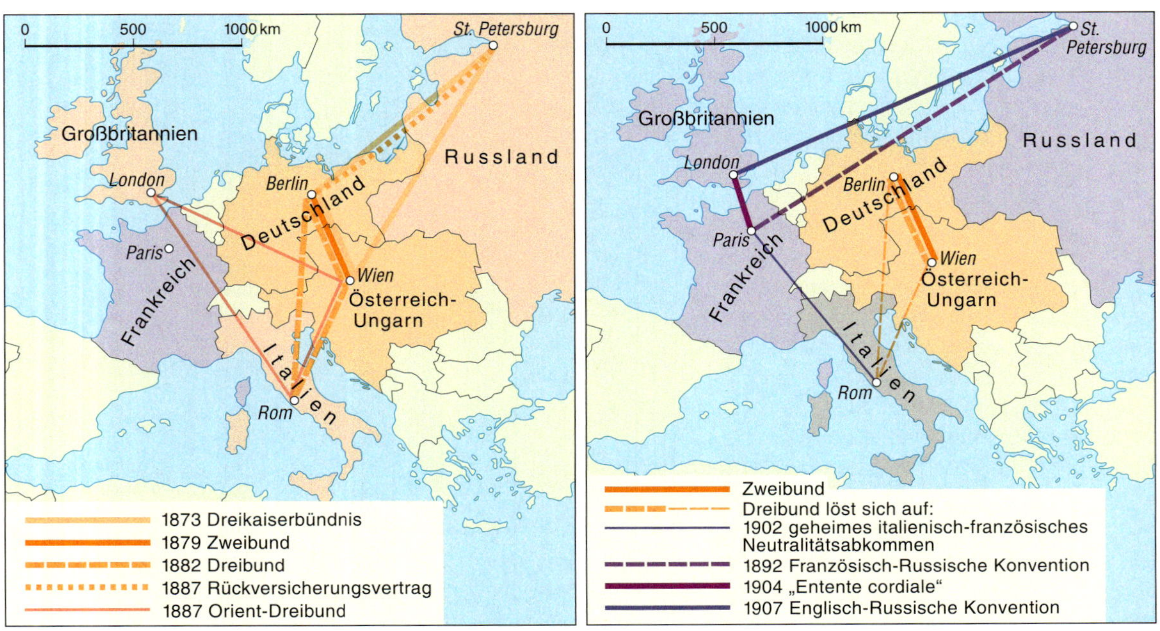

2 Europäisches Bündnissystem unter Bismarck (links) und Wilhelm II. (rechts)

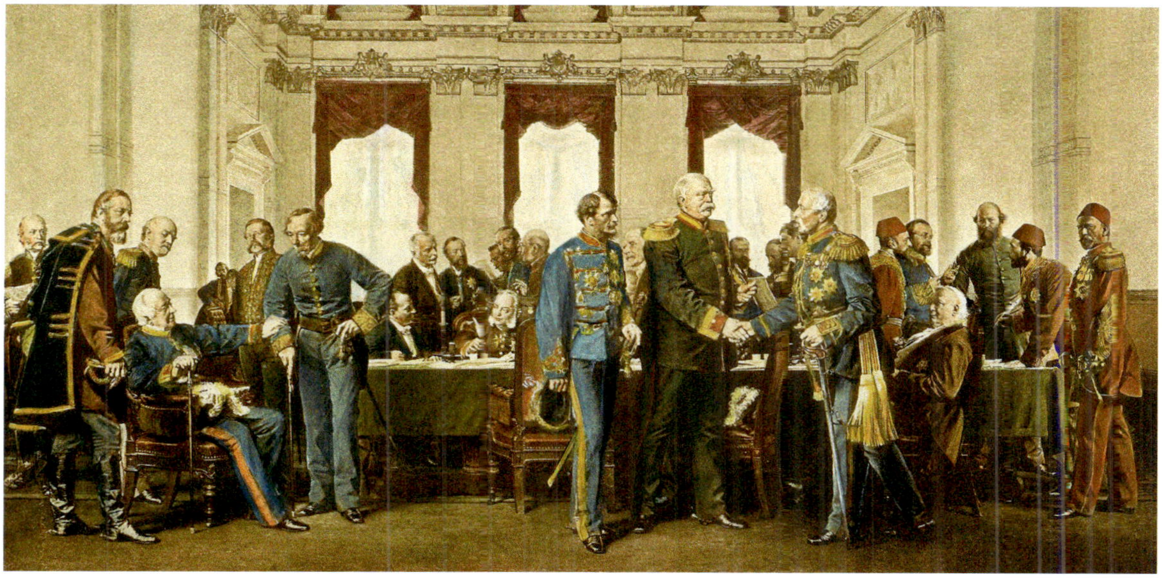

3 Bismarck als „ehrlicher Makler“ auf dem Berliner Kongress 1878. Gemälde v. Anton v. Werner, 1881

französischen Bündnis gegen den Zweibund wurde die Lage für die deutsche Außenpolitik immer schwieriger. Bismarck versuchte dies durch den geheimen Rückversicherungsvertrag mit Russland (1887) auszugleichen. So konnte Bismarck einen drohenden Zusammenschluss zwischen Russland und Frankreich verhindern und damit die Gefahr eines Zweifrontenkrieges abwenden. Sein Geflecht aus gegenseitigen Verträgen wollte Bismarck auch auf England ausweiten; allerdings gelang ihm der Abschluss eines Defensivbündnisses nicht.

Neue Außenpolitik unter Wilhelm II.

Dieses Bündnisgeflecht zerfiel 1890, da der seit 1888 regierende Wilhelm II. den Rückversicherungsvertrag mit Russland nicht verlängerte, obwohl von russischer Seite großes Interesse an einer Weiterführung bestanden hatte. Mit dem Rücktritt Bismarcks begann in der Außenpolitik eine neue Ära. Wilhelms II. Idee von dem „Platz an der Sonne“ für Deutschland entsprach nicht dem defensiven System Bismarcks. Die Vernachlässigung Russlands führte bereits 1894 zu einem französisch-russischen Bündnis, gleichzeitig gelang auch Wilhelm II. keine Annäherung an Großbritannien, auf die er hoffte. Die Verständigung mit England misslang aus mehreren Gründen: Durch die rasante Industrialisierung war das Deutsche Reich wirtschaftlich zum Hauptkonkurrenten Englands aufgestiegen. Die zunächst als Kennzeichnung billiger Ware in England eingeführte Bezeichnung „Made in Germany“ wurde zu einem Qualitätsmerkmal. Weitere Punkte waren die von Wilhelm II. im Zuge seiner „Platz an der Sonne“-Idee betriebenen Flottenpolitik sowie die Kolonialpolitik. Die Flottenpolitik wurde vom Marinestaatssekretär Großadmiral Alfred Freiherr von Tirpitz geprägt, der eine deutsche Kriegsflotte aufbauen wollte, die der britischen Flotte ebenbürtig sein sollte. Der Deutsche Flottenverein und andere Verbände unterstützten ihn in diesem Ziel.

Diese Bündniskonstellation konnte die deutsche Außenpolitik bis zum Beginn des Ersten Weltkrieges nicht mehr aufbrechen, da unter anderem Wilhelm II. durch ungeschickte Initiativen die Gegner Deutschlands vor den Kopf stieß. Der Erste Weltkrieg beendete dann das „lange 19. Jahrhundert“ der Nationalstaaten und brachte neue Weltmächte hervor.

4 Das Kissinger Diktat

Im Kissinger Diktat vom 15. Juni 1877 legt Bismarck die Grundgedanken seiner Außenpolitik dar:

Ich wünsche, dass wir, ohne es zu auffällig zu machen, doch die Engländer ermutigen, wenn sie Absichten auf Ägypten haben: Ich halte es in unserem Interesse [...], einen Ausgleich zwischen England und Russland zu fördern, der ähnlich gute Beziehungen zwischen beiden, wie im Beginn dieses Jahrhunderts, und demnächst Freundschaft beider mit uns in Aussicht stellt. [...] Wenn England und Russland auf der Basis, dass Ersteres Ägypten, Letzteres das Schwarze Meer hat, einig würden, so wären beide in der Lage, auf lange Zeit mit Erhaltung des Status quo zufrieden zu sein, und doch wieder in ihren größten Interessen auf eine Rivalität angewiesen, die sie zur Teilnahme an Koalitionen gegen uns, abgesehen von den inneren Schwierigkeiten Englands für dergleichen, kaum fähig macht.

Ein französisches Blatt sagte neulich von mir, ich hätte „le chauchmar des coalitions", diese Art Alb wird für einen deutschen Minister noch lange, und vielleicht immer, ein sehr berechtigter bleiben. Koalitionen gegen uns können auf westmächtlicher Basis mit Zutritt Österreichs sich bilden, gefährlicher vielleicht noch auf russisch-österreich-französischer: Eine große Intimität zwischen zweien der drei letztgenannten Mächte würde der dritten unter ihnen jederzeit das Mittel zu einem sehr empfindlichen Drucke auf uns bieten. In der Sorge vor diesen Eventualitäten, nicht sofort, aber im Lauf der Jahre, würde ich als wünschenswerte Ergebnisse der orientalischen Krisis für uns ansehen: 1. Gravitierung der russischen und der österreichischen Interessen und gegenseitiger Rivalitäten nach Osten hin, 2. der Anlass für Russland, eine starke Defensivstellung im Orient und an seinen Küsten zu nehmen und unseres Bündnisses zu bedürfen, 3. für England und Russland ein befriedigender Status quo, der ihnen dasselbe Interesse an Erhaltung des Bestehenden gibt, welches wir haben, 4. Loslösung Englands von dem uns feindlich bleibenden Frankreich wegen Ägyptens und des Mittelmeers, 5. Beziehungen zwischen Russland und Österreich, welche es beiden schwierig machen, die antideutsche Konspiration gegen uns gemeinsam herzustellen, zu welcher zentralistische und klerikale Elemente in Österreich etwas geneigt sein möchten. Wenn ich arbeitsfähig wäre, könnte ich das Bild vervollständigen und feiner ausarbeiten, welches mir vorschwebt: nicht das irgendeines Landerwerbs, sondern das einer politischen Gesamtsituation, in welcher alle Mächte außer Frankreich unsrer bedürfen und von Koalitionen gegen uns durch ihre Beziehungen zueinander nach Möglichkeit abgehalten werden.

Zit. nach: M. Stürmer (Hrsg.): Bismarck und die preußisch-deutsche Politik 1871–1890. München (dtv) 1970, S. 100 f.

5 Bismarcks Rede zum Berliner Kongress

Bismarck äußerte sich am 19. Februar 1878 vor dem Reichstag zum bevorstehenden Berliner Kongress:

Nehmen Sie an, dass wir jetzt auch nur ein festes Programm aussprechen, das uns zu halten wir, wenn wir es hier von amtlicher Stelle öffentlich, nicht nur vor Ihnen, sondern vor Europa verkündigen, gebunden sein würden, so würden wir dadurch bei allen denen, die es nicht für sich günstig finden, eine gewisse Prämie auf ihre Unverträglichkeit setzen. (Sehr wahr ! Heiterkeit.)

Wir würden ferner uns die Rolle der Vermittlung in der Konferenz, auf die ich den allerhöchsten Wert lege, fast unmöglich machen, weil jeder mit dem Menü der deutschen Politik in der Hand uns sagen könnte: So weit kann die deutsche Vermittlung gehen, das kann sie tun, das kann sie nicht tun. [...] Die Vermittlung des Friedens denke ich mir nicht so, dass wir nun bei divergierenden Ansichten den Schiedsrichter spielen und sagen: So soll es sein, und dahinter steht die Macht des Deutschen Reiches (sehr gut !), sondern ich denke sie mir bescheidener, ja – ohne Vergleich im Übrigen stehe ich nicht an, Ihnen etwas aus dem allgemeinen Leben zu zitieren – mehr die eines ehrlichen Maklers, der das Geschäft wirklich zustandebringen will. (Heiterkeit.)

Otto Fürst von Bismarck: Die gesammelten Werke Bd. 11: Reden 1869–1878. Berlin 1929, S. 526–529.

6 Meinungen der Historiker zum Ersten Weltkrieg

a) Die Beurteilung des Ersten Weltkrieges durch Wolfgang J. Mommsen 2004:

Grundlegender ist die Tatsache, dass der Erste Weltkrieg, oder – wie die Engländer auch heute noch sagen – der „Great War", eine historische Epochenscheide darstellt, von der bedeutende Wirkungen bis in unsere Gegenwart hinein ausgegangen sind. Er steht am Ende der Epoche des bürgerlichen Europas – des „langen 19. Jahrhunderts" (Hobsbawm). Zugleich aber führte er in eine neue Epoche hemmungsloser Gewaltpolitik, [...]

Vor allem aber wurden die materiellen und ebenso die ideellen Grundlagen der bürgerlichen Kultur Europas, wie sie sich seit der Aufklärung entwickelt hatte, durch den Ersten Weltkrieg und seine Folgen aufs Schwerste erschüttert. Krieg und Inflation zerstörten die wirtschaftliche Basis des kulturbewussten Bürgertums sowie der ihr eng verbundenen Intelligenz. Damit wurde zu guten Teilen auch das bürgerliche Kulturleben und die gesicherte Existenz der Künstler, Schriftsteller und Wissenschaftler unterminiert. [...]

Auch das weltwirtschaftliche System wurde in seiner Entfaltung weit zurückgeworfen. Die alten ebenso wie die neu begründeten Nationalstaaten suchten in einer Zeit der andauernden Rezession durch eine Politik wirtschaftlicher Autonomie ihre Haut auf Kosten ihrer Nachbarn zu retten; ebenso hingen sie zumeist vom Goldstandard ab. […]

Im Hinblick auf diese Sachverhalte ist es nur zu gerechtfertigt, den Ersten Weltkrieg mit George F. Kennan als „Urkatastrophe Europas“ zu bezeichnen. Das bürgerliche Europa, das ungeachtet schwerer sozialer Konflikte ein hohes Maß von politischer und sozialer Stabilität […] gekannt hatte, gehörte der Vergangenheit an. [..]

Auch in weltpolitischer Hinsicht stellt der Erste Weltkrieg einen tiefen Einschnitt dar. Er führte zum weitgehenden Zerfall des europäischen Staatensystems, das […] den Frieden in Europa für nahezu ein halbes Jahrhundert erhalten hatte, seit […] die Gründung des Deutschen Reiches und dessen Anerkennung im Kreise der Großmächte erreicht worden war.

Wolfgang J. Mommsen: Der Erste Weltkrieg, Anfang vom Ende des bürgerlichen Zeitalters. Frankfurt/M. (Fischer) 2004, S.7 ff.

b) Der Historiker Gregor Schöllgen zum Ende des 1. Weltkrieges 2005:

Ein niederschmetterndes Ergebnis – vor allem dann, wenn man die Motive und Ziele in Rechnung stellt, von denen sich die Verantwortlichen hatten leiten lassen, als sie alles auf eine Karte setzten und Deutschland in den Krieg führten: Sicherer sollten sich die Deutschen in Zukunft fühlen, befreit vom Alptraum gegnerischer Koalitionen, erlöst von „Neid und Hass“, die der Kaiser 1912 als maßgebliche Triebkräfte der Nachbarn identifiziert hatte. Gemessen an diesen Erwartungen stand man jetzt – im Sommer 1919, als man das Resultat des 1912 von Wilhelm II. vorausgesagten „Existenzkampfes“ schwarz auf weiß in der Hand hielt – am Abgrund: „Der Zusammenbruch“, kommentierte Philipp Scheidemann das Ergebnis, „war vollendet“. Hatte der Friede, so es denn überhaupt einer war, unter diesen Umständen eine Chance?

Gregor Schöllgen: Jenseits von Hitler, Die Deutschen in der Weltpolitik. Berlin (Propyläen) 2005, S.113.

3

7 Wie sollen wir uns die Hand geben?
Karikatur aus dem Simplicissimus, 1912

Arbeitsvorschläge:

a) Arbeiten Sie die Hauptthesen Bismarcks zur deutschen Außenpolitik heraus (M4).
b) Diskutieren Sie Gründe und Funktionen der unterschiedlichen Bündnissysteme, berücksichtigen Sie dabei die Karten M 1 und M 2
c) Diskutieren Sie die beiden Aussagen in M 6. Welche finden Sie überzeugend und warum?
d) Schreiben Sie ein Essay zur Frage, ob das bismarck'sche Bündnissystem zur Friedenssicherung in Europa beigetragen hat.

4 Vom Obrigkeitsstaat zur Demokratie

4.1 Die Revolution von 1918/19

Der Anlass der Revolution: Gehorsamsverweigerung der Matrosen

Am Anfang der Revolution stand die Gehorsamsverweigerung der Matrosen in Wilhelmshaven. Eine spontane Bewegung erfasste weitere Hafenstädte und auch Mittel- und Süddeutschland. Am 4. November 1918 wurde in Kiel der erste Soldatenrat gebildet. Auch in anderen Städten verliehen Soldatenräte ihren Forderungen Ausdruck. Beauftragte der Arbeiterparteien und Gewerkschaften übernahmen als Arbeiterräte vor Ort die politischen Funktionen. Zur gleichen Zeit begannen die Waffenstillstandsverhandlungen. Teile der Regierung waren der Meinung, der Kaiser müsse abdanken, er verhindere auch den notwendigen Friedensschluss. Monarchen einzelner Länder verzichteten auf den Thron. Wilhelm II. wies aber eine entsprechende Aufforderung des Kanzlers zurück.
Die seit den Oktoberreformen an der Macht beteiligte SPD bremste angesichts der gewaltigen Probleme den Aktivismus: Sollte es zum Waffenstillstand kommen, so wären binnen kürzester Zeit Millionen von Soldaten in die Heimat zurückzuführen. Die Umstellung von der Kriegs- zur Friedenswirtschaft müsste schnellstmöglich vollzogen werden. Die englische Seeblockade bestand weiterhin und ließ einen Hungerwinter befürchten. Der volle Durchbruch einer Revolution schien in den Augen der neuen Regierung die Bewältigung dieser Aufgaben noch weiter zu erschweren.

Ausrufung der Republik und Abdankung des Kaisers

Doch am 9. November überschlugen sich in Berlin die Ereignisse. Eine Großdemonstration zog durch die Straßen. Gegen Mittag erklärte Max von Baden Wilhelms Thronverzicht, ohne dazu autorisiert zu sein. Als Kanzler trat er zurück und überließ dem Sozialdemokraten Friedrich Ebert die Regierung – ein Schritt, zu dem er aufgrund der Verfassung nicht berechtigt war. Am Nachmittag dann wurde die Republik gleich zweimal ausgerufen: Der SPD-Abgeordnete Scheidemann beendete seine spontane Ansprache vor den Demonstranten mit der Proklamation der Republik. Ebert verhandelte unterdessen mit der USPD über die Bildung einer provisorischen Regierung. Auch die revolutionären Obleute strebten eine Übergangsregierung an, bestehend aus Arbeiter- und Soldatenräten. Liebknecht erklärte Deutschland am späteren Nachmittag in einer Rede zur „freien sozialistischen Republik". Der Kaiser nahm Hindenburgs Rat an und suchte am 10. November in den Niederlanden politisches Asyl.

Parlamentarische Demokratie oder Räterepublik

Rosa Luxemburg

Unter den Anhängern des Umsturzes gab es unterschiedliche Auffassungen über das künftige politische System. SPD und gemäßigte Kräfte der USPD wollten eine parlamentarische Demokratie: Eine Nationalversammlung sollte gewählt werden, um eine Verfassung auszuarbeiten. Deutschland brauche Stabilität, eine Räteregierung bringe aber Bürgerkrieg und Blutvergießen, Parteidiktatur und Terror. Man dachte an die Erfahrungen in Russland.
Die Spartakisten unter Rosa Luxemburg und Karl Liebknecht, eine Minderheit unter den Revolutionären, wollten die Revolution weiterführen, bis alle Macht in den Händen der Räte lag. Ein Zusammengehen mit den Führungskräften des Kaiserreichs, um Verwaltung und Wirtschaftsleben funktionstüchtig zu erhalten, bedeute weiterhin Unterdrückung und Militarismus, nicht Herrschaft des Volkes.
Bereits am 10. November wurde in Berlin die Übergangsregierung gebildet: Der Rat der Volksbeauftragten wurde von Delegierten der Groß-Berliner Arbeiter- und Soldatenräte bestätigt. Er war paritätisch mit drei Vertretern der SPD (Ebert, Landsberg, Scheidemann) und drei des rechten Flügels der USPD (Haase, Barth, Dittmann) besetzt. Diese Konstellation entsprach auch der Zusammensetzung der

1 Revolutionäre Matrosen und Arbeiter marschieren am 9. November durch das Brandenburger Tor.

meisten Arbeiter- und Soldatenräte, die auf lokaler Ebene die Macht ausübten. In ihrem Ziel waren sich Volksbeauftragte und Räte einig: Sie wollten einen baldigen Termin für die Wahl zur verfassunggebenden Nationalversammlung festlegen.

Ebert-Groener-Bündnis

Die SPD-Führung wollte auch angesichts der laufenden Waffenstillstandsverhandlungen Veränderungen der Gesellschafts- oder Wirtschaftsordnung verhindern. Deshalb kam es am 10. November zu einer Übereinkunft zwischen Ebert und General Groener. Während Groener der neuen Regierung die Loyalität der OHL zusicherte, garantierte Ebert Mithilfe bei der Aufrechterhaltung der militärischen Hierarchien, vor allem der Kommandogewalt der Offiziere.

Parlamentarische Demokratie, Räterepublik

Zentralarbeitsgemeinschaft

Ganz im Sinne Eberts waren auch die Verhandlungen, die schon seit Anfang November zwischen dem Führer der freien Gewerkschaften Carl Legien und dem Vertreter der Arbeitgeber Hugo Stinnes liefen. Am 15. November wurde das „Zentralarbeitsgemeinschafts"-Abkommen zwischen Legien und Stinnes schließlich als Gesetz verkündet. Es bestätigte und erweiterte Vereinbarungen der Kriegszeit: Die Gewerkschaften wurden beim Abschluss von Tarifverträgen als gleichberechtigte Vertreter der Arbeiterschaft anerkannt. Eingeführt wurden der Achtstundentag bei vollem Lohnausgleich und Arbeiterausschüsse in Betrieben mit mindesten 50 Mitarbeitern. Während die Gewerkschaften so ihre Position sicherten, umgingen die Unternehmer durch ihre Zugeständnisse eine Sozialisierung der Wirtschaft, wie sie von den Revolutionären, aber auch gemäßigten Kräften der Arbeiterparteien gefordert wurde. Indem sie sich auf die Sozialpartnerschaft mit den Gewerkschaften einließen, konnten sie die Besitzverhältnisse unangetastet erhalten.

Friedrich Ebert

Reichsrätekongress in Berlin

Die Auseinandersetzungen um die Verfassung gingen jedoch weiter. Vom 16. bis 20. Dezember fand in Berlin ein Treffen aller deutschen Räte, der Reichsrätekongress statt. Die führenden Köpfe der Revolutionäre Luxemburg und Liebknecht besaßen kein Mandat. Kundgebungen begleiteten daher die Diskussionen des Kongresses. Als Wahltermin für die Nationalversammlung legten die rund 500 Delegierten den 19. Januar 1919 fest. Zugespitzt formuliert lässt sich sagen, dass die Räte dem Rätesystem eine Absage erteilten: Die Übergabe der legislativen und exekutiven Gewalt an die Räte wurde abgelehnt. Allerdings verlangten der Rätekongress die Demokratisierung des Heeres, der Verwaltung und großen Wirtschaftszweige wie etwa des Bergbaus.

Gründung der KPD, Freikorps gegen Revoltionäre

Am 28. Dezember traten die drei USPD-Mitglieder aus dem Rat der Volksbeauftragten aus, nachdem auf Veranlassung der SPD Militär gegen Demonstranten in Berlin vorgegangen war. Jetzt wurden die Volksbeauftragten nur noch von Sozialdemokraten gestellt. Am 1. Januar wurde von den bisher zur USPD gehörenden Spartakisten die Kommunistische Partei (KPD) gegründet. Am 5. Januar wurden in Berlin nach einer Demonstration spontan Zeitungs- und Verlagsgebäude besetzt. Vor allem die Kommunisten sahen jetzt die Möglichkeit gekommen, die Regierung Ebert-Scheidemann zu stürzen. Der Generalstreik wurde ausgerufen. Gustav Noske (SPD), an Stelle eines USPD-Vertreters in den Rat der Volksbeauftragten aufgenommen, ordnete den Aufmarsch von Truppen an. Zum Einsatz kamen Freiwilligenverbände von Frontsoldaten, die nach Beendigung des Krieges nicht nach Hause gegangen waren. Daneben formierten sich Freikorps: Berufssoldaten und vom Krieg Entwurzelte, die hier Disziplin und eine feste Werteordnung suchten. Die Freikorps waren auch verantwortlich für die Ermordung Luxemburgs und Liebknechts am 15. Januar. Diese Tat wurde auch von vielen verurteilt, die nicht mit den Revolutionären sympathisierten, und ließ die Rolle der Freikorpssoldaten fragwürdig werden.

Nationalversammlung

Die darauf folgende Wahl zur Nationalversammlung spiegelte diese Radikalisierung allerdings nicht wider. Im Gegenteil: Das Parteienspektrum zeigte Kontinuität. Stärkste Kraft wurde die SPD. Die Mehrheit bildeten die bürgerlichen Parteien, das Zentrum und die aus der Fortschrittspartei hervorgegangene DDP. Es folgte die rechtskonservative DNVP und die nationalliberal gesinnte DVP. Die Nationalversammlung wurde am 6. Februar im Weimar eröffnet, abseits des revolutionären Geschehens in der Reichshauptstadt. Eine ihrer Hauptaufgaben war die Erarbeitung einer neuen Verfassung. Ebert wurde zum Reichspräsidenten gewählt, Scheidemann mit der Regierungsbildung beauftragt. Zu diesem Zweck bildeten drei Parteien, die schon seit 1917 zusammen auf eine parlamentarische Regierung hingearbeitet hatten, die „Weimarer Koalition“: SPD, Zentrum und DDP.

Zweite Phase der Revolution, blutige Beendung durch das Militär

Die Frage, wer nach dem Zusammenbruch des Kaiserreichs die Macht in Deutschland übernahm, war damit entschieden. Nicht entschieden war der Ausgang der Revolution, die in eine zweite Phase eintrat. In den Revolutionsmonaten November und Dezember 1918 waren die Räte kurzzeitige Institutionen gewesen. Sie hatten an der Normalisierung des Lebens nach der Kriegszeit mitgewirkt. Im Frühjahr 1919 lösten sie sich wieder auf. Wie das Wahlergebnis vom Januar zeigte, repräsentierten sie die Mehrheit des Volkes. Die andere Gruppe von Räten gehörte einer kleinen Minderheit an, die offen Front gegen die Regierungspolitik machte. Sie verstanden sich als Instrumente des Klassenkampfs auf dem Weg zur Herrschaft des Proletariats. Unterstützt wurden diese Räte von streikenden Arbeitern im Ruhrgebiet und anderen Industriestandorten. Auch in Städten wie Leipzig, Hamburg und Berlin zeigte sich eine Verschärfung des Konflikts. Zeitungsverlage und öffentliche Gebäude wurden besetzt. Erneut schlugen Freikorpsverbände die Aktionen nieder: Eine zehntägige Straßenschlacht in Berlin kostete 1000 Menschen das Leben. Im April und Mai scheiterten in München zwei Versuche, eine Räterepublik zu errichten. Die Revolution war beendet.

2 Plakat der SPD im Januar 1919
Die Gestaltung des Plakats zur Wahl der Nationalversammlung stammte von Cesar Klein.

3 Ruhe und Ordnung

Aufruf des neuen Reichskanzlers Friedrich Ebert an die deutschen Bürger am 9. November 1918:

Mitbürger!
Der bisherige Reichskanzler Prinz Max von Baden hat mir unter Zustimmung der sämtlichen Staatssekretäre die Wahrnehmung der Geschäfte des Reichskanzlers übertragen. Ich bin im Begriff, die neue Regierung im Einvernehmen mit den Parteien zu bilden, und werde daher über das Ergebnis der Öffentlichkeit in Kürze berichten.
Die neue Regierung wird eine Volksregierung sein. Ihr Bestreben wird sein müssen, dem deutschen Volke den Frieden schnellstens zu bringen und die Freiheit, die es errungen hat, zu befestigen.
Mitbürger!
Ich bitte Euch alle um Eure Unterstützung bei der schweren Arbeit, die unser harrt, Ihr wisst, wie schwer der Krieg die Ernährung des Volkes, die erste Voraussetzung des politischen Lebens, bedroht.
Die politische Umwälzung darf die Ernährung der Bevölkerung nicht stören.
Es muss die erste Pflicht aller in Stadt und Land bleiben, die Produktion von Nahrungsmitteln und ihre Zufuhr in die Städte nicht zu hindern, sondern zu fördern.
Nahrungsmittelnot bedeutet Plünderungen und Raub, mit Elend für alle! Die Ärmsten würden am schwersten leiden, die Industriearbeiter am bittersten getroffen werden. Wer sich an Nahrungsmitteln oder sonstigen Bedarfsgegenständen oder an den für ihre Verteilung benötigten Verkehrsmitteln vergreift, versündigt sich aufs Schwerste an der Gesamtheit.
Mitbürger!
Ich bitte Euch alle dringend: Verlasst die Straßen! Sorgt für Ruhe und Ordnung!

Zit. nach: G. A. Ritter/S. Miller (Hrsg.): Die deutsche Revolution 1918–1919. 2. erhebl. erw. u. überar. Auflage. Frankfurt a. M. (Fischer) 1983, S. 79 f.

4 Für revolutionäre Arbeiter- und Soldatenräte

Aufruf der Spartakusgruppe unter Karl Liebknecht und Rosa Luxemburg an die Arbeiter und Soldaten Berlins am 10. November 1918:

Sichert die von euch errungene Macht!
Misstrauen ist die erste demokratische Tugend!
Die rote Fahne weht über Berlin!
Würdig habt ihr euch an die Seite der Städte gestellt, in denen schon das Proletariat und die Soldaten die Macht übernommen haben. Wie aber die Welt auf euch geschaut hat, ob ihr eure Aufgabe lösen werdet, so sieht die Welt jetzt auf euch, wie ihr sie lösen werdet.
Ihr müsst in der Durchführung eines sozialistisch-revolutionären Programms ganze Arbeit machen. [...]
Zur Erlangung dieses Zieles ist es vor allem notwendig, dass das Berliner Proletariat in Bluse und Feldgrau erklärt, folgende Forderungen mit aller Entschlossenheit und unbezähmbarem Kampfwillen zu verfolgen:
1. Entwaffnung der gesamten Polizei, sämtlicher Offiziere sowie der Soldaten, die nicht auf dem Boden der neuen Ordnung stehen; Bewaffnung des Volkes; alle Soldaten und Proletarier, die bewaffnet sind, behalten ihre Waffen.
2. Übernahme sämtlicher militärischer und ziviler Behörden und Kommandostellen durch Vertrauensmänner des Arbeiter- und Soldatenrates.
3. Übergabe aller Waffen- und Munitionsbestände sowie aller Rüstungsbetriebe an den Arbeiter- und Soldatenrat.
4. Kontrolle über alle Verkehrsmittel durch den Arbeiter- und Soldatenrat.
5. Abschaffung der Militärgerichtsbarkeit; Ersetzung des militärischen Kadavergehorsams durch freiwillige Disziplin der Soldaten unter Kontrolle des Arbeiter- und Soldatenrates.
6. Beseitigung des Reichstages und aller Parlamente sowie der bestehenden Reichsregierung; Übernahme der Regierung durch den Berliner Arbeiter- und Soldatenrat bis zur Errichtung eines Reichs-Arbeiter- und Soldatenrates.
7. Wahl von Arbeiter- und Soldatenräten in ganz Deutschland, in deren Hand ausschließlich Gesetzgebung und Verwaltung liegen. Zur Wahl der Arbeiter- und Soldatenräte schreitet das gesamte erwachsene werktätige Volk in Stadt und Land und ohne Unterschied der Geschlechter.
8. Abschaffung aller Dynastien und Einzelstaaten; unsere Parole lautet: einheitliche sozialistische Republik Deutschland.
9. Sofortige Aufnahme der Verbindung mit allen in Deutschland bestehenden Arbeiter- und Soldatenräten und den sozialistischen Bruderparteien des Auslandes
10. Sofortige Rückberufung der russischen Botschaft nach Berlin.

Zit. nach: Ebenda, S. 82 f.

4

4

5 Obrigkeitsstaat der Räte

Hugo Preuss, Berliner Staatsrechtslehrer und Mitarbeiter an der Weimarer Verfassung, 14. November 1918:

Denn die Überalterung des Obrigkeitsstaates war die Ursache seines Bankrotts und des gegenwärtigen Umsturzes; sie ist aber auch die Ursache, dass an seine Stelle noch keineswegs der Volksstaat getreten ist, sondern ein umgedrehtes Obrigkeitssystem. Im alten Obrigkeitsstaat hatte der Bürger sehr wenig, im gegenwärtigen hat er absolut gar nichts zu sagen; mehr als je vorher ist im Augenblick das Volk in seiner Gesamtheit lediglich Objekt einer Regierung, die ihm durch unerforschliche Ratschläge gesetzt wird, nur dass sich diese nicht auf ein Gottesgnadentum berufen, sondern auf eine genau ebenso unfassliche Volksgnade. Der Rechtstitel ist in einem wie im anderen Falle die Macht oder vielmehr der Glaube an eine dahinterstehende überlegene Gewalt. Kurz, es ist ganz und gar der umgedrehte Obrigkeitsstaat. [...]

Die Absichten der gegenwärtigen Machthaber mögen die lautersten und reinsten sein; sie können doch der zwingenden Logik nicht entgehen, dass der Versuch, den deutschen Staat unter Zurückdrängung seines Bürgertums zu konstituieren, in kurzer Frist unabwendbar zum bolschewistischen Terror führen muss. Der gegenwärtige Zustand, dass zahlreiche bürgerliche Elemente die öffentlichen Geschäfte führen unter der Diktatur einer ihnen prinzipiell fremden Obrigkeit, mag im Augenblick als Notbehelf unvermeidlich sein; aber er ist nur auf kürzeste Frist haltbar, wird sehr bald von der einen oder der anderen Seite als unerträglich empfunden werden. Wenn er bis dahin seine Lösung nicht in einer auf der Gleichberechtigung aller Volksgenossen ruhenden politisch-demokratischen Organisation gefunden hat, so gibt es keinen anderen Ausweg als rechtlose Gewalt und mit ihr völlige Zerrüttung des wirtschaftlichen Lebens. [...]

Nicht Klassen und Gruppen, nicht Parteien und Stände in gegensätzlicher Isolierung, sondern nur das gesamte deutsche Volk, vertreten durch die aus völlig demokratischen Wahlen hervorgehende deutsche Nationalversammlung, kann den deutschen Volksstaat schaffen. Sie muss ihn baldigst schaffen, wenn nicht unsagbares Unheil unser armes Volk vollends verelenden soll. Gewiss muss eine moderne Demokratie vom Geiste eines kräftigen sozialen Fortschritts erfüllt sein; aber ihre politische Grundlage kann niemals der soziale Klassenkampf, die Unterdrückung einer sozialen Schicht durch die andere bilden, sondern nur die Einheit und Gleichheit aller Volksgenossen. Im Rahmen der zu schaffenden demokratischen Verfassung sind die unausbleiblichen sozialpolitischen Kämpfe der Zukunft friedlich auszutragen. Die Stellung zu der konstituierenden Nationalversammlung des deutschen Volksstaates ist zugleich die Stellung zu der Frage: Demokratie oder Bolschewismus.

Zit. nach: Ebenda, S. 36 ff.

6 Weitreichende Forderungen der lokalen Räte

Resolution des Garnisonrats Ulm zur Vorlage bei der 2. Landesversammlung in Stuttgart, 11./12.12.1918:

Die Landesversammlung der Soldatenräte Württembergs unterstützt die jetzige provisorische Regierung im Interesse der Erhaltung der Ordnung und Ruhe, die allein das Zustandekommen der Nationalversammlung auf wirklich freiheitlicher Grundlage verspricht. Sie kann nicht dulden, dass eine einzelne Partei auf Kosten der Allgemeinheit Sonderpolitik treibt. Sie verurteilt daher entschieden alle dahin gerichteten Gewaltmaßnahmen und Sonderinteressen, insbesondere die Bestrebung der Spartakusgruppe, die die Reichseinheit gefährden.

Unser Volk hat die größte Revolution der Weltgeschichte in einer seiner seitherigen Kultur würdigen Weise durchgeführt. Die Soldatenräte Württembergs beugen sich daher weder einer Willkür von links noch einer solchen von rechts und verurteilen jede darauf gerichtete Gewaltherrschaft. Sie lehnen einmütig jeden Versuch ab, das Heer für eine monarchische Reaktion oder bolschewistischen Terror zu missbrauchen. Sie fordern die Einberufung der verfassunggebenden Nationalversammlung, die über die künftige Staatsform entscheidet und die vom Vertrauen der Volksgesamtheit getragen ist. Im Interesse der schleunigsten Herbeiführung des Friedens und des schnellstmöglichen Wiederaufbaues unserer Volkswirtschaft und Regelung der Ernährungsfrage des deutschen Volkes ist die Nationalversammlung allerschnellstens einzuberufen, um eine anerkannte verhandlungsfähige Volksregierung zu bilden.

E. Kolb/K. Schönhoven (Hrsg.): Regionale und lokale Räteorganistionen in Württemberg 1918/19. Düsseldorf 1976, S. 126 f.

Arbeitsvorschläge

a) Überlegen Sie, mit welchen Erwartungen die Demonstranten auf die Straße gingen (M 1).
b) Erarbeiten Sie anhand von M 2 bis M 5 die unterschiedlichen Einstellungen zu der Revolution von 1918 und der politischen Ordnung in Deutschland.
c) Zeigen Sie, mit welcher Begründung Preuß den Rätestaat ablehnt und die parlamentarische Demokratie befürwortet (M 5). Vergleichen Sie Preuß' Ausführungen mit den Forderungen der lokalen Soldatenräte (M 6). Diskutieren Sie die These, die Räte seien gar nicht für ein Rätesystem gewesen.

Standpunkte: Die Revolution 1918/19 – eine verpasste Chance zum Neuanfang?

Die Revolution 1918/19 wird oft als „gebremste" Revolution bezeichnet. Die Demokraten stürzten die Monarchie, allerdings im Bund mit den Führungseliten des Kaiserreichs. Ob die Revolution anders hätte verlaufen können, ist eine hypothetische Frage. Sie lässt aber Rückschlüsse auf die Revolution, ihre Träger, Motive und Ergebnisse zu.

1 Handlungsspielraum der neuen Regierung

Der Historiker Eberhard Kolb überlegt, ob 1918/19 mehr politische und gesellschaftliche Veränderungen möglich gewesen wären:

Diese Feststellung hat aber Konsequenzen für die Einschätzung des Handlungsspielraums der politischen Entscheidungsträger: Sie besaßen bei der inneren Neuordnung nach dem Zusammenbruch des Kaiserreichs einen zwar näher zu bestimmenden, aber insgesamt doch zweifellos größeren Handlungsspielraum, als jene Deutung unterstellt, welche nur eine Entscheidungsalternative der Wintermonate 1918/19 anerkennen will: Bolschewisierung Deutschlands oder Zusammenwirken der Mehrheitssozialdemokratie mit den traditionellen Machteliten zur Sicherung der inneren Ordnung und zur Errichtung einer parlamentarischen Republik. Dieser Handlungsspielraum hätte es der Revolutionsregierung u. a. erlaubt, gegenüber der Führung der alten kaiserlichen Armee mit Selbstbewusstsein und Entschiedenheit aufzutreten, vorbereitende Schritte zu einer Sozialisierung wenigstens des Bergbaus zu unternehmen, das Potenzial der Arbeiter- und Soldatenräte zugunsten einer sozialdemokratischen Reformpolitik einzusetzen. Aber insbesondere die SPD-Führung versagte sich strikt einem solchen politischen Kurs, nicht primär unter dem Diktat übermächtiger Sachzwänge, sondern einerseits im Vertrauen auf eine dauerhafte Loyalität der alten Machteliten gegenüber den neuen Machthabern, andererseits aus grundsätzlichem Misstrauen gegenüber einer spontanen Massenbewegung, die zwar teilweise ein amorphes Gepräge aufwies, die aber im November und Dezember weitestgehend von den Mitgliedern und Anhängern der Sozialdemokratie getragen wurde und sich in ihren politischen Forderungen innerhalb des Spektrums sozialdemokratischer Programmatik bewegte.

E. Kolb: Die Weimarer Republik, München 2. Aufl. 1988, S. 158 f.

2 Revolutionshemmende Faktoren

Warum kam es in Deutschland 1918/19 zu keiner echten Revolution? Diese Frage stellt sich der Historiker Heinrich August Winkler:

Deutschland kannte zwar bis zum Oktober 1918 kein parlamentarisches Regierungssystem, aber seit rund einem halben Jahrhundert das allgemeine, gleiche und direkte Reichstagswahlrecht für Männer, das Bismarck 1866 im Norddeutschen Bund und 1871 im Deutschen Reich eingeführt hatte. Das Kaiserreich lässt sich daher nicht einfach als „Obrigkeitsstaat" beschreiben. Deutschland war seit 1918 bereits zu demokratisch, um sich eine revolutionäre Erziehungsdiktatur (sei es nach dem Vorbild der französischen Jakobiner von 1793 oder, was aktueller war, nach dem der russischen Bolschewiki von 1917) aufzwingen zu lassen.
Deutschland war auch zu industrialisiert für einen völligen Umsturz der gesellschaftlichen Verhältnisse. Die demokratischen Revolutionen des Westens hatten alle vor der Industriellen Revolution, also in überwiegend agrarischen Gesellschaften, stattgefunden, und dasselbe gilt von der russischen Oktoberrevolution. Solche Gesellschaften mit dem für sie typischen Anteil an Selbstversorgern konnten sich eine radikale Auswechslung des staatlichen Apparates leisten, ohne deswegen zusammenzubrechen. Für hochindustrialisierte Gesellschaften aber ist ein starker Bedarf an der Aufrechterhaltung von Dienstleistungen von Staat und Kommunen, das heißt: an administrativer Kontinuität, kennzeichnend. Beide Faktoren, der Grad der Demokratisierung und der Grad der Industrialisierung, wirkten objektiv revolutionshemmend. Sie erklären, warum die deutsche Revolution von 1918/19 nicht zu den großen Revolutionen der Geschichte gerechnet werden kann.

H. A. Winkler (Hrsg.): Weimar. Ein Lesebuch zur deutschen Geschichte. München (Beck) 2. Aufl. 1997, S. 17 ff.

Arbeitsvorschläge

a) Nennen Sie mithilfe der Texte M 1 und M 2 Gründe dafür, warum es 1918/19 nur zu einer „gebremsten" Revolution kam.

b) Beurteilen Sie Grenzen, Möglichkeiten und Ergebnisse der Revolution 1918/19.

Online-Link
430016-0401

4

4.2 Der Versailler Vertrag und seine Folgen

Vor dem „Versailler Vertrag"

Die neue Regierung überließ bis zum Sommer 1919 die Außenpolitik den alten Fachbeamten des Kaiserreichs. An der Spitze des Außenministeriums stand der ehemals kaiserliche Karrierediplomat von Brockdorff-Rantzau. Er wollte bei den anstehenden Friedensverhandlungen die deutsche Interpretation der 14 Punkte Wilsons durchsetzen. Nach deutscher Auffassung besaßen die Alliierten kein unbeschränktes Siegerrecht. Alternative Konzepte gab es nicht. Das Ausmaß der Niederlage wurde verdrängt. Vor allem aber wurde versäumt, das deutsche Volk auf harte Friedensbedingungen, wie sie im Waffenstillstandsabkommen vom 11. November 1918 zu erkennen waren, vorzubereiten. Deutschland befand sich, wie ein Beobachter damals schrieb, im „Traumland der Waffenstillstandsperiode".

Friedensverhandlungen der Alliierten

Am 18. Januar 1919 wurde in Paris – auf den Tag genau 48 Jahre nach der Kaiserproklamation und Gründung des Deutschen Reiches in Versailles – die Friedenskonferenz mit Vertretern von 32 Staaten eröffnet. Die besiegten Mächte waren nicht zugelassen.

Die Deutschland betreffenden Friedensverhandlungen wurden ab dem 24. März 1919 von dem „Rat der Vier" – den Regierungschefs Frankreichs, der USA, Englands und Italiens – geführt. Der amerikanische Präsident Wilson wollte vor allem sein Völkerbundprojekt verwirklichen. Die internationalen Beziehungen sollten in Zukunft auf der Basis der Verständigung und der Selbstbestimmung gepflegt werden. Weil dies bei den Europäern keine Begeisterung auslöste, war Wilson zu Zugeständnissen oder zur Vertagung offener Fragen bereit. Trotzdem waren

1 Zeitgenössische Übersichtskarte über die Folgen des Versailler Vertrages. Die Karte wurde in vielen Lehrbüchern der Weimarer Republik abgedruckt.

es Wilson und der britische Premierminister Lloyd George, die die französischen Absichten verhinderten. Frankreich wollte die Situation nutzen, um Deutschland dauerhaft zu schwächen. Dazu gehörten, wenn schon nicht die Aufteilung Deutschlands in Einzelstaaten, umfangreiche Gebietsabtretungen sowohl im Westen als auch im Osten. Der Rhein sollte Deutschlands Westgrenze bilden. Außerdem waren radikale Rüstungsbegrenzungen und Reparationsforderungen sowie ein französisches Sicherheitssystem mit dem neuen polnischen Staat als Partner im Osten geplant. Lloyd George befürchtete, eine Umsetzung der französischen Pläne mache Deutschland anfällig für den Bolschewismus. England wollte hauptsächlich seine Stellung als Kolonialmacht sichern und die deutsche Flottenkonkurrenz ausschalten. Darüber hinaus sollte der kontinentale Konfliktherd beruhigt werden.

US-Präsident Wilson (1856–1924)

Die Bestimmungen des Versailler Vertrages

Am 7. Mai 1919 wurden die Vertragsbestimmungen der einbestellten deutschen Delegation übergeben. Bis dahin war die deutsche Seite nicht über Verlauf und Ergebnisse der Verhandlungen informiert worden. Deutschland hoffte auf einen moderaten Verständigungsfrieden. Die nun übergebenen Bestimmungen lösten in Deutschland Entsetzen aus.
Zum Friedensvertrag mit Deutschland gehörten auch die Statuten des Völkerbundes. Er garantierte seinen Mitgliedstaaten territoriale Integrität und friedliche Konfliktlösung. Deutschland wurde zu umfangreichen Gebietsabtretungen verpflichtet. Es musste etwa ein Siebtel seines Territoriums mit einem Zehntel seiner Bevölkerung abtreten. Damit gingen etwa 50 % der Eisenerzvorräte, 25 % der Steinkohlereserven, 17 % der Kartoffel- und 13 % der Weizenernte verloren. Deutschland musste die allgemeine Wehrpflicht abschaffen. Das Heer wurde auf 100 000 Mann, die Marine auf 25 000 Mann lang dienender Soldaten beschränkt. Die westliche Rheinseite wurde dauerhaft demilitarisiert, in Zonen aufgeteilt und von den alliierten Siegern maximal 15 Jahre besetzt. Dazu gehörten auch die östlich des Rheins liegenden Brückköpfe Kehl, Mainz, Koblenz und Köln. Darüber hinaus wurde ein 50 km breiter Streifen rechts des Rheins zur demilitarisierten Zone erklärt. Weiterhin wurde Deutschland zu Reparationsleistungen verpflichtet. Dazu zählten Sachleistungen wie z. B. 60 Prozent der deutschen Kohleförderung auf 10 Jahre, 90 Prozent der deutschen Handelsflotte, Lokomotiven und Waggons, aber auch Nutztiere wie Pferde und Rinder. Die in Geld ausgedrückte Gesamthöhe der Reparationen sollte erst noch bestimmt und Deutschland später vorgelegt werden. Die Strafbestimmungen sahen die Auslieferung Wilhelms II. vor, der „wegen schwerster Verletzung der internationalen Moral und der Heiligkeit der Verträge“ vor ein internationales Gericht gestellt werden sollte. Zu den Strafbestimmungen gehörte auch der sogenannte Kriegsschuldartikel 231, der besagte, dass „Deutschland und seine Verbündeten“ den Krieg ihren Gegnern aufgezwungen und damit „Urheber aller Verluste und Schäden“ der Kriegsgegner seien. Dies sollte den Reparationsforderungen eine juristische Basis geben.

2 Germania am Marterpfahl. Propagandapostkarte gegen die Bestimmungen des Versailler Vertrags, ca. 1920

Den Vertrag annehmen oder ablehnen

Die Vertragsbedingungen trafen eine deutsche Öffentlichkeit, die sich weder mit dem Anfang noch mit dem Ende des Krieges in nüchterner Weise beschäftigt hatte. Allenthalben herrschte Entsetzen. Parteiübergreifend wurde dieser Vertrag entschieden abgelehnt. Eine Form von Staatstrauer wurde ausgerufen: Auf eine Woche sollten alle Lustbarkeiten unterbleiben. Reichsministerpräsident Scheidemann (SPD) verweigerte diesem Vertrag seine Zustimmung und trat am 20. Juni 1919 zurück. Das Außenministerium versuchte nachzuweisen, dass Deutschland nicht die alleinige Kriegsschuld treffe. Die Siegermächte präzisierten daraufhin den Artikel 231 dahingehend, dass Deutschland auch die moralische Schuld am Kriegsausbruch habe. Erst allmählich wurde klar, dass die Ablehnung des Vertrages zu einer Verschärfung der Seeblockade und einem alliierten Einmarsch führen würde. Die Regierung des zu 25 % von alliierten Truppen besetzten Volksstaates Hessen bereitete sich mit Notstandsplänen auf eine Ausweitung der Besetzung auf die Landeshauptstadt Darmstadt vor. Nachdem die Heeresleitung deutlich machte, dass es keine militärische Alternative zur Unterzeichnung gibt, wurde der Versailler Vertrag am 16. Juli 1919 definitiv angenommen. Seine Bestimmungen traten am 10. Januar 1920 in Kraft.

Innenpolitische Folgen

Dolchstoßlegende

Rechtsgerichtete Gruppen nutzten die Situation, um ihre Version von der Kriegsniederlage zu verbreiten: Der Krieg sei nicht militärisch verloren worden, vielmehr seien Demokraten und Revolutionäre den siegreichen Soldaten in den Rücken gefallen. Diese „Dolchstoßlegende" fand sich bereits im November 1918 in einem Aufruf der DNVP. (**Online Link** 430016-0401) 1919 formulierte sie Hindenburg vor einem parlamentarischen Untersuchungsausschuss. Die für die Annahme des Vertrages verantwortlichen demokratischen Parteien verloren an Ansehen. Demokratie wurde gleichgesetzt mit Verrat an deutschen Interessen. Den Republikgegnern diente die Dolchstoßlegende als Propagandainstrument gegen Parlamentarismus und die „Novemberverbrecher".

Außenpolitische Folgen

Das vorrangige Ziel der deutschen Außenpolitik nach 1919 war die Revision des Versailler Vertrages. Vor allem die Reparationsforderungen sollten auf ein erfüllbares Maß reduziert werden. Dabei hatte man durchaus Erfolg. So konnten die ursprünglichen alliierten Forderungen auf der Londoner Konferenz 1921 mit 132 Mrd. Goldmark und 26 Prozent der Exporterlöse nahezu halbiert werden. Die anschließend von der deutschen Regierung praktizierte „Erfüllungspolitik" sollte die Unerfüllbarkeit auch dieser Forderungen zeigen. Dabei setzte man das Mittel einer kalkulierten Inflation ein.

Rapallo und Ruhrkrise

Etwa zur gleichen Zeit wurde 1922 der Vertrag von Rapallo mit Sowjetrussland geschlossen. (**Online Link** 430016-0401) Mit ihm versuchte der deutsche Außenminister Walther Rathenau, die außenpolitische Isolierung zu durchbrechen. Der Vertrag enthielt einen gegenseitigen Verzicht auf Entschädigungsleistungen, die Meistbegünstigungsklausel bei Handelsverträgen und die Aufnahme von diplomatischen Beziehungen. Auch verband die Vertragspartner eine antipolnische Haltung, sodass Frankreichs Sicherheitskonzept dadurch an Stabilität verlor. Deswegen ging Frankreich in der Reparationsfrage Anfang 1923 zu einer Politik der „produktiven Pfänder" über. Als Deutschland mit seinen Sachleistungen geringfügig in Rückstand geriet, besetzten belgische und französische Truppen am 11. Januar 1923 das Ruhrgebiet. Die Regierung Cuno reagierte mit der Einstellung sämtlicher Reparationsleistungen und „passivem Widerstand". Dessen Finanzierung verursachte die Hyperinflation; Deutschland stand vor dem wirtschaftlichen Zusammenbruch. Frankreich verschärfte die Krise durch Unterstützung der linksrheinischen Separatisten. Wegen der Aussichtslosigkeit brach die neue Regierung unter Gustav Stresemann (DVP) im September 1923 den passiven Widerstand ab.

Großbritannien und die USA konnten Frankreich zu einer Aufgabe seiner Politik der „produktiven Pfänder" bewegen. Die Reparationsfrage sollte nun ökonomisch gelöst werden. Ein erster Schritt war die Konsolidierung der deutschen Währung durch die Einführung der Rentenmark. 1924 wurde mit dem „Dawes-Plan" eine vorläufig stabile Reparationsregelung geschaffen.

Die Verträge von Locarno

Stresemann erkannte die Notwendigkeit einer Zusammenarbeit mit den alliierten Mächten, vor allem mit den USA. Er hatte die revisionistischen Ziele keineswegs aufgegeben, wollte Deutschland aber mithilfe seiner Wirtschaftsmacht zurück in eine Großmachtposition bringen. Vor diesem Hintergrund griff er die Idee eines Westpaktes auf, der im Oktober 1925 in den Verträgen von Locarno umgesetzt wurde. Mit ihnen wurden die Grenzen zu Frankreich und Belgien definitiv anerkannt und von England und Italien garantiert. Außerdem wurden Schiedsverträge mit Frankreich, Belgien, Polen und der Tschechoslowakei geschlossen, wobei Deutschland die Ostgrenzen nicht endgültig anerkannte. Mit den Verträgen von Locarno war Deutschlands Eintritt in den Völkerbund am 10. September 1926 gekoppelt. Deutschland erhielt einen ständigen Sitz im Völkerbundrat und außerdem einige Sonderrechte. So wurde es von seiner militärischen Bestandspflicht befreit. Damit und mit dem Berliner Vertrag vom 24. April 1926 konnte Stresemann das gute Verhältnis zur Sowjetunion vor negativen Auswirkungen bewahren. Deutschland verpflichtete sich im Berliner Vertrag zur Neutralität, falls es zwischen der Sowjetunion und einem dritten Staat – gedacht war vor allem an Polen – zu einem Krieg kommen sollte. Wegen der deutschen Sonderrechte im Völkerbund konnte Frankreich Polen in dieser Situation nicht über deutsches Territorium zu Hilfe kommen.

Gustav Stresemann (1878–1929)

Der Entspannungsprozess stockt

Nach Locarno kam es nicht zu einer schnellen Gesamtlösung der deutschen Revisionsanliegen, wie Stresemann prophezeite. Zwar wurde 1925 die erste Zone des besetzten Rheinlandes geräumt und 1927 die Interalliierte Militärkommission zur Kontrolle der deutschen Abrüstung abgezogen. Trotzdem geriet der Entspannungsprozess ins Stocken. Schließlich konnte in der Ära Stresemann nur noch eine Neuverhandlung der deutschen Reparationsverpflichtungen angestoßen werden. Stresemann starb am 3. Oktober 1929. Die neue Reparationsregelung, der Young-Plan, wurde am 12. März 1930 vom Reichstag angenommen. In 59 Jahresraten sollte die definitive Summe von 112 Milliarden RM gezahlt werden. Die Zahlungsverpflichtungen bis zum 31. März 1932 wurden gegenüber dem Dawes-Plan um 1,7 Milliarden RM reduziert. Trotz der erneuten Verbesserungen war der Young-Plan äußerst umstritten. Durch die Zusammenarbeit mit DNVP und Stahlhelm bei dem gegen den Young-Plan angestrengten Volksbegehren gewann die NSDAP reichsweit an Ansehen. Auch das Ende der parlamentarischen Regierungen fällt mit der Annahme des Young-Plans zusammen. Hindenburg wollte vor der Ernennung des ersten Präsidialkabinetts nur noch dessen Annahme abwarten. Davon hing das Ende der Besetzung des Rheinlandes ab.

3 **DNVP Wahlplakat 1928.** Gegen die Anerkennung der Westgrenze agitierten die rechten Parteien.

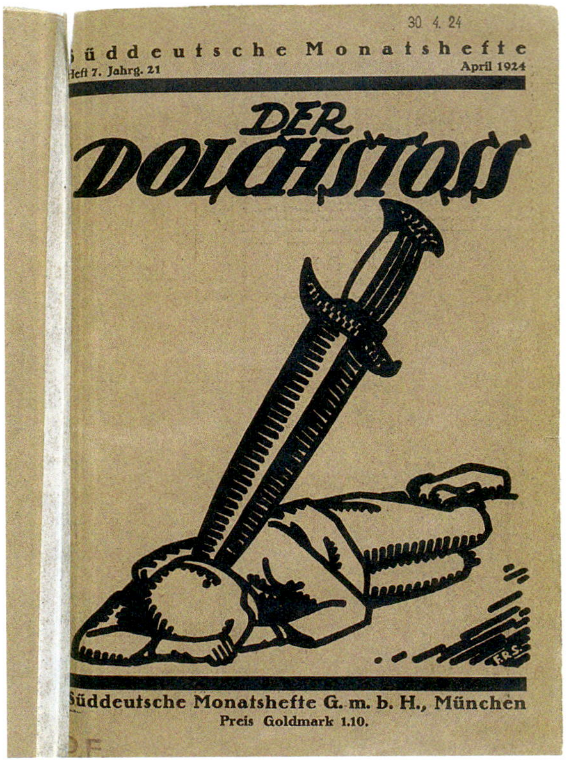

4 Propagandazeichnung Dolchstoßlüge 1934

5 Hindenburg vor dem Parlamentarischen Untersuchungsausschuss am 18. November 1919

Die Geschichte wird über das, was ich hier nicht weiter ausführen darf, das endgültige Urteil sprechen. Damals hofften wir noch, dass der Wille zum Siege alles andere beherrschen würde. Als wir unser Amt übernahmen, stellten wir bei der Reichsleitung eine Reihe von Anträgen, die den Zweck hatten, alle nationalen Kräfte zur schnellen und günstigen Kriegsentscheidung zusammenzufassen; sie zeigten der Reichsleitung zugleich ihre riesengroßen Aufgaben. Was aber schließlich, zum Teil wieder durch Einwirkung der Parteien, aus unseren Anträgen geworden ist, ist bekannt. Ich wollte kraftvolle und freudige Mitarbeit, und bekam Versagen und Schwäche. Die Sorge, ob die Heimat fest genug bliebe, bis der Krieg gewonnen sei, hat uns von diesem Augenblicke an nie mehr verlassen. Wir erhoben noch oft unsere warnende Stimme bei der Reichsregierung. In dieser Zeit setzte die heimliche planmäßige Zersetzung von Flotte und Heer als Fortsetzung ähnlicher Erscheinungen im Frieden ein. Die Wirkungen dieser Bestrebungen waren der Obersten Heeresleitung während des letzten Kriegsjahres nicht verborgen geblieben. Die braven Truppen, die sich von der revolutionären Zermürbung freihielten, hatten unter dem pflichtwidrigen Verhalten der revolutionären Kameraden schwer zu leiden; sie mussten die ganze Last des Kampfes tragen. Die Absichten der Führung konnten nicht mehr zur Ausführung gebracht werden. Unsere wiederholten Anträge auf strenge Zucht und strenge Gesetzgebung wurden nicht erfüllt. So mussten unsere Operationen misslingen, es musste der Zusammenbruch kommen; die Revolution bildete nur den Schlussstein. Ein englischer General sagte mit Recht: „Die deutsche Armee ist von hinten erdolcht worden." Den guten Kern des Heeres trifft keine Schuld. Seine Leistung ist ebenso bewunderungswürdig wie die des Offizierkorps. Wo die Schuld liegt, ist klar erwiesen.

Zit. nach: H. Michaelis/E. Schraepler (Hrsg.): Ursachen und Folgen. Vom deutschen Zusammenbruch 1918 und 1945 bis zur staatlichen Neuordnung Deutschlands in der Gegenwart, Bd. IV. Berlin. o. J., S. 8.

6 Feststellungen des früheren Vizekanzlers Friedrich von Payer vom 14. Dezember 1925 auf einer Kundgebung des Republikanischen Reichsbundes in Frankfurt a. Main

Weshalb in Wirklichkeit der Krieg für uns verloren ging, kann man mit wenigen Sätzen sagen:

Weil unsere Heerführer trotz aller Siege nicht verhindern konnten, dass an den wichtigsten Fronten der Bewegungskrieg in den Stellungskrieg überging, weil bei diesem letzten Endes das Mehr an Mannschaften, Kriegsgeräten, Materialien und Nahrungsmitteln entscheiden musste, weil unsere Feinde weit zahlreicher waren als wir samt unsern Bundesgenossen und weil ihnen die Vorräte und Hilfsmittel der ganzen Welt zur Verfügung standen, uns nicht, weil denn auch richtig schließlich unsere Bataillone an Zahl und Umfang immer kläglicher zusammenschmolzen und unsere Reserven verschwanden – während die Amerikaner alle Monat für Monat mehr als 250 000 Mann frischer Truppen an die Front warfen, weil der verstärkte U-Boot-Krieg nicht, wie versprochen, zum Ziele führte, weil wir den gepanzerten Sturmwagen unserer Gegner nichts Ähnliches entgegenzusetzen hatten, weil wir unseren Truppen aus Mangel an Mannschaft nicht mehr die zum Ausruhen nötigen Kampfpausen gewähren konnten, weil jahrelang unsere Ernährung an der Front und zu Hause ungenügend war, weil unsere Bundesgenossen einer um den anderen zusammenbrachen, weil Entbehrungen, die ständigen Verluste an Menschenleben, die Befürchtung weiterer Opfer und die immer wachsende Besorgnis vor einem unglücklichen Ausgang des Krieges nach vier Jahren die Stimmung in Heer und Volk zu einer gedrückten machen mussten, weil das Vertrauen in die Oberste Heeresleitung und deren Berichte schwand, weil dem Feldsoldaten der Unterschied zwischen den von ihm und den von den Offizieren und von der Etappe zu bringenden Opfern immer fühlbarer wurde, weil man eine solche Stimmung nicht wegkommandieren und auch durch keine Propa-

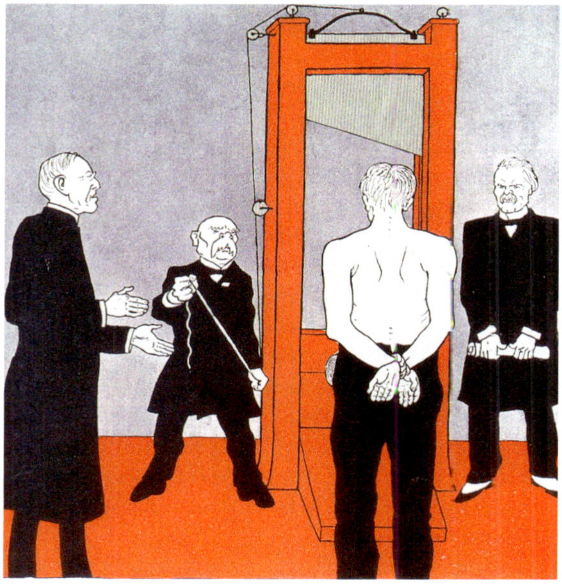

7 Versailles

Aus der Satirezeitschrift „Simplicissimus" vom 3. Juni 1919: Die im Frack dargestellten Personen sind von links nach rechts: der amerikanische Präsident Woodrow Wilson, der französische Ministerrpäsident George Clemenceau und der englische Premierminister David Lloyd George.

„Auch Sie haben ein Selbstbestimmungsrecht: Wünschen Sie, dass Ihnen die Taschen vor oder nach dem Tod ausgeleert werden?"

ganda wegdiskutieren konnte, weil daraus eine steigende Friedenssehnsucht heranwachsen musste – wogegen die Eroberungssucht gerade der größten deutschen Dynastien einen Verständigungsfrieden unmöglich machte, weil die Konservativen mit der Obersten Heeresleitung die von der Krone und der Regierung in Preußen aufs Feierlichste zugesagte Abschaffung des Dreiklassenwahlrechts schimpflich zu vereiteln wussten, und weil zum Schluss die Oberste Heeresleitung durch ihr überstürztes, der Reichsleitung abgerungenes Ersuchen um Waffenstillstand und Frieden vor Freund und Feind das unwiderrufliche Geständnis ablegte, dass wir militärisch mit unseren Kräften am Ende waren.

Zit. nach: H. Michaelis/E. Schraepler (Hrsg.): Ursachen und Folgen. Vom deutschen Zusammenbruch 1918 und 1945 bis zur staatlichen Neuordnung Deutschlands in der Gegenwart, Bd. IV. Berlin. o. J., S. 12 f.

8 Reichskanzler Dr. Wirth am 24. Juli 1922 über den Rapallo-Vertrag

Meine Politik wird meist missverstanden; ich sehe die einzige Möglichkeit für uns, wieder zum Aufstieg zu kommen, darin, dass das deutsche und russische Volk gesunden und als Nachbarn wieder freundschaftlich und vertrauensvoll zusammenarbeiten [...] aus diesem Grunde habe ich auch den Rapallovertrag abgeschlossen. Der Vertrag ist, wie Sie wissen, in Deutschland auf scharfen Widerstand gestoßen, und zwar, ich verhehle es Ihnen nicht, besonders bei den sozialistischen Parteien und in erster Linie bei dem Herrn Reichspräsidenten. Aber was wollen Sie mit Parteien, die sich zu dem Wahlspruch „Nie wieder Krieg" bekennen? Diesen Standpunkt kann ich nicht teilen, und eines erkläre ich Ihnen unumwunden: Polen muss erledigt werden. Auf dieses Ziel ist meine Politik eingestellt [...] Ich schließe keine Verträge, durch die Polen gestärkt werden könnte, es ist vielmehr mit meinem Einverständnis manches auch bezüglich der Ostgrenze geschehen, was nur wenige außer mir wissen. In diesem Punkt bin ich ganz einig mit den Militärs, besonders mit dem General v. Seeckt.

(Nach den Aufzeichnungen des Grafen Brockdorff-Rantzau über seine Unterredung mit Reichskanzler Dr. Wirth am 24. Juli 1922.)

Zit. nach: H. Michaelis/E. Schraepler (Hrsg.): Ursachen und Folgen. Vom deutschen Zusammenbruch 1918 und 1945 bis zur staatlichen Neuordnung Deutschlands in der Gegenwart, Bd. VI. Berlin. o. J., S. 598.

9 General von Seeckt in einer Denkschrift vom 11. September 1922 über Deutschlands Stellung zum russischen Problem

Was ist also unser Ziel? Was wollen wir von, in und mit Russland? Worin besteht die gefürchtete Ostorientierung?

Wir wollen zweierlei: erstens eine Stärkung Russlands auf wirtschaftlichem und auf politischem, also militärischem Gebiet und damit indirekt die eigene Stärkung, indem wir einen zukünftigen möglichen Bundesgenossen stärken; wir wollen ferner, zunächst vorsichtig und versuchend, die unmittelbare eigene Stärkung, indem wir eine uns im Bedarfsfall dienstbare Rüstungsindustrie in Russland heranbilden helfen.

Dem ersten Zweck dient diese Rüstungsindustrie naturgemäß unmittelbar. Ihr Aufbau erfolgt durch private deutsche Firmen, die unserer Weisung folgen. Der Umfang dieses Aufbaus hängt von der Entwicklung der Lage in Russland und von der Bereitwilligkeit und Leistungsfähigkeit der deutschen Privatindustrie ab. Russischen Wünschen nach weiterer Unterstützung auf militärtechnischem Gebiet kann, soweit es angängig und vorteilhaft erscheint, materiell und personell entsprochen werden. [...] Das Ziel unmittelbarer Rüstungsvorbereitung wird auf dem gleichen privaten Industrieweg angestrebt.

Bei allen diesen, zum großen Teil erst in der Einleitung begriffenen Maßnahmen bleibt die Teilnahme und sogar die offizielle Kenntnis der deutschen Regierung ganz ausgeschaltet. Die Einzelheiten der Verhandlungen sind nur durch militärische Stellen geleitet möglich. [...] Wer noch auf dem Boden der Versailler Tage steht und daran festhält, dass Deutschland aller „imperialistischen und

militärischen Bestrebungen", d. h. also, von der demagogischen Phrase entkleidet, jeder aktiven Politik dauernd entsagt hat, der taugt nicht zur Vertretung deutscher Interessen in Russland. Vielleicht nirgends.
Es seien noch einige Einwendungen gegen die geforderte deutsche Politik gegenüber Russland gestreift. Gewiss ist Deutschland heute nicht in der Lage, Frankreich Widerstand zu leisten. Unsere Politik soll die künftige Möglichkeit dazu vorbereiten. [...] Kommt es zu kriegerischen Verwicklungen – und sie erscheinen heute schon greifbar nah –, dann wird es nicht die Aufgabe der leitenden Staatsmänner bei uns sein, Deutschland aus dem Konflikt herauszuhalten – das wird vergeblich oder Selbstmord sein – sondern so stark wie möglich auf die richtige Seite zu treten.

Zit. nach: H. Michaelis/E. Schraepler (Hrsg.): Ursachen und Folgen. Vom deutschen Zusammenbruch 1918 und 1945 bis zur staatlichen Neuordnung Deutschlands in der Gegenwart, Bd. VI. Berlin. o. J., S. 610 f.

10 Deutsche Außenpolitik nach dem Versailler Vertrag

Stresemann über die Ziele deutscher Außenpolitik an Kronprinz Wilhelm, 7. September 1925:

Die deutsche Außenpolitik hat nach meiner Auffassung für die nächste absehbare Zeit drei große Aufgaben: Einmal die Lösung der Reparationsfrage in einem für Deutschland erträglichen Sinne und die Sicherung des Friedens, die die Voraussetzung für eine Wiedererstarkung Deutschlands ist.
Zweitens rechne ich dazu den Schutz der Auslandsdeutschen, jener 10 bis 12 Millionen Stammesgenossen, die jetzt unter fremdem Joch in fremden Ländern leben.
Die dritte große Aufgabe ist die Korrektur der Ostgrenzen: die Wiedergewinnung von Danzig, vom polnischen Korridor und eine Korrektur der Grenze in Oberschlesien. Im Hintergrunde steht der Anschluss von Deutsch-Österreich, obwohl ich mir sehr klar darüber bin, dass dieser Anschluss nicht nur Vorteile für Deutschland bringt, sondern das Problem des Deutschen Reichs sehr kompliziert (Verstärkung des katholischen Einflusses, Bayern plus Österreich gegen Preußen, Vorherrschen der klerikalen und sozialistischen Parteien in Deutsch-Österreich).
Wollen wir diese Ziele erreichen, so müssen wir uns aber auch auf diese Aufgaben konzentrieren. Daher der Sicherheitspakt, der uns einmal den Frieden garantieren und England sowie, wenn Mussolini mitmacht, Italien als Garanten der deutschen Westgrenze festlegen soll. Der Sicherheitspakt birgt andererseits in sich den Verzicht auf eine kriegerische Auseinandersetzung mit Frankreich wegen der Rückgewinnung Elsass-Lothringens, ein deutscher Verzicht, der aber insoweit nur theoretischen Charakter hat, als keine Möglichkeit eines Krieges gegen Frankreich besteht. [...]
Dass wir im Übrigen durchaus bereit sind, mit dem russischen Staat, an dessen evolutionäre Entwicklung ich glaube, uns auf anderer Basis zu verständigen und uns durch unseren Eintritt in den Völkerbund durchaus nicht nach dem Westen verkaufen, ist eine Tatsache, über die ich E. K. H. [Eure Königliche Hoheit] gern gelegentlich mündlich Näheres sagen würde. [...]
Das Wichtigste ist für die unter 1) berührte Frage der deutschen Politik das Freiwerden deutschen Landes von fremder Besatzung. Wir müssen den Würger erst vom Halse haben. Deshalb wird die deutsche Politik, wie Metternich von Österreich wohl nach 1809 sagte, in dieser Beziehung zunächst darin bestehen müssen, zu finassieren und den großen Entscheidungen auszuweichen. [...]

Zit. nach: W. Michalka/G. Niedhart (Hrsg.): Die ungeliebte Republik, München 1980, S. 162 ff.

Arbeitsvorschläge

a) Zeigen Sie anhand der Karte (M 1), welche Konsequenzen der Versailler Vertrag für Deutschland hatte. Bestimmen Sie dann den politischen Standort des Kartenautors.

b) Vergleichen Sie M 2 – M 5 im Hinblick darauf, wie der Zustand Deutschlands nach 1918 bewertet und wem die Schuld daran zugeschrieben wird.

c) Erarbeiten Sie die Gemeinsamkeiten und Unterschiede in der deutschen Außenpolitik von 1922 und der Ära Stresemann (M 8 – M 10). Charakterisieren Sie die Position, die Stresemann gegenüber den bis 1925 erreichten außenpolitischen Erfolgen einnahm.

d) War der Versailler Vertrag als Friedensvertrag zu hart, wie es viele Deutsche empfanden, oder als Diktatfrieden gar zu „weich", wie es der kommunistische Schriftsteller Wieland Herzfelde schrieb? Nehmen Sie Stellung.

4.3 Verfassung und Verfassungswirklichkeit

Auf dem Weg zur verfassunggebenden Nationalversammlung

Schon am 15. November 1918 wurde der linksliberale Jurist Hugo Preuß vom Rat der Volksbeauftragten zum Staatssekretär im Reichsamt des Innern berufen, um einen Verfassungsentwurf ausarbeiten. Am 29. November 1918 verabschiedete der Rat der Volksbeauftragten ein Gesetz über die Wahlen zur verfassunggebenden Nationalversammlung. Es sah ein reines Verhältniswahlrecht vor. Außerdem erhielten Frauen erstmals in Deutschland das aktive und passive Wahlrecht. Die Folge war, dass 41 Frauen der Nationalversammlung angehörten; davon waren etwa die Hälfte SPD-Mitglieder. Dieser Frauenanteil von 9,6 Prozent wurde im Deutschen Bundestag erst wieder 1983 erreicht. Die Parlamentarierinnen besetzten die „weiblichen" Themen Familie oder Bildung, in zentralen Bereichen wie der Außen- oder Wirtschaftspolitik blieben die Männer weiter unter sich.
Der vom 16. bis 20. Dezember 1918 tagende Erste Rätekongress legte die Wahlen zur Nationalversammlung auf den 19. Januar 1919. Wegen des Januaraufstandes in Berlin wurde die Nationalversammlung am 6. Februar 1919 in Weimar eröffnet. Dort hatten die Parteien die Mehrheit, die schon im Oktober 1918 die erste parlamentarische Regierung Deutschlands stützten: SPD, linksliberale DDP und Zentrum. Sie verabschiedeten am 10. Februar 1919 das „Gesetz über die vorläufige Reichsgewalt". Darin waren alle späteren Verfassungsorgane enthalten: Die Nationalversammlung bildete zusammen mit dem Staatenausschuss als Vertretung der Länder die Legislative. Oberstes Exekutivorgan war der von der Nationalversammlung zu wählende Reichspräsident. Er ernannte ein Reichsministerium, das vom Vertrauen der Nationalversammlung abhängig war.

Repräsentative Demokratie, allgemeines Wahlrecht und plebiszitäre Elemente

Damit war schon vor den eigentlichen Verfassungsberatungen die Grundstruktur des neuen Staates deutlich geworden. Tatsächlich verliefen die Verfassungsberatungen auch recht unspektakulär. Am 11. August 1919 unterzeichnete Reichspräsident Ebert eine Verfassung, die als die demokratischste ihrer Zeit galt. Sie bestand aus zwei Hauptteilen: Im ersten Hauptteil wurden der „Aufbau und die Aufgaben des Reichs" geregelt. Der zweite Hauptteil enthielt die „Grundrechte und Grundpflichten der Deutschen". Oberster Grundsatz der Verfassung war die Volkssouveränität. Sie fand ihren Ausdruck in der Wahl der Reichstagsabgeordneten, in der direkten Wahl des Reichspräsidenten und im Volksentscheid. Der Volksentscheid stand über den Beschlüssen des Reichstags. Während der Reichs-

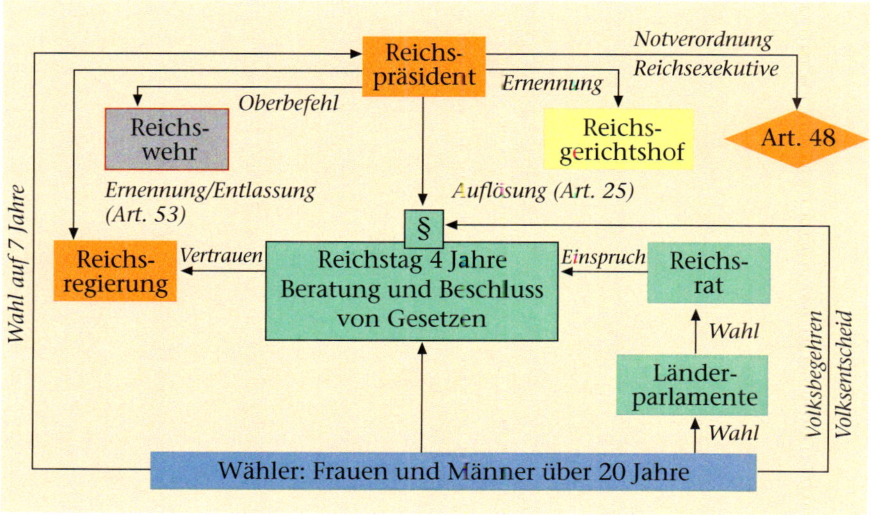

1 Die Verfassung der Weimarer Republik

Hugo Preuß (1860–1925), Jurist jüdischer Herkunft; einer der Väter der Weimarer Reichsverfassung

tag nach dem Verhältniswahlrecht – auf 60 000 Stimmen kam ein Abgeordneter – für 4 Jahre gewählt wurde, dauerte die Amtszeit des Präsidenten 7 Jahre.
Die beiden stärksten Verfassungsorgane waren der Reichspräsident und der Reichstag. Sie sollten sich gegenseitig kontrollieren. Der Reichsrat als Vertretung der Länder hatte im Gesetzgebungsverfahren lediglich das Recht zu einem Einspruch, der vom Reichstag zurückgewiesen werden konnte. Die Reichsregierung war außerdem vom Vertrauen des Reichstages abhängig.
Der Reichspräsident besaß nicht nur den Oberbefehl über die Reichswehr; er konnte auch Gesetze des Reichstages zum Volksentscheid bringen. Der Artikel 25 ermöglichte die Auflösung des Reichstags, allerdings nur einmal aus dem gleichen Grund. Innerhalb von 60 Tagen musste es zu Neuwahlen kommen. Darüber hinaus besaß der Reichspräsident mit dem Artikel 48 das Notstandsrecht. Unter der Voraussetzung, dass die öffentliche Sicherheit und Ordnung wiederherzustellen waren, konnte er bestimmte Freiheitsrechte des Bürgers aufheben, die „bewaffnete Macht" einsetzen und Notverordnungen mit Gesetzeskraft erlassen. Allerdings waren all diese Maßnahmen unverzüglich dem Reichstag mitzuteilen und auf dessen mehrheitliches Verlangen außer Kraft zu setzen.
Vor allem in der Möglichkeit des Reichspräsidenten, die Artikel 25 und 48 zu kombinieren, wird die Schwäche der Weimarer Reichsverfassung gesehen. Ein republikfeindlicher Präsident wie Hindenburg habe damit die Republik in den Untergang führen können. Allerdings hätte die Republik ohne den Artikel 48 die turbulenten Jahre bis 1923 nicht überstanden.

Die Grundrechte

Der „Zweite Hauptteil" der Verfassung enthielt einerseits die klassischen individuellen Grundrechte – Freizügigkeit, Freiheit der Person, Unverletzlichkeit der Wohnung, Briefgeheimnis, Meinungs- und Pressefreiheit –, andererseits aber auch Grundrechte, die das Gemeinschaftsleben, die Religion, die Schule und das Wirtschaftsleben betrafen. Der erste Artikel der Grundrechte, Artikel 109, stellte die Gleichheit aller Deutschen vor dem Gesetz und die Gleichberechtigung von Mann und Frau fest. Mit dem Frauenwahlrecht und der grundsätzlichen Gleichberechtigung von Mann und Frau hat die Weimarer Verfassung die Stellung der Frau in Staat und Gesellschaft deutlich verbessert. Dies wirkte sich auch auf die soziale Stellung der Frauen aus. Vor dem Hintergrund der Verfassungsgrundsätze führte das Heimarbeitergesetz 1924 Mindestlöhne und eine Sozialversicherung für Heimarbeiterinnen ein, 1927 trat das „Gesetz zum Schutz der Frau vor und nach der Niederkunft" in Kraft. Viele Frauen nahmen allerdings den Mutterschutz nicht in Anspruch, weil sie sich den Verdienstausfall nicht leisten konnten. Auch wurde die Gleichstellung nicht überall erreicht. Frauen erhielten nicht den gleichen Lohn wie ihre männlichen Kollegen, dasselbe galt für die Arbeitslosenunterstützung. In den Fabriken galten Frauen aus der Sicht der Männer als „Lohndrückerinnen". Fast überall versuchte man verheiratete Frauen als „Doppelverdienerinnen" wieder aus dem Arbeitsleben zu verdrängen. Nicht mehr wegzudenken hingegen war die Arbeit von Frauen in den Telefonvermittlungen, Büros und Warenhäusern der Städte. Allerdings bildeten die berufstätigen Frauen eine deutliche Minderheit.
Die Grundrechte der Verfassung enthielten weiterhin den Schutz der Ehe und Familie, aber auch die Gleichberechtigung unehelicher Kinder; den Schutz der Mutter und der Jugend; das Koalitions- und Versammlungsrecht. Die Artikel über Religion und Religionsgesellschaften sind sogar ins Grundgesetz der Bundesrepublik übernommen worden. Staat und Kirche wurden getrennt.
Mit den Artikeln über das Schulwesen griff der Weimarer Staat in bis dahin – und auch heute wieder – klassische Länderrechte ein. Die Volksschule als Bekenntnisschule blieb genauso erhalten wie Religion als ordentliches Unterrichtsfach.

Auch auf das Bildungswesen wirkte sich die grundsätzliche Gleichberechtigung von Mann und Frau aus. Frauen waren nun zum Universitätsstudium zugelassen. 1931 war ein Viertel der Abiturienten Frauen und im Wintersemester 1932/33 waren ca. 18 % der an den deutschen Universitäten eingeschriebenen Studierenden weiblich. Doch die Studentinnen waren angesichts des Überangebots an Akademikern äußerst ungern gesehen und wurden als Konkurrentinnen betrachtet.

Der Abschnitt über das Wirtschaftsleben sicherte einerseits klassische liberale Vorstellungen wie Vertragsfreiheit und Recht auf Eigentum; andererseits ermöglichte Artikel 165 die Bildung von Arbeiterräten und einen Reichswirtschaftsrat, dem die sozialpolitischen und wirtschaftspolitischen Gesetzesentwürfe der Regierung vor der Einbringung in den Reichstag zur Beratung vorgelegt werden sollten. Auf diese Weise sollte der Rätegedanke in der Verfassung gerettet werden. Tatsächlich kam es nur zur Einrichtung von Betriebsräten. Als Ziel war weiterhin vorgesehen, ein einheitliches Arbeitsrecht zu schaffen.

Die Weimarer Republik verstand sich als Sozialstaat. Schon vor der Einführung der Arbeitslosenversicherung 1927 stand Arbeitslosen nach Artikel 163 staatliche Unterstützung zu. Artikel 161 legt fest, dass „zur Vorsorge gegen die wirtschaftlichen Folgen von Alter, Schwäche und Wechselfällen des Lebens" Versicherungen geschaffen werden müssen.

Die Parteien in der Weimarer Republik

Während es in der Weimarer Reichsverfassung keinerlei Aussagen über Parteien gibt und damit auch Parteien ohne demokratische Struktur möglich waren, wurde das Verhältniswahlrecht in der Verfassung festgeschrieben. Es war 1918/19 unter den parlamentarischen Parteien unumstritten. Weder SPD noch Zentrum oder DDP wollten nach den Erfahrungen im Kaiserreich am Mehrheitswahlrecht festhalten. Das Verhältniswahlrecht wurde ohne große Debatte von allen in der

2 **Ergebnisse der Wahlen zur Nationalversammlung und zum Reichstag 1919–1933** (Stimmanteile unter 3 % sind nicht dargestellt.)

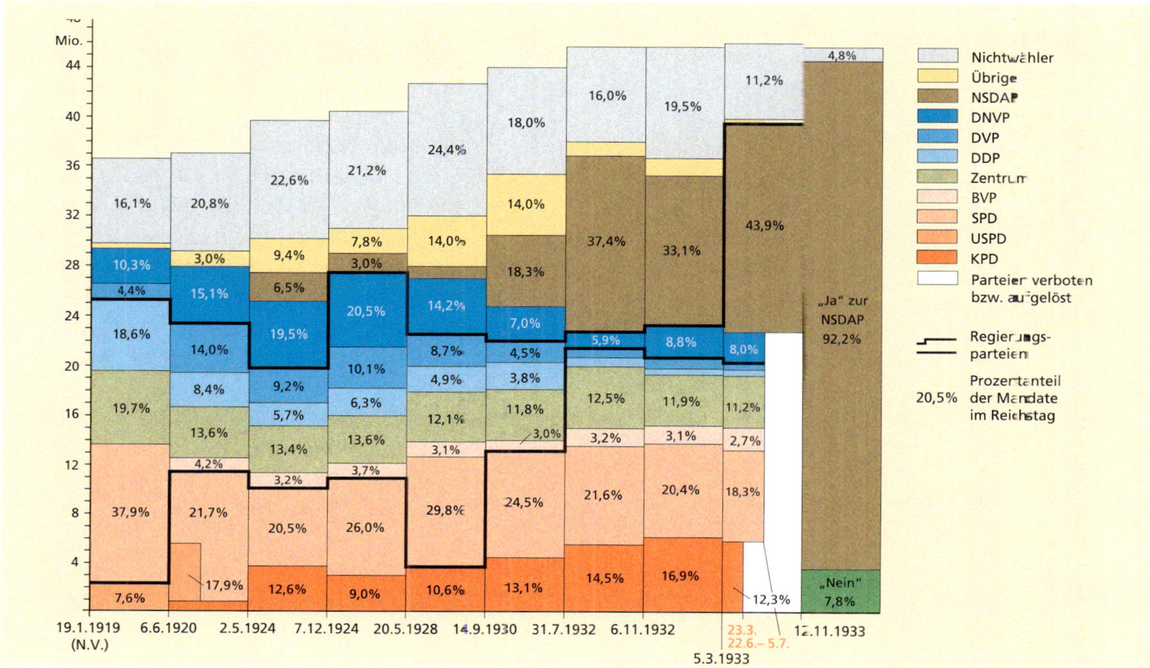

3 Bis in die dritte Generation müßt ihr fronen!
Plakat zum Volksbegehren gegen den Young-Plan

Nationalversammlung vertretenen Parteien akzeptiert. Lediglich die extreme Linke lehnte das Repräsentativsystem grundsätzlich ab und plädierte für ein Rätesystem nach russischem Vorbild. Dies war aber, wie die Ereignisse gezeigt haben, eine Minderheitenmeinung.

Das Verhältniswahlrecht hat es einerseits ermöglicht, dass fast keine Stimme verloren ging und auch kleine Parteien im Reichstag vertreten waren. Andererseits erschwerten weniger die kleinen Parteien die Regierungsbildung, sondern die Kompromissunfähigkeit der großen Parteien, die entweder schon im Kaiserreich existierten oder aus Parteien dieser Zeit hervorgegangen waren. Bis 1928 dominierten die an feste soziale Milieus gebundenen Weltanschauungsparteien: Sozialdemokraten, Zentrum, Liberale (DDP, DVP), Konservative (DNVP). SPD, Zentrum und die aus der Fortschrittspartei hervorgegangene DDP bildeten 1919 die erste Koalitionsregierung, die sogenannte Weimarer Koalition. Aber schon bei den ersten Reichstagswahlen im Juni 1920 verloren sie diese Mehrheit wieder und konnten sie auch nicht mehr erreichen. Nur noch einmal, 1928 bis 1930, stellte die SPD mit Hermann Müller einen Kanzler – an der Spitze einer Großen Koalition.

An der Regierungsbildung beteiligt waren nach 1920 die DVP (Deutsche Volkspartei) unter dem Vorsitz von Stresemann, die DDP (Deutsche Demokratische Partei) und auch die DNVP (Deutschnationale Volkspartei). Seit der Inflation 1923 verloren die Mittelparteien an Integrationskraft. Vor allem der DDP gelang es nicht, die „neue Mittelschicht" aus Angestellten und Beamten als Wählerschaft zu halten, waren doch gerade diese Gruppen häufig von der Geldentwertung betroffen. Auch die DVP scheiterte damit, liberales Denken und eine an großindustriellen Interessen orientierte Politik zu verbinden. Einen wichtigen Erfolg konnten die Rechtskonservativen 1925 bei der Wahl des Reichspräsidenten verbuchen: Nachfolger des verstorbenen Ebert im Amt des Reichspräsidenten wurde mit dem schon 78-jährigen Hindenburg ein Verfechter der Dolchstoßlegende.

Innerhalb des bürgerlichen Lagers erfolgte Ende der 1920er-Jahre ein Rechtsruck. Die liberalen Parteien bluteten aus und spielten ab 1932 keine Rolle mehr. Seit 1928 wurde die DNVP von Alfred Hugenberg geführt, der nach dem Ersten Weltkrieg einen eigenen Pressekonzern aufgebaut hatte. Unter seiner Führung arbeitete die DNVP schon 1929 beim Volksbegehren gegen den Young-Plan mit der NSDAP zusammen; 1931 bildeten sie zusammen mit dem „Stahlhelm", einer Organisation ehemaliger Frontkämpfer, die „Harzburger Front", ein Bündnis rechter antiparlamentarischer Kräfte.

KPD und NSDAP

Zwei Parteien mit völlig gegensätzlicher Weltanschauung, KPD und NSDAP, hatten der Republik und ihrer Verfassung vom ersten Tag an den Kampf angesagt. Die KPD entwickelte sich nach der Vereinigung mit dem linken Mehrheitsflügel der USPD Ende 1920 zu einer Massenpartei und verzeichnete ab 1929 ebenfalls Stimmengewinne. Eine Zusammenarbeit mit der SPD gegen die aufsteigende NSDAP verhinderte die ideologische Abstempelung der Sozialdemokraten als „Sozialfaschisten“: Der Kampf gegen den Faschismus war für die Kommunisten auch ein Kampf gegen die SPD. Denn die habe 1918 mit den obrigkeitsstaatlichen Eliten aus Wirtschaft und Militär gemeinsame Sache gemacht und die Revolution erstickt. KPD und NSDAP zeichnete außerdem aus, dass sie keine demokratischen Strukturen besaßen. Die Parteimitglieder wurden von der Parteiführung nach Gutdünken eingesetzt.

Die Rolle der Reichswehr

Hans von Seeckt (1866–1936), 1919 bis 1926 Chef des neu errichteten „Truppenamts im Reichswehrministerium“

Nach dem Waffenstillstand vom 11. November 1918 mussten innerhalb kürzester Zeit Hunderttausende von Soldaten demobilisiert werden. Einige Einheiten blieben nach ihrer Entlassung aus der Reichswehr zusammen und bildeten Freikorps. Sie wurden von der Regierung zeitweise geduldet und sogar innenpolitisch eingesetzt, z. B. 1919 im Kampf gegen den Januaraufstand der Spartakisten bzw. der KPD. Auch war sich die deutsche Regierung im Frühjahr bzw. Sommer 1919 nicht sicher, ob es nicht wegen einer möglichen Ablehnung des Versailler Vertrages zu erneuten kriegerischen Auseinandersetzungen mit Frankreich kommen würde. Hier hätte man die Freikorps gebraucht. Auf diese Weise wurden radikale und bewaffnete Republikgegner toleriert.
Wie problematisch das war, wurde 1920 deutlich, als die Marinebrigade Ehrhardt, ein noch bestehendes Freikorps, das Berliner Regierungsviertel besetzte. Wolfgang Kapp, der Gründer der Vaterlandspartei, wurde zum neuen Reichskanzler erklärt. Der folgende Generalstreik zwang die Putschisten zum Rückzug. Der Chef des Truppenamtes hingegen, General Hans von Seeckt, hatte sich geweigert, mit Einheiten der Reichswehr bewaffneten Widerstand zu leisten, wozu er laut Verfassung verpflichtet gewesen wäre.
Nach Artikel 48 nämlich hatte der Reichspräsident das Recht, die Reichswehr zur Wiederherstellung von Ruhe und Ordnung innenpolitisch einzusetzen. Von Seeckt vertrat aber den Standpunkt, die Reichswehr sei eine „neutrale“ Organisation und habe mit Fragen der Politik nichts zu tun. Denn den Soldaten war per Gesetz parteipolitische Betätigung und die Teilnahme an Wahlen untersagt. Als von Seeckt 1920 die Heeresleitung übernahm, entwickelte sich das Militär zunehmend zu einem eigenständigen Machtfaktor, zu einem „Staat im Staate“. Viele der monarchisch gesinnten Soldaten und Offiziere fühlten sich ohnehin der Republik und ihrer Verfassung nicht verbunden. Eine innere Demokratisierung der Armee blieb aus.
Nach von Seeckts Ausscheiden aus der Reichswehrführung im Oktober 1926 erlebte die Reichswehr eine deutliche Veränderung. Eine Gruppe jüngerer Offiziere um Kurt von Schleicher, den späteren Reichskanzler, arbeitete nun zielstrebig darauf hin, die Fesseln von Versailles abzulegen und die Reichswehr zu einer modernen, schlagfähigen Armee zu machen. Dazu nutzte Schleicher Ende der 1920er-Jahre seine Position als Chef des Ministeramtes im Reichswehrministerium und seine Verbindungen zu Hindenburg. Schleicher war maßgeblich an der Errichtung der Brüning'schen Präsidialkabinette und damit am Untergang der Republik beteiligt.

Politische Morde von rechts

Nicht nur viele Parteien hatten ein gespanntes Verhältnis zur politischen Ordnung. Vor allem rechte Kräfte versuchten in den Anfangsjahren der Republik, den jungen Staat wieder zu Fall zu bringen. Aus den inzwischen offiziell aufgelösten Freikorps gingen eine Reihe von Geheimbünden hervor; so aus der Marinebrigade Ehrhardt die „Organisation Consul“. Auf ihr Konto ging 1921 die

Ermordung des Zentrumspolitikers Erzberger. Den Republikgegnern war er verhasst, hatte er doch 1917 die Friedensresolution unterstützt und später die Annahme des Versailler Vertrags befürwortet. Auch der Mord an Außenminister Rathenau 1922 wurde von Mitgliedern der Organisation Consul ausgeführt. Schon 1919 war der bayrische Ministerpräsident Eisner einem politischen Attentat zum Opfer gefallen.

Krisenjahr 1923

Die problematische Position der Reichswehr zeigte sich erneut im Krisenjahr 1923, als französische und belgische Truppen das Ruhrgebiet besetzten. Die Reichsregierung verkündete und finanzierte den passiven Widerstand, musste ihn aber wegen der galoppierenden Inflation wieder abbrechen. In dieser Situation drohten bewaffnete Aufstände kommunistischer Arbeiter in Thüringen und Sachsen auszubrechen. Die Reichsregierung verfügte eine „Reichsexekution". Sie ließ Reichswehrtruppen einmarschieren. Die von Ebert geforderte Reichsexekution gegen Bayern allerdings lehnte von Seeckt ab. Dort unterstützten Reichswehrverbände unter General Lossow einen Putschversuch. Auch der Führer der NSDAP, Adolf Hitler, wollte die Gunst der Stunde zu einem Putschversuch nutzen. Zusammen mit Ludendorff wollte er mit Waffengewalt eine provisorische Regierung nationalistischer Kräfte erzwingen. Ein Marsch Hitlers und seiner Anhänger durch München brach am 9. November im Feuer der Polizei zusammen.

Justiz und Schutz der Verfassung

Nach dem gescheiterten Putsch wurde die NSDAP verboten, Hitler zu einer fünfjährigen Haftstrafe verurteilt, von der er aber nur neun Monate verbüßte. Bereits 1925 gründete er die NSDAP neu. Die Justiz der Weimarer Republik urteilte insgesamt gegenüber rechten Straftätern sehr moderat. Sie konnte sich dabei auf die Meinung breiter Bevölkerungsschichten stützen. Antirepublikanische Parteien und Gruppierungen besaßen einen großen Rückhalt in der Bevölkerung und hatten staatlicherseits wenige Beschränkungen zu befürchten. Anders als die Bundesrepublik heute, die ihre Demokratie ausdrücklich als „wehrhafte" versteht, war der Verfassungsschutz schwach ausgeprägt. Das Republikschutzgesetz, das nach der Ermordung Rathenaus 1922 erlassen wurde, ermöglichte zwar ein Verbot von Parteien, doch es wurde in den einzelnen Ländern des Reiches unterschiedlich gehandhabt. (**Online Link** 430016-0401) 1929 untersagte die sozialdemokratische Regierung Preußens auch den „Stahlhelm", 1932 folgte das SA-Verbot. In anderen Ländern blieb das Gesetz jedoch in den Händen einer Partei nehmenden Justiz wirkungslos.

4 **Programme der Weimarer Parteien**

	Verfassung und Verwaltung:	Sozial- und Wirtschaftspolitik:	Außenpolitik:
KPD 1919/ 1932	Entmachtung der Kapitalisten und Großgrundbesitzer, proletarische Diktatur, Bündnis mit den Proletariern anderer Länder, zentralistische Rätedemokratie	Entschädigungslose Enteignung von Industriebetrieben, Dienstleistungs-, Verkehrswesen und Großgrundbesitz	Selbstbestimmungsrecht, Bündnis mit der UdSSR, aktionsfähige proletarische Internationale, Annullierung aller Reparationen und internationalen Schulden
SPD 1925	Einheitsrepublik, dezentralisierte Selbstverwaltung, Abschaffung der Klassenherrschaft, Umgestaltung der Reichswehr zu republiktreuer Armee, Abwehr monarchistischer und militärischer Bestrebungen, Demokratisierung der Verwaltung, gegen Klassen- und Parteijustiz	Gleichberechtigung aller Arbeitnehmer in Wirtschaft, Staat und Gesellschaft, Unterstützung der Gewerkschaften, Koalitions- und Streikrecht, Ausgestaltung des wirtschaftlichen Rätesystems, Verstaatlichung von Grund und Boden, staatliche Kontrolle der Kartelle	Friedliche Lösung internationaler Konflikte, Selbstbestimmungsrecht, internationale Abrüstung, Schaffung der europäischen Wirtschaftseinheit, gegen Imperialismus
Zentrum 1922/ 1927	Starke Exekutive, Geltung der Gesetze, gegen gewaltsamen Umsturz der verfassungsmäßigen Zustände, Berufsbeamtentum, gegen Klassen- und Parteiherrschaft, Grundrechte, Reichswehr als Bestandteil der Republik	Schutz von Ehe und Familie, konfessionelle Schulen, soziale Gerechtigkeit, Schutz von Privatunternehmen und Mittelstand, Förderung der Landwirtschaft, Aufsicht über Kartelle, Verstaatlichung nur gegen Entschädigung	Den christlichen Grundsätzen entsprechendes Völkerrecht, wirtschaftliche Entwicklungsfreiheit und Gleichberechtigung aller Völker, Befreiung der besetzten Gebiete mit rechtmäßigen Mitteln, internationale Prüfung der Kriegsschuldfrage
DDP 1919	Schutz der Verfassung, Erziehung des Volkes zur staatsbürgerlichen Gesinnung, Volks- und Rechtsstaat, gleiches Recht für alle in Gesetzgebung und Verwaltung, Berufsbeamtentum	Staat des sozialen Rechts, keine Vergesellschaftung der Produktionsmittel, Schutz der Privatwirtschaft und des Handels, gegen Monopolbildung, Gleichstellung von Arbeitgebern und -nehmern, demokratische Arbeitsverfassung	Revision der Versailler Verträge, Selbstbestimmungsrecht, Gleichberechtigung Deutschlands, gegen Absplitterung deutscher Volksteile
DVP 1919	Starke Staatsgewalt durch aufzurichtendes Kaisertum nach Volksbeschluss, verantwortliche Mitarbeit der Volksvertretung an der Regierung, Gleichberechtigung der Staatsbürger, Selbstverwaltung, Berufsbeamtentum	Stärkung der Familie, Unterstützung der Frau als Mutter und Erzieherin, Recht auf Privateigentum, eingeschränkte Verstaatlichung gegen Entschädigung, Koalitionsfreiheit, Förderung von Landwirtschaft und Mittelstand	Freiheit der nationalen Entwicklung, Vereinigung aller Deutschen einschließlich Österreichs, gegen aufgezwungenen Gewaltfrieden
DNVP 1920	Über den Parteien stehende Monarchie, starke Exekutive, planmäßiger Behördenaufbau, Berufsbeamtentum, Mitwirkung der Volksvertretung an den Gesetzen, Gleichberechtigung der Frau	Schutz des Privateigentums, Förderung der Landwirtschaft und des Mittelstands, gegen Kommunismus, wirtschaftliche Anerkennung der Arbeit als Hausfrau und Mutter	Gegen fremde Zwangsherrschaft, Änderung des Versailler Vertrags, Selbstbestimmungsrecht, Volksgemeinschaft mit allen Deutschen im Ausland, starke Vertretung deutscher Interessen, allgemeine Wehrpflicht, Wiederherstellung der Flotte
NSDAP 1920	Starke Zentralgewalt, unbedingte Autorität des politischen Zentralparlaments über das Reich und seine Organisationen, Staatsbürger können nur Volksgenossen deutschen Blutes sein	Verstaatlichung, Gewinnbeteiligung an Großbetrieben, Förderung des Mittelstands, Kommunalisierung der Großwarenhäuser, Bodenreform	Zusammenschluss aller Deutschen zu einem Groß-Deutschland, Gleichberechtigung des deutschen Volkes, Aufhebung der Friedensverträge, Kolonien

4

5 Reichspräsident und Reichstag

Ausgewählte Artikel der Weimarer Verfassung:

Artikel 25. Der Reichspräsident kann den Reichstag auflösen, jedoch nur einmal aus dem gleichen Anlass. Die Neuwahl findet spätestens am sechzigsten Tag nach der Auflösung statt.

Artikel 48. Wenn ein Land die ihm nach der Reichsverfassung obliegenden Pflichten nicht erfüllt, kann der Reichspräsident es dazu mit Hilfe der bewaffneten Gewalt anhalten.

Der Reichspräsident kann, wenn im Deutschen Reiche die öffentliche Sicherheit und Ordnung erheblich gestört oder gefährdet wird, die zur Wiederherstellung der öffentlichen Sicherheit und Ordnung nötigen Maßnahmen treffen, erforderlichenfalls mit Hilfe der bewaffneten Gewalt einschreiten. Zu diesem Zwecke darf er vorübergehend die in den Artikeln 114, 115, 117, 118, 123, 124 und 153 festgesetzten Grundrechte ganz oder zum Teil außer Kraft setzen.

Von allen gemäß Absatz 1 oder Absatz 2 dieses Artikels getroffenen Maßnahmen hat der Reichspräsident unverzüglich dem Reichstag Kenntnis zu geben. Die Maßnahmen sind auf Verlangen des Reichstags außer Kraft zu setzen.

Artikel 53. Der Reichskanzler und auf seinen Vorschlag die Reichsminister werden vom Reichspräsidenten ernannt und entlassen.

Artikel 54. Der Reichskanzler und der Reichsminister bedürfen zu ihrer Amtsführung des Vertrauens des Reichstags. Jeder von ihnen muss zurücktreten, wenn ihm der Reichstag durch ausdrücklichen Beschluss sein Vertrauen entzieht.

Artikel 59. Der Reichstag ist berechtigt, den Reichspräsidenten, den Reichskanzler und die Reichsminister vor dem Staatsgerichtshof anzuklagen, dass sie schuldhafterweise die Reichsverfassung oder ein Reichsgesetz verletzt haben. [Der Antrag auf Anklageerhebung muss von einhundert Reichtstagsmitgliedern unterschrieben sein und ist mit einer Zwei-Drittel-Mehrheit zu beschließen.]

Die Weimarer Verfassung des Deutschen Reiches. Vom 11. August 1919. Den Schülerinnen und Schülern zur Schulentlassung. Berlin o.J., S. 12ff.

6 Aus einer Rede des Reichsinnenministers Dr. Köster (5. Juli 1922)

Die Reichsregierung ist der Meinung, dass mit dem Artikel 48 der Reichsverfassung so selten wie möglich und so kurz wie möglich regiert werden soll. Die Verordnungen und dieser Gesetzentwurf sind zwar aus einem augenblicklichen Notstand herausgewachsen. Wir sind aber der Meinung, dass dieser Notstand in langen Monaten wissentlich und fahrlässig vorbereitet worden ist. Wir können uns deshalb nicht mit einem Instrument begnügen, durch das wir lediglich eine augenblickliche erregte politische Situation meistern können, die sich in einigen Wochen wieder vollkommen geändert haben kann. Die Erfahrungen, die wir mit der Verordnung des Herrn Reichspräsidenten nach dem Morde Erzbergers gemacht haben, verbieten uns das. Wir brauchen vielmehr dauernde Maßnahmen, durch die wir jenen Sumpfboden trocken legen, entwässern, sanieren können, aus dem der Mord Dr. Rathenaus hervorgewachsen ist, jenen Sumpfboden, aus dem nach dem Willen einer kleinen feigen Mörderbande neue Mordtaten, neue Erschütterungen hervorbrechen sollen, wenn wir nicht endlich den Mut und die Verantwortung finden, das zu tun, was die Situation erfordert und was das deutsche Volk vielleicht schon längst von seiner Regierung erwartet hat. Aus diesen Gründen auch finden Sie in dem Ihnen vorgelegten Gesetzentwurf Materien behandelt, die auf den ersten Blick vielleicht mit dem augenblicklichen Notstand nicht in direktem Zusammenhang stehen. Wir wollen nicht warten, bis man der Republik den Hals abschneidet [...]

Was das Reich regeln kann, wird die Reichsregierung regeln, schnell und noch in dieser Tagungsperiode. Ich mache aber schon hier darauf aufmerksam, wie begrenzt die Kompetenzen sind, die das Reich im Rahmen der Weimarer Verfassung hat. Das Reich hat keine Exekutive, keine Schulen, keine Universitäten, keine Gerichte. Dieses Gesetz bekommt lebendige Kraft erst durch die Kraft, die die Exekutive der einzelnen Länder ihm gibt. Die Sanierungsaktion – darüber sind wir uns klar – wird dauernd zum Beispiel nur gelingen, wenn die Schulen und Universitäten mehr als bisher Pflanzstätten verfassungsmäßiger, republikanischer Gesinnung werden. Riesengroß ist daher die Verantwortung, die die Länder tragen. Ich appelliere an dieser Stelle noch einmal an die Bevölkerungen der Länder, im Interesse der Einheit dieser ganzen Sanierungsaktion diese Verantwortung auch dann zu übernehmen, wenn sie etwa schwerer sein sollte als die unsrige.

[...] Ich will mich mit diesen allgemeinen Worten begnügen. Es ist gesagt worden, dieses Gesetz ist ein Sozialistengesetz in zweiter Auflage. Das ist falsch. Das Sozialistengesetz knebelte Gesinnungen, knebelte die Propaganda für Ideen, für ein Wirtschaftssystem, für eine Staatsform [...] Mit diesem Gesetz werden keine Gesinnungen geknebelt, mit diesem Gesetz wird die Pflege keiner Tradition verletzt, mit diesem Gesetz werden verboten und unter Strafe gesetzt Handlungen, Beschimpfungen, Verleumdungen, Gewalttaten.

Es ist gesagt worden, dieses Gesetz oder einzelne Partien entsprängen aus einem gewissen Rachegefühl [...] Indem wir dieses Gesetz Ihnen zugehen lassen, denken wir nicht an die Vergangenheit, sondern an die Zukunft, und nicht an ein paar gefährdete Personen, sondern nur an die Sache. Es ist nicht wichtig, dass der eine oder der andere Minister noch weiterlebt, aber es ist wichtig, dass das Land lebt. Dieses Land ist in Gefahr. Wir stehen in einem Kampfe. Die Regierung erwartet, dass jedermann seine Pflicht und Schuldigkeit tut.

Zit. nach: H. Michaelis/E. Schraepler (Hrsg.): Ursachen und Folgen. Vom deutschen Zusammenbruch 1918 und 1945 bis zur staatlichen Neuordnung Deutschlands in der Gegenwart, Bd. IV. Die Weimarer Republik, Berlin (Wendler) 1960, o.J., S. 222.

7 Gegen den augenblicklichen Staatsaufbau

„Hassbotschaft" des „Stahlhelm", 4. September 1928. Der Stahlhelm war 1918 als Vereinigung der ehemaligen Teilnehmer am Ersten Weltkrieg gegründet worden:

Wir hassen mit ganzer Seele den augenblicklichen Staatsaufbau, seine Form und seinen Inhalt, sein Werden und sein Wesen. Wir hassen diesen Staatsaufbau, weil in ihm nicht die besten Deutschen führen, sondern weil in ihm ein Parlamentarismus herrscht, dessen System jede verantwortungsvolle Führung unmöglich macht. Wir hassen diesen Staatsaufbau, weil in ihm Klassenkampf und Parteienkampf Selbstzweck und Recht geworden sind. Wir hassen diesen Staatsaufbau, weil er die deutsche Arbeiterschaft in ihrem berechtigten Aufstiegswillen behindert, trotz aller hochtönenden Versprechungen. Wir hassen diesen Staatsaufbau, weil er uns die Aussicht versperrt, unser geknechtetes Vaterland zu befreien und das deutsche Volk von der erlogenen Kriegsschuld zu reinigen, den notwendigen deutschen Lebensraum im Osten zu gewinnen, das deutsche Volk wieder frei zu machen, Landwirtschaft, Industrie, Gewerbe und Handwerk gegen den feindlichen Wirtschaftskrieg zu schützen und wieder lebensfähig zu gestalten. Wir wollen einen starken Staat, in dem die verantwortungsvolle Führung der Beste hat und nicht verantwortungsloses Bonzen- und Maulheldentum führt. […]

Zit. nach: Ebenda, S. 423.

8 Die Reichswehr und Politik

Reichstagsrede des Abgeordneten Haas (DDP), 10. November 1926:

Das ist das eine: Wir haben, als die Reichswehr aufgebaut wurde, uns mit dem Reichswehrminister auf den Standpunkt gestellt, dass die Reichswehr nicht politisch sein dürfte; wir haben uns auf den Standpunkt gestellt, dass die Truppe entpolitisiert werden muss. Und was haben wir in der Praxis erlebt? […] Die Reichswehr wurde nicht entpolitisiert, sondern sie wurde politisiert. Man hat sie bewusst und absichtlich mit monarchischem Geist erfüllt. Gegen eine solche Art der Politisierung wehren wir uns. Zum zweiten sagen wir: Wenn man die Reichswehr auf den Boden der Republik führt, dann ist das keine Politisierung der Reichswehr. Es scheint mir ganz selbstverständlich zu sein, dass in jedem Staate die Armee auf dem Boden der verfassungsmäßigen Staatsform zu stehen hat. Man kann in einer starken Monarchie keine republikanische Armee ertragen, und man kann in einer Republik, wenn sie stark sein will, keine monarchische Armee ertragen. […]

Eine Armee, wenn sie einmal gebraucht werden sollte, kann nur stark sein, wenn das ganze Volk hinter ihr steht. Aber manches, was in den letzten Jahren in der Reichswehr in Erscheinung trat, musste das Misstrauen weitester Kreise des deutschen Volkes erregen. Gewisse enge Verbindungen zu hochverräterischen rechtsradikalen Organisationen mussten dazu führen, dass erhebliche Teile der Arbeiterschaft sich von der Reichswehr abwandten. Das ganze deutsche Volk, auch die Arbeiterschaft muss hinter der Reichswehr stehen, und es ist eine hohe psychologische militärische Aufgabe der Leitung der Reichswehr, die Brücken zur Arbeiterschaft nicht zu zerstören, sondern neue Brücken zu bauen. […] Deswegen verlangen wir, auch rein militärisch gesprochen, dass man endlich damit den Anfang macht, die Reichswehr seelisch und innerlich auf die Republik einzustellen. […] Es wird mir zugerufen: Das wird nicht gelingen! Ich bin überzeugt, dass, wenn in der obersten Leitung der starke Wille vorhanden ist, es gelingen wird, und ich würde allerdings der Meinung sein, es wäre ein unerträglicher Zustand, wenn die deutsche Republik auf Jahrzehnte hinaus eine Reichswehr haben müsste, die nicht auf dem Boden der verfassungsmäßigen Staatsform steht.

Zit. nach: Ebenda, S. 479 f.

9 Sonnenfinsternis

Ölgemälde von 1926. Der Maler George Grosz (1893–1959) gehörte zu den bedeutendsten kritischen Künstlern der Weimarer Zeit. In seinen Werken verband er die neuen Stilelemente des Expressionismus, der Karikatur und der Montage. Schon in den 1920er-Jahren mehrfach gerichtlich verfolgt, musste er 1933 in die USA emigrieren. „Sonnenfinsternis" ist möglicherweise als mittlerer Teil eines Triptychons entworfen worden. Der rechte Flügel könnte das bekannte Bild „Stützen der Gesellschaft" gewesen sein. Der Esel auf dem Tisch soll das Volk darstellen.

10 Diskussion des Gemeinderats Schorndorf über die Einweihung des Hindenburgplatzes am 2.10.1928

Unveröffentlichte, nicht beurkundete Entwurfsfassung des Protokolls zur Geimeinderatssitzung vom 27.9.1928:

Der Vorsitzende [parteilos] trägt vor, dass er, nachdem der Hindenburgplatz nunmehr angelegt sei, beabsichtige, ihn anlässlich des 81. Geburtstags des Herrn Reichspräsidenten am 2. Oktober des Jahres einzuweihen und die Hindenburgeiche zu pflanzen. Die Schulen hätten ihre Mitwirkung zugesagt. Als Programm ist vorgesehen: Zug der Schüler vom Marktplatz durch die obere Hauptstraße und die Hindenburgstraße zum Hindenburgplatz, gemeinsamer Gesang der Schüler, Deklamationsvorträge von Schülern und Schülerinnen. Die Rede des Stadtvorstands und die Absendung eines Glückwunschtelegramms an den Herrn Reichspräsidenten. […]

Gemeinderat Dapp [Bürgerliche Wahlvereinigung] gibt seiner Meinung dahin Ausdruck, dass er gar nichts machen würde; jedenfalls scheine ihm die Feier so, wie sie von Herrn Vorsitzenden geplant sei, zu groß aufgezogen. Nachdem aber die Vorbereitungen schon getroffen seien, wolle er nicht mehr dagegen einwenden.

Gemeinderat Talmon-Groß [SPD] teilt die Ansicht des Gemeinderat Dapp und wirft die Frage auf, ob, falls der Reichspräsident Ebert noch am Leben wäre, auch auf solche Art gefeiert werden würde. Er bezweifelt dies. Es genüge seiner Ansicht nach vollkommen, wenn die Eiche durch einen Stadttagelöhner gesetzt werde. Seither habe er vor Hindenburg Respekt gehabt, aber seitdem er wisse, dass er dem Stahlhelm, der die Ablehnung der Verfassung und die Abschaffung der Parlamente anstrebe, als Mitglied angehöre, habe er eine andere Meinung von ihm. Bei diesem Anlass spricht er auch sein Befremden darüber aus, dass noch im Rathaussaal das Bild Ludendorffs und Hindenburgs hänge. Er sprach sich weiter in dem Sinne aus, dass das Bild eine Verherrlichung des Krieges, der nichts anderes als ein Völkermord sei, darstelle. Das Urteil über Hindenburg als Heerführer sei selbst von verschiedenen Generälen […] revidiert worden. Hindenburg sei gar nicht der Sieger von Tannenberg, das hätten andere gemacht.

Der Vorsitzende erklärt, dass er tief betrübt darüber sei, dass seine Absicht im Gemeinderat so wenig Anklang finde und die Aussprache solche Formen angenommen habe. Lediglich den Kindern eine Freude zu bereiten, habe er dem Gemeinderat einen solchen Vorschlag gemacht. […]

Der Gemeinderat Veil [Bürgerliche Wahlvereinigung] bedauert diese Aussprache und bezeichnet es als eine Schande und des Gemeinderats unwürdig, dass wegen der Veranstaltung eine solche Polemik eingesetzt habe. […]

Gemeinderat Talmon-Groß stellt den Antrag, von einer Einweihungsfeier des Hindenburgplatzes abzusehen.

Dieser Antrag wird gegen vier Stimmen abgelehnt.

Hierauf wird gegen vier Stimmen beschlossen: die Einweihung des Hindenburgplatzes und die Pflanzung einer Hindenburgeiche in der vom Vorsitzenden vorgeschlagenen Weise anzunehmen.

Stadtarchiv Schorndorf, Fl 1220/1a.

Arbeitsvorschläge

a) Beschreiben Sie, welche Institutionen der Weimarer Republik laut Verfassung im Notstandsfall zusammenwirken mussten (M5; **Online Link** 430016-0401).

b) Untersuchen Sie das Verhältnis der Parteien zum Staat von Weimar (M4). Vergleichen Sie die inhaltlichen Zielsetzungen der Parteien miteinander und halten Sie auch Veränderungen und Kontinuitäten gegenüber der Kaiserzeit fest.

c) Recherchieren Sie Informationen zu den beiden Reichspräsidenten der Weimarer Republik Ebert und Hindenburg (Herkunft, Werdegang, politische Einstellung). Vergleichen Sie beide Biografien.

d) Skizzieren Sie am Beispiel von M10 die unterschiedlichen Positionen in der Auseinandersetzung um die Würdigung des Reichspräsidenten Hindenburg. Zeigen Sie, welche Folgen sich daraus für den Staat von Weimar ergeben.

e) Grosz stand der KPD nahe. Interpretieren Sie vor diesem Hintergrund den politischen Gehalt des Gemäldes M8. Ziehen Sie zum Vergleich auch das Gemälde „Stützen der Gesellschaft" heran.

f) Zeigen Sie anhand von M5 bis M9, warum und welche gesellschaftlichen Kräfte nicht bereit waren, die neue Ordnung mitzutragen. Erörtern Sie abschließend die Möglichkeiten einer demokratischen Gesellschaft, einen politischen Konsens herzustellen.

g) Informieren Sie sich über die Kunstrichtungen Expressionismus, Dadaismus und Neue Sachlichkeit und vergleichen Sie diese mit den zeitgleichen konservativen Strömungen in der Kunst unter dem Gesichtspunkt sozialer und politischer Spannungen.

4.4 Von der Inflation zur Weltwirtschaftskrise

Die Inflation

Eine inflationäre Entwicklung setzte in Deutschland schon während des Krieges ein. Die Lebenshaltungskosten lagen 1920 um das Achtfache über denen der Vorkriegszeit. Trotzdem ergriff man keine Maßnahmen, um die Inflation zu stoppen. Stattdessen wurden mit ihrer Hilfe die Folgekosten des Krieges – Demobilisierung, das Ende der Kriegswirtschaft, die Kriegsrenten – und sozialpolitische Errungenschaften wie der Achtstundentag beglichen. Auch wurden die Investitionen durch die Inflation gefördert, sodass Deutschland nicht in die internationale Rezession der Jahre 1921/22 hineingezogen wurde. Nicht zuletzt erleichterte das entwertete Geld die Erfüllung der ersten Reparationsforderungen. Der Wert einer Goldmark des Jahres 1914 entsprach Anfang 1922 noch 45,7 Mark, ein Jahr später, vor Beginn der Ruhrkrise, lag er bei 4279 Mark. Als dann während der Ruhrkrise auch noch der passive Widerstand mit der Notenpresse finanziert wurde, kam es zur Hyperinflation. Im November 1923 lag der Wert der Goldmark bei 1 Billion Mark. Nutznießer der Inflation waren all jene, die Schulden hatten. Das galt auch für den Staat, der die Kriegskosten mit Anleihen finanziert hatte. Sie konnten mit dem entwerteten Geld leicht beglichen werden. Darüber hinaus profitierten von der Inflation alle Sachwertbesitzer. Zu dieser sehr ungleichen Gruppe zählten die kleinen Hausbesitzer genauso wie die Industriellen und Landwirte. Verlierer der Inflation waren die Sparer und Geldbesitzer. Erst die Einführung der Rentenmark beendete die Inflation.

Die Folgen der Inflation

In den 1920er-Jahren wurde auch die Problematik der Reparationszahlungen schrittweise gelöst. Ein wichtiger Schritt war schon 1923 der Dawes-Plan, der zunächst eine Erholungspause für Deutschland vorsah, in der jährlich 1 bis 1,75 Mrd. Mark zu zahlen waren; ab 1928 sollten dann jährlich 2,5 Mrd. Mark gezahlt werden. Die Dauer dieser Zahlungen wurde vorläufig nicht festgelegt. Eine wesentliche Folge dieser Regelung war, dass die USA der deutschen Wirtschaft insgesamt über 20 Mrd. RM an Krediten zur Verfügung stellten. Trotz zunächst heftiger Proteste fand der Dawes-Plan schließlich eine Reichstagsmehrheit.

Das Ende der Inflation und der Dawes-Plan

Die Einführung der Rentenmark, mit der die Inflation beendet wurde, und die durch den Dawes-Plan ermöglichten Kredite leiteten einen Wirtschaftsboom ein, der von 1924 bis zum Herbst 1929 anhielt. Diese Jahre sind als die „Goldenen Jahre" in Erinnerung geblieben. Das Volkseinkommen stieg um jährlich 5,5 %. Vor allem die Reallöhne der Arbeiter konnten auf hohem Niveau gehalten werden. Die Industrieproduktion lag zwischen 1927 und 1929 erstmals wieder über dem Vorkriegsstand. Allerdings blieb die deutsche Industrieproduktion noch immer hinter der Englands und der USA zurück. Die deutsche Investitionsquote stieg auf jährlich 11 %, blieb damit aber um etwa 4 % hinter der Vorkriegsquote zurück. Ab 1928 stagnierte das Volkseinkommen. Die Abhängigkeit von amerikanischen Krediten blieb bestehen.

Von der Linken bekämpft – der Dawes-Plan

Erholte sich die deutsche Wirtschaft im Laufe der 1920er-Jahre, führte 1929 die Weltwirtschaftskrise zu verheerenden Auswirkungen. In den USA hatte ein Wirtschaftssystem, das mit großen Konzernen (seit 1880 als Big Business bezeichnet) und einer spekulativen Kapitalbeschaffung durch die Börse arbeitete, einen Einbruch zu verzeichnen. Massenentlassungen und Konsumeinbruch führten zu Arbeitslosigkeit, viele Existenzen, z. B. von Farmern, wurden zerstört. Durch die unerwartete Kündigung von Krediten wirkte sich dies auch auf den deutschen Markt aus. Während in den USA der einsetzenden Great Depression mit Roosevelts Politik des „New Deal" begegnet wurde, scheute sich der deutsche Staat, durch Schulden die Wirkungen der Weltwirtschaftskrise aufzufangen. Die Währung blieb so stabil, dagegen stieg die Arbeitslosigkeit und ein erheblicher Teil der deutschen Bevölkerung verarmte. Durch diese erneute Erfahrung wirtschaftlicher Unbeständigkeit büßte die Weimarer Republik weiter an Akzeptanz ein.

Veränderungen in der Industrie – Automatisierung, Konzentration und Kartellierung

Montage von Fahrrädern am Fließband bei Opel um 1928

Mitte der 1920er-Jahre erreichte die Automatisierungs- und Rationalisierungswelle von den USA aus Deutschland. 1924 wurde der „Reichsausschuss für Arbeitszeitermittlung“ (REFA) gegründet. Arbeitsprozesse wurden zunächst wissenschaftlich erfasst und anschließend rationalisiert. So führte die Firma Opel in Rüsselsheim 1924 die erste Großserienproduktion mit Fließbandtechnik ein. Im Ruhrbergbau wurde die Kohle bis 1913 fast vollständig mit der Hacke nach vorheriger Sprengung gefördert. 1929 erfolgte die Förderung zu fast 90 % mit Hilfe von Abbauhämmern. Auf diese Weise wurde die Produktion um etwa 50 % erhöht, die Zahl der beschäftigten Arbeiter aber sank auf 50 % des Standes von 1913. Nicht zuletzt wegen der Rationalisierungen ist die Arbeitslosenquote auch in den „Goldenen Zwanzigern“ nie unter 7 % gesunken.
Parallel zur Einführung von Rationalisierungsmaßnahmen kam es zu Firmenzusammenschlüssen. Am bekanntesten ist die Konzentration in der Chemieindustrie. Hier schlossen sich 1926 die sechs größten Firmen – u. a. Hoechst, Bayer, BASF – zur IG Farbenindustrie, dem nun zweitgrößten Chemiekonzern der Welt, zusammen. In der Stahlindustrie wurden aus zwölf Unternehmen die „Vereinigten Stahlwerke“ gebildet.
Auch gab es eine Zunahme bei den Kartellen, die den Markt kontrollierten. Die Anzahl solcher informellen Zusammenschlüsse stieg von etwa 1 000 1920 auf etwa 3 000 1930. Rund 50 % aller deutschen Produkte stammten 1930 aus Unternehmen, die einem Kartell angehörten.

Agrarkrise

Weil während des Ersten Weltkrieges die europäische Landwirtschaft zu einem großen Teil ausfiel, wurden in dieser Zeit die außereuropäischen Anbauflächen ausgebaut. Nach dem Krieg erholte sich die europäische Landwirtschaft, allerdings mit der Folge einer Überproduktion und fallender Preise vor allem für Getreide. Von dieser Agrarkrise war auch die deutsche Landwirtschaft betroffen, die deswegen mit Zöllen geschützt wurde. Das wiederum führte dazu, dass Umstrukturierungen und Marktanpassungen ausblieben. Es gab zu viele Kleinbetriebe unter 5 ha Anbaufläche. Sie machten 77 % aller Betriebe aus, bewirtschafteten aber nur 17,6 % der Anbaufläche. Die Großbetriebe, vor allem im Osten, stellten sich nicht, wie die Landwirtschaft in Holland, England, Dänemark oder der Schweiz, auf Marktbedürfnisse um. Lediglich den stadtnahen Mittelbetrieben, vor allem in Westfalen, gelang eine marktorientierte und ertragreiche Wirtschaftsweise. Obwohl die deutsche Landwirtschaft durch die Inflation nahezu schuldenfrei wurde, häufte sie bis 1928 wieder 6,8 Mrd. RM Schulden an.

Der Mittelstand – Handwerker, Kleinhändler, Angestellte

Der Krieg hatte das Handwerk stark mitgenommen, mussten doch über Jahre viele Betriebe geschlossen bleiben. Allerdings gehörten die Handwerker in ihrer Gesamtheit zu den Gewinnern der Inflation. Die Jahre zwischen Inflation und Wirtschaftskrise waren auch für das Handwerk eher „goldene Jahre“. Allerdings wurde die Abhängigkeit des Handwerks von Handel und Industrie in den Jahren nach 1923 immer größer. Im Vergleich zu den Facharbeitern bezogen die Beschäftigten des Handwerks niedrige Löhne. Die Zahl der Kleinhändler hatte sich gegenüber dem Kaiserreich kaum verändert. Etwa eine Million Kleinhändler hatten lange Arbeitszeiten und mussten hinsichtlich des Einkommens gegen die Proletarisierung kämpfen. Die durchschnittliche Lebensdauer eines Einzelhandelgeschäftes betrug etwa 6 Jahre. Die Angestellten in Industrie, Handel und öffentlicher Verwaltung besaßen schon seit 1911 versicherungsrechtliche Privile-

1 **Arbeitslose vor dem Arbeitsamt Hannover, Frühjahr 1932**

gien. Im Unterschied zum Tages- oder Wochenlohn der Arbeiter erhielten sie ein Monatsgehalt und mussten keine Handarbeit leisten. Auch in ihrem Lebensstil grenzten sie sich deutlich von den Arbeitern ab. Besonders die Angestellten besuchten Kino und Varieté oder hörten Radio.

2 **Reichsaußenminister Dr. Stresemann an Oberbürgermeister Dr. Jarres (Duisburg), 24. November 1927**

Ich mache kein Hehl daraus, dass mir die Politik der Länder und Städte, und zwar dieser in erster Linie, große außenpolitische Sorgen veranlasst. In meinen Reden habe ich wiederholt erklärt, dass mehr zwischen dem Schein und dem Sein unterschieden werden müsse. Ich zweifle nicht daran, dass der Wille besteht, genau zu arbeiten. Aber gerade der Schein, der sich aus einzelnen Maßnahmen ergibt, schadet uns maßlos. Dass der preußische Staat für den Umbau des Berliner Opernhauses 14 Millionen Mark gegeben hat und vielleicht insgesamt über 20 Millionen Mark geben wird, bringt die ganze Welt zu der Auffassung, dass wir offenbar im Goldüberfluss leben. Kein Siegerstaat hat sich etwas Derartiges geleistet. Dass Herr Adenauer (Oberbürgermeister von Köln) ein wunderbares Messehaus baut und sich rühmt, die größte Orgel der Welt eingebaut zu haben, hat denselben Effekt. [...] Die Presse-Ausstellung in Köln wird als das Luxuriöseste bezeichnet, was bisher auf diesem Gebiet geleistet worden ist; Frankfurt am Main hat ein Defizit von $2^1/_2$ Millionen Mark bei der Musikausstellung gehabt. Dresden baut mit Reichszuschuss ein Hygiene-Museum. Berlin will eine zehnjährige Bauausstellung machen, bei der die Hallen stehen bleiben sollen, wahrscheinlich, damit neben den fünf Messestädten, die wir haben, noch eine sechste entsteht.

Haben Sie bitte die Güte, mir zu sagen, was ich den Vertretern fremder Mächte antworten soll, wenn sie mir sagen, dass alle diese Dinge den Eindruck machen, als wenn Deutschland den Krieg nicht verloren, sondern den Krieg gewonnen hätte. Ich bin gegenüber diesen Vorwürfen mit meinem Latein zu Ende [...] Ich halte die fortgesetzte Kritik des Herrn Dr. Schacht nicht für richtig und bin auch gern bereit, ihm das gelegentlich zu sagen. Auch übertreibt Herr Dr. Schacht in seinen Polemiken. Dass ich aber mit der Kritik des Herrn Parker Gilbert in manchen Punkten konform gehe, will ich in keiner Weise verschweigen [...]

Zit. nach: H. Michaelis/E. Schraepler: Ursachen und Folgen, Band VI. Berlin o.J., S. 228.

3 Die deutsche Wirtschaft in den 1920er-Jahren

Produktion wichtiger Güter							
Produkt	Angaben in	1900	1913	1919	1925	1930	1932
Steinkohle	Mill. t	109,3	190,1	116,7	132,6	142,7	104,7
Roheisen	Mill. t	7,5	16,8	6,3	11,6	11,6	5,3
Rohstahl	Mill. t	7,6	17,7	7,9	13,8	13,5	7,2
Elektrizität	Mill. kWh	246	2533	5067	9915	16101	13423

Stat. Bundesamt: Bevölkerung und Wirtschaft 1872–1972. Zit. nach: Inf. zur polit. Bildung: Die Weimarer Republik. Stuttgart 1972, S. 31.

Volkseinkommen 1913–1933		
	Mark pro Einwohner	1925 = 100
1913	746	81
1925	920	100
1926	957	104
1927	1065	116
1928	1138	124
1929	1131	123
1930	1030	112
1931	833	91
1932	656	71
1933	676	73

Stat. Bundesamt: Bevölkerung und Wirtschaft 1872–1972. Zit. nach: Inf. zur polit. Bildung: Die Weimarer Republik, Stuttgart 1972, S. 31.

Entwicklung der Arbeitslosigkeit		
Jahr	Arbeitslose in Mill.	Arbeitslose in %
1924	0,978	…
1925	0,636	…
1926	2,000	…
1927	1,300	…
1928	1,353	7,0
1929	1,892	9,6
1930	3,076	15,7
1931	4,520	23,9
1932	5,575	30,8
1933	4,804	26,3

Die offizielle Zählung der Arbeitslosen begann erst 1928. Zahlen ab 1928 aus: B. Gleitze (Hrsg.): Wirtschafts- und sozialstatistisches Handbuch (1960). Köln (Bund) 1960. S. 45.

4 Daten zur Weltwirtschaftskrise in Deutschland

Der Wirtschaftshistoriker Knut Borchardt:

Dass die Wirtschaft der ausgehenden zwanziger Jahre alles andere als „gesund" gewesen ist, haben die bisherigen Ausführungen belegt. Die Wachstumsraten des realen Sozialprodukts je Einwohner waren – gemessen am kriegsbedingten Rückstand der deutschen Volkswirtschaft gegenüber anderen Staaten – relativ gering. Die Arbeitslosigkeit war ein Dauerproblem. […] Die außenwirtschaftlichen Beziehungen waren in Unordnung. Im Kampf um das sich nur langsam erhöhende Sozialprodukt erwiesen sich die öffentliche Hand und die Arbeitnehmer zwar als relativ erfolgreich, aber dies scheint die Wirtschaft auch überlastet zu haben, sodass einerseits die Wachstumskräfte nicht hinreichend gestärkt und andererseits Risiken in der Geld- und Kreditsphäre akkumuliert wurden, die die Zukunftsaussichten düster scheinen ließen. Ohne Zweifel waren es gerade die erheblichen Kapitalimporte, die manchen Verteilungskonflikt in Deutschland nicht so deutlich hervortreten ließen, wie es sonst schon früher hätte der Fall sein müssen. Ohne diese großen Kapitalimporte hätte die öffentliche Hand und hätten auch die Unternehmen nicht einmal die zu beobachtende Einkommensexpansion finanzieren können – jedenfalls nicht im Rahmen des Systems der Gold-Devisenwährung bei festen Wechselkursen.

Etwas dramatisierend würde ich formulieren, was ja den Zeitgenossen größtenteils durchaus klar gewesen ist: Es ist schwer vorstellbar, dass es so hätte weitergehen können. Seit 1928 blieben ja bereits die Kapitalströme aus dem Ausland weit hinter dem zurück, was zur Lösung der Zahlungsbilanzprobleme unerlässlich schien. Die öffentlichen Haushalte gerieten in wachsende Schwierigkeiten, ganz besonders die Arbeitslosenversicherung. Die Lohnkonflikte erreichten eine Schärfe, die das ganze System des Tarifvertragswesens, ja der Organisation des Arbeitsmarktes in Frage stellte. Die Agrarpolitik kam in unlösbare Widersprüche mit anderen Politikbereichen. Allerseits wurden Forderungen auf grundsätzliche Reform gestellt. […]

K. Borchardt: Wirtschaftliche Ursachen des Scheiterns der Weimarer Republik. In: K. D. Erdmann/H. Schulze (Hrsg.): Weimar. Selbstpreisgabe einer Demokratie. Düsseldorf 1980, S. 232 f.

Arbeitsvorschläge

a) Charakterisieren Sie die Situation der deutschen Wirtschaft vor 1929 (M 3).

b) Analysieren Sie die Folgen der Weltwirtschaftskrise in Deutschland (VT, M 2, M 4).

c) In der Forschung ist es umstritten, ob und welche Zusammenhänge zwischen der Arbeitslosigkeit und den Wahlergebnissen der NSDAP und der KPD (S. 231) bestanden. Untersuchen Sie selbst die Materialien auf eventuelle Zusammenhänge.

4.5 Regieren ohne Mehrheiten – das Ende der Republik

Das Ende der parlamentarischen Regierung – Brünings Ernennung zum Reichskanzler

Die Große Koalition unter Heinrich Müller (SPD) war die letzte Regierung der Weimarer Republik, die sich auf eine Mehrheit im Reichstag stützen konnte. Neuer Kanzler einer Minderheitenregierung wurde der Vorsitzende der Zentrumsfraktion Heinrich Brüning. Bereits 1929 hatten Vertraute Hindenburgs aus dem Kreis um Kurt von Schleicher bei Brüning angefragt, ob er für ein antiparlamentarisches „Hindenburg-Kabinett" zur Verfügung stehe. Aber noch brauchte man die Große Koalition, um den Young-Plan zu verabschieden, von dessen Annahme im Reichstag die Räumung der letzten besetzten Zone des Rheinlandes abhing. Am 13. März 1930 trat das Reichsgesetz zum Young-Plan in Kraft; am 27. März 1930 wurde die Regierung Müller gestürzt. Anlass waren unterschiedliche Ansichten in der Großen Koalition über die Sanierung der Arbeitslosenversicherung. Am 30. März 1930 wurde Heinrich Brüning (Zentrum) zum Reichskanzler ernannt. Seine Regierung besaß keine Mehrheit im Reichstag und Brüning machte gleich klar, dass es ihm auf Reichstagsmehrheiten nicht ankam. Um Gesetze gegebenenfalls auch ohne die Reichstagsmehrheit durchsetzen zu können, hatte Hindenburg Brüning die Vollmacht gegeben, mithilfe des Artikels 48 (Notverordnungsrecht) zu regieren und auf der Grundlage von Artikel 25 den Reichstag aufzulösen. Damit war eine Regierung ins Amt gebracht worden, die praktisch nur noch dem Reichspräsidenten verantwortlich war (Präsidialregierung).
Die kombinierte Anwendung der Artikel 48 und 25 widersprach eindeutig der Verfassung. Dort legte Artikel 54 fest, dass Reichskanzler und Reichsminister zu ihrer Amtsführung des Vertrauens des Reichstages bedürfen. Auch galt der Artikel 48 nur der Wiederherstellung von Sicherheit und Ordnung. Als der Reichstag im Juli 1930 einen Teil der Gesetzesvorlage „zur Sanierung der Staatsfinanzen" nicht annahm, wurde der Reichstag aufgelöst und das Gesetz daraufhin als Notverordnung in Kraft gesetzt.

Kurt von Schleicher (1882–1934)

Der politische Durchbruch der NSDAP

Die Reichstagswahl vom 14. September 1930 endete mit einem erdrutschartigen Erfolg der NSDAP. 1928 mit 2,6 Prozent der Wählerstimmen (12 Mandate) noch eine Splitterpartei, war sie mit 18,3 Prozent (107 Mandaten) auf einen Schlag zur zweitstärksten Reichstagsfraktion hinter der SPD geworden. In den Jahren zuvor

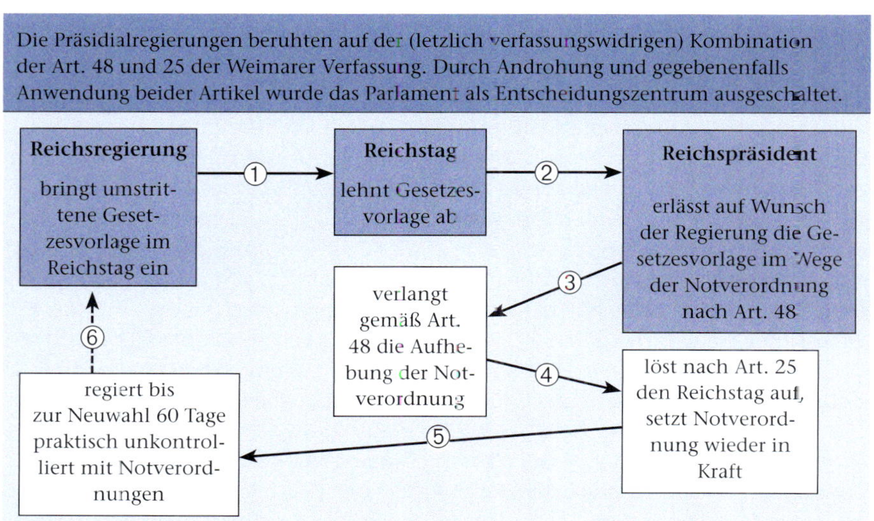

Nach: Informationen zur politischen Bildung Nr. 261/1998, S. 50.

1 Die Machtmechanismen der Präsidialregierung 1930–1933

war es der NSDAP gelungen, alle anderen völkischen Splitterparteien zu verdrängen. Die Hitler-Verehrung wurde zu einem werbewirksamen, fast religiösen Führerkult ausgebaut. Die NSDAP war eine ausgesprochen „junge" Partei. Im Jahr 1930 waren ihre 130 000 Mitglieder und Funktionäre im Durchschnitt deutlich jünger als die der anderen Parteien. Sie entwickelten in ihren Ortsgruppen eine starke Dynamik. Die Anwendung von Gewalt, vor allem der SA, gegen politische Gegner erwies sich als besonders werbewirksam. Bei den Wahlen 1932 mobilisierte die NSDAP viele Nichtwähler für sich. Ihre Wähler kamen zwar insbesondere aus den alten und neuen Mittelschichten, aber auch zu zahlenmäßig nennenswerten Teilen aus der Oberschicht und der nicht an die SPD, KPD oder ans Zentrum gebundenen Arbeiterschaft. Während Angestellte, kleine Unternehmer, Handwerker, freie Berufe und Beamte sie aus Angst vor dem sozialen Abstieg wählten, sahen die Oberschichten und Teile der Mittelschichten in ihr eine Rettung vor dem Marxismus; die Arbeiter wiederum verbanden mit der NSDAP Antikapitalismus und Volksgemeinschaft, also einen nationalen Sozialismus. Wichtiger Faktor für den Aufstieg der NSDAP war die Tatsache gewesen, dass Hitler inzwischen aus dem bürgerlich-rechten Lager Rückendeckung bekam: Der „Reichsausschuss", ein Zusammenschluss aus NSDAP, DNVP und dem Stahlhelm, hatte 1929 gemeinsam zu einem Volksbegehren gegen den Young-Plan aufgerufen. Aus diesem Bündnis entstand im Oktober 1931 die sogenannte „Harzburger Front", mit der die nationalistische Opposition gegen Brüning reorganisiert werden sollte.

Tolerierungspolitik der SPD

Neben den Parteien der Mitte gehörte die SPD zu den Verlierern der September-Wahl. Zwar war die Mehrzahl der arbeitslosen Arbeiter den linken Parteien treu geblieben. Viele SPD-Wähler gaben ihre Stimme nun jedoch zum ersten Mal der KPD. In den Reihen der SPD wurde aber vor allem befürchtet, weitere Neuwahlen könnten die NSDAP noch weiter stärken und zu einer rechten Regierung führen. Die Sozialdemokraten tolerierten deshalb jetzt den politischen Kurs der Regierung Brüning im Reichstag – während die KPD in einigen Fällen zusammen mit den rechten Parteien dagegenstimmte.

Brünings Politik

Die Politik Brünings verfolgte klare revisionistische Ziele. Vorrang besaß die Lösung des Reparationsproblems. Um dies zu erreichen, verfolgte Brüning eine Erfüllungspolitik, nur dass sie im Gegensatz zu 1922 nicht mit der Notenpresse arbeitete. Vor diesem Hintergrund ist seine Deflationspolitik zu sehen. Staatliche Ausgaben sollten begrenzt, Löhne und Sozialleistungen gekürzt werden, um der Wirtschaft zu ermöglichen, kostengünstiger zu produzieren und die deutschen Waren auf dem internationalen Markt billiger zu machen. Zwar wurde dieses Ziel erreicht, aber auf dem Binnenmarkt führte die Deflationspolitik zu einem Rückgang der Kaufkraft und damit der Produktion. Weitere Entlassungen waren die Folge. Maßnahmen gegen die Arbeitslosigkeit hatten geringe Priorität. Ja, Brüning ergriff gerade deshalb konjunkturbelebende Maßnahmen nicht, weil er die wirtschaftliche Krisensituation nutzen wollte, um Deutschlands Zahlungsunfähigkeit unter Beweis zu stellen. So verzichtete er im Sommer 1931 darauf, Auslandskredite anzunehmen. Brüning erreichte sein Ziel: Das einjährige internationale Schuldenerlassjahr, das der amerikanische Präsident Hoover im Juni 1931 vorschlug („Hoover-Moratorium"), war der Anfang vom Ende der Reparationen. Die Konferenz von Lausanne bestätigte im Juni 1932, allerdings erst nach Brünings Entlassung, die Streichung der Zahlungen von Deutschland.

Heinrich Brüning (1885–1970)

Die Sparpolitik Brünings hatte zu einer weiteren Verschärfung der wirtschaftlichen Situation geführt. Der dramatische Niedergang der Wirtschaft und die Verarmung von Millionen von Familien führten mit dazu, dass sich die politische Auseinandersetzung mehr und mehr auf die Straße verlagerte. Politische Gewalt wurde zur alltäglichen Erscheinung. Vor allem die militärisch organisierten Verbände der NSDAP und der KPD, die SA (Sturmabteilung) und der RFB (Roter Frontkämpferbund), lieferten sich 1931 und 1932 immer blutigere Straßenschlachten und Saalkämpfe. Die Regierung Brüning verbot daher im April 1932 die 420 000 Mann starke SA, den mit Abstand größten militärischen Verband einer Partei. Die SA aber spielte in den Aufrüstungsplänen der Reichswehr eine zentrale Rolle. Zudem war Hindenburg wegen der Reichspräsidentenwahlen im März/April 1932 nachhaltig verstimmt. Hier konnte sich Hindenburg erst im zweiten Wahlgang gegen Hitler durchsetzen. Dabei musste sich der Monarchist Hindenburg von der SPD unterstützen lassen. Der greise Reichspräsident lastete diese „Verkehrung der Fronten" Brüning an. Anlass der Entlassung Brünings war eine geplante Ostsiedlungsnotverordnung. Brüning wollte die deutsche Agrarkrise durch die Zwangsenteignung der rettungslos verschuldeten Güter lösen und dort Kleinbauern ansiedeln. Die Großagrarier aber besaßen enge Kontakte zur Reichswehr und zu Hindenburg. Brüning trat am 30. Mai 1932 nach einem Gespräch mit Hindenburg zurück.

4

Präsidialregierungen Papen und Schleicher. Ernennung Hitlers zum Reichskanzler

Letzten Endes ging Brünings Entlassung, genauso wie seine Ernennung, auf Generalleutnant Kurt von Schleicher zurück. In dessen Konzept passten weder SA-Verbot noch die strikte Abgrenzung zur NSDAP. Schleicher wollte die prekäre innenpolitische Situation durch ein Präsidialsystem mit Beteiligung der NSDAP bereinigen.
Auf Schleichers Betreiben bestimmte Hindenburg den ehemaligen Zentrumspolitiker Franz von Papen am 1. Juni 1932 zum neuen Reichskanzler: Das SA-Verbot wurde aufgehoben. Bürgerkriegsähnliche Zustände waren die Folge.

Franz von Papen (1879–1969)

Aus der Reichstagswahl vom 31. Juli 1932 ging die NSDAP als stärkste Partei hervor. Im September entzog der Reichstag der Regierung das Vertrauen und wurde daraufhin aufgelöst. Wieder standen im November Wahlen an, bei denen die NSDAP Stimmen einbüßte, aber größte Kraft im Parlament blieb. Welche Regierung sollte gebildet werden? Papen wollte seinen Kurs einer autoritären Präsidialregierung ohne Mitwirkung des Reichstags fortsetzen und künftig auf Neuwahlen verzichten. Doch zu diesem offensichtlichen Verfassungsbruch war Hindenburg nicht bereit. Auch Hitlers Forderung nach der Kanzlerschaft lehnte er ab.

Neuer Reichskanzler wurde Schleicher, der schon unter Papen Wehrminister war. Er verunsicherte aber Industrie und Großgrundbesitzer, als er eine Annäherung an die Gewerkschaften und ein Ostsiedlungsprogramm verkündete. Führende Köpfe aus der Wirtschaft traten nun unter der Vermittlung Papens an Hindenburg heran mit dem Vorschlag, das Kanzleramt an Hitler zu übertragen. Papen glaubte an das „Zähmungskonzept", das Hitler in einer Regierung aus Rechtskonservativen „einrahmen" sollte. Schleicher musste am 28. Januar 1933 zurücktreten. Am 30. Januar ernannte Hindenburg Hitler zum Reichskanzler. Sein Kabinett aus drei Nationalsozialisten und neun Konservativen war wie die Vorgängerregierungen ein Präsidialkabinett ohne parlamentarische Mehrheit.

2 **Der Reichstag wird eingesargt.** Collage des deutschen Künstlers John Heartfield aus dem Jahr 1932

3 **Wirtschaftspolitik unter dem Primat der Außenpolitik**

Aus der Regierungserklärung des Reichskanzlers Brüning, 1. April 1930:

Das neue Reichskabinett ist entsprechend dem mir vom Herrn Reichspräsidenten erteilten Auftrag an keine Koalition gebunden. Doch konnten selbstverständlich die politischen Kräfte dieses Hohen Hauses bei seiner Gestaltung nicht unbeachtet bleiben. Das Kabinett ist gebildet mit dem Zweck, die nach allgemeiner Auffassung für das Reich lebensnotwendigen Aufgaben in kürzester Frist zu lösen. Es wird der letzte Versuch sein, die Lösung mit diesem Reichstage durchzuführen. Einen Aufschub der lebensnotwendigen Aufgaben kann niemand verantworten. Die Stunde fordert schnelles Handeln. […]

Die deutsche Regierung wird Deutschlands Lebensinteressen in organischer Weiterentwicklung der bisherigen Außenpolitik aktiv vertreten. Nationales Selbstbewusstsein, Vertrauen in die innere Kraft des eigenen Volkes sind die Grundlagen ebenso wie die Erkenntnis, dass der Wiederaufstieg Deutschlands nur im friedlichen Zusammenwirken mit allen Völkern erreichbar ist. Loyale Durchführung der internationalen Vereinbarungen, Klärung und weiterer Ausbau unseres Verhältnisses zu allen Staaten, zu denen wir in freundschaftlichen, vertraglichen und wirtschaftlichen Beziehungen stehen, Förderung internationaler Zusammenarbeit, insbesondere auf wirtschaftlichem Gebiete, zur Erleichterung der schwierigen Lage der eigenen mit der Weltwirtschaft eng verknüpften Wirtschaft, das sind die Grundlinien dieser Außenpolitik. Endziel ist und bleibt ein wirtschaftlich gesundes, ein politisch freies und gleichberechtigtes Deutschland, das seinen Wiederaufbau im Schutze des Friedens vollenden kann, und das ein unentbehrlicher Faktor in der Staatengemeinschaft sein muss. […]

Alle infolge der langwierigen Verhandlungen über den Young-Plan noch nicht erledigten finanziellen und wirtschaftlichen Maßnahmen müssen sofort durchgeführt werden. Sanierung der Finanz- und Kassenlage, Unterstützung der Länder und Gemeinden in ihrer schwierigen finanziellen Lage ist das Dringendste. Ohne eine schnelle Ordnung der Kassen- und Finanzlage fehlt die Gewähr der dringend notwendigen Entlastung der Wirtschaft und der Milderung der Arbeitslosigkeit. […]

Eingehende Sparvorschläge auf allen Gebieten des öffentlichen Lebens werden in kürzester Frist seitens der Reichsregierung den zuständigen Körperschaften unterbreitet werden. Diese Sparmaßnahmen sollen nicht von einem antisozialen Geist getragen sein. Sie haben lediglich den Zweck, ihrerseits zur Senkung der Steuern, zur Hebung der Produktivität der Wirtschaft, zur Stärkung der Kreditwürdigkeit Deutschlands beizutragen.

Zit. nach: H. Michaelis/E. Schraepler (Hrsg.): Ursachen und Folgen. Vom deutschen Zusammenbruch 1918 und 1945 bis zur Staatlichen Neuordnung Deutschlands in der Gegenwart. Bd. IV. Die Weimarer Republik München 1959, S. 21 f.

4 **„Woher kommen 6 1/2 Millionen Stimmen?“**

Anlässlich des überraschenden Wahlsieges der NSDAP bei den Reichstagswahlen am 14. September 1930 fragt „Die Welt am Montag“ nach möglichen Gründen für diesen Erfolg:

Dem Ausland waren die Ausmaße des hitlerischen Wahlsieges natürlich eine noch größere Überraschung als dem Inland, da es auf ein starkes, wenn auch nicht so starkes Anschwellen der nationalsozialistischen Stimmen gefasst gewesen war. Die Welt zerbricht sich den Kopf darüber, worauf die Verneunfachung der Hitlerstimmen zurückzuführen ist. Die verschiedensten Deutungen kommen zum Vorschein.

Die Deutschland besonders wohlgesinnte Presse des Auslandes führt vielfach als Hauptgrund die riesige Arbeitslosigkeit an. […]

Irrtum! Von den drei Millionen Erwerbslosen hat nur ein verschwindend geringer Prozentsatz Hitler seine Stimme gegeben. Diese drei Millionen stellen vielmehr das Gros der kommunistischen Wähler dar. Wenn die KPD von 55 auf 77 Mandate gestiegen ist, so ist das die automatische Rückwirkung der steigenden Arbeitslosigkeit.

Die Arbeitslosen waren also nicht die Hauptwähler Hitlers. Wohl aber ist richtig, dass die Wirtschaftskrisis, deren äußere Symptome die riesenhafte Arbeitslosigkeit ist, die Grundlage des hitlerischen Sieges war.

Die Hitlerwähler setzen sich aus zwei Kategorien zusammen: einer kleinen Minderheit von Nationalsozialisten, die auf das Hakenkreuz eingeschworen sind, und einer riesigen Mehrheit von Mitläufern. Keine andere deutsche Partei ist so labil wie die nationalsozialistische, d. h. bei keiner anderen ist das Missverhältnis zwischen Stammkunden und Laufkunden ebenso groß. Sozialdemokratie, Kommunisten, Zentrum, Demokraten, Volkspartei – überall gibt es Schwankungen, recht erheblich vielleicht. Aber bei keiner anderen Partei ist es denkbar, dass eine plötzliche Verneunfachung erfolgt, die vielleicht bei der nächsten Wahl von einer Drittelung abgelöst wird. […]

Scheint der deutschen Wirtschaft wieder einmal die Sonne, so schmelzen die Hitlerwähler wie Schnee dahin. Die 6 ½ Millionen werden ja durch kein inneres Band zusammengehalten. Sie sind zu neun Zehnteln nicht Wähler für, sondern nur Wähler gegen.

Dabei soll nicht verkannt werden, dass Hitler, der ein ausgezeichneter Organisator mit Suggestivkraft ist, über eine ihm blind ergebene Kerntruppe von einigen hunderttausend Mann, meist recht jugendlichen Truppen verfügt. […] Die Millionen Wähler, die er diesmal mustern konnte, dank der Gunst der Umstände, d. h. dank der Ungunst der Wirtschaftslage, rekrutieren sich aus den verschiedensten Schichten.

Da sind Arbeiter, relativ genommen nicht sehr viele, aber eine Million wird es doch wohl gewesen sein. Es sind Landarbeiter, die sich immer noch vom „gnädigen Herren" abhängig fühlen und von ostelbischen Granden für Hitler kommandiert wurden. Es sind jene labilen Elemente, die erst bei den Kommunisten hospitiert haben und sich nun den Nationalsozialisten zuwenden, weil diese sich noch radikaler gebärden. Es sind junge Leute, Friseurgehilfen, Chauffeure usw., die sich etwas Besseres dünken als die Masse der gewerkschaftlich organisierten Fabrikarbeiter.

Da sind Massen von Angestellten, insbesondere aus den Kreisen der deutschnationalen Handlungsgehilfen, die berühmten oder berüchtigten Stehkragenproletarier. Ihr Interesse müsste sie in eine Einheitsfront mit den Arbeitern führen. Aber „Standesgefühl" ist stärker als ihre soziale Einsicht.

Da ist das Gros der Studenten und sonstigen jungen Akademiker. Bei ihnen fällt die antisemitische Hetzphrase auf besonders dankbaren Boden. Der Jude wird eben als unbequemer Konkurrent empfunden. Sie sind fanatisch nationalistisch. Den Krieg kennen sie nicht. […]

Da sind bedauerlich viele Beamte. Ihre politische Freiheit verdanken sie ausschließlich der Republik. Aber leider hat ihnen die Republik mit der politischen Freiheit nicht auch zugleich das politische Denken geben können, das ihnen in der Kaiserzeit ausgetrieben worden war. Sie sind ein besonders dankbares Objekt für Demagogen.

Da ist vor allem der große Block des so genannten selbständigen Mittelstandes. Diese Millionen von Handwerkern, Gewerbetreibenden und Kleinkaufleuten führen seit der nach 1871 einsetzenden großindustriellen Entwicklung einen verzweifelten Kampf um ihre Existenz. Es fehlt ihnen an wirtschaftlicher Einsicht. Darum fallen sie auf jeden Schwätzer herein, der ihnen die Wiederherstellung des „goldenen Bodens" durch Kampf gegen Juden und Warenhäuser, gegen Börse und Gewerbefreiheit verspricht. […]

Das ist das erschütternd Trostlose an dem Wahlergebnis vom 14. September, dass die Welt sehen muss, wie viel Millionen politische Analphabeten es noch in Deutschland gibt.

Die Millionen der Hitlerwähler sind nicht etwa ebenso viel Millionen zum Revanchekrieg entschlossener Teutonen. Sie denken gar nicht daran, ihr Blut riskieren zu wollen. Sie möchten nur ihr Gut wahren, und sie bilden sich ein, die nationalsozialistische Sackgasse sei der Weg in die Steuerfreiheit.

Das ist beruhigend – für das Ausland – und höchst beunruhigend für das Inland. Denn wie soll irgendeine Regierung vernünftig Politik machen mit Millionen von Wählern, die noch nicht einmal das politische ABC kapiert haben?

H. v. Gerlach

Hellmut v. Gerlach: Die Welt am Montag, 6. Oktober 1930, Nr. 30.

5 Die Tolerierungstaktik der SPD

Erklärung der sozialdemokratischen Reichstagsfraktion, 18. Oktober 1930:

Wenn mit Hilfe der sozialdemokratischen Fraktion die Misstrauensanträge gegen das Kabinett Brüning angenommen worden wären, so hätten sich folgende politische Möglichkeiten ergeben:

1. Rücktritt des Kabinetts Brüning. Es erhält vom Reichspräsidenten Hindenburg die Vollmachten zur Weiterführung der Regierungsgeschäfte. Das dieses geschäftsführende Kabinett keine Mehrheit für seine Maßnahmen findet und eine erneute Auflösung von keiner Seite befürwortet wird, weil sie so bald nach der letzten Wahl noch keine Verbesserung verspricht, so müsste es gegen den Reichstag regieren. Das bedeutet, dass sich eine solche Regierung nur unter Ausschaltung des Reichstags im Amt halten könnte. Der Diktaturartikel 48 der Reichsverfassung würde dann dauernd auf alle Gebiete des wirtschaftlichen, sozialpolitischen und staatsbürgerlichen Lebens angewendet werden. Nicht nur der Reichstag, sondern auch jeder einzelne Staatsbürger würde seine durch die Verfassung garantierten Rechte verlieren. Wann sie wiedergewonnen werden könnten, ist ganz ungewiss. […]

3. Auftrag an den deutschnationalen Parteiführer Hugenberg zur Bildung einer Rechtsregierung mit Einschluss der Nationalsozialisten. Diese Regierung wäre nur eine verschleierte Hitler-Regierung. Da auch die Rechtspar-

6 **Plakat des Zentrums zur Reichstagswahl vom 31. Juli 1932**

teien keine parlamentarische Mehrheit haben, könnte sich eine solche Regierung nur halten, wenn sie vom Zentrum toleriert wird. Die Nationalsozialisten wollen aber gar nicht parlamentarisch regieren. [...]
Die sozialdemokratische Fraktion ist jeden Tag in der Lage, mit Nationalsozialisten, Kommunisten und Deutschnationalen die Regierung zu stürzen, sie kann aber unmöglich mit solchen Bundesgenossen gemeinsam eine neue Regierung bilden. Deshalb und weil die Sozialdemokratie von dem Gefühl der Verantwortung für die arbeitende Klasse durchdrungen ist, lehnte sie jetzt die Zustimmung zu den Misstrauensanträgen anderer Parteien ab. Und zwar solcher Parteien, die, wie die Nationalsozialisten und die Deutschnationalen, offen arbeiterfeindlich sind oder, wie die Kommunisten, durch ihre Taktik zur Sicherung der Arbeiterklasse, zur Stärkung des Faschismus beitragen.

Zit. nach: Ebenda, S. 115 ff.

7 **„Notwendigkeit einer vom parlamentarischen Parteiwesen unabhängigeren Regierung"**

Eingabe führender Persönlichkeiten aus Wirtschaft und Industrie sowie großagrarischer Kreise an Hindenburg für die Berufung Hitlers, Mitte November 1932:

[...] Mit Eurer Exzellenz bejahen wir die Notwendigkeit einer vom parlamentarischen Parteiwesen unabhängigeren Regierung, wie sie in dem von Eurer Exzellenz formulierten Gedanken eines Präsidialkabinetts zum Ausdruck kommt. Der Ausgang der Reichstagswahl vom 6. November d. J. hat gezeigt, dass das derzeitige Kabinett, dessen aufrechten Willen im deutschen Volke niemand bezweifelt, für den von ihm eingeschlagenen Weg keine ausreichende Stütze im deutschen Volk gefunden hat, dass aber das von Eurer Exzellenz gezeigte Ziel eine volle Mehrheit im deutschen Volk besitzt, wenn man – wie es geschehen muss – von der staatsverneinenden Partei der Kommunisten absieht. Gegen das bisherige parlamentarische Parteiregime sind nicht nur die Deutschnationale Volkspartei und die ihr nahe stehenden kleineren Gruppen, sondern auch die Nationalsozialistische Arbeiterpartei grundsätzlich eingestellt und haben somit das Ziel Eurer Exzellenz bejaht. Wir halten dieses Ergebnis für außerordentlich erfreulich und können uns nicht vorstellen, dass die Verwirklichung des Zieles nunmehr an der Beibehaltung einer unwirksamen Methode scheitern sollte.
Es ist klar, dass eine des Öfteren wiederholte Reichstagsauflösung mit sich häufenden, den Parteikampf immer weiter zuspitzenden Neuwahlen nicht nur einer politischen, sondern auch jeder wirtschaftlichen Beruhigung und Festigung entgegenwirken muss. Es ist aber auch klar, dass jede Verfassungsänderung, die nicht von breitester Volksströmung getragen ist, noch schlimmere wirtschaftliche, politische und seelische Wirkungen auslösen wird.
Wir erachten es deshalb für unsere Gewissenspflicht, Eure Exzellenz ehrerbietigst zu bitten, dass zur Erreichung des von uns allen unterstützten Zieles Eurer Exzellenz die Umgestaltung des Reichskabinetts in einer Weise erfolgen möge, die die größtmögliche Volkskraft hinter das Kabinett bringt.
Wir bekennen uns frei von jeder engen parteipolitischen Einstellung. Wir erkennen in der nationalen Bewegung, die durch unser Volk geht, den verheißungsvollen Beginn einer Zeit, die durch Überwindung des Klassengegensatzes die unerlässliche Grundlage für einen Wiederaufstieg der deutschen Wirtschaft erst schafft.
Wir wissen, dass dieser Aufstieg nicht viele Opfer erfordert. Wir glauben, dass diese Opfer nur dann willig gebracht werden können, wenn die größte Gruppe dieser nationalen Bewegung führend an der Regierung beteiligt wird. Die Übertragung der verantwortlichen Leitung eines mit den besten sachlichen und persönlichen Kräften ausgestatteten Präsidialkabinetts an den Führer der größten nationalen Gruppe wird die Schlacken und Fehler, die jeder Massenbewegung notgedrungen anhaften, ausmerzen und Millionen Menschen, die heute abseits stehen, zu bejahender Kraft mitreißen. [...]

Zit. nach: Ebenda, S. 687 f.

8 Der Redakteur des „Vorwärts" Victor Schiff: Über den Aufstieg Hitlers (1934)

Wenn es überhaupt einen Punkt gibt, über den es keine Meinungsverschiedenheiten unter uns gibt und wohl auch nicht geben kann, dann ist es wohl der, dass Hitler seinen Aufstieg und seinen schließlichen Sieg im Wesentlichen der Weltwirtschaftskrise verdankt: der Verzweiflung der arbeitslosen Proletarier, der zukunftslosen akademischen Jugend, der zum Bankrott treibenden mittelständlerischen Kaufleute und Handwerker und der durch landwirtschaftlichen Preissturz arg bedrohten Bauern. In dieser Hinsicht haben wir in der Tat allesamt versagt. Wir haben sicherlich mit Recht die kapitalistische Wirtschaftsordnung für die Krise verantwortlich gemacht, aber darüber hinaus waren wir nicht in der Lage, den Massen mehr zu bieten als sozialistische Redensarten.

Aber [...] lag darin eine „Schuld" im eigentlichen Sinne? Höchstens eine Schuld der Gewissenhaftigkeit. Wir wollten nicht den Wettlauf der Demagogie, der schwindelhaften Versprechungen mit den Nationalsozialisten oder mit den Kommunisten aufnehmen. Wir wollten als ehrliche Menschen nicht dem Wunderglauben der Rechts- und Linksradikalen einen eigenen Wunderglauben entgegensetzen. Wir hatten kein eigenes Rezept, jedoch nicht infolge politischer oder wirtschaftlicher Sterilität, sondern einfach, weil es keins gab, das wir mit gutem Gewissen empfehlen konnten.

Zit. nach: H. Michaelis/E. Schraepler: Ursachen und Folgen. Vom deutschen Zusammenbruch 1918 und 1945 bis zur Staatlichen Neuordnung Deutschlands in der Gegenwart. Band VIII. Berlin 1963, S. 773 f.

9 Der nationalsozialistische Publizist Hans Schwarz van Berk über „Die Dummheit der Demokratie" (1935)

Das wird immer einer der besten Witze der Demokratie bleiben, dass sie ihren Todfeinden die Mittel selber stellte, durch die sie vernichtet wurde.

Die verfolgten Führer der NSDAP traten als Abgeordnete in den Genuss der Immunität, der Diäten und der Freifahrkarte. Dadurch waren sie vor dem polizeilichen Zugriff gesichert, durften sich mehr zu sagen erlauben als gewöhnliche Staatsbürger und ließen sich außerdem die Kosten ihrer Tätigkeit vom Feinde bezahlen.

Aus der demokratischen Dummheit ließ sich vortrefflich Kapital schlagen. Auch die Anhängerschaft der NSDAP begriff das sofort und hatte ihre helle Freude daran.

Die Partei wuchs im Volke, weil ihre Führer sich im Volke bewegten. Von Wahl zu Wahl aber konnte sie von der Liste der Abgeordneten ihr Wachstum, amtlich bestätigt, ablesen.

Zit. nach: H. Michaelis/E. Schraepler: Ursachen und Folgen. Vom deutschen Zusammenbruch 1918 und 1945 bis zur Staatlichen Neuordnung Deutschlands in der Gegenwart. Band VIII. Berlin 1963, S. 774.

10 Plakat der DNVP zur Reichstagswahl vom 6.11.1932. Sie unterstützte Papens politischen Kurs.

Arbeitsvorschläge

a) Interpretieren Sie die Plakate M 6 und M 10 auf ihren zeitlichen und politischen Hintergrund.
b) Beschreiben Sie die Ziele von Brünings Wirtschafts- und Außenpolitik (M 3) und beurteilen Sie diese vor dem Hintergrund der wirtschaftlichen Situation vor und nach dem Ausbruch der Weltwirtschaftskrise.
c) Charakterisieren Sie die Position der SPD (M 5) und diskutieren Sie Alternativen zum eingeschlagenen Kurs der Sozialdemokraten.
d) Analysieren Sie Heartfields Interpretation der Zerstörung der Republik (M 2).
e) Zeigen Sie anhand von M 4 und M 7, welche Kräfte für Hitlers Ernennung zum Reichskanzler ausschlaggebend waren, und skizzieren Sie deren Ziele.
f) Diskutieren Sie die Möglichkeiten demokratischer Parteien, den Aufstieg einer Partei wie der NSDAP zu verhindern (M 8, M 9).

4

Standpunkte: Warum scheiterte die Weimarer Republik?

Die Frage nach dem Scheitern der Weimarer Republik ist in der Erforschung dieses Abschnitts der deutschen Geschichte sicher am häufigsten gestellt worden. Denn damit verbunden ist auch der Wunsch, zu verstehen und zu erklären, wie Hitlers Herrschaft möglich wurde. Wie so oft zeigt sich auch hier, dass monokausale Erklärungen zu kurz greifen und viele verschiedene Blickwinkel einbezogen werden müssen.

1 Die Auflösung der Republik

Karl Dietrich Bracher stellt neben dem Scheitern auch die Leistungen der Republik von Weimar heraus:

Zu einfach wäre gewiss die Auffassung, die Weimarer Republik sei, wenn nicht sogleich, so doch auf lange Sicht, zum Scheitern verurteilt gewesen, weil sie schwer wiegende Strukturfehler aufwies, die aus der unvollendeten Revolution und der starken Kontinuität vordemokratischer Elemente in Staat und Gesellschaft stammten. Wider Erwarten wurde sogar das Krisenjahr 1923 mit seinen Katastrophenereignissen überstanden, die auch eine fester verwurzelte Demokratie hätten zu Fall bringen können. Aber das Hauptproblem war und blieb: Die deutsche Demokratie, als Ergebnis der unerwarteten Niederlage empfunden, war und blieb alles andere als populär. Schon ein Jahr nach der Annahme der Verfassung, bei den ersten Reichstagswahlen von 1920, waren die sie tragenden Parteien in die Minderheit geraten. Es gab eine zunehmende Unterstützung für die extremen Parteien der Linken und der Rechten, die die Republik erbittert bekämpften. Sie sahen in ihr entweder, wie die Kommunisten, das Ergebnis eines Verrats der Sozialdemokraten und Gewerkschaften an der Arbeiterklasse: durch Kompromisse mit den Kapitalisten, der Armee und der alten Führungsschicht. Oder aber sie denunzierten die Demokratie als Produkt eines Verrats der Revolution an der kämpfenden Front im Sinne der Dolchstoßlegende und zugleich eines ausländischen Diktats über Deutschland: als eine „undeutsche“, importierte Staatsform, wie die rechts stehenden Gegner der Demokratie unablässig behaupteten. Die „Kapitalistenklasse“ oder aber die „Novemberverbrecher“ sind schuld am deutschen Elend: Das waren die beiden Pole einer antidemokratischen Agitation, die der Republik von Anfang an machtvoll und suggestiv entgegentrat. [...] Versailles und die Revolution waren die großen Stichworte, mit denen agitiert wurde: 1919 wie 1933. Dieses große antidemokratische Potenzial, das sich als das „eigentliche“ Deutschland verstand, war also stets vorhanden [...].

Man muss sich jene fatale Einkreisung der Demokratie durch ihre Feinde bewusst machen, um auch der Leistung der republikanischen Parteien und Politiker gerecht zu werden. Die Weimarer Republik war in Wahrheit nichts Fremdes, Importiertes, sondern der Durchbruch einer demokratischen Tradition, die von der Glorifizierung der „Realpolitik“ und des starken Staates im Zweiten Reich überdeckt worden war, und sie bedeutete zugleich die Wiederaufnahme einer übernationalen, „weltbürgerlichen“ Kultur- und Gesellschaftstradition jenseits der nationalstaatlichen Verengung. Die Weimarer Republik war im Grunde ein Versuch, den Bismarckstaat mit 1848 und 1789 zu verbinden. Darin lag ihr teils national konservativer, teils liberal und sozial vorausweisender Charakter beschlossen. Er wird sichtbar in der so kurzen, so reichen Entfaltung der Kultur in den „Goldenen zwanziger Jahren“, die nicht zuletzt ein Durchbruch von Vorkriegsströmungen in neuer Form waren. [...]

K. D. Bracher: Die Auflösung der Republik. Gründe und Fragen. In: G. Schulz (Hrsg.): Ploetz. Weimarer Republik. Freiburg/Würzburg 1987, S. 130 ff.

2 Die gespaltene Gesellschaft

Otto Dann hebt die Spaltung der Gesellschaft als Ursache hervor:

Wie konnte es dazu kommen, dass die deutsche Nation, die sich 1918/19 eine demokratische Verfassung geschaffen hatte, seit 1930 sich von dieser Verfassung mehrheitlich wieder zurückzog und sich damit als moderne, souveräne Nation selbst aufgab? [...]

Die Nation der Republik von Weimar war eine gespaltene Nation, wie schon die Gesellschaft des Kaiserreichs. Doch die Grenzlinien verliefen anders. Im Kaiserreich herrschte eine weitgehende Übereinstimmung zwischen dem Gegensatz der Klassen und den Lagern der politischen Gesellschaft. Im Weltkrieg war dann der Begriff „Volksgemeinschaft“ populär geworden. Er war das Symbol der weit verbreiteten Hoffnung auf eine Überwindung der Spaltung der Nation, die alle empfanden. Unter diesem Begriff wurde jedoch Verschiedenes verstanden, und viele falsche Hoffnungen waren mit ihm verbunden.

Auch in der Republik spielten die Klassengegensätze eine zentrale Rolle; doch sie waren vielfach überlagert und sie prägten nicht mehr allein das politische Spektrum. [...] Sozialpolitisch beruhte der Weimarer Nationalstaat auf einer Koalition, in der die alten Klassengegensätze durch eine sozialdemokratisch-bürgerliche Koalition überbrückt waren. Diese politisch vollzogene neue Nationsbildung konnte sich jedoch an der Basis, im Verhalten der Gesellschaft noch nicht durchsetzen. Das führte im politischen Leben zu neuen Gegensätzen: auf der Linken zwischen SPD und USPD oder KPD, im bürgerlichen Lager zwischen demokratischen und antidemokratischen Parteien. Kennzeichnend für die Gesellschaft von Weimar war damit eine neue Spaltung, die sich aus dem Kampf um den Staat ergab: der Gegensatz zwischen den Anhängern und den Gegnern des demokratisch-republikanischen Nationalstaats.

Diese Spaltung wurde bedrohlich, weil unter den Gegnern der Republik sich schon bald eine Totalopposition durchsetzte, der es gelang, die nationale Parole für sich zu besetzen und damit dem Staat und seinen tragenden Kräften die wichtigste Identität zu nehmen: die nationale. Zwischen den Trägern des Weimarer Nationalstaats und der Totalopposition von rechts tobte ein Kampf um die Nation, um den Anspruch, die Nation zu repräsentieren. Es ging dabei letztlich um zwei gegensätzliche Konzepte von der Nation, das demokratische und das des Nationalismus. Dieser Kampf hatte nicht nur eine ideologische, sondern auch eine soziale Dimension: Es war ein Kampf um die deutsche Gesellschaft.

Warum konnte die Totalopposition von rechts ihn für sich entscheiden? Zunächst deshalb, weil sie lernfähig und in der Lage war, neue Ressourcen zu mobilisieren. Nach den Jahren der Putschtaktik (1919–1923) stellte sie sich um auf eine Strategie der planmäßigen Organisation und der manipulativen Massenagitation. Außerdem war es ihr gelungen, eine Militarisierung des politischen Lebens durch die Aufstellung von uniformierten Kampfverbänden durchzusetzen; diese konnten das politische Leben ständig zu einer Bürgerkriegssituation erhitzen und außer Kontrolle bringen. In diesem Zusammenhang darf nicht übersehen werden, dass es neben der nationalistischen Totalopposition von rechts auch die kommunistische von links gab, die ebenso militant mit einer antidemokratischen Klassenkampfparole die Weimarer Republik aufsprengte und vor allem die Sozialdemokratie, die tragende Partei dieser Republik, ständig verunsicherte. Letztlich war der Sieg über den Staat aber nur möglich, weil die Führungsgruppen der beiden einzigen nach 1930 noch zählenden bürgerlichen Parteien, Zentrum und DNVP, ihren begrenzten Konsens mit diesem Nationalstaat aufgegeben und eine andere als die modern-demokratische Nation ins Auge gefasst hatten.

O. Dann: Nation und Nationalismus in Deutschland 1770–1990. München (Beck) 1996, S. 270 ff.

3 Weimar hatte immer eine Chance

Hagen Schulze lenkt den Blick auf die Mentalitäten von sozialen Gruppen und Parteien:

In der Mitte des Ursachenbündels findet sich eine Bevölkerungsmehrheit, die das politische System von Weimar auf die Dauer nicht zu akzeptieren bereit war, sowie Parteien und Verbände, die sich den Anforderungen des Parlamentarismus zunächst nicht gewachsen zeigten. Die Ursachen für diese Defekte dürften überwiegend in langfristigen, aus den besonderen Bedingungen der preußisch-deutschen Geschichte zu erklärenden Zusammenhängen zu suchen sein, verstärkt durch die Entstehungsbedingungen des Weimarer Staatswesens und seiner außenpolitischen Belastungen. Die Übertragung dieser ungünstigen Gruppenmentalitäten auf das Weimarer Regierungssystem wurde durch den Wahlrechtsmodus erheblich begünstigt; andere Merkmale der formalen Verfassungsordnung, wie ihr mangelnder normativer Charakter oder der Föderalismus, wirkten nur in zweiter Linie destabilisierend, während das starke präsidiale Moment daneben auch stabilisierende Komponenten enthielt, die allerdings letzten Endes nicht zum Zug kamen. Die antirepublikanischen Tendenzen in Armee, Bürokratie und Justiz waren grundsätzlich beherrschbar, eine Frage des Machtbewusstseins von Parteien und Regierung. Die gesellschaftlichen und wirtschaftlichen Rahmenbedingungen waren hauptsächlich langfristig wirksam, indem sie auf die Mentalitäten von Bevölkerung und einzelnen Gruppen einwirkten; aktuelle ökonomische Krisen verstärkten die destabilisierenden Momente, verursachten sie aber nicht.

Lapidar lässt sich also schließen: Bevölkerung, Gruppen, Parteien und einzelne Verantwortliche haben das Experiment Weimar scheitern lassen, weil sie falsch dachten und deshalb falsch handelten. Auch auf dem Umweg über die Strukturanalyse gelangt man so zu dem Schluss, dass Weimar nicht schicksalhaft oder bedingt durch anonyme Sachzwänge scheitern musste – die Chance der Gruppen wie der Einzelnen, sich für Weimar zu entscheiden und dem Gesetz der parlamentarischen Demokratie zu gehorchen, nach dem man angetreten war, hat immer bestanden.

H. Schulze: Weimar. Deutschland 1917–1933. Berlin (Siedler, Sonderausgabe) 1994, S. 45.

Arbeitsvorschläge

a) Fassen Sie die jeweiligen Textinhalte in Thesen zusammen und setzen Sie sich damit kritisch auseinander.

b) Nehmen Sie selbst begründet Stellung zu der Frage, warum die Republik von Weimar gescheitert ist.

4

Methode: Politik und Plakate

Den ersten Eindruck festhalten

So kennen wir die Plakate, die vor allem in Wahlkampfzeiten das Straßenbild prägen. Ein sympathisch zurecht gemachtes Gesicht blickt uns freundlich entgegen, im Hintergrund ein strahlend blauer Himmel, einige wenige Worte, ein Name oder ein griffiges Schlagwort. Als Massenmedium werden Plakate dafür geschaffen, Aufmerksamkeit zu erregen. Sie wollen auch den schnell vorbeigehenden Passanten erreichen. Welchen ersten Eindruck hinterlassen die Plakate aus der Weimarer Zeit?

Bildsprache und Text analysieren

Bei genauerer Betrachtung ist festzustellen, dass die damals entstandenen Plakate sich von den heutigen unterscheiden: Bilder und Texte sind formenreicher, als wir es von der heutigen politischen Plakatwerbung her kennen.
Max Pechsteins Aufruf zur Wahl der Nationalversammlung (M 9) verwendet das Bild der Grundsteinlegung in einem doppelten Sinn. Der Arbeiter, eine Kelle in der rechten Hand, errichtet ein neues Haus, für dessen Standfestigkeit der Grundstein entscheidend ist. Welche Wirkung geht von Gesichtsausdruck und Körperhaltung aus? Sie vermitteln eine Stimmung des Aufbruchs, der Bewegung. Vorherrschend ist die schiefe Stellung im Raum, horizontale oder vertikale Linien fehlen.
Aufschlussreich ist auch die Beziehung von Bild- zu Textanteilen: Die offene linke Hand verweist auf die Schrift am oberen Bildrand. Die gewählte Nationalversammlung wird gleichgesetzt mit dem Grundstein, Symbol für den Bestand des neuen Hauses „Republik". Sie garantiert Stabilität und tritt für die Interessen der Menschen ein.

1 Plakat von Max Pechstein von 1918

2 Plakat 1918, ebenfalls von Max Pechstein

Weitere Punkte bei der Analyse von Bild und Text sind der Einsatz von Farben (Flächigkeit, Kontraste, Farbe in Einzelelementen) sowie Schriftart und -größe.

Allegorische Motive erklären

Bei der Wahl seiner Motive greift Pechstein auf bildsprachliche Traditionen zurück. So erinnert der Arbeiter an den auferstehenden Christus in der religiösen Kunst: Kniend und umgeben von wehenden Fahnen erhebt er in ausdrucksstarker Geste die Hand. Solche Allegorien, also bildhafte Elemente, die der Anschaulichkeit dienen, waren den Betrachtenden damals von anderen Darstellungen her vertraut. Welche Empfindungen und Eindrücke möchte der Künstler mit der Übertragung von Bildmotiven aus einem anderen Kontext auf sein Thema hervorrufen?

Suggestive Aussagen feststellen

Dieses Beispiel zeigt, dass Plakate neben dem eigentlichen Appell weitere, oftmals unbewusst wahrgenommene Bild- und Textsprache transportieren, die den Betrachtenden wesentlich beeinflussen, ja manipulieren sollen. Worin besteht der offensichtliche Appell des Plakates? Welche suggestiven Aussagen enthält es?

Vereinfachungen und Polemisierungen herausarbeiten

Natürlich vereinfachen Plakate die politischen Inhalte; sie bieten keinen Platz für eine ausführliche Argumentation – und die ist auch nicht beabsichtigt. Im Gegenteil: Plakate der Weimarer Zeit wollen häufig polarisieren und Gefühle wecken. Der politische Gegner soll verunglimpft werden. Dabei wirken aggressive Darstellungen wie drohende Fäuste, gereckte Speere oder würgende Schlangen auf uns heute eher befremdlich.

Hintergründe der Entstehung des Plakats skizzieren

Nicht immer lassen sich über diejenigen, die das Plakat entworfen haben, genügend Informationen sammeln. Und nicht selten können nur die Hintergründe der Entstehung eines Plakates nachgezeichnet werden. Im vorliegenden Fall ist das anders: Schon während des Krieges wurden viele Grafiker in den Dienst der offiziellen Propaganda gestellt. Dies macht sich 1918 die neue Regierung unter Ebert zunutze: Es entsteht der Werbedienst der Deutschen Republik, dem Expressionisten wie Cesar Klein (1876–1954; s. M 2, S. 157) oder Max Pechstein (1881–1955) angehören. Sie engagieren sich als „Novembergruppe" auch für die Sache der Revolution. Mit dem Ende des Ersten Weltkriegs fällt zudem die Zensur weg: Die Formen der öffentlichen Äußerungen erleben an Litfaßsäulen, Zäunen und „Sandwichmen" einen Aufschwung. Sie machen politische Werbung möglich, die weithin sichtbar viele Menschen erreicht.

Interessen der Auftraggeber und mögliche Zielgruppen rekonstruieren

Welche Ziele verfolgen die Auftraggeber mit den Plakaten? Ein Grundthema für die regierungsamtlichen Plakate ist die Wahl zur Nationalversammlung. Die von Ebert geführte Regierung strebte eine parlamentarische Demokratie an. Die weitere Radikalisierung der Revolution, der Versuch, die Räterepublik durchzusetzen, hätte in ihren Augen die tragfähige politische Grundlage für die gerade erst entstandene Republik zerstört. Die Interessen des Auftragsgebers kommen bei dem Plakat offen zum Tragen: Es appelliert vor allem an die revolutionäre Arbeiterschaft auf die parlamentarische Demokratie zu setzen. Ihre gesellschaftlichen Aufgaben rückt das Plakat in den Mittelpunkt.

Arbeitsvorschläge

a) Sammeln Sie zunächst Ihre Eindrücke beim Betrachten des rechten Plakats (M 2).
b) Interpretieren Sie dann die beiden Plakate anhand der oben genannten Kriterien.

4.6 Die Zerstörung der Demokratie durch den Nationalsozialismus

Das „Dritte Reich" – eine weltgeschichtliche Zäsur

Kein anderer Staat hat den Verlauf der europäischen, ja der Weltgeschichte im 20. Jahrhundert so stark und zugleich so negativ bestimmt wie das nationalsozialistische Deutschland von 1933 bis 1945. Das „Dritte Reich", dieses „menschenfeindlichste Regime der Geschichte" (Heinrich August Winkler), beging einen beispiellosen Zivilisationsbruch: Ausgerechnet das „Land der Dichter und Denker" trug die Verantwortung nicht nur für den Zweiten Weltkrieg, der große Teile Europas in Schutt und Asche legte und ca. 55 Mio. Menschenleben forderte, sondern auch für den planmäßigen Völkermord an über 5 Mio. europäischen Juden.

Folgen des Zweiten Weltkrieges

Dem „totalen Krieg" folgte die totale Niederlage – mit schwerwiegenden Auswirkungen auf die deutsche und europäische Nachkriegsentwicklung und die Weltpolitik: Der Verlust der deutschen Ostgebiete, die Teilung Deutschlands und Europas in zwei einander feindlich gegenüberstehende politisch-militärische Blöcke unter der Führung der USA und der Sowjetunion (SU), der „Kalte Krieg" zwischen diesen rivalisierenden atomaren Supermächten bis in die 1980er-Jahre waren direkte oder indirekte Folgen des Zweiten Weltkrieges. Erst mit dem Zusammenbruch des Sowjetkommunismus und der Auflösung der SU, der friedlichen Wiederherstellung der deutschen Einheit und der Überwindung der Blockspaltung Europas 1989–1991 endete gewissermaßen die Nachkriegszeit – und zugleich, wie es der Historiker Eric Hobsbawm ausdrückte, das „kurze 20. Jahrhundert" (1914–1991).

Offene Fragen

Mehr als ein halbes Jahrhundert nach seinem Untergang ist die geschichtswissenschaftliche Erforschung des Nationalsozialismus noch nicht abgeschlossen. Nach wie vor, so der Historiker Hans-Ulrich Wehler, stellt sich die Grundfrage, „wie es dazu kommen konnte, dass die Weimarer Republik nach zwölf Jahren zerfiel, die nationalsozialistische Diktatur aber zwölf Jahre bestehen konnte, dass Deutschland als bisher einziges Industrie- und Kulturland der westlichen Zivilisation einen Radikalfaschismus praktiziert hat, der die Welt in einen fünfjährigen totalen Krieg und bis nach Auschwitz führte". Aber auch geschichtliche Einzelfragen werden immer wieder diskutiert, zum Beispiel: Worauf beruhte eigentlich und wie funktionierte Hitlers Herrschaft? Gab es einen schriftlichen oder mündlichen „Führerbefehl" zur Judenvernichtung (der nicht überliefert ist), und wann wurde er erteilt? Wie tief war die Wehrmacht in die Massenmorde der SS- und Polizeiverbände (v.a. in Polen, der Sowjetunion, Jugoslawien und Griechenland) verstrickt? Und nicht selten werden neue Quellen mit z.T überraschenden historischen Details zutage gefördert: So wurde erst im Juli 2000 bekannt, dass sogar die beiden christlichen Kirchen in Deutschland während des Zweiten Weltkrieges ausländische Zwangsarbeiter beschäftigten.

1 Brandenburger Tor 1933: Aufmarsch der NSDAP

Noch weniger kann die aktuelle politische Auseinandersetzung mit der Erblast des Nationalsozialismus als beendet angesehen werden. Schülerinnen und Schüler haben manchmal das Gefühl, dass sie mit diesem Thema „genervt" werden: im Geschichts-, Politik-, Deutsch-, Religions- und Biologieunterricht, an Gedenktagen wie dem 27. Januar, dem 8. Mai oder dem 9. November und auf allen Kanälen des Fernsehens, wo das Spektrum vom trivialen Spielfilm, über die populärwissenschaftliche Reportage bis zur seriösen Dokumentation reicht. Oft sind sie der Ansicht, dass sie als Generation des 21. Jahrhunderts mit Hitlers „Drittem Reich" persönlich nicht mehr zu tun haben als etwa mit dem Reich Karls des Großen.

Der Nationalsozialismus und die Gegenwart

Das ist jedoch ein Irrtum, wie schon wenige Beispiele zeigen:

- Die strafrechtliche Verfolgung nationalsozialistischer Verbrechen ist auch nach mehr als einem halben Jahrhundert im In- und Ausland noch nicht vollständig abgeschlossen; vereinzelt werden noch immer Täter aufgespürt, ausgeliefert und vor Gericht gestellt, wenn sie auch wegen ihres hohen Alters und schlechten Gesundheitszustandes ihre Strafe nur noch selten verbüßen müssen.
- Viele Institutionen wie Universitäten, Forschungseinrichtungen oder Großunternehmen begannen erst in den 1990er-Jahren mit der schonungslosen Aufarbeitung ihrer NS-Vergangenheit.
- Erst seit dem Jahr 2000 gibt es eine Vereinbarung zur Entschädigung der NS-Zwangsarbeiter; die Auszahlung der Gelder am Ende eines langwierigen Verfahrens wird mancher der in deutschen Wirtschaftsbetrieben ausgebeuteten und oft gesundheitlich ruinierten Frauen und Männer nicht mehr erleben.
- Über die Formen der Erinnerung und des Gedenkens wird in Deutschland nach wie vor kontrovers diskutiert, z. B. 1999 über die Frage, ob in Berlin ein nationales Holocaust-Denkmal errichtet werden soll und ob die beschlossene Form einer Gedenkstätte sinnvoll ist.
- Der Nationalsozialismus ist keineswegs politisch tot. In Deutschland, aber auch in anderen europäischen Ländern gibt es Gruppen, Verbände und Parteien, die sich zur nationalsozialistischen Ideologie und Politik bekennen. Sie verbreiten menschenverachtende, antidemokratische, ausländer- und judenfeindliche Parolen in eigenen Zeitungen, Propagandaschriften und im Internet, auf öffentlichen Kundgebungen und Demonstrationsmärschen. Wenn junge Deutsche jüdische Friedhöfe schänden und rassistisch motivierte Gewalttaten an Ausländern begehen, fügen sie Deutschlands Ansehen in der Welt schweren Schaden zu, denn ihre Aktionen werden von der internationalen Öffentlichkeit aufmerksam registriert.

2 Aufmarsch der NPD am selben Ort im Jahr 2000

Deshalb bleibt Deutschland ein „schwieriges Vaterland" (Gustav Heinemann, Bundespräsident 1969–1974) mit einer in die Gegenwart ragenden nationalsozialistischen Vergangenheit, die nicht vergeht – eine unbequeme Erbschaft, mit der sich jede junge Generation in ihrem eigenen Interesse stets aufs Neue historisch und politisch auseinandersetzen muss.

3 „... und alles steht still"

Die 17-jährige Sue Hermenau, Schülerin einer zwölften Klasse in Berlin:

Sie gehen nicht, sie schreiten. Mit einem lauten Plauz lassen sie die S-Bahntüren auseinanderkrachen, senden starre giftige Blicke in die Gegend und beginnen, den Gang entlangzuschreiten. Ihre Schuhe krachen Viervierteltakt auf den Boden. Niemandem blicken sie wirklich ins Gesicht. Kein Zwinkern, kein Humor in ihren Augen; bloß diese inszenierte Kälte, die jeden fast gefrieren lässt. Fast. [...]

Ich halte den Atem an und versuche, mich nicht zu bewegen. Aber entspannt muss es aussehen, entspannt. Sie setzten sich mir gegenüber. Der Größere mit der grünen Jacke stößt sich sein Knie unwirsch an meinem, und es knistert in der Luft. [...]

„Na ... Zecke!", zischt er leise und lässt mich zusammenzucken. Ich denke an den unsicheren, gebrochenen Blick; er weiß von meiner Angst. Das nimmt mir meine Waffen, denn er registriert, woran er bei mir ist. Würde der mir eine reinhauen? Hab ich nicht mal gesagt bekommen, dass die Typen keine Mädchen schlagen? Kräftig genug wäre er. Groß genug auch. [...]

„Hi", sage ich und lächle. „Haste was zu melden?"

Arroganz ist immer gut. Arrogant begegnet man ihnen selten; zumindest, wenn man allein ist und eigentlich Angst hat. Sehr große Angst.

„Das heißt nicht ‚Hi', das heißt ‚Heil'. Oder haste da mal irgendwo nicht aufgepasst?" [...]

„Heil Zecke!" Ich blicke aus dem Fenster, schaue auf die vorbeiziehenden Neubauten. [...]

„Hast du mich nicht verstanden? Antworte! Heil Zecke!" Sein Gesicht ist ganz rot. Er atmet schwer und ist furchtbar aufgeregt. Cool bleiben. Sei arrogant. [...]

Stolz zerstört mich, nagt unentwegt an mir, bringt mich in zwielichtige Situationen wie diese. Einfach wäre es, jetzt „Heil Hitler" zu sagen und dann in Ruhe gelassen zu werden. Aber nein, einfach wäre es keineswegs; ich würde mich mies fühlen und mir ins Gesicht spucken wollen. Sie sind kräftig, gefährlich und im Unrecht, aber ich sehe es nicht ein, wegen ihnen einem Diktator Heil zu wünschen, der Millionen von Menschen auf dem Gewissen hat.

„Hi", sage ich erneut. „Aber haben wir uns nicht schon begrüßt?" Die Arroganz muss ich beibehalten. Er weiß, dass ich Angst hab und am liebsten verschwinden würde.

Ich will es mir nicht leicht machen, weil es keine leichte Angelegenheit war. Und ist. Ich will nicht aufgeben, will protestieren. Der Protest und der Widerstand gegen neue nationalsozialistische Strukturen – ist das nicht alles, was meine Generation leisten kann? Und ist das nicht schon verdammt wenig?

Okay, ich fühle mich nicht schuldig für den Holocaust und den Krieg und alles. Okay, ich bin Deutsche, aber dafür kann ich nichts. Es ist vorbei, und es muss dabei bleiben. Andere setzen Mahnmale und bauen Gedenkstätten, und ich ... ja, ich weigere mich halt, „Heil Hitler" zu grüßen. Der vielleicht dümmste Widerstand auf Erden, aber es geht nicht anders.

Ich bin zu jung, und ich bin nicht dabei gewesen, habe von den Nürnberger Gesetzen und der NSDAP nur im Unterricht gehört. Neulich war ich mit meinem Politische-Weltkunde-Kurs im Haus der Wannsee-Konferenz. Dort stand der Glastisch, an dem die Ermordung und Vernichtung der Juden beschlossen wurde. Er glänzte und spiegelte mein Gesicht wider. Mein eigenes Gesicht.

Es steht nicht in meiner Macht, glatzköpfige Idioten zu ändern, natürlich nicht. Aber ich kann ihnen so wenig Macht wie möglich zugestehen und ihnen einfach nicht nachgeben. Verdammt noch mal, nicht den Kopf in die Zeitung stecken, sondern ihnen kühn in die Augen sehen! Damit sie spüren, dass sie Würstchen sind; damit sie es alle spüren.

„Du willst frech werden? Seh ich das richtig? Willste den großen Onkel ärgern? Dutzidutzidu ..." Der Typ ist sternhagelvoll, sein Blick ist ganz glasig.

[Sue entscheidet sich auszusteigen, wird aber festgehalten, geschlagen und getreten.]

Keiner hat reagiert im Abteil. Hui, ist die Zeitung wichtig; hui, was für eine tolle Aussicht aus dem zerkratzten Fenster. Habe ich mich schon jemals so gedemütigt gefühlt? Stolz? Stolz, ja verdammt stolz richte ich mich auf. Ziehe die Nase hoch, schüttle lässig den Dreck von der Hose, habe ein „Ihr könnt mich mal, ihr Loser" im Gesicht geschrieben und schreite zur Tür. Ganz gerade, einen Schritt vor den anderen. [...] Der Zug hält an und ich reiße die Türen auf. [...]

Starr harre ich die Minuten aus, bis der Zug abfährt. Dann lasse ich mich fallen. Liege auf einer dieser Eisenschalen, die als Stühle dienen sollen, und halte die Tränen nicht mehr zurück. Hat sich das gelohnt? [...] Sie sind S-Bahnhof Friedrichfelde-Ost eingestiegen, und ich bin S-Bahnhof Lichtenberg ausgestiegen. Eine Station, vier Minuten [...] und alles steht still.

S. Hermenau: Und alles steht still. In: Was bleibt von der Vergangenheit? Die junge Generation im Dialog über den Holocaust, hrsg. von Stiftung für die Rechte zukünftiger Generationen. Berlin 1999, S. 95 ff.

Arbeitsvorschläge

a) Erläutern Sie die Motive von Sue, Widerstand zu leisten (M 3), und nehmen Sie dazu Stellung.

b) Informieren Sie sich über Größe, Ziele und Aktivitäten der Neo-Nazi-Szene im heutigen Deutschland. Erste Informationen erhalten Sie unter www.verfassungsschutz.de. (**Online Link** 430016-0401)

4.7 Die Ideologie des Nationalsozialismus und der moderne Antisemitismus

Kernpunkte: nationaler Sozialismus, Führerprinzip und Volksgemeinschaft

Die nationalsozialistische Ideologie entstand in der ersten Hälfte der 1920er-Jahre aus bereits bekannten rechtsradikalen Pro- und vor allem Anti-Haltungen. Diese fügten sich aber, verdichtet und zugespitzt, erst in den politisch-ideologischen Texten der NS-Bewegung – allen voran das (nie veränderte) NSDAP-Programm von 1920 und Adolf Hitlers Bekenntnisbuch „Mein Kampf" (geschrieben 1924) – zu einem geschlossenen Weltbild und einer dazugehörigen rechtsextremistischen politischen Programmatik.

Ideologischer Kernbegriff war der „nationale Sozialismus" (= Nationalsozialismus"). Diese griffige Formel – bewusst als Gegenkonzept zum internationalen marxistischen Sozialismus und Kommunismus formuliert – wurde inhaltlich nie genau bestimmt, um den Handlungsspielraum der Parteiführung nicht einzuengen. So beschränkte sich Hitler zum Beispiel in einer Rede von 1922 bei der Erläuterung des Parteinamens auf den vagen Hinweis, man wolle Staat und Gesellschaft so „national" und „sozial" organisieren, dass der einzelne „deutsche Volksgenosse" bereit sein werde, dafür zu sterben.

1 Hitler studierte sein Auftreten als Redner genau ein.
Studioaufnahme 1925

Greifbarer wird der Nationalsozialismus in der von ihm angestrebten politischen Struktur, dem „Führerprinzip". Danach sollten Staat und Gesellschaft konsequent, auf der Grundlage einer Auslese der „Besten", hierarchisch aufgebaut sein. Jeder Funktionsträger war ein „Führer", der in seinem Bereich nach dem (an sich militärischen) Prinzip von Befehl und Gehorsam Weisungen erteilte; seine Untergebenen („Gefolgschaft") durften ihn nur beraten. Jeder Führer wurde vom nächsthöheren Führer eingesetzt. Als oberster Führer und Staatslenker kam nach Hitlers Ansicht nur er selbst in Frage.

Seinen gesellschaftlichen Unterbau fand das politisch-militärische Führerprinzip in der Idee der „Volksgemeinschaft". Diese wurde als rein deutsche, klassenlose, aber berufsständisch gegliederte, auf ihre(n) Führer eingeschworene Kampfgemeinschaft gedacht. Deren Recht und Aufgabe sollte es sein, dem deutschen Volk im „natürlichen" Daseinskampf der Völker den nötigen „Lebensraum" zu erobern (Sozialdarwinismus, Lebensraumideologie).

Antihaltung und Feindbilder

Aus diesen Vorstellungen ergaben sich logisch eine Reihe von Anti-Haltungen bzw. konkreten Feindbildern. Verhasst waren den Nationalsozialisten alle angeblich „undeutschen" bzw. internationalen politischen und gesellschaftlichen Erscheinungen, die dem „Führerstaat" und der politisch und rassisch homogenen deutschen „Volksgemeinschaft" im Wege standen und daher zu bekämpfen waren:

- der bürgerliche Liberalismus mit seiner Trennung von Staat und Gesellschaft, von Öffentlichkeit und Privatheit, mit seinem gesellschaftlichen Pluralismus und Individualismus, die die Rechte gesellschaftlicher Gruppen bzw. des Einzelnen betonen, und mit seinem wirtschaftlichen Laisser-faire-Prinzip (Antiliberalismus);
- die parlamentarische Demokratie mit ihren Elementen Gewaltenteilung, Rechtsstaatlichkeit, Mehrparteiensystem, Koalitionsregierung, Opposition und politischer Kompromiss (Antiparlamentarismus);
- das gesamte Spektrum linker politischer und wirtschaftlicher Theorie und Praxis vom Marxismus und Kommunismus bzw. „Bolschewismus" über die Sozialdemokratie bis zu den Gewerkschaften. Linke wurden vom Nationalsozialismus unter dem Sammelbegriff „Marxisten" wahrgenommen und bekämpft (Antimarxismus);
- bestimmte Erscheinungsformen kapitalistischer Wirtschaft: Die NS-Ideologie prangerte die „Zinsknechtschaft" durch die Banken, das „arbeits- und mühelose

Einkommen" von Kriegsgewinnlern und Börsenspekulanten und das „raffende Kapital" (Börsen, Banken, Warenhäuser) im Unterschied zum „schaffenden Kapital" (Industrie, mittelständisches Handwerk und Handel) an. Die Grundlage des Kapitalismus, das Privateigentum an Produktionsmitteln, wurde jedoch – anders als bei den marxistischen Linken – nicht in Frage gestellt (begrenzter Antikapitalismus).
- die jüdischen Bürger, denen das Recht sich als Deutsche zu verstehen, kurzerhand abgesprochen wurde, und das „internationale Judentum" schlechthin, aber auch „Zigeuner" (d. h. Sinti und Roma) und andere „rassisch Unerwünschte" (Rassismus und Antisemitismus).

Moderner Antisemitismus

Die NS-Ideologie setzte die Juden mit allen anderen Feindbildern ursächlich in Beziehung: Die „jüdische Weltfinanz" stand angeblich hinter der Internationalisierung der Wirtschaft und übte ihre Macht über die Börsen aus mit dem Ziel, Deutschland zu zerstören. Oder: Der russische Bolschewismus stelle den Versuch des Judentums dar, „sich die Weltherrschaft anzueignen". Dieser fanatische Judenhass wurzelte nicht zuletzt im traditionellen christlichen Antijudaismus, der die Juden als Gottesmörder, Hostienfrevler, Brunnenvergifter, Ritualmörder und Zinswucherer diffamierte. Vor allem aber knüpfte er an den modernen Antisemitismus an, der sich im letzten Drittel des 19. Jahrhunderts auf drei Ebenen entwickelte.

Für Rassenideologie

Für Rassenideologen wie Eugen Dühring war das Entwicklungsprinzip der Geschichte der Kampf zwischen verschiedenwertigen menschlichen Rassen. Sie konstruierten eine Rangskala, auf der die Germanen („Arier") als höherwertige „kulturtragende Rasse" ganz oben, die Juden als minderwertige „kulturzersetzende Rasse" ganz unten standen. Judesein galt den Rassenideologen also nicht mehr als Religionszugehörigkeit, die man auch wechseln kann, sondern als negative „unabänderliche Eigenschaft des Blutes". Schon 1887 bezeichnete der Professor für Orientalistik Paul de Lagarde die Juden als „Ungeziefer", „Trichinen und Bazillen", die es rasch und gründlich zu vernichten gelte.

Politischer Antisemitismus

Um politischen Antisemitismus handelte es sich dort, wo sich der rassistische Antisemitismus in Parteien organisierte und judenfeindliche Geisteshaltungen in politische Forderungen und Parteiprogramme umgesetzt wurden. Besonders bekannt wurde die von dem Berliner Hofprediger Adolf Stoecker 1878 gegründete „Christlich-soziale Arbeiterpartei", die zwar nicht die Arbeiter, dafür aber Mittelschichtangehörige erreichte. Die antisemitischen Parteien richteten sich gegen „den Juden" als verhasste Symbolfigur der Modernisierung, der allmählich als Sündenbock für alle gesellschaftlichen Übel herhalten musste – so z. B. die „Bankjuden" und „Börsenjuden" für die Aktienverluste vieler Kleinanleger in der ersten Wirtschaftskrise des deutschen Kaiserreichs (1873–1878). Gefordert wurde, die Emanzipation der Juden aufzuheben, sie unter „Fremdengesetzgebung" zu stellen und beruflich zu beschränken. Die Antisemitenparteien erreichten bei den Reichstagswahlen 1893 und 1907 mit 3,5 % bzw. 3,9 % der Wählerstimmen nur bescheidene Erfolge. Auftrieb erhielten die Antisemiten im Ersten Weltkrieg durch die Diffamierung der Juden als „Kriegsgewinnler" und „Drückeberger" – ungeachtet der Tatsache, dass an der Front auch 100 000 jüdische Deutsche kämpften, von denen 30 000 Tapferkeitsmedaillen erhielten und 12 000 im Kampf fielen.

Gesellschaftlicher Antisemitismus

Gesellschaftlicher Antisemitismus breitete sich – eher latent als offen rassistisch – im weit verzweigten deutschen Verbands- und Vereinswesen (mit Ausnahme der Arbeiterbewegung) aus. Judenfeindschaft war z. B. das einigende Band zwischen Großagrariern, Mittel- und Kleinbauern, die sich 1893 im „Bund der Landwirte" (BdL) organisierten und u. a. gegen jüdische Kreditgeber und Viehhändler wetterten. Im selben Jahr schlossen sich junge konservative, angestellte Kaufleute zum „Deutschnationalen Handlungsgehilfenverband" (DNHV) zusammen, der gegen die im Handel tätigen Juden zu Felde zog. In den 1890er-Jahren wurde es in den meisten bürgerlichen Verbänden und Vereinen – vom imperialistischen „Alldeutschen Verband" und zahlreichen Kriegervereinen bis zu studentischen Korporationen – selbstverständlich, Juden die Mitgliedschaft zu verweigern. Hochburgen des Antisemitismus waren die Universitäten und das Militär. Hinter dem modernen Antisemitismus verbarg sich ein unverkennbarer Sozialneid, nämlich die Absicht, tüchtige, erfolgreiche jüdische Konkurrenten in Industrie und Handel, in den freien akademischen Berufen, im Angestelltensektor und im öffentlichen Dienst auszuschalten.

Ein europäisches Phänomen

Traditioneller christlicher Antijudaismus existierte überall in Europa, wo jüdische Minderheiten lebten. Moderner Antisemitismus fand sich nicht nur in Deutschland, sondern stärker noch in Polen, den baltischen Ländern, Russland, der Ukraine, Österreich und Frankreich. Seine Anhänger blieben auch dort eine gesellschaftliche Minderheit – dasselbe gilt freilich für ihre erklärten Gegner. Trotz der Gemeinsamkeiten gibt es jedoch einen entscheidenden Unterschied: Im deutschen Herrschaftsbereich während des Zweiten Weltkrieges führte der Antisemitismus zu mörderischen Konsequenzen, die alles übertrafen, was man Juden jemals irgendwo angetan hatte.

Widerstand gegen den Antisemitismus

Schon im Kaiserreich wurde der Antisemitismus als eine ernstzunehmende Gefahr erkannt. 1890 wurde deshalb der „Verein zur Abwehr des Antisemitismus" gegründet, mit dem liberale jüdische und christliche Persönlichkeiten die gesellschaftliche Gleichberechtigung deutscher Juden durchsetzen wollten. Der Verein hatte zwischen 14 000 und 20 000 Mitglieder, unter ihnen z. B. Heinrich Mann und Hugo Preuß, der Mitverfasser der Weimarer Reichsverfassung. In Zusammenarbeit mit dem „Central-Verein deutscher Staatsbürger jüdischen Glaubens" versuchte man, die gegen die Juden erhobenen Vorwürfe – z. B. die rassische Unreinheit – als Vorurteile zu entlarven. In der Weimarer Republik mischte sich der „Abwehrverein" mit Anzeigen und Wahlempfehlungen in die Wahlkämpfe ein.
Der 1893 gegründete „Central-Verein" vertrat die assimilierten deutschen Juden, die sich als Deutsche jüdischen Glaubens verstanden und damit im Gegensatz zu der um die gleiche Zeit gegründeten zionistischen Bewegung Theodor Herzls standen. Der „Central-Verein" gab seinen Mitgliedern Rechtsbeistand, wenn sie vor Gericht gegen antisemitische Diskriminierung klagten. Obwohl überparteilich, arbeiteten „Abwehrverein" und „Central-Verein" mit den liberalen Parteien zusammen, im Kaiserreich mit der Fortschrittlichen Volkspartei, in der Weimarer Republik mit der DDP.

Verein zur Abwehr des Antisemitismus
Gruppe Bergstraße
Keines unserer Mitglieder verabsäume am 4. Mai schon vormittags seine Wahlpflicht zu erfüllen. — Nicht zu wählen sind: Kanditaten der sogen. völkisch-nationalistisch organisierten Parteien, von denen der Wahlkampf sattsam genug gezeigt hat, was von diesen zu erwarten ist, — nämlich:
Bürgerkrieg und endgültige Zerstörung unseres deutschen Vaterlandes!
Das Schüren des gemeinsten Rassenhasses, — die sogen. antisemitische Tendenz dient lediglich nur dazu, das wahre Ziel dieser nationalistisch-völkischen Hetzer zu verbergen und die wirklichen Ziele dieser Antisemiten und deren ganze Tätigkeit führen
zum Zerstören und Zersplittern des deutschen Vaterlandes, der deutschen Reichseinheit
und zur totalen Vernichtung des deutschen Ansehens, der Achtung und Wertung vor der gesamten civilisierten Welt.
Der Vorstand

Wähler laßt Euch nicht beirren! Wer hat die Währung gerettet, ruhigere Verhältnisse schaffen helfen? Die Deutsche Volkspartei

2 Bergsträßer Anzeigenblatt 2. Mai 1924

4

Methode: Ideologiekritik

Hitlers „Mein Kampf"

1925 veröffentlichte Adolf Hitler den ersten, 1926 den zweiten Band seines umfangreichen politischen Bekenntnisbuches „Mein Kampf". Es entwickelte sich zu einer Art Bibel des Nationalsozialismus: Bis 1945 wurden etwa 11 Millionen Exemplare gedruckt. Das Buch enthält die vollständigste und authentischste Darstellung der nationalsozialistischen Ideologie. Auch heute noch wird es von den Rechten in aller Welt gelesen, zitiert, benutzt. Schon aus diesem Grund stellt sich die Frage, wie man sich mit Hitlers ideologischem Werk kritisch auseinandersetzen kann.

Grundzüge einer Ideologie verdeutlichen

Unter Ideologien verstehen wir heute Denk- und Wertsysteme, die von bestimmten Interessen geleitet werden und daher von einer verfälschten Sicht der Wirklichkeit ausgehen. Ideologien stehen im Gegensatz zu Geschichts- und Gesellschaftstheorien, die als wissenschaftlich gelten können: Historiker, Soziologen und Philosophen, sie alle haben in der Regel den Anspruch, die Wirklichkeit objektiv und auf nachprüfbare Weise darzustellen, ihre Prämissen offenzulegen und auch die Grenzen und Probleme ihrer Erklärungen und Interpretationen zu beschreiben. Solche Grundsätze werden in Rahmen von Ideologien vernachlässigt. Oft tragen Ideologien den Charakter einer umfassenden weltlichen Glaubenslehre oder Weltanschauung. Als solche erheben sie den Anspruch auf alleinige Richtigkeit und universale Gültigkeit.

Ihre vermeintliche Glaubwürdigkeit erhalten Ideologien häufig dadurch, dass in ihnen für sich genommen korrekte Fakten einseitig ausgesucht und mit unzutreffenden Urteilen verbunden werden. So entstehen scheinbar in sich schlüssige Bilder einer „falschen Wirklichkeit". Und ein weiterer Grundzug: Im Rahmen von Ideologien wird zwar die Wirklichkeit häufig verfälscht oder stark vereinfacht, gleichzeitig jedoch versucht, einer bestimmten Wirklichkeitssicht einen wissenschaftlichen Anstrich zu geben.

Ideologien sind dennoch meist keine bewussten Täuschungsmanöver, sondern ihre Urheber und Anhänger sind durchaus selbst von dem überzeugt, was sie vertreten. Ideologien werden nicht einfach erfunden, sondern sie entstehen auf dem Boden ungelöster gesellschaftlicher Probleme, erwachsen also aus einem verbreiteten Bedürfnis nach Erklärung und nach Bestätigung oder Überwindung bestimmter sozialer Gegebenheiten.

Ideologische Texte anhand rationaler Kriterien untersuchen und prüfen
Erster Schritt: immanente Analyse

Wo zeigen sich in Hitlers Werk „Mein Kampf" charakteristische Merkmale einer Ideologie? Diese Frage lässt sich leichter beantworten, wenn man ein genaues Raster von Kriterien vor Augen hat. Die inhaltlichen und formalen Strukturen ideologischer Texte eingehend zu analysieren, zu durchschauen und rational kritisierbar zu machen, ist die Aufgabe der Ideologiekritik.

Um Hitlers ideologischem Denken auf die Spur zu kommen, ist es zunächst wichtig, am Text selbst vorzugehen (immanente Analyse). Wie steht es um den Wahrheitsgehalt der Aussagen? Hier muss man unterscheiden zwischen Tatsachen und Meinungen. Problematisch bzw. ideologisch sind nicht die Fakten selbst, sondern die damit verknüpften unzutreffenden Urteile. Ideologische Meinungen lassen sich durch eine Textanalyse mittels folgender Fragen erkennen und durch ihre Beantwortung argumentativ widerlegen:

a) Welche Aussagen des Textes enthalten unbegründete Werturteile? In welche Richtung kann oder soll die Urteilsbildung gelenkt werden?
b) Welche Begriffe werden umgedeutet, d.h. werden sie anders definiert und benutzt als allgemein üblich? Welche politischen Absichten lassen sich erkennen?

c) Beruht die Darstellung und Beurteilung eines Sachverhalts auf einseitig ausgewählten Fakten? Welche anderen wichtige beziehungsweise dazugehörige Fakten werden abgetan oder gar nicht erwähnt?
d) Welche falschen Schlüsse werden aus fehlerhaften, gegebenenfalls auch richtigen Voraussetzungen gezogen?
e) Ist das, was erst bewiesen werden soll, in den Voraussetzungen eines Gedankenganges schon stillschweigend enthalten?
f) Welche bloßen Annahmen verwandeln sich im Verlaufe einer Argumentation unversehens in feste, aber unbewiesene Tatsachenbehauptungen?
g) Werden falsche oder einseitige Kausalbeziehungen hergestellt?

Zweiter Schritt: soziologische Analyse

Bei dem zweiten Schritt der Ideologiekritik sind politische und soziale Faktoren zu berücksichtigen: Für welche gesellschaftlichen Verhältnisse stellte die NS-Ideologie Erklärungen bereit? Welchen sozialen Bedürfnissen entsprach sie? Wem nützten die ideologischen Aussagen Hitlers? Berücksichtigen Sie hierbei Ihr Wissen zur Weimarer Republik.

Bewertung

Abschließend stellt sich die Frage der Beurteilung der Ideologie. Eine Bewertung und Einordnung wird schon vorgenommen, wenn die NS-Ideologie begrifflich näher beschrieben wird. Mit welchen Begriffen lässt sich die NS-Ideologie genauer charakterisieren?

3 Eckpfeiler der NS-Ideologie

Hitler beschreibt das Führerprinzip und die Rolle der Juden:

Eine Weltanschauung, die sich bestrebt, unter Ablehnung des demokratischen Massengedankens, dem besten Volk, also den höchsten Menschen, diese Erde zu geben, muss logischerweise auch innerhalb dieses Volkes wieder dem gleichen aristokratischen Prinzip gehorchen und den besten Köpfen die Führung und den höchsten Einfluss im betreffenden Volk sichern. Damit baut sie nicht auf dem Gedanken der Majorität, sondern auf dem der Persönlichkeit auf […]

Das Aussuchen dieser Köpfe besorgt, wie schon gesagt, vor allem der harte Lebenskampf selbst. Vieles bricht und geht zugrunde, erweist sich also doch nicht als zum Letzten bestimmt, und wenige erscheinen zuletzt als auserwählt. Auf den Gebieten des Denkens, des künstlerischen Schaffens, ja selbst denen der Wirtschaft findet dieser Ausleseprozess auch heute noch statt, obwohl er besonders auf dem Letzteren schon einer schweren Belastung ausgesetzt ist. Die Verwaltung des Staates und ebenso die durch die organisierte Wehrkraft der Nation verkörperte Macht sind gleichfalls von diesem Gedanken beherrscht. Überall dominiert hier noch die Idee der Persönlichkeit, der Autorität derselben nach unten und der Verantwortlichkeit gegenüber der höheren Person nach oben. Nur das politische Leben hat sich heute bereits restlos von diesem natürlichsten Prinzip abgewandt […] Der Marxismus aber stellt sich als der in Reinkultur gebrachte Versuch des Juden dar, auf allen Gebieten des menschlichen Lebens die überragende Bedeutung der Persönlichkeit auszuschalten und durch die Zahl der Masse zu ersetzen. Dem entspricht politisch die parlamentarische Regierungsform, die wir, von den kleinsten Keimzellen der Gemeinde angefangen bis zur obersten Leitung des gesamten Reiches, so unheilvoll wirken sehen, und wirtschaftlich das System einer Gewerkschaftsbewegung, die nicht den wirklichen Interessen des Arbeitnehmers dient, sondern ausschließlich den zerstörenden Absichten des internationalen Weltjuden. […]

So ist der Jude heute der größte Hetzer zur restlosen Zerstörung Deutschlands. Wo immer wir in der Welt Angriffe gegen Deutschland lesen, sind Juden ihre Fabrikanten. […] Die Gedankengänge des Judentums dabei sind klar. Die Bolschewisierung Deutschlands, d.h. die Ausrottung der nationalen völkischen Intelligenz und die dadurch ermöglichte Auspressung der deutschen Arbeitskraft im Joch der jüdischen Weltfinanz, ist nur als Vorspiel gedacht für die Weiterverbreitung dieser Welteroberungstendenz. […]

A. Hitler: Mein Kampf. Zwei Bände in einem Band. Ungekürzte Ausgabe, München 1935, S. 492f., und S. 70f.

Arbeitsvorschlag

Analysieren Sie den Auszug aus Hitlers Buch „Mein Kampf" (M 3), indem Sie die oben genannten Arbeitsschritte zur Ideologiekritik anwenden.

4 „Monsieur le directeur" – Humor in der Kaiserzeit
„Man is nich ßufrieden mit eiern Leistungen, ihr werdet wahrscheinlich entlassen. Die endgültige Entscheidung könnt ihr Euch heute abend bei mir zu Hause abholen." Adolf Münzer, „Simplicissimus", 1899

5 „Deutschland" – Wahlkampf zur Zeit der Weimarer Republik
Dieses Wahlkampfplakat erschien zur Reichtstagswahl 1920. Die genauen Hintergründe der Entstehung sind unklar.

6 „Die Judenfrage als Racen-, Sitten- und Culturfrage", *Eugen Dühring 1881:*
Was den inzwischen erforderlichen Modus Vivendi [Form eines erträglichen Zusammenlebens] betrifft, so ist auf dem Fuße der Gleichheit kein andauerndes Zusammenleben mit den Juden möglich, weil der fragliche Stamm von Natur auf einer ungleichen und zwar erheblich tiefern Stufe der Begabung und Moralität steht. Hier kann auch kein geistiges Prinzip helfen; denn der Fehler ist physiologischer Art und liegt im Naturcharakter selbst. [...]
Der ewige Jude, der nach dem Höheren und Edleren nicht aufzuschauen vermag und sich im Niedern durch die Weltgeschichte ruhelos treibt, ist das ganze Volk selbst, beladen mit dem Fluche der Natur, alle andern Völker heimzusuchen und selbst nicht sobald zur Ruhe einzugehen. Die Erlösung der Juden von sich selbst ist weltgeschichtlich durch ihren Reformator Christus vermittels eines geistigen Prinzips versucht worden, aber misslungen. [...] Was bleibt also übrig, als dass andere Völker an ihnen mit andern als geistigen Mitteln das vollziehen, was ihr eigener Reformator nicht vermocht hat, nämlich die Welt gründlich von allem Judenwesen zu erlösen. [...] Die Mittel werden [...] politische, wirtschaftliche und gesellschaftliche sein müssen. Selbst ein mächtigeres Geistesprinzip als alle bisherigen Religionen würde als bloß geistige Macht den Judenstamm nicht erheblich zum Bessern verändern. Im Gegenteil würde die Aufnahme von Juden auch der besten Geistesgemeinschaft nur schädlich werden. [...] Darum gibt es gegen sie auch nur eine einzige Politik, nämlich die der äußerlichen Einschränkung, Einpferchung und Abschließung.

Zit. nach: M. Görtemaker: Deutschland im 19. Jahrhundert. Entwicklungslinien. Bonn (Bundeszentrale f. pol. Bildung) 1994, S. 271 f.

7 Die „Antisemitische Partei" und die Judenfrage
Beschlüsse des Hamburger Parteitages, 10./11. 9. 1899:
Es ist die Aufgabe der antisemitischen Partei, die Kenntnis vom wahren Wesen des Judenvolkes zu vertiefen und immer weiter zu verbreiten. Wir stehen erst am Anfang dieser Tätigkeit. [...] Dank der Entwicklung unserer modernen Verkehrsmittel dürfte die Judenfrage im Laufe des 20. Jahrhunderts zur Weltfrage werden und als solche von den anderen Völkern gemeinsam und endgültig durch völlige Absonderung und (wenn die Notwehr es gebietet) schließliche Vernichtung des Judenvolkes gelöst werden. Der wahre Friedenskongress wird derjenige sein, der sich mit der Stellung der erdbewohnenden Menschheit zum Hebräer beschäftigt. – Bis dahin aber wird es Sache jeder einzelnen Nation sein, sich der Judenplage zu erwehren, so gut sie es den Umständen nach kann.

Aus: Europäischer Geschichtskalender, 1899. S. 142. Zit. nach: Ebenda, S. 273.

8 Antisemitismus am Ende des Ersten Weltkrieges
Der Soziologe Franz Oppenheimer über die Judenfeindlichkeit in Deutschland am Ausgang des Weltkrieges, Juli 1918:
Man bereitet für jeden Fall einen Sündenbock vor, den das Volk anstelle der wirklich Schuldigen in die Wüste

jagen mag […] Vielleicht hilft das so alterprobte Mittel auch dieses Mal noch! […]
Es handelt sich um die edle Absicht, die Juden und ihre „Presse", für die man auch alle Juden verantwortlich macht, für einen etwaigen unbefriedigenden Ausgang des Krieges haftbar zu machen, die Volkswut auf sie abzulenken […]
Aber schlimmer, viel schlimmer, weil offiziell mit der ganzen Autorität des Reiches und Rechtes hinter sich, sind die Gesetze und Verordnungen der leitenden Stellen, ist die Judenpolitik im Großen. Ich erinnere nur an die proklamierte Grenzsperre und die geradezu wunderliche Begründung, mit der die Einwanderung jüdischer Arbeiter aus Russland nach Deutschland verboten wird: Ist wirklich die auf einem Juden schmarotzende Laus gefährlicher oder gegen die heißen Dämpfe der „Lausolee" unempfindlicher, als die auf einem polnischen Christen schmarotzende? Derartige Dinge häufen sich, je länger, je mehr, und wir sind durch unsere Selbstachtung als Juden und durch unsere politischen Interessen als Deutsche dazu gezwungen, mit allem Ernst dagegen Protest einzulegen […]

Zit. nach: Michaelis/Schraepler, a. a. O., Bd. VII. S. 196.

9 Gustav Mayer über Antisemitismus nach 1919

Der Historiker Gustav Mayer über die Ausbreitung des Antisemitismus nach 1919:

Die Weimarer Verfassung, ein Produkt der Niederlage und nicht des Sieges, eröffnete den Juden den Zutritt zu der niederen, mittleren und höheren Beamtenlaufbahn. Fortan durften sie nicht allein Briefträger oder Eisenbahnschaffner werden, sondern auch, freilich nicht ohne Risiko, Außenminister oder Ministerpräsident. Nun ging aber fast parallel mit der Ausweitung ihrer Gleichberechtigung in der staatlichen Sphäre eine Tendenz, sie aus der Industrie und dem Bankwesen, namentlich aus den höheren Stellen, soweit sie solche innehatten, herauszudrängen. Besonders die Industrie legte Nachdruck darauf, judenrein zu bleiben oder zu werden. Den bis vor kurzem maßgebenden Schichten galt die neue demokratische Verfassung als ein vom siegreichen Feinde ihnen aufgezwungene. Sie hassten den neuen Staat, sie wollten keine Judenrepublik, sie erklärten die Juden für die Hauptnutznießer des deutschen Zusammenbruchs. Dabei trugen gerade die so redeten die meiste Schuld daran, dass die neuen Minister sich künftig gezwungen sahen, geeignete jüdische Juristen in Ämter einzusetzen, die früher in der Regel von Söhnen jener Familien bekleidet wurden, die bis dahin der preußischen Bürokratie ihr Gepräge gegeben hatten. Jetzt boykottierten diese Elemente den neuen Staat. Höchstens die Reichswehr betrachteten sie als eine ihren Standesvorteilen entsprechende Insel in dem Roten Meer der jüdisch-sozialdemokratischen Republik. Aber noch gemäßer waren dem Geschmack dieser feudalisierten Jugend die Freikorps mit ihrer Femeromantik, die üppig aus dem Boden schoss. Weit deutlicher noch als in den größeren Städten machte sich in der zweiten Hälfte der zwanziger Jahre das Anwachsen des Antisemitismus in den kleinen Kreisstädten und auf dem platten Lande bemerkbar. Jeder Misserfolg der Regierung in der Politik, jeder Rückschlag in der Wirtschaft wurde hier an erster Stelle den Juden aufs Konto geschrieben, und die vielfach in den Händen der alten konservativen Eigentümer verbliebene Lokalpresse machte sich zum Träger einer von Jahr zu Jahr unbedenklicher auftretenden Demagogie. Deren Gefährlichkeit begriff ich, wie ich zu meiner Schande gestehe, freilich erst, als zu Ende der zwanziger Jahre die schwere wirtschaftliche Krisis den Wind unverkennbar in die Segel der Nationalsozialisten trieb. Seit dem Zusammenbruch hatte unter den Deutschen der Rassenantisemitismus eine immer größere Anhängerschaft gewonnen […]

Zit. nach: Michaelis/Schraepler, a. a. O., Bd. VII. S. 196 f.

10 Die jüdische Bevölkerung im Deutschen Reich 1871–1933 (Anteil an der Gesamtbevölkerung in %)

Jahr	Gesamtbevölk.	Juden	in %
1871	36 323 000	383 000	1,05
1880	40 218 000	437 000	1,09
1890	44 230 000	465 000	1,05
1900	50 626 000	497 000	0,98
1910	58 451 000	539 000	0,92
1925	63 181 000	568 000	0,90
1933	66 029 000	503 000	0,76

Aus: Statistik des deutschen Reichs, Bd. 451/5. Nach: E. Bennathan: Die demographische und wirtschaftliche Struktur der Juden. In: Entscheidungsjahr 1932. Tübingen 1965, S. 94.

Arbeitsvorschläge

a) Erläutern Sie in M 4 und M 5 zu Tage tretenden Antisemitismus und vergleichen Sie beide Materialien miteinander.
b) Arbeiten Sie heraus, welche rassischen Merkmale Dühring den Juden zuschreibt, und zeigen Sie, wie er sie begründet (M 6).
c) Vergleichen Sie das antisemitische Programm von 1899 (M 7) mit den Ansichten von Dühring (M 6). Diskutieren Sie, worin die besondere Radikalität des Programms begründet liegt.
d) Untersuchen Sie die antisemitischen Texte (M 6, M 7) mit Hilfe des Instrumentariums der Ideologiekritik.
e) Vergleichen Sie die antisemitischen Texte aus der Kaiserzeit (M 5, M 6) mit Hitlers Einschätzung der Juden (M 3).

5 Diktatur statt Demokratie

5.1 Machtübertragung und Gleichschaltung

Legalstrategie, „Reichstagsbrandverordnung" und Ermächtigungsgesetz

Nach dem 30. Januar 1933 vermochte die NSDAP in nur 18 Monaten die demokratischen und rechtsstaatlichen Strukturen der Weimarer Verfassung zu zerstören. Mit den Worten der Nationalsozialisten: Es gelang ihnen, im Rahmen einer „legalen Revolution" Staat und Gesellschaft „gleichzuschalten" und einen „Führerstaat" zu errichten. Zunächst verblüffte Hitler seine Koalitionspartner dadurch, dass er für den 5. März Neuwahlen durchsetzte. Damit wurde den Koalitionspartnern Papen und Hugenberg verdeutlicht, dass Hitler sich deren Zähmungskonzept nicht beugen würde. Mithilfe von Notverordnungen gab es eine „Säuberung der staatlichen Verwaltung" – den anderen Parteien wurde der Wahlkampf so schwer wie möglich gemacht.
Zwei weitere Machthebel waren für die erfolgreiche Legalstrategie der Nationalsozialisten entscheidend. Als Erstes ist die sogenannte „Reichstagsbrandverordnung" zu nennen. Den Brand des Reichstagsgebäudes am Abend des 27. Februar 1933 erklärte die NSDAP augenblicklich zum Fanal eines kommunistischen Aufstandsversuchs und noch in der Nacht zum 28. Februar ließ sich Hindenburg dazu bewegen, auf die präsidiale Anwendung des Artikels 48 zu verzichten und die eilig ausgearbeitete „Verordnung zum Schutz von Volk und Staat" („Reichstagsbrandverordnung") zu unterzeichnen. Die Notstandsrechte lagen nun in der Hand des Reichskanzlers und des Innenministers. Die Verordnung setzte „zur Abwehr kommunistischer staatsgefährdender Gewaltakte" ohne zeitliche Befristung die Grundrechte außer Kraft und führte für zahlreiche politische Straftaten die Todesstrafe ein. Traf ein Land nicht die „zur Wiederherstellung der öffentlichen Sicherheit und Ordnung nötigen Maßnahmen", konnte dies die Reichsregierung übernehmen. Die „Schutzhaft", eine Vorbeugehaft für politische Gegner, wurde legalisiert. Die „Reichstagsbrandverord-

1 Postkarte 1933
Am 21. März 1933 war in der Potsdamer Garnisonskirche, der Grabstätte Friedrichs des Großen, der Reichstag (ohne SPD und KPD) wiedereröffnet und Hitler als Reichskanzler vereidigt worden. Reichspräsident Hindenburg erschien in preußischer Generalsuniform. Der „Tag von Potsdam" war unter der Regie von Hitlers Propagandachef Joseph Goebbels bis ins Detail geplant und inszeniert worden. Zwei Tage später fand die Abstimmung des Reichstags über das „Ermächtigungsgesetz" statt.

nung" schuf einen permanenten Ausnahmezustand; auch diente sie als Rechtsgrundlage für das entstehende KZ-System. Sie war sozusagen die „Verfassungsurkunde des Dritten Reiches"
Nach der Reichstagswahl vom 5. März 1933 kam es zu einschneidenden Veränderungen. Zunächst wurde am 13. März 1933 das Ministerium für Volksaufklärung und Propaganda eingerichtet, das Joseph Goebbels, Reichspropagandaleiter der NSDAP und Gauleiter von Berlin, übernahm. Goebbels sollte von nun an die öffentliche Meinung kontrollieren und für eine ideologische Gleichschaltung sorgen. Seine erste Maßnahme in diesem Sinne war, die Eröffnungssitzung des neuen Reichstages am 21. März 1933 als „Tag von Potsdam" zu inszenieren. Damit sollte der Öffentlichkeit suggeriert werden, dass die Hitler-Regierung an die Tradition des preußischen Absolutismus und des deutschen Kaiserreichs anknüpft. Wenn Hitler das Parlament entmachten und die Gewaltenteilung aufheben sollte, dann eben in diesem Sinne. Noch am gleichen Tag wurde ein erstes „Heimtückegesetz" verabschiedet, mit dem Kritik an der neuen Regierung unter Strafe gestellt wurde.

Norddeutsche Ausgabe / Ausgabe A
Ausgabe A / Norddeutsche Ausgabe
VÖLKISCHER BEOBACHTER
Der Wille des deutschen Volkes erfüllt:
Der Reichstag übergibt Adolf Hitler die Herrschaft
Annahme des Ermächtigungsgesetzes mit der überwältigenden Mehrheit von 441 gegen 94 Stimmen der S.P.D. / Einstimmige Annahme auch im Reichsrat / Hitlers historische Abrechnung mit den Novembermännern
Der Führer gibt die Regierungserklärung bekannt
Der geschichtliche Tag im Deutschen Reichstag:
Die Kapitulation des parlamentarischen Systems vor dem neuen Deutschland
Der Führer verpflichtet S.A. und S.S. zu weiterer treuer Gefolgschaft
Die große Arbeit beginnt!
Adolf Hitler

Gleichschaltung

Im neuen Reichstag verfügte die NSDAP-DNVP-Koalition zwar über eine absolute, nicht aber über eine Zweidrittel-Mehrheit. Durch Drohungen und Versprechungen brachte man jedoch alle 444 bürgerlichen Reichstagsabgeordneten dazu, dem „Gesetz zur Behebung der Not von Volk und Reich" („Ermächtigungsgesetz") am 23. März 1933 zuzustimmen – gegen 94 Stimmen der SPD-Fraktion und in Abwesenheit der bereits verfolgten KPD-Abgeordneten. Das „Ermächtigungsgesetz" erlaubte der Regierung, vier Jahre lang per Kabinettsbeschluss Gesetze zu beschließen und zu verkünden, die sogar von der Verfassung abweichen konnten. Zwar durften der Reichstag und der Reichsrat nicht abgeschafft, die Rechte des Reichspräsidenten nicht angetastet werden, aber die Gewaltenteilung war aufgehoben: Die Exekutive verselbstständigte sich gegenüber den beiden anderen Gewalten.

Selbstgleichschaltung

Indem alle folgenden Maßnahmen der Diktaturerrichtung auf der Basis entweder der „Reichstagsbrandverordnung" oder des „Ermächtigungsgesetzes" erfolgten, trugen sie den Anschein der Gesetzlichkeit. Wo die Legalstrategie allein nicht ausreichte, wurde sie durch lokalen SA-Terror „ergänzt". Beides zusammen erzeugte einen so hohen Anpassungsdruck, dass die „Gleichschaltung" oft sogar durch eine „Selbstgleichschaltung", so der Historiker Karl Dietrich Bracher, der Betroffenen beschleunigt wurde.

Gleichschaltung der Länder

Auch die Beseitigung föderaler Verfassungsstrukturen betrieben die Nationalsozialisten schnell und nachhaltig. Das 1. Gesetz zur „Gleichschaltung der Länder mit dem Reich" vom 31. März 1933 bestimmte, dass alle Landtage und kommunalen Selbstverwaltungsorgane aufgelöst und entsprechend dem Reichstagswahlergebnis vom 5. März neu zusammengesetzt wurden – fortan gab es überall NSDAP-DNVP-Regierungen. Durch ein 2. Gleichschaltungsgesetz vom 7. April wurden „Reichsstatthalter" eingesetzt, die für die „Beachtung der vom Reichskanzler aufgestellten Richtlinien der Politik" in den Ländern sorgen sollten. Damit hatte

5

man die Länder von selbstständigen politischen Körperschaften zu bloßen Verwaltungsbezirken degradiert. Durch weitere Gesetze wurden am 1. Januar 1934 die Hoheitsrechte der Länder und die Länder- und Kommunalparlamente aufgehoben sowie am 14. Februar – ein Verstoß gegen das eigene „Ermächtigungsgesetz"! – der Reichsrat abgeschafft.

Gleichschaltung und Arisierung der Beamtenschaft

Mit dem „Gesetz zur Wiederherstellung des Berufsbeamtentums" vom 7. April 1933 (**Online Link** 430016-0501) konnten „Beamte, die nach ihrer bisherigen politischen Betätigung nicht die Gewähr dafür (boten), dass sie jederzeit rückhaltlos für den nationalen Staat eintreten, [...] aus dem Dienst entlassen werden". Neben dieser politischen Bestimmung, die in erster Linie Mitglieder oder Anhänger der linken Parteien betraf, enthielt das Gesetz einen sogenannten Arierparagraphen, nach dem „Beamte [...] nicht arischer Abstammung [...] in den Ruhestand zu versetzen" waren. Ausnahmen galten vorerst noch für jene jüdischen Beamten, die schon im Kaiserreich gedient oder im Ersten Weltkrieg an der Front gekämpft hatten. Auch die Söhne der an der Front gefallenen Juden waren zunächst noch ausgenommen.

Staatspartei NSDAP

Bereits seit dem Reichstagsbrand am 27./28. Februar 1933 wurde die KPD verfolgt. Ihre Reichstagsmandate wurden am 9. März annulliert. Die Umwandlung des Maifeiertages in einen staatlichen, bezahlten „Tag der nationalen Arbeit" bedeutete eine weitere Schwächung der gespaltenen und gelähmten Arbeiterbewegung. Nach vergeblichen Anbiederungsversuchen an die neue Regierung wurden am 2. Mai die Gewerkschaften zerschlagen, am 22. Juni die SPD verboten. In den folgenden zwei Wochen lösten sich die übrigen Parteien selbst auf. Die Abgeordneten der DNVP traten der NSDAP-Fraktion bei. Der „Stahlhelm" wurde am 1. Juli 1933 auf Weisung Hitlers der SA unterstellt. Ein Gesetz vom 14. Juli 1933 „gegen die Neubildung von Parteien" erklärte die NSDAP zur einzigen zugelassenen Partei; am 1. Dezember gab das Gesetz „zur Sicherung der Einheit von Partei und Staat" der NSDAP den Status einer Körperschaft des öffentlichen Rechts.

Loyalität des Militärs

Wie alle anderen staatlichen Institutionen wurde auch die Reichswehr bis 1937/38 ebenfalls „gleichgeschaltet". Ihre Führung brachte Hitler bereits am 3. Februar 1933 – vier Tage nach seinem Amtsantritt – auf seine Seite, indem er Unabhängigkeit des Militärs von der SA, Aufrüstung und Wiedereinführung der allgemeinen Wehrpflicht zusicherte. Seine Ziele – „Eroberung neuen Lebensraumes im Osten und dessen rücksichtslose Germanisierung" – stießen bei den Generälen nicht auf Widerspruch.

Gleichschaltung von Kunst, Kultur und Journalismus

Ein erstes Zeichen für den unbedingten Anspruch auf Kontrolle von Kultur und Kunst waren die von nationalsozialistischen Studenten organisierten öffentlichen Bücherverbrennungen am 10. Mai 1933. Sie fanden unter dem Motto „Wider den undeutschen Geist" statt. Öffentliche und private Bibliotheken sollten in diesem Sinne gesäubert werden. In Berlin beteiligte sich Reichspropagandaminister Goebbels mit einer Rede gegen die verfemten Autoren – gemeint waren u.a. Thomas Mann, Erich Maria Remarque, Bertolt Brecht, Erich Kästner, Kurt Tucholsky und Carl von Ossietzky – an diesem Ereignis.
Mit dem Reichskulturkammergesetz vom 22. September 1933 wurden alle Schriftsteller und Künstler unter die Kontrolle von Propagandaminister Goebbels gestellt. Von nun an durfte nur noch der Künstler arbeiten, der Mitglied einer der Unterkammern der Kulturkammer war. Das galt auch für Journalisten, die entweder Mitglied der Reichspressekammer oder der Reichsrundfunkkammer sein mussten.

Flucht, Vertreibung, Ausbürgerung

In mehreren Wellen flohen politisch und rassisch Verfolgte aus Deutschland. Etwa 20 000 Menschen verließen aus politischen Gründen ihre Heimat. Auf die meisten Flüchtlinge warteten im Exil Jahre der Not und Unsicherheit. Vielen von ihnen wurde die deutsche Staatsbürgerschaft aberkannt, z. B. Thomas Mann 1936. Damit ging in der Regel die Beschlagnahmung des in Deutschland verbliebenen Vermögens einher.

Die Stabilisierung des NS-Regimes im Sommer 1934

Auch wenn es der Hitler-Regierung in den Monaten nach der Machtergreifung gelungen war, die Opposition auszuschalten und die Verwaltung in Reich und Ländern zu kontrollieren, so befand sich das NS-Regime dennoch bis zum Sommer 1934 in einer kritischen Phase. Die Ursachen hierfür waren neben der außenpolitischen Isolation vor allem das ungeklärte Schicksal der SA und das Verhältnis der Regierung zu den konservativen Eliten, die Hitler eigentlich zähmen wollten. Als sich im Sommer 1934 der Gesundheitszustand Hindenburgs rapide verschlechterte, erwogen von Papen und seine Mitstreiter im konservativen Lager eine Militärdiktatur bzw. eine Rückkehr zur Monarchie. Andererseits fühlten sich die Kämpfer der SA um die Früchte der Revolution betrogen, zumal sie zunehmend aus der Rolle der Hilfspolizei und bewaffneten Macht der Bewegung verdrängt wurden. SA-Chef Ernst Röhm, mit Hitler seit Anfang der 1920er-Jahre verbunden, forderte eine „zweite Revolution" und die Umwandlung der SA in eine Volksmiliz, der die Reichswehr unterstellt werden sollte. Um nicht zwischen diesen beiden Blöcken – konservative Eliten und Reichswehr einerseits, SA andererseits – zerrieben zu werden, entschloss sich Hitler zum Handeln, wobei er von Goebbels, Göring und auch Himmler unterstützt wurde. Himmlers SS war zu diesem Zeitpunkt noch der SA unterstellt. Mit logistischer Hilfe der Reichswehr und in der Manier eines Bandenkriegs ermordeten Mitglieder der „SS-Leibstandarte Adolf Hitler" am 30. Juni 1934 die gesamte SA-Führung. An der Festnahme Röhms war Hitler persönlich beteiligt. In Berlin ging Göring gegen die konservativen Kräfte vor. Dort wurden mit Kurt von Schleicher und Ferdinand von Bredow zwei ehemalige Reichswehrgeneräle ermordet. Auch „alte Rechnungen" wurden beglichen. So gehörte auch Gregor Strasser zu den Ermordeten; er verhandelte im Herbst 1932 mit Kurt von Schleicher heimlich über eine Regierungsbeteiligung der NSDAP. Nach diesen Morden erließ das Reichskabinett ein Gesetz, mit dem die Mordaktionen als „Staatsnotwehr" gerechtfertigt wurden.

Ernst Röhm (1887–1934)

Am 1. August 1934 schaffte Hitler kurz vor dem Tod Hindenburgs per Gesetz das Amt des Reichspräsidenten ab und bestimmte für die Zeit nach Hindenburg, dass das Amt des Reichspräsidenten mit dem des Reichskanzlers vereinigt wird. Fortan nannte sich Hitler „Führer und Reichskanzler". Unmittelbar nach Hindenburgs Tod am 2. August 1934 veranlasste Reichswehrminister Blomberg, dass die Soldaten der Wehrmacht auf Adolf Hitler vereidigt wurden.

5

2 Die SPD – „Staats- und Volksfeinde"?

Am 22. Juni 1933 gab der Reichsminister des Innern bekannt:

Die Vorgänge der letzten Zeit haben den unumstößlichen Beweis dafür geliefert, dass die deutsche Sozialdemokratie vor hoch- und landesverräterischen Unternehmungen gegen Deutschland und seine rechtmäßige Regierung nicht zurückschreckt. [...] Dies alles zwingt zu dem Schluss, die Sozialdemokratische Partei Deutschlands als eine staats- und volksfeindliche Partei anzusehen, die keine andere Behandlung mehr beanspruchen kann, wie sie der Kommunistischen Partei gegenüber angewandt worden ist. [...] Insbesondere sollen sämtliche Mitglieder der SPD, die heute noch den Volksvertretungen und Gemeindevertretungen angehören, von der weiteren Ausübung ihrer Mandate sofort ausgeschlossen werden. [...] Der Sozialdemokratie kann auch nicht mehr die Möglichkeit gewährt werden, sich in irgendeiner Form propagandistisch zu betätigen. Versammlungen der Sozialdemokratischen Partei sowie ihrer Hilfs- und Ersatzorganisationen werden nicht mehr erlaubt werden. Ebenso dürfen sozialdemokratische Zeitungen und Zeitschriften nicht mehr herausgegeben werden. Das Vermögen der Sozialdemokratischen Partei und ihrer Hilfs- und Ersatzorganisationen wird, soweit es nicht bereits in Verbindung mit der Auflösung der freien Gewerkschaften sichergestellt worden ist, beschlagnahmt. Mit dem landesverräterischen Charakter der Sozialdemokratischen Partei ist die weitere Zugehörigkeit von Beamten, Angestellten und Arbeitern, die aus öffentlichen Mitteln Gehalt, Lohn oder Ruhegeld beziehen, zu dieser Partei selbstverständlich unvereinbar.

Zit. nach: W. Michalka (Hrsg.): Das Dritte Reich, Bd. 1. München 1985, S. 39.

4 Der Druck auf die Parteien wächst

Ein Bericht des amerikanischen Botschafters in Berlin, Sackett, an US-Außenminister Stimson vom 23. Februar 1933:

Göring erließ gestern Sonderanweisungen an die preußische Polizei, in denen er praktisch verlangt, die SA und den „Stahlhelm" im Wahlkampf zu schützen, jedoch ähnliche Organisationen der Oppositionsparteien als Staatsfeinde zu behandeln, die rücksichtslos unterdrückt werden müssen. Diese Anweisungen haben die Nazis ermutigt, im Wahlkampf sowohl gegen die Zentrumspartei als auch gegen die Linksparteien Terrormethoden anzuwenden. Die Auflösung einer Zentrums-Versammlung in Krefeld, bei der der Hauptsprecher, der frühere Reichsarbeitsminister Stegerwald, von Nazis tätlich misshandelt wurde, wird mit Bestürzung als ein Anzeichen für den Gang der Entwicklung in der Schlussphase dieses ungewöhnlich stürmischen Wahlkampfes betrachtet. In einem Leitartikel hat die Zentrums-Zeitung „Germania" an Hindenburg appelliert, seine Autorität als Reichspräsident einzusetzen, um derartigen politischen Ausschreitungen Einhalt zu gebieten.

Gestern forderten Hitler und Göring ihre Anhänger in öffentlichen Appellen dazu auf, Disziplin zu wahren. Dabei schreiben sie die Attacken auf Zentrums-Versammlungen „provokatorischen Elementen" zu. Dies ist nur ein taktisches Manöver. Alarmierende Gerüchte, wonach die Regierung die offene Verletzung der Verfassung plane, wenn bei der Wahl die machthabenden Parteien keine klare Mehrheit erhielten, finden weite Verbreitung. Die wiederholte Knebelung der Presse trägt zum Umlauf derartiger Gerüchte bei. Die Säuberung der Verwaltung von republikanischen Beamten wird fortgesetzt.

Zit. nach: J. u. R. Becker (Hrsg.): Hitlers Machtergreifung. München 1992[2], S. 92 f.

3 Bücherverbrennung auf dem Opernplatz in Berlin am 10. Mai 1933

5 Die „Freiheit des Gewissens“

Aus einem Brief Professor Karl Ludwig Schmidts (Bonn) an Martin Buber vom 23. Februar 1933:

Ich kann mir nicht helfen: Dieser „deutschen“, dieser „nationalen“ Regierung schäme ich mich als Deutscher und als evangelischer Christ. […] Gegenüber der offiziellen Parole des Evangelischen Bundes, dass sich jeder Evangelische für diese Regierung einzusetzen habe, gegenüber den Nazi-Anträgen, die „Religion“ auf Berufsschulen obligatorisch zu machen usw. usw., wird man gerade um der recht verstandenen Kirche willen die Freiheit des Gewissens – schließlich handelt es sich hier nun doch nicht um einen liberalen Ladenhüter – betonen müssen. Dabei wird es bei aller Sympathie für das Zentrum, das in Bonn natürlich sehr mächtig ist, nicht ohne Kampf mit dem Katholizismus abgehen.

Zit. nach: Ebenda, S. 98.

6 Drohende Arbeitslosigkeit

Aus einer Austrittserklärung an die SPD Hannover vom 9. März 1933:

Als Behördenangestellter stehe ich vor einem Scheidewege. Einerseits sehe ich, wie sich mit Sicherheit bei meinem Arbeitgeber, dem Reich, die Tendenz durchsetzt, diejenigen Arbeitskräfte, die regierungsfeindlichen Vereinigungen angehören, nicht mehr zu dulden. Auf der anderen Seite steht die Treue zur Partei. Leider sehe ich keine andere Möglichkeit als meinen Austritt. Steht doch die Existenz meiner Familie auf dem Spiele. Sollte dennoch das Los der Arbeitslosigkeit nicht abzuwenden sein, das aus eigener Anschauung sehr sehr hart sein kann, so brauche ich mir nicht vorzuwerfen, nicht alles getan zu haben im Interesse meiner Frau und meines Kindes.

Zit. nach: Ebenda, S. 135.

7 „Unbeirrbare Mitarbeit“ – die katholische Kirche

Der Freiburger Erzbischof Gröber erkärte auf der vom 25. bis 28.4.1933 tagenden Diözesansynode des Erzbistums Freiburg:

Wir dürfen und wir können den neuen Staat nicht ablehnen, sondern müssen ihn bejahen „mit unbeirrbarer Mitarbeit“. […] Das ist keine Charakterlosigkeit, sondern die Pflicht der Stunde aus klarer Erkenntnis. Eine „unbeirrbare Mitarbeit“ allerdings mit Würde und Ernst. Wir müssen vor allem die Nerven behalten und dabei an das Volksganze und katholische Ganze denken, so schwer und so schmerzlich auch für manche, zumal für ergraute Menschen mit starrem Charakter, das Sichumstellen und Einfühlen ist. Wir müssen uns umschalten. Wir müssen unter Zurückstellung der Personen und dessen, was wir selber als persönliche Ansichten gesammelt, die Sache in den Vordergrund rücken und manches Turbulente als Begleiterscheinung der Umwälzung bewerten.

Zit. nach: E.O. Bräunche/W. Köhler/H.-P. Lux/Th. Schnabel: 1933. Machtergreifung in Freiburg und Südebaden. Katalog zur Ausstellung vom 31.1.–20.3.1983 in der Universitätsbibliothek. Freiburg i.Br. 1983, S. 56.

8 „Gleichschaltung alias Kirchenraub“

Schreiben des Freiburger Stadtpfarramts Herz Jesu, 8.7.1933:

Kein Mensch weiß, wo die so genannte Gleichschaltung aufhört. Mit den Jugendvereinen hat man begonnen […] Wo wird diese Gleichschaltung alias Kirchenraub aufhören? Wird niemand seine Stimme dagegen erheben? Im Klerus erwartet man eine öffentliche Erklärung des Gesamtepiskopats, die von den Kanzeln verlesen werden sollte.

Zit. nach: Ebenda, S. 56.

Arbeitsvorschläge

a) Erläutern Sie die Traditionslinie auf der Postkarte (M1) und nennen Sie die Adressaten.
b) Analysieren Sie die Anordnung zum Umgang mit der SPD (M2). Zeigen Sie am Beispiel des Berichts des amerikanischen Botschafters (M4) die Lage der Parteien im Frühjahr 1933.
c) Erörtern Sie die Reaktionen von Schmidt (M5) auf die neue Regierung.
d) Diskutieren Sie die Auswirkungen der veränderten Situation auf die Arbeiterbewegung am Beispiel M6.
e) Recherchieren Sie, welche Art von Literatur bzw. welche Literatur welcher Autoren verbrannt wurden. Nehmen Sie als ersten Hinweis den VT. Ermitteln Sie, inwieweit solche Autoren nach 1945 in Deutschland wieder Verbreitung fanden, bzw. welche der in den 1950er-Jahren bekannten Autoren nicht zu den „verbrannten“ Autoren gehörten.
f) Beziehen Sie Stellung zu der Erklärung des Freiburger Erzbischofs (M7) vor dem Hintergrund, dass Gröber maßgeblich am Abschluss des sogenannten Reichskonkordats beteiligt war. Wie bewerten Sie in diesem Zusammenhang die Position der Freiburger Herz Jesu-Gemeinde (M8)?
g) Informieren Sie sich auch über die „Gleichschaltung“ in Ihrer Stadt oder Region.

5.2 Das Herrschaftssystem des NS-Staates

Konzentrationslager, Gestapo und Denunziantentum

Seine Skrupellosigkeit bewies das Regime schnell und spektakulär. Bereits am 20. März 1933 wurde die Einrichtung von – dem Kompetenzbereich der Justiz entzogenen – Konzentrationslagern (KZs) für Regimegegner öffentlich verkündet. Ausbau und Zentralisierung des Polizeiapparates unter der Regie der gefürchteten schwarz uniformierten SS schufen rasch den einschüchternden Mythos eines allgegenwärtigen Überwachungsstaates. In Wirklichkeit konzentrierte sich die mit ca. 30 000 Mitarbeitern personell unterbesetzte Gestapo auf die Verfolgung der Funktionäre von KPD, SPD und Gewerkschaften sowie von oppositionellen Pfarrern, während sie gegen einzelne politisch missliebige Bürger meist nur aufgrund von freiwilligen Denunziationen aus der Bevölkerung vorging.

Der „Führerstaat" ein „Doppelstaat"

Der nationalsozialistische „Führerstaat" war kein perfekt von oben nach unten durchorganisierter zentralistischer Staat. Eher herrschte ein Kompetenzgerangel zwischen Ressortministern, „Beauftragten des Führers" für bestimmte Aufgaben bzw. als Leiter von neu eingerichteten Sonderbehörden, höheren NSDAP-Funktionären und SS-Führern. In dieser „Polykratie" (Herrschaft vieler) resultierte Hitlers diktatorische Stellung vor allem aus seiner Rolle als von allen akzeptierter Schiedsrichter. Meist erhielt derjenige sein Wohlwollen und die nötigen Vollmachten, der in Bezug auf eine bestimmte Aufgabe den ersten oder den radikalsten Vorschlag machte. Anders ausgedrückt: Das „Dritte Reich" war ein „Doppelstaat", in dem der traditionelle gesetzliche „Normenstaat" nur in unpolitischen Bereichen, beispielsweise im Zivilrecht, in der Wirtschaft oder bei den Steuern, weitgehend erhalten blieb, während er im politischen Bereich wie der Herrschaftssicherung, der Bekämpfung von politischen Gegnern oder der Rassenpolitik von einem außergesetzlichen „Maßnahmenstaat" überwuchert wurde, dem zur Erreichung seiner Ziele – besonders in den Kriegsjahren – jedes Mittel recht war. Daher bewirkte die Angst vor den Repressionsmöglichkeiten dieses Regimes bei den meisten Bürgern angepasstes Verhalten.

Teuer erkaufte wirtschafts- und sozialpolitische Erfolge

Aber schon 1933 wurde die Regierungsübernahme der Nationalsozialisten rasch von immer mehr Deutschen als Chance zur Überwindung der Staats- und Wirtschaftskrise und des Vertrages von Versailles aufgefasst. Tatsächlich erzielte das NS-Regime recht bald eindrucksvolle wirtschaftspolitische Erfolge: Die Schaffung des „Reichsarbeitsdienstes" (RAD), Ehestandsdarlehen, die Wiedereinführung der allgemeinen Wehrpflicht 1935, vor allem aber staatliche Investitionen im Hoch- und Tiefbau und insbesondere im Rüstungssektor drückten die Arbeitslosenzahl in nur vier Jahren von über 6 auf 1 Million; 1938 herrschte praktisch Vollbeschäftigung. Zwar wurden die Löhne auf dem niedrigen Niveau von 1933 eingefroren, die Arbeitszeit gleichzeitig verlängert und die Freizügigkeit bei der Wahl des Arbeitsplatzes stark eingeschränkt; aber die Erinnerung der Arbeitnehmer war nicht vom besten Jahr der Weimarer Republik 1928, sondern vom schlimmsten Jahr der Weltwirtschaftskrise 1932 geprägt. Was für sie zählte, war die Rückkehr von Millionen Beschäftigungslosen in Arbeit und Brot, verbunden mit der Wiedergewinnung sozialer Sicherheit und eines bescheidenen Auskommens. Hinzu kam eine propagandistisch wirkungsvolle Sozialpolitik: „Kraft durch Freude" (KdF) ermöglichte vielen Arbeitern und Angestellten zum ersten Mal in ihrem Leben eine kleine Urlaubsreise – unter Umständen sogar ins Ausland auf einem KdF-Dampfer.

Kraft durch Freude

Nur wenige Deutsche erkannten, dass der allgemeine Wirtschaftsaufschwung und das Ziel der „Autarkie" (Selbstversorgung mit Lebensmitteln und Rohstoffen) für das NS-Regime lediglich eine materiell und psychologisch wichtige Voraussetzung für die Kriegsvorbereitung darstellte und dass die wirtschafts- und sozial-

politischen Maßnahmen mit einer nie dagewesenen Staatsverschuldung erkauft wurden.
Tatsächlich war der Erfolg der Wirtschaft von 1933 an auf Pump aufgebaut. Um die Arbeitsbeschaffungsmaßnahmen und die beschäftigungsintensive Aufrüstung zu finanzieren, wurde mit ausgeklügelten Methoden Kapital aufgetrieben. Am bekanntesten ist der Mefo-Wechsel. Nachdem von großen Industrieunternehmen 1933 eine Scheinfirma, die Metallurgische Forschungsanstalt, gegründet wurde, konnten für geleistete Arbeitsbeschaffungsmaßnahmen oder Rüstungsaufträge auf diese Firma verzinsliche Wechsel gezogen werden, die ab 1938 fällig wurden und bei der Reichsbank einzulösen waren. Allerdings waren 1938 die Kassen leer; statt Geld wurden Steuergutscheine oder Staatsanleihen ausgegeben. Ein weiteres Mittel der Geldbeschaffung war die Verpflichtung von Banken, Sparkassen und Versicherungen, die Einlagen ihrer Sparer in Reichsanleihen anzulegen. Und die etwa 336 000 Besteller eines so genannten „KdF"-Wagens, des späteren Volkswagens, finanzierten mit ihren bei der KdF hinterlegten Spargeldern letztendlich die Kübelwagen, die an die Wehrmacht geliefert wurden. Um die Schulden irgendwann bezahlen zu können, musste ein Krieg begonnen und Beute gemacht werden.

Die Propaganda von der Volksgemeinschaft

Im selben Maße, wie die Erfolge des Regimes spürbar wurden, stieß die Propaganda von der Ablösung der Klassengesellschaft durch eine gegen innere und äußere Feinde zusammenstehende, hinter ihrem „Führer" gescharte deutsche „Volksgemeinschaft" auf positive Resonanz. Dementsprechend wuchs die Bereitschaft, den Terror gegen „rassisch Unerwünschte" und Oppositionelle nicht so sehr als bedrohlichen Verlust von Rechtsstaatlichkeit, sondern vielmehr als imponierendes Zeichen politischer Entschlossenheit und Stärke wahrzunehmen.
Am Vorabend des Zweiten Weltkrieges hatte Hitler aller Wahrscheinlichkeit nach die breite Mehrheit des Volkes hinter sich – darunter auch die Mehrheit der Arbeiter, obwohl mit der Deutsche Arbeitsfront (DAF) deren gewerkschaftliche Interessenvertretung ein Ende fand. Die Macht der Unternehmer in ihren Betrieben blieb dabei weitgehend unangetastet. Als Betriebsführer erhielt der klassische

1 Das nationalsozialistische Herrschaftssystem

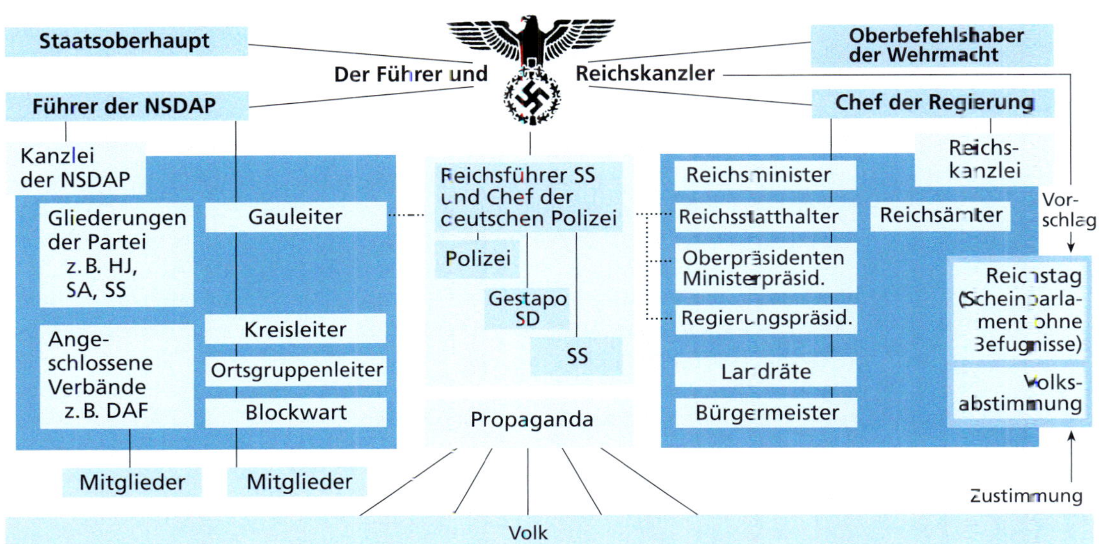

2 Plakat des DAF 1934

Unternehmer nun auch noch eine ideologische Weihe. Zwar wurden die Richtlinien der Wirtschaftspolitik von der Hitler-Regierung vorgegeben, aber die Umsetzung erfolgte durch die Industrieverbände. Dabei wurde der Kriegskurs nicht in Frage gestellt. Allerdings gab es unterschiedliche Interessen. Landwirtschaft, Großchemie und Grundstoff- und Schwerindustrie begrüßten wegen der großen Gewinnmöglichkeiten den Autarkiekurs Görings und der Reichswehr; die Export- und Konsumgüterbranche dagegen unterstützte den in der Autarkiefrage gemäßigten Wirtschaftsminister und Reichsbankpräsidenten Hjalmar Schacht. Er wollte die Rüstungsanstrengungen hauptsächlich über den staatlich kontrollierten Außenhandel finanzieren („Neuer Plan", 1934). Ab 1936, mit der Ernennung Görings zum Beauftragten des neuen „Vierjahresplans", wurde Schacht allmählich entmachtet; 1937 trat er als Wirtschaftsminister zurück, 1939 wurde er als Reichsbankpräsident abgesetzt. Nach Kriegsbeginn nahm der Druck auf die Wirtschaft zu. Erst ab 1942 wurde von Rüstungsminister Albert Speer eine zentrale Planung der Wirtschaft durchgeführt.

Nationalsozialistische Allgegenwärtigkeit und Privatsphäre

Gleich drei Institutionen kümmerten sich um die Gestaltung der öffentlichen Meinung. Neben Goebbels Propagandaministerium waren das die DAF Robert Leys und das Amt Alfred Rosenbergs, des „Beauftragten des Führers für die gesamte weltanschauliche Schulung und Erziehung der NSDAP". Eines der wichtigsten Mittel zur Beeinflussung war der Rundfunk. Im Herbst 1933 waren innerhalb weniger Tage die ersten 100 000 „Volksempfänger" verkauft worden. 1939 verfügten 70 % aller Haushalte über ein Radio, das vor allem wegen der Unterhaltungssendungen und Sportübertragungen geschätzt wurde. Ähnlich beliebt war das Kino, das hauptsächlich wenig anspruchsvolle Unterhaltung zeigte. Die Popularität vieler Schauspieler hat die NS-Zeit überdauert und wurde auch durch deren Nähe zum Regime kaum beeinträchtigt. Heinz Rühmann z. B. trennte sich 1938 von seiner jüdischen Ehefrau. Auch die im jährlichen Festkalender vorgesehenen Feiern – 30. Januar, Führergeburtstag, 1. Mai, Muttertag, Sommersonnenwende, Reichsparteitag – zeigten die für die NS-Zeit typische Verbindung von politischer Indoktrination und unpolitischen Volksfesten. Das trug genauso zur Verinnerlichung der Ideologie bei wie die völlige Erfassung des Volkes. Seit 1936 war die Hitler-Jugend ein staatlicher Jugendverband, für den ab 1939 eine Dienstpflicht galt. Für die Mädchen war der Bund deutscher Mädel (BDM) zuständig. Auch war es ratsam, aktives Mitglied zumindest in einer Unterorganisation der NSDAP, z. B. dem „NS-Kraftfahrerkorps" zu sein. Aber gerade die unpolitischen Teile dieser Propaganda – Schlager, Film, Sport, Reisen – führten zu der Illusion, die Privatsphäre der Bürger sei erhalten geblieben. Tatsächlich ging das Regime erst nach Kriegsbeginn dazu über, Deutschland von fremden Einflüssen abzuschotten. Bis dahin konnte man noch ausländische Zeitungen lesen, Filme sehen, Jazz-Musik hören oder Coca-Cola kaufen.

3 „Dem Führer entgegenarbeiten“

Werner Willikens, Staatssekretär im preußischen Landwirtschaftsministerium, vor Vertretern der Landwirtschaftsministerien in Berlin, 21. Februar 1934:

Jeder, der Gelegenheit hat, das zu beobachten, weiß, dass der Führer sehr schwer von oben her alles das befehlen kann, was er für bald oder für später zu verwirklichen beabsichtigt. Im Gegenteil, bis jetzt hat jeder an seinem Platz im neuen Deutschland dann am besten gearbeitet, wenn er sozusagen dem Führer entgegenarbeitet. […]

Sehr oft und an vielen Stellen ist es so gewesen, dass schon in den vergangenen Jahren Einzelne immer nur auf Befehle und Anordnungen gewartet haben. Leider wird das in Zukunft wohl auch so sein; demgegenüber ist es die Pflicht eines jeden, zu versuchen, im Sinne des Führers ihm entgegenzuarbeiten. Wer dabei Fehler macht, wird es schon früh genug zu spüren bekommen. Wer aber dem Führer in seiner Linie und zu seinem Ziel richtig entgegenarbeitet, der wird bestimmt wie bisher so auch in Zukunft den schönsten Lohn darin haben, dass er eines Tages plötzlich die legale Bestätigung seiner Arbeit bekommt.

Zit. nach: I. Kershaw: Hitler 1889–1936, Stuttgart 1998, S. 665. Übers.: Jürgen Peter Krause, Jörg W. Rademacher.

4 „Staatsbürgerliche“ Pflicht?

Der Historiker Laurence Rees über die Rolle der Gestapo:

Würzburg liegt im Regierungsbezirk Unterfranken mit einer Bevölkerung von rund einer Million Menschen. Für dieses Gebiet waren genau 28 Gestapo-Beamte zuständig, 22 in Würzburg und fast die Hälfte davon ausschließlich mit Aufgaben der Verwaltung betraut. Die Vorstellung, die Gestapo habe die Bevölkerung ständig ausspioniert, ist nachweislich ein Mythos. Doch wie war es dann möglich, dass so wenige Menschen eine solche Macht ausüben konnten? Aus dem einfachen Grund, weil die Gestapo in großem Umfang auf die Hilfe der deutschen Bevölkerung bauen konnte. Die Gestapo war wie alle modernen Polizeiapparate nur so gut oder schlecht wie die Kooperation mit der Bevölkerung – und die Akten zeigen, dass die Kooperation sehr gut war und die Gestapo deshalb eine wirklich sehr gute Geheimpolizei. Nur rund 10 Prozent der zwischen 1933 und 1935 begangenen politischen Verbrechen wurden tatsächlich von der Gestapo aufgedeckt; weitere 10 Prozent wurden von der regulären Polizei oder der Partei an die Gestapo überwiesen. In anderen Worten: Rund 80 Prozent aller politischen Verbrechen nach damaliger Definition wurden von ganz gewöhnlichen Bürgern aufgedeckt, die ihre Information an die Polizei oder die Gestapo weiterleiteten. […] Die Gestapo war alles andere als eine Organisation, die politische Gegner selber aufspürte, sie beschäftigte sich vor allem damit, die Anzeigen aus der Bevölkerung zu sichten, die bei ihr eingingen.

L. Rees: Die Nazis. Eine Warnung der Geschichte. München 2002, S. 78 f. Übers. Wolfram Ströle / Helmut Dierlamm.

5 Denunziation bei der Gestapo

Die 20-jährige Würzburgerin Maria Theresia Kraus erstattete am 29. Juli 1940 Anzeige gegen ihre Nachbarin Ilse Sonja Totzke, die 1941 ins KZ Ravensbrück eingeliefert wurde, wo sie vermutlich ums Leben kam:

Neben uns wohnt in einem Gartenhaus eine Ilse Sonja Totzke. Die Genannte ist mir aufgefallen, weil sie einen jüdischen Einschlag hat […] und den deutschen Gruß niemals erwidert. Aus ihren Gesprächen war zu entnehmen, dass sie deutschfeindlich eingestellt ist. Dagegen hat sie immer für Frankreich und auch für Juden sympathisiert. So hat sie unter anderem erzählt, dass die deutsche Wehrmacht nicht so gut gerüstet sei wie die französische. Ab und zu kommt eine Dame im Alter von etwa 36 Jahren, die das Aussehen einer Jüdin hat. […] Das Verhalten der Totzke ist mir auffällig. Und ich habe angenommen, dass sie sich vielleicht irgendwie zum Nachteile des Deutschen Reiches betätigen könnte.

Zit. nach: Ebenda, S. 82 f.

6 „Volksgemeinschaft“ statt Klassengesellschaft?

Aus Hitlers Rede zum 1. Mai 1933:

Unseres Volkes Erwachen ist da. Das Symbol des Klassenkampfes [1. Mai], des ewigen Streites und Haders, wandelt sich nun wieder zum Symbol der großen Einigung und Erhebung der Nation. […] Die Millionen Menschen, die in Berufe aufgeteilt, in künstlichen Klassen auseinandergehalten worden sind, die, vom Standesdünkel und Klassenwahnsinn befallen, einander nicht mehr verstehen können, sie müssen wieder den Weg zueinander finden! Wenn 70 Jahre lang [1863 wurde die SPD gegründet] der Wahnsinn als politische Idee vertreten und gepredigt wurde, wenn 70 Jahre lang die Zerstörung der Volksgemeinschaft politisches Gebot war, dann ist es schwer, mit einem Schlag den Sinn der Menschen wenden zu wollen. […]

Es bleibt unser unverrückbarer Entschluss, jeden einzelnen Deutschen, sei er, wer er sei, ob arm, Sohn von Gelehrten oder Sohn von Fabrikarbeitern, einmal in seinem Leben zur Handarbeit zu führen, damit er sie kennen lernt. Wir wollen in einer Zeit, da Millionen unter uns leben, ohne Verständnis für die Bedeutung des Handarbeitertums, das deutsche Volk durch die Arbeitsdienstpflicht zu der Erkenntnis erziehen, dass Handarbeit nicht schändet, sondern vielmehr wie jede andere Tätigkeit dem zur Ehre gereicht, der sie getreu und redlichen Sinnes erfüllt. Wir werden in diesem Jahre zum ersten Male als weitere große Aufgabe die Befreiung der schöpferischen Initiative von den verhängnisvollen Einwirkungen majoritativer Beschlüsse [(demokratische) Mehrheitsbeschlüsse] durchführen. Nicht nur im Parlament, nein, auch in der Wirtschaft. Wir wissen, dass unsere Wirtschaft nicht emporkommen kann, wenn nicht eine Synthese gefunden wird zwischen der Freiheit des schöpferischen Geistes und der Verpflichtung dem Volksganzen gegenüber.

Wir wissen, dass wir noch gewaltige Schwierigkeiten zu überwinden haben. Wir wissen auch, dass alle menschliche Arbeit am Ende vergeblich sein muss, wenn über ihr nicht der Segen der Vorsehung leuchtet. Wenn die Welt gegen uns steht, müssen wir umso mehr zu einer Einheit werden, müssen wir ihr umso mehr unentwegt versichern: Ihr könnt tun, was Ihr wollt! Aber niemals werdet Ihr uns beugen, niemals uns zwingen, ein Joch anzuerkennen. Das deutsche Volk ist zu sich gekommen. Es wird Menschen, die nicht für Deutschland sind, nicht mehr unter sich dulden. Wir wollen tätig sein, arbeiten, uns brüderlich vertragen, gemeinsam ringen, auf dass einmal die Stunde kommt, da wir vor den Herrn hintreten können und ihn bitten dürfen: „Herr, du siehst, wir haben uns geändert. Das deutsche Volk ist nicht mehr das Volk der Ehrlosigkeit, der Schande, der Selbstzerfleischung, der Kleinmütigkeit und Kleingläubigkeit. Nein, Herr, das deutsche Volk ist wieder stark in seinem Willen, stark in seiner Beharrlichkeit, stark im Ertragen aller Opfer. Herr, wir lassen nicht von dir! Nun segne unseren Kampf, unseren Kampf um unsere Freiheit und damit unser deutsches Volk und Vaterland!"

Zit. nach: W. Ripper (Hrsg.): Der europäische Faschismus und das Dritte Reich, Weltgeschichte im Aufriss, Frankfurt/M. (Diesterweg) 1977, S. 97 f.

7 Hitlers Denkschrift zum Vierjahresplan

Wenn es uns nicht gelingt, in kürzester Frist die deutsche Wehrmacht in der Ausbildung, in der Aufstellung der Formationen, in der Ausrüstung und vor allem auch in der geistigen Erziehung zur ersten Armee der Welt zu entwickeln, wird Deutschland verloren sein! [...]

Wir sind übervölkert und können uns auf der eigenen Grundlage nicht ernähren. [...] Die endgültige Lösung liegt in einer Erweiterung des Lebensraumes bzw. der Rohstoff- und Ernährungsbasis unseres Volkes. [...]

Es sind jetzt fast 4 kostbare Jahre vergangen. Es gibt keinen Zweifel, dass wir schon heute auf dem Gebiet der Brennstoff-, der Gummi- und zum Teil auch in der Eisenerzversorgung vom Ausland restlos unabhängig sein könnten. Genauso wie wir zur Zeit 7 oder 800 000 t Benzin produzieren, könnten wir 3 Millionen t produzieren. Genauso wie wir heute einige Tausend t Gummi fabrizieren, könnten wir schon jährlich 70 und 80 000 t erzeugen. Genauso wie wir von, 2½ Millionen t Eisenerz-Erzeugung auf 7 Millionen t stiegen, könnten wir 20 oder 25 Millionen t deutsches Eisenerz verarbeiten und, wenn notwendig, auch 30. Man hat nun Zeit genug gehabt, in 4 Jahren festzustellen, was wir nicht können. Es ist jetzt notwendig, auszuführen das, was wir können.

Ich stelle damit folgende Aufgabe: I. Die deutsche Armee muss in 4 Jahren einsatzfähig sein. II. Die deutsche Wirtschaft muss in 4 Jahren kriegsfähig sein. [...]

Zit. nach: W. Hofer: Der Nationalsozialismus. Dokumente 1933–1945, Frankfurt 1957, S. 86.

8 Arbeitslosigkeit in ausgewählten Ländern

1924–1938 (Angaben in Prozent):

Jahr	*Deutschland*	*Großbritannien*	*USA*	*Frankreich*
1924	4,9	10,3	8,0	3,0
1926	10,0	12,5	2,8	3,0
1929	8,5	10,4	4,7	1,0
1932	29,9	22,1	34,0	15,4
1933	25,9	19,9	35,3	14,1
1934	13,5	16,7	30,6	13,8
1935	10,3	15,5	28,4	14,5
1936	7,4	13,1	23,9	10,4
1937	4,1	10,8	20,0	7,4
1938	1,9	12,9	26,4	7,8

Zit. nach: H.-U. Thamer: Verführung und Gewalt. Deutschland 1933–1945. Berlin 1994, S. 470.

Arbeitsvorschläge

a) Erläutern Sie, inwiefern Willikens Äußerung (M 3) einen wichtigen Einblick in die Funktionsweise des NS-Staates gewährt.

b) Stellen Sie anhand des Beispiels Würzburg und des Falles der Ilse Sonja Totzke Mythos und Wirklichkeit der Gestapo gegenüber (M 4, M 5).

c) Recherchieren Sie, welche Art von Literatur bzw. von welchen Autoren verbrannt wurde. Ermitteln Sie, inwieweit solche Autoren nach 1945 in Deutschland wieder Verbreitung fanden (z. B. der Würzburger Leonhard Frank).

d) Zeigen Sie auf, inwiefern es sich bei Hitlers Rede zum 1. Mai 1933 (M 6) um eine äußerst geschickte Propagandarede handelt. Nehmen Sie – ausgehend vom Text – zur nationalsozialistischen Idee der „Volksgemeinschaft" kritisch Stellung.

e) Erörten Sie auf der Grundlage von M 7 und des VT die Rolle der Industrie in der nationalsozialistischen Kriegsvorbereitung.

f) Analysieren Sie die Arbeitslosenzahlen in Deutschland im Vergleich zu den anderen Ländern (M 8). Ordnen Sie dann mithilfe des VT die Entwicklung der Arbeitslosenzahlen in die Situation der gesamten deutschen Wirtschaft bis zum Ausbruch des Zweiten Weltkrieges ein.

5.3 Zum Vergleich: Der italienische Faschismus

Der erfolgreiche Vorgänger und ein zunächst scheiternder Nachfolger

Als Hitler am 30. Januar 1933 Reichskanzler wurde, war sein politisches Vorbild der Ministerpräsident und „Duce“ (Führer) des faschistischen Italien. Benito Mussolini, der bereits länger als zehn Jahre im Amt war. Mussolini hatte mit seinen Anhängern von Neapel aus durch einen „Marsch auf Rom“ am 27./28. Oktober 1922 seine Ernennung zum Regierungschef durch König Viktor Emanuel III. erzwungen. Dieser Coup, dem die schrittweise Beseitigung der Demokratie folgte, faszinierte sogleich politisch Rechtsstehende in allen europäischen Ländern, die sich nach einem „starken Staat“ sehnten.
Schon 1923 galt Adolf Hitler in München als „deutscher Mussolini“, dem ein „Marsch auf Berlin“ gelingen könnte. Als Hitler tatsächlich versuchte, Mussolinis Beispiel nachzuahmen, überschätzte er jedoch die politische Wirkungskraft seiner damals noch schwachen NSDAP – der improvisierte Münchner Umsturzversuch vom 9. November 1923, an dem sich höchstens dreitausend Menschen beteiligten, brach rasch zusammen.

„Deutsche Faschisten?“

Wenn auch vorerst von unterschiedlicher politischer Durchschlagskraft, wurden der italienische Faschismus und der deutsche Nationalsozialismus gleichwohl bereits seit 1922/23 nicht nur von ihren Anhängern, sondern auch von ihren Gegnern als wesensverwandte politische Erscheinungen beurteilt. So bürgerte es sich in Deutschland vor allem bei den Kommunisten, aber z. T. auch bei den Sozialdemokraten und den Liberalen schon in den 1920er-Jahren ein, ihre nationalsozialistischen Gegner als „deutsche Faschisten“ zu bezeichnen und sich selbst als „Antifaschisten“ zu verstehen. Ähnliches geschah in anderen Ländern, in denen die italienischen Faschisten Nachahmer fanden.

Nachkriegskrise

Der Aufstieg Mussolinis und seiner faschistischen Bewegung zur Macht wurzelte in einer tiefen Nachkriegskrise, die das ohnehin industriell zurückgebliebene, noch überwiegend agrarisch geprägte Italien erfasste. Mehrere Faktoren kamen zusammen:

1 Der Marsch auf Rom
Mussolini marschiert in Zivilkleidung zwischen seinen Begleitern in der Schwarzhemden-Uniform der Faschistischen Partei – links und ganz rechts die beiden späteren Marschälle Balbo und de Bono.

2 Mussolini jongliert mit Krone und Szepter Italiens.
Karikatur aus dem Simplicissimus von 1926

Erstens führte 1919 eine allgemeine Unzufriedenheit mit dem Ergebnis des Krieges – Italien erhielt nach den Versailler Verträgen Südtirol und Istrien mit Triest, nicht aber die dalmatinische Küste und Fiume [Rijeka] – zur Legende vom „verstümmelten Sieg". Sie richtete sich gegen die linksliberalen Regierungen Nitti und Giolitti, schließlich gegen das parlamentarisch-demokratische System schlechthin. Dies umso mehr, als sich zweitens dieses Regierungssystem als unfähig erwies, die schwierigen Nachkriegsprobleme – besonders die Staatsverschuldung und die Arbeitslosigkeit – in den Griff zu bekommen.

Vor diesem Hintergrund – und unter dem Einfluss des Vorbildes der russischen Oktoberrevolution – kam es drittens zu einer Radikalisierung der Sozialisten, insbesondere ihres linken Flügels und seiner Anhänger unter den Industrie- und Landarbeitern. Aus ihm ging im Januar 1921 die Kommunistische Partei Italiens hervor. Höhepunkt dieses wachsenden Linksradikalismus war im Sommer 1921 eine Welle spontaner Fabrikbesetzungen im Norden durch revolutionär gestimmte Industriearbeiter, die die Betriebe vergesellschaften wollten. Gleichzeitig unternahmen Landarbeiter im Süden den Versuch, durch Landbesetzungen eine Bodenreform zu erzwingen. Als die Regierung Giolitti diese „bolschewistische Gefahr" nicht durch Polizei und Militär beseitigte, sondern auf den baldigen Zusammenbruch der revolutionären Welle setzte, fühlten sich Bürgertum und Adel von der parlamentarischen Demokratie und den sie tragenden Parteien im Stich gelassen. Dadurch, und erst jetzt, erhielten die Faschisten die Chance, sich als dritte Kraft neben der Arbeiterbewegung (Sozialismus und Kommunismus) und dem bürgerlichen Lager (Liberalismus, politischer Katholizismus und Nationalkonservatismus) zu etablieren.

„Fasci di combattimento"

Ihr Führer Benito Mussolini war ursprünglich Sozialist, wandelte sich jedoch 1914 durch seine Befürwortung des italienischen Kriegseintritts auf der Seite der Alliierten zum Nationalisten. 1919 gründete er aus Enttäuschung über das magere Kriegsergebnis eine rechtsradikale Oppositionsbewegung, die „fasci di combattimento" (Kampfbünde). Diese bestanden anfangs hauptsächlich aus entwurzelten Soldaten, die nicht den Weg ins Zivilleben zurückfanden und Gewalt auch in der Politik für ein legitimes Mittel hielten; hinzu kamen politisch unzufriedene Studenten und Schüler und allmählich vom Sozialismus enttäuschte Arbeiter, vor allem aber Angehörige der ländlichen und städtischen Mittelschichten (Bauern, selbstständige Handwerker und Kaufleute, Angestellte und Beamte). Mussolini gab ihnen eine bewusst vage gehaltene Ideologie, die nationalistisch und rassistisch geprägt war, begrenzte antikapitalistische Reformen in Aussicht stellte und für Italien die Rolle der Führungsmacht im Mittelmeerraum („mare nostro") in der Tradition des Römischen Reiches mit Kolonien in Afrika beanspruchte.

Parteigründung

Uniformähnliche Kleidung – schwarze Hemden –, Marschkolonnen, die sich zu Massenkundgebungen formierten, und ein Führerkult um den „Duce" prägten den neuen militärischen Politikstil der „fasci" und suggerierten Stärke. Praktisch von Anfang an führten die „fasci", insbesondere ihre Schlägertrupps, die „squadri d'azione", einen gewaltsamen Kampf gegen ihren ideologischen Hauptgegner, den „Bolschewismus" bzw. „Marxismus", d.h. gegen die gesamte Linke auf dem Lande und in den Städten. Die faschistischen Gewaltaktionen wurden nicht nur vom König und von der Regierung stillschweigend geduldet, sondern auch vom Militär, der Polizei und den Oberschichten, insbesondere den Industriellen und Großagrariern, heimlich materiell unterstützt. Im November 1921 formierten sich die Faschisten zu einer einheitlichen politischen Partei („Partito Nazionale Fascista" – PNF) mit über 200 000 Mitgliedern.

Errichtung der Diktatur

Im Oktober 1922 wagte Mussolini mit seinen „Schwarzhemden" den Marsch auf Rom. Obwohl die Hauptstadt militärisch ausreichend geschützt gewesen wäre, verweigerte der König die Verhängung des Belagerungszustandes und übertrug Mussolini die Regierungsbildung. Dieser regierte daraufhin zunächst autoritär im Rahmen einer Koalitionsregierung mit Nationalisten (die sich 1923 dem PNF anschlossen), Popolaren (= Katholiken) und Liberalen. Als 1924 die Ermordung des angesehenen Sozialistenführers Matteotti durch Angehörige der „squadri" in ganz Italien und bei den Koalitionspartnern große Empörung auslöste und zur Formierung einer parlamentarischen Opposition („Aventin") führte, trat Mussolini nach einigem Zögern die Flucht nach vorn an und errichtete eine offene Diktatur. Durch entsprechende Gesetze verwandelten die nunmehr allein regierenden Faschisten Italien binnen kurzem in einen Polizeistaat und setzten die Grundrechte außer Kraft.

5

Die faschistische Außenpolitik radikalisierte sich in expansiver Weise in den 1930er-Jahren. Diese begann zunächst 1935/36 mit einem blutigen Eroberungskrieg gegen das Kaiserreich Abbessinien mit dem Ziel, am Horn von Afrika ein zusammenhängendes italienisches Siedlungsgebiet zu gewinnen. Während des siebenmonatigen Krieges, in dem die italienische Armee auch systematisch Giftgas einsetzte, und der anschließenden fünfjährigen Besatzungszeit übte Italien eine grausame Terrorherrschaft aus.

Im Unterschied zum Hitlerregime blieb Mussolinis diktatorische Herrschaft – trotz des von ihm angekündigten „totalen Staates" („stato totalitario") – weniger radikal. Die Monarchie wurde weiterhin respektiert, die katholische Kirche und der Vatikan sogar privilegiert. Antisemitismus war dem Faschismus ursprünglich fremd; erst im Zuge der italienisch-deutschen Annäherung in der zweiten Hälfte der 1930er-Jahre wurden antijüdische Gesetze eingeführt. Eine der SS vergleichbare Institution gab es in Italien nicht. Insgesamt behielt der berechenbare autoritäre „Normenstaat" die Oberhand über den willkürlichen „Ausnahmestaat". So erklärt es sich auch, dass der König, als er 1943 nach der Landung der Alliierten auf Sizilien im Bunde mit führenden Faschisten die Seiten wechseln wollte, Mussolini absetzen und verhaften lassen konnte.

3 Moderner Imperator
Die Darstellung eines Plakats aus dem Jahre 1930 präsentiert Mussolini in historisch-mythischer Traditionslinie. In der rechten Hand hält Mussolini die sogenannten Fasces, ein Rutenbündel mit Richtbeil – das Zeichen für die Amtsgewalt der Beamten im antiken Rom.

4 „Wohin steuert die Welt?"

Aus Mussolinis Artikel in der Zeitschrift „Gerarchia", 25. Februar 1922:

„Alle" ist das wichtigste Zahlwort der Demokratie. Es ist an der Zeit, „Wenige und Auserwählte" zu sagen. Die Demokratie liegt in allen Ländern der Welt in den letzten Zügen: In einigen, wie zum Beispiel in Russland, ist sie umgebracht worden, in anderen ist sie einem immer deutlicher hervortretenden Rückbildungsprozess unterworfen. Es kann sein, dass der Kapitalismus im 19. Jahrhundert die Demokratie nötig hatte, heute ist das weniger der Fall. Der Krieg hat „revolutionär" gewirkt in dem Sinne, dass er – mit Strömen Blutes – das Jahrhundert der Demokratie liquidierte, das Jahrhundert der Massen, der Zahl, der Majoritäten. Der sich gegen rechts vollziehende Restaurationsprozess ist schon durch viele Kundgebungen deutlich wahrnehmbar. Die Orgien der Zuchtlosigkeit haben aufgehört, die Schwärmereien für die sozialen und demokratischen Mythen sind zu Ende. Das Leben gehört wieder dem Einzelwesen. Eine klassische Erneuerung ist im Gange. Die anonyme, trübselige, demokratische Gleichmacherei, die alle Farbe verbannte und alle Persönlichkeit unterdrückte, hört auf. Neue Aristokratien bilden sich: Es zeigt sich deutlich, dass die Massen nicht die Träger, sondern nur das Instrument der Geschichte sein können. [...]

B. Mussolini: Schriften und Reden II. Zürich/Leipzig 1937, S. 252 f.

5 Faschistische Grundlehre

Aus Mussolinis Schrift „Dottrina del Fascismo", 1932:

Als antiindividualistische Idee tritt der Faschismus für den Staat ein. Er ist auch für das Individuum, soweit es im Staat aufgeht, der das universale Bewusstsein und den Willen des Menschen in seiner geschichtlichen Existenz darstellt.

Der Faschismus ist gegen den klassischen Liberalismus, der dem Bedürfnis, sich gegen den Absolutismus aufzulehnen, entsprungen ist und seine geschichtliche Sendung erfüllt hat, seitdem der Staat zum Bewusstsein und zum Willen des Volkes geworden ist. Der Liberalismus regiert den Staat im Interesse des einzelnen Individuums; der Faschismus bejaht den Staat als einzig wahre Realität des Individuums. Und wenn Freiheit ein Recht des realen Menschen sein soll und nicht jenes abstrakten Gebildes, an das der individualistische Liberalismus dachte, so ist der Faschismus für die Freiheit. Er ist für die einzige Freiheit, die ernst genommen werden kann, nämlich für die Freiheit des Staates und des Individuums im Staate. Denn es liegt im Faschismus alles im Staate beschlossen. Nichts Menschliches oder Geistiges besteht an sich, noch weniger besitzt dieses irgendeinen Wert außerhalb des Staates. In diesem Sinne ist der Faschismus totalitär, und der faschistische Staat als Zusammenfassung und Vereinheitlichung aller Werte gibt dem Leben des ganzen Volkes eine Deutung, bringt es zur Entfaltung und kräftigt es. Außerhalb des Staates darf es keine Individuen noch Gruppen (politische Parteien, Vereine, Syndikate und Klassen) geben. [...]

Vor allem betrachtet der Faschismus die Zukunft der Menschheit im Allgemeinen nur vom Standpunkt der politischen Realität aus und glaubt weder an die Möglichkeit noch die Nützlichkeit des ewigen Friedens. Er lehnt daher den Pazifismus ab, der einen Verzicht auf den Kampf und eine Feigheit gegenüber dem Opfer in sich birgt. Der Krieg allein bringt alle menschlichen Energien zur höchsten Anspannung und verleiht den Völkern die Würde des Adels, die den Mut und die Virtù [Tapferkeit] haben, dem Kampf die Stirn zu bieten. Alle anderen Erprobungen sind Ersatz, weil sie den auf sich gestellten Mann nicht vor die Alternative von Leben und Tod stellen. [...]

Der faschistische Staat ist Wille zur Macht und Herrschaft. Die römische Überlieferung ist ihm Idee des Antriebs. In der Doktrin des Faschismus ist „impero" nicht nur ein territorialer, militärischer oder merkantiler, sondern ein geistiger oder moralischer Begriff. [...] Für den Faschismus ist das Streben zum „impero", das heißt zur Expansion der Nation, ein Ausdruck der Vitalität. Sein Gegensatz, das Zuhausebleibenwollen, ist ein Zeichen des Verfalls. Völker, die steigen oder wieder aufsteigen, sind imperialistisch, nur niedergehende Völker können verzichten. Der Faschismus ist die angemessene Doktrin, um die Bestrebungen und den Geist eines Volkes wie des italienischen darzustellen, das nach vielen Jahrhunderten des Niedergangs und der Fremdherrschaft sich wieder erhebt.

H. Wagenführ: Benito Mussolini. Der Geist des Faschismus. Ein Quellenwerk. München 5. Aufl., 1943, S. 5, S. 12 f., S. 24 f. Übers. Horst Wagenführer.

6 Politik als „Lebenskampf"

Aus Hitlers „Mein Kampf":

Politik ist die Kunst der Durchführung des Lebenskampfes eines Volkes um sein irdisches Dasein. Außenpolitik ist die Kunst, einem Volke den jeweils notwendigen Lebensraum in Größe und Güte zu sichern. Innenpolitik ist die Kunst, einem Volke den dafür notwendigen Machteinsatz in Form seines Rassewertes und seiner Zahl zu erhalten. [...] Keine Staatsleitung wird freilich erwarten dürfen, dass ein Volk Heroismus besitzt, das sie nicht selbst zum Heroismus erzieht. So wie der Internationalismus den vorhergehenden Rassewert schädigt und damit schwächt, die Demokratie die Persönlichkeitswerte zerstört, so lähmt der Pazifismus die natürlichen Kräfte der Selbsterhaltung der Völker. Es wird die Aufgabe der nationalsozialistischen Bewegung sein, für Deutschland hier einen grundsätzlichen Wandel herbeizuführen.

A. Hitler: Mein Kampf. Zweites Buch (1928), hrsg. von G. L. Weinberg. Stuttgart 1961, S. 46 ff.

7 Die Sozialstruktur der PNF 1921

Angaben zur Mitgliedschaft in Prozent:

	Faschist. Partei	*Anteil an der Gesamtbevölkerung*
Landarbeiter	23,0	21,8
Industriearbeiter	15,5	16,2
Studenten, Schüler*	13,0	0,5
Bauern, Pächter, Halbpächter	11,9	37,0
Privatangestellte	9,9	1,6
öffentliche Angestellte	4,7	0,8
Kaufl., Handwerker, Händler	9,2	1,6
Freiberufliche	6,6	9,3
Industrielle	2,8	2,1
im Lehrberuf Stehende	1,1	0,4
Seeleute	1,0	0,8

Zit. nach: J. Petersen: Wählerverhalten und soziale Basis des Faschismus in Italien zwischen 1919 und 1928. In: W. Schieder (Hrsg.): Faschismus als soziale Bewegung. Hamburg 1976, S. 142 ff.

* im Alter ab 15 Jahren

8 Die Sozialstruktur der NSDAP-Mitgliederschaft vor dem 3. September 1930

Angaben in Prozent:

	NSDAP	*Anteil der Gesamtbevölkerung*
Arbeiter:	28,1	45,1
Selbstständige:		
Landwirte	14,1	6,7
Handwerker	9,1	5,5
Kaufleute	8,2	3,7
freie Berufe	3,0	1,5
Beamte:		
Lehrer	1,7	1,0
andere	6,6	3,3
Angestellte	25,6	15,9
mithelfende Familienangehörige (meist weiblich)	3,6	17,3
insgesamt:	100	100

Zit. nach: M. Broszat: Der Staat Hitlers. München 1969, S. 51.

9 Totalitarismus oder Faschismus?

Der Historiker Jürgen Kocka über die begriffliche Unterscheidung von Totalitarismus und Faschismus:

Ein sinnvoll definierter Totalitarismus-Begriff betont am Nationalsozialismus dessen diktatorische Negation liberal-demokratischer Verfassungsprinzipien wie den Verzicht auf Minderheitenschutz, die systematische Verletzung von Menschen- und Bürgerrechten bis hin zum Terror, die Aufhebung der Gewaltenteilung und die Zerstörung der Mehr-Parteienkonkurrenz. Er betont seine institutionalisierte Ideologie mit Ausschließlichkeits- und Totalitätsanspruch wie auch seine Tendenz zur Mediatisierung gesellschaftlicher Gruppen und zur allumfassenden, gleichschaltenden Massenmobilisierung. Dadurch wird am Nationalsozialismus das betont, was er in der Tat mit anderen […] totalitären Systemen, z. B. mit der stalinistischen Sowjetunion, gemeinsam hatte. […] Der Begriff des Faschismus […] hebt am Nationalsozialismus zwar auch dessen antiliberaldemokratische Elemente hervor. Zugleich aber betont er dessen sozialgeschichtliche Bedingungen, Inhalte und Funktionen, vor allem seine Bedingtheit durch Krisenerscheinungen kapitalistisch-bürgerlicher Systeme seit dem Ersten Weltkrieg, seine in Klassen- und Schichtungskategorien beschreibbare „soziale Basis“, in der unter Druck geratene Mittelschichten vorwiegen, die Abhängigkeit seines Durchbruchs von der Hilfestellung bzw. Koalition bisheriger, sich durch Parlamentarisierung, Demokratisierung oder soziale Reformen in Frage gestellt sehender Führungsgruppen (trotz seiner populistisch-revolutionären Elemente), seine antisozialistische, antikommunistische Stoßrichtung in Entstehungs- und Systemphase sowie seinen jedenfalls kurz- und mittelfristig unbestreitbaren Beitrag zur Stabilisierung kapitalistischer Grundprinzipien. Dadurch wird das betont, was „linke“ und „rechte“ Diktaturen unterscheidet und den Nationalsozialismus mit dem italienischen fascismo und – der Tendenz nach – mit anderen Faschismen jedenfalls der Zwischenkriegszeit verbindet.

J. Kocka: Ursachen des Nationalsozialismus. In: Aus Politik und Zeitgeschichte. o. O. 1980, S. 3 ff.

Arbeitsvorschläge

a) Interpretieren Sie die Karikatur (M 2) unter dem Gesichtspunkt des Aufstiegs des italienischen Faschismus.
b) Analysieren Sie anhand der Bildsymbole (M 3) die Traditionslinie, in die sich Mussolini stellte.
c) Bestimmen Sie anhand der beiden Texte Mussolinis (M 4, M 5) die Einstellungen des italienischen Faschismus zu Demokratie und Freiheit, Staat und Herrschaft sowie zu „Masse“ und Individuum.
d) Vergleichen Sie Mussolinis und Hitlers Einstellung zum Pazifismus (M 5, M 6).
e) Analysieren und vergleichen Sie das soziale Profil der PNF und der NSDAP (M 7, M 8).

5

Zeittafel: Der Aufstieg des Nationalsozialismus

1919	Adolf Hitler tritt im September in die am 1. Mai gegründete Deutsche Arbeiterpartei ein.
1920	Im Februar benennt sich die DAP um in Nationalsozialistische Deutsche Arbeiterpartei (NSDAP). Das in München verabschiedete Parteiprogramm wird auch später nie verändert. Im Dezember wird eine eigene Parteizeitung („Völkischer Beobachter") gegründet.
1921	Hitler ist seit Juli Vorsitzender der NSDAP und richtet die Partei nach dem Führerprinzip aus. Mit der SA (Sturmabteilung) rüstet sich die Partei im August mit einer eigenen Saalschutzorganisation aus, die sich vor allem aus ehemaligen Freikorpssoldaten zusammensetzt.
1923	Hitler scheitert am 9. November mit seinem Versuch, durch einen Putsch in München („Marsch zur Feldherrnhalle") die Regierungsgewalt im Deutschen Reich zu übernehmen. Nach der Niederschlagung des Putsches werden die NSDAP und der „Völkische Beobachter" verboten.
1924	Zu fünf Jahren Festungshaft in Landsberg verurteilt, verfasst Hitler während seiner durch eine Amnestie bereits nach einem halben Jahr beendeten Haftzeit (April bis Dezember) das erste Buch von „Mein Kampf".
1925	Hitler gründet im Februar die NSDAP neu, in der Folge erscheint auch der „Völkische Beobachter" wieder. Als nationalsozialistischer Eliteverband für Sonderaufgaben wird im November die SS (Schutzstaffel) gegründet.
1926	Im Juli wird die Hitler-Jugend gegründet.
1930	Bei den Reichstagswahlen im September steigert die NSDAP die Zahl ihrer Mandate von 12 auf 107 und wird zweitstärkste Fraktion (September).
1931	Die rechtsradikalen Kräfte schließen sich im Oktober zur „Harzburger Front" zusammen und erklären der Weimarer Republik offen den Kampf.
1932	Bei den Reichstagswahlen im Juli wird die NSDAP mit 230 Mandaten stärkste Fraktion und bleibt dies auch trotz des Rückgangs ihrer Mandate (196) nach der erneuten Wahl im November. Wirtschaftsvertreter plädieren beim Reichspräsidenten für die Ernennung Hitlers zum Reichskanzler.
1933	Hitler wird am 30. Januar zum Reichskanzler ernannt. Der Reichtagsbrand löst eine Verhaftungswelle gegen Kommunisten aus. Unter legalistischem Anschein wird das Staatswesen durch eine Reihe administrativer Maßnahmen („Verordnung zum Schutz von Volk und Staat", „Ermächtigungsgesetz", „Gesetz zur Wiederherstellung des Berufsbeamtentums", Auflösung der Gewerkschaften, Verbot der SPD, „Gesetz gegen die Neubildung von Parteien", „Gesetz zur Sicherung der Einheit von Partei und Staat") „gleichgeschaltet".
1934	Nach dem Tod Paul von Hindenburgs vereinigt Hitler das Amt des Reichspräsidenten und Reichskanzlers in seiner Person und nennt sich „Führer und Reichskanzler". Mit dem Gesetz über den Neuaufbau des Reiches wird die Länderhoheit aufgehoben.

Zeittafel: Der Faschismus in Italien

1919	In Italien kommt es zur einer Krise des politischen Systems: Der Kampf auf Seiten der Alliierten hat den Staat fast in den finanziellen Ruin getrieben, 600 000 Italiener sind gefallen und auf der Friedenskonferenz von Versailles werden die italienischen Gebietsansprüche nur zum Teil erfüllt. Der Eindruck eines verstümmelten Sieges trägt mit dazu bei, dass linke und rechte radikale Bewegungen großen Zulauf erhalten, während sich die liberale Mitte, welche die Regierung stellt, als überfordert erweist. Im März gründet der ehemalige Sozialist Benito Mussolini in Mailand die ersten „fasci di combattimento" (Kampfbünde), denen sich vor allem entwurzelte Soldaten anschließen.
1920–1922	In der Industrie und Landwirtschaft kommt es zu zahlreichen Streiks. Der Faschismus wächst zu einer Massenbewegung und ihm gelingt es, auch im Bürgertum und auf dem Land Anhänger zu gewinnen. Terroraktionen der faschistischen Stoßtrupps (Squadre d'Azioni) gegen Sozialisten, Vertreter der Gewerkschaften und Mitglieder der Kommunalverwaltungen werden vom Bürgertum, den Militärs, der Regierung und der Polizei immer wieder geduldet.
1921	Im November wird unter Führung Mussolinis die „Partito Nazionale Fascista" (PNF) gegründet.
1922	Der faschistische „Marsch auf Rom" bringt Mussolini an die Macht: Der italienische König überträgt ihm das Amt des Ministerpräsidenten. Mussolini versucht, andere politische Kräfte an sich zu binden, indem er Nationalisten, Liberale und Vertreter des politischen Katholizismus in seine Regierung aufnimmt.
1924	Bei den Parlamentswahlen erhalten die Faschisten 65 % der Stimmen und 365 von 503 Mandaten. Nach der Ermordung des Sozialistenführers Giacomo Matteotti durch Angehörige der „squadri" verlässt die Mehrheit der nicht faschistischen Abgeordneten demonstrativ das Parlament. Auch in seiner eigenen Partei stößt Mussolini auf Widerstand.
1925/26	Mussolini reagiert auf diese Krise mit der Errichtung einer offenen Diktatur: Zunächst werden antifaschistische Organisationen aufgelöst und ihre Führer festgenommen. Der gescheiterte Versuch eines Attentats auf ihn selbst dient Mussolini als Grund, die sozialistische Partei aufzulösen. Durch eine Reihe von Gesetzen wird die faschistische Regierung mit fast unbeschränkten Vollmachten ausgestattet und in die Besetzung der Verwaltung bis auf die Ebene der Städte eingegriffen. Ferner wird die Tarifautonomie aufgehoben, Aussperrung und Streik untersagt und die Vertretungen der Arbeitgeber und Arbeitnehmer zu „cooperationi" zusammengefasst. Mit dem Gesetz zum Schutze des Staates entsteht ein Polizeistaat. Indem den Abgeordneten der Opposition die Mandate aberkannt werden, wird Italien zu einem Einparteienstaat.
1928	Aufgrund des neuen Wahlgesetzes stehen nur noch 400 durch eine Einheitsliste vorher bestimmte Abgeordnete zur Wahl.
1930/31	Durch staatliche Eingriffe wird die Krise der italienischen Wirtschaft bewältigt.
1935	Per Gesetz wird die endgültige Gliederung der Arbeitnehmer- und Arbeitgebervertreter in Kooperationen eingeführt, die alle Wirtschaftszweige umfasst.

5.4 Außenpolitik und Zweiter Weltkrieg

Offizielle und inoffizielle Außenpolitik

Deutschlands günstige außenpolitische Position Ende 1932 – die Reparationsfrage war nahezu gelöst, das Recht auf Rüstungsgleichberechtigung grundsätzlich anerkannt – änderte sich durch den Antritt der Hitler-Regierung schlagartig. Nun verweigerte Frankreich auf der Genfer Abrüstungskonferenz mit dem Verweis auf die SA Deutschland die Aufrüstung.
Auch deswegen gab die offizielle NS-Außenpolitik in den 1930er-Jahren den Kampf um internationale Gleichberechtigung und um die friedliche Revision des Versailler Vertrages als Hauptziel an; inoffiziell aber wurde aufgerüstet und ein Krieg um „Lebensraum im Osten und dessen rücksichtslose Germanisierung" vorbereitet, wie Hitler schon am 3. Februar 1933 vor führenden Generälen äußerte, ohne auf Widerspruch zu stoßen.

5

Provokation und Appeasement

Um diese heimliche Aufrüstung ungehindert betreiben zu können, verließ Deutschland im Oktober 1933 die Genfer Abrüstungskonferenz und trat aus dem Völkerbund aus. Die weiterhin propagierten friedlichen Absichten der NS-Regierung hatten inzwischen durch die Verlängerung des Berliner Vertrages mit der UdSSR im Mai 1933, das Konkordat mit dem Vatikan im Juli 1933 und durch den Nichtangriffspakt mit Polen im Januar 1934 eine Bestätigung erhalten. Der Sinn dieser Schritte lag im Zeitgewinn für die Aufrüstung. Einen Rückschlag erlebte Hitler im Sommer 1934, als die österreichische NSDAP in Wien putschte und dabei den österreichischen Bundeskanzler Dollfuss erschoss. Vor allem das Verhältnis zum faschistischen Italien war dadurch bis 1936 stark belastet.
Im Januar 1935 fiel Hitler ein politischer Triumph in den Schoß, als über 90 Prozent der Abstimmungsberechtigten für die Wiedereingliederung des Saarlandes in das Deutsche Reich votierten. Die gegen den Versailler Vertrag verstoßende, riskante Wiedereinführung der allgemeinen Wehrpflicht im März 1935 löste jedoch bei den Siegermächten des Ersten Weltkrieges nur diplomatische Proteste aus. Im Juni kam es sogar zu einem deutsch-britischen Flottenabkommen, das unter Bruch des Versailler Vertrages die Höchststärke der deutschen Marine auf 35 Prozent der britischen festsetzte – ein kaum zu überschätzender Triumph Hitlers. Die nachgiebige britische Haltung gegenüber Deutschland erklärt sich daraus, dass England den Versailler Vertrag mittlerweile für überholt hielt und die Sicherung des Friedens durch Beschwichtigung Hitlers („Appeasement"), d. h. durch Zugeständnisse bei für berechtigt gehaltenen deutschen Anliegen, erreichen wollte. Frankreich war durch den Locarno-Vertrag von England außenpolitisch abhängig und musste sich der britischen Politik anschließen.

Außenpolitische Erfolge, Hitler-Stalin-Pakt

Unter diesen Voraussetzungen konnte Hitler ungestört eine Serie außenpolitischer Erfolge feiern. Im März 1936 kündigte Deutschland den Vertrag von Locarno, vorgeblich wegen des 1935 geschlossenen sowjetisch-französischen Beistandspaktes, und ließ im entmilitarisierten Rheinland wieder Truppen stationieren. Gleichzeitig erklärte Hitler den „Kampf um die deutsche Gleichberechtigung als abgeschlossen." Wenig später nutzte Hitler ein anlässlich der Olympischen Spiele in Berlin organisiertes Aussöhnungstreffen mit Frontveteranen des Ersten Weltkrieges aus verschiedenen Ländern, um seine Friedfertigkeit zu betonen. Er fühle sich beleidigt, wenn man ihm unterstelle, dass er den Krieg wolle. Im Windschatten der Olympischen Spiele, die Weltöffentlichkeit war abgelenkt, unterstützten Deutschland und Italien ab Juli 1936 (inoffiziell) den (1939 siegreichen) Militärputsch des Generals Franco in Spanien und begannen politisch zusammenzuarbeiten („Achse Berlin – Rom"). Mit der „Legion Condor" griff Deutschland auf Seiten Francos in die Kämpfe ein und testete seine Luftwaffe, die am 26. April 1937 die baskische Stadt Guernica dem Erdboden gleichmachte. Zur selben Zeit überlegten Englands Diplomaten, wie man Deutschland endgültig zufrieden stellen könne. Unter der Maßgabe, dass eventuelle Veränderungen friedlich erfolgen werden, wurden Verhandlungen wegen Danzig, Österreich und der Tschechoslowakei nicht ausgeschlossen. Hitler dagegen wollte sich weder auf eine Moderation Englands noch auf die Gewaltfreiheit einlassen und das Heft des Handelns in der Hand behalten. Im März 1938 erfolgten mit Gewalt, unter dem Jubel der meisten Österreicher, die Besetzung und der „Anschluss" Österreichs (mit Zustimmung Mussolinis); im September schließlich billigte die „Münchener Konferenz" (Hitler, Mussolini, Chamberlain, Daladier) die Annexion des überwiegend deutsch besiedelten Sudetenlandes – gegen den Willen der Tschechoslowakei. (**Online Link** 430016-0501) Hitler schien alles zu gelingen; seine Popularität erreichte einen Höhepunkt, sodass oppositionelle Offiziere um General Beck, die sich mit dem Gedanken trugen, den Diktator wegen seiner Kriegspolitik abzusetzen, vorläufig resignierten. Erst die Besetzung der „Rest-Tschechei" im März 1939 und die Errichtung eines NS-hörigen Regimes in der Slowakei veranlassten England und Frankreich zu einer härteren Haltung und zu einer Garantieerklärung für Polen – offenkundig das nächste deutsche Angriffsziel. Hitler ließ sich davon nicht beeindrucken, da es ihm im August gelang, durch einen deutsch-sowjetischen Nichtangriffspakt (sog. „Hitler-Stalin-Pakt") nicht nur die Gefahr eines Zweifrontenkrieges abzuwenden, sondern auch einen Partner bei der Zerschlagung Polens zu finden. Ein geheimes Zusatzprotokoll sah die Teilung Polens zwischen Deutschland und der Sowjetunion vor und grenzte die Interessensphären beider Mächte in Osteuropa ab. Der Hitler-Stalin-Pakt stürzte Europa in größte Verwirrung, waren hier doch zwei Staaten miteinander verbunden, die sich bisher als Todfeinde gesehen hatten. Vor allem der kommunistische Widerstand geriet in eine große Krise. Zur Entstehungsgeschichte dieses Paktes gehört, dass Stalin die Westmächte verdächtigte, Hitlers Expansionsstreben mit Absicht gegen die Sowjetunion zu lenken. Stalin forderte nach der Zerschlagung der Tschechoslowakei, dass alle osteuropäischen Staaten über Polen hinaus gegenüber Deutschland geschützt werden müssten. Die Westmächte sahen in dieser Forderung sowjetisches Hegemonialstreben und lehnten ab, sodass Stalin im August 1939 den Pakt mit Hitler schloss, auch um Zeit für die eigene Rüstung zu gewinnen.

1 **Titelblatt einer Propagandapublikation**
„Deutsche Freiwillige kämpften für Spanien."

Kriegsvorbereitung der deutschen Wirtschaft

Allerdings war das Reich wirtschaftlich auf Krieg nur bedingt vorbereitet. Zwar hatte Hitler seit 1933 systematisch aufrüsten lassen und mit dem Vierjahresplan von 1936 die deutsche Wirtschaft auf weitgehende Selbstversorgung mit Rohstoffen (Autarkie) umgestellt, doch gelang es nicht, z. B. ausreichende Benzinmengen aus Kohle zu gewinnen. Insbesondere einem längeren Krieg war die deutsche Industrie nicht gewachsen. Nicht zuletzt vor diesem Hintergrund entstand Hitlers „Blitzkrieg"-Strategie.

Überfall auf Polen

Der Überfall auf Polen am 1. September 1939 weitete sich zu einem sechsjährigen Weltkrieg aus. Dank ihrer überlegenen Panzerverbände und Luftstreitkräfte überrannte die deutsche Wehrmacht von September 1939 bis Juni 1941 in „Blitzkriegen" nacheinander Polen, Dänemark, Norwegen, die Benelux-Länder, Nordfrankreich und – zusammen mit Italien – den Balkan, Griechenland sowie Teile Nordafrikas. Nach der Kapitulation Frankreichs am 22. Juni 1940 erreichte Hitlers Popularität einen neuen Gipfelpunkt. Im Herbst scheiterte jedoch der Versuch, die Lufthoheit über England zu gewinnen und die Insel invasionsreif zu bomben. Damit erlitt Deutschland eine erste und entscheidende Niederlage.

Zwei-Fronten-Krieg und Anti-Hitler-Koalition, der „totale Krieg" und die deutsche Kriegswirtschaft

Daraufhin ließ Hitler trotz der Gefahr eines Zwei-Fronten-Krieges am 22. Juni 1941 die Sowjetunion überfallen. In wenigen Monaten gelang es der Wehrmacht, weite Gebiete Russlands zu erobern. Der Angriff hatte jedoch mit einem Monat Verzögerung begonnen – noch dazu mit Sommerausrüstung. Im Winter blieb der Vormarsch vor Leningrad im Norden, Moskau in der Mitte und Rostow im Süden stecken. Die Front wurde mit Mühe gehalten, aber das Blitzkriegskonzept war gescheitert. Ungeachtet der kritischen Lage an der Ostfront erklärten Deutschland und Italien nach dem japanischen Angriff auf die US-Flotte in Pearl Harbor (Hawaii) vom 7. Dezember 1941 den USA den Krieg. Dadurch wurde das mächtigste Land der Welt zum militärischen Alliierten Englands und der Sowjetunion – die „Anti-Hitler-Koalition" entstand. Die neue militärische Situation machte auch Änderungen in der deutschen Kriegswirtschaft notwendig. Um den nun ausgeru-

2 Europa während des Zweiten Weltkrieges 1939–1945

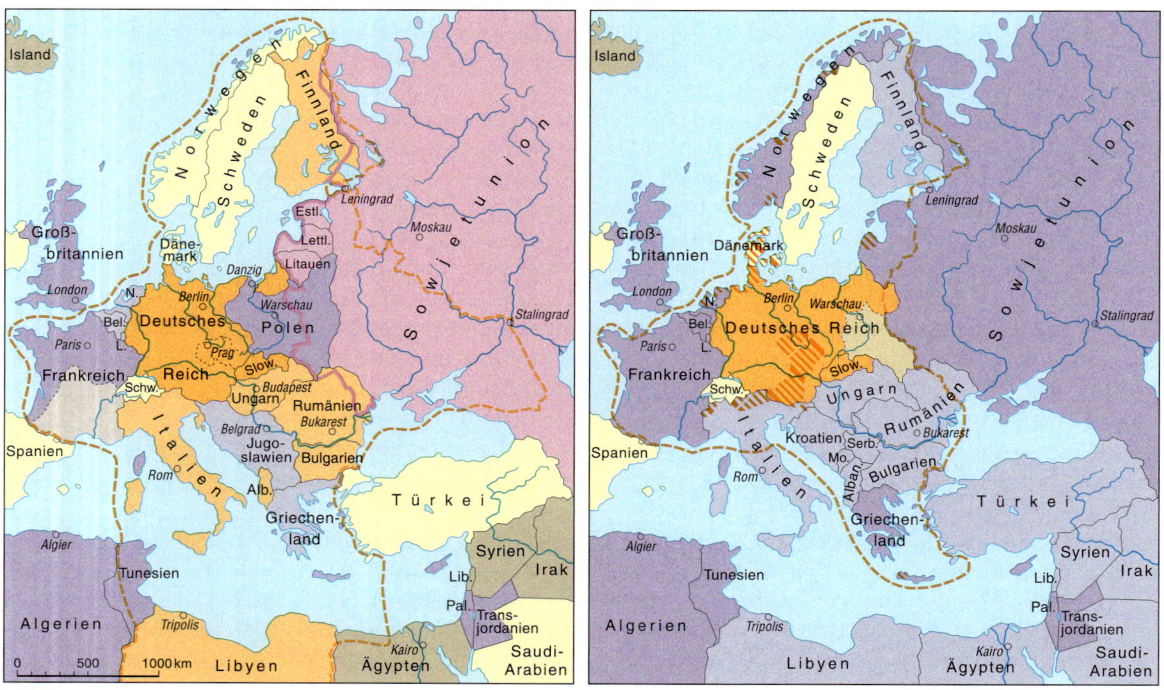

Deutsches Reich und Slowakei 1.9.1939
spätere Verbündete des Deutschen Reiches
Alliierte 1.9.1939
spätere Verbündete der Alliierten
von Alliierten besetzte Gebiete
neutrale Staaten
Staatsgrenzen 1.9.1939
Sowjetunion 22.6.1941
Machtbereich der Achsenmächte November 1942

Alb. Albanien
Bel. Belgien
L. Luxemburg
Lib. Libanon
N. Niederlande
Pal. Palästina
Schw. Schweiz
Slow. Slowakei

Deutsches Reich und Slowakei Ende 1942
von deutschen Truppen bei Kriegsende besetzte Gebiete
Alliierte Ende 1942
Verbündete der Alliierten bei Kriegsende
von Alliierten besetzte Gebiete
neutrale Staaten
Staatsgrenzen Ende 1942
Machtbereich der Achsenmächte Juli 1944

Mo. Montenegro
Serb. Serbien

fenen „totalen Krieg" führen zu können, mussten Millionen von Fremdarbeitern, Kriegsgefangenen und KZ-Insassen in Industrie und Landwirtschaft unter menschenunwürdigen Bedingungen arbeiten. Mitte September 1944 erreichte die deutsche Rüstung ihren Höhepunkt. Trotzdem konnte Deutschland im Rüstungswettlauf mit den Alliierten nur unterliegen.

Unterschiede in der Kriegsführung

Die deutschen Kriegsziele und -methoden im Norden und Westen unterschieden sich beträchtlich von denen im Osten. Die nord- und westeuropäischen Länder mit ihren aus nationalsozialistischer Sicht „rassisch verwandten" Völkern wurden aus militärstrategischen und hegemonialpolitischen Gründen besetzt, aber nicht als künftige Siedlungsgebiete für Deutsche.
Dagegen ließ Hitler in Osteuropa von Anfang an einen unbarmherzigen Rassen-, Weltanschauungs- und „Lebensraum"-Krieg führen. Die besetzten Gebiete wurden wirtschaftlich rücksichtslos ausgeplündert, um die Versorgung sowohl der Wehrmacht als auch der „Heimat" sicherzustellen. Weite Teile Russlands waren für eine deutsche Besiedlung („Germanisierung") vorgesehen. Sämtliche Juden sollten ausgerottet, die rassisch minderwertige" slawische Bevölkerung durch Lebensmittelentzug, Zwangsarbeit und Vertreibung hinter den Ural dezimiert werden. Die sowjetische Armee, von Partisanenverbänden wirksam unterstützt, leistete erbitterten Widerstand.

5

„Saubere" Wehrmacht?

Im Gegensatz zu einer verbreiteten Nachkriegslegende blieb die Wehrmacht in diesem Krieg nicht „sauber", am wenigsten die Generalität. Schon vor Kriegsbeginn ausgearbeitete Truppenbefehle sahen vor, „politische Kommissare" der Roten Armee zu erschießen. Partisanen sollten „erledigt" werden, partisanenverdächtige Dörfer konnten vernichtet, die Einwohner getötet werden. Übergriffe einzelner Wehrmachtssoldaten auf Zivilisten sollten im Regelfall straffrei bleiben. Partisanenanschläge wurden mit willkürlichen Massenerschießungen von Zivilisten beantwortet. In Kriegsgefangenenlagern der Wehrmacht sind mehr als drei Millionen Rotarmisten verhungert und verdurstet, erfroren oder an Seuchen gestorben – sie galten ja nicht als „Kameraden", sondern als „Untermenschen". Ohne die militärischen Eroberungen wäre auch die Ermordung der europäischen Juden durch mobile Einsatzgruppen – für die Wehrmachtseinheiten Hilfsdienste leisteten – und in Vernichtungslagern nicht möglich gewesen. Beim Rückzug schließlich hinterließ man „verbrannte Erde".

Alliierte Gegenzüge

Seit März 1942 führten die britische und die amerikanische Luftwaffe von England aus einen Bombenkrieg gegen deutsche Städte, Industrieanlagen und Verkehrsverbindungen. Mit der Niederlage des Afrikakorps bei El-Alamein im November 1942 und der Kapitulation der 6. Armee in Stalingrad Ende Januar/Anfang Februar 1943 ging die Initiative endgültig auf die Alliierten über. Die Wehrmacht geriet an allen Fronten in die Defensive und wurde zum Rückzug gezwungen. Mit ihrer Landung auf Sizilien im Juli 1943 lösten die Alliierten Mussolinis Sturz aus – Italien schloss einen Waffenstillstand, woraufhin Oberitalien als „besetzter Verbündeter" unter deutsche Gewaltherrschaft geriet. Im Juni 1944 landeten die Alliierten in der Normandie und befreiten Frankreich; im September erreichten sie die deutsche Westgrenze. Parallel dazu vertrieb die sowjetische Armee die Wehrmacht aus Russland und Osteuropa; im Januar 1945 begann ihre Offensive gegen das Reichsgebiet. Schließlich endete der Krieg mit der totalen militärischen Niederlage und der alliierten Besetzung des Reichsgebietes. Hitler beging am 30. April 1945 Selbstmord. Sein Nachfolger Admiral Dönitz ließ die Wehrmacht am 7./8. Mai 1945 bedingungslos kapitulieren. Japan kapitulierte erst am 2. September nach den amerikanischen Atombomben auf Hiroshima und Nagasaki.

5

3 Das außenpolitische Programm

Auszug aus einer Ansprache Hitlers vor den Befehlshabern des Heeres und der Marine am 3. Februar 1933 (sog. Liebmann-Aufzeichnung):

Ziel der Gesamtpolitik allein: Wiedergewinnung der pol. Macht. Hieraus muss gesamte Staatsführung eingestellt sein. […]

2. Nach außen. Kampf gegen Versailles. Gleichberechtigung in Genf; aber zwecklos, wenn Volk nicht auf Wehrwillen eingestellt. Sorge für Bundesgenossen. […]

4. Aufbau der Wehrmacht wichtigste Voraussetzung für Erreichung des Ziels: Wiedergewinnung der pol. Macht. Allg. Wehrpflicht muss wiederkommen. Zuvor aber muss Staatsführung dafür sorgen, dass die Wehrpflichtigen vor Eintritt nicht schon durch Pazif., Marxismus, Bolschewismus vergiftet werden oder nach Dienstzeit diesem Gifte verfallen.

Wie soll pol. Macht, wenn sie gewonnen ist, gebraucht werden? Jetzt noch nicht zu sagen. Vielleicht Erkämpfung neuer Export-Mögl., vielleicht – und wohl besser – Eroberung neuen Lebensraums im Osten u. dessen rücksichtslose Germanisierung. Sicher, dass erst mit po. Macht u. Kampf jetzige wirtsch. Zustände geändert werden können. Alles, was jetzt geschehen kann – Siedlung – Aushilfsmittel. Wehrmacht wichtigste u. sozialistischste Einrichtung d. Staates. Sie soll unpol. u. überparteilich bleiben. Der Kampf im Innern nicht ihre Sache, sondern der Nazi-Organisationen. Anders wie in Italien keine Verquickung von Heer und SA beabsichtigt. – Gefährlichste Zeit ist die des Aufbaus der Wehrmacht. Da wird sich zeigen, ob Frankreich Staatsmänner hat; wenn ja, wird es uns nicht Zeit lassen, sondern über uns herfallen (vermutlich mit Ost-Trabanten).

Zit. nach: Vierteljahreshefte für Zeitgeschichte, 2/1954, S. 434 ff.

4 Botschaft für das Ausland

In einer Reichstagsrede vom 17. Mai 1933 erläutert Hitler sein offizielles außenpolitisches Programm:

Unser Nationalismus ist ein Prinzip, das als Weltanschauung grundsätzlich allgemein verpflichtet. Indem wir in grenzenloser Liebe und Treue an unserem eigenen Volkstum hängen, respektieren wir die nationalen Rechte auch der anderen Völker aus dieser selben Gesinnung heraus und möchten aus tiefinnerstem Herzen mit ihnen in Frieden und Freundschaft leben. Wir kennen daher nicht den Begriff des „Germanisierens". Die geistige Mentalität des vergangenen Jahrhunderts, aus der man glaubte, vielleicht aus Polen oder Franzosen Deutsche machen zu können, ist uns genauso fremd, wie wir uns leidenschaftlich gegen jeden umgekehrten Versuch wenden. Wir sehen die europäischen Nationen um uns als gegebene Tatsachen. Franzosen, Polen sind unsere Nachbarvölker, und wir wissen, dass kein geschichtlich denkbarer Vorgang diese Wirklichkeit ändern könnte. […] Die deutsche Regierung wünscht, sich über alle schwierigen Fragen politischer und wirtschaftlicher Natur mit den anderen Nationen friedlich und vertraglich auseinanderzusetzen. Sie weiß, dass jeder militärische Akt in Europa auch im Falle eines vollständigen Gelingens, gemessen an seinen Opfern, in keinem Verhältnis steht zum möglichen endgültigen Gewinn.

Zit. nach: W. Conze (Hrsg.): Der Nationalsozialismus 1934–1945, Totaler Führerstaat und nationalsozialistische Eroberungspolitik. Stuttgart 1984, S. 40 f.

5 Gesprächsnotizen von Generaloberst Halder

Hitlers Ansprache vor 250 Generälen und hohen Offizieren am 30. März 1941:

Unsere Aufgaben gegenüber Russland: Wehrmacht zerschlagen, Staat auflösen […] Kampf zweier Weltanschauungen gegeneinander. Vernichtendes Urteil über Bolschewismus ist gleich asoziales Verbrechertum. Kommunismus ungeheure Gefahr für die Zukunft. Wir müssen von dem Standpunkt des soldatischen Kameradentums abrücken. Der Kommunist ist vorher kein Kamerad und nachher kein Kamerad. Es handelt sich um einen Vernichtungskampf. […] Vernichtung der bolschewistischen Kommissare und der kommunistischen Intelligenz. […]

Der Kampf wird sich sehr unterscheiden vom Kampf im Westen. Im Osten ist Härte mild für die Zukunft. Die Führer müssen von sich das Opfer verlangen, ihre Bedenken zu überwinden.

Zit. nach: Generaloberst Franz Halder: Kriegstagebuch. Tägliche Aufzeichnungen des Chefs des Generalstabes des Heeres 1939–1942. 3 Bde. Stuttgart 1962–64, Bd. 2, S. 335 ff.

6 Wehrmacht und Zivilbevölkerung

Aus dem Erlass über die Ausübung der Kriegsgerichtsbarkeit im Gebiet „Barbarossa", 13. Mai 1941:

Behandlung von Straftaten feindlicher Zivilpersonen:

1. Straftaten feindlicher Zivilpersonen sind der Zuständigkeit der Kriegsgerichte und der Standgerichte bis auf weiteres entzogen.
2. Freischärler sind durch die Truppe im Kampf oder auf der Flucht schonungslos zu erledigen.
3. Auch alle anderen Angriffe feindlicher Zivilpersonen gegen die Wehrmacht, ihre Angehörigen und das Gefolge sind von der Truppe auf der Stelle mit den äußersten Mitteln bis zur Vernichtung des Angreifers niederzukämpfen. […]

Behandlung der Straftaten von Angehörigen der Wehrmacht und des Gefolges gegen Landeseinwohner: 1. Für Handlungen, die Angehörige der Wehrmacht und des Gefolges gegen feindliche Zivilpersonen begehen, besteht kein Verfolgungszwang, auch dann nicht, wenn die Tat zugleich ein militärisches Verbrechen oder Vergehen ist.

Zit. nach: G. R. Ueberschär/W. Wette (Hrsg.): „Unternehmen Barbarossa", Der deutsche Überfall auf die Swjetunion 1941. Berichte, Analysen, Dokumente. Paderborn 1984, S. 306 f.

7 **Titelblatt der Satirezeitschrift „Lustige Blätter“** von Bertold Daneke, 29.9.1939. Die Originalunterschrift lautet: „Auf, auf, ihr Söhne Englands, verteidigt unsere heiligsten Güter!“

8 **Titelblatt der Satirezeitschrift „Lustige Blätter“** von Bertold Daneke, 11.7.1941. Die Originalunterschrift lautet: „Ihr könnt reden, was ihr wollt, aber dies ist mein Krieg, den ihr für mich gewinnen sollt!“

9 **Plakat der Reichspropagandaleitung der NSDAP** von Hans Schweitzer, 1943

10 Kriegsführung im Osten

Aktennotiz deutscher Staatssekretäre, 2.5.1941:

1. Der Krieg ist nur weiterzuführen, wenn die gesamte Wehrmacht im 3. Kriegsjahr aus Russland ernährt wird.
2. Hierbei werden zweifellos zig Millionen Menschen verhungern, wenn von uns das für uns Notwendige aus dem Lande herausgeholt wird.
3. Am wichtigsten ist die Bergung und Abtransport von Ölsaaten, Ölkuchen, dann erst Getreide. Das vorhandene Fett und Fleisch wird voraussichtlich die Truppe ver-brauchen.
4. Die Beschäftigung der Industrie darf nur auf Mangelgebieten wieder aufgenommen werden, z.B. die Werke für Verkehrsmittel, die Werke für allgemeine Versorgungsanlagen (Eisen), die Werke für Textilien, von Rüstungsbetrieben nur solche, bei denen in Deutschland Engpässe bestehen.

Ebenda, S. 377.

11 „Meine Tage sind gezählt“

Brief des sowjetischen Kriegsgefangenen F. J. Koshedub aus Kaunas in Litauen an seine Familie, 19.10.1941:

Wir haben Millionen Läuse. Ich habe mich zwei Monate nicht rasiert, nicht gewaschen und nicht umgezogen. Zum Anziehen habe ich Unterwäsche, Oberwäsche, einen Soldatenmantel, eine Feldmütze und Schuhe mit Wickelgamaschen. Es ist kalt, matschig und schmutzig. Jeden Tag sterben 200 bis 300 Mann. In einer solchen Lage befinde ich mich also, und meine Tage sind gezählt. So lebt wohl meine Teuren, lebt wohl, meine Lieben, Freunde und Bekannten. Wenn sich ein guter Mensch findet, der meinen Brief weiterschickt, wisst ihr wenigstens, wo ich meinen ruhmlosen schweren Tod gefunden habe. Nochmals lebt wohl.

SZAOR der UdSSR, Fonds 7021, Liste 94, Akte 460, Bl. 57 f. Zit. nach: Wehrmachtsverbrechen. Dokumente aus sowjetischen Archiven. Bearb. Lev A. Bezymenskij. Köln 1997, S. 147 f.

12 Stalingrad und die Soldaten

Aus einem Brief aus Stalingrad, Januar 1943:

Liebster Vater! Die Division ist ausgeschlackt für den Großkampf, aber der Großkampf wird nicht stattfinden. Du wirst dich wundern, dass ich an dich schreibe und an deine Adresse im Amt, aber was ich in diesem Brief zu sagen habe, ist nur unter Männern zu sagen. Du wirst es in der dir eigenen Form an Mutter weitergeben. Wir dürfen heute schreiben, heißt es bei uns. Das bedeutet für einen, der die Lage kennt, wir können es nur noch einmal. Du bist Oberst, lieber Vater, und Generalstäbler. Du weißt, was das bedeutet, und mir ersparst du damit Erklärungen, die sentimental klingen könnten. Es ist Schluss. Ich denke, es wird noch ungefähr acht Tage lang gehen, dann ist der Kragen zu. Ich will nicht nach Gründen suchen, die man für oder gegen unsere Situation ins Feld führen könnte. Diese Gründe sind jetzt gänzlich unwichtig und außerdem ohne Nutzen, aber wenn ich dazu etwas zu sagen habe, dann das eine: Sucht nicht nach Erklärungen für die Situation bei uns, sondern bei euch und bei dem, der dieses zu verantworten hat. Haltet den Nacken steif. Du, Vater, und die mit dir der gleichen Ansicht sind. Seid auf der Hut, damit nicht größeres Unheil über unser Vaterland kommt. Die Hölle an der Wolga soll euch Warnung sein. Ich bitte euch, schlagt diese Erkenntnis nicht in den Wind.

Ch. Studt (Hrsg.): Das Dritte Reich. Ein Lesebuch zur deutschen Geschichte 1933–1945. München 1995, S. 261 f.

13 Stalingrad und die Bevölkerung

Meldungen des Sicherheitsdienstes der SS, 28.1.1943:
Unter dem Eindruck, dass das Schicksal der 6. Armee in Stalingrad bereits besiegelt sei, und in der Sorge um die weitere Entwicklung der Kriegslage ist das ganze Volk z. Z. bis ins Tiefste aufgewühlt. Unter den vielen Fragen, die sich aus der veränderten Situation ergeben, bewegt die Bevölkerung vor allem, warum Stalingrad nicht rechtzeitig geräumt oder entsetzt wurde und wie es möglich war, dass die militärische Situation vor einigen Monaten noch als gesichert und bis in die letzten Tage als nicht ungünstig hingestellt werden konnte. Besonders erörtert, und zwar vielfach mit ausgesprochen kritischem Unterton, wird die Unterschätzung der russischen Kampfkraft, durch welche jetzt schon zum zweiten Male eine schwere Krise ausgelöst worden sei. Darüber hinaus befassen sich die Volksgenossen wieder vermehrt mit manchen Entwicklungen im Innern, welche mit dafür ursächlich seien, dass uns der jetzige Schlag so überaus hart treffe. Bei aller Bereitschaft, sich der Totalisierung des Krieges bedingungslos zu unterwerfen, äußern viele Volksgenossen, auch gerade solche, die politisch durchaus gefestigt sind, dass dieser Schritt reichlich spät erfolge. [...]
In der Befürchtung, dass ein ungünstiger Ausgang des Krieges in den Bereich des Möglichen gerückt sei, befassen sich die Volksgenossen ernsthaft mit den Folgen einer Niederlage.

W. Michalka (Hrsg.): Das Dritte Reich, Bd. 2: Weltmachtanspruch und nationaler Zusammenbruch 1939 bis 1945. München 1985, S. 352 f.

14 Am 30. September 1944 in der deutschen Kriegswirtschaft eingesetzte ausländische Arbeitskräfte

Staatsangehörigkeit	Männer	Frauen	zusammen	%-Anteil der Frauen	zusammen in % aller ausländischen Zivilarbeiter
Belgien	170058	29379	199437	14,7	3,4
Frankreich	603767	42654	646421	6,6	10,8
Italien	265030	22317	287347	7,7	4,8
Jugoslawien	294222	30768	324954	9,5	1,6
Niederlande	233591	20953	254544	8,2	4,3
Slowakei	20857	16693	37550	44,4	0,6
Ungarn	17206	7057	24263	3,0	0,4
Sowjetunion	1062507	1112137	2174644	51,1	36,4
Polen	1115321	586091	1701412	34,4	18,5
Insgesamt	3986306	1990367	5976673	33,3	100,0

Aus: F. Blaich: Wirtschaft und Rüstung im „Dritten Reich". Düsseldorf 1987, S. 109.

Arbeitsvorschläge

a) Stellen Sie die außenpolitischen Ziele Hitlers zusammen (M 3, M 4). Berücksichtigen Sie dabei den Unterschied zwischen öffentlichen und nichtöffentlichen Positionen.
b) Erarbeiten Sie aus M 5 und M 6, inwiefern im Osten ein Krieg geplant wurde, der sich vom Westkrieg (1939–1941) und ebenso vom Ersten Weltkrieg unterschied. Erörtern Sie den Zweck des Kriegsgerichtserlasses und beurteilen Sie dann die Rolle der Wehrmacht bei der Planung des Krieges.
c) Untersuchen Sie anhand des Feldpostbriefes (M 12) und des SD-Berichtes (M 13) die Auswirkungen der Niederlage von Stalingrad auf die Bevölkerung.
d) Erläutern Sie anhand der Abbildungen (M 7 – M 9) das nationalsozialistische Feindbild und berücksichtigen Sie dabei die Unterschiede zwischen den Gegnern.
e) Stellen Sie die Folgen des Krieges für die Menschen der Sowjetunion dar (M 10, M 11) und beurteilen Sie, inwieweit man von einem Vernichtungskrieg sprechen kann.
f) Erkundigen Sie sich über den Einsatz von Zwangsarbeitern in Ihrer Stadt und Region. Recherchieren Sie vor Ort und im Internet, ob sich Firmen aus Ihrer Region an der Entschädigung von Zwangsarbeitern beteiligt haben.

Standpunkte: Anständige Soldaten oder Verbrecher? – die Rolle der Wehrmacht im Zweiten Weltkrieg

Die Ausstellung „Vernichtungskrieg. Verbrechen der Wehrmacht 1941–1945“ vom Hamburger Institut für Sozialforschung löste in den 1990er-Jahren eine große öffentliche Debatte über die Rolle der Wehrmacht im Zweiten Weltkrieg aus. Die Ausstellungsmacher hatten den verbrecherischen Charakter der Wehrmacht herausgestellt. In der dann folgenden erbitterten Auseinandersetzung ging es um die Frage, inwieweit die Wehrmacht an den Verbrechen des NS-Regimes beteiligt gewesen war. In falsche Zusammenhänge eingeordnete Fotos waren der Anlass dafür, dass die Ausstellung inzwischen neu erarbeitet wurde.

1 Aktive Beteiligung und passive Duldung?

Das Urteil des Historikers Wolfgang Benz in Rahmen einer Fachtagung zur Wehrmachtsausstellung in Bremen am 26.2.1997 – auch bei den beiden anderen Texten handelt es sich um thesenartig zusammengefasste Beiträge zu dieser Tagung:

Unter dem Eindruck nationalsozialistischer Propaganda waren die Deutschen in ihrer Mehrheit – das gilt für die Wehrmacht wie für die Zivilbevölkerung – überzeugt davon, für eine gute Sache zu kämpfen. Nicht in der Begeisterung des Jahres 1914, aber im Bewusstsein notwendiger Pflichterfüllung, um den Bolschewismus als Weltanschauung in die Knie zu zwingen. Kolonialistische Überzeugungen, das überlegene Bewusstsein als Kulturbringer, die gegenüber minderwertigen Völkern Recht setzen dürfen, waren verbreitet. Beispiele für die Kreuzzugsmentalität finden sich in Feldpostbriefen, und zwar auch bei einfachen Soldaten und Unteroffizieren. Man muss nicht auf die Minderheit fanatischer Nationalsozialisten im Offizierskorps rekurrieren, um die folgenden Beispiele zu finden. Ein Unteroffizier schrieb im Sommer 1941 nach Hause, jetzt habe „die Judenheit uns auf der ganzen Linie“, von den „Plutokraten bis zu den Bolschewiken den Krieg erklärt“. Alles, was „judenhörig“ sei, stehe gegen uns. Ein Gefreiter schrieb Anfang Juli 1941, „nach diesem gotteslästerlichen Land“ habe er schon immer gerne ziehen wollen. In anderen Briefen war von „Bestien“, von „russischen Horden“ die Rede […].

Die Wehrmacht war in die Verbrechen des NS-Staats durch aktive Beteiligung und passive Duldung verstrickt. Die Tatsachen, von der seriösen Geschichtsforschung wie dem Institut für Zeitgeschichte oder dem Militärgeschichtlichen Forschungsamt dokumentiert und interpretiert, müssen zur Kenntnis genommen werden und können nicht als „Diffamierung“ aller Wehrmachtsangehörigen abgewiesen und abgetan werden. Zu diesen Tatsachen gehören der Kommissarbefehl, das Mitwissen und die indirekte Mitwirkung am Massaker von Babi Jar, bei dem 33 771 Juden vom Sonderkommando 4a der Einsatzgruppe C innerhalb von zwei Tagen Ende September 1941 ermordet wurden. Die Morde fallen nicht der Wehrmacht zur Last, aber in der vorausgehenden Meldung nach Berlin hatte es geheißen: „Exekution von mindestens 50 000 Juden vorgesehen. Wehrmacht begrüßt Maßnahmen und erbittet radikales Vorgehen.“ Und Pioniere der Wehrmacht sprengten nach den Morden die Schlucht von Babi Jar. Das Schicksal von mehr als 3 Millionen sowjetischen Kriegsgefangenen, die im Gewahrsam der Wehrmacht den Tod fanden, gehört ebenso zur Geschichte der Wehrmacht wie der Partisanenkrieg in Serbien, um nur einige Beispiele zu nennen.

Zit. nach: H.-G. Thiele (Hrsg.): Die Wehrmachtsausstellung, Dokumentation einer Kontroverse. Bundeszentrale für politische Bildung, Bonn 1997, S. 30ff.

2 Erlebt – gewusst – mitbewirkt

Der Historiker Hans-Adolf Jakobsen zur Rolle der deutschen Wehrmacht im Russlandfeldzug:

1. Was die Millionen deutscher Soldaten während des Russlandfeldzuges de facto erlebt, gewusst bzw. mitbewirkt haben, soweit es die zahllosen Verbrechen anbetrifft, die von Deutschen und im Namen Deutschlands verübt worden sind, lässt sich heute kaum noch mit Gewissheit sagen. Fraglos waren jedoch Teile der deutschen Wehrmacht (vornehmlich des Heeres) weitaus mehr an NS-Verbrechen direkt oder indirekt beteiligt, als es von Memoirenschreibern und in Aussagen von Veteranen nach 1945 zugegeben worden ist – ganz zu schweigen von den Tätern. Es gab darüber hinaus viele Mitwisser und solche, die die Mordtaten stillschweigend zur Kenntnis genommen haben, ohne einzuschreiten oder zu versuchen, das Schlimmste zu verhüten. In diesem Zusammenhang aber von der Wehrmacht als Ganzem zu sprechen, dürfte eine kaum zulässige Verallgemeinerung sein. Die in jüngster Zeit häufig recht apodiktisch formulierten Pauschalurteile sind weder quellenkritisch hinreichend belegt noch den Realitäten des totalen, ideologischen Krieges angemessen, zumal bei diesen die mannigfachen Zeugnisse von Humanitas, soldatischer

„verdammter Pflichterfüllung" und militärischer Opposition gegen das NS-Unrechtssystem nur unzureichend berücksichtigt werden.

2. Allerdings dürfte ein anderes generelles Urteil nicht mehr zu bestreiten sein, dem sich bisher viele Ehemalige – bewusst oder unbewusst, z. T. verdrängt – entzogen haben. Die deutsche Wehrmacht war eines der ausschlaggebenden Instrumente der NS-Kriegsführung, d. h. einer wahnwitzigen Doktrin und Politik, deren Ziele es waren, Lebensraum zu erkämpfen, die „Rassenfeinde" zu vernichten und eine totalitäre Herrschaft in Europa zu errichten. Während sie selbst vorwiegend militärische Aufgaben zur Ausschaltung der feindlichen Streitkräfte übernahm und ihre militärische Führung (OKW/OKH) die ideologischen Weisungen Hitlers in Befehlsform fasste, waren es vor allem die Sondereinheiten Himmlers, die mittels Terror und Mord den revolutionär-rassistischen Auftrag im Hinterland erfüllten. Aber und dies gilt es mit allem Nachdruck zu unterstreichen – beide haben, gewissermaßen arbeitsteilig, den gleichen Krieg mit den gleichen Zielen, wenn auch an verschiedenen Fronten und mit den ihnen befohlenen Mitteln geführt. Sie alle sind in unterschiedlicher Weise und abgestuft entsprechend der hierarchischen Ordnung in der Truppe für das Geschehen von einst mitverantwortlich. Die meisten Soldaten, im militärischen Gehorsam diszipliniert, durch den Eid an Hitler gebunden und seit 1941 durch ein erbarmungsloses Ringen physisch und psychisch bis zum Äußersten herausgefordert, waren indoktriniert, manipuliert und tragisch verstrickt. Soweit sie an Verbrechen mitgewirkt oder diese geduldet und entsprechende Befehle erteilt haben, waren sie schuldig geworden.

Zit nach: Ebenda, S. 48 f.

3 Ehre – Treue – Tapferkeit – Disziplin

Der Mediziner Ernst Rebentisch über die deutschen Soldaten:

1. Die Wehrmacht war der Waffenträger und damit das bedeutendste Machtinstrument des – von den Nationalsozialisten regierten – Deutschen Reiches. Wie in jedem wehrhaften Staat unterstanden die Soldaten besonderen Militärgesetzen.

Ergänzt wurden diese durch die auf deutscher Soldatentradition beruhenden Grundsätze der Ehre, Treue, Tapferkeit und Disziplin. Trotz aller Indoktrinationsabsichten fand das nationalsozialistische Gedankengut – vor allem im Heer – nur bei relativ wenigen Zustimmung. Das Offizierkorps blieb weitgehend konservativ zurückhaltend. Dies war auch einer der Gründe für Hitlers permanentes Misstrauen gegenüber Generälen und Generalstabsoffizieren. [...]

3. Hitler hat ohne jeden Zweifel und unabhängig von anderen Kriegszielen die Wehrmacht zu seinem Weltanschauungskrieg gegen die Sowjetunion missbraucht. Sein in Erinnerung an blutige Bürgerkriege und weltrevolutionäre Absichten der Sowjets im In- und Ausland auf viel Verständnis stoßender Aufruf zum „Kreuzzug gegen den Bolschewismus" blieb nicht ohne Wirkung auf die Soldaten.

Zweifellos gab es eine Reihe hochrangiger Generale, die manche Befehle Hitlers noch zusätzlich verschärften, aber die Truppe hatte im Kampf andere Sorgen. Der berüchtigte Befehl, Politkommissare nach ihrer Gefangennahme sofort zu erschießen, wurde nachgewiesenermaßen nur vereinzelt befolgt, überwiegend jedoch abgelehnt und von vielen Truppenführern gar nicht erst bekannt gegeben. Einige weitere, nur mündlich weiterzugebende Befehle, die von einigen Kriegstheoretikern als Freibriefe zum Verüben von Rache- und Gewalttaten ausgelegt werden, haben die Truppe gar nicht erreicht. [...]

8. Jeder anständige Soldat wird sich für eine gründliche und wahrhaftige Untersuchung der im Krieg verübten Verbrechen einsetzen, denn nur so lässt sich eindeutig klären, dass Millionen ehemaliger Soldaten nichts damit zu tun haben. Nicht minder sollten die höchsten militärischen und staatlichen Stellen im staatlichen Interesse auf einer abschließenden, jederzeit nachvollziehbaren Untersuchung der Geschehnisse bis hin zur Nennnung von Namen und zur Darlegung der Strafen bestehen. [...]

Selbst in einem Rechtsstaat hat der Verbrecher das Recht, dass ihm vor der Verurteilung die Tat nachgewiesen wird, andernfalls ist er freizusprechen. Solange dies den 19 Millionen ehemaligen deutschen Soldaten verwehrt wird, die befehlgetreu und opferbereit ihre Pflicht für das Vaterland getan haben, darf sich niemand wundern, wenn sich die noch Überlebenden gegen pauschale Diffamierungen zur Wehr setzen. [...]

Zit. nach: Ebenda, S. 55 ff.

Arbeitsvorschläge

a) Erarbeiten Sie aus den Texten die Urteile der Autoren über die Rolle der Wehrmacht im Zweiten Weltkrieg, ihre Funktion in der NS-Diktatur und die Verantwortung bzw. Schuld von Offizieren und Soldaten.

b) Nehmen Sie dazu Stellung, inwieweit man die Wehrmacht – wie die SS – als verbrecherische Organisation bezeichnen sollte. Begründen Sie Ihre Auffassung auch mithilfe der Quellen M 5 bis M 13 aus Kpt. 5.4.

Zeittafel: Außenpolitik und Zweiter Weltkrieg

1933	Das Deutsche Reich tritt aus dem Völkerbund aus.
1935	Das Saargebiet kommt nach einer Volksabstimmung von Frankreich zu Deutschland. Das Deutsche Reich führt die allgemeine Wehrpflicht wieder ein.
1936	7.3. Deutsche Truppen marschieren ins entmilitarisierte Rheinland ein. Truppen Italiens und Deutschlands unterstützen im spanischen Bürgerkrieg den Putsch gegen die gewählte „Volksfrontregierung". Die faschistischen Staaten Deutschland und Italien verbünden sich in der „Achse Berlin – Rom". Das expansive Japan schließt sich dem Bündnis an.
1938	12.3. Unter Protest von England und Frankreich, gegen den Widerstand der Regierung, aber mit Zustimmung der meisten Österreicher marschieren deutsche Truppen in Österreich ein. 29.9. Hitlers Kriegsdrohung gegenüber der Tschechoslowakei führt zur „Münchener Konferenz" (Deutschland, Italien, England, Frankreich). Vor allem England sucht durch Entgegenkommen einen Krieg zu vermeiden („Appeasement-Politik"): Das Sudetenland fällt dem „Großdeutschen Reich" zu.
1939	Die Reichsregierung bricht das „Münchener Abkommen", als deutsche Truppen im März auch die „Rest-Tschechei" besetzen. Das Deutsche Reich und die Sowjetunion schließen einen Nichtangriffspakt. In einem geheimen Zusatzabkommen teilen sie Polen untereinander auf. 1.9. Deutsche Truppen greifen Polen an, obwohl England im März eine Garantieerklärung für Polen abgegeben hatte. Sowjetische Truppen besetzen Ostpolen. Der Zweite Weltkrieg beginnt.
1940	Deutsche Truppen besetzen Dänemark und Norwegen, die Niederlande und Belgien und zwingen Frankreich zur Kapitulation. 11.6. Italien tritt aufseiten des Deutschen Reiches in den Krieg ein und versucht Eroberungen im Mittelmeerraum. Als die Versuche zu scheitern drohen, besetzen deutsche Truppen den Balkan, Griechenland und Nordafrika.
1941	22.6. Unter Bruch des Nichtangriffsvertrages fallen deutsche Truppen in die Sowjetunion ein. Stalin ruft den „Großen Vaterländischen Krieg" aus. Japan greift die amerikanische Flotte in Pearl Harbor an. Der Krieg wird zum Weltkrieg, da auch Italien und Deutschland den USA den Krieg erklären.
1943	Die Reste der deutschen 6. Armee kapitulieren in Stalingrad im Februar. Truppen der deutschen Kriegsgegner („Alliierte") landen im Juni in Sizilien.
1944	Die Invasion der Alliierten an der Westfront beginnt in der Normandie (6. Juni).
1945	Im Februar beschließen auf der Konferenz von Jalta die Regierungschefs der Alliierten, Roosevelt (USA), Churchill (Großbritannien) und Stalin (UdSSR), die Aufteilung Deutschlands in Besatzungszonen. 8.5. Mit der Kapitulation der Wehrmacht endet der Krieg in Europa. 6.8. Die USA vernichten durch eine Atombombe die japanische Stadt Hiroshima, wenige Tage später auch die Stadt Nagasaki. 2.9. Mit der Kapitulation Japans endet der Zweite Weltkrieg, in dem 55 Millionen Menschen starben.

5.5 Auschwitz als Zivilisationsbruch

Antisemitische Maßnahmen vor 1938

Reichspogromnacht

Antisemitismus

5

Bis Ende der 1930er-Jahre gehörte die organisierte Ermordung von Juden aus rassistischen Motiven nicht zum politischen Programm der Nationalsozialisten. Allerdings fanden schon in den ersten Monaten nach Hitlers Regierungsantritt antisemitische Ausschreitungen statt. Erster Höhepunkt war der „Judenboykott" am 1. April 1933, der sich gegen jüdische Geschäfte, Anwälte und Ärzte richtete. Er gab den Juden einen Vorgeschmack auf das, was noch kommen sollte. Mit dem „Gesetz zur Wiederherstellung des Berufsbeamtentums" (7. April 1933) und dem „Kulturkammergesetz" (22. September 1933) wurde Juden eine Beschäftigung im öffentlichen Dienst sowie in Presse, Funk, Film und Theater verboten. 1935 wurden an Ortseingängen und Geschäften Schilder mit der Aufschrift „Juden unerwünscht" aufgestellt. Am 15. September 1935 wurden die Nürnberger Gesetze verabschiedet, die u. a. Eheschließungen und außerehelichen Geschlechtsverkehr zwischen Juden und „Ariern" unter Strafe stellten. Juden wurde das Zeigen der Reichsflagge verboten, außerdem wurde ihnen die Staatsangehörigkeit aberkannt. 1938 wurden die Vermögenswerte der Juden erfasst; auch wurden die so genannten „jüdischen Vornamen" eingeführt: Männliche Juden mussten neben ihrem eigentlichen Vornamen auch den Namen Israel, weibliche Juden den Namen Sara führen. Nach einem Attentat auf ein Mitglied der deutschen Botschaft in Paris am 7. November 1938 organisierte vor allem die SA vom 9. auf den 10. November Pogrome, bei denen die meisten der noch in jüdischem Eigentum befindlichen Synagogen zerstört wurden. Auch jüdische Geschäfte wurden angegriffen und geplündert. Über 30 000 Juden wurden in Konzentrationslagern inhaftiert, 91 ermordet. Außerdem wurde den Juden für die an ihrem Eigentum verursachten Schäden zynischerweise ein Bußgeld von 1 Milliarde RM auferlegt. All diese Maßnahmen der staatsbürgerlichen Entrechtung, wirtschaftlichen Ruinierung und sozialen Isolierung in den Jahren 1933–1938 sollten die Auswanderung der deutschen (und österreichischen) Juden erzwingen. Doch die von der NSDAP forcierte Ausschaltung aus dem Erwerbsleben und die von der Ministerialbürokratie betriebene Abdrängung ins Ausland widersprachen sich: Viele verarmte Juden konnten die Auswanderungskosten nicht mehr aufbringen.

1 Vor dem Brand
Angehörige der SS zwingen Dr. Artur Flehinger, Mitglied der jüdischen Gemeinde, in der Synagoge von Baden-Baden, bevor sie angezündet wird, aus Hitlers „Mein Kampf" vorzulesen, (10. November 1938).

Planung des Holocaust

Seit Kriegsbeginn stellte sich für das NS-Regime zunehmend das Problem, dass durch die Besetzung großer Teile Europas Millionen europäischer Juden in ihren Herrschaftsbereich gerieten. Dies veranlasste vor allem den Leiter des Reichssicherheitshauptamtes (RSHA), Reinhard Heydrich, und den Leiter des dortigen „Judenreferates", Adolf Eichmann, zu immer neuen Planungen für eine „Lösung der Judenfrage". Drei Entwicklungsstufen lassen sich unterscheiden:

1. Ab September 1939 begingen die der Wehrmacht folgenden Einsatzgruppen der Sicherheitspolizei und des Sicherheitsdienstes (SD), z. T. auch der Ordnungspolizei in Polen, Massenmorde an Juden und Intellektuellen. Gleichzeitig wurden ca. 90 000 Juden in das Generalgouvernement deportiert und vorläufig in Lagern und Ghettos untergebracht.
2. Ab Sommer 1940 drängten die größer werdenden Unterbringungs-, Bewachungs- und Versorgungsprobleme in den polnischen Ghettos und Lagern auf eine wie auch immer geartete Lösung. Bürokraten in der Kanzlei des „Führers" und im RSHA sowie SS-Führer in Polen suchten nach Mordmöglichkeiten, die effektiver waren und das Tötungspersonal psychisch weniger belasteten als die blutigen Massenerschießungen. Dabei knüpften sie an Erfahrungen mit stationären Gaskammern und Gaswagen an, in denen seit April bei der sogenannten „Aktion T4" insgeheim 120 000 Geisteskranke und Behinderte mit Motorabgasen umgebracht wurden. (**Online Link** 430016-0501)

5

2 **Die NS-Konzentrationslager und die Herkunftsländer der ermordeten Juden**

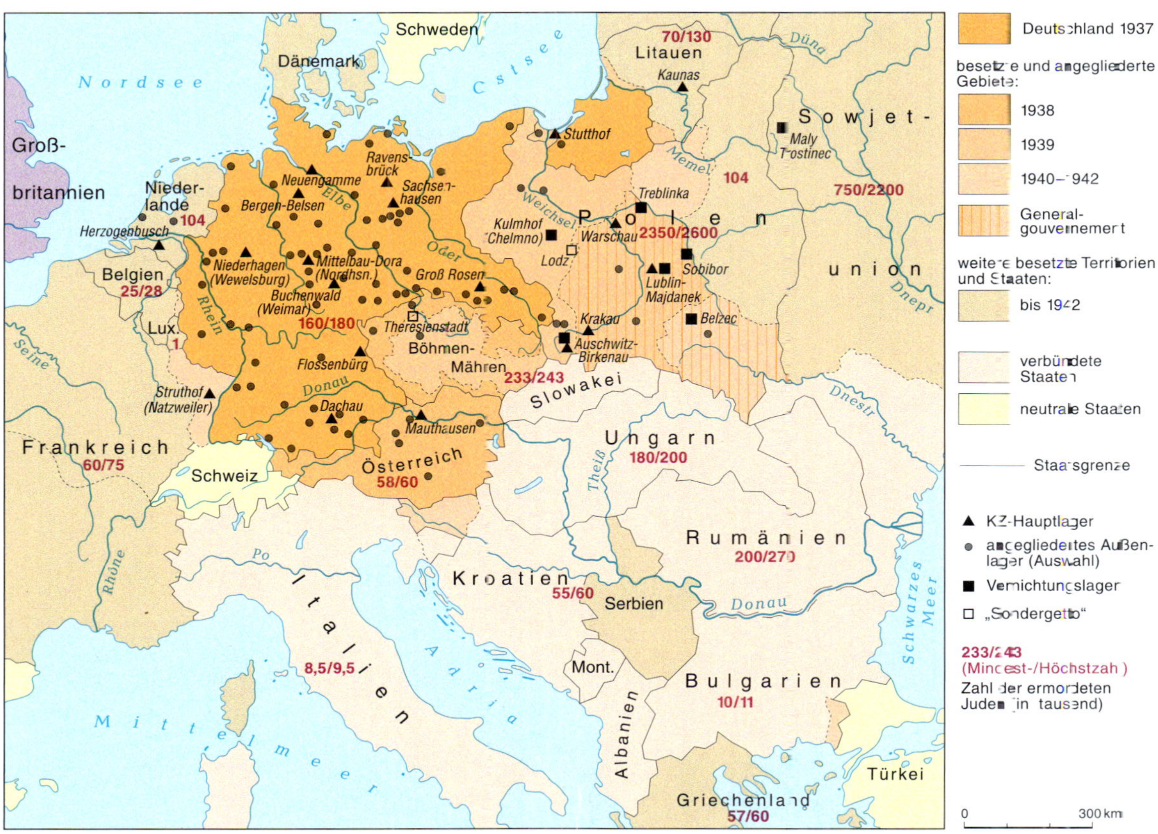

3. Im Frühjahr 1941 traten die Vorbereitungen für den Vernichtungskrieg gegen die Sowjetunion in ihr entscheidendes Stadium. Sofort nach Kriegsbeginn begann die Erschießung der sowjetischen Juden, der innerhalb von drei Jahren ca. eine Million Menschen zum Opfer fiel. Ende Juli erhielt Heydrich die Vollmacht zur Erarbeitung einer „Gesamtlösung der Judenfrage im deutschen Einflussgebiet in Europa". Ab November durften deutsche Juden nicht mehr ausreisen und mussten den Judenstern tragen, um leichter deportiert werden zu können; im Generalgouvernement begann der Bau der Vernichtungslager Belzec, Sobibor und Treblinka. Am 12. Dezember 1941 – nach dem Kriegseintritt der USA – wiederholte Hitler in einer Rede erneut seine „Prophezeiung", eine Ausweitung des Krieges zum Weltkrieg sei die Schuld der Juden und werde zu ihrer Vernichtung führen. Spätestens jetzt muss die Ermordung aller Juden im deutschen Herrschaftsbereich – sprachlich als „Endlösung" getarnt – in der NS-Führung beschlossene Sache gewesen sein, auch wenn ein schriftlicher „Führerbefehl" nicht existiert.

Wannsee-Konferenz

Im Januar 1942 stellte Heydrich auf der „Wannsee-Konferenz" die organisatorischen Weichen für die beschlossene „Endlösung"; ab März rollten die Deportationszüge. An der Organisation waren zahlreiche Behörden und Betriebe beteiligt: neben dem SS-Apparat als zentrale Planungs- und Durchführungsinstitution die Oberkommandos der Wehrmacht und des Heeres sowie einzelne Wehrmachtseinheiten (Hilfsdienste für die Einsatzgruppen), das Verkehrsministerium (Sonderzüge für die Deportationen), das Auswärtige Amt (Verhandlungen über die Ermordung der Juden aus verbündeten und Satellitenstaaten), das Justizministerium (antijüdische Gesetze, Überstellung jüdischer Gefängnisinsassen an die SS), das Propagandaministerium (antijüdische Berichterstattung, Verschleierung der „Endlösung"), die Kanzlei des „Führers" (technische Konstruktion von Gaswagen) und Industriebetriebe (Lieferung des Giftgases Zyklon B, der Gaskammern, Krematorien und von Barackenteilen).
Als Inbegriff des bürokratisch geplanten und quasi industriell durchgeführten Judenmordes, als Symbol für einen Rückfall hinter die Idee der universalen Menschenrechte und als Chiffre für einen in der Geschichte beispiellosen Zivilisationsbruch gilt Auschwitz. Ab Juni 1940 errichtet entwickelte es sich bis Ende 1943 zu drei Lagern: Neben Auschwitz I, das Stammlager mit 20 000 Zwangsarbeitern für nahe gelegene SS-eigene Betriebe, traten die eigentliche Todesfabrik Auschwitz II (Birkenau) und das Arbeitslager Auschwitz III (Monowitz). Birkenau

3 Schuhe von in der Gaskammer ermordeten Juden

wurde Ende 1941/Anfang 1942 errichtet, um für die Judendeportationen aus ganz Europa die Tötungskapazitäten zu schaffen; bis November 1944 wurden dort 1 bis 1,5 Millionen Menschen ermordet. Die Neuankömmlinge wurden aus dem ins Lager eingelaufenen Zug getrieben und noch an der Rampe „selektiert": Arbeitsunfähige Männer und Frauen sowie Kinder kamen sofort ins Gas, die übrigen wurden zur Zwangsarbeit eingesetzt, manche von SS-Ärzten wie Josef Mengele zu medizinischen Experimenten missbraucht. Jüdische Sonderkommandos, bewacht von SS-Leuten, mussten die Toten herausholen, ihnen die Goldzähne herausbrechen, den Frauen das Haar abschneiden – daraus entstanden u. a. Socken für U-Boot-Fahrer –, die Leichen verbrennen und die Gaskammern reinigen. Dafür erhielten sie kleine Vergünstigungen, bis auch sie nach einigen Monaten ausgetauscht und vergast wurden. Kleidung und Habseligkeiten der Toten wurden gesammelt und u. a. an Volksdeutsche in der Ukraine verteilt; Geld, Wertsachen und Zahngold erhielt die Reichsbank, bei der die SS wiederum Anleihen aufnehmen konnte.

Ist der Mord an Juden, Sinti, Roma und anderen erklärbar?

Die wirtschaftliche Nutzung der „Endlösung" stellte jedoch nur einen sekundären Aspekt dar. Primär lag der Ermordung von mehr als fünf Millionen europäischen Juden eine fanatische Rassenideologie zugrunde. Zu den Opfern dieser Ideologie zählten auch bis zu 500 000 Sinti und Roma sowie Angehörige slawischer Völker, vor allem Polen, Tschechen und Russen, die im System der Klassifikation alle als Untermenschen galten. Obwohl nicht zu den rassistisch definierten „Untermenschen" zählend, wurde die Gruppe der Homosexuellen ähnlich wie diese behandelt. Eine weitere Opfergruppe waren die sogenannten „Bibelforscher", Angehörige der Zeugen Jehovas, die wegen ihrer konsequenten Verweigerung des Kriegsdienstes in den KZs landeten. Als Folge des Krieges wurden aber auch Angehörige anderer europäischer Länder in die KZs deportiert. Dabei gab es eine eindeutige Hierarchie: Ganz unten standen die Südeuropäer, dann kamen die Westeuropäer, an der Spitze standen die als „Arier" angesehenen Nordeuropäer. Sie alle gehörten in der Regel, wie auch viele Deutsche, zu der großen Gruppe der politischen Häftlinge. Nicht vergessen werden darf, dass ab 1937 auch Kriminelle und Sittlichkeitsverbrecher, die ihre Strafe schon abgesessen hatten, vorbeugend in die KZs gebracht wurden. Das KZ-System war ein System absoluter Herrschaft. Die dort vorgenommene Klassifizierung, Instrumentalisierung und Verdinglichung von Menschen ist zwar beschreibbar, entzieht sich aber einer eindeutigen Erklärung. Denn der Mord an Millionen von Menschen macht keinen Sinn. Seine ganze Irrationalität zeigt sich auch daran, dass das Morden mit modernster Technik die Kriegsführung beträchtlich behinderte, indem es Personal und Transportkapazitäten band. Insofern bleiben der Holocaust der Juden und der hunderttausendfache Tod anderer Gruppen ein nur begrenzt erklärbares historisches Phänomen.

Verbreitete Gleichgültigkeit

Von einem „nationalen Projekt" kann nicht die Rede sein. Schon der Pogrom vom 9. November 1938 stieß bei den meisten Deutschen auf Unverständnis und Ablehnung. Allerdings nahm man die schrittweise Entrechtung und schließlich die Deportation der Juden überwiegend gleichgültig hin. Auch profitierten manche Deutsche von den „Arisierungen" jüdischer Geschäfte und Wohnungen. Seit 1941 wurden z. B. im Hamburger Hafen insgesamt 60 000 Tonnen Textilien und Mobiliar von Juden aus ganz Westeuropa wöchentlich billig verkauft oder versteigert – die mindestens 100 000 Käufer wussten, dass es sich um „Judengut" handelte. Dasselbe gilt für die Pelze, die den Juden im Osten vor ihrer Erschießung oder Deportation abgenommen und an Ausgebombte in deutschen Städten abgegeben wurden. Obwohl die Vernichtungslager bewusst im Osten eingerichtet wurden, um die „Endlösung" möglichst geheim zu halten, erhielten viele Deutsche Teilin-

5

4 Plakat zu einer Ausstellung des Fritz-Bauer-Instituts Frankfurt a. M. im Jahre 2002

formationen darüber, was mit den Juden geschah – z. B. von Wehrmachtssoldaten, die etwas gesehen oder gehört hatten und zu Hause einen Urlaub verbrachten. Nach Kriegsende war allerdings kaum jemand bereit, sein Wissen zuzugeben.

„Ganz gewöhnliche Männer"

Die Erforschung der Täter der „Endlösung" steckt noch in den Anfängen. Ihre Gesamtzahl wird auf 200 000 – 500 000 geschätzt. Der Kern des Tötungspersonals bestand aus den etwa 3 000 Mann der mobilen Einsatzgruppen der Sicherheitspolizei (Gestapo und Kripo) und des SD (Geheimdienst der SS) sowie den – freiwilligen – SS-Wachmannschaften in den Vernichtungslagern (bis zu 40 000, davon 7 000 in Auschwitz). Das Führerkorps bildeten mehrere hundert SS-Leute: Bürokraten im RSHA, Chefs der Einsatzgruppen und -kommandos, Befehlshaber der Sicherheitspolizei, regionale Gestapochefs. Sie waren zwischen 30 und 40 Jahren alt und gebildet: Drei Viertel besaßen das Abitur; unter den 78 Führern der Einsatzgruppen und -kommandos gab es 28 promovierte Akademiker, überwiegend Juristen. Die Masse der „Einsatzgruppen"-Angehörigen bildeten karrierebewusste Gestapo- und Kripobeamte bzw. Beamtenanwärter und SD-Leute. Es gibt keinen Beweis dafür, dass ein Polizist, Soldat oder SS-Mann wegen der Weigerung, an Tötungen mitzuwirken, hart bestraft oder selbst erschossen worden wäre – er erhielt eine andere Aufgabe oder wurde an die Front versetzt. Aber solche Fälle waren selten. Als das Hamburger Reserve-Polizeibataillon 101, bestehend aus knapp 500 eingezogenen Arbeitern und Angestellten, in Polen im Juli 1942 zur Judenerschießung eingesetzt werden sollte und der Kommandeur die aktive Teilnahme ausdrücklich freistellte, machten bis auf zwölf alle mit – nicht weil sie Antisemiten waren, sondern weil sie nach neun Jahren nationalsozialistischer Diktatur die fraglose Ausführung von Befehlen verinnerlicht hatten oder sich dem Gruppendruck der Kameraden nicht entziehen konnten. „Ganz gewöhnliche Männer" gewöhnten sich rasch ans Töten: Bis November 1943 erschoss das Bataillon 38 000 jüdische Männer, Frauen und Kinder und deportierte 45 000 nach Treblinka. Dieser Vorgang ist erschreckender als der fanatische, irrationale Vernichtungswille Hitlers gegenüber den Juden, denn er wirft die Frage auf, ob es sich hier nicht um ein universales, d. h. unter autoritären Bedingungen überall und jederzeit wiederholbares Phänomen handelt.

5 **Wenn ein neuer Weltkrieg kommt**

Reichstagsrede Hitlers vom 30. Januar 1939:

Die Völker werden in kurzer Zeit erkennen, dass das nationalsozialistische Deutschland keine Feindschaft mit anderen Völkern will, dass alle die Behauptungen über Angriffsabsichten unseres Volkes auf fremde Völker entweder aus krankhafter Hysterie geborene oder aus der persönlichen Selbsterhaltungssucht einzelner Politiker entstandene Lügen sind. [...] Ich will heute wieder ein Prophet sein: Wenn es dem internationalen Finanzjudentum inner- und außerhalb Europas gelingen sollte, die Völker noch einmal in einen Weltkrieg zu stürzen, dann würde das Ergebnis nicht die Bolschewierung der Erde und damit der Sieg des Judentums sein, sondern die Vernichtung der jüdischen Rasse in Europa.

Zit. nach: W. Michalka (Hrsg.): Das Dritte Reich, Bd. 1: „Volksgemeinschaft" und Großmachtpolitik 1933–1939. München 1985, S. 266 f.

6 **Die angebliche Schuld der Juden**

Hitler im Führerhauptquartier vor SS-Führer Heinrich Himmler und dem Leiter des RSHA, Reinhard Heydrich, 25. Oktober 1941:

Vor dem Reichstag habe ich dem Judentum prophezeit, der Jude werde aus Europa verschwinden, wenn der Krieg nicht vermieden bleibt. Diese Verbrecherrasse hat die zwei Millionen Toten des Weltkrieges auf dem Gewissen, jetzt wieder Hunderttausende. Sage mir keiner: Wir können sie doch nicht in den Morast schicken! [...] Es ist gut, wenn uns der Schrecken vorangeht, dass wir das Judentum ausrotten. Der Versuch, einen Judenstaat zu gründen, wird ein Fehlschlag sein.

Zit. nach: W. Jochmann (Hrsg.): Adolf Hitler. Monologe im Führerhauptquartier 1941–1944. München 1982, S. 106.

7 **Keine Sentimentalität**

Tagebucheintrag von Joseph Goebbels vom 27. März 1942:

Aus dem Generalgouvernement werden jetzt, bei Lublin beginnend, die Juden nach dem Osten abgeschoben. Es wird hier ein ziemlich barbarisches und nicht näher zu beschreibendes Verfahren angewandt, und von den Juden selbst bleibt nicht mehr viel übrig. Im Großen kann man wohl feststellen, dass 60 % davon liquidiert werden müssen, während nur noch 40 % in der Arbeit eingesetzt werden können. Der ehemalige Gauleiter von Wien, der diese Aktion durchführt, tut das mit ziemlicher Umsicht und auch mit einem Verfahren, das nicht allzu auffällig wirkt. An den Juden wird ein Strafgericht vollzogen, das zwar barbarisch ist, das sie aber vollauf verdient haben. Die Prophezeiung, die der Führer ihnen für die Herbeiführung eines neuen Weltkriegs mit auf den Weg gegeben hat, beginnt sich in der furchtbarsten Weise zu verwirklichen. Man darf in diesen Dingen keine Sentimentalität obwalten lassen.

Zit. nach: K. Pätzold (Hrsg.): Verfolgung, Vertreibung, Vernichtung. Dokumente des faschistischen Antisemitismus. o. O. 1991, S. 347 f.

8 **Das Massaker von Babyj Yar**

Nach dem Massaker: Ein Uniformierter wühlt in den Habseligkeiten der Ermordeten.

9 **„Exekutionen und sonstige Maßnahmen"**

Ereignismeldung UdSSR des Chefs der Sicherheitspolizei und des SD Nr. 106 vom 7. Oktober 1941:

Exekutionen und sonstige Maßnahmen

In Vereinbarung mit dem [Wehrmachts-]Stadtkommandanten [wurden] sämtliche Juden Kiews aufgefordert, sich am Montag, dem 29.9., bis 6.00 Uhr an einem bestimmten Platz einzufinden. Diese Aufrufe wurden durch die Angehörigen der aufgestellten ukrainischen Miliz in der ganzen Stadt angeschlagen. Gleichzeitig wurde mündlich bekannt gegeben, dass sämtliche Juden umgesiedelt würden. In Zusammenarbeit mit dem Gruppenstabe und 2 Kommandos des Polizei-Regiments Süd hat das Sonderkommando 4a [der Einsatzgruppe c] am 29. und 30.9. 33 771 Juden exekutiert. Geld, Wertsachen, Wäsche und Kleidungsstücke wurden sichergestellt und zum Teil der NSV [Nationalsozialistische Volkswohlfahrt] zur Ausrüstung der Volksdeutschen, zum Teil der kommissarischen Stadtverwaltung zur Überlassung an bedürftige Bevölkerung übergeben. Die Aktion selbst ist reibungslos verlaufen. Irgendwelche Zwischenfälle haben sich nicht ergeben.

Zit. nach: P. Longerich (Hrsg.): Die Ermordung der europäischen Juden. Eine umfassende Dokumentation des Holocaust 1941–1945. München/Zürich 1989, S. 121.

10 **Bericht einer Überlebenden**

Die Überlebende Dina M. Proniceva, 9. Februar 1967:

Als wir uns dem Sammelplatz näherten, erblickten wir die Umzingelung aus deutschen Soldaten und Offizieren. Mit diesen befanden sich auch Polizisten dort. Auf dem Friedhofsgelände nahmen die Deutschen uns und den anderen Bürgern das Gepäck und die Wertsachen ab und leiteten uns in Gruppen zu je 40–50 Menschen in einen so genannten „Korridor" von etwa drei Metern Breite, der von Deutschen gebildet wurde, die zu beiden Seiten mit Stöcken, Gummiknüppeln und Hunden dicht beieinander standen.

5

[...] Man führte uns zu einem Vorsprung über der Schlucht und begann, uns mit Maschinenpistolen zu erschießen. Die vorn Stehenden fielen in die Schlucht, und als die Reihe an mich kam, stürzte ich mich lebendig in die Schlucht. Es kam mir so vor, als ob ich in die Ewigkeit fliegen würde. Ich fiel auf menschliche Leichen, die sich dort in blutiger Masse befanden. Von diesen Opfern erklang Stöhnen, viele Menschen bewegten sich noch, sie waren nur verwundet. Hier gingen auch Deutsche und Polizisten umher, die die noch Lebenden erschossen oder totschlugen. Dieses Schicksal erwartete auch mich. Irgendeiner von den Polizisten oder Deutschen drehte mich mit dem Fuß um, sodass ich mit dem Gesicht nach oben lag, er trat mir auf die Hand und auf die Brust, danach gingen sie weiter und schossen irgendwo weiter hinten.

Danach begannen sie, die Leichen von oben mit Erde und Sand zuzuschütten. Ich bekam keine Luft mehr, befreite mich mit einer Hand von der Erde und kroch zum Rand der Schlucht. In der Nacht kroch ich aus der Schlucht heraus.

Zit. nach: Ebenda, S. 124 ff.

11 Der Plan zur Ermordung der europäischen Juden

Am 20. Januar 1942 trafen sich 15 Spitzenvertreter aus SS und Reichsregierung zur „Wannsee-Konferenz" (nach dem Tagungsort „Am Großen Wannsee 50/58"). SS-Obersturmbannführer Adolf Eichmann fertigte das Protokoll an:

II. Chef der Sicherheitspolizei und des SD, SS-Obergruppenführer Heydrich, teilte eingangs seine Bestallung zum Beauftragten für die Vorbereitung der Endlösung der europäischen Judenfrage durch den Reichsmarschall [Hermann Göring] mit und wies darauf hin, dass zu dieser Besprechung geladen wurde, um Klarheit in grundsätzlichen Fragen zu schaffen. Der Wunsch des Reichsmarschalls, ihm einen Entwurf über die organisatorischen, sachlichen und materiellen Belange im Hinblick auf die Endlösung der europäischen Judenfrage zu übersenden, erfordert die vorherige gemeinsame Behandlung aller an diesen Fragen unmittelbar beteiligten Zentralinstanzen im Hinblick auf die Parallelisierung der Linienführung.

Die Federführung bei der Bearbeitung der Endlösung der Judenfrage liege ohne Rücksicht auf geografische Grenzen zentral beim Reichsführer SS und Chef der Deutschen Polizei (Chef der Sicherheitspolizei und des SD) [Heinrich Himmler]. [...]

III. An Stelle der Auswanderung ist nunmehr als weitere Lösungsmöglichkeit nach entsprechender vorheriger Genehmigung durch den Führer die Evakuierung der Juden nach dem Osten getreten.

Diese Aktionen sind jedoch lediglich als Ausweichmöglichkeit anzusprechen, doch werden hier bereits jene praktischen Erfahrungen gesammelt, die im Hinblick auf die kommende Endlösung der Judenfrage von wichtiger Bedeutung sind. [...]

Unter entsprechender Leitung sollen im Zuge der Endlösung die Juden in geeigneter Weise im Osten zum Arbeitseinsatz kommen. In großen Arbeitskolonnen, unter Trennung der Geschlechter, werden die arbeitsfähigen Juden Straßen bauend in diese Gebiete geführt, wobei zweifellos ein Großteil durch natürliche Verminderung ausfallen wird. Der allfällig endlich verbleibende Restbestand wird, da es sich bei diesen zweifellos um den widerstandsfähigsten Teil handelt, entsprechend behandelt werden müssen, da dieser, eine natürliche Auslese darstellend, bei Freilassung als Keimzelle eines neuen jüdischen Aufbaues anzusprechen ist. (Siehe die Erfahrung der Geschichte.)

Zit. nach: L. Poliakow / J. Wulf: Das Dritte Reich und die Juden. Dokumente und Aufsätze. Berlin 1955, S. 119 ff.

12 Auf dem Weg zur Gaskammer

Aufzeichnungen des Kommandanten von Auschwitz, Rudolf Höß, 1947:

Es kamen nun im Frühjahr 1942 die ersten Judentransporte aus Oberschlesien, die alle zu vernichten waren. Sie wurden nach dem Bauerngehöft – Bunker I – von der Rampe über die Wiesen des späteren Bauabschnitts II geführt. Aumeier, Palitzsch und noch einige Blockführer führten sie und unterhielten sich mit ihnen möglichst harmlos, frugen nach Berufen und Kenntnissen, um so zu täuschen. Am Gehöft angekommen, mussten sie sich ausziehen. Sie gingen auch zuerst ganz ruhig in die Räume, wo sie desinfiziert werden sollten. Bis dann einige doch stutzig wurden und von Ersticken, von Vernichten sprachen. Es entstand dann sofort eine Art Panik. Doch schnell wurden die noch draußen Stehenden in die Kammern hineingetrieben und [die Türen] zugeschraubt. Bei den nächsten Transporten wurde von vornherein nach den unruhigen Geistern gefahndet und diese nicht aus den Augen gelassen. Machte sich Unruhe bemerkbar, so wurden die Unruheverbreiter unauffällig hinter das Haus geführt und dort mit dem Kleinkalibergewehr getötet, das war von den anderen nicht zu vernehmen. Auch das Vorhandensein des Sonderkommandos und dessen beruhigendes Verhalten besänftigte die Unruhigen, die Ahnenden. Weiterhin wirkte beruhigend, dass einige vom Sonderkommando mit in die Räume hineingingen und bis zum letzten Moment darinblieben, ebenso blieb bis zuletzt ein SS-Mann unter der Türe stehen. Wichtig war vor allen Dingen, dass bei dem ganzen Vorgang des Ankommens und Entkleidens möglichst größte Ruhe herrschte. Nur kein Geschrei, kein Gehetze. Wenn sich einige nicht ausziehen wollten, mussten schon Ausgezogene helfen oder die vom Sonderkommando. Mit gutem Zureden wurden auch Widerspenstige besänftigt und ausgezogen. Die Häftlinge des Sonderkommandos sorgten auch dafür, dass der Vorgang des Entkleidens schnell vor sich ging, damit den Opfern nicht lange Zeit zu Überlegungen blieb. Überhaupt war die eifrige Mithilfe der Sonderkommandos bei dem Entkleiden und dem Hineinführen in die Gaskammern doch eigenartig. Nie habe ich erlebt, habe auch nie davon gehört, dass sie den zu Vergasenden auch nur das Geringste von dem ihnen Bevorstehenden sagten. Im Gegenteil, sie versuchten alles, um sie zu täuschen, vor allem die Ahnenden zu beruhigen.

Zit. nach: R. Hilberg: Die Vernichtung der europäischen Juden, Bd. 3. Frankfurt/M. 1993, S. 1300.

13 **„Nicht mehr einsatzfähige Frauen und Kinder"**
Der Fotograf war vermutlich ein SS-Unterscharführer im Erkennungsdienst von Auschwitz. Das Foto stammt aus einem durch Zufall überlieferten Fotoalbum mit einer Reihe von Fotos zur „Selektion" – überschrieben mit dem Zitat oben.

14 **Was konnte ein normaler Deutscher vom Holocaust wissen?**

Der Techniker Karl Dürkefelden (1902–1964) aus Hämelerwald (bei Peine) informierte sich aus Zeitung, Rundfunk und Gesprächen mit Verwandten und Kollegen. Zwischen 1933 und 1945 notierte er seine Beobachtungen:

Für den 30. August 1942 hatte sich die [hannoversche] Gartengemeinschaft, der meine Schwiegereltern angehören, verpflichtet, Verwundete einzuladen und Kuchen und dergleichen zu verabreichen. Bei dieser Gelegenheit sagte der Verwundete, der bei meiner Schwiegermutter war: „Wir haben in Russland zehntausende Juden umgelegt." […] An allen Stellen, wo Deutsche hinkamen, ist mit den Juden grausam umgegangen [worden]. So hörte ich, dass bei dem Einrücken der deutschen Soldaten in Weißrussland Tausende von Juden zusammengeschossen wurden. Auch bei dem Vormarsch 1942 in Südrussland wurde weiter gewütet. [Schwager] Walter [Kaßler] schickte uns Ende Oktober ein Paket mit acht Eiern aus der Ukraine. In dem Paket lagen auch einige Zeitungen in hebräischer Schrift. „Können Sie Hebräisch?", fragte ich spaßeshalber einen Maurerpolier, eine solche Zeitung im Büro in der Hand haltend. „Die armen Juden", antwortete dieser, „mein Schwager war aus dem Kaukasus im Urlaub. Sämtliche Juden wurden dort niedergemacht, ganz gleich, ob schwangere Frauen oder Kinder oder Säuglinge." […]

Als ich am 26. Juli 1942 in Bornhausen war, konnte die alte Tante Rollwage nicht darüber zur Ruhe kommen, dass man in einem Nachbarorte eine 81- oder 83-jährige Jüdin fortgeholt hatte. Die Jüdin war arisch verheiratet. Sie flehte den Landjäger an, sie könne doch wirklich niemandem mehr etwas zuleide tun. Der Gendarm gehorchte jedoch dem Befehl.

Zit. nach: S. und H. Obenaus (Hrsg.): Schreiben, wie es wirklich war! Aufzeichnungen Karl Dürkefeldens aus den Jahren 1933–1945. Hannover 1985, S. 107–126.

15 **Eine Familie aus Offenburg**
Sylvia Cohn mit ihren Töchtern Myriam (geb. 1929) Esther (geb. 1926) und Eva (geb. 1931, v. l.). Das Foto entstand 1940 in München für den Vater in England.

16 **Eduard Cohn – der Vater**

Im November 1938 wurden alle männlichen Offenburger Juden über 18 Jahre nach Dachau deportiert, unter ihnen Eduard Cohn. 1981 erinnert sich Eva Mendelsson, geb. Cohn:

Um sieben Uhr klopfte man an die Tür und zwei SS-Männer jagten meinen Vater aus dem Bett und nahmen ihn mit. Das war der Anfang von dem Zerreißen der Familie Cohn. Hilflos stand mein Mütterchen da, wusste nicht, was tun. Vater war sechs Wochen in Dachau. Er wurde entlassen, als er sein Versprechen gab, dass er innerhalb sechs Wochen Deutschland verließ. Warum sollte er gehen? Was war sein Verbrechen? Deutschland war seine Heimat. Wir liebten den Schwarzwald. Das einzige Verbrechen war, dass wir Juden sind.

Zit. nach: M. Ruch (Hrsg.): Familie Cohn. Tagebücher, Briefe, Gedichte einer jüdischen Familie aus Offenburg. Offenburg 1992, S. 78.

17 Der Vater – Exil in London

Ende Mai 1939 emigrierte Eduard Cohn nach England. Am 21.1.1940 schrieb er an das „Comitee voor Joedsche Vluchtlinge" in Amsterdam:

Sehr geehrte Herren! Ich wäre Ihnen sehr dankbar, wenn Sie mir behilflich sein könnten, meine Familie, bestehend aus meiner Frau und drei Kindern im Alter von 9, 11 und 13 Jahren, die sich noch in Deutschland befindet, zu einem vorübergehenden Aufenthalt in Holland zu verhelfen. Seit Ende Mai 1939 befinde ich mich im Kitchener Camp. Meine Bemühungen, meine Familie nach hier zu bringen, schienen erfolgreich zu sein, da brach der Krieg aus und das in Aussicht gestellte Permit für England konnte nicht realisiert werden. Inzwischen bin ich englischer Soldat geworden. [...] Es erübrigt sich wohl, darauf hinzuweisen, wie dringend notwendig es ist, meiner Familie Hilfe angedeihen zu lassen, die in diesem Fall keine finanzielle ist. Ich bin herzlich froh, als Soldat nun meinerseits meinen Teil am Kriege beitragen zu können, aber eine Seelenlast wäre von meinen Schultern genommen, wenn ich meine Familie aus den Händen der Nazis retten könnte.

Zit. nach: Ebenda, S. 91 f.

18 Esther Cohn – ein Tagebuch

Im Oktober 1939 kam die 13-jährige Esther Cohn in ein Kinderheim nach München. Ein normaler Schulbesuch wäre für Esther, die seit einer Kinderlähmung an einem Arm und Bein gelähmt war, zu strapaziös gewesen. Am 3.11.1940 schrieb sie in ihr Tagebuch:

Oh, Furchtbares ist in der Zwischenzeit geschehen. Alle Juden aus Baden sind fortgekommen und zwar am 22. Oktober. Es ist ganz schrecklich, einfach unglaublich. Es ist jetzt schon fast 14 Tage und ich habe immer noch keine Adresse. Ich kann dies Leben jetzt bald nimmer aushalten! Viele Leute schrieben mir, aber was hilft's denn? Wann werde ich meine süße Mutsch und meine Geschwister wiedersehen? Werde ich es überhaupt nochmals?

Oh, lieber Gott, gib doch, dass wir bald wieder zusammenkommen, oder falls es nicht sein soll, dann mache doch meinem armen Leben ein Ende. Was habe ich denn davon, wenn ich niemanden mehr habe? Oh, dass ich doch nie geboren wäre, um solches Elend zu erleben! Mein armer süßer Vati ist auch nicht da, hoffentlich bekomme ich bald ein Lebenszeichen von ihm und meinen Lieben, die wahrscheinlich in Südfrankreich jetzt weilen müssen.

[1942 lösten die Nationalsozialisten das jüdische Kinderheim auf und deportierten Kinder und Leiterin. Esther kam in das Konzentrationslager Theresienstadt; am 16. Oktober 1944 wurde sie nach Auschwitz gebracht. Dort verliert sich ihre Spur.]

Zit. nach: Ebenda, S. 135 f.

19 Das Motto von Esthers Tagebuch

Zum Chanukka-Fest im Dezember 1939 bekam Esther von ihrer Mutter das ersehnte Tagebuch geschenkt.

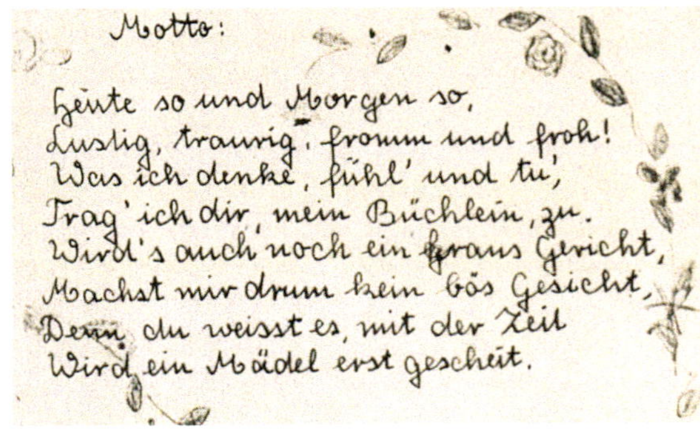

Motto:

Heute so und Morgen so,
Lustig, traurig, fromm und froh!
Was ich denke, fühl' und tu',
Trag' ich dir, mein Büchlein, zu.
Wird's auch noch ein krauses Gericht,
Machst mir drum kein bös Gesicht,
Denn du weisst es, mit der Zeit
Wird ein Mädel erst gescheit.

20 Sylvia Cohn – die Mutter

Ein Jahr nach ihrer Deportation in das französische Lager Gurs erinnerte sich Sylvia Cohn an die Ereignisse. Noch in Haft, verfasste sie am 20.12.1941 ein Gedicht (Auszug):

Man bracht uns in ein Lager, der Freiheit ganz beraubt,
Wir wurden krank und mager, die Zange ward geschraubt!
Man band den Gürtel enger – und betete zu Gott –
Die Zeit wird lang und länger – und immer steigt die Not!
Wir waren voller Hoffen auf Frankreichs Menschlichkeit –
Wir wurden tief getroffen auch hier von Hass und Leid.

Zit. nach: Ebenda, S. 195.

21 Mutter und Töchter – der Abschied

1983 beschrieb Eva Mendelsson, geb. Cohn, rückblickend die letzte Begegnung mit ihrer Mutter am 13.9.1942:

Wir (Myriam und ich) waren bereits ein Jahr im Kinderheim Chateau de Masgelier Grand-Bourg-Creuse, als man uns abgeholt hat zurück in das Lager Camp des Rivesaltes. Diesmal sollten wir mit unserer Mutter, die schon zwei Jahre im Camp war, deportiert nach Auschwitz werden mit dem nächsten Transport. Dies war das letzte Mal, dass ich meine Mutter sah. Wir waren zusammen mit ihr für eine Woche und dann hatte sie für meine Begriffe das allergrößte, was eine Mutter machen kann, getan. Man hat ihr versprochen, dass man alles tun würde für uns Kinder, um aus dem Lager zu kommen und schwarz über die Grenze nach der Schweiz. Ich war elf Jahre alt, Myriam 13. Der Blick, als meine Mutter getrennt wurde von uns und hinter einem abgetrennten Stacheldraht, das kann ich nicht schildern.

Zit. nach: Ebenda, S. 200.

22 Eva und Myriam – Unterschlupf in der Schweiz

Die Schwestern Eva und Myriam Cohn kamen in einem Schweizer Kinderheim in Ascona (Tessin) unter. Der folgende Brief stammt aus dem Sommer 1943:

Lieber Vati! Guter alter! [...] Nun hab ich dir eigentlich nicht mehr viel Wichtiges mitzuteilen, nur dass ich heute und überhaupt sehr viel an dich denke. Auch an Mutti und Estherle.

Wie in einem Film flogen heute alle Bilder der Einnerung in meinem Kopf vorbei. Einmal sah ich dich ganz gemütlich im Ledersessel sitzen, eine Zigarette im Mund und die Zeitung lesend. Ein andermal gehe ich mit Esther auf die Post, um Antwortscheine zu holen usw. Und als ich wieder mit klarem Menschenverstand um mich schaute, da war ja auch schon alles wieder vorbei. […]

Es gefällt mir ganz gut. Wir müssen aber sehr viel arbeiten. Im Haushalt helfen, putzen, waschen, nähen, Strümpfe stopfen usw. Meine Arbeit ist augenblicklich (das heißt eine Woche lang), jeden Morgen 134 Betten zu machen und fünf Zimmer in Ordnung zu halten. Außerdem noch die ganz Kleinen besorgen. Dieses macht mir Spaß, und ich mach's mit Vorliebe. Nachmittag haben wir Unterricht. Französisch, Deutsch, Rechnen, Geometrie (und jetzt fangen wir mit Algebra an), Geschichte vom Mittelalter an. Und in Geografie halten wir eine Übersicht Europas. […]

Sei innig geküsst von deiner Myriam.

Zit. nach: Ebenda, S. 209 f.

Arbeitsvorschläge

a) Erläutern Sie das Vorgehen der SS in Baden-Baden (M 1). Erkundigen Sie sich nach entsprechenden Vorgängen vom 9. und 10. November 1938 innerhalb Ihrer Stadt bzw. Gemeinde.

b) Untersuchen Sie M 5 bis M 7 unter den folgenden Gesichtspunkten: Vergleichen Sie erstens Aussagen über den Zusammenhang zwischen Krieg und Judentum, zweitens die Formulierungen, die das Schicksal der europäischen Juden im Kriegsfall beschreiben. Berücksichtigen Sie den jeweiligen Adressaten und das Datum.

c) Der britische Publizist David Irving vertritt die These, Hitler habe von der Vernichtung der Juden nichts gewusst. Nehmen Sie dazu Stellung.

d) Schildern Sie den Ablauf des Massakers von Babyj Yar. Nennen Sie die Tätergruppen und ihren Beteiligungsgrad. Nehmen Sie Stellung zum Verbleib der Habseligkeiten der Opfer (M 8–M 10).

e) Eichmann entkam 1946 aus US-Gefangenschaft nach Argentinien. Nach seiner Enttarnung und Entführung durch den israelischen Geheimdienst wurde er 1961 in Jerusalem vor Gericht gestellt, zum Tode verurteilt und hingerichtet. Während des Prozesses sagte Eichmann aus, auf der Wannsee-Konferenz sei offen „von Töten und Eliminieren und Vernichten gesprochen" worden.
Finden Sie zunächst heraus, welche Formulierungen im Text durch die von Eichmann genannten ersetzt werden müssten (M 11). Erklären Sie dann, warum im Protokoll andere als die von den Konferenzteilnehmern gebrauchten Formulierungen stehen.

f) Entscheiden Sie selbst, in welcher Form Sie sich mit der Schilderung von Höß (M 12) bzw. den Bildern M 3 und M 13 auseinandersetzen wollen.

g) Arbeiten Sie heraus, von welchen Verbrechen Dürkefelden erfuhr und aus welchen Quellen er die Informationen erhielt (M 14).

h) Nehmen Sie Stellung zu der von der Generation des Zweiten Weltkrieges immer wieder geäußerten Behauptung: „Was mit den Juden geschah, davon haben wir ja gar nichts gewusst." (M 14) Ziehen Sie dazu auch M 4 heran.

i) Machen Sie sich arbeitsteilig in Kleingruppen mit der Geschichte der einzelnen Familienmitglieder von Familie Cohn aus Offenburg bekannt (M 15–M 22).

j) Setzen Sie im Plenum Ihre Erkenntnisse zu einer Biografie der Familie Cohn zusammen. Zeigen Sie auf einer Europakarte die Stationen der Eltern und der Töchter auf.

k) Tragen Sie zusammen, welchen Bedrohungen die Familie jeweils ausgesetzt war. Zeigen Sie, wie die einzelnen Familienmitglieder ihre jeweilige Situation bewältigten (M 15–M 22).

l) Erörtern Sie anhand Ihrer bisherigen Kenntnisse, inwieweit das Schicksal von Familie Cohn repräsentativ war für das Schicksal der europäischen Juden. Bringen Sie Beispiele für Ihre Einschätzung.

1 Einzugsgebiet der Vernichtungsstätte Hadamar im Rahmen der Euthanasie-Aktion T 4

Seit 1983 erinnert eine Gedenkstätte in den Räumen des Psychiatrischen Krankenhauses Hadamar an die dort geschehenen Morde an Kranken und Behinderten. Im Oktober 1939 hatte die Reichskanzlei den Befehl zur Tötung „unwerten" Lebens gegeben. Was folgte, war ein beispielloser Massenmord an Menschen mit Erbkrankheiten, Missbildungen oder anderen geistigen und körperlichen Behinderungen – die „Aktion T4", benannt nach der eigens gegründeten Organisationszentrale in der Berliner Tiergartenstraße 4. Die Verantwortlichen verschleierten die Morde mit dem Begriff „Euthanasie", übersetzt Gnadentod.

An sechs Orten im damaligen Deutschen Reich wurden zu diesem Zweck Gaskammern installiert: in Bernburg a.d. Saale, Brandenburg, im württembergischen Grafeneck, in Hartheim bei Linz, Sonnenstein bei Pirna und zuletzt in Hadamar in der Nähe von Limburg.

Die Euthanasiemorde wurden akribisch geplant. Auf Meldebögen wurden die Opfer erfasst und aus ihren Pflegeheimen in Vernichtungsanstalten wie Hadamar gebracht, wo sie der Tod in der Gaskammer erwartete. Obwohl sich die Verantwortlichen um Geheimhaltung bemühten, wurden Angehörige misstrauisch und machten Gerüchte über das wahre Schicksal der Betroffenen die Runde. Nach einzelnen Protesten verfügte die Reichskanzlei im August 1941 einen „Euthanasie"-Stopp, im Geheimen wurde aber in zahlreichen psychiatrischen Krankenhäusern weitergemordet.

Über 10 000 Menschen verloren zwischen Januar und August 1941 in Hadamar ihr Leben. Ab 1942 wurden dann Kranke und Behinderte in Heil- und Pflegeanstalten konsequent unterernährt und mit Überdosen von Schlaf- und Beruhigungsmitteln vergiftet. Dieser Fortsetzung des „Euthanasie"-Programms fielen in Hadamar noch einmal fast 5 000 Menschen zum Opfer.

Die Organisatoren der Gedenkstätte Hadamar standen vielen Fragen gegenüber: Wie kann man überhaupt eines so schrecklichen Verbrechens angemessen gedenken? An wen oder was soll im Einzelnen erinnert werden? In welcher Form wird man den Opfern am ehesten gerecht?
Die Gedenkstätte verstand sich von Anfang an sowohl als Gedenkstätte als auch als Lernort der Geschichte. Den Kernbereich stellt eine umfassende Dokumentation in den Kellerräumen des Psychiatrischen Krankenhauses Hadamar, in unmittelbarer Nähe zur ehemaligen Gaskammer, dar. Eine Dauerausstellung dokumentiert die Geschichte der „Euthanasie"-Anstalt Hadamar, Opferschicksale und Täterbiographien und die Nachkriegszeit.

Die unmittelbare Nachbarschaft von Gedenkstätte und Psychiatrischem Krankenhaus heben die historischen Informationen über die Verbrechen an psychisch Kranken und an Behinderten aus ihrer rein theoretischen Dimension heraus. Ein besonderes Anliegen der pädagogischen Betreuung ist es dabei, bereits bei Vorurteilen gegen Kranke und Behinderte anzusetzen. Dabei wächst die Bedeutung der Gedenkstätte als Ort der historisch-politischen Bildung mit der Zunahme der zeitlichen Distanz zum Nationalsozialismus.

Geschichte erinnern: Gedenkstätte eines NS-Verbrechens – Hadamar

2 Die Tötungsanstalt Hadamar
Heimlich gemachte Aufnahme des rauchenden Schornsteins des Krematoriums der Tötungsanstalt Hadamar (1941)

3 Geschult zum Gehorsam?

a) Der in der Anstalt tätig gewesene Pfleger Paul R. zu seiner Rechtfertigung vor dem Frankfurter Landgericht 1947:

Dann habe ich mir wieder gesagt: Der Arzt, der die Anordnungen gibt als Vorgesetzter, der trägt die Verantwortung. Denn es wird wohl jedem von den Pflegern und Pflegerinnen bekannt sein, dass es bei den Schulungen immer geheißen hat: Den Anordnungen des Arztes ist unbedingt Folge zu leisten als Vorgesetzter. Weigerte sich ein Pfleger oder führt er irrtümlicherweise etwas Falsches aus, so wird der betreffende Pfleger als unbrauchbar bezeichnet. Das waren so ungefähr die Redensarten der Ärzte bei den Schulungen. Und der Arzt als Vorgesetzter, dem musste man doch eben Folge leisten. Es wurde uns auch immer befohlen und es wurde immer gesagt, dass derjenige, der befiehlt, dass der auch die Verantwortung trägt.

Für richtig gehalten, das man Geisteskranke in dem Zustand nicht mehr weiter ernährt? Ja, Gedanken habe ich mir schon gemacht. Aber die Patienten, die man hatte, die waren körperlich so schlecht, dass sie manchmal überhaupt nicht mehr stehen konnten, dass sie zum großen Teil verhungert sind. Und da war es doch eine Wohltat von seiner Auffassung aus, dass solche Leute möglichst schnell starben.

b) Der Hadamarer Tötungsarzt Dr. Adolf Wahlmann rechtfertigt sich vor dem Frankfurter Landgericht 1947:

Was ich mir dabei [der Beteiligung an der „Euthanasie"] gedacht habe? Zweifellos eines: Ich hatte kein Bewusstsein darüber, dass ich überhaupt eine strafbare Handlung begehe, denn ich habe mir gesagt, wenn das eine Handlung ist, die gegen das Gesetz ist, dann müsste doch der Staatsanwalt von Limburg mindestens mal herkommen und sich die Sache ansehen, aber die Staatsanwälte haben das ruhig angesehen, dass wir unsere Tätigkeit dauernd ausübten. Die Staatsanwälte habe ich dann damit entschuldigt: Es war ja ein Gesetz. […] Und wenn in der Anklage nun drinsteht, dass ich das hätte wissen müssen, dass das Gesetz nie veröffentlicht wurde, da habe ich gesagt, das ist für den Laien reichlich viel verlangt. Wenn mir ein Oberpräsident sagt: das Gesetz existiert, dann habe ich das meiner Ansicht nach zu glauben und weiter gar nichts.

Zit. nach: R. Gabriel u. a.: Inform.- und Arbeitsmaterialien f. d. Unterricht zum Thema „Euthanasie"-Verbrechen im Nationalsozialismus. Kassel 1992, S. 70f.

Arbeitsvorschläge

a) Geben Sie die Begründungen der Täter wieder, die sie zur Rechtfertigung ihrer Handlungsweise geben (M 3a und M 3b).

b) Die „Vernichtung lebensunwerten Lebens" wurde bereits während der Weimarer Republik diskutiert. Recherchieren Sie über die Argumentation und die Verbreitung dieser Diskussion.

c) Informieren Sie sich über weitere Gedenkstätten in Ihrer Nähe und untersuchen Sie jeweils das zu Grunde gelegte Gedenkkonzept (**Online Link** 430016-0501).

5

Zeittafel: Entrechtung, Verfolgung, Mord

1933	1.4. Es kommt zur Boykott-Aktion gegen jüdische Geschäfte. Damit beginnt die Verdrängung der Juden aus dem Wirtschafts- und Berufsleben. Juden dürfen auch nicht mehr Beamte sein („Arierparagraph"). Per Gesetz werden auch die jüdischen Bürger aus dem öffentlichen und kulturellen Leben ausgeschlossen.
1935	Die „Nürnberger Gesetze" erklären Juden zu Staatsbürgern minderen Rechts. Sie verlieren das aktive und passive Wahlrecht. Durch das „Gesetz zum Schutz des deutschen Blutes und der deutschen Ehre" wird die Ehe und der außereheliche Verkehr zwischen Juden und Deutschen untersagt.
1938	9./10.11. Während der „Reichskristallnacht", so der beschönigende Begriff der Nationalsozialisten, kommt es zu Pogromen gegen die jüdische Bevölkerung. 91 jüdische Bürger werden ermordet, über 7000 jüdische Geschäfte verwüstet. Die Juden müssen für die entstandenen Schäden 1 Milliarde Reichsmark zahlen. Alles jüdische Eigentum wird beschlagnahmt, was den endgültigen Ausschluss aus dem Wirtschaftsleben bedeutet. Die Bewegungsfreiheit wird eingeschränkt (Ausgehverbote, Einzug der Führerscheine). Etwa 30000 Juden werden verhaftet.
1939	Schon unmittelbar nach Kriegsbeginn kommt es zu ersten Erschießungen polnischer Juden durch Einsatzgruppen der Sicherheitspolizei und des Sicherheitsdienstes. Im Oktober finden bereits Deportationen von Juden im neu errichteten Generalgouvernement Polen statt. Noch im selben Monat wird durch die so genannte Euthanasie-Verordnung die Ermordung von 120000 geistig behinderten Menschen eingeleitet.
1941	Mit dem schnellen Vordringen der deutschen Truppen in die Sowjetunion befinden sich schließlich Millionen osteuropäischer Juden im deutschen Herrschaftsbereich. Wiederum beginnen Sonderkommandos auf dem eroberten Gebiet schon bald mit Erschießungen. Juden müssen an ihrer Kleidung den gelben Judenstern tragen, die Auswanderung wird ihnen untersagt.
1942	Auf der „Wannsee-Konferenz" werden im Januar die Weichenstellungen für die „Endlösung" getroffen. In Ausschwitz wird noch im selben Monat mit der Ermordung der Juden in Gaskammern begonnen. Die als arbeitsfähig eingestuften Juden werden als Arbeitskräfte eingesetzt. Mit der Ausdehnung der Endlösung auf alle Gebiete Europas, die unter deutscher Herrschaft stehen, werden Juden von überallher hauptsächlich in die Vernichtungslager deportiert. Nur einige Länder wie Italien, Rumänien und Ungarn (bis 1944) leisten gegen die Deportationen Widerstand. Bis zum Kriegsende werden in Konzentrationslagern über 5 Millionen Juden ermordet. Zu den Opfern zählen auch 500000 Sinti und Roma; ferner politische Gegner, Kriminelle und Menschen, die von Nationalsozialisten als „asozial" eingestuft werden.
April/Mai 1943	Im Warschauer Ghetto kommt es zum Aufstand. Die 60000 Aufständischen können sich einen Monat lang behaupten; von ihnen überleben nur wenige.
1944/45	Vor dem Eintreffen alliierter Armeen werden viele Konzentrationslager zerstört (Auschwitz im Okt./Nov. 1944). Die noch Überlebenden werden verlegt (Todesmärsche).

5.6 Der Widerstand gegen die NS-Diktatur

Akzeptanz der Bevölkerung

In den Jahren nach 1933 ließen sich die meisten Deutschen von den äußerlichen Erfolgen des NS-Regimes blenden und waren mit Hitlers Herrschaft durchaus zufrieden; nur wenige lehnten den Nationalsozialismus ab und brachten dies in unterschiedlichen Formen von Widerstand auch aktiv zum Ausdruck.

KPD

Die deutschen Kommunisten leisteten am entschiedensten und exponiertesten Widerstand. Als politischer Hauptfeind und infolge der „Reichstagsbrandverordnung" ohnehin schon massiv verfolgt, bewirkte die KPD zwischen 1933 und 1935 durch ihre riskanten Aktionen wie überraschende Kurzdemonstrationen, Verteilung von Flugblättern, Anbringung politischer Parolen an Gebäuden, Hissen roter Fahnen auf Fabrikschornsteinen nur, dass ihre aktivsten Mitglieder zu Tausenden verhaftet und ins KZ gesperrt wurden. Zwar änderte die KPD auf Direktive Moskaus im August 1935 ihre Widerstandstaktik. Doch die angestrebte „antifaschistische Volksfront" scheiterte am Misstrauen der Sozialdemokraten, von der KPD bislang als „sozialfaschistischer" Hauptgegner betrachtet, sowie an den bürgerlichen Oppositionellen, die vom Kommunismus nichts hielten – und rein praktisch am immer perfekter arbeitenden Polizeiapparat. Von 1939 bis 1941 wurde der KPD-Widerstand durch den Hitler-Stalin-Pakt gelähmt, der das Weltbild vieler Kommunisten ins Wanken brachte. Während des Krieges bemühten sich kleine Widerstandsgruppen um Rückhalt bei den Industriearbeitern und unternahmen gelegentlich Sabotageakte in der Rüstungsindustrie.

SPD

Die Gewerkschaften und die SPD hatten 1933 zunächst noch versucht, sich mit der Regierung Hitler zu arrangieren: Die Gewerkschaften trennten sich offiziell von der SPD und riefen ihre Mitglieder zur Teilnahme an den staatlichen Maifeiern auf; die sozialdemokratische Reichstagsfraktion stimmte Hitlers „Friedensrede" vom 17. Mai zu. Freilich ohne Erfolg: Am 2. Mai wurden die Gewerkschaften zerschlagen, am 22. Juni die SPD verboten. Die Funktionäre beider Organisationen landeten für Monate oder Jahre im KZ. Auch traten 1933 schon vor dem Parteiverbot viele dem „neuen Mittelstand" (Angestellte und Beamte) zuzurechnende Mitglieder aus, weil sie um ihre berufliche Zukunft fürchteten. Danach beschränkte sich der sozialdemokratische Widerstand im Wesentlichen darauf, dass man im Wohnviertel und im Betrieb untereinander Kontakt hielt und den Familien Verhafteter psychologischen und materiellen Beistand leistete. Propaganda gegen das NS-Regime betrieb der Exil-Vorstand der SPD von Prag, später von Paris aus. Einige besonders aktive Sozialdemokraten der jüngeren Generation wie etwa Julius Leber oder Wilhelm Leuschner schließlich bezahlten ihre Beteiligung am konservativ-militärischen Widerstand um den 20. Juli 1944 mit dem Leben.

Die Kirchen

Als weitgehend hilflos gegenüber dem Nationalsozialismus erwiesen sich auch die beiden großen christlichen Kirchen. Ähnlich wie schon in Italien 1929 mit Mussolini versuchte sich der Vatikan auch mit Hitler zu verständigen und schloss schon am 20. Juli 1933 ein Konkordat mit dem Deutschen Reich, das die Rechte der Kirche und ihrer Einrichtungen zu sichern versprach. Die damit verbundene Anerkennung der NS-Regierung nahm dem katholischen Widerstand den Wind aus den Segeln. Dennoch engagierten sich einzelne oppositionelle Pfarrer und Gemeindemitglieder in der Folgezeit immer wieder für die Verfolgten des NS-Regimes und nahmen dafür die KZ-Haft und auch den Tod in Kauf – so z. B. der Berliner Dompropst Bernhard Lichtenberg. Der Papst kritisierte nur einmal die Unterdrückung glaubenstreuer Christen in Deutschland und die Rassenpolitik, ohne aber die Juden zu erwähnen. Der Münsteraner Bischof Clemens August Graf von Galen und der Vorsitzende der Deutschen Bischofskonferenz, der Breslauer

Kardinal Bertram, protestierten 1941 gegen die Ermordung Behinderter und erreichten immerhin die zeitweise Einstellung der Tötungsaktionen. Der dezentral in Landeskirchen organisierte Protestantismus wurde durch die Ernennung eines umstrittenen NSDAP-nahen „Reichsbischofs" und durch die Spaltung der Gläubigen in die nationalsozialistischen „Deutschen Christen", und die evangeliumstreue „Bekennende Kirche" (Martin Niemöller, Dietrich Bonhoeffer) gelähmt. Der insgesamt schwache Widerstand der beiden großen Kirchen und insbesondere ihrer Bischöfe ist nicht zuletzt darauf zurückzuführen, dass sie den nationalsozialistischen Antikommunismus und Antisemitismus überwiegend nicht prinzipiell ablehnten.

„Weiße Rose"

Von christlich-humanitären Überzeugungen ließ sich auch die Münchner Studentengruppe „Weiße Rose" um Hans und Sophie Scholl, Willi Graf, Alexander Schmorell, Professor Kurt Huber u.a. leiten. Es waren überwiegend Medizinstudenten, die bei Lazaretteinsätzen in Russland das Grauen des Ostkrieges kennengelernt hatten und die daher 1942/43 in mehreren Flugblättern die Verbrechen des NS-Regimes anprangerten und zum Widerstand aufriefen. Sie wurden fast ausnahmslos zum Tode verurteilt und hingerichtet.

Widerstand von Einzelpersonen

Schwieriger einzuordnen ist der Widerstand durch einzelne Attentäter, die keiner spezifischen Gruppe oder Organisation angehörten. Das bekannteste Beispiel stellt hierbei der Tischler Johann Georg Elser dar, der mittels einer mit Zeitzünder versehenen Bombe versuchte, Hitler am 8. November 1939 im Münchner Bürgerbräukeller zu töten. Das Attentat scheiterte jedoch daran, dass Hitler diesmal die Veranstaltung früher verließ.

Das Militär und bürgerliche Kreise; das Attentat vom 20. Juli 1944

Erst 1938/39 bildeten sich mehrere militärische und nationalkonservative Widerstandsgruppen. Einzelne Militärs protestierten schon 1939 vergeblich gegen die Gräueltaten der SS in Polen. Angesichts der einbrechenden Ostfront und der Landung der Alliierten bildeten sich bis zum Sommer 1944 verschiedene militäroppositionelle Kreise. Sie wollten eine Niederlage Deutschlands verhindern und suchten die Verbindung mit zivilen Kreisen um den Regierungspräsidenten in Schlesien, Graf von der Schulenburg, um den 1937 zurückgetretenen Leipziger Oberbürgermeister Carl Goerdeler sowie um die Ehepaare von Moltke und York von Wartenburg („Kreisauer Kreis"). Trotz aller Verschiedenheit waren sich die unterschiedlichen Widerstandskreise zumindest darin einig, dass Deutschland in Zukunft ein Rechtsstaat sein müsse und außenpolitisch eine führende Position in Europa behalten sollte. Dem militärischen Widerstand kam insofern eine Schlüsselrolle zu, als Offiziere die besten Chancen besaßen, Hitler sowie das Spitzenpersonal des NS-Regimes auszuschalten und den Regierungsapparat zu übernehmen. Aber gerade Soldaten fiel die Auflehnung gegen ihren Oberbefehlshaber, auf dessen Person sie einen Treueid hatten ablegen müssen, besonders schwer. Erst die sinnlose Opferung der 6. Armee in Stalingrad führte in der Militäropposition zu der Überzeugung, dass der „Führer" selbst als Eidnehmer den Treueid gebrochen hatte. Doch das sorgfältig geplante Attentat, mit dem Hitler am 20. Juli 1944 durch eine von dem Offizier Claus Graf Schenk von Stauffenberg im Führerhauptquartier „Wolfsschanze" bei Rastenburg/Ostpreußen versteckte Zeitbombe getötet werden sollte, schlug fehl. Als die Nachricht vom Überleben Hitlers Berlin erreichte, brach der begonnene Staatsstreich schon bald zusammen. Nach seiner Festnahme in Berlin wurden Stauffenberg und drei weitere Offiziere sofort erschossen, die Militäropposition und die mit ihr in Kontakt stehenden anderen Widerstandskreise in den folgenden Wochen von der Gestapo zerschlagen. Etwa 200 unmittelbar Beteiligte wurden hingerichtet.

Claus Graf Schenk von Stauffenberg (1907–1944)

1 Unterschiedliche Formen von „Widerstand"

– Nicht wenige Schriftsteller und Künstler zogen sich aus der Politik ins Privatleben zurück.

– Einige unpolitische großstädtische Jugendgruppen wurden in den Kriegsjahren verfolgt, weil sie durch ihre Verhaltensweisen auffielen: die überwiegend bürgerliche „Swing-Jugend" durch lässige Kleidung und Haartracht sowie ihre Vorliebe für amerikanischen Jazz, die eher proletarischen „Edelweißpiraten" durch gesellige Unternehmungen abseits der HJ.

– Der Münchner Staatsanwalt Wintersberger versuchte 1933 hartnäckig, aber vergeblich, Mörder aus den Reihen der SA vor Gericht zu bringen, obwohl dies politisch unerwünscht war. Er widersetzte sich den Zumutungen des Regimes, ohne auf dessen Überwindung hinzuarbeiten.

– Ende Februar 1943 demonstrierten rund 200 nichtjüdische Frauen in der Berliner Rosenstraße eine Woche lang für die Freilassung ihrer verhafteten und für die Deportation vorgesehenen jüdischen Männer. Sie beendeten ihre Aktion, als man ihre Forderung erfüllte.

– Der schwäbische Schreinermeister Georg Elser versuchte, die Fortsetzung des Krieges zu verhindern, indem er einen Bombenanschlag plante und am 8. November 1939 in München durchführte, dem Hitler nur knapp entging. Elser wurde verhaftet, gefoltert, ins KZ Dachau eingeliefert und dort am 9. April 1945 erschossen.

– Einzelne Personen drückten ihre Unzufriedenheit aus, indem sie für Staaten spionierten, gegen die das „Dritte Reich" Krieg führte, sich als deutsche Kriegsgefangene im Ausland engagierten (so z. B. innerhalb des „Nationalkomitees Freies Deutschland" in der Sowjetunion) oder aus der Wehrmacht desertierten.

– In den letzten Kriegstagen entwaffnete der Bauer Friedrich Hanselmann aus dem württembergischen Brettheim vier Hitlerjungen, die das Dorf verteidigen sollten. Die SS verurteilte ihn dafür vor einem Standgericht zum Tode. Allerdings verweigerten Bürgermeister Gackstatter und NS-Ortsgruppenleiter Wolfmeyer ihre Unterschriften unter das Todesurteil. Alle drei Männer wurden am 10. April 1945 auf dem Brettheimer Friedhof erhängt.

Eine Zusammenstellung des Verfassers

2 Drei Bürger aus Brettheim: Friedrich Hanselmann, Leonhard Gackstatter und Leonhard Wolfmeyer

3 Stufen abweichenden Verhaltens

Zur Beschreibung der verschiedenen Formen abweichenden Verhaltens zwischen 1933 und 1945 entwickelte der Historiker Detlev Peukert folgendes Schema:

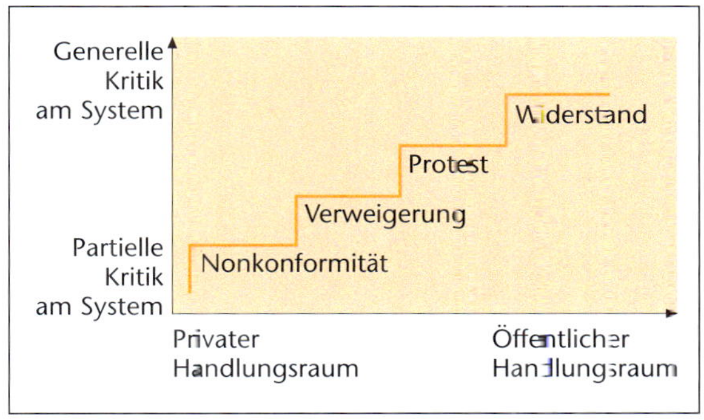

Nach: D. Peukert: Die Edelweißpiraten. Köln 1980, S. 236.

4 „Wir verwerfen ..." – Protestanten

Aus der Gründungsverlautbarung der Bekennenden Kirche, der sogenannten „Barmer Erklärung" vom 31. Mai 1934.

Wir bekennen uns angesichts der die Kirche verwüstenden und damit auch die Einheit der Deutschen Evangelischen Kirche sprengenden Irrtümer der „Deutschen Christen" und der gegenwärtigen Reichskirchenregierung zu folgenden evangelischen Wahrheiten: [...]

Wir verwerfen die falsche Lehre, als gäbe es Bereiche unseres Lebens, in denen wir nicht Jesus Christus, sondern anderen Herrn zu eigen wären, Bereiche, in denen wir nicht der Rechtfertigung und Heilung durch ihn bedürfen. [...]

Wir verwerfen die falsche Lehre, als dürfe die Kirche die Gestalt der Botschaft und ihrer Ordnungen ihrem Belieben oder dem Wechsel der jeweils herrschenden weltanschaulichen und politischen Überzeugungen überlassen. [...]

Wir verwerfen die falsche Lehre, als könne und dürfe sich die Kirche [...] besondere, mit Herrschaftsbefugnissen ausgestattete Führer geben oder geben lassen. [...]

Wir verwerfen die falsche Lehre, als solle und könne der Staat über seinen besonderen Auftrag hinaus die einzige und totale Ordnung menschlichen Lebens werden und also auch die Bestimmung der Kirche erfüllen. Wir verwerfen die falsche Lehre, als solle und könne sich die Kirche über ihren besonderen Auftrag hinaus staatliche Art, staatliche Aufgaben und staatliche Würde aneignen und damit selbst zu einem Organ des Staates werden. [...]

Wir verwerfen die falsche Lehre, als könne die Kirche in menschlicher Selbstherrlichkeit das Wort und Werk des Herrn in den Dienst irgendwelcher eigenmächtig gewählter Wünsche, Zwecke und Pläne stellen.

K. D. Schmidt (Hrsg.): Die Bekenntnisse und grundsätzlichen Äußerungen zur Kirchenfrage, Bd. 2. Göttingen 1935, S. 92 f.

5 Gibt es ein Widerstandsrecht? – Katholiken

Eugen Bolz aus Rottenburg/Neckar, Führer der katholischen Zentrumspartei in Württemberg, Justiz- und Finanzminister und seit 1928 Staatspräsident von Württemberg, engagierte sich schon vor 1933 gegen die NSDAP. 1945 wurde er wegen seiner Beteiligung an den Attentats- und Nachkriegsplänen des Widerstandskreises um Carl Goerdeler hingerichtet.

1928 hielt Eugen Bolz zum Diözesan-Jubiläum eine Rede:

Ein guter Katholik muss auch ein guter Staatsbürger sein, er muss den Gesetzen des Staates Gehorsam leisten, er kann keinen revolutionären Geist haben. [...] Er arbeitet mit dem Aufbau des Staates und seinen wirtschaftlichen und sozialen Verhältnissen. Nur eine Schranke gibt es, den Verstoß des Staatsgesetzes gegen Gottes Gesetz.

Aus Bolz' Schrift „Katholische Aktion und Politik", 1934:

Da das Gemeinwohl, „nächst Gott das erste und letzte Gesetz in der staatlichen Gemeinschaft" (Papst Leo XIII.), Ursache und Ziel des Staates ist, so kann die Befehls- und Zwangsgewalt des Staates nur so weit reichen, als diese dem Gemeinwohl dient. [...] Bei offensichtlichem und dauerndem Missbrauch der Staatsgewalt besteht ein Notwehrrecht des Volkes.

Beide Auszüge zit. nach: Politischer Widerstand gegen die NS-Diktatur (Politik und Unterricht. Zeitschrift zur Gestaltung des politischen Unterrichts. 2/94), hrsg. von der Landeszentrale für politische Bildung Baden-Württemberg. S. 20.

6 Eugen Bolz am 2. November 1944 vor dem so genannten Volksgerichtshof

Am 21. Dezember 1944 fällte das Gericht das Todesurteil, vier Wochen später wurde es vollstreckt.

7 „Zufälle sind Denkfehler" – Sozialisten

Aus den Anweisungen für das Verhalten im Widerstand („Sozialistische Aktion"), Mai 1936:

2. Die erste Voraussetzung für eine erfolgreiche illegale politische Arbeit ist das Bekenntnis zu vorbehaltloser Schweigsamkeit und bedingungsloser Disziplin in jeder Situation. Viele deiner Vorkämpfer mussten den Weg in den Kerker gehen. Lerne aus ihren Fehlern. Viele traf ihr Schicksal durch die Aufgeschlossenheit ihres Wesens. Auch nur andeutungsweise Bemerkungen, selbst gegenüber Frau und Braut, sind in vielen Fällen der Anfang zur Vernichtung Erfolg versprechender illegaler Arbeit gewesen. Du musst in der politischen Arbeit weitestgehend selbstständig und verschwiegen sein und deine Funktionen und Aufgaben selbst gegenüber Genossen verschweigen, denen du vertraust, die aber an deiner Arbeit nicht unmittelbar beteiligt sind.

3. Du musst in deiner ganzen Lebenshaltung indifferent sein. Wer deine Gepflogenheiten kennt, ist dein Feind. Wenn du über deine Gewohnheiten befragt wirst, so gib deinem Nachbarn eine eindeutige, bestimmt glaubwürdige und logische Erklärung deines Handelns. Du machst dich auch verdächtig, wenn du dich demonstrativ vom Volksgemeinschaftsrummel fern hältst. Besuche die Veranstaltungen im Betrieb, im Haus und in den NS-Organisationen, wenn es dir angetragen wird. Dort bist du Berichterstatter und offenes Ohr deiner illegalen Organisation. [...]

4. Kontrolliere ständig deine Wohnung. Gewöhne dich an den Gedanken, dass es kein Versteck gibt, das man nicht findet.

5. Mache keine schriftlichen Aufzeichnungen und lege dir keine Raritätensammlung an. Sie können der Grundstock der Anklageschrift gegen dich sein. Es darf in deiner Wohnung auch keine politische Betätigung geben.

6. Wenn du deine Wohnung verlässt, um dich mit Genossen zu treffen, dann beobachte scharf, ob du verfolgt wirst. [...]

8. Allen Genossen gegenüber, auch wenn sie dir lange bekannt sind, sei anonym. Wer deine Adresse fordert, ist unsauber. Die Organisation braucht deine Adresse nicht.

9. Achte darauf, dass du nicht fotografiert wirst. Verschenke keine Fotografien: Sie sind immer das Hauptstück zu deinem Steckbrief.

10. In der Öffentlichkeit übersieh deine Genossen. Es gibt keine Versammlung, Zusammenkünfte von mehr als höchstens 4 Personen fallen auf. Treffe dich nicht zweimal oder gar anschließend nach einer Verabredung im gleichen Lokal wieder. [...]

17. [...] Es gibt keine Zufälle, Zufälle sind Denkfehler. Die Praxis wird dich erkennen lassen, dass auch bei uns Fehlschläge nicht restlos vermeidbar sind, dass sie aber häufig selbst verschuldet und dadurch nicht notwendig waren. Das musst du ändern.

Zit. nach: Geschichte in Quellen, Bd. 5. München 1961, S. 345 f.

8 Generalstreik der Generale? – Militär

Aus den Notizen von Generaloberst Ludwig Beck für einen Vortrag beim Oberbefehlshaber des Heeres, Walter von Brauchitsch, am 16. Juli 1938:

Es stehen hier letzte Entscheidungen über den Bestand der Nation auf dem Spiele. Die Geschichte wird diese Führer mit der Blutschuld belasten, wenn sie nicht nach

ihrem fachlichen und staatspolitischen Wissen und Gewissen handeln. Ihr soldatischer Gehorsam hat dort eine Grenze, wo ihr Wissen, ihr Gewissen und ihre Verantwortung die Ausführung eines Befehls verbieten.
Finden ihre Ratschläge und Warnungen in solcher Lage kein Gehör, dann haben sie das Recht und die Pflicht vor dem Volk und vor der Geschichte, von ihren Ämtern abzutreten. Wenn sie alle in einem geschlossenen Willen handeln, ist die Durchführung einer kriegerischen Handlung unmöglich. Sie haben damit ihr Vaterland vor dem Schlimmsten, vor dem Untergang, bewahrt.
Es ist ein Mangel an Größe und an Erkenntnis der Aufgabe, wenn ein Soldat in höchster Stellung in solchen Zeiten seine Pflichten und Aufgaben nur in dem begrenzten Rahmen seiner militärischen Aufträge sieht, ohne sich der höchsten Verantwortung vor dem gesamten Volk bewusst zu werden. Außergewöhnliche Zeiten verlangen außergewöhnliche Handlungen!

Zit. nach: W. Foerster: Generaloberst Ludwig Beck. Sein Kampf gegen den Krieg. München 1953, S. 117 f.

9 Die Zeit nach dem Attentat – Nachkriegspläne

Aus einem Gestapo-Bericht vom 2. August 1944 über die militärischen und politischen Vorstellungen Stauffenbergs nach Ausschaltung Hitlers durch das Attentat vom 20. Juli 1944:

Verbindung zum Ausland
Die neue Vernehmung des Hauptmanns Kaiser gibt eine Reihe von Hinweisen, dass Stauffenberg über Mittelsmänner zwei Verbindungen zur englischen Seite hatte. Den Zusammenhängen wird im Augenblick im Einzelnen nachgegangen. Bereits am 25. Mai hat Kaiser für Stauffenberg eine Notiz ausgearbeitet, worüber mit der Feindseite verhandelt werden sollte:

1. Sofortiges Einstellen des Luftkrieges
2. Aufgabe der Invasionspläne
3. Vermeidung weiterer Blutopfer
4. Dauernde Verteidigungsfähigkeit im Osten. Räumung aller besetzten Gebiete im Norden, Westen und Süden
5. Vermeidung jeder Besetzung
6. Freie Regierung, selbstständige Verfassung
7. Vollkommene Mitwirkung bei der Durchführung der Waffenstillstandsbedingungen und bei der Vorbereitung der Gestaltung des Friedens
8. Reichsgrenze von 1914 im Osten Erhaltung Österreichs und der Sudeten beim Reich Autonomie Elsass-Lothringens, Gewinnung Tirols bis Bozen, Meran
9. Tatkräftiger Wiederaufbau mit Mitwirkung am Wiederaufbau Europas
10. Selbstabrechnung mit Verbrechern am Volk
11. Wiedergewinnung von Ehre, Selbstachtung und Achtung

Zit. nach: W. Hofer: Der Nationalsozialismus. Dokumente 1933–1945. Frankfurt 1957, S. 345.

10 „Um jeden Preis" – das Attentat auf Hitler

Auf Stauffenbergs Frage, ob das Attentat nach der Landung der Alliierten in der Normandie Anfang Juni 1944 noch notwendig sei, antwortete Generalmajor Henning von Tresckow:

Das Attentat auf Hitler muss erfolgen, um jeden Preis. Sollte es nicht gelingen, so muss trotzdem der Staatsstreich versucht werden. Denn es kommt nicht mehr auf den praktischen Zweck an, sondern darauf, dass die deutsche Widerstandsbewegung vor der Welt und vor der Geschichte unter Einsatz ihres Lebens den entscheidenden Wurf gewagt hat. Alles andere ist daneben gleichgültig.

Henning v. Tresckow, zit. nach: Politischer Widerstand gegen die NS-Diktatur. a. a. O., S. 38.

Arbeitsvorschläge

a) Analysieren Sie die beschriebenen Einzelfälle (M 1). Versuchen Sie mit selbst gewählten Begriffen das jeweils geschilderte Verhalten zu beschreiben. Ordnen Sie dann die Fälle in Peukerts Schema (M 3) ein. Diskutieren Sie abschließend, inwieweit sich das Schema eignet, verschiedene Formen von „Widerstand" zu unterscheiden.
b) Erörtern Sie, auf welche Lebensbereiche sich die Erklärungen der „Bekennenden Kirche" (M 4) und des Katholiken Bolz (M 5) beziehen. Wie wird der Protest jeweils begründet?
c) Setzen Sie sich mit der Problematik eines Widerstandes wie dem der „Sozialistischen Aktion" auseinander (M 7).
d) Arbeiten Sie die Ziele und Motivationen des militärischen Widerstandes heraus (M 8–M 10). Wägen Sie die Aussichten ab, Stauffenbergs Vorstellungen für die Zeit nach dem Sturz des NS-Regimes zu realisieren (M 9).
e) Beziehen Sie Stellung zu von Tresckows Einschätzung der deutschen Widerstandsbewegung (M 10).
f) Suchen Sie in Ihrer Stadt oder Region nach weiteren Beispielen für „Widerstand". Das örtliche Archiv oder historische Museum können Ihnen sicherlich weiterhelfen.

Standpunkte: Nationalsozialismus und deutsche Geschichte – Vergangenheit, die nicht vergeht?

Als 1998 der Schriftsteller Martin Walser (*1927) den Friedenspreis des Deutschen Buchhandels erhielt, übte er in seiner Dankesrede grundlegende Kritik am Umgang der Medien und Intellektuellen mit dem Thema Holocaust. Ignatz Bubis (1927–1999), der damalige Präsident des Zentralrats der Juden in Deutschland, antwortete Walser in einer Rede zum Gedenken an die Reichspogromnacht. Nach einem Gespräch mit Walser nahm Bubis seinen Vorwurf der „geistigen Brandstiftung" später zurück. An der Kontroverse zwischen Walser und Bubis zeigt sich, dass es bis heute strittig ist, wie man der deutschen Geschichte gedenkt.

5

1 „Ich fange an wegzuschauen"

Rede Walsers vom 11. Oktober 1998:

Ich verschließe mich Übeln, an deren Behebung ich nicht mitwirken kann. Ich habe lernen müssen, wegzuschauen. Ich habe mehrere Zufluchtswinkel, in die sich mein Blick sofort flüchtet, wenn mir der Bildschirm die Welt als eine unerträgliche vorführt. Ich finde, meine Reaktion sei verhältnismäßig. Unerträgliches muss ich nicht ertragen. Auch im Wegdenken bin ich geübt. Ich käme ohne Wegschauen und Wegdenken nicht durch den Tag und schon gar nicht durch die Nacht. Ich bin auch nicht der Ansicht, dass alles gesühnt werden muss. In einer Welt, in der alles gesühnt werden müsste, könnte ich nicht leben. [...]

Jeder kennt unsere geschichtliche Last, die unvergängliche Schande, kein Tag, an dem sie uns nicht vorgehalten wird. Könnte es sein, dass die Intellektuellen, die sie uns vorhalten, dadurch, dass sie uns die Schande vorhalten, eine Sekunde lang der Illusion verfallen, sie hätten sich, weil sie wieder im grausamen Erinnerungsdienst gearbeitet haben, ein wenig entschuldigt, seien für einen Augenblick sogar näher bei den Opfern als bei den Tätern? Eine momentane Milderung der unerbittlichen Entgegengesetztheit von Tätern und Opfern. Ich habe es nie für möglich gehalten, die Seite der Beschuldigten zu verlassen. Manchmal, wenn ich nirgends mehr hinschauen kann, ohne von einer Beschuldigung attackiert zu werden, muss ich mir zu meiner Entlastung einreden, in den Medien sei auch eine Routine des Beschuldigens entstanden. Von den schlimmsten Filmsequenzen aus Konzentrationslagern habe ich bestimmt schon zwanzigmal weggeschaut. Kein ernst zu nehmender Mensch leugnet Auschwitz; kein noch zurechnungsfähiger Mensch deutelt an der Grauenhaftigkeit von Auschwitz herum; wenn mir aber jeden Tag in den Medien diese Vergangenheit vorgehalten wird, merke ich, dass sich in mir etwas gegen diese Dauerpräsentation unserer Schande wehrt. Anstatt dankbar zu sein für die unaufhörliche Präsentation unserer Schande, fange ich an wegzuschauen. Wenn ich merke, dass sich in mir etwas dagegen wehrt, versuche ich, die Vorhaltung unserer Schande auf Motive hin abzuhören und bin fast froh, wenn ich glaube, entdecken zu können, dass öfter nicht mehr das Gedenken, das Nichtvergessendürfen das Motiv ist, sondern die Instrumentalisierung unserer Schande zu gegenwärtigen Zwecken. Immer guten Zwecken, ehrenwerten. Aber doch Instrumentalisierung. Jemand findet die Art, wie wir die Folgen der deutschen Teilung überwinden wollen, nicht gut und sagt, so ermöglichten wir ein neues Auschwitz. Schon die Teilung selbst, solange sie dauerte, wurde von maßgeblichen Intellektuellen gerechtfertigt mit dem Hinweis auf Auschwitz. Oder: Ich stellte das Schicksal einer jüdischen Familie von Landsberg an der Warthe bis Berlin nach genauester Quellenkenntnis dar als einen fünfzig Jahre lang durchgehaltenen Versuch, durch Taufe, Heirat und Leistung dem ostjüdischen Schicksal zu entkommen und Deutsche zu werden, sich ganz und gar zu assimilieren. Ich habe gesagt, wer alles als einen Weg sieht, der nur in Auschwitz enden konnte, der macht aus dem deutsch-jüdischen Verhältnis eine Schicksalskatastrophe unter gar allen Umständen. Der Intellektuelle, der dafür zuständig war, nannte das eine Verharmlosung von Auschwitz. Ich nehme zu seinen Gunsten an, dass er nicht alle Entwicklungen dieser Familie so studiert haben kann wie ich. Auch haben heute lebende Familienmitglieder meine Darstellung bestätigt. Aber: Verharmlosung von Auschwitz. Da ist nur noch ein kleiner Schritt zur so genannten Auschwitzlüge. Ein smarter Intellektueller hisst im Fernsehen in seinem Gesicht einen Ernst, der in diesem Gesicht wirkt wie eine Fremdsprache, wenn er der Welt als schweres Versagen des Autors mitteilt, dass in des Autors Buch Auschwitz nicht vorkomme. Nie etwas gehört vom Urgesetz des Erzählens: der Perspektivität. Aber selbst wenn, Zeitgeist geht vor Ästhetik. Bevor man das alles als Rüge des eigenen Gewissensmangels einsteckt, möchte man zurückfragen, warum, zum Beispiel, in Goethes „Wilhelm Meister", der ja erst 1795 zu erscheinen beginnt, die Guillotine nicht vorkommt. Und mir drängt sich, wenn ich mich so moralisch-politisch gerügt sehe, eine Erinnerung auf. Im Jahre 1977 habe ich nicht weit von hier, in Bergen-Enkheim, eine Rede halten müssen und habe die Gelegenheit damals dazu benutzt, folgendes Geständnis zu machen: „Ich halte es für unerträglich, die deutsche Geschichte – so schlimm sie zuletzt verlief – in einem Katastrophenprodukt enden zu lassen." Und: „Wir dürften, sage ich vor Kühnheit zitternd, die BRD so wenig anerkennen wie die DDR. Wir müssen die Wunde namens Deutschland offen halten." Das fällt mir ein, weil ich jetzt wieder vor Kühnheit zittere, wenn ich sage: Auschwitz eignet sich nicht dafür, Drohroutine zu werden, jederzeit einsetzbares Einschüchterungsmittel oder Moralkeule oder auch nur Pflichtübung. Was durch Ritualisierung zustande kommt, ist von der Qualität des Lippengebets. Aber in welchen Verdacht gerät man, wenn man sagt, die Deutschen seien jetzt ein ganz normales Volk, eine ganz gewöhnliche Gesellschaft?

M. Walser: Die Banalität des Guten. Erfahrungen beim Verfassen einer Sonntagsrede aus Anlass der Verleihung des Friedenspreises des Deutschen Buchhandels. In: „Frankfurter Allgemeine Zeitung" vom 12. Oktober 1998. Zit. nach: R. Lahme: Schatten der Vergangenheit. Die Auseinandersetzung mit dem Nationalsozialismus in Deutschland nach 1945. Stuttgart 2000, S. 79 ff.

2 „Wir müssen uns alle der Geschichte stellen"

Bubis' Rede vom 9. November 1998:

In der Nachkriegszeit gab es einige Versuche, die überwiegend, aber nicht nur, aus rechtsradikalen Kreisen kamen, die Geschichte zu verändern. Es gab Bestrebungen, „Auschwitz", das ich hier als Synonym für die Vernichtung von Juden, Sinti und Roma, Homosexuellen, politisch oder religiös Verfolgten benutze, zu verharmlosen oder gar zu leugnen. […]

Den neuesten Versuch, Geschichte zu verdrängen beziehungsweise die Erinnerung auszulöschen, hat Martin Walser in seiner Dankesrede anlässlich des ihm verliehenen Friedenspreises des Deutschen Buchhandels am 11. Oktober dieses Jahres unternommen. […]

Ich wüsste nicht, was es an dem Satz, dass er habe lernen müssen wegzuschauen, dass er im Wegdenken geübt sei und dass er sich an der Disqualifizierung des Verdrängens nicht beteiligen könne, zu deuteln gäbe. Hier spricht Walser eindeutig für eine Kultur des Wegschauens und des Wegdenkens, die im Nationalsozialismus mehr als üblich war und die wir uns heute nicht wieder angewöhnen dürfen. Wir müssen uns alle der Geschichte stellen, und dazu gehört, nicht nur Filme über Goethe oder Bismarck zu sehen, sondern auch über die Zeit des Nationalsozialismus. Wir befassen uns mit der Geschichte vom Dreißigjährigen Krieg und der Revolution von 1848, selbstverständlich beschäftigen wir uns freudig mit den Biografien von Goethe, Schiller, Beethoven oder Bismarck. Alles das sind Teile der deutschen Geschichte. Zu ihr gehören allerdings auch Hitler und Himmler. Man kann sich nicht nur die schönen Seiten seiner Geschichte heraussuchen und die unschönen verdrängen. Wer nicht bereit ist, sich diesem Teil der Geschichte zuzuwenden, sondern es vorzieht, wegzudenken oder zu vergessen, muss darauf gefasst sein, dass Geschichte sich wiederholen kann.

Diese Schande war nun einmal da und wird durch das Vergessenwollen nicht verschwinden; es ist „geistige Brandstiftung", wenn jemand darin eine Instrumentalisierung von Auschwitz für gegenwärtige Zwecke sieht. Das sind Behauptungen, wie sie üblicherweise von rechtsextremen „Parteiführern" kommen. […]

Nur damit Herr Walser und andere in ihrem Selbstbefinden nicht gestört werden, ihren Seelenfrieden finden können und der Eindruck des Instrumentalisierens nicht entsteht, kann man nicht darauf verzichten, Filme über die Schande zu zeigen. Da ich davon ausgehe, dass Walser, genau wie ich, nicht einer „Kollektivschuld" das Wort redet, verstehe ich nicht, warum sich Walser beim Anschauen dieser Filme als Beschuldigter fühlt.

Der Begriff „Auschwitz" ist keine Drohroutine oder ein Einschüchterungsmittel oder auch nur Pflichtübung. Wenn Walser darin eine „Moralkeule" sieht, so hat er vielleicht sogar Recht, denn man kann, soll und muss aus „Auschwitz" Moral lernen, sollte es allerdings nicht als Keule betrachten. Ich muss unterstellen, dass es laut Walser möglicherweise nötig ist, die Moral als Keule zu benutzen, weil manche sie sonst vielleicht nicht lernen wollen. […]

Dieser Trend der Rede Walsers ist neuerdings vermehrt spürbar. Der intellektuelle Nationalismus nimmt zu und ist nicht ganz frei von unterschwelligem Antisemitismus. Besonders irritiert bin ich über eine ganze Reihe von Zuschriften, die überrascht darüber waren, dass ich Walser so kritisiert habe, denn dieser habe doch bloß das ausgesprochen, was die meisten ohnehin dächten. Walser und vielen gehe es dabei auch um eine „Normalität".

I. Bubis: Wer von der Schande spricht. Niemand darf die Erinnerung an die Verbrechen des Nationalsozialismus auslöschen. In: „Frankfurter Allgemeine Zeitung" vom 10. November 1998. Zit. nach: Ebenda, S. 82 ff.

Arbeitsvorschläge

a) Stellen Sie die Kernaussagen Walsers und Bubis' heraus und klären Sie, welche Art des Umgangs mit der deutschen Vergangenheit den beiden Autoren vorschwebt.

b) Diskutieren Sie die Ansätze von Walser und Bubis vor dem Hintergrund eigener Erfahrungen und Überlegungen zu dem Thema.

Geschichte erinnern: Gedenkstätten: Das „Unternehmen Wüste“

KZ – bei vielen Menschen ist die erste Assoziation bei diesem Stichwort ein Vernichtungslager in Osteuropa. Dass es ab 1944 Hunderte von „KZs vor der Haustür“, die sogenannten „Außenlager“, gegeben hat, ist heute immer noch weithin unbekannt. Das Natzweiler Außenlager Bisingen ist dabei typisch für diese Phase, weil dort Zwangsarbeit, Rüstungsproduktion und KZ-System auf bisher ungekannt enge Weise miteinander verzahnt waren.

Die Konsequenzen aus diesem Befund sind erheblich: Die Auflösung der KZs in Osteuropa führte dazu, dass trotz massiver Transportprobleme 100 000 Häftlinge als Zwangsarbeiter durch ganz Europa transportiert wurden. Im Laufe des Jahres 1944 waren in den Außenlagern mehr Häftlinge untergebracht als in den zugehörigen Stammlagern. Die Dezentralisierung und Ökonomisierung der KZs führte zu einer Umorientierung. KZs wurden auf zweierlei Art „entgrenzt“: Zum einen weitete sich das Netz der KZs über das gesamte Reich aus, zum anderen waren die Außenlager keine streng separierten Zonen mehr, der Alltag der Häftlinge überschnitt sich in vielen Bereichen mit dem der Dorfbewohner. Alliierte Luftangriffe auf die Flugzeug- und Treibstoffindustrie führten ab dem Frühjahr 1944 zu einem Zusammenbruch der Treibstoffproduktion. Eine vermeintliche Alternative schien der Abbau des Posidonienschiefers am Rande der Schwäbischen Alb. In insgesamt 10 Werken mit dem Decknamen „Wüste“ sollte der Schiefer im großen Stil abgebaut und daraus Treibstoff für die notleidende Kriegsmaschinerie gewonnen werden. Am 24. August 1944 kamen im KZ Bisingen 1000 Häftlinge per Zug aus Auschwitz an und bauten unter der Aufsicht von 42 SS-Männern ein Lager auf. In dieses Lager kamen bis zu seiner Auflösung nach knapp 8 Monaten insgesamt 4163 Häftlinge, von denen 38 % im Lager, insgesamt aber über 55 % verstarben. Die Zustände im KZ Bisingen waren verheerend: viel zu klein, in ständigem Morast und Schlamm, ohne ausreichende Versorgung und schikaniert von der Lager-SS wie von den ab 1944 ebenfalls verstärkt eingesetzten Wehrmachtssoldaten, starben so viele zur Zwangsarbeit vorgesehenen Häftlinge, dass an eine effiziente Ausbeutung des Ölschiefers nicht zu denken war. Trotz eines Primats des Treibstoffes hielten die Grausamkeiten der Lagerführung an. Das „Wüste Werk 2“ ging am 23. Februar 1945 für wenige Wochen provisorisch in Betrieb, bevor das KZ Mitte April geräumt wurde und eine große Anzahl der KZ-Häftlinge auf chaotisch verlaufenden Todesmärschen ums Leben kam.

Die Zivilbevölkerung des Ortes kam auf vielerlei Weise in Kontakt mit den KZ-Häftlingen. Die ausgemergelten Häftlinge mussten täglich den Ort durchqueren und wurden auch in örtlichen Betrieben und in Haushalten zum Arbeitseinsatz verpflichtet. Nachdem der Versuch, die Toten im Reutlinger Krematorium verbrennen zu lassen, an der schieren Zahl der Opfer gescheitert war, wurden Pferdefuhrwerksbesitzer gezwungen, die Leichname zu einem Massengrab zu befördern; alle Opfer wurden im örtlichen Standesamt verzeichnet. Die französische Verwaltung ließ nach 1945 die Massengräber öffnen, die Leichen unter der erzwungenen Anwesenheit von ehemaligen lokalen NS-Größen exhumieren und einen KZ-Friedhof anlegen. Im Ort selbst wurden die (wenigen) Hilfsaktionen betont, die eigene Verstrickung tabuisiert. Erst 1965/66 mussten sich die Hauptverantwortlichen im Hechinger Schwurgerichtsprozess für ihre Taten verantworten, wurden aber hierfür nicht schuldig gesprochen. In den 80er-Jahren bildete sich eine lokale Initiative, die im Ort nicht nur auf Gegenliebe stieß. Schließlich wurde mit Unterstützung der Gemeindeverwaltung 1995 das Heimatmuseum ausschließlich der Zeit Bisingens während der NS-Diktatur gewidmet. Heute sorgt sich der Verein „Gedenkstätte KZ Bisingen e.V.“ um das Gedenken der Vergangenheit (**Online Link** 430016-0501).

1 Situation der Häftlinge im Lager und bei der Zwangsarbeit

Schlimm waren die vielen Stunden, die wir morgens auf dem Zählappellplatz stehen mussten. Wenn wir morgens antreten mussten, war es noch stockdunkel. […] Bis es hell wurde, standen wir aber bereits seit Stunden draußen. In der Zwischenzeit ließen die Wachen uns exerzieren, hinlegen, wieder in die Reihe stellen. Als es schon Tag war, wurden wir aus dem Lager zur Arbeit getrieben. Der Weg zur Arbeit ging am Lager vorbei, durch kleinere Ortschaften, bis zu den Steingruben. Es war für uns eine sehr schwere Arbeit. Ganze Felsen sollten weggeschafft werden, ein ganzes Gebiet musste umgebaut und umgeleitet werden. Wir hatten fast keine Werkzeuge, die sich für solch ein Vorhaben eigneten. Wir bekamen Schaufeln und Hacken. Mit den bloßen Händen mussten wir schwere Steine von einem Platz zum anderen bewegen. Die Steine waren so kalt und durchgefroren, dass unsere Finger daran kleben blieben. Nur die Peitsche half, die Arbeit voranzutreiben.

[…] Jeden Abend, wenn wir ins Lager zurückkehrten, mussten wir Kameraden auf Bahren tot oder verletzt zurückbringen oder an Kopf und Fuß zurücktragen. Im Lager mussten wir dann wieder stundenlang auf dem Appellplatz stehen, bis wir in die Küche zum Essenfassen marschieren durften. Vor der Küche standen dann lange Reihen, um ein bisschen Wassersuppe zu bekommen. […] Der Januar war ein kalter Monat, es lag viel Schnee. Der Boden war gefroren und mit einer Eisschicht überzogen. Jeden Morgen hatte ich Schwierigkeiten, meine Holzschuhe aus dem gefrorenen Lehm zu ziehen, denn durch das lange Stehen auf dem Appellplatz wärmten meine Füße das Eis, die Schuhe sanken ein und froren fest. Die Schuhe waren mein kostbarstes Gut. […]

Isak Wasserstein: Ich stand an der Rampe von Auschwitz, Norderstedt 2001. Zit. nach: Hannelore Grunert. „Es war ein Bahnhof ohne Rampe". Ein Konzentrationslager am Fuße der Schwäbischen Alb. Stuttgart 2007. (Landeszentrale für politische Bildung Baden Württemberg), S.19.

2 Das Ölschieferprojekt

Während dieser Arbeit habe ich auf einmal gesehen, dass vom Schieferberg zum Bahnhof hin ein Rohr gelaufen ist. Das war sehr primitiv, das Rohr lag nur auf Brettern, diese Bretter wurden wieder durch senkrechte Bretter gestützt. […] Ich will mich nicht festlegen, aber es kam mir so vor, als ob alle vier oder fünf Minuten aus dem Rohr ein Tropfen in die Zisterne floss. Das heißt, „fließen" ist ja hier wohl nicht das richtige Wort . […] Das war also die große Leistung des Schieferwerks Bisingen.

Zit. nach: Bettina Wenke, Interviews mit Überlebenden, Stuttgart 1980; Interview mit Alfred Korn. Zit. nach C. Glauning: Entgrenzung und Kz-System: das Unternehmen „Wüste" und das Konzentrationslager in Bisingen 1944/45. Berlin (Metropol) 2006, S. 212/13.

3 Rechtfertigung der Täter

Franz Ehrmanntraut, stellvertretender Lagerleiter, und Johannes Pauli, Lagerführer im KZ Bisingen, vor Gericht zu der Erschießung von drei ungarischen Häftlingen im Dezember 1944.

a) Franz Ehrmanntraut:

„Ja, ich gebe zu, einen von ihnen erschossen zu haben. Ich habe es bei meinem Verhör gesagt. Ich habe gesagt, dass ich geschlagen habe. Viele Gefangene waren anständige Leute. Es war unmöglich, die anderen zu bewachen. Sie erschöpften unsere Geduld."

b) Johannes Pauli:

„Es ist richtig, dass ich im Dezember 1944 einen Häftling eigenhändig erschossen habe. […] Ich ließ dann auch diese beiden Leute (die zwei anderen ungarischen Häftlinge) kommen und fragte sie, was sie getan hätten. Auch diese beiden gaben mir auf meinen Vorhalt zu, dass sie Lebensmittel aus dem verschütteten Haus gestohlen hatten. Ich sagte daraufhin, was dem einen recht, dem andern billig sei und gab Ehrmanntraut und Makart den Befehl, auch diese beiden zu erschießen, was diese taten. Ich habe aber nicht befohlen, diese von hinten zu erschießen."

Zit. nach: Alte Synagoge e.V. Hechingen. Möglichkeiten des Erinnerns. Orte jüdischen Lebens und nationalsozialistischen Unrechts im Zollernalbkreis und im Kreis Rottweil. Hechingen 1997, S.56.

Arbeitsvorschläge:

a) Sammeln Sie Informationen über das KZ-Außenlager Bisingen in der Spätphase des Krieges und vergleichen Sie dieses mit den KZs in Osteuropa (Kpt. 5.5).
b) Erläutern Sie, was „Entgrenzung" für die Einschätzung des KZ-Systems in der Spätphase bedeutet.
c) Erkunden Sie, welche NS-Gedenkstätte zu einem KZ-Außenlager sich in Ihrer Nähe befindet, und überprüfen Sie, wie sie angelegt wurde. (Online Link 430016-0501)
d) Erarbeiten Sie in kleinen Gruppen ein Konzept, wie man heute angemessen der NS-Verbrechen gedenken kann.

Methode: Fach- und Sachliteratur auswerten

Das Material der Historikerinnen und Historiker sind Quellen und Quelleninterpretationen. Unter Quellen versteht man Texte aller Art und Gegenstände, aus denen wir Kenntnisse über die Vergangenheit gewinnen können. Die Ergebnisse ihrer Quellenforschung dokumentieren Historikerinnen und Historiker in Darstellungen. Dazu zählen Gesamt- und Überblicksdarstellungen, Monografien sowie Biografien. Der Autor einer Gesamtdarstellung erstrebt meist die zuverlässige und übersichtliche Darstellung einer ganzen Epoche. Einzeluntersuchungen, so genannte Monografien, bemühen sich dagegen um die möglichst erschöpfende Behandlung eines einzigen, eng umgrenzten thematischen Zusammenhangs.
Biografien (Lebensbeschreibungen) richten den Blick auf einzelne historische Personen. Dabei untersuchen die Autoren meist den Einfluss und die Bedeutung einzelner Frauen und Männer für den Geschichtsverlauf. Gesamtdarstellungen, Monografien und Biografien gibt es als Fachliteratur, die sich an ausgebildete Historiker richtet, aber auch als Sachbücher für ein breiteres Publikum. Bevor man Informationen aus Büchern entnimmt, sollte man sich nicht nur der Darstellungsformen vergewissern, sondern auch klären, ob man ein Fach- oder ein Sachbuch vor sich hat.

	Fachwissenschaftliche Darstellungen (Fachliteratur)	Populärwissenschaftliche Darstellungen (Sachliteratur)
Adressaten	professionelles Publikum	interessierte Laien
Lektürevoraussetzungen	- inhaltliche Grundkenntnisse - methodische Grundkenntnisse - Kenntnisse geschichtlicher Grundbegriffe	keine
Merkmale	- Hinweise auf benutzte Quellen und Literatur, Fußnoten zum Nachweis von Zitaten und benutzter Literatur - sachliche, möglichst ausgewogene und differenzierte Darstellung	- Verzicht auf wissenschaftlichen Apparat (keine Quellenverweise, keine ausführlichen Zitate, keine Fußnoten) - lesefreundliche, oft Spannung erzeugende Erzählweise
Ziele	- historische Erkenntnisse abwägen, meist neue historische Kenntnisse vermitteln - die Vergangenheit von verschiedenen Perspektiven darstellen	- Interesse für geschichtliche Themen wecken - geschichtliche Situationen und Entscheidungen nachvollziehbar machen

Mögliche Arbeitsschritte zur Untersuchung von Sekundärliteratur:
Inhalt: Womit beschäftigt sich die Darstellung? Welche (Leit-)Frage geht der Autor nach? Welche zentrale These liegt seiner Darstellung zugrunde? Zu welchem Ergebnis gelangt der Autor?
Methode: Wie ist die Darstellung gegliedert? Ist der Gedankengang des Autors stringent oder unterlaufen ihm logische Brüche? Sind seine Schlussfolgerungen aus dem vorgelegten Quellenmaterial nachvollziehbar und stichhaltig?
Perspektive und Argumentation: Aus welchem Blickwinkel nähert sich der Autor dem historischen Gegenstand? Bezieht er auch andere Perspektiven ein? Auf welche Ursachen führt der Autor Ereignisse und Entwicklungen zurück? Nennt er eine Ursache oder verschiedene Gründe und Motive?
Bewertung: Beschränkt sich der Autor auf Sachurteile oder nimmt er persönlich Stellung zu den thematisierten Personen und Ereignissen? Welche Einstellung können Sie aus den Ausführungen des Autors ablesen, auch wenn er nicht ausdrücklich eine eigene Stellungnahme abgibt? Ist er einer bestimmten Ideologie verpflichtet?

Methode: Internetrecherche

Texte im Internet zu finden, ist einfach. Nahezu jeder, der das Internet nutzt, kennt auch Suchmaschinen. Die Frage ist, wie man mit Hilfe von Suchmaschinen für eine Projekt- oder Seminararbeit sinnvolle Texte findet. Besonders wichtig ist dabei die Beurteilung der Qualität und Brauchbarkeit der Texte.

Suchstrategien

1. Schritt: Kurze Information zum Thema: Was muss eigentlich gefunden werden? – Sammeln der Suchbegriffe
2. Schritt: Suche mit einer Suchmaschine – Sammeln der Fundstellen
3. Schritt: evtl. Einengung der Suche: mit den oft gefundenen unerwünschten Begriffen die Suche mit der Funktion „erweiterte Suche" einschränken – Sammeln der Ergebnisse
4. Schritt: Anlegen einer Linksammlung zum Thema zur Rekonstruktion der Recherche; falls ein Text verwendet wird, muss man den Link mit Datumsangabe zitieren können.

Bewerten der Quellen

Im Internet stehen unseriöse Texte neben wissenschaftlichen Inhalten. Interessen werden offen vertreten oder sind unterschwellig vorhanden. Die Suchmaschinen geben die Seiten nahezu ohne inhaltliche Wertung aus. Daher kann sich der Suchende nicht wie beim Buch auf die Auswahl einer Bibliothek oder eines Verlages verlassen. Um die Bewertung in der Praxis einfach und schnell durchführen zu können, können Sie sich an dieser Checkliste zur kritischen Prüfung von Internetquellen orientieren:

Inhaltsüberprüfung

- Zu welchen weiteren Seiten bestehen Links?
- Wann war das letzte Update?
- Bestehen Interessenkonflikte in der Argumentation? Ist der Autor kommerziell, politisch, organisatorisch, personell mit dem Thema verbunden?
- Treten Fehlschlüsse oder Parteilichkeiten auf, wird explizit oder implizit für eine Position im Rahmen der Website für ähnliche Inhalte/Ziele geworben?
- Welche Logos oder Erkennungszeichen werden auf der Seite verwendet?

Wer ist der Autor

- Gibt sich der Autor zu erkennen?
- Ist eine Organisation für den Inhalt verantwortlich?
- Ist der Autor für die Inhalte kompetent? Wird er auf anderen Seiten zu diesem Thema zitiert?

Seriosität prüfen

- In welchem Zusammenhang wird der gefundene Text veröffentlicht?
- Gibt es ein Quellenverzeichnis? Gibt der Autor seine Quellen zu erkennen? Zitiert er wissenschaftlich korrekt?
- Welche Einstellung hat der Autor? Woran zeigt sich seine Tendenz?
- Was wollen die Herausgeber/der Autor mit der Website bewirken?
- Wird das Thema kontrovers behandelt?
- Werden wesentliche Fakten zu diesem Thema nicht genannt?
- Gibt es Quellen zu diesem Thema, die für diese Website nicht gebraucht wurden?

Quellenkritik

- Ist der Text logisch und widerspruchsfrei?
- In welchem Stil ist die Aussage gehalten? Sachlichkeit?
- Sind die Fakten durch ein Lexikon verifizierbar?
- Sind Quellen und Autoren angegeben? Können die angegebenen Quellen gefunden werden?
- Prüfen Sie den Text ideologiekritisch.

Glossar

Antisemitismus/Antijudaismus S. 292, S. 171, S. 207
Feindliche Einstellung gegen Juden und das Judentum. Während in Mittelalter und früher Neuzeit ein mit pseudoreligösen Motiven begründeter Antijudaismus herrschte, da man in den Juden die Mörder Christi sah und ihnen geheime Riten, Menschenopfer oder Brunnenvergiftung vorwarf, entstand im 19. Jahrhundert – parallel zum Emanzipationsprozess – ein rassistischer Antisemitismus, der die Juden als Volksstamm begriff und ihnen Wucher und obskure Verschwörungen unterstellte. In der Kaiserzeit war der Antisemitismus weit verbreitet, antisemitische Postkarten und Darstellungen häufig, obwohl gleichzeitig die Juden deutsche Staatsbürger waren. Die schlimmste Ausprägung erreichte der Antisemitismus im Nationalsozialismus und seiner Vernichtungspolitik, der Shoah (Holocaust).

Dolchstoßlegende S. 224
Im September 1918 kam die deutsche Oberste Heeresleitung (OHL) unter Paul v. Hindenburg und Erich Ludendorff zum Schluss, dass der Krieg mit militärischen Mitteln nicht mehr zu gewinnen sei. Ludendorff trat vehement dafür ein, dass die Waffenstillstandsverhandlungen nicht von der OHL oder der bisherigen Regierung, sondern von einer neuen Regierung durchgeführt werden sollten, um Armee und Monarchie vor einer Schuldzuschreibung an der Niederlage zu bewahren. Nach 1919 haben Deutschnationale und andere (wie später die Nationalsozialisten) die Behauptung propagiert, das deutsche Heer sei von Sozialdemokraten und Demokraten gleichsam „von hinten erdolcht" worden.

Enzyklika rerum novarum S. 52
Papst Leo XIII. versuchte durch diese Enzyklika einen vom Liberalismus und Sozialismus unabhängigen Weg aufzuzeigen, u. a. sah er die Mitwirkung des Staates bei der Lösung sozialer Probleme nicht als notwendig an. Stattdessen formuliert die Enzyklika Rerum Novarum die Grundlage für die katholische Soziallehre, die beispielsweise eine Rückkehr zur „christlichen Ordnung" und eine helfende Rolle der Kirche in der Armenfürsorge (z. B. durch die Caritas) als Lösung anbietet.

Familie, S. 87–88
Lat. familia, von famulus „Diener". Bezeichnet in der Soziologie zunächst die kleinste gesellschaftliche Einheit, bestehend aus Eltern und Kindern (Kernfamilie). Je nach Gesellschaftsstruktur können größere Verwandtschaftskreise sowie weitere Personen zur Familie gehören. Vor allem die vaterrechtlich-patriarchalische Struktur führt zur Großfamilie. Zur römischen Familie gehörten auch die Sklaven und Klienten. In Europa begann sich im Laufe des 19. Jahrhunderts der Familienverband als Produktionsgemeinschaft aufzulösen. Mit zunehmender Industrialisierung setzte sich die Kernfamilie als Lebensform durch. Durch soziale Mobilität und staatlich organisierte Sozialleistungen entfiel die Funktion der Versorgungsgemeinschaft großenteils. Ehebeziehungen und Familien wurden nun zu emotional begründeten, frei wählbaren Lebensbeziehungen.

„Gleichschaltung" S. 264–266
Euphemismus für die Errichtung diktatorischer Strukturen ab 1933. Nachdem Adolf Hitler 1933 Reichskanzler geworden war, wurden die bestehenden Amts-, Verwaltungs- und Regierungsstrukturen in Deutschland radikal geändert. Auf der Ebene der Institutionen hieß dies, mittels des Ermächtigungsgesetzes das Parlament zu entmachten und die Landesparlamente erst neu zu besetzen, dann aufzulösen. Parteien wurden aufgelöst, Gewerkschaften verboten (es gab nur noch die deutsche Arbeitsfront DAF), und schließlich die Rechtsprechung der NS-Politik unterstellt. J. Goebbels erklärte 1933, die „Gleichschaltung" sei: „die revolutionäre Umgestaltung des Staates, der Republik, der Partei, der Interessenverbände […], dass es in Deutschland nur noch eine Meinung, eine Partei, eine Überzeugung gibt."

Kraft durch Freude S. 270
Als Unterorganisation der Deutschen Arbeitsfront (DAF) diente die Organisation KdF dazu, die Freizeit der deutschen Bevölkerung zu gestalten und auf diese Weise sozial „ruhig zu stellen". Mit dem Amt für Reisen, Wandern und Urlaub wurden Land- und Seereisen veranstaltet, was KdF zugleich zu einem der größten Reiseveranstalter des Deutschen Reiches 1933–1939 werden ließ. Viele Deutsche hatten so erstmals die Möglichkeit, in Urlaub zu fahren.

Manifest Destiny S. 107
1846 hat ein Kolumnist, John L. O'Sullivan, geschrieben: „And that claim is by the right of our manifest destiny to overspread and to possess the whole of the continent which Providence has given us for the development of the great experiment of liberty and federated self-government entrusted to us." Damit hatte er das amerikanische, zivilisatorische und auf bestimmte Werte bezogene Sendungsbewusstsein formuliert. Seine Wendung „manifest destiny" wurde im Folgenden zu einem festen Begriff und bezog sich dabei zumeist auf die Erschließung des amerikanischen Kontinents im 19. Jahrhundert.

Militarismus S. 197
Unter Militarismus versteht man das Übergewicht der militärischen gegenüber den zivilpolitischen Interessen eines Staates. Für die Gesellschaft kann dies zur Folge haben, dass militärische Denkstrukturen und Wertvorstellungen beherrschenden Einfluss erlangen. Der Militarismus ist sehr häufig Kennzeichen eines autoritären und obrigkeitsstaatlichen Systems.

Novemberpogrom, Reichspogromnacht S. 292
In der Nacht vom 9. zum 10. November 1938 kam es zu organisierten Gewaltaktionen gegen Juden und jüdische Einrichtungen. Vorausgegangen war eine im Rundfunk übertragene Hetzrede J. Goebbels. Synagogen, Geschäfte und Wohnungen wurden verwüstet oder angezündet. 26 000 Menschen wurden in KZs verschleppt, 91 Menschen kamen um. Die Nationalsozialisten prägten für die Ereignisse den zynischen Ausdruck der „Reichskristallnacht".

Parlamentarische (Repräsentative) Demokratie S. 217, S. 229
Demokratie bezeichnet „unter Ausschluss jeglicher Gewalt- und Willkürherrschaft eine rechtsstaatliche Herrschaftsordnung auf der Grundlage der Selbstbestimmung des Volkes nach dem Willen der jeweiligen Mehrheit und der Freiheit und Gleichheit" (aus der Begründung des Parteiverbots der Sozialistischen Reichspartei SRP 1952 durch das Bundesverfassungsgericht). Grundlegende demokratische Prinzipien sind die Achtung der Menschenrechte, die Volkssouveränität, die Gewaltenteilung, die Verantwortung der Regierung vor dem Parlament, die Unabhängigkeit der Gerichte, das Recht auf Opposition und der Minderheitenschutz. In einer parlamentarischen Demokratie übt das Volk die Herrschaft nicht direkt aus, sondern überträgt sie auf für bestimmte Perioden gewählte Repräsentanten. Die Abgeordneten werden von den verschiedenen Parteien (Parteienpluralismus) nominiert, sind ihrem Gewissen unterworfen und nicht an Weisungen der Wählerschaft gebunden (freies Mandat).

Pauperismus S. 41 (Von lat. pauper: arm)
Gemeint ist die radikale Verarmung eines großen Teils von Handwerkern und Tagelöhnern durch die Veränderungen der Industriellen Revolution im 19. Jh., wie die Weber angesichts der industriellen Fertigung von Textilprodukten. Mit zunehmendem Arbeitskräfteüberschuss verarmen auch die Industriearbeiter, da sie nicht mehr viel Lohn fordern können. Marx legte diese Verelendungstheorie seiner Vorstellung vom Klassenkampf zugrunde. Seine Prognosen haben sich nicht erfüllt, denn den Sozialstaaten gelang es, industrielle Produktion und Wohlstand für breite Bevölkerungsschichten zu etablieren.

Räterepublik S. 217
Die Organisationsform der Räterepublik geht aus dem revolutionären Klassenkampf hervor und versucht, gegen bestehende Herrschaftsverhältnisse die Selbstbestimmung der Menschen herzustellen. Die Urwählerschaft ist in Basiseinheiten organisiert (die Arbeiter eines Betriebes, Wohn- und Verwaltungseinheiten). Im Unterschied zum repräsentativ-parlamentarischen System werden alle öffentlichen Funktionsträger („Räte") direkt gewählt und übernehmen exekutive, legislative und judikative Aufgaben. Die Räte sind der Basis verantwortlich und an ihre Weisungen gebunden (imperatives Mandat). Sie sind jederzeit abrufbar. Nach dem Rätemodell kommen die Interessen von Regierenden und Regierten im einheitlichen Volkswillen zur Deckung, es kennt daher auch keinen Pluralismus unterschiedlicher Parteien. Räteorganisationen gab es 1871 in der Pariser Kommune, in den beiden russischen Revolutionen 1905 und 1917 sowie der deutschen Revolution 1918/19.

Reichsverfassungskampagne S. 183
Unter der Reichsverfassungskampagne wird eine von radikaldemokratischen Politikern angestoßene Initiative verstanden, die in den als „Maiaufstände" bezeichneten Kämpfe im Mai 1849 in Sachsen (Dresdner Maiaufstand), in der damals bayerischen Pfalz (Pfälzischer Aufstand), in der preußischen Provinz Westfalen (Iserlohner Aufstand) und im Großherzogtum Baden (Badische Revolution) mündete. Ausgelöst wurde die Kampagne durch die Auflösung der Nationalversammlung.

Schreckensherrschaft (Grande Terreur) S. 118
Die Herrschaft des Wohlfahrtausschusses 1793–1794, unter dem Vorsitz von Maximilien Robespierre. Anliegen der Partei der Jakobiner war es, die Gesellschaft auch im Sinne tatsächlicher, sozialer Gleichheit umzugestalten. Dazu griffen sie zu Mitteln des politischen Terrors. Denunziationen und Todesurteile, die mit der Guillotine vollstreckt wurden, waren alltäglich. 1794 wurde Robespierre selbst gestürzt. Die Terreur hatte zwischen 30 000 bis 40 000 Menschen das Leben gekostet, ca. 80 % waren wegen „Verrats" verurteilt worden.

Totalitarismus S. 277
Ursprünglich aus dem Italienischen entnommener Begriff, den Mussolini mit seiner Vorstellung vom „stato totalitario" prägte. Nach dem Zweiten Weltkrieg wurde der Begriff Totalitarismus zum Überbegriff über diktatorische Staatsformen, besonders über Faschismus und Kommunismus. Die genaue Begriffsbestimmung war bei verschiedenen Theoretikern sehr unterschiedlich.

Personenregister

Sachregister

Bildnachweis

Cover BPK, Berlin;
7.1 BPK, Berlin;
10.2 Klett-Perthes Verlag, Gotha;
12.3 AKG, Berlin;
13.4 The Royal Collection © 2008 Her Majesty Queen Elizabeth II;
20.2 DB Museum im Verkehrsmuseum, Nürnberg;
23.6 AKG, Berlin;
25.10 Stadtmuseum, Kassel;
28.1 Historisches Archiv Krupp, Essen;
28.2 BPK, Berlin;
33.9 HistoCom GmbH/Industrie Archiv, Frankfurt/Main;
33.11 Corbis, Düsseldorf;
34.12 AKG (Michael Teller), Berlin;
35.14 BPK, Berlin;
35.15 Ullstein Bild GmbH, Berlin;
35.16 AKG, Berlin;
40.1 Science & Society Picture Library, London;
41.2 BPK, Berlin;
43.3 AKG, Berlin;
46.8 Stadtarchiv, Rüsselsheim;
47.11 Deutsches Museum, München;
47.12 Corbis, Düsseldorf;
49.15 AKG, Berlin;
49.16 AKG, Berlin;
50.17 Ullstein Bild GmbH (Zeitbild), Berlin;
51.1 AKG, Berlin;
52 AKG, Berlin;
53 AKG, Berlin;
55.2 DHM, Berlin;
58.7 BPK, Berlin;
59.9 Ullstein Bild GmbH (Bonn-Sequenz), Berlin;
60.10 Friedrich Ebert-Stiftung, Bonn;
61.12 BPK, Berlin;
62.14 AKG, Berlin;
63.17 Archiv der sozialen Demokratie der Friedrich-Ebert-Stiftung, Bonn-Bad Godesberg;
64.19 BPK, Berlin;
65.20 DHM, Berlin;
66.1 Haux Archiv, Gerhard Penck, Albstadt-Ebingen;
67.5 Haux Archiv, Gerhard Penck, Albstadt-Ebingen;
67.6 Haux Archiv, Gerhard Penck, Albstadt-Ebingen;
68.1 AKG (C. Roemer), Berlin;
69.2 Edvard Munch, „Der Schrei", © The Munch Museum/The Munch Ellingsen Group/VG Bild-Kunst, Bonn 2009, akg-images/Erich Lessing, Berlin;
70.3 AKG, Berlin;
71.5 Picture-Alliance (dpa/ Imaginechina), Frankfurt;
75.1 AKG (Waldemar Abegg), Berlin;
77.4 Haus der Geschichte Baden-Württemberg (Haus der Geschichte Baden-Württemberg, Bernd Eidenmüller), Stuttgart;
78.5 © Deutsches Auswandererhaus/Foto: H. Dehn;
78.6 Staatsarchiv Hamburg, Plankammer Archivalien, 253-35 1864.1;
79.7 AKG, Berlin;
80.8 AKG, Berlin;
81.9 Ullstein Bild GmbH (Haeckel-Archiv), Berlin;
82.11 Dietmar Kügler, Verlag für Amerikanistik, Wyk auf Foehr;
82.12 AKG, Berlin;
83.14 Corbis, Düsseldorf;
87.1 oben Ullstein Bild GmbH, Berlin;
87.1 unten Ullstein Bild GmbH (Imagebroker.net), Berlin;
88.2 Ullstein Bild GmbH (Granger Collection), Berlin;
88.4 AKG, Berlin;
89.1 © Dominique Anne Schuetz;
89.1 Dominique Anne Schuetz, Stäfa;
90.1 Corbis (Francis G. Mayer), Düsseldorf;
92.4 AKG, Berlin;
93.1 Ullstein Bild GmbH, Berlin;
94.2 Ullstein Bild GmbH (Granger Collection), Berlin;
97.7 Bridgeman Art Library Ltd., Berlin;
99.1 Corbis, Düsseldorf;
99.2 Corbis, Düsseldorf;
100.3 Corbis (John Sohm, Visions of America), Düsseldorf;
105.10 Corbis (Bettmann), Düsseldorf;
107.1 AKG, Berlin;
111.8 links AKG, Berlin;
111.8 Mitte AKG, Berlin;
111.8 rechts Ullstein Bild GmbH (Granger Collection), Berlin;
113.1 links AKG (Erich Lessing), Berlin;
113.1 rechts AKG, Berlin;
115.4a AKG, Berlin;
115.4b AKG, Berlin;
115.4c AKG, Berlin;
115.4d AKG, Berlin;
115.4e AKG, Berlin;
118.1 AKG, Berlin;
119.2 links AKG, Berlin;
119.2 rechts AKG, Berlin;
122.9 links AKG, Berlin;
122.9 rechts AKG, Berlin;
124.14 Picture-Alliance, Frankfurt;
130.1 AKG, Berlin;
130.2 culture-images (Photos12), Köln;
132.5b AKG (RIA Nowosti), Berlin;
132.5c AKG, Berlin;
134.1 AKG (RIA Nowosti), Berlin;
135.2 AKG, Berlin;
135.3 AKG, Berlin;
137.6 Corbis (Bettmann), Düsseldorf;
140.1a AKG, Berlin;
143.4 Ullstein Bild GmbH (Archiv Gerstenberg), Berlin;
147.1 links AKG, Berlin;
147.1 rechts AKG, Berlin;
148.2 links AKG, Berlin;
148.2 rechts AKG, Berlin;
154.1 Corbis (Bettmann), Düsseldorf;

156.3b Corbis (Rykoff Collection), Düsseldorf;
156.4b AKG (RIA Nowosti), Berlin;
159.7 Corbis (Jacques Langevin), Düsseldorf;
161.8b Ullstein Bild GmbH, Berlin;
161.8c AKG, Berlin;
166.8 Bridgeman Art Library Ltd. (Musee Carnavalet), Berlin;
167.1 Picture-Alliance (epa/dpa), Frankfurt;
172.2 AKG, Berlin;
173.4a BPK, Berlin;
174.5 AKG, Berlin;
175.6c AKG, Berlin;
180.2 Historisches Museum (Ursula Seitz-Gray), Frankfurt;
181.3 BPK, Berlin;
182.4 AKG, Berlin;
183.5 Historisches Museum (Ursula Seitz-Gray), Frankfurt;
186.11 BPK, Berlin;
188.13a DHM, Berlin;
188.13b DHM, Berlin;
188.13c SPIEGEL-Verlag Rudolf-Augstein GmbH & Co. KG, Hamburg;
191.1 AKG, Berlin;
192.2 AKG, Berlin;
194.6 Ullstein Bild GmbH, Berlin;
198.3 Prof. Dr. Hilke Günther-Arndt, Berlin;
198.4 Ullstein Bild GmbH (Imagno), Berlin;
199.5 Interfoto, München;
200.6 Ullstein Bild GmbH (Archiv Gerstenberg), Berlin;
203.9 Edvard Munch, VG Bild-Kunst, Bonn 2008;
204.10 oben Interfoto, München;
204.10 unten AKG, Berlin;
206.14 Otto-von-Bismarck-Stiftung, Friedrichsruh;
207.16 Karl Stehle, München;
208.19 Otto-von-Bismarck-Stiftung, Friedrichsruh;
213.3 Ullstein Bild GmbH (Granger Collection), Berlin;
215.7 BPK, Berlin;
216 AKG, Berlin;
217.1 Süddeutsche Zeitung Photo, München;
217.unten Friedrich Ebert-Stiftung, Bonn;
219.2 VG Bild Kunst;
222.1 BPK, Berlin;
223.2 DHM, Berlin;
223.oben Corbis, Düsseldorf;
225.3 Ullstein Bild GmbH, Berlin;
225.oben AKG, Berlin;
226.4 Bayerische Staatsbibliothek, München;
227.7 Thomas Theodor Heine, VG Bild-Kunst, Bonn 2009, bpk-images, Berlin;
230 Ullstein Bild GmbH, Berlin;
232.3 Ullstein Bild GmbH (Archiv Gerstenberg), Berlin;
233 Ullstein Bild GmbH (Imagno), Berlin;
237.9 AKG, Berlin, VG Bild -Kunst;
239 DHM - Bildarchiv (Sebastian Ahlers), Berlin;
240 DHM, Berlin;
241.1 Rolf Ballhause, Privatarchiv, Plauen;
243 Picture-Alliance, Frankfurt;
244 AKG, Berlin;
245 Süddeutsche Zeitung Photo (Knorr + Hirth), München;
246.2 VG Bild-Kunst, Bonn 2008, Stiftung Archiv d. Akademie d. Künste;
248.6 AKG, Berlin;
249.10 Langewiesche-Brandt Verlag, Ebenhausen;
252.1 AKG, Berlin;
252.2 BPK, Berlin;
254.1 Bundesarchiv Koblenz 146/75/10/22;
255.2 Ullstein Bild GmbH (Meldepress), Berlin;
257.1 AKG, Berlin;
259.2 aus: Bergsträßer Anzeigeblatt 2.05.1924, Universitäts- und Landesbibliothek Darmstadt;
262.4 Bayerische Staatsbibliothek, München;
262.5 Steinheim-Institut, Duisburg;
264.1 Süddeutsche Zeitung Photo, München;
265 BPK, Berlin;
267 Picture-Alliance (dpa), Frankfurt;
268.3 BPK, Berlin;
272.2 DHM, Berlin;
275.1 Ullstein Bild GmbH, Berlin;
276.2 AKG, Berlin;
277.3 AKG, Berlin;
283.1 DHM, Berlin;
287.7 BPK, Berlin;
287.8 BPK, Berlin;
287.9 Sammlung Haus der Geschichte, Bonn;
292.1 Stadtarchiv, Baden-Baden;
294.3 BPK, Berlin;
296.4 Plakat einer Ausstellung des Fritz Bauer Instituts u. des Hessischen Rundfunks © hr, Frankfurt/M.;
297 Hamburger Institut für Sozialforschung, Hamburg;
299.13 Ullstein Bild GmbH, Berlin;
299.15 Stadtarchiv, Offenburg;
300.19 Stadtarchiv, Offenburg;
303.2 Archiv des Landeswohlfahrtsverbandes Hessen, Fotosammlung;
306 AKG, Berlin;
307.2 links Gedenkstätte Deutscher Widerstand, Berlin;
307.2 Mitte Gedenkstätte Deutscher Widerstand, Berlin;
307.2 rechts Gedenkstätte Deutscher Widerstand, Berlin
308.6 Gedenkstätte Deutscher Widerstand, Berlin

Alaska
K A N A D A
Grönland
dän.
Jan Mayen
1929 norw.
Reykjavik
ISLAND
1918 unabh. Kgr.
in Personalunion mit Dänemark
NORWEGEN
SCHWEDEN
Labrador
1927 neufundl.
NEUFUNDLAND
IRISCHER FREISTAAT
1921 Domin.
GROSS-BRIT.
London
DÄN.
Danzig
NL.
B.
L.
DEUTSCH. REICH
TSCH
ÖST.
UN
S.
Paris
FRANK-REICH
JUGO
Rom
ITALIEN
PORTU-GAL
SPANIEN
Quebec
Ottawa
Chicago
New York
Washington
San Francisco
Los Angeles
VEREINIGTE STAATEN
New Orleans
Azoren
port.
Tanger
internat.
Gibraltar
brit.
Malta
brit.
Bermuda-In.
brit.
Madeira
port.
Kanarische In.
span.
Liby
ita
Rio de Oro
Bahama-In.
brit.
MEXIKO
Habana
Atlantischer
Mexiko City
KUBA
Brit.-Hond.
Jamaika
brit.
H.
DOM. REP.
Jungfern In.
1917 USA
Franz. Westafrika
GUATEMALA
HONDURAS
EL SALVADOR
NICARAGUA
COSTA RICA
PANAMÁ
Guadelupe franz.
Martinique franz.
Kapverdische In.
port.
Dakar
Gambia
Port.-Guinea
Clipperton
1931 franz.
Curaçao
ndl.
Caracas
Trinidad
brit.
Sierra Leone
LIBERIA
Gold-Küste
Togo
Nigeria
VENEZUELA
Brit.-
Guayana
Ndl.-
Frz.-
KOLUMBIEN
Ozean
Kamerun
Rio Muni
Franz. Äquat
Galápagos-In.
ecuad.
ECUADOR
Fernando-Noronha-In.
bras.
Ascension
brit.
Pazifischer
B R A S I L I E N
PERU
Lima
Ango
St. Helena
brit.
BOLIVIEN
Süd-West-Afrika
Walfischbai
südafrikan.
Rio de Janeiro
Sao Paulo
PARAGUAY
Ozean
Sala y Gómez
Oster-I.
chil.
CHILE
URUGUAY
Kapstadt
Buenos Aires
Montevideo
Santiago
ARGENTINIEN
Tristan da Cunha
brit.
Gough-I.
brit.
Staaten mit Kolonialbesitz
Belgien
Dänemark
Frankreich
Großbritannien
Italien
Japan
Niederlande
Portugal
Spanien
USA
Mandatsgebiete des Völkerbundes 1920
IRAK 1918 – 1939 unabhängig gewordene Staaten
Falkland-In.
brit.
Südgeorgien
brit.
Bouvet-I.
1929 norw.
Südsandwich-In.
brit.
Südshetland-In.
brit.
Südorkney-In.
brit.

Mohntinte

Alte Nutzpflanzen
wieder entdeckt

Traditionelles Wissen für den Alltag

DR. GERTRUD SCHERF

blv

Heimische Wildpflanzen als Nutzpflanzen

In fast allen Lebensbereichen ist der Mensch auf Pflanzen angewiesen – dies galt früher in noch stärkerem Maß als heute, da Pflanzen und Pflanzenprodukte vielfach durch synthetische Erzeugnisse ersetzt werden und von der einst unverzichtbaren technischen Nutzung vieler heimischer Pflanzen nur noch manche Namen wie Besenheide, Färberginster, Glaskraut, Korbweide, Seifenkraut oder Zinnkraut erzählen.

Schriftliche Quellen zu den früheren Nutzungen sind spärlich. Anders als mit dem arzneilichen Gebrauch haben sich die Gelehrten mit der technischen Verwendung eher selten – meist in Notzeiten – befasst. Wissen und Können wurden in Familie und Haushalt, in Landwirtschaft und Gewerbe meist mündlich weitergegeben. In der Gegenwart erinnern sich nur noch manche ältere Leute an eigene Erfahrungen oder an Erzählungen der Eltern oder Großeltern.

Dieses alte Wissen sollte nicht verloren gehen, weil es ein interessanter Teil unserer Kulturgeschichte ist, weil es das Leben, die Fertigkeiten und manche Mühsal unserer Vorfahren näher bringt und weil es eine lebendige und achtsame Beziehung zu den Pflanzen erleben lässt.

Auch zu praktischem Tun kann dieses Wissen anregen – um alte Verfahren nachzuerleben, manchmal auch, um heute noch sinnvolle Nutzungen zu erkunden und anzuwenden.

Daher ein Appell an die Leserinnen und Leser: Bitte teilen Sie der Autorin unter gertrud.scherf@gmail.com gegebenenfalls Ihr Wissen um frühere Nutzungen mit.

Technischer Nutzen, Ersatzmittel, Kinderspielzeug

Während das Holz der Bäume in der Gegenwart noch immer vielfältig verwendet wird, sind andere Nutzpflanzen und viele technische Einsatzmöglichkeiten längst vergessen. Heimische Pflanzen lieferten Farbstoffe zum Färben von Gegenständen, insbesondere Textilien, sie spendeten Spinnfasern und Flechtmaterial, wurden zum Putzen, Bürsten und Scheuern, zum Wäschewaschen sowie zur Abwehr von tierischen Schädlingen genutzt. Hinzu kamen Pflanzenprodukte für andere technische Nutzungen wie Gerbematerial oder Klebstoffe. Aus heimischen Pflanzen stellte man Ersatz für Nahrungs- und Genussmittel her, und eine ganz besondere praktische Anwendung fanden viele Pflanzen im Spiel der Kinder.

Gerber. Hausbuch der Mendelschen Zwölfbrüderstiftung (Stadtbibliothek Nürnberg), Nürnberg, um 1425.

Die Nutzpflanzen stammten meist aus der Heimatnatur. Man hat sie oder ihre verwendbaren Teile gesammelt, einige auch im Garten oder auf Feldern angebaut. Durch züchterische Veränderungen erblich bedingter Eigenschaften wurden manche dieser Nutzpflanzen auch zu Kulturpflanzen wie beispielsweise die Wegwarte.

Einige Nutzpflanzen kamen aus der Ferne nach Mitteleuropa: als Alteinwanderer in vor- oder frühgeschichtlicher Zeit wie der Klatschmohn und die Kornrade, oder sie wurden in der Neuzeit (ab ca. 1500) eingeführt wie die Rosskastanie. Etliche, etwa Färberröte, Waid oder Weberkarde, waren bereits Kulturpflanzen, als man sie nach Mitteleuropa brachte. Sie wurden hier angebaut, gelangten in die heimische Flora und verwilderten teilweise. Ab dem 18. und 19. Jahrhundert führte man zunehmend Produkte tropischer und subtropischer Nutzpflanzen ein, ehe auch sie durch synthetische Produkte ersetzt wurden.

Die meisten Nutzpflanzen gehören zur Gruppe der Samenpflanzen, aber auch manche Sporenpflanzen wie der Ackerschachtelhalm, bestimmte Farne und Moose sowie etliche Algen, Pilze und Flechten wurden technisch genutzt.

Meist verwendete man nicht die gesamte Pflanze, sondern nur bestimmte Teile, etwa beim Seifenkraut den Wurzelstock, beim Färberginster die Blüten und jungen Zweige, beim Pfeifengras den Halm oder beim Färberwaid die Blätter. Bei manchen Pflanzen wie der Eiche sind mehrere Teile verwendbar.

Anbauen, kaufen, sammeln

Viele der in diesem Buch vorgestellten Nutzpflanzen lassen sich im Garten anbauen (siehe dazu jeweils Hinweise in den Porträts). In Apotheken oder im Kräuterfachhandel erhalten Sie eine ganze Reihe von getrockneten Pflanzenteilen (Drogen). Im Anhang finden Sie einige Bezugsquellen.
Die Porträts sollen auch das Aufsuchen der Pflanzen in der Natur erleichtern. Falls Sie Pflanzen für eine Verwendung sammeln wollen, beachten Sie bitte die folgenden Hinweise.

- Nur sicher erkannte Pflanzen sammeln, da Verwechslungen mit giftigen Pflanzen lebensbedrohliche Folgen haben können.
- Keine gesetzlich besonders geschützten Pflanzen sammeln
- Pflanzen, die nach der Roten Liste in Deutschland regional oder überregional gefährdet sind, nicht in einer betroffenen Region oder überhaupt nicht sammeln. Auch in Österreich oder in der Schweiz geben Rote Listen Auskunft über die Gefährdung.

Manche Nutzpflanzen wie die Färberhundskamille (vorn links) lassen sich problemlos im Garten anbauen und sind zudem dekorativ.

- Behutsam und nur die benötigten Mengen sammeln, Tiere oder andere Pflanzen nicht zertreten. So sammeln, dass die Pflanze weiterleben kann; daher unterirdische Pflanzenteile nur in Ausnahmefällen ausgraben.
- Auf Privatgrundstücken nur mit Genehmigung des Eigentümers sammeln. Wiesen dürfen von April bis Ende Oktober nur auf vorhandenen Wegen betreten werden.
- Insbesondere für Verzehr oder innerliche Anwendung: nur äußerlich saubere und unbelastete Pflanzen sammeln – also nicht in der Nähe stark befahrener Straßen, an häufig benutzten Wegen, an Bahndämmen, in Industriegebieten, auf Fabrikgelände oder an frisch gedüngten oder mit Pestiziden behandelten Äckern und Wiesen. Im Wald wird im Allgemeinen nicht flächig gespritzt. Im Zweifelsfall bei Waldbesitzer oder Forstamt nachfragen, ob an der betreffenden Stelle Pflanzenschutzmittel eingesetzt wurden. Von gelagerten Nadelhölzern (oft gegen Borkenkäferbefall behandelt) beim Sammeln Abstand halten.
- Nicht am Rand von Viehweiden oder an Gewässern neben Viehweiden sammeln, da dort die Gefahr einer Infektion mit Larvenstadien des Großen Leberegels droht. Vor einer Infektion mit den Eiern des Kleinen Fuchsbandwurms, mit dem vor allem bodennahe Pflanzenteile verunreinigt sein können, kann das Trocknen oder Erhitzen des Sammelguts auf mindestens 60 °C schützen.
- Zur richtigen Zeit sammeln: Blätter und Sprosse jung, Blüten kurz nach dem Aufblühen, Früchte kurz vor oder während der Vollreife, Wurzelstöcke und Wurzeln am Ende der Wachstumsperiode im Herbst oder im Frühjahr.

Wegen des großen Bedarfs hielten früher die Apotheken in stärkerem Maß als heute die getrockneten Teile verschiedenster Nutzpflanzen vor (Dauerausstellung Sell'sche Apotheke im Stadtmuseum Deggendorf).

Fachbegriffe und Namen

Ähre Lang gestreckter Blütenstand mit sitzenden Einzelblüten.

Albertus Magnus (um 1200 bis 1280), Graf von Bollstädt, Dominikanermönch, Bischof von Regensburg, galt als der größte Gelehrte des Mittelalters. Er befasste sich unter anderem mit Pflanzen und ihrer arzneilichen und sonstigen Nutzung.

Beere Die in allen Teilen fleischige Fruchtwand umschließt meist mehrere Samen.

Capitulare de villis Um 800 von Karl dem Großen erlassene »Verordnung über die Krongüter und Reichshöfe«; enthält eine Liste mit Nahrungs-, Heil- und Nutzpflanzen, die auf den Königsgütern angebaut werden sollten.

Dolde Schirmförmiger Blütenstand, bei dem die gleich lang gestielten Blüten von einem Punkt ausstrahlen. Bei **zusammengesetzten Dolden** enden die Doldenstrahlen 1. Ordnung mit **Döldchen.** Die Tragblätter der Doldenstrahlen 1. Ordnung werden als **Hülle,** die der Döldchenstrahlen als **Hüllchen** bezeichnet.

1-geschlechtig Die Blüte enthält entweder nur Staubblätter (männliche Blüte) oder nur Fruchtknoten (weibliche Blüte).

1-häusig Die Individuen einer Art tragen Zwitterblüten oder 1-geschlechtige Blüten beiderlei Geschlechts.

Fiederspaltig Ein ungeteiltes Blatt ist links und rechts der Mittelrippe nicht allzu tief eingeschnitten.

Fiederteilig Ein ungeteiltes Blatt ist links und rechts der Mittelrippe tief eingeschnitten.

Gefiedert Ein Blatt ist aus mehreren Teilblättern (Blattfiedern, Abschnitte, Blättchen) zusammengesetzt:
doppelt/mehrfach gefiedert Die Blattfiedern sind ihrerseits gefiedert. Es gibt Fiedern 1., 2. usw. Ordnung.
3-zählig gefiedert Das Blatt ist aus nur 1 Fiederpaar und 1 Endfieder zusammengesetzt.

Gegenständig Blattstellung, bei der sich an jedem Knoten 2 Blätter gegenüberstehen.

Hildegard von Bingen (1098 bis 1179), Benediktineräbtissin, ordnete in ihren naturkundlich-medizinischen Schriften Pflanzen, Elementen, Bäumen, Steinen, Tieren, Metallen Heilkräfte und Verwendung zu.

Hülse Frucht der Schmetterlingsblütler, die sich an Bauch- und Rückennaht öffnet und die Samen freigibt.

Kätzchen Ährenartiger, meist hängender Blütenstand, der unscheinbare, entweder nur männliche oder nur weibliche Blüten enthält.

Kapselfrucht Springt mit einem Deckel auf (Deckelkapsel) oder streut die Samen durch Poren (Porenkapsel) oder Auseinanderweichen der Fruchtwände (Spaltkapsel) aus.

Kraut 1. Botanisch: Pflanze mit unverholzten oberirdischen Sprossteilen. 2. Arzneiliche oder sonstige Nutzung: oberirdische Teile einer Arznei- oder Nutzpflanze.

Kräuterbücher der frühen Neuzeit Im 16. Jahrhundert erstmals gedruckte, später oft in weiteren Auflagen erschienene Bücher über Wild- und Kulturpflanzen und ihre arzneilichen und sonstigen Eigenschaften, Wirkungen und Nutzungsmöglichkeiten. Besonders wichtig sind die Werke der als »Väter der deutschen Botanik« verehrten Autoren: Otto Brunfels (1488 bis 1534), Hieronymus Bock (1498 bis 1554) und Leonhart Fuchs (1501 bis 1566).

Konrad von Megenberg (1309 bis 1374) Domherr in Regensburg und Professor in Paris, schrieb mit dem »Buch der Natur« die erste Naturgeschichte in deutscher Sprache.

Nebenblätter Seitliche Auswüchse am Blattgrund.

Nuss Die in allen Teilen harte Fruchtwand öffnet sich bei der Reife nicht und umschließt meist 1 Samen.

Rispe Mehrfach verzweigte Traube, deren Seitensprosse Endblüten tragen.

Röhrenblüte Einzelblüte der Korbblütler mit 5-spaltiger, röhrenförmiger Krone.

Rote Liste Artenverzeichnis ausgestorbener und gefährdeter Tier- und Pflanzenarten in einem politisch umgrenzten Gebiet wie der Bundesrepublik Deutschland oder einem Bundesland. Wichtige Kategorien sind:
0 = ausgestorben oder verschollen,
1 = vom Aussterben bedroht,
2 = stark gefährdet, 3 = gefährdet.

Schote Frucht der Kreuzblütler, die sich mit 2 Längsspalten öffnet und eine Scheidewand enthält, an der die Samen noch längere Zeit stehen bleiben. Eine Schote, die höchstens 3-mal so lang wie breit ist, heißt Schötchen.

Steinfrucht Die außen meist fleischige, innen steinartig harte Fruchtwand umschließt meist 1 Samen.

Tragblatt Blatt, aus dessen Achsel ein Seitenspross oder eine Blüte wächst.

Traube Lang gestreckter Blütenstand mit gestielten Einzelblüten.

Trugdolde, Scheindolde Äußerlich einer Dolde ähnelnder Blütenstand, dessen ungleich lang gestielte Einzelblüten nicht von einem Punkt ausstrahlen.

Wurzelstock Unterirdische Sprossachse vieler Stauden, die Wurzeln trägt und alljährlich neue oberirdische Sprosse ausbildet; dient der Nährstoffspeicherung und der ungeschlechtlichen Vermehrung.

Zungenblüte Einzelblüte der Korbblütler mit einseitig verlängerter, zungenförmiger Krone.

2-häusig Die Individuen einer Art tragen entweder nur männliche oder nur weibliche Blüten.

Zwitterblüte Die Blüte enthält sowohl Staubblätter als auch Fruchtknoten.

Pflanzenporträts

Ausgewählt wurden Holzgewächse (Bäume, Sträucher) und krautige (in den oberirdischen Sprossteilen unverholzte) Pflanzen, die

- in Mitteleuropa als Wildpflanzen heimisch sind oder als Kulturpflanzen zumindest an einigen Stellen verwildert in der Flora Mitteleuropas vorkommen
- und als frühere Nutzpflanzen mindestens 1 der nachfolgend genannten 7 Gruppen zugehören: 1. Färbepflanzen, 2. Pflanzen für die Wäschepflege, 3. Ersatzpflanzen, 4. Reinigende Pflanzen, 5. Faserpflanzen, 6. Pflanzen zur Abwehr von Schädlingen und Lästlingen, 7. Pflanzen im Kinderspiel.

Die meisten Pflanzen gehören mehreren Nutzungsbereichen an, sodass eine – nicht immer ganz objektive – Zuordnungsentscheidung nötig war.

Den Porträts jedes Nutzungsbereichs sind allgemeine Informationen vorangestellt. Das Herzstück des Porträts ist jeweils die Rubrik **Haushalt, Handwerk, Kinderspiel.** Bedenken Sie: Nicht alle früheren Nutzungen gelten heute als gefahrlos! Informationen gibt es außerdem über die **Familienzugehörigkeit** der Pflanze, ihre **Volksnamen** sowie wichtige äußere **Merkmale**. Die **Lebensdauer** mehrjähriger Pflanzen beträgt mehrere bis viele Jahre. Zu ihnen gehören die Holzgewächse und die mehrjährigen Kräuter (Stauden). 1-jährige Kräuter überdauern als Samen und blühen, fruchten und sterben im 1. Jahr. 2-jährige Kräuter überdauern häufig mit einer im 1. Jahr gebildeten Blattrosette und blühen, fruchten und sterben im 2. Jahr.

Eine eventuelle **Giftigkeit** wird als »giftig«, »stark giftig« (es drohen schwere Vergiftungserscheinungen) und »sehr stark giftig« (in geringen Mengen bereits lebensbedrohend) beschrieben. Mit **Achtung!** sind Warnungen hinsichtlich der Verwendung der Pflanze gekennzeichnet.

Unter **Vorkommen** sind häufige Standorte der Pflanze und ihre Verbreitung in Mitteleuropa angeführt: »häufig« (lückenlose Verbreitung), »verbreitet« (regionale Lücken), »zerstreut« (größere regionale Lücken) oder »selten« (nur an wenigen Stellen). Gegebenenfalls wird auf die Gefährdung und den Schutzstatus der Pflanze hingewiesen. Auch Ansprüche an einen Standort im Garten sind vermerkt.

Die knapp formulierten Angaben zur Verwendung als **Heilpflanze** – wenn nicht anders angegeben sind stets die getrockneten Pflanzenteile gemeint – sind nicht als Behandlungshinweise gedacht. Das Porträt beenden Informationen zu **Geschichte, Mythos, Magie.**

Im Spätsommer überzieht blühendes Heidekraut manche Moor- oder Heideflächen mit feierlichem Rotviolett.

Färbepflanzen

Von Pflanzenfarbstoffen und Färbepflanzen

Über Jahrtausende verwendeten die Menschen Naturfarbstoffe, um Fasern, Textilien, andere Materialien und Gegenstände oder auch den eigenen Körper zu färben. Anorganische Farbstoffe erhielt man etwa aus Mineralien, beispielsweise Malachit (Grün) oder Lapislazuli (Blau). Organische Farbstoffe lieferte das Tierreich – zum Beispiel Purpur aus der Purpurschnecke – und in weit größerem Umfang das Pflanzenreich. Zahllose Pflanzen enthalten färbende Inhaltsstoffe. Wichtige Farbstoffgruppen in Pflanzen sind in der Tabelle S. 14 aufgeführt.

Zum Färben von Fasern oder Textilien eignen sich nur verhältnismäßig wenige Pflanzen. Diese nennt man Färbepflanzen. Einstige Kulturpflanzen, die noch heute – meist selten – in der Wildflora anzutreffen sind, erzählen mit ihren Namen von ihrer früheren Verwendung. In Porträts vorgestellt werden Färberginster, Färberhundskamille, Färberwau, Färberröte, Färberwaid. Rot färbte man etwa auch mit Färberdistel *(Carthamus tinctorius)* und Färbermeier *(Asperula tinctoria)*, gelb mit der Färberscharte *(Serratula tinctoria)*. Die Hausfrauen färbten Textilien vor allem mit Hilfe verschiedener heimischer Wildpflanzen. Neben den im Buch genannten gehörten dazu unter anderem Echtes Johanniskraut *(Hypericum perforatum)*, Gewöhnliche Schafgarbe *(Achillea millefolium)*, Faulbaum *(Frangula alnus)*, Liguster *(Ligustrum vulgare)* sowie manche Farne und Flechten.

Mit einigen Pflanzen ist eine **direktziehende Färbung** möglich: Der Farbstoff verbindet sich in wässeriger erhitzter oder kochender Lösung ohne Zusätze mit dem zu färbenden Stoff. Um einigermaßen licht- und waschechte Färbungen zu erzielen, ist in den meisten Fällen **Beizenfärbung** erforderlich, bei der das Färbegut durch Beizen mit Metallsalzen vorbehandelt wird. Deren Ionen lagern sich an Fasern und Farbstoffe an und ermöglichen so weitgehend beständige Farbverbindungen.

Vermutlich mit Färberröte arbeitet dieser Rotfärber. Hausbuch der Landauerschen Zwölfbrüderstiftung (Stadtbibliothek Nürnberg), Nürnberg, um 1521.

Wichtige Farbstoffgruppen in Pflanzen

Farbstoffgruppe	Farbe	Beispiele für Pflanzen
Anthocyane (Untergruppe der Flavonoide)	rot, violett, blau	Wilde Malve (Blüten) Schlehdorn (Früchte)
Anthrachinone (z. B. Alizarin)	rot	Färberröte (Wurzelstock, Wurzel) Echtes Labkraut (Wurzelstock, Wurzel)
Betalaine	rot, rotviolett	Kermesbeere (Früchte) Rote Bete (Rübe)
Carotinoide	gelb, orange, rot	Hundsrose (Hagebutten) Safran (Narben)
Chlorophylle	grün	grüne Pflanzenteile (insbesondere Laubblätter)
Flavone (Untergruppe der Flavonoide)	weißlich, gelb, gelbgrün	Färberginster (Blüten) Färberwau (Blüten)
Indigo	blau (in der Pflanze als farblose Vorstufe Isatan bzw. Indican)	Färberwaid (Blätter) Indigostrauch (Blätter)

Verschieden gefärbte Tinten verwendet hier der Evangelist Johannes. Formbacher Bibel, Kloster Formbach (Staatliche Bibliothek Passau).

Mit Hilfe verschiedener Beizmittel – einige davon sind giftig – können auch unterschiedliche Farbtöne erzielt werden. Häufig gebraucht und ungiftig ist Alaun (Kaliumaluminiumsulfat). Komplizierter ist die **Küpenfärbung,** die beim Blaufärben mit Waid (siehe S. 24) oder mit synthetischem Indigo und anderen synthetischen Farbstoffen erforderlich ist.

Im 18. und 19. Jahrhundert wurden immer mehr Farbstoffe tropischer und subtropischer Pflanzen importiert wie beispielsweise Haematoxylin aus dem Blauholz des Campechebaums *(Haematoxylum campechianum)* oder Alkannarot aus der Wurzel des Alkannastrauchs *(Alkanna tinctoria).* Als im 19. Jahrhundert synthetisch erzeugte Farbstoffe aufkamen, die technisch oft besser und zudem preiswerter waren, gerieten die Färbepflanzen zunehmend in Vergessenheit. Einfacher als das Färben von Textilien ist das von Speisen und Getränken. Es ist heute kaum mehr üblich, während es im Mittelalter und der frühen Neuzeit unverzichtbar erschien. Man färbte mit heimischen Wildpflanzen und mit vorrangig für andere Zwecke angebauten Kulturpflanzen, beispielsweise rot mit Stockrose *(Alcea rosea)* und giftiger Kermesbeere *(Phytolacca americana)*, braun mit der Küchenzwiebel *(Allium cepa)*, grün mit Petersilie *(Petroselinum crispum)* oder Spinat *(Spinacia oleracea)*, gelb mit Safran *(Crocus sativus).* Verschiedene Wild- und Kulturpflanzen bieten sich zum noch heute beliebten Ostereierfärben an.

Tinte, eine gefärbte Schreibflüssigkeit, hat man früher ebenfalls meist aus pflanzlichen Grundstoffen hergestellt.

Färberhundskamille

Anthemis tinctoria

Familie: Korbblütler *(Asteraceae)*.

Volksnamen: Färberkamille.

Merkmale: Der graufilzig behaarte Stängel ist oben meist verzweigt. Die doppelt fiederteiligen Blätter haben schmale, kammförmig fiederspaltige Abschnitte und sind unterseits graufilzig behaart. Endständig erscheinen die von mehrreihigen Hüllblättern umgebenen Blütenköpfe. Die zentralen goldgelben Röhrenblüten sind zwittrig, die goldgelben bis hellgelben Zungenblüten weiblich.
Blüte: Juni bis September.
Höhe: 20–60 cm.
Lebensdauer: Mehrjährig.

Vorkommen: Trockenrasen, Dämme; zerstreut bis selten; regional gefährdet. Im Garten mag die anspruchslose Färberkamille einen sonnigen bis halbschattigen Platz und eher magere Erde.

Haushalt, Handwerk, Kinderspiel: Mit ihren durch Flavone leuchtend gelb gefärbten Blütenköpfen ist die Färberkamille eine alte Färbepflanze (Anleitung S. 119). Boehmer (1794) lobt ihre Färbewirkung (gegenüber der ebenfalls zum Gelbfärben verwendeten Echten Kamille):

Uebrigens ist diese Pflanze der vorigen ziemlich ähnlich; die Blumen aber geben eine schönere hochgelbe oder citronengelbe Farbe auf Wolle. Die getrockneten Blumen werden in dieser Absicht in eben der Beitze gekochet, worinnen der zu färbende wollene Zeug oder Garn ist gebeitzet worden. Wenn man Nesselwurzel und etwas Alaun mit dieser Pflanze kochet, so erhält man die schönste gelbe Farbe.

Geschichte, Mythos, Magie: Die Färberhundskamille findet man manchmal in der Nähe von Burgen und Burgruinen, wo sie Zeugnis für ihren einstigen Anbau im Burggarten ablegt.

Die großen, leuchtend gelben Blütenköpfe der Färberhundskamille dienten zum Gelbfärben von Textilien.

Färberginster

Genista tinctoria

Familie: Schmetterlingsblütler *(Fabaceae)*.

Volksnamen: Farbblumen, Goldkraut, Witschen.

Merkmale: Die dornenlose Ginsterart hat holzige, aufrechte oder aufsteigende Stängel mit rutenförmigen, gefurchten, glänzend grünen Zweigen. Die lanzettlichen, kahlen, am Rand gewimperten Blätter tragen am Grunde kleine, schmal-lanzettliche Nebenblätter. In endständigen dichten Trauben erscheinen die gelben Blüten. Die Frucht ist eine meist kahle, flache Hülse. Stark giftig (Alkaloide).
Blüte: Juni bis August.
Höhe: 30–60 cm.
Lebensdauer: Mehrjährig (Strauch).

Vorkommen: Trockene Magerwiesen, Moorwiesen, lichte Eichen- und Kiefernwälder; verbreitet; regional gefährdet. Im Garten braucht der Färberginster einen sonnigen Platz mit trockenem, sandigem, eher nährstoffarmem Boden.

Haushalt, Handwerk, Kinderspiel: Über das Gelbfärben mit den Blüten und jungen Zweigen – sie enthal-

Die einst geschätzte Färbepflanze Färberginster wächst, heute meist unbeachtet, an manchen Säumen.

ten das Flavon Luteolin – schreibt Boehmer (1794):

Sowohl grün als getrocknet, kann man Zeuge damit gelb, auch grün färben, vornehmlich taugt es auf Wolle und gröbere Tücher. Mit Urin und Potasche erhält man eine beständige pomeranzengelbe Farbe. Eine hochgelbe Farbe und das bekannte Schuttgelb erhält man auch davon, wenn die Pflanze mit Kalchwasser gekocht und das abgekochte mit gestoßener Kreide und Alaun eingesotten wird. Auf blauen Grund giebt sie ein schönes Grün. Die blaue gefärbte Leinewand wird schön grüne, wenn man sie etlichemal in eine genugsame eingekochte Brühe eintauchet.

Müller (1900) bemerkt, dass der Färberginster nur noch zum Färben gröberer Garne verwendet werde. Früher hat man die Blütenknospen als Kapern-Ersatz, die gerösteten Samen als Kaffee-Ersatz genutzt.

Heilpflanze: Zubereitungen aus dem Kraut gegen Nierengrieß und zur Vorbeugung gegen Harnsteine. In der Volksmedizin zudem bei Herzbeschwerden, Verstopfung, rheumatischen Beschwerden.

Achtung! Wegen der starken Giftigkeit keine kulinarische Verwendung, keine Selbstbehandlung.

Geschichte: Als Färbepflanze hatte der Strauch in England größere Bedeutung als auf dem Kontinent. Berühmt war seit dem Mittelalter das »Kendalgrün«, das durch Überfärbungen mit Waid entstand.

Färberwau, Wau

Reseda luteola

Familie: Resedagewächse *(Resedaceae)*.

Volksnamen: Gilbkraut, Streichkraut, Waude.

Merkmale: Die Pflanze treibt im 1. Jahr nur eine Blattrosette. Im 2. Jahr erscheint der aufrechte Blütenstängel mit ungeteilten, linealen bis lanzettlichen Blättern. In einer Traube stehen die gelben Blüten. Die sitzende Kapselfrucht enthält viele Samen.
Blüte: Juni bis September.
Höhe: 60–120 cm.
Lebensdauer: 2-jährig.

Bis ins 19. Jahrhundert wurde der im Mittelmeerraum beheimatete Färberwau in Mitteleuropa angebaut.

Vorkommen: Wegränder, Schuttplätze; selten, aus früheren Kulturen verwildert. Im Garten bevorzugt Wau einen steinigen, kalkhaltigen, jedoch nicht zu mageren Boden.

Haushalt, Handwerk, Kinderspiel: Das Kraut (obere Pflanzenteile) diente aufgrund des enthaltenen Flavons Luteolin zum Gelbfärben, auf blauen Zeugen auch zum Grünfärben. Durch Kochen des getrockneten Krautes in Wasser erhält man ein Färbebad, in dem Wolle (Anleitung S. 119), Baumwolle und Seide je nach Vorbehandlung in verschiedenen Gelbtönen gefärbt werden können. Da die Farbe auf Wolle und Baumwolle wenig haltbar ist, man jedoch auf Seide mit Alaunbeizen licht- und seifenechte Gelb- und Grüntöne erhält, wurde Färberwau im 19. und bis ins 20. Jahrhundert weitgehend nur noch in der Seidenfärberei benutzt. Der Name »Streichkraut« weist auf die Verwendung als Malerfarbe hin: Man stellte aus ihm Schüttgelb her. Müller (1900) schreibt über Handel und Anbau von Färberwau:

Er kommt in den Handel in Bündeln aus Pflanzen von etwa einem halben Meter Länge, von denen die gelbgrünen, dünnstengeligen, reich mit Blüten besetzten vorgezogen werden. Man unterscheidet französischen Wau, aus der Gegend von Havre, Rouen, Paris und namentlich von Cette, welcher für den besten gilt; – englischen Wau aus Essex, dem französischen nachstehend, und deutschen Wau, aus der Gegend von Erfurt, Halle und Magdeburg.

Geschichte, Mythos, Magie: Archäologische Funde lassen vermuten, dass der in Südosteuropa und Westasien beheimatete Wau bereits im jungsteinzeitlichen Mitteleuropa als Färbepflanze kultiviert wurde. Albertus Magnus (13. Jh.) schreibt über »gauda«, dass es sich um eine Färbepflanze handele, die blaues Zeug grün und weißes gelb färbe. Bereits im 19. Jahrhundert ging der Anbau in Deutschland zurück, da Färberwau aus wärmeren Gebieten einen besseren Farbstoff gab. Mit dem Aufkommen synthetischer Farbstoffe verlor die Färbepflanze vollends ihre Bedeutung.

Färberröte, Krapp

Rubia tinctorum

Familie: Rötegewächse *(Rubiaceae)*.

Volksnamen: Türkisch Rot.

Merkmale: Dem roten Wurzelstock entsprießt der 4-kantige schlaffe Stängel. Dieser ist mit widerhakig gekrümmten Haaren besetzt, die das Emporklimmen an einem Halt ermöglichen. Solche Haare stehen auch am Rand und unterseits am Mittelnerv der ei-lanzettlichen Blätter, die zu 4– bis 6-zähligen Quirlen angeordnet sind. In end- und achselständigen Blütenständen erscheinen die kleinen blassgelben bis grünen Blüten.
Blüte: Juni bis August.
Höhe: 50–80 cm.
Lebensdauer: Mehrjährig.

Der Farbstoff Alizarin in Wurzelstock und Wurzeln der Färberröte machte diese zu einer von der Antike bis ins 19. Jahrhundert unverzichtbaren Färbepflanze.

Vorkommen: Selten verwildert aus ehemaligen Kulturen. Im Garten verlangt der frostempfindliche Krapp einen geschützten und sonnigen Platz sowie nährstoffreichen Boden.

Haushalt, Handwerk, Kinderspiel: Man färbte Leder, Wolle, Seide und Baumwolle mit Wurzelstock und Wurzeln – sie enthalten den Farbstoff Alizarin aus der Gruppe der Anthrachinone – rot. Man verwendete Krapp auch, um blau gefärbte Wolle zu überfärben und so ein Purpurrot zu erhalten, das billiger als das aus der Purpurschnecke gewonnene war. Färben mit Krapp war ein ziemlich aufwendiger und zeitraubender Vorgang. Insbesondere Baumwollgewebe musste entsprechend vorbehandelt werden: Im sogenannten Altrotverfahren wurde das Gewebe zunächst mit ranzigem Olivenöl getränkt, in dem Kaliumcarbonat (Pottasche) in wässriger Lösung aufgeschwemmt war, anschließend getrocknet und dann mit Aluminiumsulfat behandelt. Erst nach dieser Vorbeize konnte mit dem Färben begonnen werden. Bei Seide und Wolle (Anleitung S. 121) ist die Vorbehandlung einfacher. Je nach verwendeten Metallsalzen können unterschiedliche Rottöne erzielt werden.

Heilpflanze: Zubereitungen aus der Wurzel früher unter anderem zur Vorbeugung von Nierensteinen; heute nicht mehr zugelassen.

Achtung! Wegen erbgutverändernder und krebsfördernder Inhaltsstoffe Krappwurzel weder arzneilich noch zum Färben von Nahrungsmitteln wie Ostereiern verwenden.

Geschichte, Mythos, Magie: Der aus dem östlichen Mittelmeergebiet stammende Krapp wurde schon in der Antike als Färbepflanze verwendet. Plinius berichtet, dass »rubia« zum Färben des Leders und der Wolle unentbehrlich sei. Ein früher Nachweis in Europa ist ein Umhang aus krappgefärbter Wolle, in dem die Merowingerkönigin Arnegunde (gestorben etwa 570 n. Chr.) in Paris bestattet worden war. Im »Capitulare de villis« (um 800) ist der Anbau von »warantia« vorgeschrieben. Leonhart Fuchs schreibt in seinem Kräuterbuch (1543) über die »zam Rödte«, dass sie auf Feldern bei Hagenau, Speyer und Straßburg als Färbekraut angepflanzt würde. In Europa war Frankreich im Krappanbau führend, es gab aber auch Anbau in Deutschland, Österreich, Ungarn, Italien, Holland. Im 19. Jahrhundert dehnte sich der Krappanbau weltweit aus. Nachdem 1868 in Berlin den Chemikern C. Graebe und C. Liebermann die Synthese von Alizarin gelungen war, kam dieser billiger als das Naturprodukt herzustellende Farbstoff bereits 1871 in den Handel, was zu einem rapiden Rückgang von Verwendung und Anbau des Krapps führte.

Kleine Blüten und quirlförmig angeordnete Blätter sind für viele Angehörige der Familie der Rötegewächse wie die Färberröte kennzeichnend.

Heidelbeere, Blaubeere

Vaccinium myrtillus

Familie: Heidekrautgewächse *(Ericaceae).*

Volksnamen: Bickbeere, Schwarzbeere, Waldbeere.

Merkmale: Der aufrechte, kantige Stängel ist grün und ästig. Beiderseits grün sind die 2–3 cm langen, eiförmigen, zugespitzten, am Rand schwachgesägten Blätter. Ehe diese im Herbst abfallen, werden sie blutrot. Meist einzeln in den Blattachseln stehen die kugeligen, rötlichgrünen, etwa 5 mm breiten Blüten. Fruchtfleisch und Saft der kugeligen, blauschwarzen, hellblau bereiften Beeren sind dunkelrot.
Blüte: Mai bis Juni.
Früchte: Juli bis September.
Höhe: 15–50 cm.
Lebensdauer: Mehrjährig (Zwergstrauch).

Die saftigen und wohlschmeckenden Früchte der bodennah wachsenden und oft große Waldflächen überziehenden Heidelbeeren waren auch Färbemittel.

Vorkommen: Nadelwälder, bodensaure Laubwälder; häufig bis verbreitet. Im Garten bevorzugt die Heidelbeere einen sonnigen bis halbschattigen Platz und sauren Boden.

Haushalt, Handwerk, Kinderspiel: Die Anthocyane enthaltenden Früchte waren früher Färbemittel für Wein. So schreibt Troost (1884):

Die Beeren dienen auch zum Färben des Weines und sollen zu diesem Zwecke jährlich für 300.000 Mark getrocknete Beeren (oder ein weingeistiger Auszug derselben) von Deutschland nach Frankreich, besonders nach Bordeaux, gehen. Die Schwarzwälder erlösen jährlich gegen 20.000 Mark und mehr aus den von armen Leuten gesammelten Beeren. Der stärkste Handel damit wird wohl im Lüneburgischen (in manchen Jahren für 100.000 Mark und darüber) und in der Gegend von Harburg getrieben, von wo oft ganze Schiffsladungen nach Frankreich versendet werden. In Hamburg werden auch große Massen Heidelbeeren zum Färben des Weines verbraucht.

Boehmer (1794) erklärt das Färbeverfahren: Der aus zerquetschten Beeren gewonnene Saft wird mit Zucker versetzt und in Flaschen gefüllt. Diese stellt man an die Sonne, bis die Flüssigkeit zu gären beginnt. Sie wird abgeseiht, in neue Flaschen umgefüllt und im Keller gelagert. Dort gießt man sie nach Bedarf in größeren oder kleineren Mengen in den Wein. Zucker, Eis, das beliebte Blancmanger (eine kalte Süßspeise aus Mandelmilch) oder andere Speisen hat man noch im 19. Jahrhundert mit Heidelbeeren gefärbt. Auch Wolle kann mit Heidelbeeren gefärbt werden: ohne Vorbeize rötlichbraun (Anleitung S. 120), mit Alaunbeize violett, mit verschiedenen anderen Vorbeizen auch blau. Hieronymus Bock (1498–1554) erwähnt in seinem Kräuterbuch, dass die Karten- und Briefmaler sowie die Leinen- und Garnfärber unter Zumischung von Alaun und anderen Substanzen eine blaue Farbe herstellten. (Anleitung für das Färben von Ostereiern S. 122) Die Blätter dienten als Tee-Ersatz. Aus den Früchten wurde eine Art Brot gebacken. Dazu bemerkt Anfang des 18. Jahrhunderts Wolf Helmhard von Hohberg in »Georgica curiosa«:

Aus unsern gemeinen Heydel-Beeren kann man auch wohl ein Brod machen/weil sich ohne das/die armen Leut/auch andere/bey uns/zum öftermal an den Beeren allein satt essen. Und ist das Heydel-Beer-Brod/sonderlich in warmen Tagen/wan diese Beeren wachsen/welches durch seine kühlende Krafft/den Leib stärcket/nicht unbequem.

Die Früchte wurden und werden roh oder gekocht kulinarisch vielfältig verwendet. Das Beerensammeln war meist eine Aufgabe der Kinder. Es gibt viele Beerensammelreime und Beerenlieder, die beim Hinausgehen in den Wald, beim Sammeln und beim Heimkehren gerufen oder gesungen wurden. Ein Beispiel aus Schwaben:

Heidala, all's blau,
Bald dort und bald dau,
Bald hott und bald wist,
Heidala, wo bist?

Heidelbeerblätter waren bisweilen Gerbemittel.

Heilpflanze: Zubereitungen aus den Früchten äußerlich bei Entzündungen im Mund-Rachen-Raum, innerlich bei unspezifischen akuten Durchfällen.

Geschichte, Mythos, Magie:
Heidebeeren wurden in Mittel- und Nordeuropa seit Urzeiten gesammelt. Hildegard von Bingen äußert sich wie über andere bereits in vorchristlicher Zeit verwendete und vielleicht auch magisch-kultisch bedeutsame Pflanzen negativ.
Nach einer oberösterreichischen Sage wachsen Heidelbeeren an den Eingängen zur unterirdischen Zwergenwelt und schützen so die Zwerge und ihre Schätze. Bis ins 20. Jahrhundert gab es im Bayerischen Wald den vor allem von Kindern geübten Brauch, beim Pflücken entfallene Heidelbeeren (und andere Beeren) für die »Armen Seelen« liegen zu lassen oder 3 Beeren auf einem Stein oder Kreuz als Opfer niederzulegen.

Schlehdorn

Prunus spinosa

Familie: Rosengewächse *(Rosaceae)*.

Volksnamen: Dornschlehe, Schlehe, Schwarzdorn.

Merkmale: Die mit Dornen besetzten Zweige sind stark verästelt.
An älteren Sträuchern wird die dunkle Rinde längsrissig. Die kurz gestielten, eiförmig-lanzettlichen, scharf gesägten Blätter erscheinen nach den 5-zähligen, weißen, zart duftenden Blüten. Diese stehen einzeln und verteilen sich über die gesamte Zweiglänge. Die kugeligen schwarzblauen Steinfrüchte sind bereift.
Blüte: März bis Mai.
Früchte: September bis November.
Höhe: 1–3 m.
Lebensdauer: Mehrjährig (Strauch).

Schlehenfrüchte sind eine wichtige Nahrung für Wildtiere und, seit ältesten Zeiten, für den Menschen. Sie dienten auch zum Färben.

Vorkommen: Wald-, Feld- und Wegränder, Hecken, sonnige Hänge; verbreitet. Der anspruchslose Gartenbewohner eignet sich gut als Heckenpflanze.

Haushalt, Handwerk, Kinderspiel: Textilien hat man mit Rinde oder Wurzel rot oder braun, mit dem Saft der frischen Früchte bräunlich, mit getrockneten Früchten bläulich gefärbt. Die Schlehenrinde lieferte eine bräunliche Schreibflüssigkeit: die im Mittelalter verwendete sogenannte Dornentinte (Anleitung S. 125), die auch aus Weißdornrinde hergestellt wurde.

Boehmer (1794) schreibt über das Färben mit den Früchten:

Der Saft aus den frischen färbt auf Leinwand blaßbraun und so dauerhaft, daß durch das Waschen mit Seife und Lauge die Farbe sich nicht vermindert, vielmehr dunkler wird. Mit getrockneten kann man roth färben, diese Farbe aber wird durch das Waschen mit Seife in ein dauerhaftes blaßes Blau verwandelt. Durch den Zusatz von aufgelöstem Vitriol wird dieser Saft sowohl von frischen, als getrockneten, nicht geändert, legt man aber das damit geschriebene einige Tage in die freye Luft, so wird es schwarz und viel dauerhafter, als die Dinte aus Galläpfeln.

Die Blätter dienten als Tee-Ersatz. Schlehenfrüchte wurden – getrocknet, mit oder ohne Samen zerstoßen oder zermahlen – dem Brotmehl zugemischt. Sie lassen sich zu Kompott, Saft, Gelee, Marmelade, Likör, Wein verarbeiten. Schlehen pflanzt man zur Befestigung steiler Böschungen. Wurzel, Rinde und unreife Früchte wurden zum Gerben verwendet. Aus dem Holz hat man Spazierstöcke hergestellt. Mit den abgeschälten Dornen wurden mancherorts die frisch gefüllten Würste zugesteckt.

Am noch unbeblätterten Strauch erscheinen die weißen Blüten des Schlehdorns, verzaubern Hecken und Waldränder und locken Insekten an.

Heilpflanze: In der Volksmedizin Mus, Saft, Sirup aus den Früchten zur Anregung und Kräftigung, Tee aus den Blüten als sanftes, von Sebastian Kneipp besonders geschätztes Abführmittel.

Achtung! Die giftige Blausäure enthaltenden Steine nicht verzehren; stets als Ganze entfernen, nicht zerkauen, zermahlen oder zerquetschen.

Geschichte, Mythos, Magie: Seit alten Zeiten werden die Früchte als Nahrungsmittel gesammelt; man hat sie in jungsteinzeitlichen Pfahlbauten gefunden. Als dornenbewehrte Hagpflanze schützte der Schlehdorn Haus und Dorf. Ortsnamen wie Schlehdorf oder Schlehenberg weisen auf die einstige Bedeutung des Strauchs hin. Verbreitet war der Volksglaube, dass das Verschlucken der ersten 3 Schlehenblüten das Jahr über vor Fieber bewahre. Viele Schlehenfrüchte kündigen einen strengen Winter und reichen Kindersegen an.

Schwarzerle, Roterle

Alnus glutinosa

Familie: Birkengewächse *(Betulaceae).*

Volksnamen: Eller, Holzschuhbaum, Irl.

Merkmale: Die Rinde ist schwarzbraun und rissig. Vorn stumpf oder ausgerandet, am Rand schwach gesägt sind die rundlich-eiförmigen Blätter. Knospen und junge Blätter sind klebrig. Männliche und weibliche Kätzchen stehen an denselben Zweigen. Die weiblichen Kätzchen sind gestielt, grün, rundlich und verholzen zu den dunklen Fruchtzapfen, die im Frühjahr des nächsten Jahres abfallen.
Blüte: Februar bis April.
Höhe: 10–25 m.
Lebensdauer: Mehrjährig (Laubbaum).

Vorkommen: Bachufer, Au- und Bruchwälder, Gräben, Moore; verbreitet.

Haushalt, Handwerk, Kinderspiel: Mit der gerb- und farbstoffreichen Rinde des traditionellen Färbebaums färbte man in Rot- und Gelbtönen und besonders auch in – sonst nicht leicht herstellbarem – Schwarz. Allerdings merkt Boehmer (1794) dazu kritisch an:

Mit der Erlenrinde, einige Tage in Wasser eingeweichet und mit altem rostigem Eisen versetzet,

An Gewässern und feuchten Stellen wie Bachsäumen sind Schwarzerlen, oft auch vergesellschaftet mit Weiden und Pappeln, häufig landschaftsprägend.

eine schwarze Farbe zu verfertigen, ist zwar gewöhnlich, aber nicht zu empfehlen, indem die auf solche Weise behandelte Waare sehr ungleich gefärbet wird und gemeiniglich Flecke bekömmt. Die Hutmacher können die Rinde zum Schwarzfärben der Hüte nicht füglich entbehren.

Auch die Fruchtzapfen dienten zum Schwarzfärben, ferner als Zusatz zur Tinte, um ihr eine schöne blaue Farbe zu geben.
Die klebrigen jungen Blätter sollten, an Reisern in Saaten gesteckt, Erdflöhe und sonstige Schädlinge festhalten. Als Fliegen- und Mückenfallen hat man sie in Wohnräumen und Hühnerställen ausgelegt.
Mit der Rinde wurde Leder gegerbt, nachdem man aus ihr den roten, das Leder zu stark färbenden und brüchig machenden Farbstoff entfernt hatte.
Erlenholz ist ein eher schlechtes Brennholz. Es wird im Wasser hart und widerstandsfähig und eignet sich daher vor allem für den Wasser- und Grubenbau. Auch diente es für verschiedene Drechslerarbeiten, als Mahagoni- oder Ebenholz-Ersatz sowie für die Herstellung von Zigarrenkisten, Papier und Holzkohle. Mancherorts hat man daraus Holzschuhe gefertigt.

Geschichte, Mythos, Magie: Vor Schäden durch Feuer suchte man sich in Mecklenburg zu schützen, indem man aus abgeschnittenen, 1 Jahr lang verwahrten Erlenzweigen Kränze verfertigte. Diese, im Bedarfsfall ins Feuer geworfen, sollten es rasch verlöschen lassen.
Die feuchten, meist eher düsteren Wuchsorte von Schwarzerlen legten im Volksglauben eine Verbindung zu zauberischen Wesen wie Hexen und Elfen nahe. Allerdings entstand der »Erlkönig«, der in Goethes gleichnamigem Gedicht eine verhängnisvolle Rolle spielt, durch einen Fehler Johann Gottfried Herders, der das dänische »ellerkonge« mit Erlenkönig statt mit Elfenkönig übersetzte.

Aus den weiblichen Blütenkätzchen der Schwarzerle entstehen verholzende, rundliche Fruchtzapfen. Diese dienten wie die Rinde zum Schwarzfärben.

Färberwaid, Waid

Isatis tinctoria

Familie: Kreuzblütler *(Brassicaceae).*

Volksnamen: Deutscher Indigo.

Merkmale: Im 1. Jahr erscheint nur eine Rosette länglich-lanzettlicher, weich behaarter Blätter. Im 2. Jahr bildet sich ein Stängel, der sich in der oberen Hälfte verzweigt. Die Stängelblätter sind schmal, blaugrün, kahl; die oberen haben herz-pfeilförmigen Grund. In rispig verzweigten Trauben erscheinen die kleinen gelblichen Blüten. Die Früchte sind flache, länglich-ovale, bei der Reife dunkelviolette Schötchen mit nur 1 Samen.
Blüte: Mai bis Juli.
Höhe: 50–140 cm.
Lebensdauer: 2-jährig.

Vorkommen: Felsen, Trockenrasen, Wegränder; selten bis zerstreut aus ehemaligen Kulturen verwildert und eingebürgert. Im Garten braucht Waid einen sonnigen bis halbschattigen Platz mit lehmigem, nährstoffreichem, eher trockenem Boden.

Haushalt, Handwerk, Kinderspiel: Die geernteten Rosettenblätter wurden gewaschen, getrocknet und in Waidmühlen zu einer breiartigen Masse zerquetscht. Frauen und Kinder formten aus dem Brei kleine Ballen, die man getrocknet in

die Stadt zum Verkauf brachte. Die Waidhändler erwarben diese Ballen, lagerten sie in Waidhäusern ein und ließen sie im Herbst und Winter von Waidknechten zu Pulver verarbeiten. Im Verlauf der mühsamen, von üblen Düften begleiteten und über mehrere Monate sich erstreckenden Prozedur kam es zur Fermentation, bei der die in den Blättern enthaltene farblose Vorstufe, das Isatan, durch das Enzym Isatase in das ebenfalls farblose Indoxyl und Zucker gespalten wurde. Unter Einwirkung des Luftsauerstoffs verbanden sich jeweils 2 Indoxylmoleküle zum blauen Farbstoff Indigo. Das fertige Indigopulver wurde zu Handelsorten und Textilbetrieben in ganz Europa geliefert.
Indigo ist ein Küpenfarbstoff. Er ist nicht wasserlöslich, die Färbung beruht auf einem Reduktions- und einem anschließenden Oxidationsprozess. Die Reduktion fand früher in Holzbottichen (Küpen) statt. Neben dem Farbstoff gab man etwa auch Kuhmist, Urin oder Pottasche in die Küpe, um das für die Reduktion nötige alkalische Milieu zu erzeugen. Durch Gärung entstand in der Küpe das Reduktionsmittel Wasserstoff, und der Farbstoff wurde in eine wasserlösliche Leukoverbindung umgewandelt. In die übel riechende gärende Brühe wurden die zu färbenden Textilien getaucht. Sie waren zunächst ungefärbt und wurden, an der Luft ausgebreitet, erst nach einigen Stunden – durch Oxidation des Leukoindigos – blau. Da man die Färbung meist an einem Montag vornahm, entstanden die Redewendungen vom »blauen Montag« und vom »blaumachen«. Für die Küpenfärbung eignen sich am besten Woll-, Baumwoll- und Leinenfasern. Unterschiedliche Blautöne sowie Grün- und Brauntöne erzeugte man durch Zugabe von Krapp.
Heute gewinnt man insbesondere in Thüringen aus Waidsamen Öl für die kosmetische Industrie. Aus dem Waidsaft mit seinen pilz- und insektenhemmenden Inhaltsstoffen werden Imprägnierungen sowie Anstrich-, Lasur- und Fassadenfarben hergestellt.

Heilpflanze: In der Antike und bis in die frühe Neuzeit als Heilmittel etwa bei Wunden oder gegen das durch Vergiftung mit Mutterkorn hervorgerufene Antoniusfeuer. Neue Forschungen zur arzneilichen Verwendung

Im 1. Jahr bildet Waid eine Blattrosette aus, die – mehrmals im Jahr – geerntet wird. Blütenstängel, Blüten und Früchte erscheinen im 2. Standjahr.

von Waid, insbesondere auch in der Krebstherapie oder zur entzündungshemmenden Anwendung, haben erste Ergebnisse gebracht, sind aber noch nicht abgeschlossen.

Achtung! Keine Selbstbehandlung.

Geschichte, Mythos, Magie: In Altertum und Mittelalter war der aus Südosteuropa und Westasien stammende Färberwaid die einzige farbecht blau färbende Pflanze. Im »Capitulare de villis« (um 800) erscheint er als »walsdo«, bei Hildegard von Bingen als »weyt«, bei Albertus Magnus (13. Jh.) und Konrad von Megenberg (14. Jh.) als »sandix«. Vielerorts in Europa wurde im Mittelalter Waid angebaut. Die mitteleuropäischen Zentren lagen in Sachsen und vor allem in Thüringen, dessen Waid eine besonders hohe Färbekraft hatte. Am bedeutendsten war Erfurt, das durch den Waidhandel zu Reichtum und Macht aufsteigen konnte. Nach der Entdeckung des Seeweges nach Indien durch Vasco da Gama (1498) wurde der Farbstoff Indigo zunehmend aus dem indischen Indigostrauch *(Indigofera tinctoria)* gewonnen und nach Europa eingeführt. Dieser Indigo war leichter und billiger herzustellen, er war zudem ergiebiger und farbbeständiger und wurde deshalb von den Färbern in Europa bevorzugt. Trotz Förderungsbemühungen von Kaisern wie Ferdinand III. und Joseph II. verfielen überall in Europa Waidanbau und Waidhandel. Im frühen 20. Jahrhundert erlosch der Waidanbau auch in Thüringen, wo aber seit den 80er-Jahren des 20. Jahrhunderts erneut Waid, allerdings vorrangig zu anderen Zwecken, angebaut und verarbeitet wird.

Attich, Zwergholunder

Sambucus ebulus

Familie: Moschuskrautgewächse *(Adoxaceae)*.

Volksnamen: Niederholder, Natterbeer, Stinkholunder.

Merkmale: Die Pflanze riecht unangenehm. Der gefurchte Stängel ist krautig. Eiförmig-lanzettlich, zugespitzt und am Rand scharf gesägt sind die 5–9 Fiedern der unpaarig gefiederten Blätter. In flachen Trugdolden stehen die weißen, oft rosarot überlaufenen Blüten. Sie haben purpurrote Staubbeutel. Die Früchte sind schwarze, kugelige, beerenartige Steinfrüchte. Giftig sind besonders die Samen (verschiedene Giftstoffe).
Blüte: Juni bis August.
Früchte: August bis Oktober.
Höhe: 50–150 cm.
Lebensdauer: Mehrjährig.

Mit seinen dekorativen, für Menschennasen unangenehm riechenden Blütendolden lockt der Attich Insekten wie diese Schwebfliegen zur Bestäubung an.

Vorkommen: Waldränder, Lichtungen, Hecken; verbreitet bis zerstreut im südlichen Mitteleuropa; regional gefährdet. Früher war der Attich auch Gartenpflanze.

Haushalt, Handwerk, Kinderspiel: Der durch Anthocyane dunkle Saft der Früchte ist ein altes Färbemittel, mit dem die Kelten ihre Haare schwarz gefärbt haben sollen. Er diente auch zum Färben von Leinen und Wolle (Anleitung S. 122), wie Boehmer (1794) berichtet:

… und wenn man den Saft davon mit Weinessig vermischt, so kann man damit ungekochte Leinwand himmelblau färben … Von den getrockneten Beeren wird die mit Wißm. [Wismut] vorbereitete Wolle dauerhaft gelbbraun.

Aus dem Saft lässt sich eine blauviolette Schreibflüssigkeit herstellen (Anleitung S. 126).
Blüten und Blätter der Pflanze verwendete man, um ungebetene Gäste in Haus und Garten zu vertreiben, wie ein Heilkräuterbuch aus der 2. Hälfte des 20. Jahrhunderts erläutert: »Will man in einem Raum Läuse, Wanzen oder Mäuse loshaben, so braucht man nur für 1–2 Tage einen Strauß Blüten vom Zwerg-Holunder aufstellen.« Die Blätter hat man zwischen Betttuch und Matratze gesteckt, um Wanzen und Flöhe zu vertreiben. Wühlmäuse sollen sich durch die in ihre Gänge gesteckten Blätter sehr irritiert fühlen, und auch Ratten sollen vor der stinkenden Pflanze Reißaus nehmen.

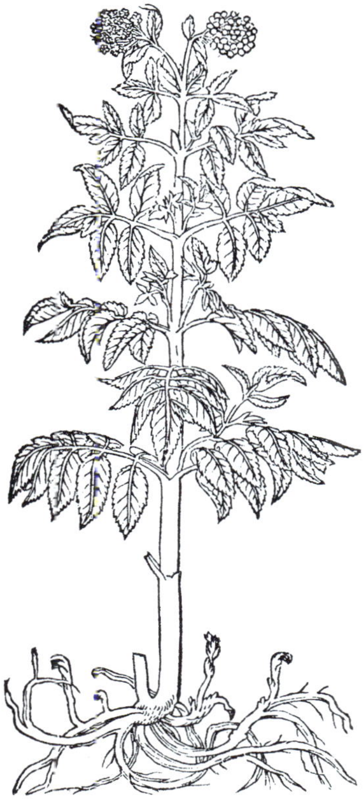

Der Attich überdauert mit einem Wurzelstock. Abbildung aus dem Kräuterbuch des Hieronymus Bock (1577).

Heilpflanze: In der früheren Volksmedizin Tee aus der Wurzel als harntreibendes Mittel und gegen rheumatische Beschwerden.

Achtung! Wegen der Giftigkeit der Pflanze weder kulinarische noch arzneiliche Nutzung.

Geschichte, Mythos, Magie: Bei den Kelten stand der Attich als Heilpflanze in hohem Ansehen. Marcellus Empiricus (um 400 n. Chr.), ein Überlieferer der gallokeltischen Volksmedizin, berichtet, dass man die Pflanze nach 3-tägigem Fasten, ohne Eisen und mit dem Gesicht nach Osten gewandt, sammle. Eine ehrfurchtsvolle Beschwörung des Attichs ist im Pseudo-Apuleius, einem Kräuterbuch des 4. Jahrhunderts n. Chr., überliefert. In Mitteleuropa findet man Attich vor allem in einst keltischen Regionen. In England heißt er noch heute »Danes' blood« (Dänenblut), und eine Sage erzählt, er sei aus dem Blut der Dänen entstanden, die im 11. Jahrhundert in den Kämpfen zwischen dem Dänenkönig Knud dem Großen und dem englischen König Edmund Ironside gefallen waren. Hildegard von Bingen warnt vor innerlicher Anwendung des Attichs, empfiehlt ihn aber äußerlich, etwa gegen Kopfweh. Zur Abwehr von Krankheiten der Pferde hat man den Attich oft in Pferdestallnähe gepflanzt.

Mit den schwarzen Attichfrüchten hat man Textilien gefärbt und die blaue Attich-Tinte hergestellt.

Pflanzen für die Wäschepflege

»Sie waschen, sie waschen, sie waschen den ganzen Tag…«

Wie diese Zeile aus dem Kinderlied »Zeigt her eure Füße« nahelegt, war das Waschen vor Einführung der Waschmaschine eine zeit- und arbeitsaufwendige Angelegenheit, und der »Waschtag« war bei der Hausfrau und den Familienangehörigen gefürchtet.

Um aus schmutziger Wäsche saubere zu machen, bedarf es 3 Faktoren: Wasser, mechanische Bearbeitung, Reinigungsmittel. Die mechanische Bearbeitung übernimmt heute meist die Waschmaschine, der man entsprechende Fertigwaschmittel zugibt. Die Wirkung eines Waschmittels beruht auf seinem Gehalt an waschaktiven Substanzen, die die Oberflächenspannung des Wassers verringern und dadurch netzend und schmutzlösend wirken.

Bei den Waschverfahren gab es früher kleinere regionale oder individuelle Unterschiede. Die Wäschestücke wurden oft über Nacht in sodahaltigem warmem Wasser eingeweicht, dann ausgewrungen und in einer Waschmittellauge gekocht. Diese entstand meist durch Auflösen von Holzasche (vor allem Buchenholzasche), Soda (Natriumcarbonat, Na_2CO_3) oder Seife in Wasser. Seifen, Salze von Fettsäuren, stellte man bis ins 19. Jahrhundert durch Erhitzen von Holzasche und Rindertalg her, später aus Soda und Pflanzenfett. Nach dem Kochen in der Lauge erfolgte meist eine Bearbeitung mit der Hand durch Reiben und Drücken, auf einem Waschbrett oder mit einer Bürste. Schließlich wurde mit klarem Wasser gespült oder auch nochmals gekocht und erst dann gespült. Wollene und farbige Textilien wurden – wie heute auch – besonders behandelt und nicht gekocht, um ein Verfilzen der Wolle und ein Verbleichen der Farben zu verhindern. Man verwendete für diese Wäscheteile schwächere Laugen oder bereitete eine Waschlösung aus Salmiakgeist und Terpentinöl.

Noch bis zu Beginn des 20. Jahrhunderts waren zur Herstellung milder und schonender Waschmittel auch Pflanzen mit hohem Gehalt an Saponinen geschätzt. Auf diesen sekundären Pflanzenstoffen, die in Wasser schäumen und waschaktive Lösungen bilden, beruht auch die Heil- oder Giftwirkung etlicher Pflanzen. Zum Waschen verwendete man die Blätter von Efeu, die Wurzel von Schleiergipskraut *(Gypsophila paniculata)* und Gewöhnlichem Seifenkraut, die Samen der Rosskastanie und der Kornrade. Bisweilen hat man die Wurzel der heute in der Natur gefährdeten, auch »Seifen« genannten Schlangenwurz *(Calla palustris)* genutzt. Im 19. Jahrhundert wurde insbesondere die Rinde des Chilenischen Seifenbaums *(Quillaja saponaria)*, auch Panamarinde genannt, empfohlen. So heißt es darüber in einem Lehrbuch der Hauswirtschaft von 1897:

Ihre Tauglichkeit zum Waschen verdankt sie ihrem Gehalt an einem eigentümlichen Stoff, dem Saponin, das auch in dem bei uns wildwachsenden Seifenkraut in kleiner Menge vorkommt. Über 30 °C erwärmt, entfettet eine Abkochung der Quillajarinde die Wolle vollständig, bei 18 °C wird nur der Schmutz entfernt, die Wolle bleibt etwas fettig und daher geschmeidig, sie wird aber sehr blank.

Gegenwärtig entdeckt man die Saponine zum Waschen wieder neu. Insbesondere die als »Waschnüsse« bezeichneten Früchte des Waschnussbaums *(Sapindus mukorossi)*, die in Indien ein traditionelles Waschmittel sind, werden im Handel zu umweltfreundlichem und gewebeschonendem Waschen angeboten.

Zur Wäschepflege gehört seit je auch die Entfernung von Flecken, die nicht durch mechanische Bearbeitung und Waschmittel allein verschwinden, manchmal sogar beim Waschen noch stärker und fester haftend werden. Man findet daher in Hauswirt-

Die mechanische Behandlung der Wäsche war eine kraftraubende Arbeit. Holzschnitt »Der Windeln waschende Mann« (16. Jahrhundert).

schaftsratgebern stets auch Hinweise, wie beim Entfernen von Flecken in Kleidung und Wäsche vorzugehen sei, damit zwar die Flecken beseitigt, aber Gewebe und Farben nicht angegriffen werden. Benzin, Essig, sogenanntes Bleichwasser (aus Chlorkalk, Sodalösung und Wasser), Natronlauge, Salmiakgeist, Terpentinöl sind nur einige der Mittel, die man, je nach Gewebe und Fleck, einsetzte. Auch Pflanzen halfen bei der Fleckentfernung wie beispielsweise der Waldsauerklee oder der ebenfalls Oxalsäure enthaltende Sauerampfer *(Rumex acetosa)* sowie Brunnenkresse *(Nasturtium officinale).*

Nach dem Waschen wurden die Tücher auf Rasenflächen gebleicht. »Weiberwerk« aus der alchemistischen Handschrift »Splendor solis« (16. Jahrhundert).

Gewöhnliche Rosskastanie

Aesculus hippocastanum

Familie: Seifenbaumgewächse *(Sapindaceae).*

Volksnamen: Gichtbaum, Pferdekastanie, Wilde Kastanie.

Merkmale: Die graubraune, glatte Rinde wird im Alter dunkler und schuppig. Aus 5–7, am Rand gesägten, bis 25 cm langen Blattfiedern bestehen die gefingerten Blätter. Charakteristisch sind die dicken, braunen, klebrigen Winterknospen. In großen rispenartigen Blütenständen erscheinen die weißen, rot- oder gelbgefleckten Blüten. Neben Zwitterblüten gibt es auch 1-geschlechtige Blüten. Die stacheligen Früchte springen bei der Reife auf und geben die braun glänzenden Samen frei.
Blüte: April bis Juni.
Früchte: September bis Oktober.
Höhe: 15–25 m.
Lebensdauer: Mehrjährig (Laubbaum).

Vorkommen: Selten in Wäldern; meist angepflanzt, bisweilen verwildert; häufig. Der typische Hausbaum braucht im Garten genügend Platz und tiefgründigen, nährstoffreichen Boden.

Haushalt, Handwerk, Kinderspiel:
Aus den saponinreichen Samen kann eine Waschbrühe für dunkle Textilien hergestellt werden (Anleitung S. 127).
Die gerbstoffreiche Rinde verwendete man zum Braun- und Schwarzfärben von Wolle und Seide sowie als Gerbemittel.
Das Mahlgut aus den geschälten Samen hat man, insbesondere in Notzeiten, dem Mehl beigemengt. Rosskastanienmehl wurde, wie das aus den Eicheln gewonnene Mehl, vor der Verwendung für Brot oder andere Speisen entbittert. So schreibt Joseph Schmidt in seinem 1817 erschienenen »Noth- und Hülfsbüchlein für Arme«:

Um nun solchem Pflanzenmehle ihre bittern oder verdächtigen Bestandteile zu benehmen, werden entweder die klein zerstückelten Früchte oder Wurzeln, oder das Mehl davon mit frischem Wasser übergossen, selbiges eine Zeitlang darüber stehen gelassen, dann davon abgegossen, und wieder frisches Wasser darauf gegossen, und dieses Ab- und Aufgießen des Wassers so oft und so lang wiederholet, bis das abgegossene Wasser keinen bittern und unangenehmen Geschmack mehr hat, auch hell und klar vom Pflanzenmehle abläuft.

Rosskastanienmehl war Bestandteil des Schnupftabaks, auch des be-

rühmten »Schneebergers«. Die Blätter dienten als Ersatz für Pfeifentabak. Die Samen haben die Kinder gesammelt und daraus Schmuck und Figuren (Anleitung S. 150) gebastelt oder sie dem Förster für die Wildfütterung gebracht.
Aus Rosskastanienmehl wurde auch Holzleim hergestellt. Das Holz ist als Brennholz sowie als Werkholz wenig geeignet, geschätzt war es für die Herstellung von Schießpulver.

Heilpflanze: Aescin oder Auszüge aus den Samen als Fertigarzneimittel innerlich und äußerlich bei Krampfadern, Hämorrhoiden, bestimmten Formen von Durchblutungsstörungen oder gegen Wasseransammlungen im Gewebe. Früher in der Volksmedizin Zubereitungen aus den Blättern gegen Husten und rheumatische Beschwerden.

Achtung! Die für den Menschen unverträglichen Früchte und Samen innerlich weder arzneilich noch kulinarisch verwenden.

Geschichte, Mythos, Magie: Während der Eiszeit verschwand die Rosskastanie aus Mitteleuropa. Europäische Vorkommen bestanden nur noch auf der Balkanhalbinsel. Ogier Ghiselin de Busbeck, 1556 bis 1562 kaiserlicher Gesandter in Konstantinopel, brachte die Rosskastanie nach Wien. Der Leibarzt und Gartendirektor am Wiener Hof, Carolus Clusius (1526–1609), pflanzte die ersten Kastanienbäume und versorgte Gegenden in ganz Europa mit Samen.
Gegen Rheumatismus, Gicht oder Rückenschmerzen trug man früher gern einige Rosskastanien in der Tasche.

Die Rosskastanie als phänologischer Anzeiger: Ihre Blütenkerzen verkünden den Beginn des Vollfrühlings, ihre reifen Früchte den Vollherbstbeginn.

Kornrade

Agrostemma githago

Vorkommen: Getreidefelder; selten; deutsche Rote Liste: 1 (vom Aussterben bedroht).

Haushalt, Handwerk, Kinderspiel: Seit alter Zeit hat man aus den saponinreichen Samen Waschbrühe hergestellt. Albertus Magnus (13. Jh.) merkt zu »nigella« an, dass manche Tuchmacher behaupteten, das Samenmehl würde die Wolle rein weiß waschen. Konrad von Megenberg (14. Jh.) nennt die Pflanze »rôteu kornpluom« und schreibt: »ez sprechent auch etleich wollenweber, daz ez daz wullein tuoch gar weiz rainig.«

Familie: Nelkengewächse *(Caryophyllaceae).*

Volksnamen: Bettelmann, Kornnägele, Teufelsauge.

Merkmale: Der steife Stängel der graufilzig behaarten Pflanze ist einfach oder verästelt. Die gegenständigen linealen Blätter sind am Grund etwas miteinander verwachsen. Einzeln stehen die lang gestielten, purpurroten Blüten. Die Kapselfrucht enthält schwarzbraune Samen.
Stark giftig sind gesamte Pflanze und insbesondere Samen (Saponine und Protein Agrostin).
Blüte: Juni bis August.
Höhe: 30–100 cm.
Lebensdauer: 1-jährig.

Zur Bereitung einer Waschbrühe werden die Samen – am besten in einem Säckchen – in Wasser ausgekocht.
Bis ins 20. Jahrhundert hat man Radensamen als Insektenvernichtungsmittel verwendet. Heinrich Marzell (1935): »100 Gramm Radensamen, mit 2 Liter Wasser ausgekocht, geben ein vorzügliches Waschmittel gegen Ungeziefer.«
Unverzichtbar war die Kornrade im Mittelalter und in der frühen Neuzeit für eine Art Spiel mit praktischer Bedeutung: Junge Frauen arrangierten sie zusammen mit anderen Pflanzen – u. a. Augentrost *(Euphrasia officinalis),* Kornblume *(Centaurea cyanus),* Gewöhnlichem Kreuzkraut (Senecio vulgaris), Schafgarbe *(Achillea millefolium),* Schwarzkümmel *(Nigella damascena),*

Früher hat man die schwarzen, stark giftigen Samen der Kornrade wegen ihres hohen Gehalts an Saponinen zum Waschen verwendet.

Ein Getreidefeld mit blühenden Kornraden ist ein schöner, heute jedoch seltener Anblick.

Wegwarte – in einem Deckelkorb und sandten diesen einem unerwünschten Bewerber. Man »gab ihm einen Korb« und deutete ihm »durch die Blume« an, dass er »abschaben« solle. Der Abgewiesene und der Korb hießen »Schabab«. In einem Lied aus dem 17. Jahrhundert klagt ein Mann:
»Leer Stroh hab ich gedroschen /
Ein Körbel Schabab ist mein Lohn /
Die Lieb ist ausgeloschen!«
Noch älter ist eine Strophe im »Kölner Liederbuch« aus dem Jahr 1580: »Gut gesell und du musst wandern / das megdlein liebet einen andern / welches ich geliebet hab / bey der bin ich schabab.«

Achtung! Die stark giftige Pflanze weder äußerlich noch innerlich verwenden.

Geschichte, Mythos, Magie:
Mit Getreidesamen gelangte der Alteinwanderer in vorgeschichtlicher Zeit aus dem Mittelmeerraum nach Mitteleuropa. Die Kornrade war einerseits gefürchtetes Unkraut, denn zu viele Radensamen im Brotgetreide können Vergiftungen auslösen, andererseits war sie eng mit dem Kornsegen verbunden, denn sie kündete mit ihrem Aufblühen die nahende Getreideernte an. Deshalb wurde sie in Franken begrüßt: »Raden, Raden rot, in vier Wochen gibt's neues Brot.« Die Kornrade mit ihrer leuchtend roten Blüte galt als feuriges Gewächs, war deshalb mit dem keltischen Gott Lug und dem germanischen Donar verbunden. Später wurde sie dem Teufel zugeordnet. Es hieß, man dürfe sie nicht ins Haus bringen, da sie den Blitz anziehe.

Rotbuche, Gewöhnliche Buche

Fagus sylvatica

Familie: Buchengewächse *(Fagaceae)*.

Volksnamen: Eckerbuche, Mastbuche, Waldbuche.

Merkmale: Die Rinde ist glatt und grau. Charakteristisch sind die von schmalen Schuppen bedeckten langen und spitzen Knospen. Die breiteiförmigen, glänzenden Blätter haben einen gewimperten und leicht welligen Rand. In kugeligen, lang gestielten Kätzchen erscheinen die männlichen Blüten, die weiblichen sind, zu 2 auf langem Stiel, von einer stark behaarten Hülle umgeben. Diese verholzt später zum Fruchtbecher, der 2 rotbraune, 3-kantige Nussfrüchte (»Bucheckern«) umschließt und sich zur Reifezeit mit 4 Klappen öffnet.
Blüte: April bis Mai.
Früchte: Oktober.
Höhe: 20–40 m.
Lebensdauer: Mehrjährig (Laubbaum).

Vorkommen: Laubmischwälder; verbreitet bis häufig. Der stattliche Baum passt in große Gärten, etwa frei stehend in einer Rasenfläche. Er schätzt humusreichen, feuchten, etwas kalkhaltigen Boden.

Haushalt, Handwerk, Kinderspiel:
Die zum Waschen verwendete Holzasche bestand größtenteils oder ganz aus Buchenholzasche, da diese

Die Rotbuche verlangt nährstoffreichen, tiefgründigen Boden. Buchenholzasche diente zur Herstellung von Waschlaugen und Pottasche.

besonders reich an Kaliumcarbonat (Pottasche) ist. (Anleitung S.130). Eine Ahnung von den einstigen Mühen im Haushalt vermittelt Kübler (1878), wenn sie schreibt, wie mit abgetragenen wollenen Kleidern zu verfahren sei:

Von 750 g Buchenasche und 1 ½ Liter kochendem Wasser macht man eine Lauge, setzt 250 Gramm Seife dazu, die in ¾ Liter heißem Wasser aufgelöst wurde, rührt ½ Liter frische Ochsengalle hinein und zuletzt eine Mischung von 2 ¼ Liter Weingeist, 8 Gramm Salmiak und 2 Eßlöffel voll Lavendelöl. Um ihnen Glanz zu verleihen, werden sie, wenn sie mit dieser Tinktur gereinigt und trocken sind, mit einem Absud von 250 Gramm Flohsamen und 4 ½ Liter Wasser, den man durchseiht und mit 1 ½ Liter Ochsengalle versetzt, bestrichen. Wenn sie trocken sind, bürstet man sie gut aus.

Pottasche wurde früher aus Buchenholzasche (oder Asche anderer Landpflanzen) gewonnen, indem man die Asche in Töpfe (Pötte) gab und sie mit Wasser auslaugte, das man anschließend eindampfen ließ. Pottasche dient zur Herstellung von Schmierseife und Kaligläsern sowie von Pflanzendüngern.
Die Buchenblätter waren Tabak-Ersatz und Viehfutter, gelegentlich auch Nahrung für Menschen. Für die Schweinemast, aber – insbesondere in Notzeiten – auch als Nuss- und Mandel-Ersatz, getrocknet und gemahlen als Mehl-Ersatz oder geröstet als Kaffee-Ersatz wurden die in den Bucheckern enthaltenen Samen verwendet. Auch ein hochwertiges, mild schmeckendes, haltbares Öl, das als Speise- und Brennöl sowie zur Seifenherstellung diente, presste man aus den Samen.
Mit den Herbstblättern hat man Matratzen gefüllt.

Zur Reifezeit öffnet sich der Fruchtbecher und gibt die Rotbuchenfrüchte (»Bucheckern«) frei. Sie waren ein mühsam zu gewinnender Nuss- oder Mandel-Ersatz.

Der Buchen-Holzessig, der durch Destillation von Buchenholz gewonnen wird, diente zur Konservierung von Holz und zur Schädlingsbekämpfung. Mit einem zwischen die Daumen gespannten frischen Buchenblatt haben die Kinder wie mit Grasblättern pfeifenartige Töne hervorgebracht. Die Rinde wurde zum Gerben verwendet. Aus dem Holz, früher wie heute ein geschätztes Brenn- und Werkholz, hat man Papier, Holzkohle, Teer, Holzessig und Holzgeist hergestellt. Die spitzen Knospen dienten als Zahnstocher.

Heilpflanze: Die Rinde diente früher als Fiebermittel, der durch Destillation gewonnene Teer gegen Rheuma und Hautleiden.

Achtung! Samen nicht roh verzehren. Überdosierung wegen enthaltener Saponine und Oxalsäure vermeiden. Bei Bereitung der ätzenden Holzaschenlauge die Hinweise auf S. 130 beachten.

Geschichte, Mythos, Magie: Vor rund 2000 Jahren war Mitteleuropa von Rotbuchenwäldern bedeckt, die infolge einer Klimaabkühlung die wärmeliebenden lichten Eichenmischwälder verdrängt hatten.
Die Germanen ritzten ihre Runen – Zauberlettern, die vor allem für kultische und magische Zwecke verwendet wurden – mit Vorliebe in Rotbuchenstäbe. Die frühesten Drucklettern waren aus Rotbuchen- und Weißbuchenholz; »Buchstabe« und »Buch« mögen damit zu tun haben. Etliche Wallfahrtsorte in Mitteleuropa nahmen einst ihren Ausgang von einem an einer Rotbuche gefundenen oder befestigten Marienbild.

Efeu

Hedera helix

Familie: Efeugewächse *(Araliaceae)*.

Volksnamen: Immergrün, Wintergrün.

Merkmale: Stängel und Zweige des Wurzelkletterers sind dicht mit braunen Haftwurzeln besetzt. An nichtblühenden Trieben stehen 3- bis 5-eckig gelappte, lederartig glänzende Blätter; an Blütentrieben sind sie länglich-eiförmig, zugespitzt, ganzrandig, mattgrün. In halbkugeligen Dolden erscheinen die kleinen grünlichen Blüten. Die reifen kugeligen Beeren sind erbsengroß und blauschwarz.
Giftig sind insbesondere Blätter und Früchte (Saponine).
Blüte: September bis Oktober.
Kletterhöhe: 0,5–20 m.
Lebensdauer: Mehrjährig (Holzgewächs).

Vorkommen: Felsen, Mauern, Wälder; verbreitet. Im Garten gedeiht der an Bäumen, Mauern oder Wänden emporkletternde Efeu im Halbschatten oder Schatten und in feuchter, nährstoffreicher Erde.

Haushalt, Handwerk, Kinderspiel: In einer Waschbrühe aus den saponinreichen Blättern (Anleitung S. 129) lassen sich dunkelfarbene Textilien aus Seide oder Taft schonend und farbauffrischend waschen. Mit Auszügen aus den Blättern oder Zweigen hat man früher vereinzelt Textilien in gelben oder braunen Tönen sowie die Haare dunkel gefärbt. Das harte Holz wurde, als Ersatz für Buchsbaumholz, zur Herstellung von Holzschnitten verwendet. Bis ins 20. Jahrhundert hat man aus dem Harz der Luftwurzeln Zahnplomben angefertigt. Die Friedhofs-, Zimmer- und Gartenpflanze dient insbesondere zur Begrünung.

Heilpflanze: Extrakte aus den Blättern als Fertigarzneimittel bei Katarrhen der Luftwege, insbesondere krampfartigem Husten. In der Volksmedizin Zubereitungen aus den Blättern zudem äußerlich gegen Hautkrankheiten, Kopfweh, Kopfschuppen.

Achtung! Die Blätter können bei Berührung allergische Hautreaktionen auslösen. Wegen der Giftigkeit der Pflanze nur Fertigarzneimittel – nicht während Schwangerschaft und Stillzeit – verwenden.

Geschichte, Mythos, Magie: Im alten Ägypten war Efeu eine Pflanze des Gottes Osiris, der Sterben und Wiederauferstehung in der Natur personifizierte. Auch in Griechenland war Efeu einem Vegetationsgott, dem Weingott Dionysos zugeordnet – sein langer Thyrsosstab endet in einem Knauf von Efeublättern. Eine praktische Verbindung zum Wein stellt das seit Langem übliche Anbinden der Weinrebensprossen mit den biegsamen Efeusprossen her. In der frühchristlichen Kunst wurde der immergrüne Efeu zu einem Symbol der Erneuerung und des ewigen Lebens. Efeu war Liebeszauber-Pflanze und galt als Verhütungs- und Abtreibungsmittel.

In einer Waschbrühe aus den saponinreichen Efeublättern lassen sich dunkelfarbene Textilien schonend waschen.

Gewöhnliches Seifenkraut

Saponaria officinalis

Familie: Nelkengewächse (*Caryophyllaceae*).

Volksnamen: Rote Seifenwurzel, Spatzenwurzel, Waschkraut.

Merkmale: Der meist unverzweigte Stängel ist an den Knoten leicht verdickt. An ihm sind die länglich-eiförmigen Blätter gegenständig angeordnet. Die 5-zähligen weißen bis rosa Blüten stehen in Rispen und duften zart, besonders abends und nachts.
Blüte: Juni bis September.
Höhe: 30–70 cm.
Lebensdauer: Mehrjährig.

Vorkommen: Flussufer, Gebüsche, Wegränder; verbreitet bis zerstreut. Im Garten mag die anspruchslose traditionelle Bauerngartenpflanze einen halbschattigen Platz und eher feuchten Boden.

Haushalt, Handwerk, Kinderspiel: Die durch Kochen der besonders saponinreichen unterirdischen Pflanzenteile (Wurzelstock, Wurzeln) entstehende Waschbrühe eignet sich für Wolle, Seide und andere empfindliche Stoffe sowie Gewebe in zarten und hellen Farben (Anleitung S. 128). Schon die Assyrer sollen Seifenkraut zum Waschen eingesetzt haben. Plinius sagt, die Pflanze trage erstaunlich viel zu Weiße und Zartheit der Wolle bei. Hieronymus Bock (1577): »Die Ordensleut/ als Barfüsser wäschen jhre Kappen darmit/haben nicht gelt/Seiffen zu kaufen/…« Noch in Heinrich Marzells Kräuterbuch (1935) kann man lesen: »Eine Abkochung der Seifenwurzel dient als Waschmittel, besonders für Wolle und Seide, überhaupt solche Stoffe, die eine Behandlung mit heißer Seifenbrühe nicht vertragen. Häufig wird die Seifenwurzel durch die südamerikanische Quillajarinde ersetzt.« Letztere wird auch in einem Hauswirtschaftsbuch von 1897 für »wollene und farbige Gegenstände« empfohlen. Neben der Roten Seifenwurzel wurde auch die Wurzel der Weißen Seifenwurzel, des als Zier- und Nutzpflanze aus Südosteuropa eingeführten Schleiergipskrauts *(Gypsophila paniculata)*, zum Waschen von Wolle verwendet. Gegenstände aus Gold oder Silber lassen sich ebenfalls mit Seifenkraut-Waschbrühe säubern.

Im Sommer schmückt sich das Seifenkraut mit zart duftenden Blüten. Der Waschkraft, insbesondere der unterirdischen Teile (rechts), verdankt das Seifenkraut seinen Namen.

Heilpflanze: Zubereitungen aus der Wurzel (in Kombinationspräparaten) gegen Husten; in der Volksmedizin Tee aus der Wurzel zudem bei Rheuma und Hauterkrankungen.

Achtung! Pflanzenteile wirken haut- und schleimhautreizend. Wegen möglicher Reizwirkung auf Magen, Darm, Nieren keine Selbstbehandlung mit Pflanzenteilen.

Geschichte, Mythos, Magie: Seifenkraut soll nach antiker Sage aus dem Waschwasser entstanden sein, in dem Aphrodite den von ihrem Gemahl Hephaistos auf sie übertragenen Ruß abgewaschen hatte. Einst galt Seifenkraut als Mittel gegen Syphilis.

Waldsauerklee

Oxalis acetosella

Familie: Sauerkleegewächse *(Oxalidaceae).*

Volksnamen: Hasenbrot, Himmelbrot, Kuckucksbrot.

Merkmale: In grundständiger Rosette stehen die 3-zählig gefiederten (kleeblattartigen), lang gestielten Blätter. Die kurz gestielten Teilblättchen sind vorn herzförmig eingebuchtet. An langen dünnen Stielen, die 2 schuppenförmige Vorblätter tragen, stehen einzeln die weißen Blüten, die violett geadert sind und am Grund einen gelben Fleck haben. Giftig (Oxalsäure).
Blüte: April bis Mai.
Höhe: 5–15 cm.
Lebensdauer: Mehrjährig.

Vorkommen: Feuchte, humose Laub- und Nadelwälder; verbreitet.

Haushalt, Handwerk, Kinderspiel: Mit dem Saft oder dem Aufguss aus dem Kraut hat man Tinten- und Rostflecken aus Textilien entfernt (Anleitung S. 130). Im Haushalt hatte man Sauerkleesalz, auch saures Kaliumsalz genannt, stets vorrätig. Kübler (1878) schreibt in ihrem Haushaltsbuch:

Die einfachste Art, Tintenflecken aus weißem Zeug zu vertilgen, ist die, daß man den Flecken mit Wasser benetzt, Sauerkleesalz darüber streut und sachte reibt, bis er ausgegangen ist, oder die eingeriebene Stelle über Wasserdampf hält. Dann wird sie in kaltem Wasser ausgespült.

Durch Einsatz von Oxalsäure oder Kleesalz (Kaliumhydrogen-Oxalat) bilden sich wasserlösliche Eisen-oxalatkomplexe. Flecken aus heutiger Tinte kann man damit nicht mehr entfernen, das Rezept galt für die frühere Eisengallus-Tinte (Anleitung S. 124). Aus der Pflanze hat man Oxalsäure – seit dem 18. Jahrhundert als »Kleesäure« bekannt – gewonnen, ehe man die als Bleich-, Beiz- und Neutralisationsmittel dienende Säure auf synthetischem Weg herstellen konnte. Diese erste künstliche Synthese eines Naturprodukts gelang im Jahre 1824 dem deutschen Chemiker Friedrich Wöhler.
Die säuerlich schmeckenden Blätter wurden als eine Art Zitronenersatz in Salaten und zu Fleisch- und Fischgerichten verwendet. Man gibt sie in Wildsalate, Kräutersupper, Wildgemüse, Soßen.

Heilpflanze: Früher volksmedizinisch gegen Skorbut, Hautkrankheiten und Verdauungsstörungen.

Achtung! Wegen des Gehalts an giftiger Oxalsäure sollte Waldsauerklee nicht in großen Mengen oder zu häufig verzehrt, von Personen mit Neigung zu Calciumoxalat-Nierensteinen überhaupt gemieden werden.

Geschichte, Mythos, Magie: Das irische Nationalsymbol, das Kleeblatt (»shamrock«), könnte ein Sauerkleeblatt sein. Der Legende nach soll St. Patrick an ihm die heilige Dreifaltigkeit erklärt haben. Der Sauerklee war Orakelpflanze: Blüht er reichlich, so steht ein nasses Jahr bevor.

Die Oxalsäure enthaltenden Blätter des Waldsauerklees dienten als Nahrung, Fleckenmittel und zur Gewinnung von Kleesalz.

Ersatzpflanzen

Muckefuck und andere Genüsse

Die Suche nach Pflanzen, die bestimmte Nutzpflanzen und daraus hergestellte Produkte ersetzen können, hat Menschen immer wieder beschäftigt, sei es, weil man sich die Originalprodukte nicht leisten konnte, sei es, weil diese aufgrund äußerer Umstände wie Missernten oder Kriege gar nicht oder nur zu überteuerten Preisen erhältlich waren. Insbesondere während des Ersten Weltkriegs und danach, in geringerem Maße auch nach dem Zweiten Weltkrieg wurde die Suche nach Ersatz sehr intensiviert. Autoren wie Ludwig Diels beschäftigten sich eingehend mit möglichen Ersatzpflanzen sowie ihrer Gewinnung und Aufbereitung für Haushalt, Gewerbe und Industrie. Einige Ersatzbereiche aus dem Nahrungs- und Genussmittelsektor werden nachfolgend kurz vorgestellt.

Mehl-Ersatz

Joseph Schmidt verfasste 1817 ein Buch über Notbrot, das sich Bedürftige aus Wild- und Kulturpflanzen herstellen sollten. Er schreibt in der Einleitung:

Man hat längstens schon mit vielen Gewächsen gelungene Versuche gemacht, um sie in theuern Zeiten mit dem Getreide als Brod zu backen und zu genießen. Die hier vorgeschlagenen Nothbrode sind nichts weniger, als eine neue Erfindung, sie sind wenigstens schon über hundert Jahre bekannt, und in theuern Zeiten fast in allen Ländern unseres Welththeiles zur Nahrung benutzt worden …

Schmidt führt viele Pflanzen mit stärkereichen Organen auf und empfiehlt, damit einen Teil des Roggenmehls zu ersetzen, unter anderem Eicheln und Rosskastanien, die beide vor der Verarbeitung zu Mehl jedoch entbittert werden müssten, da sie sonst unbekömmlich seien. Es folgen unter anderen Vorschlägen Queckenwurzel *(Elymus repens)*, Torfmoos *(Sphagnum)*, Blütenköpfe des Rotklees *(Trifolium pratense)*, Isländisches Moos *(Cetraria islandica)*, Wurzelknollen der Knollenplatterbse *(Lathyrus tuberosus)*, Wurzelstock des Schlangenknöterichs *(Polygonum bistorta)* oder des Schilfrohrs, Samen der Rotbuche, der Linde, Früchte der Eberesche und des Weißdorns *(Crataegus)*.

Kaffee-Ersatz

Aus seiner Heimat Äthiopien gelangte der Kaffeestrauch *(Coffea arabica)* in den Jemen und schließlich in die gesamte islamische Welt. In Europa kam die Sitte des Kaffeetrinkens im 17. Jahrhundert auf. Bereits in dessen 2. Hälfte bauten die Kolonialmächte in den Tropen Afrikas und Asiens, ab dem 18. Jahrhundert in Mittel- und Südamerika Kaffee an.

Kaffee wird aus den geschälten und gerösteten Kaffeesamen insbesondere des Bergkaffees *(Coffea arabica)*, des Robustakaffees *(C. canephora)* oder des Liberiakaffees *(C. liberica)* hergestellt. Seine belebende Wirkung beruht vor allem auf

Heimische Pflanzen mussten nicht selten Ersatz für teure »Kolonialwaren« wie Kaffee, Tee oder Tabak bieten. Postkarte von 1918.

dem Gehalt an Coffein, einem Alkaloid, das das Zentralnervensystem stimuliert, süchtig machen und bei Überdosierung verschiedene unangenehme bis gefährliche Nebenwirkungen hervorrufen kann.

Die Ersatzmittel erinnern im Geschmack nur entfernt an Kaffee; Coffein und dessen spezifische Wirkungen fehlen. Verbreitet waren vor allem Gerstenmalzkaffee und Feigenkaffee. Dieser falsche Mokka – »mocca faux« – wurde im Laufe der Zeit zu dem geringschätzig gebrauchten »Muckefuck« verballhornt. Daneben versuchte man sich mit vielen heimischen Pflanzen, insbesondere, als im Verlauf des Ersten Weltkriegs auch Malz und Feigen nur noch schwer zu haben waren. Man nahm unter anderem die gerösteten Früchte von Eberesche, Hundsrose, Stechpalme oder Weißdorn, die Samen von Eiche oder Rotbuche, den Wurzelstock von Schilfrohr oder die Wurzel der Wegwarte.

Tee-Ersatz

Der Teestrauch *(Camellia sinensis)* ist in den tropischen und subtropischen Gebieten Asiens beheimatet. In China wurden Getränke aus seinen Blättern schon vor Jahrtausenden als Arznei- und Genussmittel verwendet. Im 17. Jahrhundert gelangte der Tee nach Europa, wo er wegen seiner anregenden Wirkung und seines angenehmen Geschmacks rasch beliebt wurde. Anbaugebiete liegen in Asien, Afrika und in Argentinien. Die Teeblätter werden für die Herstellung von Schwarztee fermentiert: Zunächst lässt man sie welken, rollt sie dann und erhitzt sie in Gärkammern auf etwa 40 °C. Durch die Fermentation entstehen das spezifische Aroma und die Dunkelfärbung. Grüner Tee ist unfermentiert.

Neben Coffein tragen zur Wirkung des Tees auch Theophyllin und Gerbsäure bei, wegen der enthaltenen Flavonoide gilt er als gesundheitsfördernd.

Während beim Kaffee-Ersatz der Röstvorgang geschmackliche Anklänge an das Original entstehen lässt, leistet dies beim Schwarztee-Ersatz die Fermentation. Coffein und dessen Wirkungen fehlen auch hier. Tee aus den fermentierten Blättern heimischer Pflanzen nannte man »Deutschen Tee«. Da die Fermentation mit einem gewissen Aufwand und mäßigem Erfolg verbunden ist, hat man allerdings meist die Blätter der Ersatzpflanzen nur getrocknet und als sogenannten Haustee genossen. Beliebt waren insbesondere Kräutermischungen. Neben Brombeer-, Erdbeer- und Himbeerblättern verwendete man unter anderem die Blätter von Birke, Eberesche, Heidelbeere, Wilder Malve, Schlehe, Waldmeister oder Weißdorn sowie die Blüten der Besenheide oder die Samen der Hundsrose.

Kakao-Ersatz

Die Indianer Mittelamerikas nutzten und kultivierten den dort beheimateten Kakaobaum *(Theobroma*

»Teestaude« und »Kaffeepflanze« treffen sich zu einem Plausch. Abbildung aus Grandvilles »Les Fleurs Animées« (1846).

cacao) schon seit vorchristlicher Zeit in vielfältiger Weise. Aus getrockneten Samen stellte man das mit Chili, Moschus, Honig, Vanille und Ananassaft gewürzte Getränk »chocoatl« her. Die Spanier brachten Samen (»Kakaobohnen«) an den spanischen Hof, wo Schokolade, mit Milch und Honig oder Zucker zubereitet, ein beliebtes Getränk wurde. Bis Ende des 17. Jahrhunderts waren Kakaobohnen und Schokoladengetränke in ganz Europa bekannt. Erst im 19. Jahrhundert wurde die feste Ess-Schokolade erfunden. Kakao wird heute in den Tropen Afrikas, in einigen asiatischen Ländern sowie in Brasilien und Ecuador angebaut.

Die Bohnen werden einer Fermentation unterzogen, dann in der Sonne getrocknet und verlesen. Durch anschließendes Rösten entsteht das spezifische Aroma. Die gerösteten Bohnen werden zur Kakaomasse zerrieben, der durch Pressen die Kakaobutter entzogen wird. Aus der zurückbleibenden Paste entsteht durch Vermahlen Kakaopulver. Die anregende Wirkung beruht auf Theobromin und etwas Coffein.

Vorschläge für Kakao- oder Schokoladen-Ersatz findet man eher selten. Neben den Samen von Linde und Hasel wurden gelegentlich auch Walnusskerne, Esskastanien und Kerne von Weintrauben empfohlen.

Gewürz-Ersatz

Exotische Gewürze der Tropen und Subtropen waren begehrt, aber teuer, deshalb hat man in der heimischen Pflanzenwelt nach Ersatz gesucht. Beispielsweise ersetzte man Schwarzen und Weißen Pfeffer (aus den Früchten der in Südostasien beheimateten Kletterpflanze *Piper nigrum)* durch die Samen des Schwarzkümmels *(Nigella sativa)*, die Blätter des Bohnenkrauts *(Satureja hortensis)* oder des Wasserpfeffers *(Polygonum hydropiper)*. Ersatz für Kapern, die eingelegten Blütenknospen des in den Mittelmeerländern wild an Felsen und Mauern wachsenden Kapernstrauchs *(Capparis spinosa)*, verschaffte man sich mit den Blütenknospen von Sumpfdotterblume, Scharbockskraut *(Ranunculus ficaria)*, Färberginster (alle 3 sind giftig!) sowie der Kapuzinerkresse *(Tropaeolum majus)* oder den Blütenkopfknospen von Löwenzahn und Gänseblümchen. Diesen Kapern-Ersatz nannte man »Falsche Kapern« oder – bei der Sumpfdotterblume – »Deutsche Kapern«.

Tabak-Ersatz

Die europäischen Eroberer Mittel- und Südamerikas staunten über die Tabak rauchenden oder kauenden Indianer. Durch den französischen Gesandten am portugiesischen Hof, Jean Nicot, kam der Tabak um 1560 nach Paris. Bald war er in ganz Europa als Genuss- und Arzneimittel geschätzt, obwohl Anbau und Konsum immer wieder verboten wurden. In Deutschland wurde Tabak ab dem 30-jährigen Krieg populär, zunächst als Pfeifen- und Schnupftabak, später auch in Form von Zigarren und Zigaretten.

Offensichtlich genießt dieser von Wilhelm Busch gezeichnete Raucher seine – mit echtem Tabak oder auch Tabak-Ersatz gestopfte – Pfeife.

Wirtschaftlich bedeutsam sind Tabak *(Nicotiana tabacum)* und Bauerntabak *(N. rustica)*. Sie enthalten in ihren Blättern das Alkaloid Nikotin, das bereits in kleinsten Mengen erregend auf das Nervensystem wirkt, stark giftig ist und Abhängigkeit erzeugt. Tabak wird in den Tropen, Subtropen und auch in gemäßigten Breiten angebaut. Die gepflückten Blätter hängt man gebündelt zum Trocknen auf und presst sie anschließend fest zusammen, damit in einer Fermentation Braunfärbung und Aroma entstehen.

Boehmer (1794) nennt viele Pflanzen, deren Blätter als Zumischung zum Tabak geeignet seien, darunter Echte Engelwurz *(Angelica archangelica)*, Bärentraube *(Arctostaphylos uva-ursi)*, Kartoffel *(Solanum tuberosum)*, Arnika *(Arnica montana)*. In den Kriegs- und Nachkriegszeiten wurde die Suche nach Ersatzrauchkräutern intensiviert.

Bereits vor Einführung des Tabaks hat man in der Alten Welt verschiedene heimische Kräuter geraucht. Die Tradition des Räucherns mit getrockneten Kräutern bestand schon in Europa, ehe Weihrauch aus dem Orient eingeführt wurde.

Gewöhnliche Wegwarte

Cichorium intybus

Familie: Korbblütler *(Asteraceae).*

Volksnamen: Hindläufte, Sonnenwirbel, Zichorie.

Merkmale: Der sparrige, ästige Stängel ist im oberen Teil nur wenig beblättert. Die unteren, als Rosette angeordneten Blätter sind fiederspaltig (»löwenzahnartig«), die oberen lanzettlich, ungeteilt, halb stängelumfassend. Einzeln oder in kleinen Gruppen stehen in den Blattachseln die blauen, manchmal auch weißen oder rosaroten großen Blütenköpfe; sie enthalten nur Zungenblüten. Die Pflanze führt in allen Teilen weißen Milchsaft.
Blüte: Juni bis Oktober.
Höhe: 30–120 cm.
Lebensdauer: Mehrjährig.

An sonnigen Spätsommer- und Herbstvormittagen leuchten die himmelblauen Blütenköpfe der Wegwarte an vielen Weg- und Straßenrändern.

Vorkommen: Wegränder, Äcker, Ruderalflächen; verbreitet, im nördlichen Mitteleuropa zerstreut; regional gefährdet. Im Garten braucht die Wegwarte einen sonnigen Platz. Angebaut werden dort auch *Cichorium intybus* var. *foliosum* mit den 3 Formen Zichoriensalat, Radicchio und Chicoree sowie der aus dem Mittelmeerraum und Südasien stammende Endiviensalat *(Cichorium endiva).*

Haushalt, Handwerk, Kinderspiel: Aus der Bitterstoffe, Gerbstoffe und Inulin enthaltenden Pfahlwurzel lässt sich Kaffee-Ersatz gewinnen (Anleitung S. 131) oder ein Zusatz zum Bohnenkaffee, der dadurch dunkler und kräftiger im Geschmack wird. Diese Erfindung soll zu Beginn d es 18. Jahrhunderts Hofgärtner Timme aus Arnstädt gemacht haben. In der Folge züchtete man für diesen Zweck eine Kulturform Cichorium *intybus* var. *sativum* mit verdickten Wurzeln. Ihren gewerbsmäßigen Anbau förderte der Preußenkönig Friedrich der Große, denn er wollte die teuren Devisen für Bohnenkaffee sparen. Um Berlin, Breslau und Magdeburg entstanden Mitte des 18. Jahrhunderts große Anbaugebiete. Von Preußen breitete sich die Kultur in ganz Deutschland aus. Während der Kontinentalsperre (1806–1812) und des Ersten Weltkriegs (1914–1918) erlangte Zichorien-Kaffee große Bedeutung. Vereinzelt waren die Blätter Tabak-Ersatz.
Die Kinder legten die blauen Blütenköpfe in Ameisenhaufen oder in Essig und freuten sich am Farbumschlag ins Rötliche. Dieser wird durch die Wirkung der Säure auf die im Zellsaft enthaltenen Anthocyane verursacht.
Die jungen, vor der Blütezeit gesammelten, bitter schmeckenden Rosettenblätter lassen sich als Zugabe zu Salaten oder Wildgemüse verwenden. Die Wurzel kann man zu Wurzelgemüse verarbeiten; wegen des hohen Bitterstoffgehalts sollte man sie vor der Zubereitung einige Stunden wässern.

Heilpflanze: Zubereitungen aus der Wurzel gegen Magen-Darm-Beschwerden wie Blähungen und Völlegefühl; in der Volksmedizin Tee aus Wurzel oder Kraut zudem zur Blutreinigung und Kräftigung.

Achtung! Allergische Reaktionen möglich. Bei Gallensteinen nur auf ärztlichen Rat.

Geschichte, Mythos, Magie: Vermutlich ist die Wegwarte in vor- oder frühgeschichtlicher Zeit als Alteinwanderer nach Mitteleuropa gekommen. Mit »solsequium« im »Capitulare de villis« (um 800) und Hildegard von Bingens »sunnewirbel« könnte die

Wegwarte, aber auch eine Pflanze wie Löwenzahn gemeint sein.
Die Volkssage von der Wegwarte als einer verwandelten Jungfrau, die am Weg auf den in die Ferne gezogenen untreuen oder im Krieg gefallenen Liebsten vergeblich wartet, gibt es in verschiedenen Fassungen. Sie wird erstmals von Hans Vintler in »Pluemen der Tugent« (15. Jh.) erwähnt. In einer alten Sammlung von Zauberrezepten heißt es über die am Tag St. Peter und Paul (29. Juni) um Viertel vor 12 samt Kraut gegrabene Wurzel: Wer sie bei sich trägt, vor dem springen alle Schlösser auf, und er kann nicht eingesperrt werden. Gräbt er sie mit einem Hirschgeweih und fasst sie nicht mit der bloßen Hand an, so kann er die Liebe aller Personen auf sich ziehen, die er mit ihr berührt.

Stieleiche, Sommereiche

Quercus robur

Familie: Buchengewächse *(Fagaceae)*.

Volksnamen: Früheiche, Masteiche.

Merkmale: Der Stamm mit mittelgrauer, rissiger Rinde verzweigt sich in zahlreiche knorrige Äste. Unregelmäßig gebuchtet sind die sehr kurz gestielten Blätter; sie haben am Grund 2 kleine Lappen (»Öhrchen«). Zu 2–3 stehen die grünlichen weiblichen Blüten an einem langen Stiel; die männlichen Blüten sind zu gelbgrünen Kätzchen angeordnet. Aus der weiblichen Einzelblüte entsteht die große, hellbraune, in einem napfförmigen Fruchtbecher sitzende Nussfrucht (»Eichel«).
Blüte: April bis Mai.
Früchte: Oktober.
Höhe: 15–50 m.
Lebensdauer: Mehrjährig (Laubbaum).
Die wie die Stieleiche verwendete Traubeneiche *(Q. petraea)* hat lang gestielte Blätter und sitzende oder kurz gestielte weibliche Blüten.

Die Pfahlwurzel der Wildform der Wegwarte kann wie die dickere Wurzel der Kulturform als Kaffee-Ersatz genutzt werden.

Die gerbstoffreichen Eicheln konnten erst nach einer Entbitterung für die Gewinnung von Mehl-Ersatz verwendet werden. Die Stieleiche unterscheidet sich von der Traubeneiche durch die lang gestielten Blüten und Früchte.

Vorkommen: Laubmischwälder, Hartholzaue; verbreitet. Die Eiche war früher ein beliebter Hausbaum, wie man noch bei manchen älteren Gehöften sehen kann. Sie mag einen sonnigen Platz mit humosem, eher feuchtem, nährstoffreichem Boden.

Haushalt, Handwerk, Kinderspiel: Die Eicheln wurden, geröstet und gemahlen, als leicht zu beschaffender Kaffee-Ersatz verwendet (Anleitung S. 131). In der Notzeit des Ersten Weltkrieges mahnt aber Diels (1918):

Wegen ihres Nährwertes sind die Eicheln bei der jetzigen Futterknappheit vielleicht zweckmäßiger als Vieh- und Wildfutter zu verwenden, besonders als Schweinemastfutter: sie sind daher auch beschlagnahmt.

Die Bedeutung der Eicheln als Mastfutter drückt sich in dem Spruch aus: »Auf den Eichen wachsen die besten Schinken.« Für Mehl-Ersatz mussten die Früchte durch Spülen in Wasser oder andere Verfahren entbittert werden, um einen Teil des sonst Beschwerden verursachenden Gerbstoffs zu entziehen.
Die Rinde und die durch den Stich von Eichengallwespen verursachten Eichengalläpfel dienten zum Braun- und Schwarzfärben. Galläpfel sind Hauptbestandteil der seit der Antike verwendeten sogenannten Eisengallus-Tinte, für die es unterschiedliche Rezepte gab (Anleitung S. 124).
Getrocknete Eichenblätter wurden bisweilen dem Rauchtabak beigemischt.
Die Schüsselchen der Eicheln, zwischen die Finger genommen, benutzten die Kinder zum Pfeifen. Sie verwendeten die Eicheln, allein oder zusammen mit anderen Früchten wie denen der Rosskastanie, zum Basteln von Figuren (Anleitung S. 150).
Die Eichenrinde war das wichtigste Gerbematerial. Auch die Gallen wurden dafür verwendet. Das harte Eichenholz gehört zu den wertvollsten Nutzhölzern. Man verwendet es etwa im Brücken- und Schiffsbau, für Möbel, Eisenbahnschwellen, Parkett, Fenster und Türen.

Von ihrer früheren Funktion als Mastbäume in Viehweiden zeugen noch heute so manche eindrucksvolle alte Eichen. Die wirtschaftliche Bedeutung der Mast zeigt sich darin, dass einst der Waldwert nicht in Holz, sondern in Schweinen angegeben wurde.

Eichengalläpfel entstehen als Gewebewucherung des Blatts durch Stich und Eiablage der Eichengallwespe *(Cynips quercusfolii).*

Heilpflanze: Zubereitungen aus der Rinde äußerlich bei Hautentzündungen, Frostschäden, Fußschweiß, Hämorrhoiden.

Achtung! Früchte, Blätter und Rinde wegen des hohen Gerbstoffgehalts weder arzneilich noch kulinarisch überdosieren.

Geschichte, Mythos, Magie: Bei Griechen, Römern, Kelten, Germanen und Slawen war die Eiche ein Baum der Götter. Deren Machtlosigkeit wollte St. Bonifatius im Jahr 724 zeigen, als er eine dem Donar geweihte Eiche fällte und damit überwältigenden Missionserfolg gehabt haben soll. Seither galten die Eichen oft als Teufelsbäume, und Sagen berichten, dass der Böse in manchen von ihnen gesessen und nächtliche Wanderer bedroht habe. Eine im bayerisch-österreichischen Raum verbreitete Sage erzählt, wie die Eiche zu den gekerbten Blättern kam: Ein Bauer hatte seine Seele dem Teufel versprochen, die dieser holen dürfe, wenn die Eiche ohne Blätter sei. Der Teufel freute sich auf den Winter, aber die Eichenblätter blieben verdorrt am Baum hängen. Im Frühjahr endlich blies der Wind sie fort, und der Teufel kam, um die versprochene Seele zu holen. Der Bauer aber zeigte ihm, dass bereits die neuen Blätter hervorbrachen. Somit ist die Eiche nie ohne Blätter, und der wieder einmal geprellte Teufel fuhr vor Wut mit Zähnen und Klauen in die Blätter, die seitdem wie zerrissen aussehen.
Auf Eichen hat man Krankheiten, insbesondere Fieber und Gicht, übertragen. Vielerorts zog man kranke Kinder durch gespaltene Eichenstämme, um die Krankheit abzustreifen.

Hundsrose

Rosa canina

Familie: Rosengewächse *(Rosaceae)*.

Volksnamen: Hagebuttenstrauch, Hetschepetsch, Hiefen.

Merkmale: Die rutenförmigen, aufrechten oder überhängenden Zweige weisen große hakige Stacheln auf. Stachelig sind auch die Blattstiele; die Blätter sind aus 3 bis 7 eiförmigen, gezähnten Fiedern zusammengesetzt und tragen am Blattgrund 2 Nebenblätter. Meist einzeln stehen die großen, 5-zähligen, weißen oder rosafarbenen, zart duftenden Blüten. Die Sammelfrüchte (»Hagebutten«) sind eiförmig, rot, fleischig und enthalten die in Härchen eingebetteten Früchte.
Blüte: Mai bis Juni.
Früchte: Oktober bis November.
Höhe: 1–3 m.
Lebensdauer: Mehrjährig (Strauch).
Ähnlich genutzt werden die Früchte anderer Wildrosen-Arten, beispielsweise der Heckenrose *(R. corymbifera)*, deren Blattoberseite und Blattstiele behaart sind.

Im Frühsommer schmücken die zartduftenden Blüten der Hundsrose viele Wald- und Wegränder.

Vorkommen: Waldränder, Hecken, Wegränder; verbreitet. Im Garten schätzt die Hundsrose als Einzelgehölz oder Heckenpflanze einen sonnigen Platz mit sandig-lehmiger, durchlässiger Erde.

Haushalt, Handwerk, Kinderspiel: Die durch ätherisches Öl fein duftenden Blütenblätter hat man wie die anderer duftender Wild- und Gartenrosenarten zerschnitten dem Pfeifentabak zugemischt. Als Ersatz für Schnupftabak dienten eingesalzene und pulverisierte Blütenblätter. Aus den in den Hagebutten enthaltenen Früchten hat man den »Körnlestee« (Anleitung S. 133) als Ersatz für Schwarztee bereitet. Troost (1884): *Die jungen zarten Blätter der Hundsrose geben einen angenehm schmeckenden Thee. Die gerösteten und gemahlenen Samenkerne dienen als Kaffeesurrogat und können auch frisch getrocknet zu Mehl, zu Suppen und Brodzusatz verwendet werden.*

Die Kinder bastelten aus Hagebutten Ketten, Figuren wie etwa Kühe oder »Geschirr« für die Puppenküche. Die Früchte mit ihren Härchen waren als »Juckpulver«, das man sich gegenseitig in die Kleidung steckte, in Kinderkreisen recht gefürchtet.
Die Blütenblätter dienten als essbare Dekoration und zur Aromatisierung von Speisen. Aus den vom Frost etwas erweichten Hagebutten werden Mus, Likör, Wein hergestellt. Die moderne Kosmetikindustrie verwendet das aus den Kernen gepresste Öl.

Aus den Hagebutten hat man Tee-Ersatz gewonnen.

Heilpflanze: In der Volksmedizin Tee aus ganzen Hagebutten, Hagebuttenschalen oder den Kernen – alle enthalten viel Vitamin C – zur Stärkung der Abwehrkräfte sowie als ausscheidungsförderndes »Blutreinigungsmittel«.

Geschichte, Mythos, Magie: In steinzeitlichen Pfahlbauten fand man Hagebuttenkerne. Die wilde Rose soll der germanischen Göttin Frija geweiht gewesen sein, in christlicher Zeit ist sie Marienpflanze. In dem Märchen »Dornröschen« scheint die alte Wächterfunktion des stacheligen Strauchs symbolhaft auf.
An der Stelle eines Frija-Heiligtums soll der Dom von Hildesheim errichtet worden sein, an dessen Apsis sich der »Tausendjährige Rosenstock« emporrankt. Der Sage nach verlor Kaiser Ludwig der Fromme (814–840) bei einer winterlichen Jagd sein um den Hals gehängtes Kreuz. Die Diener fanden es an einem Hundsrosenstrauch hängend, der grünend und blühend auf grünem Rasen stand. Ludwig ließ an der Stelle eine Kapelle bauen. Nach neueren Untersuchungen kann der Rosenstock tatsächlich um die 1000 Jahre alt sein.
Die durch den Stich der Rosengallwespe entstehenden Rosengallen (»Schlafäpfel«) galten, unter das Kopfkissen gelegt, als schlafförderndes Mittel. Insbesondere durch Verhexung an Krämpfen leidende Kinder sollten sie beruhigen.

Echte Brombeere

Rubus fruticosus

Familie: Rosengewächse *(Rosaceae).*

Volksnamen: Bramel, Hirschbollen, Rahmbeere.

Merkmale: Die Blattstiele und –nerven sowie die bogigen, liegenden oder aufrechten Zweige sind stachelig. Die 3–7-zählig gefiederten Blätter – sie sind teilweise wintergrün – haben ungleich große, eiförmige, am Rand gesägte Blattfiedern. In lockeren Trauben erscheinen die weißen oder rosa Blüten. Aus meist über 30 Steinfrüchtchen bestehen die anfangs roten, zur Reifezeit schwarzglänzenden Sammelfrüchte, die sich samt Blütenboden ablösen. Der Strauch treibt sich bewurzelnde Schösslinge.
Blüte: Juni bis August.
Früchte: Juli bis Oktober.
Höhe: 50–200 cm.
Lebensdauer: Mehrjährig (Strauch).
Rubus fruticosus ist eine Sammelart mit vielen, teilweise schwer unterscheidbaren Kleinarten.

Vorkommen: Wälder, Gebüsche, Hecken, Lichtungen; häufig; regional gefährdet. Im Garten mag die Brombeere einen halbschattigen Platz mit lockerem, humosem Boden.

Haushalt, Handwerk, Kinderspiel: Brombeerblätter oder eine Mischung aus 2 Teilen Brombeerblättern und je 1 Teil Himbeer- und Erdbeerblättern ergibt nach der Fermentation den früher sogenannten Deutschen Tee (Anleitung S. 132). Er diente als Ersatz für den aus den Blättern des Teestrauchs *(Camellia sinensis)* gewonnenen »Chinesischen Tee«. Auch der unfermentierte Brombeerblättertee war als Haustee geschätzt.

Ehe die weißen oder rosa Blüten der Brombeere erscheinen, werden die noch zarten jungen Blätter für Tee-Ersatz gesammelt.

Mit den Trieben kann man Wolle und Textilien in verschiedenen Gelb- und Grautönen, mit den Früchten zartlila färben. Mit Brombeersaft wurden bisweilen blasse Rotweine farblich verbessert.
Die Blätter dienten zum Gerben. Die seit ältesten Zeiten gesammelten Früchte genießt man roh oder verarbeitet sie zu Kompott, Saft, Gelee, Marmelade, Wein, Likör.

Heilpflanze: Zubereitungen aus den Blättern bei unspezifischen akuten Durchfallerkrankungen, äußerlich bei leichten Entzündungen der Mund- und Rachenschleimhaut.

Geschichte, Mythos, Magie:
Der griechische Arzt Dioskurides (1. Jh.n.Chr.) empfahl, die Blätter zur Kräftigung des Zahnfleischs zu kauen. Wie über andere stachelige Sträucher hieß es auch über den Brombeerstrauch, man könne beim Durchkriechen Krankheiten abstreifen.

Brombeeren waren in früherer Zeit nicht nur begehrtes Wildobst, sondern man hat mit ihrem Anthocyane enthaltenden Saft auch Nahrungsmittel und Wein gefärbt.

Sumpfdotterblume

Caltha palustris

Familie: Hahnenfußgewächse *(Ranunculaceae)*.

Volksnamen: Bachblume, Butterblume, Osterblume, Schmalzblume.

Merkmale: Der liegende oder aufsteigende Stängel ist hohl und verzweigt. Fettartig glänzen die dunkelgrünen, herz-nierenförmigen Grundblätter; sie sind am Rand gekerbt und, im Gegensatz zu den fast sitzenden oberen Blättern, lang gestielt. Die großen, dottergelben, 5-blättrigen Blüten haben viele Staubblätter und Stempel. Giftig (Protoanemonin).
Blüte: März bis Juni.
Höhe: 15–30 cm.
Lebensdauer: Mehrjährig.

Vorkommen: Bachränder, Gräben, Auwälder, feuchte Wiesen; verbreitet; regional gefährdet. Im Garten eignet sich die sonnenliebende Sumpfdotterblume für den Rand naturnaher Teiche.

Haushalt, Handwerk, Kinderspiel:
Mit »Deutsche Kapern« wurden früher die eingelegten Blütenknospen insbesondere der Sumpfdotterblume bezeichnet. Wegen der Giftigkeit der Pflanze sollte man Kapern-Ersatz lieber aus den Blütenkopfknospen von Löwenzahn (Anleitung S. 135) oder Gänseblümchen, den Blütenknospen der Kapuzinerkresse oder des allerdings ebenfalls (leicht) giftigen Scharbockskrauts *(Ranunculus ficaria)* herstellen und auf Kapern-Ersatz aus der Sumpfdotterblume verzichten. Die gewaschenen und getrockneten Wurzeln hat man, besonders in Notzeiten, gemahlen und als Mehl-Ersatz verwendet. Die jungen Blätter wurden manchmal in kleinen Mengen an Salate oder Frischkäse gegeben, die Wurzeln als Gemüse gekocht.
Wolle kann mit dem frischen oder getrockneten Kraut in orangefarbenen bis dunkelgrünen Tönen gefärbt werden. Mit den Carotinoide enthaltenden Blüten hat man früher mancherorts die Butter gefärbt, vereinzelt auch Textilien. Aus dem Blütensaft wurde eine gelbe Tinte hergestellt.
Gern spielten die Kinder mit den attraktiven Frühlingsboten.

Wie bei verschiedenen anderen Frühlingspflanzen gab es offenbar auch bei der Sumpfdotterblume ein aus alten Zeiten nachwirkendes Tabu: Wer eine Sumpfdotterblume pflückt, bekommt Läuse. Trotzdem drückte man die Blüten gern einem Spielkameraden ans Kinn, registrierte die dort hinterlassenen gelben Flecke und rief: »Du isst die Butter gern.«

Heilpflanze: Gegen Galle- und Leberbeschwerden sowie als Hustenmittel auch in der Volksmedizin nicht mehr üblich.

Achtung! Wegen der Giftigkeit der Pflanze sollte auf kulinarische und arzneiliche Verwendung verzichtet werden.

Geschichte, Mythos, Magie: Die Frühlingspflanze galt als zauber- und heilkräftig. Dass man diese Kraft ursprünglich einem die Pflanze bewohnenden Geist zugesprochen hat, wird in einer von Marzell (1922) überlieferten Beschwörung der »Osterblume« im Böhmerwald deutlich: Dort kniete der Heiler oder Besprecher vor der Sumpfdotterblume nieder, legte seinen Hut neben sich auf den Boden und sprach die Pflanze an: »Grüas di God, du Osterbluam … « Es folgte ein Spruch, in dem die Pflanze an ihre Kraft gegen angezauberte Krankheiten bei Mensch und Vieh erinnert wurde. Erst dann wurde sie nach Hause getragen. Mancherorts streute man Sumpfdotterblumen vor die Stalltür, um die Hexen fernzuhalten.

Das Original: Blütenknospen des im Mittelmeergebiet beheimateten Kapernstrauchs (*Capparis spinosa*). Hausbuch der Familie Cerruti (14. Jahrhundert).

Die fettig glänzenden, leuchtend gelben Blüten der giftigen Sumpfdotterblume dienten mancherorts zum Färben der Butter und anderer Nahrungsmittel.

Echte Nelkenwurz

Geum urbanum

Familie: Rosengewächse *(Rosaceae)*.

Volksnamen: Benediktenkraut, Heil aller Welt, Mannskraft, Nägeleinkraut.

Merkmale: Der aufrechte Stängel ist wie die Blätter behaart. Grundblätter und untere Stängelblätter sind unregelmäßig unterbrochen 5–7-zählig gefiedert, Endfieder und Nebenblätter auffallend groß. Die oberen Stängelblätter sind 3-zählig. Einzeln am Stängelende stehen die gelben Blüten. An den auf kugeligen Fruchtköpfen angeordneten Früchten bleibt der Griffel erhalten und krümmt sich hakenförmig. Die Klettfrüchte werden durch Anhängen an Tiere oder den Menschen verbreitet.
Blüte: Mai bis September.
Höhe: 30–60 cm.
Lebensdauer: Mehrjährig.

Vorkommen: Feuchte Wälder, Gebüsch, Wegränder, Gärten; häufig. Im Garten setzt man die Nelkenwurz an einen schattigen Platz mit lockerer, humus- und nährstoffreicher Erde.

Haushalt, Handwerk, Kinderspiel: Der im Herbst oder Frühjahr gegrabene gerbstoffreiche Wurzelstock diente frisch oder getrocknet in kleinen Mengen als Ersatz für die früher sehr teuren Gewürznelken (Anleitung S. 135). Sein ätherisches Öl enthält, wie das der Gewürznelken, Eugenol. Geschätzt war der mit Nelkenwurz-Wurzelstock aromatisierte Würzwein. Um das Sauer-

Als Schatten ertragende Pflanze blüht die Echte Nelkenwurz auch in der Krautschicht des sommerlichen Laubwaldes.

Der rötlichbraune, kurze Wurzelstock der Echten Nelkenwurz, der zahlreiche Faserwurzeln treibt, war einst Gewürznelken-Ersatz.

werden zu verhindern und auch als Würze wurde Nelkenwurz dem Bier zugegeben.
Mit der gesamten Pflanze hat man mit Wismut gebeizte Wolle dauerhaft braun gefärbt.
Die klettenartigen Früchte warfen die Kinder einander an Kleidung und Haare.
Der Wurzelstock wurde bisweilen zum Gerben genutzt, und Leonhart Fuchs (1543) schreibt:

Ettlich seubern diese wurtzel vom kat/dörrens/vnd besprengens mit essig/legens also in die kisten vnd truhen zu den kleydern das sie wol daruon schmecken.

Heilpflanze: Selten in der Volksmedizin Zubereitungen aus Wurzelstock und Wurzeln gegen Durchfall und Verdauungsbeschwerden sowie äußerlich zum Gurgeln bei Entzündungen im Mund- und Rachenraum.

Achtung! Weder kulinarisch noch arzneilich überdosieren.

Geschichte, Mythos, Magie: Hildegard von Bingen empfiehlt »Benedicta« zur Stärkung geschwächter Menschen. Sie schreibt auch: »… und wenn jemand es im Trank einnimmt, entbrennt er in begehrlicher Liebe.« Auch der Name »Mannskraft« unterstellt aphrodisierende und potenzsteigernde Wirkung. Die Duftpflanze galt als wirksam gegen Hexen, Teufel und sonstige böse Geister. Deshalb erhielten mancherorts die Kühe vor dem ersten Austreiben im Frühjahr Nelkenwurz. Man hat sie als Zier-, Heil- und Nutzpflanze im Burggarten und bis ins 19. Jahrhundert in Bauerngärten angepflanzt.

Eberesche, Vogelbeerbaum

Sorbus aucuparia

Familie: Rosengewächse *(Rosaceae)*.

Volksnamen: Quitschenbaum.

Merkmale: Die glatte, glänzende, hellgraue Rinde wird im Alter oft schwärzlich und rissig. Oberseits dunkelgrün, unterseits graugrün sind die länglich-lanzettlichen, scharf gesägten 13–17 Fiedern, aus denen sich die von einer rötlichgrünen Mittelrippe durchzogenen Blätter zusammensetzen. In reichblütigen doldenartigen Rispen erscheinen die gelblich-weißen, stark duftenden Blüten. Die orange- bis scharlachroten Apfelfrüchte sind kugelig und erbsengroß.
Blüte: Mai bis Juni.
Früchte: August bis Oktober.
Höhe: 3–15 m.
Lebensdauer: Mehrjährig (Laubgehölz).

Vorkommen: Wälder, Waldränder, Gebüsche, Brachflächen; verbreitet. Im Garten gedeiht die Eberesche in Sonne oder Halbschatten sowie in jedem nicht zu feuchten Gartenboden. Neben der Wildform gibt es im Fachhandel auch Zuchtformen mit milder schmeckenden Früchten.

Haushalt, Handwerk, Kinderspiel: Die getrockneten, gemahlenen Früchte wurden in Notzeiten als Mehl-Ersatz dem Brotmehl zugegeben oder, geröstet und gemahlen, als Kaffee-Ersatz verwendet. Aus den frischen Früchten können »Rosinen« hergestellt werden (Anleitung S. 137),

Die leuchtend roten Früchte der Eberesche sind bei Vögeln beliebt und wurden früher auch von Menschen vielfältig genutzt.

sie lassen sich zu Kompott, Marmelade, Saft, Gelee oder Likör verarbeiten. Die Kinder basteln aus den roten Früchten Ketten und Halsbänder (Anleitung S. 148).
Das Holz ist hart und elastisch; es wird von Tischlern, Drechslern und Bildhauern verwendet. Früher hat man daraus Schießpulver bereitet. Die Früchte, für die sich über 50 Vogelarten interessieren, dienten als Lockmittel beim Vogelfang.

Heilpflanze: In der Volksmedizin der Saft als Gurgelmittel bei Heiserkeit, Fruchtmus bei Appetitlosigkeit, Magenverstimmung, Tee aus den getrockneten Früchten gegen Durchfall.

Achtung! Früchte nur gekocht oder getrocknet verzehren, da die in rohen Früchten enthaltene Parasorbinsäure zu Reizungen im Magen-Darm-Trakt oder im Harntrakt führen kann.

Geschichte, Mythos, Magie: Bei den Kelten galt die Eberesche als zauberkräftig und dämonenfeindlich. In der nordgermanischen Snorri-Edda wird berichtet, dass sich der Wettergott Thor einst an einer Eberesche aus einem reißenden Fluss gezogen und so gerettet habe. Vielerorts galt im Volksglauben die Eberesche als den Blitz abhaltend (man steckte Zweige vor die Fenster). Sie gehörte auch zu den Pflanzen, deren Zweige als »Lebensrute« Fruchtbarkeit und Kraft verleihen, wenn Vieh und Mensch mit ihnen berührt werden. Die niederdeutschen Namen »Quickbaum« oder »Quitschenbaum« sind abgeleitet vom mittelhochdeutschen »quec« und bezeichnen einen lebensfrischen Baum. Reicher Fruchtbesatz, so ein Volksglaube, kündigt einen harten Winter an.

Maiglöckchen

Convallaria majalis

Familie: Spargelgewächse *(Asparagaceae).*

Volksnamen: Fillumvallum, Maiblume.

Merkmale: Von einer häutigen Scheide umgeben sind die langen Stiele der meist 2 grundständigen, parallelnervigen, eiförmigen Blätter. Am unbeblätterten Blütenstängel stehen in einer einseitswendigen Traube die weißen, 6-zipfeligen, kurz gestielten Blüten, die stark und angenehm duften. Die Beerenfrüchte sind scharlachrot. Sehr stark giftig sind alle Pflanzenteile, besonders Blüten und Früchte (Glykoside).
Blüte: Mai bis Juni.
Höhe: 10–25 cm.
Lebensdauer: Mehrjährig.

Getrocknete Blüten des sehr stark giftigen Maiglöckchens waren einst wichtiger Bestandteil des berühmten Schneeberger Schnupftabaks.

Vorkommen: Lichte Laubwälder, Gebüsche; verbreitet. Im Garten gibt man dem Maiglöckchen einen Platz unter Laubgehölz in lockerer, feuchter, humusreicher Erde.

Haushalt, Handwerk, Kinderspiel: Die getrockneten zerriebenen Blüten bildeten eine wichtigen Bestandteil mancher Schnupftabake, insbesondere des berühmten »Schneebergers«. Die langen und zähen Fasern lassen sich relativ leicht durch Wasserröste gewinnen, sie wurden – allerdings nicht in größerem Umfang – zu Spinnfasern verarbeitet.
Aus den Blättern hat man grüne und gelbe Farbstoffe gewonnen sowie vereinzelt Papier hergestellt. Die Blüten werden in der Parfümindustrie verwendet. Besonders im 19. Jahrhundert war Maiglöckchenduft beliebt.

Heilpflanze: Verwendet werden nur noch Fertigpräparate aus dem blühenden Kraut gegen verschiedene Herz- und Kreislaufbeschwerden.

Achtung! Wegen der sehr starken Giftigkeit keine Selbstbehandlung; keine Verwendung als Schnupftabak.

Geschichte, Mythos, Magie: Frühlingssymbol war das duftende Maiglöckchen möglicherweise schon bei vorchristlichen Maifesten. Die Blüten und der auf ihnen am Morgen liegende Tau galten als Schönheitsmittel. Wem in mondhellen Mainächten eine schöne, mit Maiglöckchen geschmückte Frau erscheint, kann auf ein freudiges Ereignis hoffen. Ein schlechtes Vorzeichen sind Blüten mit roten Streifen.

Huflattich

Tussilago farfara

Familie: Korbblütler *(Asteraceae)*.

Volksnamen: Eselshuf, Rosshub, Tabakkraut.

Merkmale: Einzeln sitzt das leuchtend gelbe Blütenköpfchen am Ende des flockig-wollig behaarten, mit rötlichbraunen Schuppenblättern besetzten Blütenstängels. Es besteht aus gelben Röhren- und Zungenblüten und wird von einem 1-reihigen, glockigen Hüllkelch umschlossen.
Erst nach der Blüte erscheinen die grundständigen, 10–30 cm breiten, rundlich-herzförmigen, leicht eckigen und ungleich gezähnten Blätter. Ihre Oberseite ist dunkelgrün, die Unterseite weißfilzig. Die Früchte haben einen seidigen, mehrreihigen Haarkranz (Pappus).
Giftig (Pyrrolizidinalkaloide).
Blüte: Februar bis April.
Höhe: 10–25 (Blütezeit), bis 40 cm (Fruchtzeit).
Lebensdauer: Mehrjährig.

Vorkommen: Wegränder, Kiesgruben, feuchte Äcker, Schuttplätze; verbreitet.

Haushalt, Handwerk, Kinderspiel: Das Einatmen von Rauch, der durch Verbrennen von Huflattichblättern

Erst wenn die gelbten Blütenköpfchen des Huflattichs bereits am Abblühen sind, erscheinen die ersten Blätter (links).

entsteht, erwähnen schon Dioskurides und Plinius als Mittel gegen Husten. Auch Leonhart Fuchs (1543) schreibt über die Blätter:

So sie aber gedörrt werden/vnd auff ein glut gelegt/vnd der rauch daruon durch ein rhor in den mund empfangen würt/heylen sie den trucknen husten/vnnd das keichen oder enge des athembs.

Möglicherweise wurde beim Rauchen das Angenehme mit dem Nützlichen verbunden, denn Huflattichblätter hat man schon geraucht, lange bevor in Europa das Tabakrauchen eingeführt wurde. Später waren sie beliebt als Tabak-Ersatz oder als Zumischung zum Tabak. Der Pharmakologe H. Schulz berichtet 1919, dass viele ältere Männer mit chronischer Bronchitis eine Mischung von Tabak und Huflattich im Verhältnis 1:1 rauchten. Er selbst habe diese Mischung ausprobiert, als recht angenehm empfunden und ein leichteres Abhusten des Bronchialschleims festgestellt. Die wolligen Haare auf der Blattunterseite dienten als Zunder-Ersatz. Die jungen Blätter hat man gern mit einer Fleisch-, Reis-, Grieß- oder Haferflockenfüllung gegessen. Zerkleinerte Blätter können in kleinen Mengen Salaten oder Gemüsemischungen beigegeben werden.

Heilpflanze: Zubereitungen aus den Blättern bei Entzündungen im Mund-Rachen-Raum und bei trockenem Reizhusten.

Achtung! Huflattich enthält leberschädigende und krebsfördernde Pyrrolizidinalkaloide. Arzneiliche Nutzung nur nach fachlichem Rat. Es gibt alkaloidfreie oder -arme Zuchtsorten; keine Blätter aus Wildsammlung verwenden. Das Bundesinstitut für Risikobewertung weist auf Gefahren durch Verzehr pyrrolizidinhaltiger Pflanzenteile hin.

Geschichte, Mythos, Magie: »Huf« zielt auf die Blattform, der 2. Teil des Namens ist abgeleitet vom mittellateinischen »lapatium«, das eine Pflanze mit großen Blättern bezeichnet. Hildegard von Bingen unterscheidet den Huflattich – sie empfiehlt ihn nicht gegen Husten, sondern für die kranke Leber – als »Hufflata minor« von der Gewöhnlichen Pestwurz *(Petasites hybridum),* die sie »Hufflata maior« nennt.
Das lästige Unkraut Huflattich verschwindet für immer, wenn man es an bestimmten Tagen, etwa Abdon (30. Juli) oder Mariä Himmelfahrt (15. August), ausreißt.

Echtes Labkraut

Galium verum

Familie: Rötegewächse *(Rubiaceae).*

Volksnamen: Liebfrauenbettstroh, Milchgerinnkraut, Muttergottesbettstroh.

Merkmale: Am aufrechten, schwach 4-kantigen Stängel stehen die schmallinealen Blätter in 8–12-zähligen Quirlen. Sie sind fein zugespitzt, am Rand zurückgerollt, oberseits glänzend dunkelgrün, unterseits filzig. In endständigen Rispen erscheinen die kleinen gelben, nach Honig duftenden Blüten.
Blüte: Juni bis September.
Höhe: 20–70 cm.
Lebensdauer: Mehrjährig.
Ähnlich genutzte Verwandte mit weißen Blüten sind das Wiesenlabkraut *(G. mollugo)*: breitere Blätter und das Klettenlabkraut *(G. aparine):* liegender oder klimmender Stängel; Stängel, Blätter und kugelige Früchte borstig behaart.

Bei der Käsebereitung wird aus der durch Lab oder Pflanzen wie Labkraut geronnenen Milch die Molke entfernt und der übrigbleibende Bruch geformt. Holzschnitt (1493).

Vorkommen: Trockene, magere Wiesen, Weg- und Waldränder, Gebüschsäume; verbreitet. Im Garten gibt man dem Labkraut einen sonnigen bis halbschattigen Platz mit trockener, eher magerer Erde.

Haushalt, Handwerk, Kinderspiel: Schon Dioskurides (1. Jh. n. Chr.) erwähnte, dass mit Labkraut die Milch zum Gerinnen gebracht werden könne, ebenso Leonhart Fuchs (1543), der zur Pflanze »Walstro« anmerkt: »Auff Griechisch vnd Lateinisch würt es Gallion/ Galation/ vnd Galeriun gehysssen/darumb das es die milch als ein renue zusamen tringt.« D. George Heinrich Zincken schreibt 1753 in seinem ökonomischen Lexikon:

… an andern Orten labt man die Milch, daraus man Käse machen will, mit dem Laab-Kraut … Seinen Nahmen hat es von seiner Wirckung, indem es die Milch labet oder gerinnen macht, wenn es darein geleget wird.

Das frische Kraut enthält ein dem Labenzym (Chymosin) ähnliches Protein. Leider waren die eigenen Versuche (siehe S. 138) nicht sehr erfolgreich.
Ursprünglich gab das Echte Labkraut dem berühmten englischen Chesterkäse seine charakteristische rötlichgelbe Farbe. Mit den Blüten hat man Wolle gelb, mit Wurzelstock und Wurzel, welche wie die des verwandten Krapps Anthrachinone enthalten, rot gefärbt. Boehmer (1794) lobt die damit erzielten Rottöne als sehr haltbar und als fast so schön wie die durch Krapp erzielten.

Heilpflanze: In der Volksmedizin Tee aus dem blühenden Kraut zur Förderung der Harnausscheidung und zur »Blutreinigung«.

Geschichte, Mythos, Magie: Labkraut gehörte zu den sogenannten Bettstrohkräutern – duftenden und entspannenden Pflanzen, die man in vorchristlicher Zeit der Gebärenden aufs Lager streute und teilweise noch bis ins 19. Jahrhundert unter das Kissen legte. Bei den Germanen soll Labkraut der Muttergöttin Frija/ Freyja geweiht gewesen sein, später wurde es zur Marienpflanze. Die Legende berichtet, dass die Mutter Anna der kleinen Maria oder Maria dem Jesuskind Labkraut ins Bettchen gelegt habe. Ins Kräuterbüschel, das zu Mariä Himmelfahrt (15. August) in der Kirche gesegnet wird, gehörte vielerorts auch das Echte Labkraut. Es wurde in Burggärten und bis ins 19. Jahrhundert in Bauerngärten gehegt.

Das Echte Labkraut diente anstelle von Kälberlab zum Dicklegen der Milch. Mit den leuchtend gelben Blüten hat man Wolle gefärbt.

Reinigende Pflanzen

Putzen, Bürsten und Polieren

In einem Haushalt müssen auch heute Fußböden und Möbel sowie Geschirr und andere Gegenstände gesäubert werden, doch erleichtern Geräte wie der Staubsauger und eine große Vielfalt an Reinigungsmitteln diese Tätigkeiten.

Ein wenig Einblick in die frühere Mühsal und die verschiedenen verwendeten Hilfsmittel geben ältere Hauswirtschafts- und Kochbücher. In dem in vielen Auflagen – die 1. zu Beginn des 20. Jahrhunderts, die 23. Auflage 1953 – erschienenen Kochbuch-Klassiker »Kochbuch für Koch- und Haushaltungsschulen« von Emma Wundt heißt es in der 14. Auflage (1933):

Sind Bodenteppiche da, so werden diese, wenn nötig, vorsichtig abgebürstet und, wenn möglich, aufgerollt. Während des Kehrens darf im Zimmer natürlich kein Durchzug sein. Ist der Raum groß, so kehrt man den Schmutz auf mehrere Häufchen, da man ihn andernfalls zu sehr aufwirbelt. Man arbeite dabei stets von sich, damit man den Schmutz nicht wieder mit den Füßen weiterträgt und vermeide durch vorsichtiges Kehren unnötige Staubentwicklung. Mit Schaufel und Handbesen entfernt man sofort nach dem Kehren den Staub aus dem Zimmer.

Noch mehr Umstände sollte man sich bei der wöchentlichen oder gar der jährlichen Reinigung machen. Besen und Bürsten konnten jedenfalls im Haushalt noch weniger als heute entbehrt werden: Fußböden kehren, Wäsche bürsten, Teppiche und Polstermöbel abbürsten, Schuhe putzen und polieren, Gefäße scheuern und vieles mehr.

Die elastischen Borsten der Besen und Bürsten bestehen aus Tierhaaren, Wurzeln, Ruten, Stroh, Draht und heute oft aus Kunstfasern. Für die Herstellung von Reisigbesen hat man biegsame Zweige von Bäumen und Sträuchern wie Birke, Hasel oder Weide verwendet. Auch Besenheide, Besenginster, Besenrauke *(Descurainia sophia)* oder Widertonmoos

Im bürgerlichen Haushalt waren früher Geschirr- und Bodenreinigung mit viel Aufwand und Mühe verbunden. Links Zeichnung (18. Jh.), rechts Holzstich nach Zeichnung von Jules Descartes Férat (1886).

(Polytrichum commune) wurden in manchen Regionen zu Besen oder Bürsten verarbeitet.

Die Anleitungen zur Geschirrreinigung sind meist ebenfalls beeindruckend. So findet man in Maria Buchmeiers »Neues Kochbuch für kleine Haushaltungen« (1908) 2 volle Seiten zur Geschirrreinigung. Die Autorin nennt als Reinigungsmittel für verschiedene Geschirrarten etwa Borax, Butter, Chlorcalcium, Essig, Holzasche, Kreide, saure Milch, Oxalsäure, Salmiakgeist, Salz, Salzsäure, Sand, Schlämmkreide, Seifenwasser, Soda, Spirituswasser, Ziegelmehl, Zitronensäure.

Beim Säubern von Fensterscheiben, Geschirr und anderen Gegenständen machte man sich auch die scheuernde Wirkung der in manchen Pflanzen eingelagerten Mineralien zunutze: Zinn und Weißblech hat man mit Hilfe von Zinnkraut geputzt, die Fenster und verschiedene Glasgegenstände etwa mit Glaskraut oder – in der Nähe mancher fließender Gewässer – mit Flutendem Hahnenfuß *(Ranunculus fluitans)*. Mit den Blättern des Andorns *(Marrubium vulgare)* wurden Milchkübel geschrubbt. Zinnkraut hat man auch auf Vorrat für den Winter getrocknet und eine Art Topfkratzer daraus hergestellt.

Eine Sonderstellung nimmt die Weberkarde ein: Mit ihren Blütenköpfen, deren Spreublätter in eine zurückgekrümmte Spitze auslaufen, diente sie nicht zum Reinigen, sondern wurde zu einem Bürst- und Kratzinstrument zum Aufrauen von Wolltuch verarbeitet.

Hängebirke, Weißbirke

Betula pendula

Familie: Birkengewächse *(Betulaceae)*.

Volksnamen: Besenbaum, Maibaum, Warzenbirke.

Merkmale: Die Rinde ist bei jüngeren Bäumen weiß, bei älteren an der Stammbasis schwärzlich und rissig. Im Jugendstadium sind die meist hängenden Zweige mit harzigen Warzen bedeckt. Die 3-eckig-rautenförmigen, kahlen Blätter sind gestielt, doppelt gesägt und lang zugespitzt. Die männlichen gelbbraunen Kätzchen hängen herab, während die weiblichen grünlich sind und zunächst aufrecht stehen. Die Frucht ist eine geflügelte Nuss.
Blüte: April bis Mai.
Höhe: 10–25 m.
Lebensdauer: Mehrjährig (Laubbaum).

Vorkommen: Trockene Laub- und Nadelwälder, Moore, Heidewiesen; verbreitet. Die auch für kleinere Gärten geeignete, anspruchslose Hängebirke mag einen sonnigen Standort.

Haushalt, Handwerk, Kinderspiel: Auch heute noch sind Reisigbesen aus Birkenreisern geschätzt. Man kann sie leicht selbst herstellen (Anleitung S. 139). Früher hat man die dünnen Zweige auch zu Ruten und Flechtwerk verarbeitet.
Mit dem flavonhaltigen Birkenlaub wurde Wolle gefärbt. Boehmer (1794) schreibt:

Das Birkenlaub giebt auf Wolle eine gelbe Farbe, welche aber etwas ins Grüne fällt. Das wollene Garn wird daher zuerst mit Alaun und alsdann mit dem Birkenlaube gekochet. Kochet man ein dergleichen gefärbtes und wieder getrocknetes Garn mit Beeren von Faulbaume oder Scharte, so bekömmt es eine grüne Farbe; kochet man das Gelbgefärbte

Nach der Bestäubung durch den Wind entwickeln sich aus den unscheinbaren weiblichen Stempelkätzchen der Hängebirke die auffälligeren Fruchtstände.

mit der Wurzel von dem glatten Wiesenmegerkraute, Gal. bor. so wird es alsdann roth.

Verschiedentlich wurden die getrockneten Blätter als Tabak-Ersatz empfohlen. Noch im 19. Jahrhundert hat man mancherorts in Mitteleuropa, beispielsweise im Harz, den Birkensaft zu Zucker-Ersatz verarbeitet. Birkenpech und Birkenessig wurden gegen Schädlinge eingesetzt.
Die männlichen Blütenkätzchen waren im Kinderspiel »Bratwürstchen«. Mit einem an die Lippen gepressten Birkenblatt oder -baststück haben die Kinder Pfeiftöne erzeugt.
Birkenrinde diente zum Gerben; aus ihr bereitete man auch Birkenteer, der dem Juchtenleder seinen charakteristischen Geruch gab. Das lang und fein gemaserte Holz dient als Möbel-, Schnitt- und Werkholz und bisweilen zur Papierherstellung.
Die Holzkohle war als Zeichenkohle beliebt. Aus dem Wurzelholz fertigte man unter anderem Pfeifenköpfe.

Heilpflanze: Zubereitungen aus den Blättern bei leichteren Entzündungen der Harnorgane, bei Harngrieß, vorbeugend gegen Harnsteine, unterstützend bei rheumatischen Beschwerden. In der Volksmedizin auch bei Hautleiden; der Saft äußerlich als Haarwasser.

Achtung! Keine innerliche Verwendung bei Wasseransammlungen infolge eingeschränkter Herz- oder Nierentätigkeit.

Geschichte, Mythos, Magie: In Mittel- und Nordeuropa ist die Birke Symbol des Frühlings. Häufig war der Birkenzweig die Fruchtbarkeit verleihende »Lebensrute«. Aus heidnischer Zeit stammte der Brauch, an Pfingsten Haus, Stall, Brunnen, Kirchen mit Birkenzweigen zu zieren; noch heute wird der Prozessionsweg an Fronleichnam mit Birkenzweigen geschmückt. In der Nacht zum 1. Mai (Walpurgisnacht) räucherte man mit Birkenlaub in den Ställen oder steckte Birkenreiser an Stalltüren oder auf den Misthaufen, um die Hexen fernzuhalten und angehextes Ungeziefer zu vertreiben. Mancherorts stellte in dieser Nacht der junge Mann dem geliebten Mädchen als »Maien« eine Birke vors Haus.
Mit der Birke verbanden die irischen Kelten das Fest der anstelle einer älteren Frühlingsgöttin verehrten hl. Brigit (1. Februar). Bei den sibirischen Schamanen ist die Birke der Weltenbaum.

Noch heute geschätzt: Reisigbesen, gefertigt aus dünnen Zweigen der mit ihrem weißen Stamm und dem hellgrünen Laub vielfach als Frühlingssymbol dienenden Hängebirke.

Besenheide, Heidekraut

Calluna vulgaris

Familie: Heidekrautgewächse *(Ericaceae).*

Volksnamen: Besenkraut.

Merkmale: Der niederliegende oder aufsteigende holzige Stängel ist stark verästelt. Die kleinen lineal-lanzettlichen Blätter halten ihre Verdunstung gering (4-zeilige Anordnung, dachziegelartige Überlappung, Einrollung an den Rändern) und lassen die Pflanze auch an trockenen Standorten bestehen. In Trauben erscheinen die nickenden, rosaroten Blüten, die von einem 4-blättrigen grünen Außenkelch umgeben sind.
Blüte: Juli bis Oktober.
Höhe: 20–100 cm.
Lebensdauer: Mehrjährig (immergrüner Zwergstrauch).

Die Verwendung der festen und zugleich biegsamen Zweige als Besenmaterial hat der Besenheide ihren Namen eingebracht.

Vorkommen: Heiden, Moore, trockene Wälder; verbreitet; regional gefährdet. Im Garten gibt man dem Herbstblüher einen sonnigen Platz mit leichtem, sandigem, saurem Boden.

Haushalt, Handwerk, Kinderspiel: Aus den Zweigen wurden die sogenannten Heidebesen gebunden: große Stallbesen und kleine Besen zum Reinigen von Gefäßen. Auch Kleiderbürsten wurden aus Besenheide hergestellt.
Einen Absud aus den Flavonoide enthaltenden Zweigen hat man zum Färben von Wolle, Baumwolle und Seide verwendet: Je nach Vorbehandlung ergeben sich verschiedene gelbe, braune und grüne Töne.
Wegen ihrer Bitterstoffe war die Besenheide bisweilen beim Bierbrauen auch Hopfen-Ersatz.
Tee aus den getrockneten Blüten hat man als Ersatz für Schwarztee getrunken.
Die Gerbstoffe machten die Besenheide, getrocknet und zu Pulver vermahlen, zum Gerben geeignet. Boehmer (1794) schildert eine Methode, nach der die Pflanzen 3 Stunden in einem Kupferkessel gekocht werden. Anschließend füllt man das Kochwasser in große Fässer und legt, sobald es die Bluttemperatur frisch geschlachteten Viehs erreicht hat, die Häute ein.
Das Kraut wurde als Einstreu und Brennmaterial verwendet sowie gemahlen als Futtermittel.
Bienen besuchen gern die Besenheide, deren Nektar 24 % Zucker enthält, und stellen den geschätzten dunklen »Heidehonig« her. Verschiedene Sorten des Heidekrauts sind als Herbstblüher beliebte Gartenpflanzen, sogenannte Knospenheiden sind auch im Winter eine Zierde.

Heilpflanze: In der Volksmedizin Zubereitungen aus Blüten oder blühendem Kraut bei Rheuma, Gicht, Nierensteinen, Schlafstörungen, auch zur »Blutreinigung«.

Geschichte, Mythos, Magie: Die im Spätsommer rotviolett leuchtenden Flächen blühenden Heidekrauts inspirierten mancherorts zu der Vorstellung, die Pflanze sei aus dem Blut erschlagener Helden entsprossen. Das Kraut galt als Schutzmittel gegen das Verzaubern und Berufen sowie als Abwehrmittel gegen Schlangen und Wölfe, denen eine starke Abscheu davor nachgesagt wurde.

Besenginster

Sarothamnus scoparius, Syn.: *Cytisus scoparius*

Familie: Schmetterlingsblütler *(Fabaceae)*.

Volksnamen: Hasengeil, Pfriemen, Rehkraut.

Merkmale: Der dornenlose Strauch hat einen aufrechten, verzweigten Stamm und gerillte, rutenförmige, spitz zulaufende Zweige. Die durch Chlorophyll grün gefärbte Rinde ergänzt die Photosyntheseleistung der wenigen, kleinen, filzig behaarten Blätter, sodass der Strauch an trockenen Standorten seine Verdunstung gering halten kann. Die unteren Blätter sind 3-zählig, die oberen oft einfach und lanzettlich. Einzeln oder zu 2 in den Blattachseln stehen die großen goldgelben Blüten, deren Griffel spiralig eingerollt ist. Die Hülsenfrucht ist behaart.
Giftig (Alkaloide).
Blüte: Mai bis Juni.
Höhe: 50–200 cm.
Lebensdauer: Mehrjährig (Strauch).

Vorkommen: Heiden, lichte Wälder, Waldränder; verbreitet. Im Garten gibt man dem Besenginster einen sonnigen Platz mit durchlässigem, humosem Boden.

Haushalt, Handwerk, Kinderspiel: Aus den rutenförmigen Zweigen hat man Besen gefertigt. Darüber schreibt Boehmer (1794):

Die Besen werden gemeiniglich aus den zarten Reisern verschiedener Bäume und Sträucher, in hiesigen Gegenden vornehmlich von der Birke, verfertiget. In Hamburg wählet man hierzu das besenartige Pfriemenkraut, Spart. scop. und verkauft solche unter dem Namen Brambesen.

Die Zweige dienten zudem als Flechtmaterial, etwa für Körbe. Auch Spinnfasern lassen sich aus dem Besenginster gewinnen. Diels (1918) berichtet, dass die Faser zwar nicht zu feineren Geweben verspinnbar, aber vorzüglich für Stricke, Taue, Bindfaden, Sackleinen und ähnliche derbe Gewebe geeignet sei. Auch habe

Nicht nur Besen entstanden aus den Zweigen des Besenginsters, sondern man hat sie auch als Flechtmaterial verwendet.

man bereits ein großtechnisches Verfahren der Aufbereitung der Faser gefunden, und eine »Ginsterfaser-Gesellschaft« mit Sitz in Berlin kümmere sich um Anbau, Einsammlung des Materials und Verwertung. Der Autor weist auch darauf hin, dass die Faserpflanze besonders in Frankreich seit Langem verwendet werde und man in den Sevennen daraus leinenartige Hemden und Tücher gewebt habe. Aus den Stängeln wurde Schreibpapier gefertigt, das – sogar ohne Lumpenzusatz – gut und fest gewesen sein soll.
Textilien hat man mit den Blüten gelb, mit der Rinde braun gefärbt. Aus den Samen stellte man Kaffee-Ersatz her, die Triebspitzen dienten als Hopfen-Ersatz beim Bierbrauen, und die Blütenknospen ergaben eingelegt einen Kapern-Ersatz.
Die Rinde wurde besonders in England zum Gerben verwendet.

Heilpflanze: Zubereitungen aus dem Kraut als Tee oder Fertigarzneimittel bei funktionellen Herz- und Kreislaufstörungen; das aus der Droge isolierte Hauptalkaloid Spartein bei gynäkologischen Blutungen.

Achtung! Wegen der Giftigkeit der Pflanze weder kulinarische Nutzung noch Selbstbehandlung.

Geschichte, Mythos, Magie: Hildegard von Bingen empfahl »Pruma« äußerlich gegen Lepra und Sehschwäche. Mancherorts gehörte der Besenginster zu den Pflanzen, mit denen man die Wege der Fronleichnamsprozession bestreute. Ein üppiges Blühen des Besenginsters kündigt eine gute Korn- oder Bohnenernte an.

Ackerschachtelhalm, Zinnkraut

Equisetum arvense

Familie: Schachtelhalmgewächse *(Equisetaceae)*.

Volksnamen: Katzenschweif, Schaftheu, Scheuergras.

Merkmale: Die Sporenpflanze, die weder Blüten noch Samen bildet, treibt im Frühjahr aus dem Wurzelstock blassbraune, unverzweigte Triebe, die an den Stängelknoten quirlförmig angeordnete Blättchen und am oberen Ende eine Sporenähre tragen. Sind die der Fortpflanzung dienenden Sporen ausgestreut, sterben die Frühjahrstriebe ab. Die anschließend erscheinenden grünen Sommertriebe tragen an den Stängelknoten einen Quirl von Seitenzweigen. Sowohl beim Frühjahrs- als auch beim Sommertrieb umhüllen die Blattscheiden die Stängelknoten: Die Stängelglieder sind »eingeschachtelt«.
Sporen: März bis April.
Höhe: 40–50 cm.
Lebensdauer: Mehrjährig.

Der Sporenerzeugung dienen die blassen Frühjahrstriebe des Zinnkrauts. Sind die Sporen ausgestreut, sterben die Frühjahrstriebe ab, und die Sommertriebe erscheinen.

Vorkommen: Feuchte, nährstoffreiche Äcker, Wegränder, Wiesen, Wälder; häufig.

Haushalt, Handwerk, Kinderspiel: Die frischen oder getrockneten Stängel der Sommertriebe dienten aufgrund ihres Reichtums an Kieselsäure zum Putzen und Polieren von Geschirr (Anleitung S. 140). Hieronymus Bock schreibt dazu in seinem »Kreutterbuch« (1577): »das klein schaffthew/welches auff den äckern sein wonung hat/brauchen die mägd zum kuchengeschirr/sonderlich was von zyn oder ander metal gegossen ist.« Zinnkraut war ein wichtiger Handelsartikel. In dem Kochbuch-Klassiker »Kochbuch für Koch- und Haushaltungsschulen« von Emma Wundt heißt es noch in der 14. Auflage (1933) über eine Aufgabe der Hausfrau:

Den großen Geschirrputz führt man, wenn äußerst möglich, an einem schönen, sonnigen Tage aus, damit das Geschirr durch die Sonne getrocknet werden kann. Man richtet am Tage zuvor alles Nötige, wie Seife, Schmierseife, Soda, weißen Sand, Vim, Schachtelhalm, Strohwische, weiche alte Tücher usw., damit die Arbeit ohne Hindernis vor sich gehen kann.

Wundt empfiehlt, Steingut in einer Lauge auszukochen und dann Stück für Stück möglichst heiß mit dem abgebrühten Schachtelhalm und Schmierseife abzureiben. Mit Geschirr aus Weißblech, Email und Silit verfährt man in gleicher Weise. Zinkwannen werden mit Schachtelhalm und Schmierseife ausgeputzt und wertvolle Zinngeräte mit Lauge, Zinnkraut und Seife abgerieben.
Mit Ackerschachtelhalmbrühe beugt man im Garten Pilzkrankheiten vor. Mit einem auch im Winter grünen, unverzweigten Verwandten, dem in Auwäldern wachsenden Winterschachtelhalm *(Equisetum hiemale)*, polierten Tischler und Drechsler Möbel und Parkettböden (Polier- oder Tischlerschachtelhalm).

Heilpflanze: Schachtelhalmkraut (Sommertriebe) zur Durchspülungstherapie bei entzündlichen Erkrankungen der ableitenden Harnwege und bei Nierengrieß. In der Volksmedizin zudem innerlich bei rheumatischen Beschwerden, äußerlich bei schlecht heilenden Wunden sowie zur Stärkung von Haut, Haaren und Fingernägeln.

Achtung! Nicht verwenden bei Wasseransammlungen infolge eingeschränkter Herz- oder Nierentätigkeit. Nicht verwechseln: Beim Ackerschachtelhalm ist das unterste Glied eines Seitenzweiges so lang oder länger als die Scheide des Hauptstängels, beim giftigen Sumpfschachtelhalm *(E. palustre)* kürzer als die Scheide des Hauptstängels.

Geschichte, Mythos, Magie: Man bekämpfte früher das lästige, bis 1,5 m tief wurzelnde Unkraut in Äckern und Wiesen durch konsequentes Ausreißen der Sommertriebe. Vielleicht um die Arbeiter anzuspornen, hieß es mancherorts, dass an der Wurzel ganz unten ein Goldklümpchen hänge.

Mit den grünen Sommertrieben des Zinnkrauts hat man früher Zinn- und Blechgeschirr geputzt.

Aufrechtes Glaskraut

Parietaria officinalis, Syn.: *P. erecta*

Familie: Brennnesselgewächse *(Urticaceae)*.

Volksnamen: Schuttglaskraut, St.-Peters-Kraut.

Merkmale: Der Stängel ist aufrecht, einfach oder wenig verzweigt. Glasartig glänzen die gestielten, länglich-eiförmigen, durchscheinend punktierten Blätter. Im oberen Teil des Stängels sitzen in kugeligen Knäueln die kleinen und unscheinbaren grünlichen Blüten.

Blüte: Juni bis September.
Höhe: 30–80 cm.
Lebensdauer: Mehrjährig.
Mauerglaskraut *(P. diffusa*, Syn.: *P. judaica)*: Der stark verzweigte Stängel liegt nieder oder richtet sich nur in der oberen Hälfte auf. Den eiförmigen Blättern fehlen die durchscheinende Punktierung und das glasartige Glänzen.
Der Blütenstand ist eine lockere Rispe.
Beide Glaskraut-Arten sind regional gefährdet.

Vorkommen: Mauern, Zäune, Schutt, Auwaldränder und -lichtungen; selten bis zerstreut in warmen Gegenden Mitteleuropas.

Den glasartig glänzenden Blättern und seiner Verwendung als Glasputzmittel verdankt das Aufrechte Glaskraut seinen Namen.

Haushalt, Handwerk, Kinderspiel: Leonhart Fuchs erläutert in seinen Kräuterbuch (1543) den Namen: »Glaßkraut aber ist es genent derhalb/ das man die gläser hüpsch vnd sauber mit disem kraut macht.« D. George Heinrich Zincken schreibt 1753 in seinem ökonomischen Lexikon: »Weil dieses Kraut scharff ist, kann man auch die Gläser damit säubern, und daher hat es den Nahmen Glas-Kraut bekommen.« Ähnliche Äußerungen gibt es noch aus dem 19. Jahrhundert. Keiner der Autoren verrät aber, in welcher Form das Glaskraut für diesen Zweck verwendet wurde (Versuche S. 140). Bei der Glas- und Emailleherstellung soll Glaskrautasche beigemischt, diese auch als Zahnputzmittel verwendet worden sein. Durch seinen Gehalt an langen, festen Fasern zeigt das Glaskraut seine Verwandtschaft zur Großen Brennnessel an. Wegen der nur spärlichen Glaskrautvorkommen hat man die Verwendung als Spinnfasern jedoch nicht ernsthaft in Erwägung gezogen.

Achtung! Glaskraut kann allergische Reaktionen auslösen.

Heilpflanze: Kraut (oberirdische Pflanzenteile) nur noch selten in Teemischungen oder Fertigpräparaten gegen Harnwegsinfektionen oder rheumatische Beschwerden.

Geschichte, Mythos, Magie: Aufrechtes Glaskraut und Mauerglaskraut sollen durch die Römer nach Mitteleuropa gebracht worden sein.

Blaues Pfeifengras

Molinia caerulea

Familie: Süßgräser *(Poaceae)*.

Volksnamen: Benthalm, Blaue Binse, Besenhalm, Pfeifenbinse.

Merkmale: Der am Grund zwiebelartig verdickte Halm hat sehr kurze untere Stängelglieder und an der Basis zusammengeschobene Knoten, während der übrige Halm knotenlos ist. Die blaugrünen, starren, langen Blätter sind am Grund oft behaart, oberseits und am Rand rau. Während der Blüte ist die bis 50 cm lange, meist schieferblaue, seltener violette oder grüne Blütenrispe ausgebreitet, sonst zusammengezogen. Die Ährchen enthalten meist 3 Blüten; deren Narben sind bläulichrot, die Staubbeutel dunkelviolett.
Blüte: Juni bis September.
Höhe: 50–100 cm.
Lebensdauer: Mehrjährig (neue Triebe erst spät im Mai).

Vorkommen: Moorwiesen, Heiden, Waldwiesen; verbreitet; regional gefährdet. Das Gras bildet dichte Horste und oft große Bestände (»Pfeifengraswiesen«). Durch Entwässerung und Düngung wurden viele Pfeifengraswiesen in Futterwiesen umgewandelt. Im Garten mag Pfeifengras einen sonnigen bis halbschattigen Platz und feuchte, aber nicht nasse Erde.

Haushalt, Handwerk, Kinderspiel: Die knotenlosen und glatten Halme waren zum Reinigen der langen Pfeifenröhren geschätzt. Für diesen Zweck wurde das Gras im 19. Jahrhundert sogar auf Wochenmärkten verkauft. Aus den biegsamen Halmen stellte man strapazierfähige Hüte und Besen her, die Winzer benutzten das Gras zum Aufbinden der Weinreben. Zur Kleidung der »Ötzi« genannten Gletscherleiche eines Mannes aus der Jungsteinzeit, die 1991 in den Ötztaler Alpen entdeckt wurde, gehörte ein Regenschutz-Umhang aus Pfeifengras.

Das als Viehfutter ungeeignete Gras wurde als Einstreu genutzt.

Geschichte, Mythos, Magie: Im wissenschaftlichen Namen wird des naturforschenden Jesuiten Luis de Molina (1535–1600) gedacht. Die Volksnamen Blaue Binse und Pfeifenbinse beziehen sich auf den scheinbar wie bei Binsengewächsen (und Sauergräsern) aus einem einzigen knotenlosen Abschnitt bestehenden Halm.

Nur an der Basis weist der Halm des Blauen Pfeifengrases Knoten auf; der übrige Halm ist knotenlos, was ihn zum Pfeifenputzen geeignet machte.

Weberkarde

Dipsacus sativus

Familie: Geißblattgewächse *(Caprifoliaceae).*

Volksnamen: Kratzkopf, Walkerdistel.

Merkmale: Im 1. Jahr bildet die Pflanze nur eine Blattrosette, im 2. Jahr erscheint der stachelige Stängel. Er trägt gegenständig angeordnete länglich-lanzettliche Blätter, die am Grunde paarweise miteinander verwachsen sind. Der walzenförmige Blütenstand ist von linealen stacheligen Hüllblättern umgeben. Zwischen den kleinen blasslila Blüten des Köpfchens sitzen stachelig gewimperte Spreublätter, die in eine starre, zurückgekrümmte Spitze auslaufen. Die anderen heimischen Vertreter der Gattung wie die häufig vorkommende Wilde Karde *(D. fullonum)* haben Spreublätter mit gerader Spitze.
Blüte: Juli bis August.
Höhe: 100–150 cm.
Lebensdauer: 2-jährig.

Vorkommen: Sehr selten kommt die Kulturpflanze an Stellen früheren Anbaus im südlichen Mitteleuropa verwildert vor. Im Garten braucht die dekorative, sich besonders für Trockensträuße eignende Weberkarde viel Wärme.

Haushalt, Handwerk, Kinderspiel: Die zurückgekrümmten Spitzen machten die Blütenköpfe zu geeigneten Werkzeugen in der Wollweberei, auch Tuchmacherei genannt, einem wichtigen städtischen Handwerk seit dem hohen Mittelalter. Im Spätmittelalter bildete sich die Tuchschererei als eigenständiges Gewerbe heraus. Nach dem Weben wurden die Tuche meist gewalkt und anschließend appretiert, d. h. aufgeraut und geschoren. Die Handraue, das Werkzeug zum Aufrauen, bestand aus einem hölzernen, mit einem Handgriff versehenen Gerüst, in das die Kardenköpfe eingespannt wurden. Die durch die Aufraubehandlung hervortretenden Wollfasern wurden mit einer Tuchschere gekürzt. Die Handrauen hießen »Distelkarden«; man findet sie in manchen Tuchmacherwappen oder in Handwerkszeichen der Tuchmacher, beispielsweise im Chorfenster (1460) der Kirche St. Ursula in Oberursel (Taunus).
Ab dem 18. Jahrhundert ersetzten zunehmend Raumaschinen – mit Kardenköpfen bestückte, um ihre Achse rotierende Trommeln – die Distelkarden.
Ende Juli erntete man die blühenden Kardenköpfe samt einem etwa 10 cm langen Stielstück, trocknete sie und schnitt die Hüllblätter ab. Boehmer (1794) schreibt über die Qualität:

Auf die Beschaffenheit der Häkchen an den Spelzen kömmt alles an. Sie müssen einen gewissen Grad von Geschmeidigkeit und zugleich Stärke besitzen, daß solche, nach Beschaffenheit des Zeuges und der Wolle, die Fäserchen heraufzuziehen vermögend sind, ohne diese zu zerreißen, oder selbst abzubrechen. Sind sie zu strenge, so widerstehen sie der Kraft der Fäserchen der Wolle und zerknirschen sie, anstatt daß sie dieselben ergreifen und gemächlich an sich ziehen sollen; sind sie zu schwach, so bringen sie solche schwerlich von dem Einschusse in die Höhe, an welchen sie sich bey

In eine starre, zurückgekrümmte Spitze laufen die Spreublätter auf den Köpfen der Weberkarde aus. Die Spreublätter der verwandten Wilden Karde *(D. fullonum)* haben eine gerade Spitze.

dem Walken angesetzt haben, und alsdann ist der Arbeiter genöthiget, oft über den einen und den nämlichen Fleck des Zeuges herzufahren, ehe er denselben auf die gehörige Art zu rauhen im Stande ist.

Frankreich war führend im europäischen Kardenanbau. In Deutschland lagen große Anbaugebiete in Sachsen, der Pfalz (früher zu Bayern gehörend) und in Bayern, etwa in Ober- und Mittelfranken sowie am linken Donauufer bei Hofkirchen (zwischen Vilshofen und Hengersberg). Im Hofkirchener Anbaugebiet, das Karden in die großen Tuchfabriken Berlins, Sachsens und Preußens lieferte, sollen in manchen Jahren bis zu 40 Millionen Kardenköpfe geerntet worden sein. Der Sage nach hat einst ein Hofkirchener Posthalter die Kardensamen aus Südfrankreich mitgebracht und so seinem Heimatort zu Wohlstand verholfen. Heute erinnert in Hofkirchen nur noch der Straßenname »Kardenweg« an Kardenanbau und -handel.
Nach der Einführung künstlicher Kratzgeräte ging gegen Ende des 19. Jahrhunderts die Nachfrage nach Karden und damit der Kardenanbau zurück. Bei der Bearbeitung besonders hochwertiger Tuche galt allerdings noch einige Zeit die Karde als unverzichtbar. Wegen fehlender Elastizität können nämlich die Stahlspitzen künstlicher Geräte das Gewebe schädigen.
Auch das Wort Kardätsche für Woll- und Pferdekämme ist von der Karde abgeleitet. Vor dem Spinnen wird die Wolle »kardätscht«, das heißt, die Wollfasern werden durch Kämmen voneinander getrennt und parallel ausgerichtet. Dazu benutzte man früher Handkardätschen (mit Griffen versehene und mit kleinen Drahtstiften bestückte Holzplatten) oder Kardenköpfe.

Geschichte, Mythos, Magie: Die aus Südeuropa stammende Weberkarde kam wahrscheinlich im frühen Mittelalter als Kulturpflanze nach Mitteleuropa. Mit den im »Capitulare de villis« (um 800) genannten »cardones« sind möglicherweise Weberkarden gemeint. Hildegard von Bingen empfiehlt »Cardo« gegen Gift im Körper und gegen Ausschläge. Albertus Magnus (13. Jh.) beschreibt die Weberkarde unter dem Namen »virga pastoris« (Hirtenstab). Leonhart Fuchs (1543) befasst sich sowohl mit der Wilden Karde als auch mit der Weberkarde, von der er schreibt: »Kartendistel werden auch Bubenstreel/vn Weberkarten genent/dan die wollweber brauchen sölche distel vn streel jre tücher vnd wollen damit zu karten.« Das zwischen den Blättern stehende Wasser nennt Fuchs als heilsam für trübe Augen.

Mit der Handraue, einem Gerüst mit eingespannten Kardenköpfen, arbeitet dieser Tuchrauer. Hausbuch der Mendelschen Zwölfbrüderstiftung (Stadtbibliothek Nürnberg), Nürnberg, um 1521.

Faserpflanzen

Textilfasern, Flechtmaterial, Polsterstoff

Faserpflanzen sind Gewächse, deren Fasern zu Textilfasern (Spinnfasern) verarbeitet werden können, in einem umfassenderen Sinn auch Pflanzen, aus denen sich Flechtwerk, Polsterstoff oder (im vorigen Kapitel behandelte) Borstenwaren herstellen lassen.

Heute stammen **Textilfasern** oft aus dem Chemielabor, früher gewann man sie ausschließlich von Tieren (Wolle, Seide) und Pflanzen. Die Techniken des Spinnens und Webens sind fast so alt wie die Menschheit. Während gegenwärtig die Baumwolle mit ihren langen Samenhaaren die wichtigste Rolle unter den Faserpflanzen spielt, wurden in früheren Jahrhunderten Fasern aus Flachs *(Linum usitatissimum)* und Hanf *(Cannabis sativa)* genutzt. Verschiedene Pflanzenteile können Fasern für die Herstellung von Geweben liefern.

Diels (1918) berichtet, dass die »Kriegskommission zur Gewinnung neuer Spinnfasern« Hunderte heimischer Pflanzenarten erprobt, jedoch nur wenige für geeignet gefunden habe. Er erklärt, dass es ein Frevel gegenüber der Heimatnatur wäre, Pflanzen wie die Schwanenblume *(Butomus umbellatus)* oder den Seidelbast *(Daphne mezereum)* in Massen zu sammeln, obwohl sie – unter anderem wegen ihres seltenen Vorkommens – als Faserpflanzen keine Aussicht hätten.

Das **Flechten** – schmale Streifen biegsamen Materials werden durch regelmäßiges Verkreuzen oder Verschlingen zu einem flächenhaft zusammenhängenden Gebilde verbunden – ist eines der ältesten Handwerke der Menschheit. Bauflechterei (Flechtzaun, Flechtwand)

Hier entsteht vermutlich Leinen- oder Hanftuch. Weber aus dem Hausbuch der Mendelschen Zwölfbrüderstiftung (Stadtbibliothek Nürnberg), Nürnberg, um 1425.

Spinnfasern aus Pflanzen (Beispiele)

Pflanzenteil	Heimische Wild- und Kulturpflanzen	Pflanzen der Tropen und Subtropen
Samenhaare		Baumwolle *(Gossypium)*
Fasern aus Sprossachsen krautiger Pflanzen	Brennnessel Hanf Hopfen Lein Malve Rohrkolben Weidenröschen	Ramie *(Boehmeria nivea)* Jute *(Corchorus olitorius)*
Fasern aus Rindenbast von Holzgewächsen	Linde Ulme Weide	
Fasern aus Blättern	Nadelbäume (Fichte, Kiefer, Lärche, Tanne): sogenannte Waldwolle	Manilahanf *(Musa textilis)* Sisalagave *(Agave sisalana)*

und Korbflechterei gab es schon in der Steinzeit. Verhältnismäßig spät wurde das Korbflechten in Deutschland zu einem Zunft-Handwerk.

Als **Polsterstoff** für Matratzen, Sitzmöbel, Sättel, Kummetgeschirre dienten neben tierischen Fasern wie Rosshaar auch Pflanzen. Stroh war lange Zeit ein sehr verbreitetes Stopfmaterial, etwa im Strohsack. Geschätzt war das an den Küsten von Nord- und Ostsee, des Atlantiks und des Mittelmeers wachsende Seegras

Beispiele heimischer Flechtpflanzen

Verwendete Pflanzenteile	Pflanzen
Zweige von Holzgewächsen	Hasel, Birken-Arten, Weiden-Arten. Ferner etwa: Roter Hartriegel, Faulbaum
Bastfaserstränge	Linde, Ulme
Holzspäne	Eiche, Esche, Espe, Fichte, Kiefer, Lärche
Sprossachsen von Kletterpflanzen	Waldrebe, Hopfen, Weinrebe
Sprossachsen von Süß- und Sauergräsern	Binsen, Schilfrohr, Stroh (vor allem Roggen)
Blätter	Rohrkolben

Vom Meister geschöpfte Papiere bringt der Lehrling im Stapel zum Pressen.

(Zostera marinara). Nach ihm wurde die gleichen Zwecken dienende Zittergrassegge ebenfalls Seegras genannt. Auch verschiedene Pflanzenhaare dienten als Stopfmaterial, beispielsweise die Fruchtwolle des Rohrkolbens, die Samenhaare von Weidenröschen-Arten *(Epilobium)*, von Wollgras-Arten *(Eriophorum)*, von Pappel- und Weiden-Arten. Aus den Fasern von Nadelblättern entstand die sogenannte Waldwolle, die zu Gespinsten verarbeitet und als Polstermaterial verwendet wurde.

Josef Eder, Korbflechter in Winzer an der Donau, in seiner Werkstatt beim Flechten der Seitenwand für einen Weidenkorb.

Papier besteht aus Fasern meist pflanzlicher Herkunft, Wasser und gegebenenfalls Hilfsstoffen. Vorläufer des Papiers als Schriftträger waren vor allem Papyrus, Tontafeln, Pergament und Rindenbast. In China hat man bereits in den ersten Jahrhunderten n.Chr. Papier aus Rindenbast, Hanf und Textilabfällen hergestellt. Im Lauf des Mittelalters gelangte die Papiermacherkunst durch die Araber nach Europa. Lange Zeit wurde Papier nur aus Lumpen produziert. Schon vor Jahrhunderten experimentierte man mit der Zugabe von Faserpflanzen wie Brennnessel oder Malven. Sogenanntes holzfreies Papier besteht aus reinem Zellstoff, während holzhaltiges Papier daneben auch noch Holzschliff enthält. Durch die Verwendung von Altpapier bei der Papierherstellung können Zellstoffimporte und damit die Zerstörung wertvoller Urwälder gemindert werden.

Hanf

Cannabis sativa

Familie: Hanfgewächse *(Cannabaceae).*

Volksnamen: Hamp, Hanef; weibliche Pflanze: Hanfhenne, Samenhanf; männliche Pflanze: Femelhanf.

Merkmale: Der behaarte Stängel der stark duftenden Pflanzen ist meist verzweigt. Lang gestielt und handförmig geteilt sind die aus lanzettlichen und grob gesägten Abschnitten zusammengesetzten Blätter. Die 2-häusig verteilten gelblichgrünen Blütenstände erscheinen rispig (männlich) oder ährenartig (weiblich) in den Achseln der oberen Laubblätter. Die weiblichen Pflanzen sind kräftiger und höher. Die Frucht ist ein rundes, glänzendes Nüsschen.
Giftig (Cannabinoide).
Blüte: Juli bis August.
Früchte: September bis Oktober.
Höhe: 30-200 cm.
Lebensdauer: 1-jährig.

Vorkommen: Die Kulturpflanze kommt sehr selten verwildert auf Äckern oder Brachflächen vor.

Haushalt, Handwerk, Kinderspiel: Nutzhanf (subsp. *sativa)* wird für die Fasergewinnung (Faserhanf), die Ölproduktion und als nachwachsender Rohstoff für verschiedene andere Zwecke, etwa die Verarbeitung zu Bau- und Dämmstoff, angebaut.
Hanf ist nach Lein die zweitwichtigste Faserpflanze der gemäßigten Zone. Seit der Antike hat man die im Vergleich zur Leinfaser gröbere und weniger elastische Hanffaser vor allem für Segeltuch, Seile, Schiffstaue, Zeltdecken, Zwirne, Bindfaden und Papier verwendet. Die Gewinnung der Fasern und ihre Aufbereitung in eine verspinnbare Form geschieht beim Faserhanf in ähnlicher Weise wie beim Flachs. »Schäben«, die zurückbleibenden holzigen Reste, können zur Herstellung von Pappe und Papier genutzt werden. Letzteres wird unter Mitverwendung von Hanffasern produziert und ist – wie die Gutenberg-Bibel zeigt – sehr haltbar.
Die 30–35 % Fett enthaltenden Früchte sind geschätztes Vogelfutter und dienten früher auch als Nahrung. Das aus ihnen gepresste grüne Öl trocknet mittelstark und wird bisweilen als Speiseöl, insbesondere aber als technisches Öl, etwa in Anstrichfarben oder zur Herstellung von Schmierseife, genutzt.
Der Anbau von Hanf und die Hanffaserproduktion gingen im 20. Jahrhundert drastisch zurück, nachdem weltweit umfassende Anbauverbote – in den USA 1937 – erlassen worden waren. Die Verbote wurden mit dem Missbrauch von Haschisch und Marihuana begründet, wirtschaftspolitische Interessen spielten dabei jedoch ebenfalls eine wichtige Rolle. In der Bundesrepublik Deutschland erging 1982 ein Hanfanbau-Verbot. Da die Züchtung von Sorten gelang, deren Gehalt an Tetrahydrocannabinolen (THC) sehr gering (unter 0,3 %) ist, wurde 1996 auch in Deutschland das Anbauverbot gelockert und der Anbau TCH-armer Sorten erlaubt. Nach einem kurzen »Hanfboom« gegen Ende des 20. Jahrhunderts ist die Anbaufläche inzwischen wieder zurückgegangen.

Heilpflanze: In Deutschland dürfen zugelassene Fertigarzneimittel auf Cannabis-Basis hergestellt und auf Betäubungsmittel-Rezept verschrieben werden. Sie wirken unter anderem schmerzlindernd und krampflösend und haben sich bei bestimmten Krankheitsbildern als hilfreich erwiesen.

Geschichte, Mythos, Magie:
Bereits in der Jungsteinzeit wurde in China der in Zentralasien heimische Hanf zur arzneilichen und technischen Nutzung kultiviert.
Im 8. Jahrhundert v. Chr. gelangte die Hanfkultur nach Indien, wo die Unterart *Cannabis sativa* subsp. *indica* entstand, die gegen verschiedene Krankheiten und als Meditationsdroge verwendet wurde.

Seit der Lockerung des Hanfanbau-Verbots kann man auch in Deutschland mancherorts mit Nutzhanf bebaute Flächen sehen.

Der griechische Geschichtsschreiber Herodot (gest. um 425 v. Chr.) berichtet über die Nutzung des Hanfs als Rauschmittel bei den Skythen.
In Griechenland, wo man sich die berauschende Wirkung ebenfalls zunutze machte, hat man wahrscheinlich erst nach Herodots Zeiten mit der Hanfkultur begonnen.
Die ältesten Funde in Mitteleuropa – etwa ein Stück Hanfseil im Salzbergwerk von Dürrnberg bei Salzburg – stammen aus der Hallstattzeit (ca. 750-450 v. Chr.). Das »Capitulare de villis« Karls des Großen verlangt den Anbau von »canava« auf den Königsgütern. Hildegard von Bingen lobt Hanfsamen als nützlich gegen manche Beschwerden, ebenso die Kräuterbücher der frühen Neuzeit.
Haschisch ist das Harz, das vor allem von den weiblichen Blütenständen gebildet wird. Man gewinnt es in erster Linie vom Indischen Hanf (subsp. *indica*). Nur unter tropischen Bedingungen bilden die Pflanzen größere Mengen Haschisch. Marihuana bezeichnet im Allgemeinen die getrockneten Sprossspitzen mit Blüten und Blättern der weiblichen Pflanzen. Verantwortlich für vielfältige körperliche und psychische (darunter auch therapeutisch nutzbare) Wirkungen wie Schmerzlinderung, Entspannung und Steigerung des Wohlbefindens sind die Cannabinoide, insbesondere die Tetrahydrocannabinole (THC).

Achtung! Die Verwendung von Haschisch und Marihuana kann zu psychischer Abhängigkeit sowie zu negativen gesundheitlichen und sozialen Folgen führen. Sie unterliegt dem Betäubungsmittelgesetz.

Hopfen

Humulus lupulus

Familie: Hanfgewächse *(Cannabaceae)*.

Volksnamen: Bierhopfen, Zaunhopfen.

Merkmale: Der rechtswindende Stängel ist von steifen, 2-spitzigen Haaren besetzt. Die dunkelgrünen Blätter sind 5-lappig, die oberen 3-lappig oder ungeteilt. Gelbgrün sind die Blütenstände der 2-häusigen Pflanze: Die männlichen Blütenstände erscheinen als hängende Rispen, die weiblichen sind aus Blüten und Deckblättern zusammengesetzte »Zapfen«. Nach der Blüte vergrößern sich die Deckblätter zu gelbbraunen Fruchtschuppen, die am Grunde gelbe, Lupulin (»Hopfenmehl«) enthaltende Harzdrüsen tragen.
Blüte: Juli bis August.
Höhe: 2–8 m.
Lebensdauer: Mehrjährig.

Vorkommen: Auwälder, feuchte Gebüsche; verbreitet. Als Kulturpflanze angebaut.

Haushalt, Handwerk, Kinderspiel: Aus den Stängeln können sehr lange und haltbare, allerdings derbe und grobe Spinnfasern gewonnen werden. Aus ihnen hat man insbesondere in Schweden, seltener in Mitteleuropa, Stricke, Säcke und grobe Gewebe hergestellt. Marzell (1935) bemerkt, dass der großindustriellen Verarbeitung Schwierigkeiten entgegenzustehen scheinen. In Schweden hat man nicht nur mit Wasserröste (siehe dazu S. 73) gearbeitet, sondern die Hopfenranken auch einfach im Herbst auf ein Dach gelegt und dort, mit Stangen beschwert, den Winter über liegen gelassen. Im Frühjahr wurden die Ranken getrocknet, in 2 Ellen lange Stücke geschnitten und wie Flachs weiterverarbeitet. Auch Papier lässt sich herstellen. Boehmer (1794) erläutert, wie die Hopfenranken für diesen Zweck zu behandeln sind:

Man wirft solche in siedendes Wasser und läßt sie eine Viertelstunde kochen; alsdann wird die Schaale von dem holzichten Wesen abgezogen, klein geschnitten und in die Stampfe gebracht. Das Stampfen

Die Hopfenstängel enthalten lange Fasern, aus denen man Stricke, Säcke und grobe Gewebe hergestellt hat.

dauert wohl 8 Stunden, ehe die Ranken in den Stand kommen, daß sie flockig und breyartig und zum Schöpfen tauglich werden; ohne Lumpen erhält man ein haltbares bräunliches Papier, setzet man einen Theil Lumpen hinzu, so bekömmt man ein etwas weißes.

Die Hopfenblätter dienten bisweilen als Tabak-Ersatz.
Als Springseil benutzten die Mädchen die langen, biegsamen Stängel. Die Buben nahmen Stängelabschnitte, ähnlich wie die der Waldrebe, für erste Rauchversuche.
Mit den Hopfenzapfen lassen sich Getränke und Süßspeisen aromatisieren, im Frühjahr die jungen Hopfensprossen zu Salat und spargelähnlichem Gemüse verarbeiten.

Heilpflanze: Zubereitungen aus den Fruchtzapfen bei Unruhe, Angst, Spannungszuständen, Schlafstörungen; in der Volksmedizin zudem bei nervös bedingten Magen- und Darmstörungen.

Achtung! Berührung frischer Hopfenzapfen kann allergische Reaktionen hervorrufen.

Geschichte, Mythos, Magie: Ab dem 8. Jahrhundert wurde Hopfen in den Klöstern kultiviert. Im Gebiet des Freisinger Bischofs gab es schon um 850 »humularia« (Hopfengärten). Hildegard von Bingen warnte vor Hopfen als Schwermut fördernd, empfahl ihn aber zum Haltbarmachen von Getränken. Tatsächlich diente Hopfen in den Klöstern zunächst als Konservierungs- und Würzmittel, später auch als Bierwürze und vielleicht als libidosenkendes Mittel.

Echter Lein, Flachs

Linum usitatissimum

Familie: Leingewächse (*Linaceae*).

Volksnamen: Pflanze: Glix, Haar. Samen: Flachslinsen, Haarlinsen, Leinsamen.

Merkmale: Der sich oben verzweigende Stängel trägt zahlreiche lineal-lanzettliche Blätter. Lang gestielt sind die hellblauen, dunkler geaderten, 5-zähligen, meist über 2 cm breiten Blüten. Die 5-fächerige Kapselfrucht enthält die eiförmigen, abgeplatteten braunen Samen.
Giftig sind Samen und Keimpflanzen (cyanogene Glykoside).
Blüte: Juni bis Juli.
Früchte: August bis Oktober.
Höhe: 40–80 cm.
Lebensdauer: 1-jährig.

Vorkommen: Kulturpflanze. Selten verwildert an Wegen, auf Brachflächen, Schuttplätzen. Im Garten mag Lein einen sonnigen bis halbschattigen Platz in normaler, eher trockener Erde. In Deutschland sind die Wildvorkommen gesetzlich besonders geschützt.

Haushalt, Handwerk, Kinderspiel: Das »Capitulare de villis« Karls des Großen fordert den Leinanbau. Wie sein Biograf Einhard berichtet, hatte der Kaiser eine Vorliebe für leinene Kleidung. Leinkultur und -verarbeitung machten Deutschland im 16. Jahrhundert zu einer der wichtigsten Industrienationen. Als Leinenweber und -händler gelangten die Fugger zu Geld und Ansehen, der Basis für ihren Aufstieg zur Weltgeltung. Noch im 19. Jahrhundert wurde

Der Lein gehört zu den ältesten Kulturpflanzen. Von der Steinzeit bis ins 20. Jahrhundert war er die wichtigste europäische Faserpflanze.

in Deutschland so viel Lein angebaut und verarbeitet, dass Leinen über den Eigenbedarf hinaus ein wichtiger Exportartikel war. Bereits um 1900 setzte ein drastischer Rückgang ein, der vor allem durch das Aufkommen der Baumwolle verursacht war. Diese ist in der Aufbereitung billiger und einfacher, sie lässt sich besser färben und zu schmiegsameren Stoffen verarbeiten. In der Mitte des 20. Jahrhunderts war der Leinanbau in Deutschland erloschen. In jüngerer Zeit wird Lein als nachwachsender Rohstoff auch bei uns wieder angebaut.

Faserlein zeichnet sich durch lange und haltbare Bastfasern aus. Sie liegen als Faserzellenbündel, die bis 60 cm lang werden, in der Stängelrinde. Die einzelnen Faserzellen erreichen nur Längen zwischen 2 und 10 cm. Zur Gewinnung der Fasern werden die reifen Pflanzen maschinell oder per Hand aus dem Boden gezogen (gerauft) und getrocknet. Nach dem Abstreifen der Samenkapseln (riffeln) werden die Stängel gebündelt und in stehendes oder langsam fließendes Wasser gelegt (Wasserröste). In taureichen Gebieten lässt man sie auf dem Feld liegen (Tauröste). In beiden Fällen lösen Mikroorganismen die aus Pektin bestehenden Mittellamellen der Zellen auf, wodurch die Faserbündel von den anderen Gewebsteilen gelöst werden. Heute wird auch eine chemische Lösung der Faserbündel praktiziert, die biologische Röste gilt jedoch als schonender. Nach der Röste werden die Stängel getrocknet. Durch Brechen und Schwingen trennt man die Fasern von den Rinden- und Holzteilen. Schließlich werden die Fasern über ein Nagelbrett gezogen und dabei parallel ausgerichtet (hecheln), wobei auch die Langfasern von den Kurzfasern, dem Werg, getrennt werden. Werg dient als Dichtungsmaterial und ist Bestandteil von Zellstoffen und Verbundwerkstoffen.

Öllein wächst niedriger, der Ölgehalt der Samen ist besonders hoch: ca. 40 % fettes Öl. Aus den Samen presst man ein stark trocknendes Öl. Es wird für technische Zwecke (beispielsweise Anstrichfarben, Lacke, Linoleum, Druckfarben, Kitt) und als wertvolles Speise- und Diätöl verwendet.

Auch Papier und Kerzendochte hat man aus Flachsfasern hergestellt.

Diese Darstellung aus einem französischen Bilderbogen (um 1850/60) zeigt Arbeiten um Ernte und Aufbereitung von Lein wie die Wasserröste.

Heilpflanze: Die ganzen gequetschten oder die geschroteten Samen als mildes Abführmittel. Die Schleimabkochung aus den Samen bei Magen-Darm-Reizungen und Entzündungen. Leinsamenpulver oder Pressrückstände äußerlich zu Umschlägen bei Abszessen und Furunkeln.

Achtung! Leinsamen nicht überdosieren (bei richtiger Dosierung ungefährlich) und stets auf gleichzeitige genügend hohe Flüssigkeitszufuhr achten. Nicht verwenden bei Darmverschluss, Verengungen der Speiseröhre und im Magen-Darm-Bereich. Allergische Reaktionen möglich.

Geschichte, Mythos, Magie: Der Lein ist eine der ältesten Kulturpflanzen und die wichtigste europäische Faserpflanze. Er stammt wahrscheinlich vom mediterranen Schmalblättrigen Lein *(L. bienne)* ab. Die Flachskultur reicht bis in die Steinzeit zurück. In den Hochkulturen Ägyptens und Vorderasiens war Lein ebenso verbreitet wie bei Griechen und Römern, Kelten und Germanen. »Lein« bezeichnet meist die Pflanze auf dem Feld sowie den Samen, als Leinen und Leinwand den fertigen Stoff, während »Flachs«, das ebenfalls indoeuropäischen Ursprungs ist und mit »flechten« zusammenhängt, die Pflanze ab der Ernte benennt. Kelten und Germanen kleideten sich in Leinen. Seine Erzeugung lag weitgehend in weiblicher Hand und stand unter dem Schutz von Muttergöttinnen, in christlicher Zeit von Frau Holle, Frau Berta oder der Gottesmutter Maria. Das Spinnen war eine wichtige Tätigkeit der Hausfrau, auch vornehmer Damen. Erst im ausgehenden Mittelalter kamen Spinnräder auf, bis dahin wurde mit Spinnsteinen (Wirteln) und Spindeln gearbeitet.

Fichte, Rottanne

Picea abies

Familie: Kieferngewächse *(Pinaceae).*

Volksnamen: Pechkanne, Taxen.

Merkmale: Der Baum mit rötlicher Rinde und pyramidenförmiger Krone hat bogig herabhängende Äste. Rings um den Zweig stehen auf holzigen Nadelkissen die 4-kantigen, spitzen Nadeln. Die rundlichen männlichen Blütenkätzchen sind erst rötlich, später gelblich; die zapfenförmigen weiblichen Blütenstände zunächst karminrot. Die reifen braunen Zapfen hängen herab und fallen als Ganze ab.
Blüte: Mai bis Juni.
Höhe: 30–50 m.
Lebensdauer: Mehrjährig (Nadelbaum).

Vorkommen: Wälder; häufig; regional gefährdet. Im Garten braucht die Fichte einen sonnigen bis halbschattigen Platz mit feuchtem, tiefgründigem Boden.

Haushalt, Handwerk, Kinderspiel: Wie aus den Nadeln von Kiefer, Lärche, Tanne wurde auch aus Fichtennadeln durch Kochen, Walzen und Zerfasern die sogenannte Waldwolle gewonnen. Sie diente als Polstermaterial und, in Mischung mit Wolle und Baumwolle, auch zur Herstellung von Garnen und einigen Geweben.
Aus den Holzfasern der Fichte (und anderer Nadel- und Laubhölzer) wird Zellstoff hergestellt: Das entrindete Holz wird zu Hackschnitzeln zerkleinert, daraus durch Kochen und Bleichen der hauptsächlich aus Cellulose bestehende Zellstoff gewonnen. Er ist ein wichtiger Stoff für die Papierherstellung. Der hohe Papierverbrauch der Industrieländer ist ein Grund für die Zerstörung wertvoller Urwälder und die Ausweitung von Monokulturplantagen. Die stärkere Verwendung von Recyclingpapier könnte große Mengen an Zellstoffimporten ersetzen. (Anleitung Papierherstellung S. 143)
Die innere Rinde wurde wie die Blütenpollen getrocknet und vermahlen dem Brotmehl beigemischt. Die jungen, im Frühjahr gesammelten Triebspitzen hat man sirupartig eingekocht und als »Fichtenhonig« gegessen.
Aus den Zapfen bastelten die Kinder allerlei Figuren und Spielzeug. Die Zapfen wurden auch als Heizmaterial, das sich besonders für den Kochherd eignete, gesammelt.
Das Harz der Nadelbäume wird Terpentin genannt. Fichtenharz hat man unter anderem zum Abdichten von Fässern verwendet. Aus ihm wird durch Wasserdampfdestillation das Terpentinöl gewonnen, das aus den im Harz enthaltenen ätherischen Ölen besteht und als Grundlage für Anstrichstoffe verwendet wird. Aus dem Destillationsrückstand, dem Kolophonium, produziert man Kunstharze, Lacke und Druckfarben. Harz von jungen Fichten und Föhren, welches in Tropfenform am Stamm abfließt, nannte man Wald-

Die im Ganzen abfallenden Fichtenzapfen wurden gesammelt und zum Basteln und Heizen verwendet.

Weihrauch, sammelte es vom Waldboden auf und verbrannte es wegen seines angenehmen Duftes. Obwohl die Rinde der Fichte und anderer Nadelbäume einen relativ geringen Gerbstoffgehalt aufweist, hat man sie, da sie in großen Mengen anfiel, zum Gerben verwendet.

Heilpflanze: Nadelextrakte als Badezusatz bei nervösen, rheumatischen oder neuralgischen Beschwerden. In der Volksmedizin Tee aus den Nadeln gegen Husten, Blasenkatarrh, zur »Blutreinigung«; Fichtennadelspiritus äußerlich bei Rheuma und Muskelschmerzen.

Achtung! Hautreizungen möglich.

Geschichte, Mythos, Magie: Als sehr produktiver Holzlieferant wurde die Fichte in Mitteleuropa seit dem 18. Jahrhundert in allen Höhenlagen gepflanzt. Wegen der Nachteile von Fichtenmonokulturen (Bodenversauerung, Anfälligkeit gegen Windwurf, Schädlinge, Krankheiten) findet derzeit vielerorts ein Umbau in einen standortgerechten Mischwald statt. In den 1970er-Jahren zeigten sich an Fichten und Tannen die ersten Symptome der insbesondere durch Luftschadstoffe verursachten neuartigen Waldschäden, unter denen heute längst auch viele Laubbäume leiden. Die Nymphe Pitys verwandelte sich in eine Fichte, um den erotischen Nachstellungen des Hirtengottes Pan zu entgehen. Beseelt ist die Fichte auch in mitteleuropäischen Sagen, oft erscheint sie als Doppelgänger des Menschen. Auf die Fichte hat man in besonderen Ritualen Krankheiten übertragen (»Guten Morgen, Fichten, Heil mir meine Gichten!«).

Winterlinde

Tilia cordata

Familie: Malvengewächse *(Malvaceae).*

Volksnamen: Bastbaum, Spätlinde, Steinlinde.

Merkmale: Die anfangs glatte Rinde wird später längsrissig und dunkelgrau. Die herzförmigen, 3–6 cm breiten Blätter haben einen gesägten Rand, eine dunkelgrüne Oberseite und blaugrüne Unterseite, in deren Aderwinkeln rotbraune Haare stehen. Stark und angenehm duften die gelblichen Blüten, die zu 5–12 in gestielten Trugdolden angeordnet sind. Das dünne bleichgelbe Hochblatt unterhalb des Blütenstandes dient dem Fruchtstand mit den kugeligen Früchten als Flugorgan.
Blüte: Juni bis Juli.
Früchte: September.
Höhe: 10–30 m.
Lebensdauer: Mehrjährig (Laubbaum).
Die ebenfalls verwendete Sommerlinde *(Tilia platyphyllos)* – Blätter 6 bis 12 cm breit, weich behaart, Ober- und Unterseite gleichfarbig, weißliche Haare in den Aderwinkeln – blüht 1–2 Wochen früher (Volksname »Frühlinde«).

Vorkommen: Laubmischwälder; verbreitet; regional gefährdet. Vielfach angepflanzt in Orten, Parks, Alleen. Der traditionelle Hausbaum mag tiefgründigen, eher feuchten Boden und gedeiht in Sonne und Halbschatten.

Haushalt, Handwerk, Kinderspiel: Bis ins 20. Jahrhundert wurde der Lindenbast geschätzt, wie Müller (1900) hervorhebt:

Der eigentliche gewöhnliche Bast, wie er zum Aufbinden von Pflanzen, zur Verfertigung von Matten und Säcken etc. dient, wird in Europa vorzugsweise von Linden- und Ulmen-Bäumen gewonnen, teilweise auch von Weiden; der Lindenbast ist der beste, nur ist er bei dem starken Verbrauch etwas selten geworden, und man hat sich daher nach Ersatz dafür unter den exotischen Bäumen

Ätherisches Öl erzeugt den unvergleichlichen Duft der Lindenblüten und macht diese heilkräftig und bei Bienen beliebt.

umgesehen und namentlich unter den Bäumen der Tropenländer sehr viele gefunden, welche einen trefflichen Bindebast geben.

Zu Bindereizwecken etwa in der Gärtnerei war Lindenbast unverzichtbar, bis er durch den sogenannten Raphiabast verdrängt wurde, der aus der oberen festen Haut noch nicht entfalteter Blätter der auf Madagaskar heimischen Bastpalme *(Raphia farinifera)* gewonnen wird. Die langen und zähen, aber spröden Lindenbastfasern sind als eigentliche Textilfasern weniger geeignet. Besonders für Seile, Schnüre, Wäscheleinen, zur Herstellung von Schuhen, Bienenkörben, Flechtwerken wie Matten waren die Fasern beliebt. In alter Zeit hat man aus Lindenbast auch Bogensehnen, Kleidung und Papier hergestellt.

Zur Bastgewinnung wurden Stämme von 30–40 cm Dicke Mitte Mai gefällt. Die innere Rinde wurde abgelöst und dann »geröstet«, das heißt in kaltes Wasser gelegt und dort so lange belassen, bis sich der Bast löste (meist Ende Oktober) und man die einzelnen Jahreslagen voneinander trennen konnte. Gewaschen, getrocknet kam er – 1–2 m lang und etwa 2 cm breit – in den Handel.

Wahrscheinlich hängt der Name des Baumes mit der Bezeichnung »lind« (weich, geschmeidig) für Bast und Holz zusammen. Der wissenschaftliche Gattungsname Tilia entstand nach dem griechischen »tilos« (Faser). Aus den Blüten und den unreifen Früchten hat man Schokoladen-Ersatz bereitet, ebenso aus den gerösteten und zerstoßenen Samen (Anleitung S. 134). Auch Mehl-Ersatz wurde aus den Samen gewonnen.

Die Blätter nutzte man als Stalleinstreu und als Nahrung für Mensch und Haustiere. Die Blüten aromatisierten Speisen, dienten getrocknet zur Bereitung von Haustee. Den Lindenhonig erwähnt schon Konrad von Megenberg in seinem »Buch der Natur« (um 1350): »daz honig ist pezzer und paz gesmach, daz die peinen dar ab samnent, wan kainerlai ander honig.«

Das weiche Lindenholz ist ein schlechtes Brennholz, lässt sich aber gut für Schnitz-, Tischler- und Drechslerarbeiten verwenden. Berühmte Altäre und Heiligenstatuen – erinnert sei nur an die Arbeiten Tilman Riemenschneiders – sind aus Lin-

Eine eindrucksvolle Baumgestalt ist diese jahrhundertealte Winterlinde: der sagenumwobene »Kalte Baum« bei Leuchtenberg (Landkreis Neustadt a. d. Waldnaab, Oberpfalz).

denholz geschnitzt. Die auch heute noch als Zeichenkohle verwendete Holzkohle diente zur Herstellung von Schieß-, Zahn- und Räucherpulver.

Heilpflanze: Tee aus den Blüten bei Katarrhen der oberen Luftwege, zu Schwitzkuren und zur Abwehrsteigerung; in der Volksmedizin zudem zur Beruhigung und Schlafförderung.

Achtung! Schwitzkur nicht bei labilem Kreislauf oder Fieber.

Geschichte, Mythos, Magie: In vorchristlicher Zeit Liebes- und Muttergöttinnen zugeordnet, wurde die Linde später ein Marienbaum, der vielerorts Ursprung und Ziel von Wallfahrten war. Unter der Linde feierte und tanzte die Gemeinschaft, man hielt unter ihr Gericht, und sie war über die Zeiten ein Liebessymbol. In Sagen und Legenden, in der Dichtung und im Lied erscheint die Linde. Es gibt uralte, sagenumwobene Linden. Die Linde hemmt oder vertreibt Hexen und den Teufel. Dieser lässt sich – nach Volksglauben in Mitteleuropa und Polen – mit Lindenbast fesseln und entmachten.

Weniger für Textilien, aber zur Herstellung fester Seile waren die Lindenbastfasern geschätzt. Holzschnitt (16. Jahrhundert).

Große Brennnessel

Urtica dioica

Familie: Brennnesselgewächse *(Urticaceae).*

Volksnamen: Donnernessel, Hanfnessel.

Merkmale: Stängel und Blätter sind mit Borstenhaaren und Brennhaaren besetzt. Der kantige Stängel ist unverzweigt. Die dunkelgrünen, eiförmiglänglichen, am Grund herzförmigen, gegenständigen Blätter sind lang zugespitzt, am Rand grob gesägt und haben einen flaumhaarigen Stiel. In Rispen stehen die unscheinbaren grünlichen Blüten der 2-häusigen Pflanze in den oberen Blattachseln. Die männlichen gelblichgrünen Blütenrispen sind schräg nach oben gerichtet, die graugrünen weiblichen hängen nach der Befruchtung herab.
Blüte: Juli bis Oktober.
Höhe: 30–150 cm.
Lebensdauer: Mehrjährig.

Vorkommen: Wegränder, feuchte Waldstellen, Auwälder, Ufer, Brachflächen; häufig. In den Garten kommt die Brennnessel auch unaufgefordert.

Haushalt, Handwerk, Kinderspiel: Die Brennnessel ist eine der ältesten Gespinstpflanzen. Bis etwa 1720 wurde sie als heimische Faserpflanze in größerem Umfang angebaut.
Aus den Stängelfasern stellte man Nesselstoff her. Eine Sage erzählt: Ein böser Vormund verbot seinem Mündel, ihren Liebsten zu heiraten. Boshaft zeigte er auf eine am Weg stehende Brennnessel und sagte der verzweifelten jungen Frau, erst wenn sie mit Fasern aus dem Unkraut ihr Brautkleid selbst gewebt habe, dürfe sie heiraten. Da erschienen nachts 2 Engel, führten die Schlafende zu einer Nessel und zeigten Fasergewinnung, Spinnen, Bleichen und Weben. Als das Brautkleid fertig war, starb der Vormund. Im Märchen »Die wilden Schwäne« von Hans Christian Andersen (1805–1875) erlöst die Prinzessin und spätere Königin ihre in Schwäne verwandelten Brüder, indem sie aus Nesseln schweigend 7 Hemden fertigt.
Während des Ersten Weltkriegs erinnerte man sich der alten Faserpflanze. Es wurden Gesellschaften wie die »Deutsche Nesselanbau-Gesellschaft« oder die »Bayerische Nesselfaser-Gesellschaft« gegründet, die sich mit dem Einsammeln der Stängel aus Wildbeständen und dem feldmäßigen Brennnesselanbau befassten. Schwierig war die Gewinnung der Fasern, da diese den holzigen Teilen sehr fest anhafteten, weshalb Nesselstoff stets etwas rau war. Die früher angewandte, bei Leinen übliche Wasserröste kam zu weniger guten Ergebnissen als die neueren Verfahren, bei denen die Fasern mit Alkalien oder Säuren in wässeriger Lösung unter hohem Druck oder allein durch Wasser in Verbindung mit mechanischer Behandlung gelöst wurden. Aus den mit Leinen gemischten Fasern stellte man Unterwäsche, Jacken und Rucksäcke

her. In den Baumwollspinnereien verarbeitete man die Nesselfasern, mit 10%igem Baumwollzusatz, zu Betttüchern, Handtüchern, Kleiderstoffen und Ähnlichem. Die großen Hoffnungen, die man in der Zeit des Ersten Weltkriegs auf die Nesselfasern gesetzt hatte, erfüllten sich nicht ganz, denn der Fasergehalt ist eher gering, und einer Kultur im Großen standen verschiedene Schwierigkeiten entgegen. So geriet die Nesselfaser im weiteren Verlauf und nach einer bescheidenen Renaissance während des Zweiten Weltkrieges erneut in Vergessenheit. In jüngerer Zeit ist das Interesse an der traditionsreichen heimischen Faserpflanze wieder gestiegen. Aus Brennnesseln wurde auch Papier hergestellt.
Textilien können mit den Blättern grünlich (Anleitung S. 122), mit der Wurzel gelb gefärbt werden. (Anleitung zum Färben von Ostereiern S. 122)
Im Garten hat sich Brennnesseljauche als Dünge- und Kräftigungsmittel für Pflanzen sowie zur Bekämpfung von Blattläusen und Spinnmilben bewährt (Anleitung S. 145). Fliegen sollen Räume meiden, in denen ein Brennnesselstrauß hängt.
Junge Sprosse und junge Blätter werden für Suppen und Wildgemüse (»Brennnesselspinat«) verwendet.

Heilpflanze: Zubereitungen aus dem Kraut unterstützend bei rheumatischen Beschwerden und Gicht, bei Entzündungen der ableitenden Harnwege, zur Vorbeugung und Behandlung von Nierengrieß. Zubereitungen aus der Wurzel bei Beschwerden infolge gutartiger Prostatavergrößerung. In der Volksmedizin Tee aus dem Kraut zudem zur »Blutreinigung«, bei Leber- und Gallenleiden, Lungenerkrankungen, Verdauungsbeschwerden, innerlich und äußerlich gegen Haarausfall.

Achtung! Nicht anwenden bei Ödemen infolge eingeschränkter Herz- oder Nierentätigkeit. Das frische Kraut kann Haut und Schleimhäute reizen, die Pollen können allergische Reaktionen auslösen.

Geschichte, Mythos, Magie: Die Brennnessel galt als Sitz eines unheimlichen Pflanzengeistes. Als Bestandteil des Gründonnerstagsgemüses war sie Kultspeise, die das Jahr über vor Krankheiten bewahren sollte. Auf die Brennnessel hat man Fieber und andere »brennende« Krankheiten übertragen. Dazu musste die Pflanze höflich etwa so angesprochen werden: »Nesselstang, ich klage dir: Hitz und Frost plaget mir. Nimm sie von mir und behalt sie bei dir!« Auch als Liebeszaubermittel war Brennnessel geeignet, kann sie doch in magischem Ritual verwendet, »brennende Liebe« erzeugen.

Aus den langen und festen, dabei biegsamen Stängelfasern der Brennnessel wurde Nesselstoff hergestellt. Mit den Blättern lassen sich Textilien grünlich färben.

Gewöhnliche Hasel

Corylus avellana

Den Beginn des Vorfrühlings zeigt die Haselblüte an. Die langen, biegsamen Ruten dienten unter anderem zur Herstellung von Flechtwerk wie Körben.

Familie: Birkengewächse *(Betulaceae).*

Volksnamen: Gewöhnliche Haselnuss, Haselstrauch, Waldhasel.

Merkmale: Mit Korkwarzen besetzt ist die graue, glänzende Rinde. Erst nach der Blüte erscheinen die eiförmigen, zugespitzten, doppelt gesägten Blätter. Die männlichen Blüten sind in gelben herabhängenden Kätzchen angeordnet, die weiblichen Blüten in knospenartigen Blütenständen, aus denen oben die tiefroten Narben herausragen. Die bräunliche reife Nussfrucht ist von einer zerschlitzten Hülle umgeben.
Blüte: Februar bis April.
Früchte: September bis Oktober.
Höhe: 2–5 m.
Lebensdauer: Mehrjährig (Holzgewächs).

Vorkommen: Waldränder, Laubwälder, Gebüsche, Hecken; verbreitet. Im Garten mag die Hasel einen Platz mit viel Licht und nährstoffreichem, lehmigem Boden.

Haushalt, Handwerk, Kinderspiel: Troost (1884) schreibt über die Nutzung der Hasel:

Die dünneren Stämme, Zweige und Ruthentriebe dienen zu Faßreifen, die stärkeren zu Stangen, die schwächeren zu schönem, weißem Gitterwerk, zu Korbflechtereien,

Kleiderausklopfern, zur Züchtigung böser Buben, sowie vor Zeiten zur Herstellung der Wünschelruthen.

Alle diese Verwendungen sind heute kaum mehr üblich. Auch Wünschelruten zum Aufspüren von unterirdisch fließendem Wasser sind meist aus Metall gefertigt.
Verschiedentlich wurden die getrockneten Blätter als Tabak-Ersatz empfohlen. Die fett-, mineralstoff- und vitaminreichen wohlschmeckenden Nüsse lassen sich auch für einen Trinkschokoladen-Ersatz, die früher sogenannte Deutsche Chocolade, verwenden (Anleitung S. 133).
Als »Würstl« mussten die männlichen Blütenkätzchen spielenden Kindern in der Puppenküche herhalten. Mit den zwischen die Finger genommenen Nussschalen wurde gepfiffen. Die Rinde verwendete man bisweilen als Gerbemittel und zum Gelbfärben. Aus Haselholz stellte man Holzkohle her, die als Reißkohle besonders von Malern und Bildhauern geschätzt sowie zur Herstellung von Schießpulver verwendet wurde. Das aus den Nüssen gepresste Öl diente für allerlei technische Zwecke und – wie auch heute noch – als Speiseöl.

Geschichte, Mythos, Magie: Die ähnlich wie der Holunder eng mit dem Menschen verbundene Hasel hat man gern in Hofnähe gepflanzt. Haselsträucher wurden ehrfurchtsvoll angeredet und durften nicht gefällt werden, wollte man nicht Unheil auf sich ziehen. Die zu bestimmten Zeiten und unter Beschwörungsformeln geschnittene Wünschelrute diente etwa zum Aufspüren von Wasser – und von Schätzen. Mit

Haselnüsse sind seit je ein wichtiges Wild- und Kulturobst. Hausbuch der Familie Cerruti (14. Jahrhundert).

einem Haselstecken lassen sich Schlangen und Hexen abwehren. Im Märchen pflanzt Aschenputtel ein Haselreis auf das Grab der Mutter, wo es zu einem Baum wächst, in dem die Seele der Mutter wohnt. Der sagenhafte Haselwurm hält sich im Wurzelbereich des Haselstrauchs auf. Er ist halb Mensch, halb Schlange, und sein Fleisch verleiht übernatürliche Kräfte. Paracelsus – so munkelten die Zeitgenossen – habe es vermocht, den Haselwurm zu fangen und durch den Genuss seines Fleisches das Wissen um die Kraft der Heilkräuter zu erwerben.

Flatterbinse

Juncus effusus

Familie: Binsengewächse *(Juncaceae)*.

Volksnamen: Beese, Bimse (auch für andere Angehörige der Gattung *Juncus)*.

Merkmale: Die grasgrüne Pflanze wächst in dichten, runden Horsten. Stielrund und borstig sind der knoten- und blattlose, mit Mark gefüllte Stängel und die stängelähnlichen Blätter. Scheinbar seitenständig ist der lockere, »flatterige« Blütenstand: Der vermeintlich obere Teil des Stängels ist das Tragblatt des Blütenstandes.
Blüte: Juni bis August.
Höhe: 30–100 cm.
Lebensdauer: Mehrjährig.

Wie alle Binsen hat auch die Flatterbinse stielrunde, knotenlose Stängel

Vorkommen: Nasse Wiesen, Gräben, feuchte Waldstellen; verbreitet.

Haushalt, Handwerk, Kinderspiel: Aus Binsen-Arten hat man verschiedene Flechtarbeiten hergestellt, beispielsweise Körbe, Matten, Stühle, insbesondere auch feinere Arbeiten wie Hüte, Umflechtungen von Parfüm-Flakons oder Zigarrenkisten, Untersetzer (Anleitung S. 142), kleine Schalen oder Schuhe. Auch Simsen-Arten wurden zum Flechten verwendet, gern die Gewöhnliche Teichsimse *(Scirpus lacustris),* die auch Flechtsimse oder Seebinse heißt und heute regional gefährdet ist.

Mit Binsen hat man in Hopfenkulturen die Pflanzen angebunden. In der Gegend um Hiltpoltstein (Mittelfranken) erntete man die dafür bestimmten Binsen ausschließlich zur Zeit des zunehmenden Mondes. Man nahm an, dass das Mark mit dem Mond ab- und zunehme und deshalb bei abnehmendem Mond oder Neumond geerntete Binsen hohl und leichter abreißbar seien.
Als Pfeile verwendeten Kinder die Binsen.
Nur in ganz jungem Zustand wurden Binsen verfüttert. Das Mark mancher Binsen-Arten, insbesondere der Knäuelbinse *(J. conglomeratus)*, die sich durch ihren kugelig-geknäuelten Blütenstand von der Flatterbinse unterscheidet, wurde zur Herstellung von Lampendochten verwendet. Boehmer (1794) hebt hervor:

Das Mark von Binsen brennt in den Oellampen heller und besser, als die baumwollenen Dochte, es hat weder Knoten, noch sonstige Ungleichheiten, ist durchgehendes von einerley Dicke und zum Zuführen des Oeles durch seine schwammichte Substanz sehr geschickt. Nur das Ausschälen dieses Markes, damit es nämlich fein glatt, und so rund, dicke und lang bleibet, als es in dem Halme liegt, scheinet mühsam zu seyn …

Verschiedene Binsen-Arten dienten zur Herstellung von Flechtwerk. Im Deutschen Korbmuseum in Michelau steht dieser Stuhl mit Binsengeflecht (aus einer im Brackwasser der Nordsee wachsenden Binse) und einem Gestell aus Haselholz.

Geschichte, Mythos, Magie: Im alten Ägypten hatte der König beider Königreiche den Beinamen »Fürst von Biene und Binse« (Biene als Kennzeichen für Oberägypten, Binse für Unterägypten). Nach antikem Volksglauben war die Binse ein Heilmittel der Kraniche. Eine antike Sage erzählt: Der griechische Gott Apollon war in einem musikalischen Wettstreit unterlegen. Aus Rache ließ er König Midas, der für den Kontrahenten, den Hirtengott Pan, Partei ergriffen hatte, Eselsohren wachsen. Midas versuchte vergeblich, diese unter der Krone zu verstecken. Sein Friseur, zum Schweigen verurteilt, grub ein Loch in die Erde und flüsterte das längst offene Geheimnis hinein. Seine Worte wiederholten dort wachsende Binsen im Wind – als Binsenweisheit.
Die Binse war Sinnbild der Schwäche, aber auch der geduldigen Ausdauer und Demut. Der Einsiedler Paulus auf dem Isenheimer Altar von Matthias Grünewald (1515) trägt ein Binsenkleid.

Gewöhnliches Schilf

Phragmites australis, Syn.: *P. communis*

Familie: Süßgräser *(Poaceae).*

Volksnamen: Fahnltrager, Ried, Schilfrohr.

Merkmale: Der Halm ist steif und aufrecht. Bis 50 cm lang sind die graugrünen, zugespitzten, scharfrandigen Blätter, die anstelle des Blatthäutchens einen Kranz steifer Haare tragen. Um den Halm drehbar sind die Blattscheiden, sodass bei Wind alle Blätter nach einer Richtung zeigen. Die rotbraune Blütenrispe hängt etwas über und enthält 3–8-blütige Ährchen. In eine lange Spitze sind die Deckspelzen ausgezogen.
Blüte: Juli bis September.
Höhe: 1–4 m.
Lebensdauer: Mehrjährig.

Vorkommen: Fluss- und Seeufer (bis knapp 2 m Wassertiefe), Sümpfe, Flachmoore; häufig. Gedeiht in der sumpfigen Uferzone des Gartenteichs.

Haushalt, Handwerk, Kinderspiel: Die langen Halme wurden zu Matten verarbeitet. Beim Hausbau mit Schilf bekleidete Mauern ließen Putz und Lehm besser haften. Auch Dächer wurden mit Schilf gedeckt. Aus Schilf entstanden Körbe und andere Flechtwaren. Besonders feine Flechtwerke können aus jungem Schilfrohr hergestellt werden. Es wurde geschnitten, an der Sonne getrocknet, bis es gelb war, und dann geflochten. Bei der Verwendung als Stuhlrohr für Korbstühle hat man den Halm der Länge nach in 4 Teile geschnitten, die einzelnen Teile halbiert und, falls nötig, noch weiter gespalten.
Auch Spinnfasern wurde aus Schilfrohr gewonnen, was jedoch insgesamt wegen der Härte und starken Verkieselung der Oberhaut zu nicht recht befriedigenden Ergebnissen führte.
Boehmer (1794) schreibt über das Schilfrohr als Färbepflanze:

Es werden zur Erndtezeit, wenn das Rohr die jungen Blüthpüschel austreibt, selbige gesammlet und gleich damit gefärbet oder solche zuvor an der Luft getrocknet. Diese Püschel geben eine schöne gelbe Farbe. Färbt man hierauf das Garn mit Indig zum andermale, so entstehet das schöne Grün.

Der stärkereiche Wurzelstock wurde getrocknet, zu Pulver vermahlen und dem Brotmehl beigemischt oder zu

Im Röhricht am Rand von Gewässern bildet das Gewöhnliche Schilf oft große Bestände. Früher hatte dieses Süßgras wirtschaftliche Bedeutung.

Kaffee-Ersatz verarbeitet. Während des Ersten Weltkriegs wurden Gewinnung und Röstverfahren dieses damals sehr beliebten »Kaffees« patentrechtlich geschützt. Die unterirdischen Teile hat man ebenso wie die jungen Triebe auch als Gemüse gegessen.
Kinder verwendeten die Halme als Pfeile beim Bogenschießen. Der Ethnobotaniker Heinrich Marzell berichtet, dass in der Gegend von Roding im Bayerischen Wald die Buben eine »Mundharmonika« bastelten, indem sie Halmstücke des Schilfrohrs quer so aneinanderreihten, dass die beiden Enden des Instruments jeweils vom kürzesten und vom längsten Rohrstück eingenommen wurden. Die Panflöte, deren Rohrstücke der Länge nach angeordnet und unten verschlossen sind, ist häufig aus Schilfrohr angefertigt.
Schilf war als gute Streu für den Stall geschätzt. Auch als Schreibwerkzeug (Anleitung S. 126) wurden Schilfarten, vor allem im Orient, verwendet.

Geschichte, Mythos, Magie: Eine Sage berichtet von der Entstehung der Panflöte: Der Hirtengott Pan liebte die Nymphe Syrinx. Diese litt unter den Nachstellungen des Gottes und verwandelte sich in Schilfrohr. Pan hörte sehnsüchtig ihre Stimme aus dem flüsternden Rohr und fertigte aus ihm die Hirten- oder Panflöte.
Schilf und Rohr (Schilfrohr und/oder Rohrkolben) erscheinen verschiedentlich in der Bibel. Moses wird von seiner Mutter, die fürchtet, den Säugling nicht länger vor den Häschern des Pharao verbergen zu können, in ein Körbchen aus Rohr gebettet und dieses ins Uferschilf gelegt, wo es die Tochter des Pharao findet und das Kind rettet (2. Mose, 2). Schilf ist auch Symbol von Schwäche, Wankelmut und Geschwätzigkeit.
»Und der Herr wird Israel schlagen, sodass es schwankt, wie das Rohr im Wasser schwankt« (1. Könige 14, 15).
In der nordischen Sage gibt Odin dem König Erik einen Schilfstängel und befiehlt ihm, diesen mit den Worten »Odin hat euch alle!« über das feindliche Heer zu schleudern. Erik gehorcht, und der Halm verwandelt sich in einen Speer, der die Feinde erblinden lässt.

Korbweide, Hanfweide

Salix viminalis

Familie: Weidengewächse *(Salicaceae).*

Volksnamen: Felber.

Merkmale: Die auffallend langen rutenförmigen Zweige haben eine grünliche bis bräunliche Rinde. Bis 20 cm lang und nur 1–2 cm breit sind die schmal-lanzettlichen, lang zugespitzten, meist ganzrandigen Blätter, die am Rand wellig nach unten umgebogen und unterseits silbrig behaart sind. Die walzenförmigen, 1 cm breiten und bis 4 cm langen grüngelblichen Blütenkätzchen erscheinen kurz vor den Blättern. Wie alle Weiden ist die Korbweide 2-häusig.
Blüte: März bis April.
Höhe: 3–10 m.
Lebensdauer: Mehrjährig (Strauch oder kleiner Baum).

Vorkommen: Ufer von Bächen und Flüssen, Auengebüsche; verbreitet, im südlichen Mitteleuropa nur in den großen Flusstälern; in Talauen angebaut. Da man früher regelmäßig die Ruten in einer Höhe schnitt, die das

Die Korbweide lieferte, wie auch andere Weiden-Arten, mit ihren biegsamen rutenförmigen Zweigen seit alten Zeiten geeignetes Flechtmaterial.

Weidevieh nicht erreichen konnte, bildeten sich sogenannte Kopfweiden.

Haushalt, Handwerk, Kinderspiel: Die Korbweide und andere Weiden-Arten mit weichen, zähen Ruten, etwa Bruchweide *(S. fragilis)*, insbesondere Purpurweide *(S. purpurea)* und Mandelweide *(S. triandra)*, gehören zu den wichtigsten Flechtpflanzen. Die reichhaltigen Bestände dieser wilden Weiden-Arten an den Ufern von Donau und Isar waren ein Grund für die Entstehung der Korbflechterei und einer bedeutenden Korbwarenindustrie in Winzer, einem Markt an der niederbayerischen Donau. Verarbeitet wurden ungeschälte und geschälte Weidenruten. Mit der Ausweitung von Produktion und Verkauf zu Beginn des 20. Jahrhunderts wurden die Weiden auf Feldern angebaut, zunächst Mandelweide und Korbweide, später Hybriden aus beiden und schließlich eine besonders ertragreiche Kulturweide, die sogenannten Amerikanerweide *(S. americana)*. In den 70er-Jahren des 20. Jahrhunderts kam es durch die Konkurrenz an billiger Importware zu einem Rückgang und weitgehenden Erliegen des Korbflechtergewerbes. Andere Zentren der Korbflechterei lagen in Deutschland etwa in der Gegend um Lichtenfels (Oberfranken), in Hessen oder im Weserbergland.
Die Weidenruten dienten auch als Bindematerial, so etwa in den Weinbergen, um die Reben anzubinden, oder zum Binden von Reisigbesen (Anleitung siehe S. 139). Aus den Ruten von Weiden-Arten entstanden Flechtzäune und Flechtwände, aus den Bastfasern der Rinde hat man Jute-Ersatz gewonnen, mit der Samenwolle Kissen gestopft. Der Versuch, aus der Samenwolle spinnbare Fasern zu gewinnen, war wenig erfolgreich. Aus Weidenholz lässt sich brauchbares Papier herstellen. Mit Blättern und Rinde verschiedener Weiden-Arten wurden Textilien gelb gefärbt. Die Blätter hat man bisweilen dem Rauchtabak zugemischt.
Aus Weidenzweigen (und Zweigen anderer Bäume und Sträucher, siehe Esche, S. 104 und Anleitung S. 147) fertigten die Buben im Frühjahr Pfeifen, in Altbayern meist »Felberpfeiferl« genannt.
Die Rinde verschiedener Weiden-Arten, auch der Korbweide, benutzte man zum Gerben gewisser Ledersorten, etwa des Handschuhleders. Das Weidenholz ist weich und wenig haltbar, man schnitzte insbesondere aus dem Holz der Silberweide Holzschuhe und Spielzeug.

Heilpflanze: Zubereitungen aus der Rinde verschiedener Weiden-Arten bei rheumatischen Erkrankungen, in der Volksmedizin Tee aus der Rinde zudem bei Fieber und Gicht. Nicht überdosieren, während der Schwangerschaft sowie bei Überempfindlichkeit gegen Salicylsäure meiden. Die Gerbstoffe können bei empfindlichen Personen Magenbeschwerden auslösen.

Geschichte, Mythos, Magie: Seit der Antike ist die Wirksamkeit der Weidenrinde bei Schmerzen, Fieber, Malaria bekannt. 1828 wurde aus ihr als wirksame Substanz Salicin isoliert. Mit dem Beginn der synthetischen Herstellung von Acetylsalicylsäure (1898) hat Weidenrinde an Bedeutung verloren.
Die Weide war in der Antike Symbol von Trauer und Tod, zugleich des grünenden Lebens. Auch im Volksglauben Mitteleuropas hat die Weide ein zwiespältiges Wesen: Sie ist ein Hexenbaum, und der Verräter Judas soll sich an einer Weide aufgehängt haben. Kätzchenzweige sind Bestandteil des am Palmsonntag in der Kirche geweihten Palmbuschens, und das Verschlucken 3 dieser Kätzchen bewahrt das Jahr über vor Krankheit.

Die Zaunflechterei gehört wie die Korbflechterei zu den ältesten handwerklichen Fertigkeiten des Menschen. Holzschnitt (16. Jh.).

Breitblättriger Rohrkolben

Typha latifolia

Familie: Rohrkolbengewächse *(Typhaceae).*

Volksnamen: Binderrohr, Herrgottskolben, Spottrohr.

Merkmale: Am knotenlosen Stängel sitzen die grasähnlichen, blaugrünen Blätter. Der walzenförmige Kolben besteht aus dem breiteren schwarzbraunen unteren Teil mit weiblichen Blüten und dem oberen schmäleren gelbbraunen Teil mit männlichen Blüten. Die beiden Kolbenteile sind etwa gleich lang und grenzen meist unmittelbar aneinander. Bei der Fruchtreife füllt sich der Raum zwischen den Früchten mit dichten Wollmassen, die sich im Spätherbst zusammen mit den Früchten gruppenweise ablösen und durch Wind und Wasser verbreitet werden.
Blüte: Juni bis Juli.
Früchte: Spätherbst.
Höhe: 1–2 m.
Lebensdauer: Mehrjährig.
Beim selteneren Schmalblättrigen Rohrkolben *(T. angustifolia)* sind die weiblichen und männlichen Kolbenteile durch ein 3–5 cm langes Stängelstück getrennt.

Vorkommen: Verlandungszone stehender und langsam fließender Gewässer (50–100 cm Wassertiefe); verbreitet. Auch in der seichten Uferzone des Gartenteichs fühlen sich die regional gefährdeten Rohrkolben-Arten wohl.

Haushalt, Handwerk, Kinderspiel: Blätter und Wurzelfasern wurden für Flechtarbeiten, insbesondere Matten, verwendet. Küfer verstopften mit den Blättern Fassfugen, was schon Leonhart Fuchs (1543) in seinen Ausführungen zum »Narrenkolben« anmerkt: »Die langen schwertbletter brauchen die küeffer vnd binder zu den fugen der vaßböden.« Mit den Halmen wurden Dächer gedeckt. Die Fasern der Blätter und Stängel dienten als Jute-Ersatz und als Streckmittel für Hanf und Flachs. Mit der Fruchtwolle hat man Kissen und Polster gestopft. Auch zu einer Art Watte wurde sie verarbeitet, wobei man sie für diesen Zweck meist mit Schafwolle mischte. Diels (1918) berichtet, dass es be reits im 18. Jahrhundert in Schweden

Bei der Fruchtreife füllt sich der Raum zwischen den Früchten des Rohrkolbens mit Wollmassen, die als Stopfmaterial verwendet oder zu Watte verarbeitet wurden.

und Russland Versuche zur Nutzung der Fruchtwolle gab und dass man im Jahre 1789 auf der Leipziger Herbstmesse Hüte aus Filz sehen konnte, der zu 2 Dritteln aus Hasenhaaren und zu 1 Drittel aus Typha-Haaren bestand. Man hat auch versucht, die Haare zu Spinnfasern zu verarbeiten, was aber keine befriedigenden Ergebnisse brachte. Aus dem an der Sonne getrockneten Kolben ließ sich Papier guter Qualität herstellen. Der Blütenstaub wurde getrocknet und als Mehl-Ersatz oder Mehlzumischung verwendet. Den stärkereichen Wurzelstock hat man wie Kartoffeln zubereitet und gegessen, getrocknet wie Mehl eingesetzt.
Gegen den Frostspanner wickelte man Rohrkolbenblätter um die Stämme der Obstbäume und bestrich sie mit Teer, wodurch ein haltbares Abwehrmittel entstand.
Die Kolben wurden vor allem von Kindern als »Zigarren« geraucht.
Wegen der vielfältigen Verwendungsmöglichkeiten von Rohrkolben-Arten wurde während des Ersten Weltkriegs eine »Deutsche Typha-Verwertungsgesellschaft m.b.H.« gegründet, welche Sammlung und Verarbeitung der Pflanze betrieb und ein Flugblatt herausbrachte: »Sammelt Kolbenschilf! Ihr helft damit dem Vaterlande!«
Wissenschaftlichen Studien über die Nutzung von Rohrkolben-Arten widmete sich die »Kommission für Typha-Forschung«.

Heilpflanze: In der Volksmedizin früher bisweilen die Fruchtwolle als Auflage bei Brandwunden.

Geschichte, Mythos, Magie: Hildegard von Bingen urteilt über »Dudelkolbe«, er passe wegen seines fetten und schlammigen Saftes nicht als Heilmittel. In der christlichen Kunst wird unter Bezug auf Matthäus 27, 29 Jesus als von den Kriegsknechten verspotteter Schmerzensmann bisweilen mit einem Rohrkolben als Zepter in der Hand dargestellt.
Mancherorts galt der Rohrkolben als eine den Blitz anziehende Pflanze. In Altbayern und Schwaben durfte er bei der Kräutersegnung an Mariä Himmelfahrt (15. August) meist nicht fehlen, bildete oft sogar den Mittelpunkt des Kräuterbüschels.

Zittergrassegge, Seegras

Carex brizoides

Familie: Riedgräser *(Cyperaceae).*

Volksnamen: Alpengras, Waldgras, Waldhaar.

Merkmale: Die dünnen, schlaffen Stängel sind deutlich 3-kantig. Mit bis zu 80 cm Länge überragen die schmalen, rauen Blätter oft den Stängel. Am Stängelende erscheint die eiförmige, lockere, gelblichweiße Ähre, die mehrere schwach abwärts gekrümmte Ährchen enthält. Die Frucht, ein 3-kantiges Nüsschen, ist von einem geflügelten, rotbraunen Schlauch umschlossen.
Blüte: Mai bis Juni.
Höhe: 30–60 cm (Stängel).
Lebensdauer: Mehrjährig.

Dichte und oft ausgedehnte Bestände bildet die Zittergrassegge an ihr zusagenden Plätzen mit schwerem, nassem Boden. Das Forstunkraut diente als Polstermaterial.

Vorkommen: Feuchte, lichte Wälder, Auwälder, Waldlichtungen; verbreitet im Süden, zerstreut bis selten in der Mitte und im Norden Mitteleuropas; regional gefährdet. Tritt meist in dichten, oft ausgedehnten Beständen auf.

Haushalt, Handwerk, Kinderspiel: Mancherorts, insbesondere in Österreich und Süddeutschland, wurde die Zittergrassegge als Polstermaterial verwendet. Weil sie in dieser Funktion als Ersatz für die Meerespflanze Seegras *(Zostera marinara)* genommen wurde, nannte man die Zittergrassegge ebenfalls mit diesem Namen. Auch im niederbayerischen Vilstal haben bis in die 1970er-Jahre Waldbesitzer das auf »Blessen« (Lichtungen) oft in großer Menge wachsende Seegras geerntet, aufbereitet und verkauft. Zeitzeugen berichten: Man mähte das Seegras Ende Juni/ Anfang Juli, wenn es eine Höhe von 50–60 cm erreicht hatte. Nach dem Trocknen wurde es daheim im Schuppen gelagert und später von Fremdmaterial wie Brombeer- und Himbeerranken befreit. Die Weiterverarbeitung geschah auf folgende Weise: Ein Bündel Seegras wird in der Mitte an den Haken eines Geräts eingehängt, an dem sich eine Kurbel befindet. Während eine Person die Kurbel betätigt, hält eine andere die beiden Enden des Seegrasbündels, das auf diese Weise zu einem Strang gedreht wird. Durch Einwinden von weiterem Seegras erreicht der Strang die gewünschte Länge, wird dann vom Haken genommen und springt zu einem Zopf zusammen. Beim Arbeiten mussten wegen der scharfen Graskanten Handschuhe getragen werden. Die Seegraszöpfe wurden an den Sattler verkauft. Seegras war Stopf- und Polstermaterial für Reitsättel, Kanapees (Sofas), Matratzen und für das Kummetgeschirr bei Pferden und Ochsen. Auch einfachere Flechtarbeiten wie Matten waren verschiedentlich aus Seegras gefertigt. Gegenwärtig soll es bisweilen wieder von Restauratoren alter Polstermöbel verwendet werden.

Pause beim »Seegrasspinnen«: Die jüngere Frau hält das Gerät mit der Kurbel, der Mann einen fertig gedrehten Seegras-»Zopf«. Foto 1. Hälfte des 20. Jh.

Geschichte, Mythos, Magie: Dass das »echte« oder auch das »unechte« Seegras verbreitet war, zeigt auch eine Stelle in Theodor Fontanes Roman »Effie Briest«:

An einem dieser letzten Tage – sie hatte sich eine Viertelstunde zuvor aus dem Eßzimmer zurückgezogen und gedachte sich eben auf einem mit einem großblumigen Wollstoff überzogenen Seegrassofa auszuruhen – wurde leise an ihre Tür geklopft.

Schwarzpappel

Populus nigra

Familie: Weidengewächse (*Salicaceae*).

Volksnamen: Alber, Poppel.

Merkmale: Die zunächst graubraune Rinde des breitkronigen Baumes wird frühzeitig tiefrissig und schwärzlich. Etwas länger als breit und am Rand kerbig gesägt sind die 3-eckigen Blätter. Balsamisch duftendes Harz überzieht die Laubknospen. Die Blütenkätzchen der männlichen Pflanzen sind rötlich, die der weiblichen gelbgrün. Bei der Reife springen die Kapselfrüchte auf und entlassen von weißer Wolle eingehüllte Samen, die der Wind verbreitet.
Blüte: März bis April.
Früchte: Mai bis Juni.
Höhe: 20–35 m.
Lebensdauer: Mehrjährig (Laubbaum).
Eine Unterart mit säulenförmiger Krone ist die Pyramidenpappel (subsp. *pyramidalis*). Ähnlich genutzt wie die Schwarzpappel werden andere wild oder gepflanzt vorkommende Arten wie die Silberpappel *(P. alba)* mit ihren unterseits weißfilzigen Blättern sowie verschiedene, oft schwer zu unterscheidende Hybriden.

Vorkommen: Auwälder, Ufer; zerstreut, häufig gepflanzt; deutsche Rote Liste: 3 (gefährdet). Im Garten mögen Pappeln nährstoffreichen, feuchten Boden im Halbschatten.
Haushalt, Handwerk, Kinderspiel: Als Stopfmaterial für Kissen und Polster wurde die Samenwolle verwendet. Neuerdings haben sich einige Bettdecken-Hersteller wieder an ihre günstigen Eigenschaften – leicht, wärmend, feuchtigkeitsregulierend – erinnert und bieten Bettdecken an, deren Füllmaterial von verschiedenen Pappelarten und -sorten gewonnen wird.
Wegen der Härte und Sprödigkeit der einzelnen Fasern ist Pappelwolle als Spinnmaterial eher ungeeignet. Nach Zusatz von Baumwolle hat man daraus aber Watte, Bettdecken, Handschuhe oder Strümpfe und andere Gegenstände gefertigt. Insbesondere Hutfilze wurden aus einem Gemisch von Pappelwolle mit Hasenhaaren oder mit Schafwolle fabriziert.
Papier hat man aus Pappelwolle nach dem Bericht von Boehmer (1794) sehr leicht herstellen können, wobei er betont, dass die Wolle der Schwarzpappel ein graues, nicht festes Papier ergab.
Mit Rinde oder Blättern – beide enthalten Flavonoide – wurde vereinzelt gelb gefärbt.
Die Rinde hat man zum Ledergerben verwendet. Boehmer berichtet über eine weitere Verwendung der Schwarzpappel:

Um die Fischernetze schwimmend zu erhalten, gebrauchen deutsche und schwedische Fischer, auch die Kosaken, die mittlere Rinde davon, die letztern bedienen sich auch derselben zu Stöpseln.

Pappelholz wird zu Zellstoff, Sperrholz, Kochlöffeln und Streichhölzern verarbeitet. Die holländischen Holzschuhe waren aus Pappelholz.

Heilpflanze: Die traditionelle Pappelsalbe aus Knospen der Schwarzpappel und anderer Pappel-Arten bei oberflächlichen Hautverletzungen, Hämorrhoiden, Rheuma. (Nicht bei Überempfindlichkeit gegen Salicylsäure.)

Geschichte, Mythos, Magie:
Aus der Unterwelt soll Herakles die Silberpappel mitgebracht haben. Ovid berichtet in seinen Metamorphosen, die Töchter des Sonnengottes, die Heliaden, hätten sich aus Trauer in Pappeln verwandelt, nachdem ihr Bruder Phaëton sich als unfähig erwiesen hatte, den Himmelswagen zu lenken, und vom Himmelsgewölbe gestürzt war.
Als »Maien« steckte man früher statt eines Birkenastes mancherorts schlecht beleumundeten Mädchen einen Pappelast ans Fenster.

Im Frühsommer überzieht weiße Pappelwolle manchmal größere Flächen, die dann wie beschneit aussehen.

Pflanzen gegen Schädlinge

Wider Fliegen und Flöhe, Mäuse und Mücken

Der Herr der Ratten und Mäuse,
Der Fliegen, Frösche, Wanzen, Läuse,
Befehl' euch, nimmer es zu wagen,
In diesem Haus was zu benagen.

Mit solchen und ähnlichen Beschwörungsformeln und -sprüchen versuchte man in früheren Jahrhunderten, unerwünschte Tiere von Haus und Hof, Garten und Feld zu vertreiben.

Tierische Schädlinge bezeichnete man früher oft mit »Ungeziefer«. Durch die Vorsilbe »Un« werden die Tiere grundsätzlich abgewertet. Da vom ökologischen Standpunkt betrachtet jede Tierart eine bestimmte Funktion im Haushalt der Natur hat, ist der Begriff »Schädling« besser geeignet, da er sich auf die Interessen des Menschen bezieht und kein moralisches Urteil über das betreffende Tier fällt.

Man unterscheidet im Allgemeinen: Gesundheitsschädlinge (Parasiten und Krankheitsüberträger); Pflanzenschädlinge in der Kulturlandschaft; Vorratsschädlinge in großen Speichern und in Haushalten; Materialschädlinge, insbesondere Holzschädlinge.

Die Mehrzahl der Schädlinge gehört zur Klasse der Insekten, aber auch Mäuse und Ratten können große Schäden anrichten und die Gesundheit bedrohen. So lösten Ratten durch die Übertragung des Pestflohs, in dessen Darm sich das die Krankheit verursachende Bakterium Yersinia pestis vermehrt, die verheerenden Pestepidemien des Mittelalters und der frühen Neuzeit aus. Neben Schädlingen sind auch Lästlinge wie Stubenfliege oder Gewöhnliche Stechmücke unerwünscht, richten aber im Allgemeinen keinen Schaden an.

Eine wichtige Rolle bei der Schädlings- und Lästlingsabwehr spielten stets Pflanzen. Manche von ihnen schlagen durch ihren Duft die Tiere in die Flucht, andere enthalten Giftstoffe, die Tiere – bei unsachgemäßer Anwendung auch den Menschen – schädigen oder töten können. Unter den Küchenkräutern gibt es eine Reihe traditionell zur Vertreibung von Schädlingen und Lästlingen genutzter Pflanzen wie Lavendel oder Zitronenmelisse (Motten), Basilikum (Fliegen), Pfefferminze (Ameisen, Fliegen).

Manche Wildpflanzennamen deuten auf eine frühere Verwendung als Abwehrmittel gegen Schädlinge, etwa Kleines Flohkraut *(Pulicaria vulgaris)* und Sumpfläusekraut. Insbesondere viele volkstümliche Namen informieren uns darüber, beispielsweise Flöhkraut oder Wanzenwurz für den

Früher verwendete Pflanzen gegen Schädlinge/Lästlinge in Haus und Garten

Schädlinge/ Lästlinge	Heimische Wildpflanzen
Ameisen	Walnuss (Blätter)
Blattläuse	Wermut (Kraut)
Fliegen	Brennnessel (Kraut), Schwarzer Holunder (Zweige, Blätter), Rainfarn (Blätter, Kraut), Schwarzerle (Blätter), Wacholder (Zapfen, Holz)
Flöhe	Attich (Blätter), Gagelstrauch (Blätter), Walnuss (Blätter), Wermut (Kraut)
Küchenschaben	Gagelstrauch (Blätter)
Läuse	Sumpfporst (Blätter), Sumpfläusekraut (Kraut, Samen), Wermut (Kraut)
Mäuse	Attich (Blätter), Holunder (Zweige, Blätter), Rainfarn (Blätter, Kraut), Walnuss (Früchte), Wermut (Kraut), Echte Hundszunge (Blätter)
Motten	Gagelstrauch (Blätter), Holunder (Zweige, Blätter), Sumpfporst (Blätter), Echter Steinklee (Kraut), Waldmeister (Kraut), Wermut (Kraut)
Mücken	Holunder (Zweige, Blätter), Schwarzerle (Blätter), Walnuss (Blätter)
Ratten	Attich (Blätter), Walnuss (Früchte), Echte Hundszunge (Blätter)
Wanzen	Attich (Blätter), Holunder (Zweige, Blätter), Sumpfporst (Blätter), Rainfarn (Blätter, Kraut), Walnuss (Blätter)

Nicht nur mit Fallen, sondern auch mit Pflanzen, deren Duft den Nagern unangenehm ist, suchte man sich der Mäuse zu erwehren.

Wurmfarn *(Dryopteris filix-mas)*, Maulwurfskraut für den Weißen Stechapfel *(Datura stramonium)*, Mottenklee für den Echten Steinklee *(Melilotus officinalis)*, Mottenstock für den Wermut, Rattenbeere für die Tollkirsche *(Atropa bella-donna)*. Einige »Läuse namen« sind im Porträt des Sumpfläusekrauts (siehe S. 101) angeführt.

Achtung! Auch Abwehrmaßnahmen mit Hilfe von Pflanzen sind nicht in jedem Fall unbedenklich und können, insbesondere wenn sie im Küchen-, Wohn- oder Schlafbereich durchgeführt werden, gesundheitliche Schäden beim Menschen verursachen. Informieren Sie sich vor einer eventuellen Anwendung über die Giftigkeit der betreffenden Pflanze! Bedenken Sie, dass bei gefährlichen Schädlingen wie Mäusen, Ratten oder Küchenschaben andere Methoden (stärkere Gifte, Fallen) oder auch professionelle Hilfe nötig sind, wofür bei einigen Meldepflicht besteht. Fragen Sie bei Gemeinde oder Landratsamt nach.

Wermut

Artemisia absinthium

Familie: Korbblütler *(Asteraceae)*.

Volksnamen: Grabekraut, Magenkraut, Mottenstock, Wurmkraut.

Merkmale: Markhaltig und reich beblättert ist der verästelte Stängel. Die beiderseits dicht silbergrau behaarten Blätter sind 2–3-fach fiederteilig, die oberen Stängelblätter 3-spaltig oder ungeteilt. In Rispen stehen die kleinen gelben, nur Röhrenblüten enthaltenden Blütenköpfe. Wermut duftet stark aromatisch. Giftig (ätherisches Öl mit hohem Gehalt an Thujon).
Blüte: Juli bis September.
Höhe: 30–100 cm.
Lebensdauer: Mehrjährig (Halbstrauch).

Vorkommen: Verwildert an Wegen, auf Schuttplätzen und Mauern; verbreitet; regional gefährdet. Im Garten setzt man Wermut an einen sonnigen Platz mit sandiger, kalkhaltiger Erde.

Haushalt, Handwerk, Kinderspiel: Schon in der Antike war die schädlingsvertreibende Wirkung des Wermuts bekannt, und Tabernaemontanus schreibt in seinem Kräuterbuch (1613), man verwende Wermutabsud, um aus »… Hemddern, Leylachen und Hosengesäß die Leuse, Nisse, Flöhe und dergleichen Ungeziffer…« zu vertreiben. Man legte Wermut gegen Motten in die Kleiderschränke und gab ihn sogar der Schreibtinte zu, um die Mäuse vom Zernagen von Schriftstücken abzuhalten. Konrad von Megenberg (14. Jh.) schreibt dazu: »… welher schreiber sein tinten dâ mit seudet, waz püecher oder prief er d â mit schreibt, diu nagent die mäus niht.« Im Garten verwendet man Tee, Brühe oder Jauche aus Wermutkraut (Anleitung S. 144) gegen Blattläuse und andere fressende und saugende Schädlinge.
In kleinsten Mengen würzen frische oder getrocknete Blätter und Triebspitzen Schweine- und Lammfleisch, Enten- oder Gänsebraten.

Heilpflanze: Zubereitungen aus dem blühenden Kraut bei krampfartigen Magen-, Darm- und Gallenbeschwerden, Appetitlosigkeit, Blähungen. In der Volksmedizin zudem zur Förderung der Menstruation.

Achtung! Wermut nicht länger als 3–4 Wochen oder in zu hohen Dosen, nicht während der Schwangerschaft oder bei Magen- oder Zwölffingerdarmgeschwüren verwenden. Thujonarme Zubereitungen wie Tee sind gegenüber alkoholischen Auszügen zu bevorzugen. Alkoholische Getränke mit Wermut nur in kleinen Mengen und nicht über längere Zeit trinken.

Geschichte, Mythos, Magie: Der Wermut ist wahrscheinlich ein Alteinwanderer, der in vorgeschichtlicher Zeit als Kulturpflanze nach Mitteleuropa gelangte. Er erscheint bei den antiken Autoren als Heilkraut, etwa bei Plinius als Mittel gegen die Seekrankheit. Walahfrid Strabo (um 808–849), Abt des Klosters auf der Reichenau, hat »absinthium« in seinem Gartengedicht »Hortulus« einen Vers gewidmet. Hildegard von Bingen empfahl »Wermuda« unter anderem gegen Würmer. Über Jahrhunderte war Wermut Wurmmittel und auch Abtreibungsmittel. Er galt als abwehrend gegen böse Geister; mancherorts wurde an bestimmten Tagen im Jahr mit dem Kraut geräuchert.

Absinth, ein Likör mit Wermutextrakt, war im 19. Jahrhundert Modegetränk. Wegen schwerer Nebenwirkungen wurde er in der 1. Hälfte des 20. Jahrhunderts in vielen Ländern verboten. Seit den 1990er-Jahren ist Absinth in Deutschland, mit Grenzwerten für den Thujongehalt, wieder zugelassen.

Der Wermut hat sehr wirksame und giftige Inhaltsstoffe, mit deren Hilfe man im Garten Schädlinge abwehren kann.

Rainfarn

Chrysanthemum vulgare, Syn: *Tanacetum vulgare*

Familie: Korbblütler *(Asteraceae)*.

Volksnamen: Wurmkraut.

Merkmale: Der aufrechte, kantige Stängel ist braunrot überlaufen. Lanzettlich und am Rand gesägt oder fiederspaltig sind die Blattfiedern der fiederteiligen Blätter. Die goldgelben Röhrenblüten stehen in halbkugeligen Köpfchen, die zu einem doldenartigen Blütenstand angeordnet sind. Die Pflanze duftet stark aromatisch (insbesondere zerriebene Blätter). Giftig (ätherisches Öl mit hohem Anteil an Thujon).
Blüte: Juli bis Oktober.
Höhe: 50–130 cm.
Lebensdauer: Mehrjährig.

Vorkommen: Raine, Wegränder, Brachflächen; verbreitet. Der anspruchslose Rainfarn war bis ins 20. Jahrhundert eine beliebte Bauerngartenpflanze; er schätzt einen sonnigen bis halbschattigen Platz und nährstoffhaltigen, lehmigen Boden ohne Staunässe.

Haushalt, Handwerk, Kinderspiel: Lästlinge, Schadinsekten und Mäuse hat man mit Rainfarn zu vertreiben versucht. Im Mittelalter wurde er dafür auf den Fußboden gestreut, damit er – zerquetscht durch Tritte – seinen stark aromatischen Duft ausströmt, was etwa den Fliegen unangenehm ist. Mit frischen Rainfarnblättern oder -blüten, zwischen Betttuch und Matratze gesteckt, versuchte man sich mancherorts der Flöhe und Wanzen zu erwehren. Nahrungsvorräte wurden durch Rainfarnblätter vor Mäusen und anderen Vorratsschädlingen geschützt. Auch Fleisch hat man mit Rainfarnblättern umwickelt, um dem Madenbefall vorzubeugen.

Heute schätzt man noch immer Rainfarn-Brühe gegen Schädlinge im Garten (Anleitung S. 145).
Mit dem Kraut färbte man in grünen, mit den Blüten in gelben Tönen.
Die Kinder verwendeten die runden Blütenköpfchen im Spiel als »Geld«.
Lange Zeit waren junge Blätter und Triebe geschätzt als Würze in Speisen, insbesondere auch in Fleischspeisen, weil sich mit dem herben Aroma der Geruch und Geschmack nicht mehr ganz frischen Fleisches überdecken ließ. Man hat sie in Kuchen und Pasteten eingebacken. Insbesondere in England waren Speisen und Gebäcke mit »tansy« sehr beliebt. Früher soll auch Bier mit Rainfarn gewürzt worden sein. Hildegard von Bingen empfiehlt den Genuss von Rainfarn als Suppe, Kuchen oder zusammen mit Fleisch bei verschiedenen Leiden.

Mit dem aromatisch duftenden und giftigen Rainfarn versuchte man früher gegen Mäuse, Flöhe und Wanzen vorzugehen. Im Garten dient Rainfarn-Brühe dem Pflanzenschutz.

Heilpflanze: In der Volksmedizin bis ins 20. Jahrhundert vor allem als Magen-Darm-Mittel, gegen Würmer und bei Frauenleiden.

Achtung! Wegen der Giftigkeit Rainfarn weder arzneilich noch kulinarisch verwenden.

Geschichte, Mythos, Magie: Vielleicht ist Rainfarn ein Alteinwanderer. Der Name leitet sich ab vom althochdeutschen »reinfano« (Grenzfahne), was wohl auf die an Rainen, Zäunen und anderen Abgrenzungen besonders auffallenden Pflanzengestalten zielt. Erst später kam es durch Vergleich der Blätter mit Farnwedeln zu einer Umdeutung.
Die antiken Autoren erwähnen Rainfarn nicht. Die erste sichere Nennung, als »tanazita«, findet sich im »Capitulare de villis« Karls des Großen (um 800).
Im Volksglauben wehrte Rainfarnrauch böse Geister und den Blitz ab. Otto Brunfels schreibt in seinem Kräuterbuch (16. Jh.): »Damit kein böße gespenst einem kinde schaden möge/so bereuch es mit dem rauch von dißem kraut.«

Waldmeister

Galium odoratum, Syn.: *Asperula odorata*

Familie: Rötegewächse *(Rubiaceae).*

Volksnamen: Herzfreude, Maikraut, Waldmännlein.

Merkmale: Am glatten, 4-kantigen Stängel stehen die lanzettlichen, spitzen, am Rand rauen Blätter in 6–8-zähligen Quirlen. In endständigen Trugdolden erscheinen die kleinen, weißen, sternförmigen Blüten. Die kugeligen Früchte sind mit Widerhaken besetzt. Der angenehm aromatische Duft der Pflanze verstärkt sich beim Welken und Trocknen, denn dabei entsteht Cumarin aus duftlosen Cumarin-Glykosiden.
Blüte: April bis Juni.
Höhe: 10–30 cm.
Lebensdauer: Mehrjährig.

Vorkommen: Schattige Laub- und Laubmischwälder, Rotbuchenwälder; häufig bis verbreitet; regional gefährdet. Im Garten setzt man Waldmeister an einen schattigen Platz mit lockerer, humoser Erde, an dem er sich ausbreiten darf.

Haushalt, Handwerk, Kinderspiel: Im Mittelalter wurde Waldmeister auf den Fußboden gestreut, um dem Raum einen angenehmen Duft zu verleihen und die Insekten zu vertreiben. Diesem Zweck dient auch kurz vor der Blüte gesammeltes, getrocknetes Kraut: Es hält, in ein Säckchen gefüllt, im Kleiderschrank die Motten fern (Anleitung S. 144). Zimmerer schreibt 1896 in ihrem »Kräutersegen« über den Duft des getrockneten Waldmeisters: »Derselbe soll sich bei kommender feuchter Witterung jedesmal verstärken, und unser Waldmännlein wäre demnach auch ein Wetterprophet.«
Mit Wurzelstock und Wurzeln können Wolle und Textilien rot gefärbt werden – allerdings mit schlechterem Ergebnis als bei Verwendung des verwandten Krapps.
Das Kraut diente als Ersatz des Pfeifentabaks. Diels (1918) warnt:

Es muß dies aber mit Vorsicht geschehen, höchstens nur in beschränktem Maße als Beimengung zu anderem Tabak, da nach Rauchen von reinem Waldmeister die Leute taumelig werden und sich bei dauerndem Genusse Nervenkrankheiten einstellen.

Hausteemischungen, die auch Ersatz für Schwarztee waren, enthielten früher häufig Waldmeisterkraut. In älteren Kochbüchern findet man bisweilen noch Waldmeisterrezepte wie Waldmeistersuppe, -knödel, -spatzen. Heute verwendet man wegen der Nebenwirkungen des Cumarins das (angewelkte, kurz vor dem Aufblühen stehende) Kraut nur noch zur Aromatisierung von Speisen und insbesondere Getränken wie dem berühmten Maiwein (Waldmeisterbowle).

Heilpflanze: In der Volksmedizin Tee aus dem blühenden Kraut gegen Kopfschmerzen, Schlafstörungen, Leberleiden, Schwermut.

Achtung! Cumarin gilt als potenziell leberschädigend und krebsfördernd und kann zudem Nebenwirkungen wie Kopfschmerzen und Übelkeit hervorrufen. Daher Waldmeister arzneilich nicht überdosieren. Zur Aromatisierung nur kurze Zeit in der Flüssigkeit ziehen lassen.

Geschichte, Mythos, Magie: Zusammen mit Johanniskraut und Poleiminze vertreibt Waldmeister die Hexen.

Insbesondere in welkendem oder getrocknetem Zustand verströmt Waldmeister seinen angenehmen Duft, den aber etwa Kleidermotten verabscheuen.

Walnussbaum

Juglans regia

Familie: Walnussgewächse *(Juglandaceae).*

Volksnamen: Welschnussbaum.

Merkmale: Die hellgraue Rinde wird im Alter rissig. Herb-aromatischen Duft strömen die unpaarig gefiederten Blätter aus, deren Fiedern eiförmig zugespitzt und ganzrandig sind. Die grünlichen männlichen Blüten sind zu herabhängenden Kätzchen vereinigt. Die ebenfalls grünlichen weiblichen Blüten erscheinen in wenigblütigen Ähren. Die Steinfrüchte haben eine äußere grüne Schale, die bei der Reife braun wird, und eine harte innere Schale, die den Samenkern umgibt.
Blüte: April bis Mai.
Früchte: September bis Oktober.
Höhe: 10–20 m.
Lebensdauer: Mehrjährig (Laubbaum).
Schwarznuss *(J. nigra)*: als Zierbaum eingeführt.

Walnussblätter vertreiben Schadinsekten, mit den Fruchtschalen kann man färben, die Samen sind schmackhaft, das Holz ist ein geschätztes Möbelholz.

Vorkommen: Laubwälder in mildem Klima; kultiviert und eingebürgert. Im Garten mag der anspruchslose Baum einen warmen, aber nicht zu trockenen Boden und möglichst keine Tallage.

Haushalt, Handwerk, Kinderspiel: Walnussblätter fanden breite Anwendung gegen Schädlinge und Lästlinge in Haus, Hof und Garten. So hieß es etwa: Flöhe oder Wanzen werden durch mit getrockneten Blättern gefüllte Matratzen oder Kopfkissen abgeschreckt, auch durch Bettgestelle, die mit einer starken Abkochung aus den Blättern abgewaschen wurden. Mit einer solchen Abkochung bestrichene Vorrats- und Küchenschränke oder Fußböden werden von Ameisen und anderen unliebsamen Hausgästen gemieden. Durch Vernebelung der Abkochung lassen sich Fliegen aus einem Raum vertreiben. Regenwürmer in Blumentöpfen kommen nach Begießen der Erde mit der Abkochung an die Oberfläche, wo man sie ablesen kann. Frische Walnussblätter lassen Wühlmäuse aus ihren Gängen fliehen. Mit der Blätterabkochung abgeriebene Kühe oder Pferde sind weniger von Fliegen oder Bremsen geplagt, Hund und Katze werden durch Walnussblätter in ihrer Lagerstreu vor Flöhen geschützt. Marie Susanne Kübler (1878) vertrieb mit den Nüssen Mäuse und Ratten:

Man siedet die Kerne wälscher Nüsse eine Zeitlang in Pottasche und wirft sie an die Orte, an welchen man Mäuse und Ratten spürt.

Nach eigener Erfahrung bleibt man auch bei hoher Stechmückendichte unter einem Walnussbaum von Stichen weitgehend verschont.
Mit den Blättern und den an Juglon besonders reichen grünen Fruchtschalen lässt sich Wolle braun färben (Anleitung S. 120).
Die Blätter wurden als Tabak-Ersatz verwendet. Hieronymus Bock berichtet in seinem Kräuterbuch (1577) von der Nutzung der getrockneten Blätter oder grünen Fruchtschalen als Pfeffer-Ersatz.
Die Kinder basteln mit den Nüssen oder den inneren Nussschalen allerlei Gegenstände und Figuren.
Blätter oder Rinde wurden vereinzelt zum Gerben benutzt. Das Holz wird in der Möbeltischlerei verwendet (Nussbaum-Möbel); es dient zur Herstellung von Schnitz- und Drechslerarbeiten sowie von Musikinstrumenten. Die wohlschmeckenden und gesundheitsfördernden Samen werden kulinarisch vielseitig verwendet.

Heilpflanze: Tee aus den Blättern äußerlich bei Hautentzündungen und übermäßiger Schweißabsonderung; in der Volksmedizin zudem innerlich bei Magen-Darm-Störungen und leichtem Durchfall.

Achtung! Wegen der krebsfördernden Wirkung von Juglon Fruchtschalen nicht verzehren.

Geschichte, Mythos, Magie: In mitteleuropäischen Pfahlbausiedlungen wurden kleine Walnüsse gefunden, und man vermutet heute deshalb, dass der Baum entweder im südlichen Mitteleuropa heimisch war oder jedenfalls als Wild- oder primitive Kulturform bereits vor den Römern auftrat. Diese kultivierten den Baum insbesondere auf gallischem Gebiet, was zur spätlateinischen Bezeichnung »nux gallica« führte, die als Welschnuss oder Walnuss ins Deutsche überging. Die Walnuss hatte erotische Bedeutung, sie stand sowohl für die männlichen als auch die weiblichen Genitalien und wurde als Aphrodisiakum verwendet. Dem Nussbaum schrieb man blitzanziehende oder blitzabwehrende, Fruchtbarkeit verleihende und Unheil bringende Macht zu. Er galt als heilkräftig, aber auch als Tummelplatz böser Geister.

Gewöhnlicher Wacholder, Heidewacholder

Juniperus communis

Familie: Zypressengewächse *(Cupressaceae)*.

Volksnamen: Kranewitt, Weckolder.

Merkmale: Der Wacholder wächst oft säulenartig. Die blaugrünen, spitzen, gerade abstehenden Nadelblätter sind in 3-zähligen Quirlen angeordnet. In den Blattachseln stehen die unscheinbaren grünlichen Blüten. Nach der Befruchtung entwickeln sich die weiblichen Blüten der 2-häusigen Pflanze zu grünlichen Beerenzapfen, die erst im 2. Jahr nach der Blüte blauschwarz und reif werden.
Blüte: April bis Mai.
Beerenzapfen: Im Herbst des 2. Jahres nach der Blüte.
Höhe: 1–6 m.
Lebensdauer: Mehrjährig (Nadelgehölz).

Vorkommen: Heiden, lichte Nadelwälder, magere Weiden; verbreitet; regional gefährdet. Im Garten gibt man dem anspruchslosen Wacholder einen sonnigen Platz und leichten, durchlässigen Boden.

Haushalt, Handwerk, Kinderspiel: Man räucherte vielerorts mit Wacholderholz oder -beerenzapfen – beide enthalten ätherisches Öl und Gerbstoffe – in Haus und Stall, um schlechte Gerüche, Krankheitskeime, Lästlinge, Parasiten oder andere Schädlinge, überhaupt alles Üble, zu vertreiben. Solche Räucherungen fanden bevorzugt zu bestimmten Zeiten im Jahr wie in der Walpurgisnacht, an Weihnachten oder in den Rau(ch)nächten statt. Leonhart Fuchs (1543) schreibt in seinem Kräuterbuch über den »Weckholder«:

Der rauch dauon/verjagt die schlangen/vnd den vergifften lufft. Derhalben wo die pestilentz regiert/ sol man staetz von weckholder holtz rauch machen in allen gemachen darinnen man wonet.

Wenn auch keine die Pest verhindernde, so hat der Rauch doch eine gewisse keimtötende und verschiedene tierische Schädlinge vertreibende Wirkung. Das Räuchern mit Wacholder war schon in vorchristlicher Zeit aus praktischen, magischen oder kultischen Gründen verbreitet; zeitweise wurde er auch als »falscher Weihrauch« bezeichnet. Heute räuchert man, um eine gute Atmosphäre zu schaffen (Anleitung S. 146). Mit dem Rauch des Wacholderholzes wurden auch Schinken geräuchert.

Das angenehm duftende Holz wird von Schädlingen gemieden. Aus Holz und Wurzeln hat man das sogenannte Cadeöl gewonnen. Troost (1884) schreibt darüber: »Einige Tropfen Cadeöls auf die Weichstellen (Bauch, Nase u.s.w.) des Zugviehes gestrichen, lassen diese von den lästigen Fliegen und Bremsen verschont.«

Das feste und harte Holz lässt sich gut polieren. Tischler, Drechsler und Instrumentenmacher haben es gern verwendet. Es wurde zu Spazierstöcken, Pfeifenröhren und Zahnstochern verarbeitet. Die »Beeren« würzen insbesondere Sauerkraut, Wildgerichte, Marinaden. Aus ihnen bereitet man traditionell Wacholderbranntwein: Gin, Genever, Kranawitter u.a. Auch der Bierwürze wurden die Beerenzapfen manchmal zugesetzt. Geschätzt waren Wacholdermus und Wacholdersirup.

Die Beerenzapfen des Gewöhnlichen Wacholders werden arzneilich und kulinarisch sowie als Räuchermittel verwendet.

Heilpflanze: Zubereitungen aus den Beerenzapfen bei Harnwegsentzündungen und Verdauungsbeschwerden; Wacholderöl (in Salben) äußerlich bei rheumatischen Beschwerden. In der Volksmedizin Tee aus den Beerenzapfen zudem gegen Husten, Rheuma, zur »Blutreinigung«.

Achtung! Wacholder weder arzneilich noch kulinarisch überdosieren, nicht über längere Zeit, nicht bei Nierenerkrankungen oder während der Schwangerschaft verwenden. Hautreizungen bei äußerlicher Einwirkung möglich.

Geschichte, Mythos, Magie: Zwergensagen und aus der Jungsteinzeit stammende Wacholderfunde weisen auf die lange Tradition der Heil-, Gewürz- und Räucherpflanze hin. Der Volksglaube wies dem Wacholder stets antidämonische Eigenschaften zu. Gegen den Bilmes, einen schädigenden Korngeist, wurde in der Gegend von Passau ein kleiner Kranewittstrauch in die erste Garbe gebunden und diese auf den ersten Erntewagen gelegt, aber als letzte abgeladen und zuletzt gedroschen. Der Name – im Althochdeutschen »wechalter« – meint einen wachen, frischen, immergrünen Strauch. Seine Kraft, so hieß es in manchen Gebirgsgegenden, teilt er dem ihn auf dem Hut tragenden Wanderer mit, der deshalb beim Gehen nicht müde wird.

Echter Steinklee

Melilotus officinalis

Familie: Schmetterlingsblütler *(Fabaceae)*.

Volksnamen: Honigklee, Mottenklee, Schabenklee.

Merkmale: Aufrecht und verästelt ist der kantige Stängel. Die länglichen bis eiförmigen Teilblättchen der 3-zähligen, gestielten Blätter sind am Rand gesägt; das mittlere Teilblättchen ist länger gestielt. In Trauben angeordnet erscheinen die goldgelben, honigartig duftenden Blüten, deren Fahne und seitliche Flügel länger sind als das kahnförmige Schiffchen. Die dicken, eiförmigen, gelbbraunen Hülsenfrüchte enthalten meist nur 1 Samen.
Blüte: Mai bis September.
Höhe: 30–90 (selten –200) cm.
Lebensdauer: 2-jährig.

Vorkommen: Wegränder, Ackerränder, Schuttplätze; verbreitet. Im Garten – er kommt dorthin manchmal auch unaufgefordert – mag der Echte Steinklee einen möglichst sonnigen Platz und etwas steinige, eher trockene Gartenerde.

Haushalt, Handwerk, Kinderspiel: Die Volksnamen erzählen über die einstige Verwendung der Pflanze als Insekten vertreibendes Mittel. Das getrocknete Kraut – beim Trocknen wird Cumarin frei, das den angenehm waldmeisterartigen Duft verursacht – wurde in Säckchen gefüllt und in den Kleiderschrank gelegt (Anleitung S. 144), um Kleidermotten und Pelzmotten fernzuhalten. Bei den Bienen hingegen sind die nektarreichen Blüten ganz besonders geschätzt. Die Blüten und das blühende Kraut, auch die des verwandten Hohen Steinklees *(M. altissimus)*, hat man dem Rauch- und Schnupftabak beigemischt. Mit den frischen, jungen Trieben wurde Kräuterkäse gewürzt. Frische oder getrocknete Blüten oder blühendes Kraut aromatisierten Süßspeisen und Getränke, sie galten auch als Vanille-Ersatz.
Die langen, sehr festen Stängelfasern des Echten Steinklees und auch seines weiß blühenden Verwandten, des Weißen Steinklees *(M. albus)*, waren Flachs- und Jute-Ersatz.

Heilpflanze: Extrakte aus dem blühenden Kraut (häufig in Venenmitteln enthalten) gegen Stauungsödeme, Hämorrhoiden sowie äußerlich bei Prellungen und Verstauchungen.
In der Volksmedizin Tee aus dem blühenden Kraut zudem bei Husten, äußerlich als Umschlag oder Salbe bei Beulen und Geschwüren.

Achtung! Steinklee kann Kopfschmerzen auslösen. Weder kulinarisch noch arzneilich oder als Mottenmittel überdosieren. Keine Verwendung während Schwangerschaft und Stillzeit.

Geschichte, Mythos, Magie: Anton von Perger schreibt in »Deutsche Pflanzensagen« (1864):

Der Steinklee war der Ostara geweiht, weshalb man auch Kränze, die aus seinen Blüthen gewunden wurden, in das Osterfeuer warf. Er heißt auch »Siebengezeit«, weil seine Blumen siebenmal des Tages ihren Geruch verlieren und wieder gewinnen sollen.

Die leuchtend gelben, duftenden Blüten des auch »Honigklee«, »Mottenklee« oder »Schabenklee« genannten Echten Steinklees sind bei Bienen beliebt.

Gagelstrauch

Myrica gale

Familie: Gagelstrauchgewächse *(Myricaceae).*

Volksnamen: Flohholz, Heidemyrte, Wilde Wilge.

Merkmale: Der stark ästige Strauch hat bräunliche, fein behaarte, mit Harzdrüsen besetzte Zweige. Oberseits dunkelgrün, unterseits grauflaumig sind die kurz gestielten, lanzettlichen, am Grund keilförmigen, etwas gesägten Blätter. Die vor den Laubblättern erscheinenden Blüten sind meist 2-häusig verteilt. Die männlichen Blütenkätzchen sind braun und gelblich, bis 1,5 cm lang, die weiblichen bräunlich-weiß, 5–6 mm lang.
Giftig sind vor allem die Blätter (ätherisches Öl).
Blüte: April bis Mai.
Höhe: 50–150 cm.
Lebensdauer: Mehrjährig (Strauch).

Vorkommen: Heidemoore, feuchte Gebüsche; verbreitet bis zerstreut in Norddeutschland; deutsche Rote Liste: 3 (gefährdet). Im Garten mag der Gagelstrauch einen eher sauren Boden (etwa im Moorbeet) und passt gut zu Rhododendron und Heidekraut.

Haushalt, Handwerk, Kinderspiel: Verschiedenen Insekten sagt der aromatische Duft der ätherisches Öl enthaltenden Blätter nicht zu. Man hat sie daher zum Vertreiben von Motten und Küchenschaben verwendet. Zwischen die Bettwäsche gelegt, sollten sie Flöhe fernhalten. Auch ums Haus hat man Gagelsträucher zur Abwehr von lästigen oder schädlichen Insekten gepflanzt.
Die Blütenkätzchen dienten zum Gelbfärben.

Zum Vertreiben von Motten und Küchenschaben sowie als Bierwürze dienten die stark duftenden, giftigen Blätter des Gagelstrauchs.

Die Blätter wurden mancherorts anstelle von Hopfen dem Bier zugesetzt. Dieses stärker berauschend wirkende Bier, das auch Gruten- oder Gruisenbier hieß, soll insbesondere in Dänemark beliebt gewesen sein. Kräuterliköre und verschiedene Speisen hat man ebenfalls mit den Blättern gewürzt. Auch dem Rauchtabak wurden die Blätter zugemischt.
Bei der traditionellen Verwendung des Gagelstrauchs als Bindegrün für Ostersträuße wurden allergische Reaktionen beobachtet.

Heilpflanze: Früher Aufgüsse aus den getrockneten Blättern volksmedizinisch gegen Läuse und andere Hautparasiten.

Achtung! Die Pflanzenteile des Gagelstrauchs sowie eingeatmete Pollen können allergische Reaktionen auslösen und leichte Giftwirkungen haben, daher keine arzneiliche oder kulinarische Verwendung.

Geschichte, Mythos, Magie: Im Mittelalter wurde mit »Myrte« sowohl der Myrten- als auch der Gagelstrauch bezeichnet. Hildegard von Bingen meint mit »Mirtelbaum« wahrscheinlich den Gagelstrauch, denn sie empfiehlt die Blätter gegen Hautausschläge und schreibt außerdem: »Und wenn jemand Bier bereiten will, koche er Blätter und Früchte dieses Baumes mit dem Bier, und dieses wird gesund sein und schadet dem Trinker nicht.« Auch Albertus Magnus (13. Jh.) kennzeichnet »myrtus« als Gagelstrauch, wenn er schreibt, dass dieser ein Strauch der Strandzone sei, dass er Flüssigkeiten wie Hopfen konserviere und sein Geruch berauschend und Kopfweh fördernd wirke.

Sumpfläusekraut

Pedicularis palustris

Familie: Sommerwurzgewächse *(Orobanchaceae).*

Volksnamen: Rodelkraut, Sumpfrodel, Wiesenwolf.

Merkmale: Der kahle Stängel verzweigt sich im oberen Bereich. Gelbgrün und weich sind die gefiederten Blätter, die fiederspaltige Abschnitte haben. Der 2-lippige, bauchige Kelch umschließt die aus Ober- und Unterlippe bestehende hellrosa Blütenkrone. Die Frucht ist eine eiförmige Kapsel. Giftig sind alle Pflanzenteile, besonders die Samen (Aucubin).
Blüte: Mai bis August.
Höhe: 15–40 cm.
Lebensdauer: 2-jährig.

Vorkommen: Nasse Wiesen, Flachmoore, Gräben; zerstreut; regional gefährdet. In Deutschland gesetzlich besonders geschützt.

Haushalt, Handwerk, Kinderspiel: Neben dem Sumpfläusekraut wurden auch andere Angehörige der Gattung Läusekraut zur Bekämpfung von Läusen bei Mensch und Haustieren äußerlich verwendet. Man bereitete einen Aufguss aus dem Kraut oder pulverisierte die Samen.
Auch die Namen anderer Giftpflanzen weisen auf die frühere Verwendung gegen Läuse hin, beispielsweise die aus Südeuropa stammende Gartenpflanze Läuserittersporn *(Delphinium staphisagria)*, deren Samen als »Stephanskörner« oder »Läusekörner« eingesetzt wurden; die als »Läusewurz« bezeichnete Hundszunge *(Cynoglossum officinale)*, deren frisch gepresster Saft oder Absud zum Entfernen von Kopfläusen verwendet wurde, sowie die als »Lauskraut« bezeichnete Stinkende Nieswurz *(Helleborus foetidus)*, von der Leonhart Fuchs (1543) schreibt: »Zu Teütsch würt es Leüßkraut genent/darumb das sölchs die weiber brauchen zum viech für die leüß.« »Lausbeere« bezeichnet die Rauschbeere *(Vaccinium uliginosum)*, »Lausblume« die Herbstzeitlose *(Colchicum autumnale)*, »Läusekraut« den Weißen Germer *(Veratrum album)* sowie die Grüne und Stinkende Nieswurz *(Helleborus viridis* und *H. foetidus).*

Achtung! Läusekraut-Arten sind giftig; nicht zur Schädlingsabwehr einsetzen.

Geschichte, Mythos, Magie: Namen wie Wiesenwolf verweisen darauf, dass der grüne Halbschmarotzer seinen Wirtspflanzen, meist Gräser, Wasser und Nährsalze entzieht und sie dadurch schädigen kann.

Das Sumpfläusekraut ist, wie auch die anderen Angehörigen der Gattung, ein Halbschmarotzer. Man verwendete die giftige Pflanze gegen Läuse bei Mensch und Haustieren.

Pflanzen im Kinderspiel

»Die kinder haben jre kurtzweil mit disen blumen…«

Leonhart Fuchs (1543) bezieht sich mit diesem Ausspruch auf den Klatschmohn, aber auch viele andere Pflanzen hatten in der Spielwelt der Kinder eine eigene, oft sehr lange Tradition. Sie ist erst in den letzten Jahrzehnten abgebrochen – neben dem Verlust für die Kinder sicher auch ein kultureller Verlust.

Noch bis in die 2. Hälfte des 20. Jahrhunderts waren für Buben auf dem Land das Weidenpfeiferl (Felberpfeiferl) oder Pfeifen aus den Zweigen anderer Holzgewächse unverzichtbar. Mit einem zwischen die Daumenballen gehaltenen Grasblatt, das fest angeblasen wird, kann auf einfache Weise ein durchdringender Pfeifton erzeugt werden. Eher leise ist das Klatschen mit den bauchigen Kelchen des Taubenkropfs *(Silene vulgaris)* oder den zusammengefalteten Kronblättern des Klatschmohns. Töne gaben auch die »Mundharmonika« aus Schilfrohr-Halmstücken, Eichelfruchtbecher oder Haselnussschalen sowie die hohlen Stängel des Wiesenkerbels *(Anthriscus sylvestris)* und anderer Pflanzen, aus denen auch Blasrohre gefertigt wurden.

Besonders fantasievoll waren frühere Kindergenerationen beim Herstellen von Spielzeug aus Pflanzen. Die Schötchen des Hirtentäschelkrauts, die Blütenköpfe des Rainfarns oder die Früchte von Wiesenbärenklau und Wilder Malve waren »Geld«. »Würstchen« für die Puppenküche konnten Birke oder Hasel mit ihren Blütenkätzchen liefern. In die Früchte der sehr stark giftigen Herbstzeitlose *(Colchicum autumnale)* wurden 4 Hölzchen als Beine gesteckt, und fertig waren »Kühe«. Diese gehörten auch zu den Figuren, die aus den »Butzelkühe« genannten Fichtenzapfen gebastelt wurden. Die langen seilartigen Stängel von Hopfen und Gewöhnlicher Waldrebe *(Clematis vitalba)* verwendeten die Mädchen als Springseile. Zu »Wasserleitungen« wurden die hohlen Stängel verschiedener Pflanzenarten. Die Halme des Schilfrohrs waren Pfeile beim Bogenschießen. Aus Glockenblumenblüten *(Campanula)* entstanden »Fingerhüte«. Ketten, Ringe und anderen Schmuck bastelten die Mädchen etwa aus Gänseblümchen, Schlüsselblume *(Primula)*, Löwenzahn, Vogelbeeren und anderen Früchten.

Vom Wiesenfuchsschwanz *(Alopecurus pratensis)* oder vom Wiesenlieschgras *(Phleum pratense)* streifte man die Ährchen ab und wickelte die nackten Spindeln anderen Kindern ins Haar, wobei meist die Mädchen die Passiven, die Buben die Aktiven waren. Gern warfen diese auch Klettfrüchte wie die der Kletten *(Arctium)* oder der Gewöhnlichen Nelkenwurz den Mädchen in die Haare oder an die Kleider.

Als Orakelpflanzen, also Pflanzen, die verborgenes Gegenwärtiges oder Zukünftiges verraten, waren insbesondere die »Sternblumen« Margerite *(Chrysanthemum leucanthemum)* und Gänseblümchen sowie der Löwenzahn

Insbesondere bei der weiblichen Jugend war das Basteln und Spielen mit attraktiven Blüten sehr beliebt. Holzschnitt von Ludwig Richter (1803–1884).

mit seinem Fruchtstand oder der Klatschmohn geschätzt. Mit großer Selbstverständlichkeit aßen noch vor wenigen Jahrzehnten Kinder Pflanzenteile, etwa Blätter des Sauerampfers *(Rumex acetosa)*, des Sauerklees und der Berberitze, Früchte des Hirtentäschelkrauts und der Wilden Malve, die süß schmeckenden Stängel des Wiesenbocksbarts *(Tragopogon pratensis)* oder der Teichsimse *(Scirpus lacustris)*. Süßer Nektar wurde aus den Blüten der Weißen Taubnessel *(Lamium album)*, des Wiesenklees *(Trifolium pratense)* oder der giftigen Pflanzen Robinie *(Robinia pseudoacacia)* und Akelei *(Aquilegia vulgaris)* gesaugt. »Himmelsbrot« hießen der Waldsauerklee wegen seiner säuerlichen Blätter und der Mittlere Wegerich *(Plantago media)* wegen seiner schokoladeartig duftenden Blüten. Auch roh eher ungenießbare Früchte verschiedener Holzgewächse hatten es den Kindern angetan, etwa die von Berberitze, Schlehe oder Weißdorn *(Crataegus)*, ferner die von Ulme *(Ulmus)* und Linde sowie die giftigen Früchte des Wolligen Schneeballs *(Viburnum lantana)* oder der Traubenkirsche *(Prunus padus)*.

Erste Rauchversuche mit heimischen Wildpflanzen waren für viele Buben ein »Muss«, das ihnen die Bewunderung der Mädchen, oft allerdings auch Übelkeit und Schwindel einbrachte. Trockene Stängel der Gewöhnlichen Waldrebe, des Hopfens oder des Arzneibaldrians *(Valeriana officinalis)* wurden dafür verwendet. Als »Schnupftabak« diente manchmal das braune Sporenpulver des den Wiesenbocksbart befallenden Brandpilzes *Uredo receptaculorum*.

Gewöhnliche Esche

Fraxinus excelsior

Familie: Ölbaumgewächse *(Oleaceae)*.

Volksnamen: Asche, Wundholz.

Merkmale: Die graue Rinde ist zunächst glatt, später wird sie längsrissig. Aus 9–15 ei-lanzettlichen, am Rand gesägten Fiedern sind die unpaarig gefiederten, bis 30 cm langen Blätter zusammengesetzt. In vielblütigen Rispen erscheinen vor den Blättern die unscheinbaren purpurroten Blüten. Die Früchte sind geflügelte dunkelbraune Nüsse.
Blüte: April bis Mai.
Früchte: August bis Oktober.
Höhe: 10–40 m.
Lebensdauer: Mehrjährig (Laubbaum).

Vorkommen: Hartholzaue, Schluchtwälder, feuchte Buchenwälder, feuchte Eichen-Hainbuchen-Wälder; verbreitet. Früher war die Esche ein geschätzter Hausbaum, wie man noch bei älteren Bauernanwesen sehen kann. Sie braucht einen Platz mit feuchter Erde.

Haushalt, Handwerk, Kinderspiel: In Gegenden, wo der Baum häufig vorkommt, wie etwa in Berchtesgaden, haben die Buben im Frühjahr aus Eschenzweigen Pfeiferl gebastelt (Anleitung S. 147). Da die Rinde des Zweigstücks einige Zeit geklopft werden musste, vertrieben sich die Kinder mit – nicht immer sittlich oder politisch korrekten – Reimen und Sprüchen dabei die Zeit. Es gibt eine große Anzahl solcher in der volkskundlichen Literatur »Bastlöse-Reime« genannten Verse. Aus dem Bayerischen Wald beispielsweise stammt:

Pfeiferl, Pfeiferl geh,
Geh mit mir in Klee,
Geh mit mir ins Hiatahaus,
Treib'n ma Küah und Kaibö aus,
Geh mit mir nach Passa (= Passau),
Um a Hafal voi Wassa,
Um a Hafal voi Wei(n),
Wenn 's geht, g'hirt 's dei(n).

Mit der Rinde wurde blau, braun und schwarz gefärbt sowie ein roter Malerlack bereitet.
Auch Pottasche hat man aus der Rinde gewonnen und sie zum Gerben verwendet.
Die reifen, getrockneten Früchte dienten als Speisewürze, die unreifen gaben, gekocht und eingelegt, »Falsche Kapern«.
Besonders geschätzt war seit je das helle Holz, das dicht, hart, zäh, elastisch, gut spaltbar und reißfest ist. Es ist eines der besten Tischlerhölzer und überhaupt ein universell einsetzbares Werkholz. Seit der Antike hat man daraus Speere und Bögen angefertigt. Das Laub war ein bei Ziegen und Schafen beliebtes Futter.

Heilpflanze: In der Volksmedizin Tee aus den Blättern bei rheumatischen Erkrankungen und Steinleiden, Rindentee als Fiebermittel, frischer Eschenbast als Wundheilmittel.

In Mittelalter und früher Neuzeit spielte die Esche als Heilpflanze eine wichtige Rolle. Holzschnitt aus dem Kräuterbuch des Hieronymus Bock (1577).

Geschichte, Mythos, Magie: Der Name ist vom indoeuropäischen »osk« (Speer) abgeleitet. Aus Esche soll der Speer des keltischen Sonnen- und Kriegergottes Lug gewesen sein. Den Eschenspeer, mit dem Achilles den Trojaner Hektor tötete, hatte der Kentaur Chiron aus dem Holz einer heiligen Esche gefertigt. Die Esche erscheint in der nordischen Mythologie als Weltenbaum Yggdrasil, dessen Wurzeln sich über die Welt ausbreiten und in dessen Gezweig Odin in einem Selbstopfer hing, um Weisheit zu erlangen. Aus einem am Meeresstrand angetriebenen Eschenstamm schufen die Götter Odin, Hönir und Lodur den ersten Mann.
Im Volksglauben konnte man mit Eschenzweigen Schlangen in die Flucht schlagen. Als Wetterorakel für den Sommer dient der Laubausschlag: »Grünt die Eiche vor der Esche, hält der Himmel große Wäsche« (das heißt, es wird viel regnen) und »Grünt die Esche vor der Eiche, hält der Himmel große Bleiche«.

Im Frühjahr bastelten die Buben Pfeiferl aus den Zweigen der Esche und einiger anderer Holzgewächse.

Wiesenbärenklau

Heracleum sphondylium

Familie: Doldenblütler *(Apiaceae)*.

Volksnamen: Bärentatzen, Pferdekümmel.

Merkmale: Die Pflanze ist rau behaart. Der dicke, kantige, hohle Stängel verzweigt sich im oberen Teil. Aus gelappten oder fiederspaltigen, am Rand grob-kerbig gesägten Abschnitten sind die unpaarig gefiederten großen Blätter zusammengesetzt. Auffallend sind die bauchigen Blattscheiden.
In großen, flachen, meist hüllenlosen Dolden stehen die duftenden weißen oder rosa Blüten. Die Döldchen haben meist vielblättrige Hüllchen und oft vergrößerte Randblüten. Oval und abgeflacht sind die Früchte.
Blüte: Juni bis Oktober.
Höhe: 50–150 cm.
Lebensdauer: 2- bis mehrjährig.

Achtung! Giftig und stark hautreizend ist der aus dem Kaukasus stammende Neueinwanderer Riesenbärenklau *(H. mantegazzianum)*. Er wird bis 3,5 m hoch und hat bis 3 m lange Blätter. Verwechslungsgefahr besteht auch mit einigen stark giftigen heimischen Verwandten wie Hundspetersilie *(Aethusa cynapium)* oder Geflecktem Schierling (*Conium maculatum)*.

Vorkommen: Wiesen, Wegränder, Waldränder, Gräben, Ufer; verbreitet.

Haushalt, Handwerk, Kinderspiel: Beim Kauf- und Verkaufsspiel verwendeten Kinder die Bärenklaufrüchte als »Geld«. Die hohlen Stängel ließen sich, wie die anderer Doldengewächse, insbesondere des Wiesenkerbels *(Anthriscus sylvestris)*, im Spiel vielfältig nutzen. Sie dienten als Röhren für »Wasserleitungen« (Anleitung S. 151). Die Kinder fertigten daraus auch allerlei Blasinstrumente, und die Stängel boten sich für die Herstellung eines Spielzeugs an, das in Altbayern »Kasperl« oder »Kapuziner« hieß (Anleitung S. 151). Mit dem getrockneten Kraut lässt sich Wolle in Gelb- oder Olivtönen färben.

Dicke, hohle Pflanzenstängel wie die des Wiesenbärenklaus wurden im Kinderspiel vielseitig eingesetzt. Die Pflanze kann allerdings die Haut stark reizen.

Junge Blätter und Sprosse, im Frühjahr vor der Blüte gesammelt, können als Wildgemüse verzehrt werden.

Heilpflanze: Wurzel und Kraut früher volksmedizinisch gegen Durchfälle und als Hustenmittel.

Achtung! Hautkontakt mit der Furocumarine enthaltenden Pflanze kann Hautreizungen verursachen.

Geschichte, Mythos, Magie: Vielleicht verglich man früher die großen Blätter der Pflanze mit den Fußabdrücken eines Bären. Der wissenschaftliche Gattungsname geht auf den griechischen Helden Herakles und seine »Bärenkräfte« zurück.
Die im Mittelmeerraum beheimatete Gattung Acanthus, die zur Familie der Akanthusgewächse *(Acanthaceae)* gehört, wird manchmal ebenfalls als »Bärenklau« bezeichnet. Ihre entfernt an Bärenklaulaub erinnernden Blätter bildeten das Motiv auf korinthischen Säulen sowie später auf römischen, byzantinischen und romanischen Kapitellen.

Die Früchte des Wiesenbärenklaus wurden früher von Kindern als »Geld« verwendet.

Schwarzer Holunder

Sambucus nigra

Familie: Moschuskrautgewächse *(Adoxaceae)*.

Volksnamen: Ellhorn, Flieder, Holder, Hollerbaum.

Merkmale: Die graubräunlichen, von vielen Rindenporen besetzten Zweige haben weißes Mark. Aus 5–9 eiförmig-lanzettlichen, am Rand ungleich gesägten Fiedern setzen sich die Blätter zusammen. In großen, flachen, doldenartigen Blütenständen mit meist 5 Hauptstrahlen stehen die duftenden weißen Blüten. Die schwarzvioletten, kugeligen Steinfrüchte sind beerenartig.
Leicht giftig sind Blätter, unreife Früchte, frische Rinde (cyanogene Glykoside).
Blüte: Mai bis Juli.
Früchte: September.
Höhe: 2–7 m.
Lebensdauer: Mehrjährig (Laubgehölz).

Die Blütendolden des Schwarzen Holunders finden kulinarische Verwendung. Aus den Zweigen stellten die Kinder Blasrohre oder Wasserspritzen her.

Vorkommen: Waldränder, Auwälder, feuchte Laub- und Mischwälder, Wegränder; häufig. Im Garten setzt man den anspruchslosen Holunder an einen sonnigen bis halbschattigen Platz mit nährstoffreichem Boden.

Haushalt, Handwerk, Kinderspiel: Ausgehöhlte Zweige, sogenannte Hollerrohre, dienten den Buben als Blasrohr, als »Hollerbüchse« oder als Wasserspritze (Anleitung siehe S. 148). Aus dem Mark schnitzten die Kinder Spielzeug, etwa »Hollermännchen«: Der untere Teil wurde auf einem Brett mit einem Nagel fixiert, sodass die Männchen als »Stehauferln« hin und her wackelten. Mit dem Saft aus den durch Anthocyane schwarzvioletten Beeren färbte man Wein rot und Textilien rot, blau oder violett (Anleitung S. 121). Ostereier kann man damit blauschwarz färben (Anleitung S. 122). Wühlmäuse sollen sich mit Holunderblättern vertreiben lassen. Mit fein zerriebenen Blättern hat man Holz eingerieben, um Schadinsekten abzuwehren. Troost (1884) schreibt:

Holunderzweige, in die von Ungeziefer (wie Fliegen, Mücken, Motten, Wanzen u.s.w.) heimgesuchten Räume aufgehängt, vertreiben dieses sehr schnell. Wenn zu diesem Zwecke Holunderzweige zur Vertreibung der Wanzen oder Flöhe in ein Bett gelegt sind, so darf man jedoch während dieser Zeit sich nicht in dasselbe legen, da der Geruch des Holunderholzes und der Blätter Kopfschmerzen, Schwindel und Uebelkeit hervorruft. Mit den frischen Blättern sind Maulwürfe und Kornwürmer zu vertreiben.

Holunderfrüchte werden in der Küche vielfältig verarbeitet. Sie dienten einst auch zum Färben von Wein und Textilien.

Die Blätter verwendete man als Tabak-Ersatz. Unreife (giftige!) Früchte wurden manchmal als »Falsche Kapern« eingelegt.
Mit den Blättern hat man Kupfergeschirr gereinigt, um es vor Grünspan zu schützen. Mit den Beeren kann man schwarze Lederschuhe pflegen (Anleitung S. 140). Mit dem Mark der Zweige wurden empfindliche Instrumente und Uhren gereinigt.
Aus den Zweigen entstanden Rankgerüste für Erbsen. Aus dem Holz wurden Musikinstrumente, Spielzeug, Schuhnägel gefertigt. Holundermark wurde zur Herstellung mikroskopischer Präparate verwendet.
Blüten und Früchte finden vielfältige kulinarische Verwendung. Die in Teig ausgebackenen Blütendolden sind seit alten Zeiten als Kultspeise »Hollerkücheln« geschätzt. Die Blüten aromatisieren Desserts, Essig, Getränke. Die reifen Früchte werden zu Saft, Gelee, Mus oder Marmelade verarbeitet.

Heilpflanze: Tee aus den Blüten als schweißtreibendes Mittel zur Abwehr von grippalen Infekten (nicht bei bereits voll entfaltetem Infekt oder bei Fieber) und zur Abwehrsteigerung. In der Volksmedizin Blütentee zudem gegen Rheuma und Gicht, getrocknete Früchte als Abführmittel, Saft und Mus bei Erkältungskrankheiten.

Achtung! Früchte nicht roh und nur in reifem Zustand kulinarisch verwenden.

Geschichte, Mythos, Magie: Seit frühesten Zeiten war der Schwarze Holunder Nahrungspflanze. Die antiken Schriftsteller loben die Heilkraft

des Strauchs. Hildegard von Bingen empfiehlt die schweißtreibende Wirkung der Blätter im Dampfbad gegen Gelbsucht.
Unklar ist die Herkunft des Namens, der wahrscheinlich nicht, wie oft behauptet, von Frau Holle abgeleitet ist. Vor der Einführung des Flieders *(Syringa vulgaris)* im 16. Jahrhundert wurde der Holunder oft als »Flieder« bezeichnet.
Als von einem hilfreichen Geist bewohnter Strauch ließ sich der Holunder Krankheiten übertragen, wenn man ihn ehrfurchtsvoll, etwa mit »Herr Holler«, ansprach. Holunder schützt Haus und Hof vor Hexen und bösen Geistern. Wer einen Holunder verstümmelt oder fällt, zieht Unheil auf sich, das Vordorren eines beim Haus stehenden Holunders kündigt Unheil an. Vielerorts scheute man sich, Holunderholz zu verbrennen.

Gänseblümchen

Bellis perennis

Familie: Korbblütler *(Asteraceae)*.

Volksnamen: Marienblume, Maßliebchen, Tausendschön, Zeitlose.

Merkmale: Eine grundständige Rosette spatelförmiger, am Rand leicht gekerbter Blätter umgibt den blattlosen Stängel. Dieser trägt endständig das von grünen Hüllblättern umschlossene Blütenköpfchen. Auf dem kegelförmigen, hohlen Köpfchenboden stehen weiße, rosa oder unterseits rötliche Zungenblüten und goldgelbe Röhrenblüten.
Blüte: März bis November (bei milder Witterung auch im Winter).
Höhe: 5–15 cm.
Lebensdauer: Mehrjährig.

Vorkommen: Fettwiesen, Rasen; häufig. Im Garten gedeiht das nährstoffliebende Gänseblümchen im Rasen, wo es nicht von höheren Arten verdrängt wird.

Haushalt, Handwerk, Kinderspiel: Gottfried August Bürger stellt in seinem Gedicht »Historia von der wunderschönen durchlauchtigen Prinzessin Europa« (1789) die wohl

Gänseblümchen werden gern zum Basteln von Blumenketten und als Liebesorakel verwendet.

Das Gänseblümchen ist wie die Margerite eine klassische Liebesorakelblume. Holzschnitt von Ludwig Richter (1803–1884).

seit alten Zeiten enge Beziehung zwischen Gänseblümchen und kleinen Mädchen lyrisch dar:

Da nahm er schmunzelnd wahr,
Auf schönbeblümten Auen,
Gar lieblich anzuschauen,
Vergnügter Mägdlein Schar,
Die auf dem grünen Rasen
Sich Gänseblümchen lasen.

Was machten die Mägdlein damit? Allerlei Haarschmuck, Ohrringe, Ketten (Anleitung S. 148) wurden daraus gebastelt. Neben der Margerite ist das Gänseblümchen die klassische Orakelblume (Anleitung S. 152). Das Messen als tändelndes Fragespiel wird von Kindern und Verliebten vor allem im deutschen Sprachraum seit vielen Jahrhunderten geübt. Im Mittelalter nahm man dafür auch Getreide- oder Grashalme mit ihren Knoten. Selbstironisch bekennt der Minnesänger Walther von der Vogelweide (um 1170 bis um 1230) in einem Gedicht (»In einem zwivellichten wan«), in Liebesdingen das Halmorakel befragt zu haben. Die Knospen der Blütenköpfchen sind essbare Speisendekoration und lassen sich als Kapern-Ersatz (Anleitung Löwenzahn-Kapern S. 135) einlegen. Die Blattrosetten können ähnlich wie Feldsalat verwendet, die Blätter als Salatwürze, auf Butterbrot oder in Frischkäse sowie als Wildgemüse gegessen werden.

Heilpflanze: In der Volksmedizin Tee aus Blüten oder blühendem Kraut bei Husten, Gärungszuständen im Magen-Darm-Trakt, zur Förderung der Menstruation, zur »Blutreinigung«.

Achtung! Gänseblümchen weder arzneilich noch kulinarisch überdosieren.

Geschichte, Mythos, Magie: In vorchristlicher Zeit der Liebes- und Muttergöttin Frija/Freyja zugeordnet, wurde das Gänseblümchen später zur Marienblume. Der Legende nach sollen die lieblichen Pflänzchen da entsprossen sein, wo die Tränen der Gottesmutter bei der Flucht nach Ägypten zur Erde gefallen waren. In vielen Gegenden nicht nur des deutschen Sprachraums hieß es, man müsse die ersten 3 im Jahr gefundenen Gänseblümchen verschlucken, um das Jahr über vor Fieber, Zahnschmerzen und anderen Beschwerden geschützt zu sein. Seit dem 15. Jahrhundert ist die Pflanze – bereits früh in Sorten mit gefüllten Blütenköpfen – beliebte Symbol- und Zierpflanze im Garten. Volkskundler des 19. Jahrhunderts berichten, dass das Gänseblümchen einst Abtreibungsmittel gewesen sei und es deshalb im 18. Jahrhundert eine Verordnung zu seiner Ausrottung gegeben habe.

Gewöhnliche Berberitze

Berberis vulgaris

Familie: Berberitzengewächse *(Berberidaceae).*

Volksnamen: Essigdornbeere, Hasenbrot, Sauerdorn.

Merkmale: Die langen, rutenförmigen Zweige sind mit zahlreichen 3-teiligen Dornen besetzt, in deren Achseln büschelartig die eiförmigen, am Rand stachelig gesägten Blätter stehen. In gestielten, hängenden Trauben sind die halbkugeligen, gelben, süß duftenden Blüten angeordnet. Die walzenförmigen roten Beeren enthalten meist 2 Samen.
Blüte: Mai bis Juni.
Früchte: August bis Oktober.
Höhe: 1–3 m.
Lebensdauer: Mehrjährig (Strauch).

Vorkommen: Lichte Wälder, Waldränder, Hecken; zerstreut, nördlich des Mains selten; regional gefährdet. Im Garten ist der Strauch völlig anspruchslos.

Haushalt, Handwerk, Kinderspiel: Die Kinder verzehrten gern die säuerlich schmeckenden Blätter.
Als Schmuckperlen (Anleitung zu Ebereschenfrüchten S. 148) und zur Herstellung von allerlei Spielzeug waren die frischen oder getrockneten Beeren beliebt. Sie gehörten zum Inventar der Hosentaschen.
Wurzelholz und Rinde enthalten den Farbstoff Berberin. Sie wurden zum Gelbfärben von Leder, Seide und Wolle verwendet (Anleitung S. 119).
Mit den frischen Beeren hat man Silber geputzt.
Die Blätter dienten zuweilen als Tabak-Ersatz. Saft aus den Beeren ersetzte in der Küche manchmal Essig oder Zitrone als Würz- und Säuerungsmittel (Anleitung S. 138).
Die in frischem Zustand sehr sauer schmeckenden Beeren (Fruchtsäuren, Vitamin C, Carotinoide, Anthocyane) lassen sich trocknen oder kandieren. Man bereitet aus ihnen Soße, Saft, Gelee, Marmelade oder Essig. Das harte Holz war bei Drechslern beliebt und wurde auch zu feineren Arbeiten wie Zahnstochern oder Schuhnägeln verwendet.

Achtung! Für empfindliche Personen können rohe Früchte unverträglich sein. Alle Pflanzenteile mit Ausnahme reifer Früchte sind leicht giftig. Die Früchte anderer Sauerdorn-Arten, etwa der häufig in Gärten gepflanzten Thunbergs Berberitze *(B. thunbergii)*, dürfen nicht verzehrt werden.

Heilpflanze: Zubereitungen aus der Wurzelrinde bei Leber- und Gallenbeschwerden werden wegen der giftigen Alkaloide heute nicht mehr befürwortet.

Geschichte, Mythos, Magie: Hildegard von Bingen empfahl gegen Skrofeln (Leiden, die mit Lymphknotenschwellungen einhergehen) eine Salbe aus Berberitzenknospen und pulverisiertem Maulwurf. Das gelbe Holz des Sauerdorns hilft gegen die Gelbsucht der Kühe, hieß es in der Gegend von Landshut. Mancherorts kündeten die Früchte die Witterung des kommenden Winters an: Sind sie kurz und dick, so wird er streng, aber kurz; sind sie lang und dünn, so steht ein langer, milder Winter bevor. Wegen ihrer Funktion als Zwischenwirt des Getreiderosts *(Puccinia graminis)* wurde die Berberitze in manchen Getreideanbaugebieten ausgerottet. Da diese Maßnahme gegen den Rost kaum etwas vermochte, pflanzt man heute wieder Berberitzen.

Die leuchtend roten Berberitzenfrüchte wurden in der Küche verwendet und waren bei Kindern zum Basteln von Schmuck und anderem Spielzeug beliebt.

Wilde Malve

Malva sylvestris

Familie: Malvengewächse *(Malvaceae)*.

Volksnamen: Hasenpappel, Große Käsepappel, Rosspappel.

Merkmale: Der ästige Stängel ist oft niederliegend. In den Achseln der 5–7-lappigen rundlichen Blätter stehen zu 2–6 die großen rosavioletten, dunkler gestreiften Blüten. Die scheibenförmige Frucht zerfällt bei der Reife in scharf berandete, runzelige Teilfrüchte.
Blüte: Mai bis September.
Höhe: 25–130 cm.
Lebensdauer: 2- bis mehrjährig.
Die verwandte, häufiger vorkommende und ähnlich verwendete Wegmalve *(Malva sylvestris)* besiedelt ähnliche Standorte. Sie wird nur 10–40 cm hoch.

Wegen ihrer schönen rosafarbenen, auch zum Färben verwendeten Blüten und ihrer heilkräftigen Inhaltsstoffe wurde die Wilde Malve schon in alter Zeit zur Gartenpflanze.

Im Kinderspiel waren die scheibenförmigen Früchte der Wilden Malve »Käse« oder »Geld«.

Vorkommen: Wege, Zäune, Mauern, Wegränder; verbreitet; regional gefährdet. Im Garten gibt man der traditionellen Bauerngartenpflanze einen sonnigen Platz mit durchlässiger, nährstoffreicher Erde.

Haushalt, Handwerk, Kinderspiel: Schon Otto Brunfels berichtet 1532 in seinem Kräuterbuch: »Die klein Bappelan seind den kinden bekannt/ die die käßlin daruon sammlen/vnd mit spyelen.« Die scheibenförmigen Früchte der Rosspappel und der Käsepappel (Wegmalve) dienten Kindern als »Geld« und als essbarer »Käse« (auch »Katzenkäse« genannt). Allerdings hieß es, man dürfe nicht zu viele dieser »Kasloabeln« essen, weil man sonst unweigerlich Läuse bekommen würde.
Die Stängelfasern (Anleitung zur Gewinnung S. 141) wurden vereinzelt zur Herstellung von Papier verwendet (Anleitung S. 143) und als Jute-Ersatz zu Geweben verarbeitet. Diels (1918) schreibt dazu:

Für die Industrie kann sie wegen ihres spärlichen Vorkommens nicht in Frage kommen, wohl aber könn-

ten die Stengel im Kleinbetrieb auf Fasern verarbeitet werden, wo diese und die genannten Verwandten in genügender Menge vorkommen; sie wäre als Jute-Ersatz zu behandeln. Da diese Arten wegen ihres Schleimgehaltes auch als Heilkräuter benutzt werden können, wäre vielleicht zu erwägen, ob ihr Anbau (Halbkultur) irgendwie lohnend zu gestalten wäre.

Aus den durch Anthocyane rosafarbenen Blüten kann Wolle in Rotbrauntönen gefärbt werden (Anleitung S. 120). Ostereier lassen sich in einem zarten Violett tönen (Anleitung S. 123).
Ehe sich in der frühen Neuzeit der Spinat in Mitteleuropa durchsetzte, hat man Pflanzen wie die Wilde Malve spinatartig zubereitet. Das wegen des hohen Schleimgehalts »pappige« Gemüse gab der Pflanze den Namen Pappel. Die jungen Blätter eignen sich als Zugabe in Suppen und Wildgemüse.

Heilpflanze: Zubereitungen aus den Blüten oder Blättern bei Bronchitis und Husten, äußerlich zum Gurgeln bei Entzündungen im Mund-Rachen-Raum. In der Volksmedizin zudem innerlich bei Magenbeschwerden und Durchfall, äußerlich zu Wundumschlägen (nicht auf offene Wunden).

Geschichte, Mythos, Magie: Plinius schrieb, dass Malvenblätter, einer Gebärenden untergelegt, die Geburt mit großer Kraft beschleunigen würden. Für Frauen seien Malvensamen ein starkes Aphrodisiakum. Das »Capitulare de villis« (um 800) verlangt, »malvas« anzubauen, worunter wahrscheinlich die beiden genannten Arten zu verstehen sind.

Klatschmohn

Papaver rhoeas

Familie: Mohngewächse *(Papaveraceae).*

Volksnamen: Feuerblume, Klapperrose, Kornrose.

Merkmale: Der beblätterte Stängel ist wie die fiederteiligen Blätter behaart. Beim Aufblühen der einzeln endständigen Blüten fallen die 2 grünen Kelchblätter ab; die 4 (durch Anthocyane) scharlachroten Kronblätter tragen am Grund oft einen schwarzen Fleck. Auffällig ist die 8–12-strahlige scheibenförmige Narbe. Unter dem Deckel der breiteiförmigen Kapselfrucht entstehen bei der Reife Poren, aus denen der Wind die kleinen dunkelbraunen Samen schüttelt. Die Pflanze enthält weißen Milchsaft.
Giftig (Alkaloide; reife Samen kaum giftig).
Blüte: Mai bis August.
Höhe: 30–90 cm.
Lebensdauer: 1-jährig.

Aus den auffälligen roten Blütenblättern des Klatschmohns kann man Tinte herstellen. Der Name kommt vom klatschenden Geräusch beim Liebesorakel (vgl. S. 153).

Vorkommen: Äcker, Brachflächen, Schuttplätze, Wegränder; verbreitet; regional gefährdet. Im Garten sät man direkt an sonnigem Platz mit durchlässiger Erde aus.

Haushalt, Handwerk, Kinderspiel: Kinder stellten gern rote »Tinte« aus den Blütenblättern her (Anleitung S. 153). Das »Klatschen« mit den Blütenblättern (Anleitung S. 153) gab der Pflanze den Namen. Zu diesem Spiel schreibt schon 1543 Leonhart Fuchs: »die Kinder haben jre kurtzweil mit diesen Blumen dan sie mit den blettern schnallen in der handt oder stirn machen/daher würdt diß kraut Klapperroß/oder Hirnschnall genent.« Die Mädchen fertigten aus den Blüten Püppchen (Anleitung S. 150). Mit den Blütenblättern färbte man Ostereier, Baumwolle, Wolle, Leinen, Seide, Säfte und Käse. Die aus den getrockneten Kapseln gewonnenen Samen waren als Würze an Gebäck und Mehlspeisen Ersatz für die Samen des Schlafmohns (Anleitung S. 136).

Heilpflanze: Die Blütenblätter allenfalls zur Schönung in Teemischungen. In der Volksmedizin Tee aus den Blütenblättern gegen Schmerzen und Schlafstörungen sowie Blütensirup gegen Husten, insbesondere Krampfhusten mit Unruhe bei Kindern.

Achtung! Wegen der Giftigkeit der Pflanze keine Selbstbehandlung.

Geschichte, Mythos, Magie: Der Alteinwanderer kam aus der asiatischen Steppe nach Europa. Im Ersten Weltkrieg gab es den Volksglauben, die auf vielen Schlachtfeldern erscheinenden Mohnblumen seien dem Blut der Gefallenen entsprossen.

Gewöhnlicher Löwenzahn

Taraxacum officinale

Familie: Korbblütler *(Asteraceae).*

Volksnamen: Bettseicher, Butterblume, Kettenblume, Kuhblume, Pusteblume.

Merkmale: Der hohle, unverzweigte, unbeblätterte Stängel entspringt einer Rosette länglicher, fiederspaltiger, gezähnter bis fast ganzrandiger Blätter. Einzeln am Stängelende erscheint das Blütenköpfchen, dessen äußere Hüllblätter zurückgeschlagen sind und das zahlreiche goldgelbe Zungenblüten enthält. Auf dem gewölbten Köpfchenboden entwickeln sich nach der Blüte die braunen, linealischen, mit weißsilbrigem Haarkranz (Pappus) versehenen Früchte.
Blüte: März bis November (bei milder Witterung auch im Winter).
Höhe: 10–40 cm.
Lebensdauer: Mehrjährig.

Vorkommen: Fettwiesen, -weiden, Wegränder, Mauern, Zäune; häufig. In den Garten kommt der Löwenzahn meist unaufgefordert.

Haushalt, Handwerk, Kinderspiel: Die Kinder bastelten aus den hohlen Stängeln Ketten, »Brillen«, »Armbanduhren«, Ringe, Saughalme und Blasrohre. Auch »Wasserleitungen« können daraus entstehen (Anleitung S. 151). Den Fruchtstand benutzten die Kinder für allerlei Orakel (Anleitung S. 152). Man drückte sich auch gegenseitig Blütenköpfe ins Haar und behauptete, der oder die Betreffende bekäme nun Läuse. Zum Beweis zeigte man die in den Blütenköpfen

Im Orakel mit den Fruchtköpfen des Löwenzahns gibt es auf unterschiedlichste Fragen eine Antwort.

herumkrabbelnden kleinen Insekten vor.

Die lange und dicke Pfahlwurzel diente – zerkleinert, getrocknet, geröstet und gemahlen – als Kaffee-Ersatz, ähnlich der Wegwartenwurzel (Anleitung S. 131). Die Blütenkopfknospen können als Kapern-Ersatz eingelegt werden (Anleitung S. 135), oder man stellt daraus Löwenzahnsirup her, der als »Löwenzahnhonig« eine Art Honig-Ersatz war.

Die getrockneten und dann gekochten Pflanzen dienten zum Vertreiben der Läuse beim Vieh.

Die jungen zarten Blätter werden als Salat gegessen, auch Salaten wie Kartoffelsalat beigegeben. Gemischt mit milder schmeckenden Wildkräutern ergeben sie Wildgemüse.

Heilpflanze: Zubereitungen aus Wurzel mit Kraut vorbeugend gegen Gallenkoliken, Störungen des Gallenabflusses und der Verdauung. In der Volksmedizin zudem als stuhl- und harntreibendes Mittel gegen rheumatische Beschwerden.

Achtung! Bei Hautkontakt, insbesondere mit dem Milchsaft, sind allergische Reaktionen möglich; bei Verzehr größerer Mengen kann es zu Reizung im Magen-Darm-Trakt kommen. Keine arzneiliche Verwendung bei Entzündung oder Verschluss der Gallenwege oder bei Darmverschluss, bei Gallensteinen nur nach ärztlicher Beratung.

Geschichte, Mythos, Magie: Wegen seiner gelben Blütenköpfe galt Löwenzahn als Mittel gegen Gelbsucht. Das Einreiben mit dem Milchsaft sollte schön, begehrenswert und bei allen Leuten angenehm machen. Als Sonnensymbol, das für Christus und Maria sowie als Milchsaft-Pflanze für den Opfertod Christi oder der Märtyrer steht, erscheint der Löwenzahn in der christlichen Kunst, etwa in der Blumenwiese des Bildes »Die Anbetung des Lammes« (Genter Altar), 1426–32, von Hubert und Jan van Eyck. Löwenzahn war in früheren Zeiten noch nicht so sehr Allerweltspflanze, und die durch ihn einheitlich gelb gefärbten Frühjahrswiesen gab es nicht oder viel seltener. Die Pflanze wird heute durch die stärkere Düngung der Wiesen und den zeitiger im Jahr stattfindenden 1. Schnitt, dem konkurrierende Arten nicht gewachsen sind, gefördert.

Blätter, Wurzel und Blüten des Gewöhnlichen Löwenzahns werden arzneilich und kulinarisch genutzt. Die Kinder bastelten aus den Stängeln Spielzeug.

Praktische Anleitungen

In diesem Praxisteil finden Sie, angeordnet nach Nutzungsbereichen, einfache Anleitungen, die nur geringen Material- und Geräteaufwand sowie – bei verantwortungsvollem Umgang – ungiftige oder ungefährliche Zutaten erfordern. In jedem Fall sollten Sie bei der Ausführung der Vorschläge die nötige Sorgfalt und Vorsicht sowie übliche Schutzmaßnahmen vor Verletzungen beachten.

Mit **Achtung!** sind in diesem Praxisteil Warnungen hinsichtlich der Verwendung der Pflanze gekennzeichnet. Informieren Sie sich diesbezüglich auch in den jeweiligen Porträts. Darüber hinaus sollten Sie generell bedenken, dass Pflanzen bei äußerlicher und besonders bei innerlicher Verwendung Überempfindlichkeitsreaktionen und schwere Nebenwirkungen hervorrufen können und dass bei Kindern unter 12 Jahren sowie bei Schwangeren und Stillenden besondere Vorsicht geboten ist. Es ist jeweils angegeben, welche Pflanzenteile benötigt und ob sie frisch, getrocknet oder anderweitig aufbereitet verwendet werden.

Einige dieser Anleitungen wie etwa die Gewinnung des Nelken-Ersatzes aus der Nelkenwurz sind in erster Linie aufgenommen, um Leben und Arbeit unserer Vorfahren zu veranschaulichen, weniger um eines praktischen Nutzens willen.

Heimische Pflanzen: Sie sind nicht nur interessante Färbemittel, sondern in verschiedenen Nutzungsbereichen vielfältig einsetzbar.

Wolle färben

Die einfach nachvollziehbaren Anleitungen zum Färben von Wolle sollen vor allem grundlegende Erfahrungen vermitteln. Daher beziehen sie sich nur auf kleine Wollmengen (wenn Sie mehr Wolle färben wollen, erhöhen Sie die Mengen der Zutaten entsprechend), und es gibt keine Vorbehandlungen mit schwierig zu beschaffenden oder giftigen metallischen Substanzen. Falls Sie sich näher mit dem Färben von Fasern und Textilien befassen und licht- und waschechte Färbungen erzielen wollen, sollten Sie sich in entsprechender Literatur (Beispiele dazu im Anhang) oder in Kursen genauer informieren. Wichtige Hinweise vorab:

- **Verwenden Sie naturfarbene unbehandelte Wolle,** die Sie mit wenig Feinwaschmittel in lauwarmem Wasser waschen, anschließend gründlich spülen und trocknen lassen.
- **Durchfeuchten Sie die Wolle jeweils** vor dem Einlegen ins Beiz- oder Farbbad mit lauwarmem Wasser; drücken Sie die Wolle anschließend gut aus.
- **Lassen Sie, wenn nicht anders angegeben**, die Wolle jeweils im Farbbad etwas auskühlen, ehe Sie sie herausnehmen. Spülen Sie die Wolle anschließend in lauwarmem, mehrmals erneuertem Spülbad gründlich, und hängen Sie sie zum Trocknen auf.
- **Bewahren Sie die gefärbte Wolle** an einem trockenen und dunklen Platz auf.
- **Da jeweils nur geringe Mengen anfallen,** können die ungiftigen Beiz- und Farblösungen über den Ausguss entsorgt werden.
- **Beachten Sie:** Durch Unterschiede in zu färbendem Material, Färbepflanzen oder im Verfahren können Farbtöne entstehen, die sich von denen auf den Fotos unterscheiden. Getrocknete Pflanzenteile ergeben andere Tönungen als frische.

Achtung! Beachten Sie übliche Vorsichtsmaßnahmen beim Umgang mit den Farb- und Beizbädern. Bringen Sie sie ebenso wie das Beizmittel Alaun nicht mit Haut oder Schleimhäuten in Berührung. Verwenden Sie Löffel aus Plastik oder Edelstahl, die Sie nach Gebrauch ebenso wie die verwendeten Gefäße sorgfältig reinigen.

Mit Pflanzen gefärbt (von links nach rechts): Schwarzer Holunder, Attich, Heidelbeere, Schwarznuss, Walnuss, Wilde Malve, Große Brennnessel, Berberitze, Färberwau, Färberhundskamille, Färberröte.

Gelb

Mit vielen heimischen Pflanzen lassen sich Gelbtöne erzielen. Färberwau war über Jahrhunderte die verbreitetste gelbfärbende Pflanze. Der in Vorderasien beheimatete Safran (*Crocus sativus*), eine der ältesten Textilfärbepflanzen, wurde früher auch in Mitteleuropa angebaut.

Vanille: Berberitze

(ohne Vorbeize)

■ **20 g getrocknete Berberitzenwurzel** 2 Tage in 1 l kaltem Wasser einweichen. Ansatz 1 Stunde kochen lassen. Abseihen.

■ **10 g Wolle in das Farbbad** legen, dieses zum Kochen bringen und 1 Stunde sanft köcheln lassen.

Curry: Färberhundskamille

(mit Vorbeize)

■ **25 g getrocknete Blüten der Färberkamille** über Nacht in 1 l Wasser einweichen. Ansatz etwa 30 Minuten kochen lassen. Abseihen.

■ **2 g Alaun** in ½ Tasse warmem Wasser unter Rühren auflösen. ¾ l Wasser erhitzen, Alaunlösung zugeben, verrühren.

■ **10 g Wolle** ins Beizbad legen, aufkochen und etwa ¾ Stunde sanft sieden lassen.

■ **Wolle im Beizbad** liegen lassen, bis dessen Temperatur noch etwa 40 °C beträgt. Wolle aus dem Beizbad nehmen und leicht ausdrücken.

■ **Wolle in das Farbbad** legen, dieses zum Kochen bringen und etwa 30 Minuten kochen lassen.

Zitrone: Färberwau

(mit Vorbeize)

■ **3 g Alaun** in ½ Tasse warmem Wasser unter Rühren auflösen. 1 l Wasser erhitzen, Alaunlösung zugeben, verrühren.

■ **10 g Wolle** ins Beizbad legen, aufkochen und etwa ½ Stunde sanft sieden lassen.

■ **Wolle im Beizbad** liegen lassen, bis dessen Temperatur noch etwa 40 °C beträgt. Wolle aus dem Beizbad nehmen, leicht ausdrücken. Wolle 2 Tage feucht lagern.

■ **20 g getrocknetes Färberwaukraut** über Nacht in 1 l Wasser einweichen. Ansatz etwa 30 Minuten kochen lassen. Abseihen.

■ **Wolle in das Farbbad** legen, dieses kurz aufkochen lassen und dann etwa 40 Minuten knapp unterhalb des Siedepunkts halten.

Gelbtöne entstehen etwa auch mit Ackerschachtelhalmkraut, Birkenblättern, Frauenmantelkraut und den Kulturpflanzen Ringelblume (Blütenköpfe) oder Küchenzwiebel (Schalen).

Braun

Schwarzer Tee, Kaffee und Zwiebelschalen werden seit langem im Haushalt zum Braunfärben verwendet.

Braun: Schwarznuss

(ohne Vorbeize)

■ **20 g pulverisierte Schwarznussschalen** (äußere grüne Fruchtschale von *Juglans nigra*) einige Stunden in 1 l Wasser einweichen. Ansatz 1 Stunde kochen lassen. Flüssigkeit abkühlen lassen, durch ein Tuch filtern. Lösung mit Wasser auf 1 l ergänzen.

■ **10 g Wolle** in die auf 40 °C erwärmte Farbflüssigkeit legen, diese zum Kochen bringen und 1 Stunde sanft sieden lassen.

■ **Wolle aus der Flüssigkeit** nehmen, leicht ausdrücken, trocknen lassen.

■ **Getrocknete Wolle** in lauwarmem, mehrmals erneuertem Spülbad spülen, zum Trocknen aufhängen.

Mittelbraun: Walnuss

(ohne Vorbeize)

Bitte beachten! Um die Hände vor nachhaltiger Verfärbung durch die Walnussschalen zu schützen, sollten Sie unbedingt mit Handschuhen arbeiten.

■ **Walnüsse im Sommer** vor der Reife der Früchte sammeln. Grüne Schalen mit einem Messer von den Steinen schneiden. Schalen in kleine Stücke schneiden.

■ **In einem Topf** 100 g frische grüne Schalenstücke mit 1 l kaltem Wasser übergießen, zudecken, 3 Tage stehen lassen.

■ **10 g Wolle zugeben.**
2 Tage stehen lassen. Die Wolle muss stets von der Flüssigkeit bedeckt sein.

■ **Wolle aus dem Farbbad** nehmen, leicht ausdrücken, trocknen lassen.

■ **Getrocknete Wolle** in lauwarmem, mehrmals erneuertem Spülbad spülen, zum Trocknen aufhängen.

Helles Kakao: Heidelbeere

(ohne Vorbeize)

■ **20 g getrocknete Heidelbeeren** 8 Stunden in 1 l kaltem Wasser einweichen. Ansatz 1 Stunde kochen lassen. Flüssigkeit durch ein Tuch filtern. 1 TL Essig zugeben.

■ **10 g Wolle in das Farbbad legen,** dieses zum Kochen bringen und 1 Stunde sanft köcheln lassen.

Karamell: Wilde Malve

(mit Vorbeize)

■ **2 g Alaun** in ½ Tasse warmem Wasser unter Rühren auflösen. 1 l Wasser erhitzen, Alaunlösung zugeben, verrühren.

■ **10 g Wolle** ins Beizbad legen, dieses aufkochen und etwa 1 Stunde sanft kochen lassen.

■ **Wolle im Beizbad** liegen lassen, bis dessen Temperatur noch etwa 40 °C beträgt. Wolle aus dem Beizbad nehmen, leicht ausdrücken und in einer Plastiktüte über Nacht lagern.

■ **20 g getrocknete Malvenblüten** über Nacht in 1 l Wasser einweichen. Ansatz etwa 30 Minuten kochen lassen. Abseihen.

■ **Wolle in das Farbbad** legen, dieses zum Kochen bringen und etwa 1 Stunde sanft kochen lassen.

Insbesondere auch Rinden heimischer Holzgewächse wurden zum Braunfärben verwendet, beispielsweise von Eiche, Esche, Rosskastanie, Schlehdorn.

Aus eingeweichten getrockneten Malvenblüten entsteht ein bläuliches Farbbad, in dem mit Alaun vorbehandelte naturweiße Wolle karamellfarben getönt wird.

Rot

Für reine Rottöne stehen nur wenige heimische Pflanzen zur Verfügung: neben der Kulturpflanze Krapp sind dies Wildpflanzen aus derselben Familie (Rötegewächse) wie manche Labkraut-Arten. Färberröte kann im Garten angebaut werden. Man erntet im Herbst des 3. Jahres Wurzelstock und Wurzeln, reinigt, trocknet und lagert sie vor der Verwendung mindestens 1 Jahr. Dann werden sie geschält und pulverisiert. Falls Ihnen das alles zu langwierig und mühsam ist: Sie können sich Färberröte-Wurzel (Krappwurzel) auch in gebrauchsfertigem Zustand besorgen (siehe Adressenverzeichnis im Anhang).

Helles Ziegelrot: Färberröte

(mit Vorbeize)

■ **3 g Alaun** in ½ Tasse warmem Wasser unter Rühren auflösen. ¾ l Wasser erhitzen, dann die Alaunlösung zugeben und sorgfältig verrühren.

■ **10 g Wolle** ins Beizbad legen, dieses aufkochen und etwa 1 Stunde sanft kochen lassen.

■ **Wolle im Beizbad** liegen lassen, bis dessen Temperatur noch etwa 40 °C beträgt. Wolle aus dem Beizbad nehmen, leicht ausdrücken und in einer Plastiktüte 1–2 Tage lagern, sodass sie feucht bleibt.

■ **5 g gemahlene Krappwurzel** über Nacht in 1 l kaltem Wasser einweichen. Abseihen. Farblösung auf 40 °C erhitzen.

■ **Feuchte Wolle** in das Farbbad legen; mit einem Löffelstiel während des Erhitzens auf 70 °C herumziehen.

■ **Farbbad 1 Stunde** auf dieser Temperatur halten, dann auf 40 °C abkühlen lassen. Wolle aus dem Farbbad nehmen, in lauwarmem, mehrmals erneuertem Spülbad spülen, zum Trocknen aufhängen.

Wenn man die Krappwurzelmenge für das Farbbad erhöht, erhält man eine dunklere Rot- oder eine rotbraune bis braunrote Tönung.

Ohne Vorbehandlung kann naturweiße Wolle mit Attichsaft dunkelblauviolett gefärbt werden.

Violett

Boehmer (1794) merkt zur Färbekraft der Holunderfrüchte an: »Färbet die Hände, wenn man die Beeren auspresset, dunkelblau, und die Farbe legt sich so feste an, daß nur die Säure aus dem Mineralreiche solche wieder wegzunehmen vermögend ist.«

Rötlichviolett: Holundersaft

(ohne Vorbeize)

■ **Reife Früchte** des Schwarzen Holunders waschen, in einem Topf mit Wasser bedeckt über Nacht stehen lassen. Aufkochen und kochen lassen, bis die Früchte platzen. Durch ein Tuch Saft ablaufen lassen. (Saft eignet sich auch zur Weiterverarbeitung zu Gelee oder Likör).

■ **10 g Wolle** in 1 l Holundersaft legen. Saft zum Kochen bringen und etwa ½ Stunde sanft kochen lassen.

■ **Bitte beachten:** Die Holundersaft-Färbung macht die Wolle etwas rau, daher ist sorgfältiges Spülen in mehrmals erneuertem Spülbad besonders wichtig.

Bläulichviolett: Attichsaft

(ohne Vorbeize)

■ 10 g Wolle in ½ l Attichsaft (Anleitung siehe Attich-Tinte S. 126) legen. Saft zum Kochen bringen und etwa 20 Minuten sanft kochen lassen.

Anders als für reines Rot und Blau (siehe Waid S. 24) stehen für Violetttöne etliche heimische Pflanzen zur Verfügung. Sie lassen sich unter anderem mit Früchten von Brombeere oder der Giftpflanzen Faulbaum *(Frangula alnus)* und Liguster *(Ligustrum vulgare)* erzielen.
Mit Blüten etwa des Märzveilchens oder der Stockrose hat man früher gern Nahrungsmittel in Violetttönen gefärbt.

Grün

Reines Grün ist wie Blau mit Naturfarben schwer zu gewinnen. Meist entstehen bräunlichgrüne oder gelblichgrüne Töne.

Helles Olivgrün: Brennnessel

(mit Vorbeize)

■ **20 g getrocknete Brennnesselblätter** über Nacht in 1 l Wasser einweichen. Ansatz etwa 30 Minuten kochen lassen, abseihen.

■ **2 g Alaun** in ½ Tasse warmem Wasser unter Rühren auflösen. 1 l Wasser erhitzen, Alaunlösung zugeben, verrühren.

■ **10 g Wolle** ins Beizbad legen, dieses aufkochen und etwa ½ Stunde sanft sieden lassen.

■ **Wolle im Beizbad** liegen lassen, bis dessen Temperatur noch etwa 40 °C beträgt. Wolle aus dem Beizbad nehmen, leicht ausdrücken.

■ **Wolle in das Farbbad** legen, dieses zum Kochen bringen und etwa 30 Minuten sanft kochen lassen. Grüntöne entstehen unter anderem auch mit dem Kraut des Wiesenbärenklaus, den Blättern der Schwarzerle, den jungen Heidekrauttrieben oder den Blättern des Schwarzen Holunders.

Grüntöne entstehen unter anderem auch mit dem Kraut des Wiesenbärenklaus, den Blättern der Schwarzerle, den jungen Heidekrauttrieben oder den Blättern des Schwarzen Holunders.

Ostereier färben

Wer bei Ostereiern Pastelltöne schätzt, kann beim Eierfärben auch einmal auf heimische Wildpflanzen zurückgreifen. Die Oberfläche der Eier sollte vor dem Färben mit Alkohol (Korn, Wodka) gesäubert und entfettet werden.

■ Frische oder getrocknete Pflanzenteile in kaltem Wasser 8–10 Stunden einweichen. Pflanzenteile in 1 Liter Wasser 20–30 Minuten kochen, abseihen.

■ Eier in der Farbflüssigkeit, von der sie vollständig bedeckt sein müssen, 10–20 Minuten kochen.

■ Eier aus der Farbflüssigkeit nehmen und mit kaltem Wasser »abschrecken«, damit sich später die Schale leicht löst. Eier auf Küchenpapier, das in doppelter Lage über Zeitungspapier gebreitet ist, trocknen lassen.

Beispiele:

Gelb: 25 g getrocknete Blüten der Färberkamille.

Gelb: 20 g getrocknete Wurzel der Berberitze.

Achtung! Berberitzenwurzel ist leicht giftig. Färben Sie damit nur Eier, die nicht zum Verzehr bestimmt sind.

Braun: 30 g getrocknete Blätter der Walnuss.

Violett: 40 g getrocknete Blüten der Wilden Malve.

Violett: 25 g getrocknete Früchte der Heidelbeere.

Grün: 40 g getrocknete Blätter der Großen Brennnessel.

Blauschwarz: 1 l Saft von Früchten des Schwarzen Holunders (Gewinnung siehe S. 121).

Neben den genannten und anderen Wildpflanzen eignen sich auch verschiedene Kulturpflanzen, etwa aus dem Garten, zum Ostereierfärben. So erhält man beispielsweise Gelbtöne mit Schalen der Küchenzwiebel oder Blüten der Ringelblume, Grüntöne mit Spinat- oder Petersilienblättern, Rot-/Violetttöne mit Roter Bete oder Blaukraut (Rotkohl).

Achtung! Durch die Schale gelangt Farbflüssigkeit auch ins Innere des Eis. Verwenden Sie nur ungiftige Pflanzen zum Färben, zumal wenn Sie die Eier essen wollen. Auch ausgeblasene Eier können gefärbt werden, sind dann aber während des Kochvorgangs ständig in die Flüssigkeit zu tauchen.

In Farbbädern aus Blüten der Wilden Malve (hellviolett), Walnussblättern (hellbraun) und Brennnesselblättern (zartgrün) wurden diese Ostereier pastellig getönt.

Tinte herstellen

Für diese Tinten sollten nur Gänsekiel-, Glas- oder Stahlfedern verwendet werden. Eine »Kindertinte« aus Klatschmohnblüten finden Sie auf S. 153.

Schwarze Eisengallus-Tinte

Sammeln Sie die Galläpfel bei einem Herbstspaziergang: Manche der am Boden liegenden Eichenblätter haben auf der Unterseite kugelige Gebilde (siehe Abbildung S. 45). Sie entstehen durch den Stich und die Eiablage von Eichengallwespen im Blattgewebe und enthalten Gallussäure.

■ **20 g Eichengalläpfel** grob zerschneiden, in 150 ml Wasser über Nacht einweichen. Ansatz aufkochen und 5 Minuten kochen lassen. Abkühlen lassen, abseihen.

■ **1 Kaffeelöffelspitze Eisen(II)-sulfat** und 2 Kaffeelöffelspitzen Gummiarabikum (beides in der Apotheke erhältlich) einrühren. Vor der Verwendung 1 Tag stehen lassen.

Die Eisengallus-Tinte hat eine schöne schwarze Farbe und ist wasser-, aber nicht lichtfest. Durch die Bildung von Schwefelsäure verursacht sie den Tintenfraß in Handschriften. **Achtung!** Eisen(II)-sulfat ist giftig und ätzend. Ebenso wie die Tinte nicht mit Haut oder Schleimhäuten in Berührung bringen. Löffel aus Plastik oder Edelstahl verwenden; diese anschließend sorgfältig reinigen.

Zur Herstellung der Eisengallus-Tinte werden die Galläpfel – ohne Rücksicht auf die darin befindlichen Larven der Eichengallwespe – zerschnitten, in Wasser eingeweicht und gekocht.

Braune Dornen-Tinte

In den mittelalterlichen Skriptorien wurde sogenannte Dornen-Tinte aus Weißdorn- oder Schlehdornrinde verwendet. Der Goldschmied Roger von Helmarshausen (1070–1125) verrät in seiner kunsthandwerklichen Schrift »Schedula diversarum artium« ein Rezept. Wahrscheinlich ist man wegen mangelnder Lichtbeständigkeit später von dieser schönen bräunlichen Tinte, die das Papier schont und lagerfähig ist, abgekommen.
Die Zweige werden im Frühjahr geschnitten, weil sich nur in dieser Zeit die Rinde gut ablösen lässt.

- **Einige Schlehdornzweige** ein paar Tage trocknen lassen. In Stücke von etwa 10–15 cm schneiden.
- **Rinde mit einem Messerstiel** rundum so lange klopfen, bis sie leicht abgelöst werden kann. Rinde 3 Tage in Wasser einlegen.
- **Wasser abgießen,** aufkochen, Rinde zugeben, aufkochen. Diesen Vorgang so lang wiederholen, bis die Rinde ausgelaugt ist.
- **Flüssigkeit langsam einkochen,** etwas Rotwein zugeben und weiterkochen, bis die Flüssigkeit leicht dicklich ist.

Arbeitsintensiv ist die Herstellung von Dornen-Tinte. Sie lässt sich gut lagern und leicht erneut verflüssigen.

Roger hat angegeben, man solle die eingekochte Flüssigkeit in Pergamentsäckchen an die Sonne hängen und trocknen lassen, bis eine lackartige harte Masse entstanden ist. In Ermangelung von Pergament (aus Tierhäuten) und Pergamentpapier (besonders behandeltes, fett- und wasserdichtes Zellstoffpapier) lässt man die dickliche Flüssigkeit in einem flachen Glasgefäß trocknen. Bei Bedarf kann man sie mit wenig Wein erneut verflüssigen.

Blaue Attich-Tinte

In dem Buch »Geschichte der Tinte nebst einer Anweisung solche sowohl schwarz, als gefärbt selbst zu machen« (1823) heißt es: *Violblaue Tinte: Man nimmt Attichbeer, Alaun und Eßig, läßt alles zusammen 12 Stunden lang stehen, dann wird es abgesotten, und darauf durch Leinwand filtriert.*

■ **Früchte des Attichs** abzupfen, waschen und abtrocknen. 150 g Früchte abwiegen.

■ **In 250 ml Essig** 5 g Alaun durch Umrühren sorgfältig auflösen. Lösung über die Attichfrüchte schütten. Ansatz mindestens 12 Stunden – beim vorliegenden Versuch waren es 20 Stunden – stehen lassen. Attichfrüchte riechen leider ziemlich unangenehm.

■ **Flüssigkeit aufkochen,** einige Minuten kochen lassen. Durch ein Baumwolltuch filtern.

Mit der Lösung lässt sich auch Wolle färben (siehe S. 122). **Achtung!** Früchte und Fruchtsaft des Attichs sind giftig, daher nicht verzehren.

Nur Gänsekiel, Glas- oder Stahlfedern sollten zum Schreiben mit der schönen blauvioletten Attich-Tinte benutzt werden.

Schilfrohr-Schreibgerät

Dürre Schilfhalme vom Vorjahr sind am besten geeignet.

■ **Schilfrohr** in gewünschter Länge zuschneiden. Das zum Schreiben vorgesehene Ende schräg abschneiden, sodass eine Spitze entsteht.

■ **Spitze in Tinte** oder Tusche tauchen, abstreifen, schreiben.

Boehmer (1794) berichtet auch über die Verwendung von gespaltenem Rohr:

Die stumpf gewordenen Röhre schärfte man wieder mit einem Messer, oder auf einem rauhen Steine, und damit Dinte, oder Farbe, worein das Rohr getunket worden, desto leichter ausfließen und desto feiner aufgetragen werden könnte, spaltete man es wie unsere Schreibefedern.

Wäschepflege

Achtung! Waschbrühen, insbesondere Holzaschen-Lauge, nicht mit Schleimhäuten in Berührung bringen, zum Schutz der Haut mit Handschuhen arbeiten. Gefäße und Werkzeuge nach Gebrauch sorgfältig reinigen.

Rosskastanien-Waschbrühe

Man sammelt im Frühherbst die am Boden liegenden Samen der Rosskastanie.

■ **500 g Rosskastanien** über Nacht in 3 l kaltem Wasser einweichen. Kastanien im Einweichwasser etwa 15 Minuten kochen, herausnehmen und mit einem Messer in größere Stücke zerschneiden.

■ **Kochwasser** mit etwa 1 l Wasser verdünnen. Kastanienstücke zugeben, Brühe zum Kochen bringen, etwa 20 Minuten kochen lassen. Abseihen.

■ **Wäschestücke** in der handwarmen Waschbrühe einige Minuten einweichen, dann behutsam mit der Hand drücken, mit klarem Wasser gründlich ausspülen.

Diese Waschbrühe ist besonders für Textilien aus dunkler Wolle geeignet.

Der Frühherbst ist die Reifezeit der Rosskastanie. Die aus den Fruchtschalen entlassenen Samen können nun auch überall in den Städten gesammelt werden..

Seifenkraut-Waschbrühe

Die Wurzelstöcke des Seifenkrauts gräbt man am Morgen oder Abend eines trüben Tages, am besten nach der Blütezeit. Sie werden von feinen Faserwurzeln befreit, gesäubert, gewaschen, abgetrocknet und in Stücke geschnitten. Dann trocknet man sie auf einem Kunststoffgitter oder aufgefädelt auf Garn und luftig aufgehängt oder im Backofen bei ca. 40 °C (Backofentür mit einem Kochlöffelstiel offen halten). Die getrockneten Stücke werden noch weiter zerkleinert: zerbrechen oder mit einem Messer zerschneiden. Wenn Ihnen das alles zu umständlich ist, können Sie »rote Seifenwurzel« fertig kaufen (Apotheke oder Spezialversand, siehe Adressenverzeichnis im Anhang).

- **10–20 g getrocknete Seifenkrautwurzel** in ein Baumwoll- oder Leinensäckchen (Kantenlänge etwa 10 x 12 cm) geben. Dieses in 3–4 l kaltes Wasser legen, Wasser zum Kochen bringen und ca. 20 Minuten zugedeckt sanft kochen lassen.
- **Brühe** mit dem Säckchen abkühlen lassen, bis die Flüssigkeit lauwarm ist. Säckchen herausnehmen.
- **Wäschestücke** in der handwarmen Waschbrühe einige Minuten einweichen, dann behutsam mit der Hand drücken, mit klarem Wasser gründlich ausspülen.

Diese Waschbrühe wirkt farbauffrischend für helle und dunkle Farben (was sich eindrucksvoll an einem T-Shirt aus verblasster schwarzer Seide zeigte). Das Kraut (obere Pflanzenteile) kann ebenfalls zur Herstellung einer Waschbrühe verwendet werden. Weil die Seifenkraut-Waschbrühe sehr schonend reinigt und die Farben auffrischt, verwendet man sie gegenwärtig, besonders in Ländern des Nahen Ostens, in Museen zur Reinigung etwa von alten Gobelins.

Durch Kochen der getrockneten und zerkleinerten Seifenkrautwurzeln in einem Leinensäckchen, lässt sich eine farbauffrischende Waschbrühe herstellen (auf den Wurzeln zwei Seifenkraut-Blüten).

Efeu-Waschbrühe

Diese Waschbrühe ist besonders geeignet für dunkle Textilien aus Wolle oder Seide, deren Farben durch die Behandlung aufgefrischt werden.

- **40 g frische Efeublätter** mit 3 l Wasser übergießen. Flüssigkeit zum Kochen bringen und 10 Minuten kochen lassen. Topf von der Kochstelle ziehen, Blätter aus dem Wasser nehmen, mit einem Messer grob zerkleinern und dem Wasser wieder zugeben.
- **Flüssigkeit** weitere 15 Minuten kochen lassen. Waschbrühe abkühlen lassen und abseihen.
- **Wäschestücke** in der handwarmen Waschbrühe einige Minuten einweichen, dann behutsam mit der Hand drücken, mit klarem Wasser gründlich ausspülen.

Achtung! Efeu ist giftig und kann zudem – insbesondere der Blättersaft – bei Berührung allergische Hautreaktionen auslösen.

Eine Waschbrühe kann auf einfache Weise aus Efeublättern herstellt werden.

Dunkelfarbene Seidentücher lassen sich in einer Efeu-Waschbrühe schonend und farbauffrischend waschen.

Holzaschen-Lauge

Verwenden Sie reine Holzasche, am besten aus Buchenholz. Um feinkörnige Teilchen zu erhalten, sieben Sie die Asche durch.

■ **50 g Holzasche** auf ein Stück Baumwollstoff häufen. Stoff sorgfältig mit Bindfaden zu einem Bündel zusammenschnüren.
■ **Aschensäckchen** in einen Topf mit 3 l Wasser legen, dieses zum Kochen bringen und 10 Minuten sacht köcheln lassen. Topf vom Herd nehmen und Aschensäckchen 1 Stunde in dem Wasser belassen, dann entfernen.

■ **Mit Fett- und Rußflecken** verunreinigtes Baumwolltuch in der Aschenbrühe einige Stunden einweichen. Herausnehmen und in warmem Wasser gründlich spülen.

Achtung! Die Lauge ist stark ätzend. Haut und Schleimhäute (Augen!) schützen, Dämpfe nicht einatmen.

Diese früher als Einweich- und Waschbrühe sehr verbreitete Holzaschen-Lauge ersetzte man ab dem 19. Jahrhundert meist durch Lauge aus Soda, das industriell hergestellt wurde. So liest man in einem Lehrbuch der Hauswirtschaft von 1897 die Mahnung, auch in ländlichen Haushalten beim Waschen Soda zu nehmen und die kostbare Holzasche besser zur Düngung zu verwenden.

Waldsauerklee-Fleckenmittel

Auch andere Pflanzen wie der Große Sauerampfer *(Rumex acetosa)* oder die Kulturpflanze Rhabarber *(Rheum rhabarbarum)* enthalten Oxalsäure, die gegen Rostflecken wirkt. Ein Versuch mit Sauerampfer-Blättern war aber weniger erfolgreich als der mit Waldsauerklee. Man pflückt das Kraut kurz nach der Blüte.

■ **2–3 Handvoll Waldsauerklee** (frisch gepflücktes Kraut) in einem Topf mit kaltem Wasser bedecken. Zum Kochen bringen und etwa 10 Minuten leise köcheln lassen.
■ **Abkochung** mit dem Kraut abkühlen lassen; durch ein Tuch filtern.
■ **Rostfleckigen Stoff** mit der Abkochung übergießen und einige Stunden darin liegen lassen, bis die Flecken verschwunden sind.

Auch der Saft der frischen Blätter kann verwendet werden.

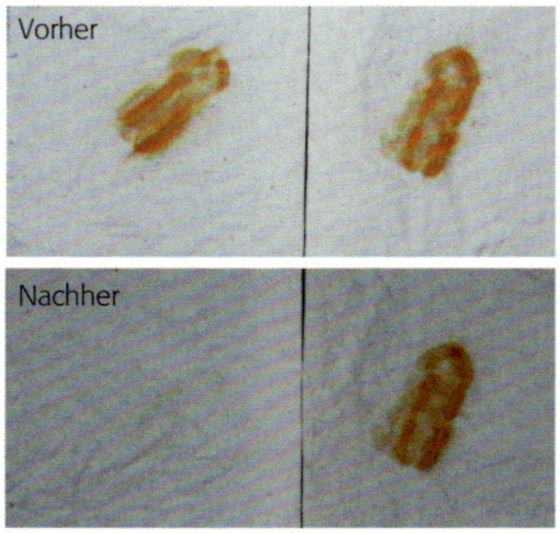

Rostfleckiger Stoff (oben) in Waldsauerklee-Abkochung eingelegt (unten links), in Wasser eingelegt (unten rechts).

Ersatzprodukte herstellen

Zichorien-Kaffee

Man gräbt die Pfahlwurzel der Wegwarte im September oder Oktober.

■ **Wegwartenwurzel** reinigen, gründlich waschen, eventuell an manchen Stellen schälen, abtrocknen und in Stücke schneiden. Anschließend rasch an einem möglichst luftigen Platz trocknen.

■ **Die trockenen Wurzelstücke** in einer Pfanne ohne Fett unter ständigem Wenden bräunlich rösten.

■ **Geröstete Stücke** abkühlen lassen und sofort in einer Kaffeemühle zu Pulver vermahlen.

Der Zichorien-Kaffee wurde auch »Deutscher Kaffee« genannt. Man bereitet ihn wie Bohnenkaffee zu und hat ihn früher gern mit Bohnenkaffee gemischt getrunken. Im Handel war Zichorien-Kaffee auch als in Dosen verpackte runde Presslinge erhältlich.

Zichorien-Kaffee ähnelt im Geschmack entfernt dem Bohnenkaffee, es fehlt ihm jedoch das Coffein.

Eichel-Kaffee

Man sammelt im Herbst die frisch abgeworfenen Früchte der Eiche, ehe sie sich verfärben.

■ **Eicheln** aus dem Fruchtbecher lösen, harte Schale der Früchte entfernen, Samen herausnehmen und von der braunen Samenschale befreien.

■ **Samen** in kleine Stücke von etwa Kaffeebohnengröße schneiden.

Stücke in einer Pfanne ohne Fett unter ständigem Wenden bei mäßiger Hitze bräunlich rösten.

■ **Geröstete Stücke** abkühlen lassen und sofort in einer Kaffeemühle zu Pulver vermahlen.

■ **Kaffeebereitung:** Wasser und Eichelpulver (pro Tasse 1 gehäuften TL) in einem Topf zum Kochen bringen und etwa 10 Minuten zugedeckt bei geringer Hitze sieden lassen. Kaffee abseihen und Milch oder Sahne sowie nach Belieben ein wenig Zucker zugeben.

Der gerbstoffreiche Eichel-Kaffee wirkt günstig bei Durchfall und ist allgemein kräftigend. Sebastian Kneipp (1821–1897) schrieb über den Eichel-Kaffee: »Diesen möchte ich wegen seiner Nahrhaftigkeit und Gesundheit sehr empfehlen; es ist nur schade, dass er nicht die wohlverdiente Gunst des Volkes hat.« Achtung! Wegen der Gefahr von Reizungen im Magen-Darm-Trakt durch den hohen Gehalt an Gerbstoffen, nicht häufiger als 1–2-mal pro Woche jeweils 1 Tasse trinken.

Die aus den Eicheln gewonnenen, zerkleinerten und gerösteten Samen werden in einer Kaffeemühle zu »Kaffeepulver« gemahlen.

»Deutscher Tee«

Man sammelt im Mai junge, zarte Blätter von Brombeersträuchern. Nehmen Sie pro Trieb jeweils nur wenige Blätter, damit die Sträucher nicht geschädigt werden. Insgesamt sollte man aber wenigstens die Menge einer locker gefüllten Stofftasche nach Hause tragen, da die Fermentation sonst nicht gelingt.

■ **Brombeerblätter entstielen,** auf einem (alten) Bettlaken oder Ähnlichem ausbreiten und etwa 8 Stunden welken lassen. Anschließend mit den Händen (wegen der Stacheln mit Handschuhen arbeiten!) oder dem Nudelholz drücken und kneten. Blätter mit Wasser besprengen und erneut kneten.

■ **Auf ein (altes) Küchentuch** häufen und zu einem festen Bündel einwickeln. Bündel sehr fest verschnüren und an einem warmen Ort, aber nicht in der Sonne aufhängen.

■ **Am nächsten Tag** Bündel aufschnüren, Blätter lockern, befeuchten, kneten und vermischen. Bündel wieder fest verschnüren und aufhängen. Den Vorgang noch 3-mal wiederholen. Das Bündel wird von Tag zu Tag kleiner und sollte sich aufgrund des Fermentationsprozesses auch etwas erwärmen.

■ **Zuletzt Päckchen öffnen.** Die nun nach Schwarztee duftenden Blätter ausbreiten und vollständig trocknen lassen. Das Aroma verliert sich beim Trocknungsvorgang, stellt sich aber bei der Zubereitung, die der von Schwarztee entspricht, wieder ein. Tee in einem gut verschließbaren Glasgefäß aufbewahren.

Achtung! Nur nach erfolgreicher Fermentation Blätter zur Teebereitung verwenden. Als besonders geeignet für die Herstellung des »Deutschen Tees« fand man auch eine Mischung aus 2 Teilen Brombeerblättern und jeweils 1 Teil Himbeer- und Erdbeerblättern.

Bei der Herstellung von »Deutschem Tee« müssen die Brombeerblätter immer wieder sorgfältig geknetet und vermischt werden.

Die zu einem festen Bündel zusammengedrückten Brombeerblätter verändern sich durch Fermentation in Farbe und Aroma.

Tee aus Hagebuttenkernen (»Körnlestee«)

Man sammelt die für Tee bestimmten Hagebutten im Oktober. Falls man auch die Fruchthüllen verwenden will, sollten die Hagebutten – anders als für die Bereitung von Mus – noch fest und nicht bereits vom Frost erweicht sein.

■ **Hagebutten waschen,** sorgfältig und behutsam abtrocknen. Hagebutten der Länge nach aufschneiden. Mit einem Messer oder einem scharfkantigen Kaffeelöffel Kerne herauskratzen und diese durch gründliches Abspülen von den Härchen befreien.

■ **Kerne und Fruchthüllen** zum Trocknen auslegen. Fruchthüllen eventuell nach einigen Tagen im Backofen fertig trocknen.

■ **Teebereitung:** 1 EL Hagebuttenkerne in ½ l kaltem Wasser 12 Stunden einweichen. Wasser mit den leicht zerquetschten Kernen zum Sieden bringen und etwa ½ Stunde leise köcheln lassen. Abseihen und mit etwas Zimt, Honig und Sahne verfeinern.

Schmackhaft ist auch Tee aus den getrockneten Fruchthüllen oder aus getrockneten ganzen und leicht im Mörser zerstoßenen Hagebutten. Hagebutten wirken belebend sowie günstig auf die Verdauungs- und Harnorgane. Der hohe Vitamin-C-Gehalt der Hagebutten, ihrer Teile und Produkte baut sich bei Lagerung ziemlich rasch ab, wird aber durch Kochen kaum vermindert.

»Deutsche Chocolade«

Troost (1884) schreibt über ein Getränk aus Haselnüssen:
»Aus den Kernen ist auch ein sehr angenehmes, kühlendes und nahrhaftes Getränke, eine ›deutsche Chocolade‹ zu bereiten.«

■ **Haselnusskerne** in einer Pfanne bei mittlerer Hitze unter ständigem Rühren und Wenden braun (nicht schwarz) rösten. Nusskerne in ein Sieb schütten und darin schütteln, sodass sich die Haut ablöst. Noch anhaftende Haut durch leichtes Reiben mit einem Tuch entfernen.

■ **Geröstete Nusskerne fein mahlen,** mit (mehr oder weniger) Zucker vermischen, eventuell Mischung noch im Mörser zerreiben.

■ **Nuss-Zucker-Mischung** und Milch – auf 1 Tasse Milch 1–2 EL Nuss-Zucker-Mischung – in einem Topf verrühren, zum Kochen bringen, etwa 5 Minuten unter Rühren kochen lassen. Die fertige »Chocolade« vor dem Genuss nach Belieben durch ein Sieb schütten.

Die Nuss-Zucker-Mischung sollte sofort verbraucht werden.

Nährstoffreich und wohlschmeckend ist die aus Haselnüssen hergestellte »Deutsche Chocolade«.

Lindensamen-Schokolade

Boehmer (1794) berichtet, ein anderer Autor, Marggraf, habe
… den Lindensaamen rösten und in einem warmen Mörser so lange stoßen lassen, bis ein zusammenhängender Teig daraus geworden, und dadurch eine Art Chocolade erhalten, welche zwar mit der aus Cacao eine Aehnlichkeit hatte, aber in Ansehung der Härte, des Geruches und Geschmackes gar sehr davon unterschieden war …
Es wird also diese neue Chocolade nicht leicht Liebhaber finden, überdies dürfte sie auch nicht wohlfeil seyn, da die Einsammlung dieses Saamens mühsam und bey uns gemeiniglich nur ein Saamen in jeder Frucht befindlich ist.
Man sammelt im September/Oktober die bräunlichen reifen kugeligen Nüsse der Sommer- oder Winterlinde.

- **Fruchtwand der Nüsse** aufschlitzen und Samen herausnehmen. Samen in einem Topf oder einer Pfanne unter Rühren ohne Fettzugabe braun rösten.
- **Geröstete Samen** in einem warmen Mörser zerstoßen oder in der Kaffeemühle mahlen.

Ein zusammenhängender Teig hat sich bei diesem Versuch nicht gebildet, wohl aber ein Pulver, das dem Kakaopulver ähnlich sieht, aber anders riecht und schmeckt.
Es gab noch andere Bemühungen, von der Linde Schokoladen-Ersatz zu gewinnen, so etwa aus unreifen Früchten, die man mit Blüten vermischte. Aus den Früchten wurde Öl gepresst, das man als der Kakaobutter durchaus ähnlich lobte.

Sehr mühsam ist die Gewinnung von Kakao- oder »Chocolade«-Ersatz aus Lindensamen.

Löwenzahn-Kapern

Man sammelt im Frühjahr die noch ungeöffneten Knospen der Löwenzahn-Blütenköpfe.

■ **Blütenkopfknospen** waschen, trocken tupfen. Äußere grüne Hüllblätter entfernen. Knospen über Nacht in Salzwasser einlegen.

■ **Knospen auf Küchenkrepp** legen, vorsichtig trocken tupfen, in ein Schraubdeckelglas einschichten. Weißweinessig aufkochen, erkalten lassen, das Glas bis zum Rand damit auffüllen. Glas verschließen, in den Kühlschrank stellen.

■ **Nach 2–3 Tagen** »Kapern« über einem Kochtopf abseihen. Essigmenge ergänzen, erneut aufkochen, abkühlen lassen. »Kapern« wieder ins Glas schichten, Essig darüberschütten, Glas verschließen.

■ **Vor dem Verbrauch** »Kapern« 2–3 Wochen im Kühlschrank durchziehen lassen.

Nach dieser Anleitung können etwa auch die Blütenkopfknospen des Gänseblümchens oder die Blütenknospen des Scharbocks-krauts *(Ranunculus ficaria)* als »Falsche Kapern« eingelegt werden. (Scharbockskraut-Kapern mit Vorsicht dosieren!)

Die geschlossenen Blütenkopfknospen des Löwenzahns lassen sich als Kapern-Ersatz zubereiten.

Nelkenwurz-Würze

Man gräbt die Wurzelstöcke der Gewöhnlichen Nelkenwurz vorzugsweise im Herbst oder auch im Frühjahr.

■ **Wurzelstöcke** von Erde und Wurzeln befreien, unter Wasser behutsam abbürsten. Wurzelstöcke in kleine Stücke oder Scheiben schneiden. Sie können – sparsam dosiert – sofort verwendet werden.

■ **Wurzelstockstücke** zum Trocknen mit Garn auffädeln und aufhängen oder auf weißem Papier ausbreiten. An einem luftigen, schattigen Platz trocknen lassen.

■ **Gerichten wie Blaukraut,** Wild oder Süßspeisen Nelkenwurz in kleinen Mengen zugeben, mitkochen und vor dem Servieren entfernen.

Der Nelkenduft und -geschmack ist insbesondere bei den getrockneten Wurzelstockstücken nicht sehr ausgeprägt. Echte Gewürznelken sind die noch nicht entfalteten Blütenknospen des in den Tropen beheimateten Gewürznelkenbaums *(Syzygium aromaticum)*. Wegen des langwierigen und gefährlichen Transports waren sie früher sehr teuer. **Achtung!** Nelkenwurz sparsam verwenden.

Klatschmohn-Mohngewürz

Man sammelt die Fruchtkapseln des Klatschmohns, wenn sie sich zu bräunen beginnen, aber noch nicht oder kaum geöffnet sind.

- **Kapseln** an einem luftigen und schattigen Platz zum Trocknen und Nachreifen auf weißem Papier auslegen. Die reifen Kapseln öffnen sich unterhalb des Deckels mit Poren, aus denen die sehr kleinen, leichten, etwas runzligen Samen herausfallen. (Eine Klatschmohn-Kapsel kann bis zu 3000 Samen enthalten!)
- **Samen** aus den reifen Kapseln leicht ausklopfen und noch einige Tage zum Trocknen liegen lassen.

Die leicht nussig schmeckenden Samen können ähnlich denen des Schlafmohns *(Papaver somniferum)* als Gebäckbestreuung, als Füllung, als Würze in Obstsalat sowie anderen Desserts und Süßspeisen verwendet werden. Klatschmohn enthält in seinen Pflanzenteilen Alkaloide, allerdings keine Opiumalkaloide wie der Schlafmohn. Die kleinen reifen Samen des Klatschmohns sind wie die des Schlafmohns weitgehend alkaloidfrei. Achtung! Nur reife Samen verwenden, die von selbst aus den Kapseln fallen oder sich leicht ausklopfen lassen. Nur kleine Mengen verwenden.

Nach dem Abblühen des Klatschmohns entwickeln sich die länglichen Fruchtkapseln. Man sammelt sie, wenn sie anfangen braun zu werden, also bevor sie die Samen ausstreuen.

Ebereschen-Rosinen

Sammeln Sie die reifen Früchte der Eberesche im September oder Oktober.

- 100 g Früchte waschen, trocken tupfen und in einen Kochtopf schütten. Früchte mit 75 g Zucker überstreuen. 1 TL Wasser über die gezuckerten Früchte geben.
- Masse erhitzen, einige Minuten dünsten, dann auf einem Sieb abtropfen lassen.
- Die gedünsteten Früchte sorgfältig auf einem Stück Alufolie ausbreiten.
- In einem warmen Raum trocknen lassen, während des Trocknungsvorgangs wenden.

Die »Rosinen« können anstelle echter Rosinen (aus den Früchten des Weinstocks, *Vitis vinifera*) verwendet werden.

Aus den Früchten der Eberesche kann man Rosinen herstellen, die sich wie solche aus Weinbeeren verwenden lassen.

Berberitzen-Saft

Sammeln Sie die reifen Früchte der Gewöhnlichen Berberitze im September oder Oktober.

■ **Früchte waschen,** leicht zerdrücken (Kerne sollen unbeschädigt bleiben) und in einem Kochtopf mit Wasser bedeckt über Nacht stehen lassen. Früchte weich kochen.

■ **Saft** durch ein engmaschiges Sieb oder ein Tuch ablaufen lassen, nochmals kurz aufkochen, in Gläser oder Flaschen füllen und sofort luftdicht verschließen.

Der Saft aus den sehr sauren Berberitzenfrüchten konnte in früheren Zeiten, als die Sträucher noch häufig vorkamen, den nicht immer zur Verfügung stehenden Zitronensaft ersetzen.
Man hat den Saft auch durch Auspressen aus den unerhitzten Früchten gewonnen, ihn einige Tage an einem warmen Platz stehen lassen und erst dann in Flaschen gefüllt.
Achtung! Bitte beachten Sie die Warnungen auf S. 111.

Der rötliche, sehr sauer schmeckende Berberitzen-Saft würzt und säuert Speisen ähnlich wie Zitronensaft.

Versuche zum Lab-Ersatz mit Echtem Labkraut

Um Milch für die Käsebereitung gerinnen zu lassen, soll man früher – so ist verschiedentlich zu lesen – anstelle von Kälberlab auch Pflanzen, insbesondere aus der Gattung der Labkräuter, verwendet haben. Leider fehlen genauere Angaben zu den verwendeten Pflanzenteilen und zum Vorgehen.

■ **1. Versuch** (ohne Erfolg): Das frische, zerkleinerte Kraut (obere Pflanzenteile ohne holzige Abschnitte) wurde in ein Säckchen gefüllt und dieses in einen Topf mit 200 ml auf 60 °C erhitzte Milch gelegt. Die Milch wurde etwa ½ Stunde auf dieser Temperatur gehalten.

■ **2. Versuch** (ohne Erfolg): 1 TL Labkrautblätter wurde mit ½ Tasse heißem Wasser übergossen, der Aufguss zugedeckt und nach 10 Minuten abgeseiht. 2 TL des Aufgusses wurden in ½ Tasse Milch (Zimmertemperatur) eingerührt. Nach einigen Stunden zeigte sich keine Veränderung.

■ **3. Versuch** (geringer Erfolg): 1 TL grob zerkleinerte Labkrautblätter wurden in ein Säckchen gefüllt, dieses in ½ Tasse Milch (Zimmertemperatur) eingelegt und einige Stunden so belassen. Nach dieser Zeit zeigte sich die Milch dickflüssiger, leicht gräulich verfärbt und an wenigen Stellen ausgeflockt.

■ **4. Versuch** (geringer Erfolg): 250 ml Milch wurden aufgekocht, 2 EL getrocknetes Labkraut in ein Säckchen gefüllt. Die auf 32 °C abgekühlte Milch wurde mit einigen Tropfen Zitronensaft angesäuert, das Säckchen eingelegt und einige Stunden so belassen. Ergebnis wie beim 3. Versuch.

Ebenfalls ohne Erfolg: Manche Autoren erwähnen die Früchte des Klettenlabkrauts *(Galium aparine)* als Gerinnungsmittel. Beim Versuch wurden sie in ein Säckchen gefüllt und in Milch (Zimmertemperatur) eingelegt.

Reinigen

Birkenreisig-Besen

Man schneidet die Birkenruten am besten im Winter. Zum Zusammenbinden eignen sich Weidenruten, man kann aber auch Draht nehmen. Das Bündel sollte etwa 7–8 cm dick sein und aus ca. 60 Ruten bestehen.

■ **Ruten** auf etwa 80 cm Länge zuschneiden. Im oberen Drittel an 2 Stellen zusammenbinden: bei etwa 10 cm und bei etwa 20 cm vom oberen Rutenende gemessen.

■ **Einen Besenstiel** von etwa 1 m Länge am unteren Ende so zuschneiden, dass sein Querschnitt nicht rund, sondern 3-eckig ist.

■ **Das 3-eckig** zugeschnittene Ende des Besenstiels in die Mitte des Bündels stecken und möglichst weit hineinschieben.

Reisigbesen gibt es schon seit ältesten Zeiten. Man kehrte mit ihnen die Böden in Stall und Scheune, den festgestampften Erdboden im Haus sowie Gartenwege und Hof. Auch heute lassen sie sich vor allem im Garten oder auf der Terrasse gut einsetzen.

Ein seit alten Zeiten bewährtes Reinigungsgerät, mit dem sich gröberer Schmutz rasch entfernen lässt, ist der Birkenreisig-Besen.

Zinnkraut als Zinnreinigungsmittel

Man schneidet Stängel der grünen Sommertriebe des Ackerschachtelhalms. Als Wintervorrat kann man Zinnkraut auch trocknen: bündeln, luftig aufhängen.

■ **Zinnkrautstängel** mit der Hand zu einem kleinen Bündel formen. Bündel in Wasser tauchen und damit die zu putzenden Gefäße abreiben.

■ **Gefäße** mit klarem Wasser abspülen, mit einem weichen Tuch abtrocknen.

Schonender für die Zinngefäße ist die Verwendung von gebrühtem Zinnkraut: Zinnkraut in einer Schüssel mit kochendem Wasser übergießen, 2–3 Minuten ziehen lassen, Wasser abgießen.

Glaskraut als Glasreinigungsmittel

In den alten Quellen über die Reinigung von Glas mit Glaskraut findet sich kein Hinweis auf die verwendeten Pflanzenteile und die Zubereitungen. Da Aufrechtes Glaskraut *(Parietaria officinalis)* nicht erhältlich war, wurden die Versuche mit Mauerglaskraut *(Parietaria judaica)* durchgeführt. Man schneidet die Stängel des Glaskrauts während oder außerhalb der Blütezeit.

Frisches Glaskraut

■ **1 Handvoll frisches Glaskrautkraut** zu einem kleinen Bündel formen. Bündel in Wasser tauchen und damit Fensterscheiben abreiben.

■ **Fensterscheiben** mit klarem Wasser nachwischen und mit einem Tuch trocken reiben.

Glaskraut-Essig

■ **Ein Schraubdeckelglas** locker mit frischem Glaskrautkraut füllen. Mit Weinessig aufgießen, Glas verschließen und etwa 1 Woche stehen lassen. Täglich schütteln. Abseihen.

■ **⅛ l des Glaskraut-Essigs** in 1,5 l Wasser geben und damit Fenster putzen. Fenster mit einem Tuch trocken reiben.

Mit dem frischen Glaskraut ließen sich die Fenster gut reinigen. Besonders wirkungsvoll war der Glaskraut-Essigauszug, der sich auch einer Lösung von ⅛ l reinem Weinessig auf 1,5 l Wasser als überlegen zeigte. Gering war der Erfolg mit getrocknetem und anschließend im Mörser pulverisiertem Glaskraut. Die Versuche sollten mit Aufrechtem Glaskraut wiederholt werden!

Holunderfrüchte als Schuhputzmittel

Troost (1884) schlägt eine interessante Verwendung der stark färbenden Früchte des Schwarzen Holunders vor: *Sie können auch als Schuhwichse benutzt werden, indem man einige Beeren auf dem Schuhwerke verreibt und darauf bürstet. Sie sind ganz geruchlos und geben dem Leder einen tiefschwarzen Glanz.*

■ **1 Handvoll Holunderfrüchte** in ein Gefäß geben und zerquetschen.

■ **Die »Schuhwichse«** mit einem Lappen auftragen, trocknen lassen. Mit einer weichen Bürste Schuhe polieren.

Auch andere schwarze Lederwaren können damit behandelt werden.

Arbeiten mit Pflanzenfasern

Wegmalven-Fasern

Troost (1884) berichtet: *Die Fasern der Stengel können zu Geweben dienen. Die Darstellung derselben geschieht auf folgende Art und Weise: Die getrockneten Zweige und Stengel werden so lange in Wasser gelegt (»geröstet«), bis solche beim geringsten Zusammenreiben eine schleimige Substanz absondern, welche man dann abstreifen muß. Hierauf werden die Stengel halb getrocknet und dann gerieben, um die Fäden von dem holzigen Stengel zu trennen. Getrocknet sind diese Fäden weiß und lassen sich, nach dem sie wie Flachs behandelt wurden, spinnen.*

■ **Wegmalvenstängel** (möglichst lang) von Seitenzweigen, Blüten und Blättern befreien. Stängel in einer Plastikwanne mit Wasser übergießen und mit Wasser bedeckt stehen lassen, bis die Stängel schleimig werden.

■ **Stängel aus dem Wasser** nehmen, Schleim mit der Hand abstreifen und Stängel auf weißem Papier zum Trocknen ausbreiten.

■ **Trockene Stängel** mit der Hand leicht reiben, damit sich die Fasern lösen und holzige Stängelteile entfernt werden. Fasern mit einer Nagelbürste vorsichtig kämmen.

Diese Anleitung will zunächst Grundlegendes veranschaulichen. Die Vorgehensweise ist vergleichbar mit der beim Flachs: 1. Rösten, damit sich die Mittellamellen auflösen und sich die Zellen voneinander lösen. 2. Schlagen, Brechen, Reiben, Schwingen, um holzige Stängelteile zu entfernen. 3. Hecheln: Ziehen der Fasern über ein Nagelbrett, um sie parallel zu richten und die Langfasern von den Kurzfasern (Werg) zu trennen.
Die Fasern lassen sich als Zugabe beim Papierschöpfen (siehe unten) verwenden.
Auch die Wilde Malve eignet sich hierfür.

Die langen und festen Stängelfasern der Wegmalve wurden früher wie die der Wilden Malve bisweilen als Spinnfasern verwendet.

Untersetzer aus Flatterbinsen

Verschiedene Binsenarten können für Flechtwerke verwendet werden. Da die früher häufig verwendete Teichsimse *(Scirpus lacustris)* und andere Binsen in sensiblen Lebensräumen wachsen und regional gefährdet sind, sollte auf die verbreitet vorkommende Flatterbinse zurückgegriffen werden. Man schneidet die Halme möglichst vor der Blüte, da sie später oft verholzt sind. Die Binsen können sofort frisch verarbeitet werden. Getrocknete Binsen feuchtet man vor der Verwendung wieder an, indem man sie mit einem feuchten Tuch bedeckt oder in feuchter Luft draußen liegen lässt. Binsen sollen beim Verarbeiten nur etwas feucht, keinesfalls nass sein, da sonst durch das Schwinden beim Trocknen Löcher im Geflecht entstehen würden. In Ruth Zechlins Werkbuch (1944) fand sich eine Anleitung zum Flechten eines Binsen-Untersetzers. Aufgrund eigener Erfahrungen wurde sie leicht verändert.

Geduld und etwas Übung braucht man für die Anfertigung eines Untersetzers oder anderer Gegenstände wie Schalen oder Körbchen aus Flatterbinsen.

■ **28 Binsenhalme,** vom dicken Ende ausgehend, auf etwa 30–40 cm zuschneiden.

■ **3 Halme längs** legen und von der Mitte ausgehend quer hindurchflechten. Jeweils eine weitere Binse längs und quer flechten; so fortfahren. Die Binsen beim Flechten stets flach ausdrücken und zur Vermeidung von Lücken immer wieder zusammenschieben.

■ **Ist die gewünschte Fläche** geflochten, Halmenden scharf nach hinten umknicken und auf der Rückseite noch einmal miteinander verflechten. Am Schluss die Halmenden abschneiden.

Mit Binsen lassen sich auch verschiedene andere Flechtarbeiten wie Gürtel, Körbchen oder Schalen anfertigen (Anleitungen dazu etwa im oben genannten Buch). Informationen zum Korbflechten mit Ruten von Weiden oder anderen Holzgewächsen finden Sie in Sachbüchern (Beispiele dazu im Anhang) und in Kursen zur Thematik.

Papier aus Zeitungspapier und Malvenfasern

Diese sehr einfache Anleitung will lediglich einen grundlegenden Einblick in die Technik des Papierschöpfens vermitteln, deshalb wird mit einem kleinen Schöpfrahmen und geringem Material- und Arbeitsaufwand gearbeitet. Dennoch ist, ehe Sie mit dem Papierschöpfen beginnen können, eine kleine Ausrüstung bereitzustellen.

- 4 Zeitungsblätter
- Eimer
- Handrührgerät
- Plastikwanne (z.B. 34 cm lang und breit, 13 cm hoch)
- Nudelholz
- Stoffstücke
- altes Frotteetuch
- Schöpfrahmen (18 × 25 cm): Leisten der Stärke 13 × 20 mm zuschneiden: 4 Teile mit 25 cm Länge, 4 Teile mit 15 cm Länge. 2 Rahmen herstellen, indem jeweils 2 längere und 2 kürzere Leistenstücke zusammengeschraubt werden. Fliegengitter in Rahmengröße zuschneiden, einem der beiden Rahmen auflegen, auf den Leisten mit Klebeband aufkleben, mit Nägeln befestigen.

- Zeitungsblätter in möglichst kleine Stückchen zerreißen, in den Eimer schütten. Ein Bündel Malvenfasern (siehe S. 141) in 1–2 cm lange Stücke schneiden und untermischen. 1 l warmes Wasser zugeben, mischen. 24 Stunden stehen lassen.
- Handtücher ausbreiten, darauf Stoffstücke legen. Weitere Stoffstücke bereitlegen.
- Die Masse aus Zeitungspapier und Malvenfasern mit dem Rührgerät zu Brei verrühren. Brei in die Plastikwanne geben und mit Wasser vermengen. Die Wanne sollte etwa 4–5 cm hoch mit der Schöpfflüssigkeit gefüllt sein. Schöpfflüssigkeit mit den Händen sorgfältig durchrühren.
- Auf die Siebseite des Siebrahmens den Deckelrahmen bündig auflegen, Rahmen fest aneinanderdrücken. Schöpfrahmen senkrecht in die Schöpfflüssigkeit tauchen, unter der Oberfläche waagrecht drehen und langsam aufwärts ziehen. Schöpfrahmen leicht schütteln, damit sich die Fasern gleichmäßig im Sieb verteilen.
- Überschüssiges Wasser abtropfen lassen. Deckelrahmen langsam abnehmen und sofort beiseite-legen, damit keine Wassertropfen auf das Papier fallen.
- Siebrahmen senkrecht halten, mit dem Papier nach unten auf das mit einem Stoffstück bedeckte Handtuch kippen. Leicht auf das Gitter klopfen, Rahmen langsam und vorsichtig vom Papier abheben.
- Papier mit einem Stoffstück bedecken und durch leichtes Rollen mit dem Nudelholz Wasser auspressen.
- Stoffstück mit dem Papier zum Trocknen aufhängen.

Falls Sie durch diese einfache Papierherstellung auf den Geschmack gekommen sein sollten: Informieren Sie sich in Büchern (einige Titel im Anhang) und/oder in Kursen über diese Technik.

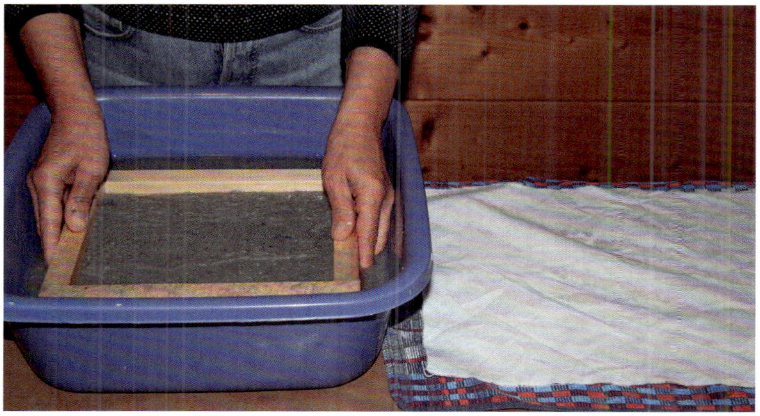

Der Schöpfrahmen muss langsam aus der Schöpfflüssigkeit gehoben und leicht geschüttelt werden, damit sich die Fasern gleichmäßig im Sieb verteilen.

Schädlingsabwehr

Waldmeister-Säckchen

Das Säckchen hält im Kleiderschrank ähnlich wie ein Lavendelsäckchen die Motten fern.

Getrocknetes Waldmeisterkraut strömt feinen Duft aus, der jedoch den Kleidermotten überhaupt nicht zusagt.

- **Waldmeisterkraut** (obere Pflanzenteile) kurz vor oder zu Beginn der Blütezeit schneiden und zum Trocknen ausbreiten.
- **Das völlig trockene Kraut** in ein Säckchen füllen und dieses zubinden. Nach 1 Jahr sollte der Säckcheninhalt erneuert werden.

Auch mit getrocknetem Kraut des Echten Steinklees können die Säckchen gefüllt werden. **Achtung!** Der Duft von Waldmeister- oder Steinkleekraut kann bei empfindlichen Personen Kopfschmerzen verursachen, daher nicht überdosieren.

Wermut-Tee

Wermut ist im Garten eigentlich nur für Johannisbeeren ein guter Nachbar, denn er schützt sie vor dem Säulchenrost; auf andere Pflanzen wirkt das Duftkraut eher negativ. Allerdings lassen sich auch Schadinsekten durch Wermut abschrecken – und das kann man sich auf recht einfache Weise zunutze machen.

- **300 g frisches Wermutkraut** (unverholzte obere Teile) mit der Gartenschere grob zerkleinern. Bei Verwendung getrockneten Krautes: 30 g.
- **Kraut mit 10 l** kochendem Wasser übergießen. 10 Minuten zugedeckt stehen lassen. Abseihen. Abgekühlten Tee unverdünnt spritzen.

Wermut-Tee wirkt gegen Blattläuse, Ameisen oder Kohlweißlingsraupen.

Brennnessel-Jauche

Für eine Pflanzenjauche werden die frischen oder getrocknete Pflanzenteile in Wasser angesetzt und einer Gärung überlassen.

■ **Etwa 1 kg frisches Brennnesselkraut** mit der Gartenschere grob zerkleinern. In einem Gefäß aus Holz, Steingut oder Plastik mit 10 l Regenwasser übergießen. Nicht bis zum Rand auffüllen, denn die Jauche schäumt während der Gärung. Ansatz umrühren und mit einem Drahtgitter oder Holzrost abdecken.

■ **Täglich umrühren.** Die nach wenigen Tagen einsetzende Gärung ist mit unangenehmer Geruchsbildung verbunden, die sich mit einer Handvoll Steinmehl reduzieren lässt.

■ **Nach etwa 2 Wochen** schäumt die Jauche nicht mehr und ist gebrauchsfertig. Abseihen. Zur Düngung mit der 10–20-fachen Menge Wasser verdünnt morgens oder abends bei feuchtem Wetter direkt an die Wurzeln gießen.

Brennnessel-Jauche stärkt die Abwehrkraft der Pflanzen, beugt einem Befall durch Schädlinge, insbesondere Blattläuse und Spinnmilben, vor, vertreibt diese (bei nicht zu massivem Auftreten) und ist ein gutes organisches Düngemittel.
Achtung! Brennnessel-Jauche ist ätzend.

Rainfarn-Brühe

Für eine Pflanzenbrühe werden die Pflanzenteile in heißem oder kaltem Wasser eingeweicht, dann im Einweichwasser eine Zeitlang gekocht.

■ **500 g blühendes Rainfarnkraut** (unverholzte obere Teile) mit der Gartenschere grob zerkleinern.

■ **In einem Eimer** von 10 l Fassungsvermögen Rainfarnkraut mit kaltem Wasser – möglichst Regenwasser – übergießen. 24 Stunden zugedeckt stehen lassen.

■ **In einem Emailletopf** Rainfarnkraut-Ansatz zum Kochen erhitzen und 15 Minuten kochen lassen. Abgekühlte Brühe abseihen. Im Verhältnis 1:2 verdünnt gießen oder spritzen.

Rainfarn-Brühe wirkt gegen verschiedene tierische Schädlinge, beispielsweise gegen Kartoffelkäfer, Himbeerkäfer, Brombeermilbe, Erdbeerblütenstecher, Erdbeermilbe, Blattwespen.
Die Brühe kann auch gegen Rost und Mehltau angewendet werden.
Achtung! Rainfarn ist giftig.
Die Brühe darf nicht getrunken und nicht kurz vor der Ernte von Nahrungspflanzen eingesetzt werden.

Am besten mit Regenwasser setzt man das Rainfarnkraut zu einer Brühe an.

Räuchern mit Wacholderholz und -beeren

Mit dem Rauch von Wacholderholz oder -beeren lassen sich manche Lästlinge und unangenehme Gerüche vertreiben. Die benötigte Räucherkohle erhalten Sie zum Beispiel in Drogeriemärkten oder Kräuterfachgeschäften.

- **Ein Gefäß mit Sand** füllen, Räucherkohle auf den Sand legen und entzünden.
- **Wenn die Räucherkohle** glimmt, eine kleine Menge Räuchergut – Wacholderbeeren oder Wacholderholz – in die Vertiefung legen und verglühen lassen.

> Der Wacholder ist eine der ältesten und weltweit verbreiteten Räucherpflanzen. **Achtung!** In Räumen nur bei geöffnetem Fenster räuchern. Rauch nicht unmittelbar einatmen.

Angenehmer Duft entsteht bei der Räucherung mit Beerenzapfen oder Holz des Wacholders.

Kinderspiel

Eschen-Pfeiferl

Man schneidet im Frühling ein etwa 15 cm langes und etwa 1 cm dickes Eschenzweigstück.

■ **Auf der Oberseite** des Zweigstücks die Zunge einschneiden: 1,5–2 cm vom dickeren Zweigstückende entfernt einen senkrechten, etwa ⅓ bis die Hälfte der Zweigstärke tiefen Schnitt anbringen. Dann einen etwa 1 cm langen Keil von hinten zum senkrechten Einschnitt hin ausschneiden (1).

■ **Auf der Unterseite** ein halbrundes Mundstück ausschneiden: etwa 1 cm lang und ⅓ der Zweigstärke tief (2).

■ Rinde ringsherum bis auf das Holz einschneiden: Schnitt etwa 7 cm vom dickeren Ende entfernt. (3).

■ **Mit dem Messerheft** vorsichtig die Rinde vom bearbeiteten Ende bis zum Einschnitt klopfen, um sie unbeschädigt vom Holz lösen zu können. Die Rinde vorsichtig nach vorne abziehen (4).

■ **Das Ende** des von der Rinde befreiten Holzes beim senkrechten Einschnitt der Zunge senkrecht abschneiden (5). Auf der Oberseite, dem halbrunden Einschnitt gegenüber, etwa ⅓ der Zweigstärke abplatten (6).

■ **Das so bearbeitete Holzstück** wieder an die ursprüngliche Stelle von vorne in die Rinde stecken (7). Das längere von der Rinde befreite Holz um etwa 2 cm kürzen (senkrecht abschneiden) und von hinten ein Stück in die Rinde stecken (8).

■ **Das entstandene Pfeiferl** von vorne anblasen. Je tiefer das Holz von hinten in die Rinde hineingeschoben wird, umso heller wird der Pfeifton.

Auch aus Weiden- oder Erlenzweigen kann ein Pfeiferl gefertigt werden.

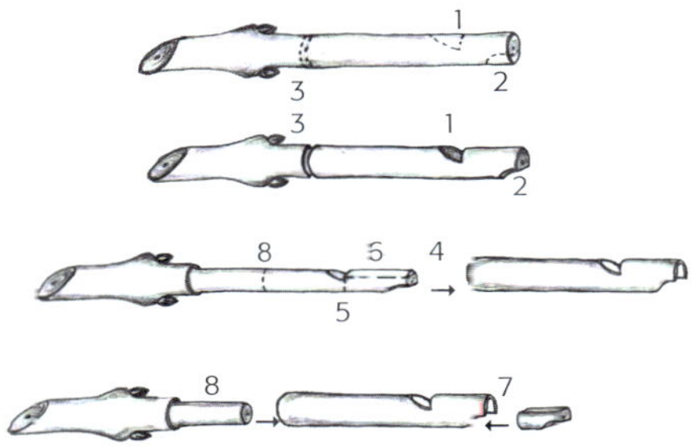

Ein wesentlicher Moment beim Basteln eines Pfeiferls: Die durch geduldiges Klopfen gelöste Rinde wird vorsichtig nach vorn abgezogen.

Holunder-Blasrohr

Man schneidet von einem geraden Zweig des Schwarzen Holunders ein etwa 20 cm langes Stück ab.

■ **Zweigstück** mit einer Strick- oder Häkelnadel oder mit einem Draht, an dessen Ende ein Häkchen gebogen wird, aushöhlen.

■ **Getrocknete Erbsen**, getrocknete Holunderfrüchte, Wasser oder anderes Material durch das Holunderrohr blasen.

Diese Blasrohre hießen auch Hollerbüchsen, da die Kinder ähnlich wie bei einer Büchse vorn einen Pfropfen hineinsteckten, der dann mit Hilfe eines durch Werg abgedichteten Stempels mit lautem Knall herausgetrieben wurde.

Gänseblümchen-Kette

Man sammelt Gänseblümchen mit möglichst langem Stängel.

■ **Etwa in Stängelmitte** einen lockeren einfachen Knoten schlingen. Durch den Knoten den Stängel eines anderen Gänseblümchens ziehen.

■ **Diesen Stängel** ebenfalls in der Mitte zu einem Knoten schlingen. Durch den Knoten den Stängel des nächsten Gänseblümchens ziehen. So weiterarbeiten, bis die Kette lang genug ist.

■ **Stängel des letzten Blümchens** durch den Knoten des ersten Blütenstängels ziehen und so die Kette schließen. Die überstehenden Stängel etwas kürzen.

In Wasser gelegt, hält sich die Kette 1–2 Tage frisch.

Ebereschen-Armband

Gesammelt werden die noch nicht von Kälte und Frost erweichten Früchte im Frühherbst.

■ **Faden** in der Farbe der Früchte in eine Nähnadel einfädeln. Die Nadel jeweils von unten in die Frucht stechen und oben beim Stielansatz wieder herausziehen.

■ **Wenn Armband** oder Kette lang genug sind, Fadenenden verknoten.

Auch andere attraktive rote Früchte wie die der Berberitze, der Hundsrose, des Weißdorns *(Crataegus)* oder des (giftigen) Pfaffenhütchens *(Euonymus europaea)* haben die Mädchen gern zu Kettenaufgefädelt.

Ketten und Armbänder entstanden auch aus den Stängeln von Löwenzahn und Weißer Seerose *(Nymphaea alba)* oder den ineinander gesteckten Blütenkronen der Schlüsselblume *(Primula).*

Ab dem Spätsommer in Fülle als Schmuckmaterial zur Verfügung: Aus Ebereschenfrüchten lassen sich dekorative Armbänder oder Ketten basteln; aber auch Hagebutten (oben) und andere Früchte kann man verarbeiten.

Figuren aus Kastanien und Eicheln

Verwendet werden die frisch abgefallenen Früchte von Rosskastanie und Eiche.

Aus Eicheln und den glänzenden Samen der Rosskastanie entstehen mit Hilfe von Streichhölzern fantasievoll gestaltete Figuren.

■ **Mit einem Handbohrer** in die Kastanien beziehungsweise Eicheln Löcher für Arme, Beine und Kopf-Körper-Verbindung bohren. Einzelteile zu Figuren verbinden.

■ **Für die Schuhe** der Männchen Kastanien oder Eicheln halbieren und in den Hälften Löcher vorbohren. Streichhölzer oder Zahnstocher hineinstecken.

■ **Mit Fruchtbechern** von Eicheln oder Bucheckern, mit Walnussschalen, Blättern und Garnstücken die Figuren mit Hut, Schwanz, Ohren, Haaren versehen. Mit Filzstift Gesichter und Knöpfe aufmalen.

Leider schrumpfen die Figuren nach einigen Wochen.

Klatschmohn-Püppchen

Die Klatschmohnblüten sollten frisch entfaltet sein, da sie später besonders leicht abfallen.

■ **Blütenstängel** ein Stück unterhalb der Blüte behutsam abschneiden.

■ **Blütenblätter** vorsichtig nach unten umbiegen: Mohnkapsel und Staubblätter stellen Köpfchen und Halskrause dar, die Blütenblätter das Kleid.

Unter ein Blütenblatt kann ein Stück Stängel als Arme geschoben, mit einem Faden die Taille geschnürt werden.
Auch aus Fruchtkapseln und Blütenknospen entstanden durch Fantasie und Geschicklichkeit der Kinder unterschiedliche Figuren.

Unkompliziert ist die Herstellung eines Klatschmohn-Püppchens, erfordert aber behutsames Vorgehen.

Wiesenbärenklau-Kasperl

Man schneidet aus dem Stängel einer möglichst großen, gut entwickelten Pflanze einen zwischen 2 Knoten liegenden Teil.

■ **Stängel einige Zentimeter** vom oberen Ende entfernt quer so einschneiden, dass die beiden Stängelstücke noch an einem feinen Häutchen aneinanderhängen.

■ **Einen Grashalm** so durch die gesamte Röhre von oben nach unten stecken, dass sich der Blütenstand am oberen, kleineren Stück des Bärenklaustängels etwas einklemmt.

■ **Mit dem Halmstück,** das am unteren Röhrenende herausragt, den Grashalm auf und ab bewegen: Der Kasperl macht mit dem Kopf nickende Bewegungen.

Auch mit anderen hohlstängeligen Pflanzen haben die Kinder dieses »Kasperl« oder »Kapuziner« genannte Spielzeug angefertigt, etwa aus Wiesenkerbel *(Anthriscus sylvestris)* oder Wilder Engelwurz *(Angelica sylvestris)*.
Achtung! Wiesenbärenklau kann beim Berühren allergische Reaktionen hervorrufen.

Wiesenbärenklau-Wasserleitung

Man schneidet aus Wiesenbärenklau-Stängeln mehrere zwischen 2 Knoten liegende Stücke.

■ **Stängelstücke** miteinander verbinden: In ein dickeres Stängelende wird jeweils ein dünneres geschoben.

■ **In die Seitenwand** eines größeren Gefäßes aus Blech oder Plastik ein Loch bohren, in das das dicke Ende der »Wasserleitung« passt. Das Gefäß etwas erhöht (auf Tisch, Stuhl oder Ähnliches) stellen.

■ **Die Leitung,** durch gegabelte Zweigstückchen gestützt, in ein Gefälle bringen.

■ **Mit einer Gießkanne** Wasser in das Gefäß schütten: Das Wasser durchfließt die hohlen Stängelabschnitte und entströmt am Ende der Leitung.

Auch mit anderen hohlstängeligen Pflanzen lassen sich solche Leitungen bauen, etwa mit Wiesenkerbel, Wilder Engelwurz oder Gewöhnlichem Löwenzahn.
Achtung! Wiesenbärenklau kann beim Berühren allergische Reaktionen hervorrufen.

Ineinandergesteckte Stängelstücke des Wiesenbärenklaus leiten das Wasser auch über längere Strecken.

Gänseblümchen-Orakel

Man pflückt ein Gänseblümchen oder eine Margerite *(Chrysanthemum leucanthemum).*

■ **Zungenblüten** nacheinander auszupfen, bis keine mehr übrig ist, und dabei jeweils sprechen:
Er/sie liebt mich – liebt mich nicht – liebt mich – liebt mich nicht…
oder: Er/sie liebt mich – von Herzen – mit Schmerzen – über alle Maßen – ganz rasend – oder gar nicht…

■ **Röhrenblüten** ausreißen und in die Luft werfen: So viele man mit dem Handrücken auffangen kann, so viele Kinder wird man bekommen.

■ **Die künftige Witterung** konnte man so erfahren: sche (schön) – schiach (hässlich). Auch wohin ein Mädchen heiraten wird, gibt das Orakel an: Man zupft alle Zungenblüten bis auf eine aus, dreht den Stängel zwischen den Handballen und fragt: »In welche Gegend werde ich kommen?« Die einzelne Blüte zeigt die Richtung an.

In Goethes »Faust« (Teil 1) befragt Gretchen mit einer »Sternblume« das Liebesorakel. Auch zum Berufsorakel diente das Auszupfen der Zungenblüten: »Kaiser, König, Edelmann; Bürger, Bauer, Bettelmann; Schuster, Schneider, Leineweber; Doktor, Kaufmann, Totengräber«.

Auf welche Frage soll hier das Löwenzahn-Orakel wohl eine Antwort geben?

Löwenzahn-Orakel

Das Orakel verkünden die Fruchtköpfe mit den silbrigweißen Früchten: beispielsweise:

■ **Früchte wegblasen:** Wer alle Früchte auf einmal wegblasen kann, ist ein Glückskind, das viel Angenehmes zu erwarten hat, oder gar ein Engel. Bleiben dagegen einige Früchte auf dem Blütenboden stehen, so ist man ein Teufel. So viele Früchte, wie man wegblasen kann, so viele Jahre lebt man noch. Die auf dem Fruchtboden stehen gebliebenen Früchte zeigen, wie viele Jahre man noch bis zur Hochzeit hat.

■ **Fruchtstandboden betrachten:** Ein weißer Fruchtboden verheißt nach dem Tod den Himmel, ein schwarzer die Hölle und einer mit einigen dunklen Flecken das Fegfeuer. In manchen Gegenden hieß der Löwenzahn deshalb »Höllenspiegel«.

Nicht nachmachen: Früher fragten die Kinder manchmal einander, ob man die gesamte Laterne auf einmal ausblasen könne. Kaum machte jemand den Mund weit auf, um dafür viel Luft einzuziehen, steckte man ihm oder ihr den gesamten Fruchtkopf hinein.

Klatschmohn-Orakel

Verwendet werden die Blütenknospen und die ausgezupften Blütenblätter.

■ **Farbe** der in der Knospe verborgenen Blütenblätter als Berufsorakel: Helle deuteten auf den späteren Bäcker-, dunkle auf den Metzgerberuf.
■ **Lautstärke des klatschenden Geräuschs** als Liebesorakel der jungen Burschen: Blütenblatt zusammenfalten, auf die Stirn oder auf einen mit Daumen und Zeigefinger gebildeten Ring legen und mit der flachen Hand kräftig daraufschlagen: Ein leiser Knall verspricht einen Kuss, ein lauter verheißt weitergehende Liebesbeweise.

Selbstverständlich kann man auch andere, eventuell zeitgemäßere Anliegen formulieren und das bereits in der Antike vor allem in Liebesangelegenheiten geschätzte Klatschmohn-Orakel dazu befragen.

Klatschmohn-Tinte

Man sammelt voll entfaltete Blütenblätter des Klatschmohns und verarbeitet sie sofort weiter.

■ **Blütenblätter** dicht in ein Schraubdeckelgas packen.
■ **Essigessenz** im Verhältnis 1:4 mit Wasser verdünnen und das Glas damit bis zum Rand auffüllen. Glas verschließen und einige Tage an einem sonnigen Platz stehen lassen; von Zeit zu Zeit schütteln.
■ **Flüssigkeit** durch ein feines Sieb abseihen.

Die Blütenblätter des Klatschmohns verwandeln die Essiglösung in eine tiefrote »Tinte«.

Mit dieser »Tinte« darf nur mit Gänsekiel-, Stahl- oder Glasfeder geschrieben werden. Die Säure würde andere Schreibinstrumente, insbesondere Füller, angreifen.
Achtung! Essigessenz und Tinte nicht mit Haut und Schleimhäuten in Berührung bringen.

Stichwortverzeichnis

Seitenzahlen mit * verweisen auf Abbildungen

Verwendete und weiterführende Literatur

BÖHMER, GEORG RUDOLPH (1794): Technische Geschichte der Pflanzen, welche bey Handwerken, Künsten und Manufacturen bereits im Gebrauche sind oder noch gebraucht werden können. 2 Bände. Weidmannische Buchhandlung, Leipzig.

DIELS, LUDWIG (1918): Ersatzstoffe aus dem Pflanzenreich. Ein Hilfsbuch zum Erkennen und Verwerten der heimischen Pflanzen für Zwecke der Ernährung und Industrie in Kriegs- und Friedenszeiten. E. Schweizerbart'sche Verlagsbuchhandlung, Stuttgart.

FRANKE, WOLFGANG (6. überarb. u. erw. Aufl. 1997): Nutzpflanzenkunde. Thieme, Stuttgart.

HILDEGARD VON BINGEN (1993): Heilkraft der Natur - »Physica«. Rezepte und Ratschläge für ein gesundes Leben. Übersetzt von Marie-Louise Portmann. Herder, Freiburg, Basel, Wien.

KÖRBER-GROHNE, UDELGARD (1995): Nutzpflanzen in Deutschland von der Vorgeschichte bis heute. Nikol Verlagsgesellschaft, Hamburg.

KÜBLER, MARIE SUSANNE (8., verb. Aufl. 1878): Das Hauswesen nach seinem ganzen Umfange dargestellt in Briefen an eine Freundin. Engelhorn, Stuttgart.

MARZELL, HEINRICH (3. Aufl. 1935): Neues illustriertes Kräuterbuch. Enßlin & Laiblin, Reutlingen.

KONRAD VON MEGENBERG (1994): Das Buch der Natur. Olms, Hildesheim, Zürich, New York. (3. Nachdruck der Ausgabe Stuttgart 1861).

MÜLLER, KARL (2. Aufl. 1900): Praktische Pflanzenkunde für Handel, Gewerbe und Hauswirtschaft. Ein Handbuch der für den menschlichen Haushalt nützlichen Gewächse. E. Stahl's Verlagsbuchhandlung, Regensburg.

ROTH, LUTZ, MAX DAUNDERER UND KURT KORMANN (4. Aufl. 1994): Giftpflanzen – Pflanzengifte. Nikol Verlagsgesellschaft, Hamburg.

SCHMEIL-FITSCHEN (95. vollst. überarb. u. erw. Aufl. 2011): Die Flora Deutschlands und der angrenzenden Länder. Von Siegmund Seybold. Quelle & Meyer, Wiebelsheim.

SCHÖNFELDER, INGRID UND PETER SCHÖNFELDER (2004): Das neue Handbuch der Heilpflanzen. Franckh-Kosmos Verlags-GmbH & Co KG, Stuttgart.

TROOST, J. (1884): Angewandte Botanik. Genaue Beschreibung von 250 häufig vorkommenden, zur Nahrung, landwirthschaftlichen, technischen und medicinischen Anwendung geeigneten... Pflanzen... Selbstverlag, Wiesbaden.

WELSCH, NORBERT UND CLAUS CHRISTIAN LIEBMANN (2003): Farben. Natur, Technik, Kunst. Spektrum Akademischer Verlag, Heidelberg, Berlin.

WILLFORT, RICHARD (überarb. Neuaufl. 1979): Gesundheit durch Heilkräuter. Erkennung, Wirkung und Anwendung der wichtigsten einheimischen Heilpflanzen. Trauner, Linz.

ZIMMERER, EMMA M. (4. Aufl. 1980): Kräutersegen. Auer, Donauwörth. (Nachdruck der Ausgabe Donauwörth 1896).

Praktische Anleitungen
zu den Techniken des Färbens, Flechtens, Papierschöpfens finden Sie beispielsweise in diesen Werken:

BERGER, DORIT (2006): Färben mit Pflanzen. Färbepflanzen, Rezepte, Anwendung. ökobuch Verlag, Staufen bei Freiburg.

BURKHARDT, COCO (2013): Alles aus Wildpflanzen. Ulmer, Stuttgart.

FISCHER, DOROTHEA (2006): Naturfarben auf Wolle und Seide – Färben ohne giftige Zusätze. Books on Demand.

EHLERS, INGRID U. (2004): Papierschöpfen für Einsteiger. Die schönsten Papiere und wie man sie nutzt. Knaur, München.

HARTEL, TRAUDEL (2. Aufl. 2002): Papierschöpfen. Technik, Färben, Gestalten. Urania, Freiburg.

REIMER, MARY UND REIMER-EPP, HEIDI (2. Aufl. 2011): 300 Papierrezepte. Kreative Ideen zum Papierschöpfen. Haupt, Bern.

VAUGHAN, SUSIE (2005): Einfach Korbflechten mit Zweigen aus dem Garten und vom Wegesrand. Übersetzung aus dem Englischen von Eckard Teichert. ökobuch Verlag, Staufen bei Freiburg.

ZECHLIN, RUTH (1944): Werkbuch für Freizeit und Genesung. Otto Maier, Ravensburg. (Nur noch antiquarisch erhältlich)

Bezugsquellen

Getrocknete Pflanzenteile (Drogen) erhalten Sie in Apotheken und Kräuterfachgeschäften sowie im Versandhandel, beispielsweise bei:

Sankt-Florian-Drogerie – Großdrogerie Nierle
Vöttinger Straße 2c, 85354 Freising
Tel.: 08161-7096
Fax: 08161-12279
www. drogerie-nierle.de

Kräuter Schulte
Hauptstraße 5
76593 Gernsbach/Schwarzwald
Tel.: 07224-3876
Fax: 07224-68434
www-kraeuterschulte.de

Blauetikett Bornträger GmbH
In den Aspen, 67591 Offstein
Tel.: 06243-905326
Fax: 06243-905328
www.blauetikett.de

Löffinger Heilkräuterstüble
Demetriusstraße 11, 79843 Löffingen
Tel.: 07654–807875
Fax.: 03212-1187278
www.heilkraeuterstueble.com

Die Kräuterdrogerie
Kochgasse 34, A-1080 Wien
Tel.: ++43(0)1-4054522
Fax: ++43(0)1-4091727
www.kraeuterdrogerie.at

Gartenpflanzen

Baumschulen Baumgartner
Hauptstraße 2
84378 Nöham bei Pfarrkirchen
Tel.: 08726-205
Fax: 08726-1390
www.baumgartner-baumschulen.de

Raritätengärtnerei Treml
Eckerstraße 32, 93471 Arnbruck
Tel.: 09945-905100
www.pflanzentreml.de

Rühlemann's Kräuter & Duftpflanzen
Auf dem Berg 2, 27367 Horstedt
Tel.: 04288-928558
Fax: 04288-928559
www.ruehlemanns.de
www.kraeuter-und-duftpflanzen.de

Bildnachweis

Alle Bilder von Dr. Gertrud Scherf, außer:
akg-images: 30, 57r, 74
Blickwinkel/A. Jagel: 73
Deutsches Korbmuseum Michelau i. Ofr.: 82
Eisenbeiss: 94, 101
Flora Press/Caroline Bureck: 149
Flora Press/Otmar Diez: 128
Flora Press/Ursula Pechloff: 139
König: 18, 32r, 95, 100
Adrian C. Nitu/imagebroker/Okapia: 136
Pforr: 16 44l, 75, 86, 99, 105r, 109, 115
Privatbesitz: 39, 88
Reinhard: 17, 19, 23, 24, 33, 37, 47, 48, 50l, 55, 60, 61, 64, 71, 81u, 89, 98, 152
Seidl: 10, 34, 46, 51, 52, 59, 76, 83, 87, 107r, 113
Gerhard Seybert-Fotolia.com: 93
Stadtmuseum Deggendorf: 8
Strank: 56
Strauß: 137
viktoriya89-Fotolia.com: 127
Willner: 25, 31r, 32l, 58, 63, 80

Die historischen Darstellungen wurden folgenden Werken entnommen:

BARTELS, ADOLF (1900): Der Bauer in der deutschen Vergangenheit. Eugen Diederichs, Leipzig. Seite 54, 85

BOCK, HIERONYMUS (1964): Kreutterbuch. Reprint der Ausgabe 1577. Konrad Kölbl, München. Seite 27, 105

BUSCH, WILHELM (o. J.): Sämtliche Bildergeschichten. Prisma, Gütersloh. Seite 41

DEUTSCHE JUGEND (1873): Illustrierte Monatshefte. 2. Band. Alphons Dürr, Leipzig. Seite 92, 114

FORMBACHER BIBEL, Kloster Formbach, 1421, fol. 453v. Staatliche Bibliothek Passau, Signatur: S/Mst. 1. Seite 14

GRANDVILLE, J. J. (1846): Les Fleurs Animées. Gouet, Paris. Seite 40

HAUSBUCH DER LANDAUERSCHEN ZWÖLFBRÜDERSTIFTUNG: Stadtbibliothek Nürnberg, Amb. 279.2°, f. 13r, Nürnberg, um 1521. Seite 13

HAUSBUCH DER MENDELSCHEN ZWÖLFBRÜDERSTIFTUNG: Stadtbibliothek Nürnberg, Nürnberg, um 1425. Amb. 317.2°, f. 34r. Seite 6. Amb. 317.2°, f. 4v. Seite 69

HAUSBUCH DER MENDELSCHEN ZWÖLFBRÜDERSTIFTUNG: Stadtbibliothek Nürnberg, Nürnberg, um 1521. Amb. 317. 2°, f. 136r. Seite 67

MUMMENHOFF, ERNST (1901): Der Handwerker in der deutschen Vergangenheit. Leipzig. Seite 78

RICHTER, LUDWIG (1858): Für's Haus. Heinrich Richter, Dresden. Seite 110

RICHTER, LUDWIG (1919): Die gute Einkehr. Karl Robert Langewiesche, Königstein im Taunus und Leipzig. Seite 103

STADTGESCHICHTLICHE MUSEEN NÜRNBERG (Hrsg.) (1976): Die Welt des Hans Sachs. 400 Holzschnitte des 16. Jahrhunderts. Hans Carl, Nürnberg. Seite 29, 70

STEINHAUSEN, GEORG (1904): Geschichte der deutschen Kultur. Bibliographisches Institut, Leipzig und Wien. Seite 57l

VON DER GESUNDEN LEBENSWEISE (1985): Nach dem alten Hausbuch der Familie Cerruti. BLV Verlagsgesellschaft, München, Wien, Zürich. Seite 49, 81

Über die Autorin

Dr. Gertrud Scherf, geboren 1947 in Berchtesgaden, war Grund- und Hauptschullehrerin sowie wissenschaftliche Mitarbeiterin am Institut für die Didaktik der Biologie der Universität München. Als Sachbuchautorin, insbesondere in den Bereichen Natur und Garten, lebt und arbeitet sie seit vielen Jahren in Niederbayern. Die kulturgeschichtlichen Aspekte der Themen, die vielfältigen Verbindungen zwischen Natur und Kultur sowie der Naturschutz sind der Autorin besonders wichtig, und sie verdeutlicht dies in ihren Büchern und Artikeln, bei Vorträgen, Seminaren und Führungen.

Impressum

Bibliografische Information der Deutschen Nationalbibliothek

Die Deutsche Nationalbibliothek verzeichnet diese Publikation in der Deutschen Nationalbibliografie; detaillierte bibliografische Daten sind im Internet über http://dnb.d-nb.de abrufbar.

2., überarbeitete Auflage, Neuausgabe

BLV Buchverlag
GmbH & Co. KG
80797 München

Umschlagskonzeption: Kochan & Partner, München
Umschlagfotos: Stockfood/F. Strauss (vorne);
G. Scherf (hinten)

Lektorat: Dr. Friedrich Kögel
Herstellung: Hermann Maxant
Layoutkonzeption, Layout und DTP:
Anton Walter, Gundelfingen

Gedruckt auf chlorfrei gebleichtem Papier

Printed in Germany
ISBN 978-3-8354-1249-1

Hinweis
Das vorliegende Buch wurde sorgfältig erarbeitet. Dennoch erfolgen alle Angaben ohne Gewähr. Weder Autorin noch Verlag können für eventuelle Nachteile oder Schäden, die aus den im Buch vorgestellten Informationen resultieren, eine Haftung übernehmen. Bitte beachten Sie beim Bestimmen stets alle aufgezählten Merkmale sowie insbesondere die Warnungen im Porträt- und Praxisteil. Auch sei darauf hingewiesen, dass praktisch sämtliche Pflanzen und/oder ihre Teile Allergien oder Unverträglichkeitserscheinungen hervorrufen können.